台湾民主化の先駆者

雷震伝

薛 化元・著
Hsueh Hua-Yuan
深串 徹・訳
Fukakushi Toru

三元社

凡例

本文中の（ ）および引用文中の〔 〕は、原著者による補足や説明である。

本文中および引用文中の〔 〕は、特に断らない限り、訳者による補足や説明である。

Originally published in Taiwan in 2022 by Yuan-Liou Publishing Co., Ltd

Sponsored by Ministry of Culture, Republicof China (Taiwan)

原著作物書名：民主的浪漫之路：雷震傳
原著作物発行者：遠流出版事業股份有限公司
原著作物著者：薛 化元
原著作物 ISBN：9789573289050

自序

雷震公益信託が設立された後、発起人である雷美琳氏は初志を貫き、雷震の関係資料の整理・出版に全力を尽くされ、遠流出版公司の支援のもと、『雷震回憶録之新党運動黒皮書』、『雷震家書』等の著作を次々に出版して来られました。美琳氏にとって重要な願いは、御父君である雷震を記念し、民主憲政の推進に雷震が果たした貢献を明らかにすることであり、そのために重要な仕事は、雷震奨学金を授与することの他、雷震の伝記を執筆し、出版することでした。すでに出版された著作の中では、中国大陸の雷震研究者である范泓が相次いで出版した二つの版の伝記（『民主的銅像：雷震伝』）が、国内外を通じて最も重厚な雷震伝です。その他、私の学生である任育徳と蘇瑞鏘も、雷震の歴史や思想について研究を進めており、特に民主憲政の面について深い造詣を有し、なおかつ学術的な成果も多数発表しています。しかしながら、雷震公益信託は、お互いによく知っており、信頼があることから考えて、伝記を執筆するのは、美琳氏の雷震史料の整理をサポートして来た研究者がふさわしいと考えました。ですが、いくつかの要因とめぐりあわせから、美琳氏の期待されていた期間中に雷震伝を完成させることは出来ませんでした。美琳氏が亡くなられた後、私は弁護士の薛欽峰氏から何度も勧められるうちに、これはとても意義のある仕事だと思うようになり、引継ぐことに同意し、本書『民主的浪漫之路：雷震伝』の執筆に集中しました。

私が初めて『自由中国』と雷震の著作に出会ったのは一九七八年でした。時期的に遅いというほどではありませんが、年齢的に言えば、台湾政治史あるいは思想史の研究者としては遅い方とも言えるでしょう。当時私は林能士先生の紹介で『自由中国』と殷海光に触れたのですが、家に帰って父親にそのことを話したところ、雷震と『自由中国』が果たした貢献について、さらに知識を得たのでした。加えて、当時政治大学の社会資料研究センターには『自由中国』が所蔵されていて、学生はじかに閲覧することが出来ました。このことも、私が『自由中国』と雷震について知るようになったきっかけの一つです。その後、大学を卒業したばかりの頃、友人である孫善豪の紹介で、後に中国民主社会党の秘書長となる顧紹昌氏と知り合うことになりました（彼は雷震氏の推薦で、東海大学で教職についていました）。顧氏のご紹介とご協力により、私は張君勱[1]と「中華民国憲法」の起源、ならびに政治協商会議において雷震が果たしたキーパーソンとしての役割について、さらに理解を深める機会を得られました。張君勱と民主憲政について友人と議論を行う他、奨学金を獲得したことを利用して、邱淑如氏のご協力のもと、国外で大量の関係資料を印刷して来ました。それらのことは、博士論文を執筆する上での重要なめぐり合わせとなったのです。張君勱と「中華民国憲法」、および雷震との間には様々な関係が存在したことから、私は雷震による「中華民国憲法」関連の文章を大量に読み込んで参考にする他、当時すでに出版されていた日記も読み進めました。それにより、雷震と『自由中国』、および台湾の戦後政治史について、より一層理解を深めることが出来たのでした。

博士課程入学後のある日、ご病気で入院されていた傅正氏にことづかって、彼の学生である陳信傑さんが訪ねて来て、『自由中国』に関心があると聞いたので、研究が出来るように一セット送ろうとのお申し出を頂きました。その時私は、すでに研究経費を使用して、仕事をしている張栄発基金会国策センターにて『自由中国』を一セット購入しております、と申し上げたのですが、傅正さんたちはその後もご親切に、もし私自身も『自由中国』を一セット持っていれば、将来の研究にきっと役に立つだろうとご配慮下さったのでした。当時、傅正氏のご病気はすでにとても重く、私は、雷震と『自由中国』関連の研究を大いにすすめるよう期待されていることを何となく感じ取っていました。私自身、かつて指導教授である李永熾先生に、研究テーマを『自由中国』に変えるのはいかがでしょうかと相談したことがありました。李先生からは、私の博士論文の研究計画はすでに何年も準備しているのだから、まず張君勱の憲政思想をテーマに博士号を取得し、その後民主憲政に関連した歴史研究という文脈の中で『自由中国』をテーマとした研究に集中し、将来の昇任に備えた方が良いとのアドバイスを頂いたのでした。

前述したようなめぐり合わせと、台湾史研究、特に民主憲政に対する関心から、私は卒業後に交通大学で教鞭をとっていた期間、引き続き第三勢力と張君勱に関連する研究論文を執筆する以外には、主要なテーマを『自由中国』と雷震に定めました。ありがたいことに、国科会の研究計画補助により、

『自由中国』雑誌のうち民主憲政に関わる部分をすべて摘要にまとめるという機会に恵まれました。その摘要を利用し、合わせて雷震の日記および関連史料と突き合わせて研究を行い、整理した後、稲郷出版社のご助力のもと、『《自由中国》與民主憲政：一九五〇年代台湾思想史的一個考察』を出版しました。同書は、私の『自由中国』研究の一冊目の著作です。

その後ほどなくして、私は政治大学歴史学科に転任しましたが、当時、殷海光基金会の顧忠華教授は、私が殷海光に関係した人々のオーラルヒストリーの整理作業に協力することを望まれていました。殷海光と雷震、『自由中国』の間には密接な関係がありましたので、このようなご縁のもと、先達たちのオーラルヒストリーをとることにより、殷海光の思想についてより鮮明に理解出来るようになった他、宋文明氏や馬之驌氏をはじめとする『自由中国』関係者とも接するようになりました。お二人が提供して下さる多くの思い出は、いずれも雷震や『自由中国』と密接に関係したものだったのです。『自由中国』関連の研究により昇任が決まったのと同時に、私は別に『《自由中国》的国家藍図』という本の初稿を執筆したのですが、昇任後、新しい論文の執筆にひっきりなしに追われ、同書の初稿の整理、出版は棚上げすることになってしまいました。その間、私は雷震と『自由中国』に関する論文を数本書き上げましたが、もう一つの研究のルートは、デジタルアーカイブと、それに続くデジタル人文学研究に関わるものでした。

政治大学台湾史研究所の所長職を引き継いでからまもなく、私は人権史研究センターを創立し、デジタルアーカイブのシステム構築を始めました。まず、台湾人権協進会の関連雑誌や会議記録、オーラルヒストリー等の史料について、目録をつくり、デジタルアーカイブ化することから、さらに全文のデジタルデータベース化へと発展させ、戦後台湾の自由、民主、人権に関わる資料を中心に、made in Taiwan のデータベースを段階的に構築することを構想したのです。その後、雷震公益信託諮問委員会と政治大学の呉思華学長のご支援のもと、二〇一〇年には雷震研究センターの設立作業を進め、『自由中国』と『雷震日記』の全文デジタル化を、センターの第一目標として計画しました。私を含めた多くの研究者にとりまして、『自由中国』と『雷震日記』の全文検索システムは、単に一般のデータベース検索というだけではなく、より重要なことに、『自由中国』と雷震研究のデジタル人文学時代への突入を意味するものでもあります。それをもとにして何本かの学術論文を執筆し、雷震関連の研究テーマについての視野を広げることが出来ました。

それから後、私は中正紀念堂管理処の委託のもと、「雷震と一九五〇年代の台湾政治――移行期正義の視角から〔雷震與一九五〇年代台湾政治発展――転型正義的視角〕」という研究プロジェクトを実施し、終了後に審査を経て、『雷震與一九五〇年代台湾政治発展――転型正義的視角』という書籍を出版しました。同書は、私がデジタル人文学の研究手法を用いて執筆した、初めての著作です。

前述の経験と研究の基礎があったため、それまでの『自由中国』関係の研究成果、および『自由中国』と『雷震日記』を主要な材料とし、以前よりは自信をもって、『民主的浪漫之路：雷震伝〔台湾民主化の先駆者：雷震伝〕』を完成させることが出来ました。本書の完成は、私の雷震関連の研究にとって、一つの目標が一段落したものであると同時に、これを基礎にして、雷震と『自由中国』の研究をさらに深めて行けることを期待しています。

葉雅涵さん、李盈萱さん、郭佩瑜さんには資料の整理を手伝って頂き、感謝申し上げます。特に陳致妤さんから何度も補足意見を頂けたことは、私にとって最も大きな助けとなりました。今日『民主的浪漫之路：雷震伝』を完成させることが出来たのも、彼女たちのご助力のおかげです。それから、雷震公益信託諮問員会のご支持と、薛欽峰弁護士からの再三の「ご催促」によって、本書の初稿を順調に脱稿することが出来たことにもお礼申し上げます。修正意見を下さった審査委員の皆さまも、ありがとうございました。最後に、遠流出版公司の王栄文董事長には、本書の出版に多大なご助力を頂き、曽淑正副編集長には原稿が遅れる中、全編の編集作業にご協力頂き、本書を無事に世に出せることになりました。特に感謝申し上げます。

注

1 〔訳注〕張君勱（一八八七～一九六九）は、ジャーナリスト、政治家、哲学者。原名は嘉森で、君勱は字。一九〇六年に日本に留学、早稲田大学にて政治学を専攻する。在日中に立憲派の主張に共鳴し、梁啓超らの政聞社に参加。ベルリン大学で国家学を学んだ後、梁啓超と政治行動をともにする。一九一八年、梁らと大戦後のヨーロッパを視察した際には、イエナ大学にとどまり、哲学の研究に従事。一九二二年に帰国した後は、中華民国憲法の起草に関与したほか、国民党の一党独裁に反対する。第二次大戦後、民主社会党の主席に就任。国民党とも共産党とも一線を画した第三勢力の指導者となる。中華人民共和国成立後は、米国、香港、シンガポールなどで講演と著作の日々を過ごすとともに、新儒家の哲学者としても活躍する。近代中国人名辞典修訂版編集委員会編『近代中国人名辞典　修訂版』（霞山会、二〇一八年）八一六～八一七頁。

台湾民主化の先駆者　雷震伝◈目次

まえがき

一、雷震の歴史的役割

雷震と民主憲政との関わりについて、一般的に重視されているのは、彼が中華民国憲法制定史、あるいは台湾の民主憲政の発展に果たした役割である。しかし、民主憲政に関連した学識の形成を視野に入れたならば、雷震と近代東アジアにおける民主憲政思想の発展との関わりについても見えてくる。まず、民主憲政に関する基本的な学識について述べると、日本に留学した雷震は、名古屋の旧制第八高等学校を卒業後、京都帝国大学法学部に進学した。選択したのは政治学科で、主に政治、特に憲法の研究を志望していた。一般に法学科で重視される訴訟や職業弁護士の育成などには、さほど興味を持たなかったのである。法学部卒業後はさらに大学院に進学した。学業を完成させこそしなかったものの、選択したテーマは米国憲法の研究であり、彼の学術上の、あるいはその後の生涯の傾向を見て取ることができる。雷震が日本留学中に学んだもの、さらに日本の教員たちの学識や研究は、後に彼が中国で活躍する上で少なからぬ影響を与えた。また、日本留学中、雷震は戴季陶[1]らの紹介で、中華革命党に加わった。一九二六年に中国に戻った時、ちょうど中国国民党（以下、国民党）の北伐期間にあたっており、雷震は国民党の党員として、さらに師である韓寶華の関係で、浙江省の教育界で仕事を始めた。しかし、理想を実行に移すことが出来なかったため、一九二七年末に辞職し、その後、国民党員として国民政府で働くことになる。当初、戴季陶は雷震を国民政府の法制局に推薦した。法制局での勤務中には、当時局長であった王世杰[2]と長年にわたり上司と部下として親交を深め、後に良き友人となった。それから、戴季陶が責任者を務める考試院に異動し、日本の資料を使用して、中国の公務員任用制度の構築に協力した。

一九三三年に王世杰が教育部長に就任すると、雷震に協力を求めた。教育部総務司長に在職中、雷震は学術界と密接に行き来するようになり、胡適ら学術界のリベラリストたちと親交を結んだ。このことは、以後のリベラリストたちとの関係に影響を与えることになる。一九三五年には国民党の監察委員候補に第二位で当選し、同時に国民党中央政治委員会財政専門委員会の委員も兼任した。この時の国民党全国代表大会では、憲政の推進に関する具体的な決議が採択されており、雷震が国民政府の憲法制定作業に加わる機縁となる。一九三六年、雷震は王寵恵が座長を務める憲法草案の審議会報告の作業に参画したが、それは彼が中華民国憲法草案（五五憲草）に関わる重要なきっかけとなった。それからまもなくして日中戦争が勃発し、国民参政会[3]に転じていた雷震は、「五五憲草」の修正から憲法制定作業に参加するなど、日増しに重要な役割を果たすようになっていった。

（一）三党共同での憲法制定と憲政施行の促進

国民参政会での仕事は、憲法草案の修正と深い関わりがあった他、国民党以外の各党派の幹部とも密に接触するものだった。中でも、中国国社党（以下、国社党）、中国青年党（以下、青年党）、および後に成立する民主同盟の主要な幹部とは、緊密にやりとりをするようになる。国民参政会にいた期間、雷震は国民党とそれ以外の政党や政治組織との間の意思の疎通に重要な役割を果たすようになったのであり、中国共産党（以下、中共）とも密に接触していた。このような人脈こそが、雷震が後に憲法草案の修正をめぐる議論の中で重要な役回りを演じ、一九四五年八月に戦争が終了した後には、各党派との協商会議に参加するようになる上で鍵となるものであった。一九四六年一月、雷震は政治協商会議の秘書長に就任する。それにより、政治協商会議決議成立後の事態の推移、および政治協商会議の五五憲草に対する修正草案（政協憲草）の形成に密接に関与することになった。

政治協商会議が一段落し、それに続く政協憲草の討論の過程で、雷震は秘書として引き続き国民党と各党派との間を周旋した。張君勱が中心になって起草し、雷震が完成に協力した政協憲草は、後の中華民国憲法のもとになった。他方、国民党と中共や民主同盟との間に信頼関係が不足していたため、政治協商会議の決議では、国民政府がまず改組し、それから憲法制定を行うことになっていたが、いっこうにその順序に従って進めることができなかった。国共両党の軍事衝突が頻繁に起こり、憲法制定に向けた協議も合意に達することができない中で、国民政府主席兼国民党総裁の蔣介石[4]は、憲法制定を強行することを決定する。しかし、それは政治協商会議で決議されていた手続きに反していたため、中共と民主同盟にボイコットの理由を与えることになった。国民党一党による憲法制定という事態を避けるためには、青年党と民社党（国社党が改組して成立）を憲法制定国民大会に参加させることが重要な課題となったが、そのキーパーソンとなったのが、雷震であった。蔣介石から権限と命令を授けられた雷震は、積極的に民社党や青年党との意思疎通と協議に努める。最終的に、制憲国民大会において政協憲草をもとにした憲法を通過させることを蔣介石が承諾した後、民社党は制憲国民大会への参加に同意した。青年党は、もともと民社党が制憲国民大会に参加することを条件に参加することを決議していた。こうして、一九四六年十一月に三党共同による憲法制定が始まった。

憲法制定後に行われる憲政施行の準備作業には、国民政府を改組する必要があった。改組の過程で、雷震は張群[5]が行政院長を務める内閣の政務委員に就任したが、その主要な任務の一つは、引き続き民社党・青年党と協調して憲法施行の準備にあたることだった。また、民社党・青年党の政府への参与、および両党からの政治的要求についても積極的に対応にあたった。膨大なやりとりと協議を経て、ついに国民政府の改組が完了すると、雷震は行政院において、憲法に違反している可能性のある各種法律や行政命令の審査および修正の責任者を務める。ただし、反乱鎮定動員時期[6]に入った後は、この仕事の有効性は限定的なものになった。一九四七年十二月から憲政時期に入り、第一期中央民意代表の選挙が行われた際にも、雷震は重要な役割を果たす。国民党と民社党、青年党の議席の配分を調整する中で、国民党の中に規約に反して立候補する人数が多かったため、民社党と青年党に約束していた議席数が足りなくなるという事態が発生すると、雷震は引き続き周旋を行い、ついに憲法施行後の政府へ両党を参画させることに成功した。憲法施行後初となる行政院において、雷震は翁文灝内閣の政務委員となり、引き続き国民党と民社党、青年党の間の意思の疎通や協調の促進にあたった。特に、各機関の人事の割り振りで両党と国民党の間に対立が生じるのを防ぎ、憲法の施行を順調に行わせることが、その主要な任務であった。

（二）「擁蔣反共」から国民党当局の批判へ

一九四八年末になると、中共に対する反乱鎮定がうまくいかず、各地の主要な戦線において中華民国国軍の敗色が日増しに濃厚になったため、軍内の実力者や国民党内の同志も、作戦継続の自信を喪失していった。そこで蔣介石は、一九四九年一月元旦の文告の中で、地位に恋々としないと表明するが、それは蔣の下野と、国共間の和平交渉開始につながる重要な転換点となる。この時、雷震、王世杰、胡適は、蔣介石が引き続き国政にあたることを支持し、中共の人民解放軍に積極的に対抗する路線、すなわち「擁蔣反共」路線の論陣をはった。そのため雷震は、総統代理に就任した李宗仁からの国策顧問への就任要請を拒否する一方、王世杰らと協力して「自由中国運動」を展開し、胡適を領袖とするリベラル派知識人たちによる蔣介石支持の政治路線を確立しようと動いた。「自由中国運動」と、後に刊行される『自由中国』誌は、雷震が中国における民主憲政の推進を台湾に持ち込み、台湾の民主憲政の発展に重要な役割を果たす人物となる上での結節点であり、転換点ともなった[7]。

一九四九年十一月、『自由中国』誌が台北で創刊され、雷震は雑誌の事実上の責任者となる。当初の雷震は、危急存亡の秋にあることから「擁蔣反共」の政治路線に立っており、自由や人権の問題についてはさほど重視していなかった。一九五〇年六月、朝鮮戦争が勃発し、米国の第七艦隊が派遣され、台湾海峡の中立化が実施されると、台湾は危機を脱却する。一九五一年五月、米国が台湾問題において中華人民共和国に譲歩しないことを明確に決定すると、国際情勢は根本的な変容をとげた。ここに至り、雷震と『自由中国』は雑誌創刊の趣旨に立ち返り、自由と民主を台湾に根付かせることにより多くの関心を向けるようになる。一方、国民党当局は蔣介石の指導の下、朝鮮戦争勃発後に進めてきた国民党の「改造」[8]を、「以党領政、以党領軍〔党が政治を指導し、党が軍を指導する〕」の方向へと向けていった。同時に、蔣介石を領袖として推戴し、党の構造を大陸時代の「蔣家の天下、陳家の党」[9]から「蔣家の天下、蔣家の党」へと転換し、ストロングマンによる権威主義体制へと発展させた。雷震と『自由中国』が自由民主や人権の価値について関心を高めていく一方、国民党当局の方はストロングマンによる権威主義体制に向かっていったのだから、両者の間で衝突が発生するのは避けられようがなかった。

『自由中国』に携わっていた期間、国民党当局との衝突が日増しに拡大していったため、雷震は次第に国民党の中枢から離れ、国民党の施政を監督し、牽制する立場へと変わって

いくにつれ、『自由中国』の言論も先鋭なものになっていき、ため、蔣介石と国民党当局が三選に向かう姿勢を明確化していく三期目の総統を務めることには、基本的に反対だった。その憲法体制を擁護する立場から、蔣介石が憲法の規定を破って蔣介石の総統三選に対する態度である。雷震は、中華民国のをかった。さらに決定的だったのは、雷震の反対党、およびの主張を掲げ、よりいっそう蔣介石以下国民党上層部の不興た「今日の問題」と題するシリーズ物の社説は、様々な改革一つとなった。それに引き続き、『自由中国』が連載を始め雷震が国民党当局と直接衝突することになる重要な転換点のせてはならない〕」という記事で治安情報機関と衝突して以来、一年に「政府不可誘民入罪〔政府は民をそそのかして罪を犯さ五六年に出版した「祝壽専号〔生誕祝賀特集号〕」は、一九五局と決裂することになったと見る人もいる。中でも、一九運動の中で各方面から嘱目される一方、最終的には国民党当トの政治的立場に接近していき、それによって台湾の民主化自由、民主、人権を提唱する人士や、台湾本土の政治エリーさせたりするために動いていたのが、結果としては各党派のと統一戦線を構築したり、胡適らに国民党の統治体制を支持いった。そのため、元々雷震は国民党のために各党派の人士

強力な批判者としての役割を果たすようになっていくのである。

（三）反対運動への加入と継承

雷震は早くから、民主憲政のもとでは反対党が存在する必要があると考えていた。中華民国政府が台湾に移転した後、民社党と青年党の勢力はあまりにも小さく、強力な反対党としての役割を果たすには不十分だったので、『自由中国』誌は数次にわたって新しい反対党を創立すべきことを提唱した。地方選挙が不公正に行われたことから、台湾本土の政治エリートが政党結成に向けて動き出すと、当初雷震はその動きに賛成してはいなかったが、一九六〇年に蔣介石が総統三選を果たしてからは、この二つの政治勢力は次第に合流していく。雷震は、外省籍の政治エリートと台湾本土の政治エリートの提携促進に尽力し、台湾籍エリートの主導で始められた中国民主党結党の運動に参画した。このような中、国民党当局は強硬な抑圧策をとることにし、元々は「田雨案件」として雷震と『自由中国』の監視と統制にあたっていたのを、直接的に抑圧する方針に転じた。こうして、一九六〇年九月四日に

雷震は逮捕され、『自由中国』は停刊処分を受けることになる。中国民主党結党の動きはその後もしばらく続いたが、一九六一年の地方選挙後、やはり水泡に帰した。もちろんそれは、国民党当局が政治事件（案件）として、雷震と共同で中国民主党結党の準備にあたっていた高玉樹と李萬居に対して圧力をかけた結果であった。

雷震が一〇年の刑期を終えて出獄した一九七〇年、中華民国が国際的な政治舞台において危機にあるのは明らかだった。『自由中国』を発行していた時、雷震は米国を中心とした「二つの中国」に向けた動きに重大な関心を寄せていた。また、台湾に民主主義を根付かせる政治改革を、政治の主要課題にすべきだと認識していた。そのため、一九七〇年に出獄した後、雷震は「二つの中国」を主張した。一九七一年に中華民国が国連代表権を喪失し、中華人民共和国が国際舞台における中華民国政府の役割を継承した後、雷震は台湾に中華台湾民主国を建国し、新憲法を制定して、中華人民共和国から独立した民主国家を構築するよう、さらに積極的に主張を展開した。このような主張は、もちろん蔣介石や蔣経国の主導する国民党当局の容れるところではなかったが、後の民主化運動の発展に影響を与えることになる。一九七〇年代になると党外運動が次第に勃興するが、運動の参加者にとって、一九五〇年代に『自由中国』誌が要求していた改革の主張はなじみのないものではなく、改革を要求する根拠として参照されてもいた。ただ、雷震が提起した「救亡図存献議」は、当時の政治的空気の中にあっても過激なものであり、党外人士たちすらあえて直接引用しようとはしなかった。しかし、台湾住民によって、台湾に中華人民共和国から独立した主権国家を建国するという要求は、台湾の民主化運動の中で次第に醸成されていくことになる。特に住民自決の概念は、党外人士が「国是声明」[10]を出してから、党外運動と後の民主進歩党の政治的要求の基調となっていった。雷震は、その言論によって党外人士に影響を与えた他、出獄後は、一九五〇年代に交わりを結んだ台湾本土のエリート以外に、康寧祥[11]らの新進の党外人士と深く交わり、郭雨新[12]とその秘書である陳菊[13]とも緊密に交流していた。雷震の言論関連資料の多くが海外に出回ったのは、党外人士、および台湾の自由、民主、人権に関心を寄せる国際社会の人々による協力の結果である。一九七九年に雷震が没した後、八〇年代に入ると、雷震事件の名誉回復を求める運動が展開されるようになり、雷震が台湾の政治運動に果たした役割と地位についても各方面から重視されるようになっていった。本書『雷震伝』では、雷震の成長過程や、政治に果たした貢献と意義、とりわけ中華民国の民主憲政の推進、および台湾の民主化運動で演じた役割について明らかにしていきたい。

二、雷震研究の回顧と資料について

筆者は、二〇一九年に出版した『雷震與一九五〇年代台湾政治発展——転型正義的視角』において、雷震と『自由中国』に関する先行研究について全面的に回顧したことがある。ここでは、当時の整理をもとにして、雷震をテーマにした研究をふりかえってみよう。

雷震に関わる研究のうち、専門書では、李敖が『雷震研究』の中で、雷震の関連史料と档案を収集している。[14] 任育徳は『雷震與台湾民主憲政的発展』の中で、雷震と戦後台湾の民主憲政の発展とを結び付け、彼の与えた影響や関係について検討した。[15] 范泓は雷震を主軸とした伝記を執筆し、その後増補版の雷震伝も出版している。[16] 張忠棟の『胡適・雷震・殷海光』は雷震のみを研究対象としたものではないが、その内容は『自由中国』とも関係している。[17] その他、雷震に関する研究書もいくつか存在し、例えば馬之驌の『雷震與蔣介石』などがある。[18]

主な論文としては、楊秀菁の「権衡下的十年罪責——雷震案與一九五〇年代的言論自由問題」は、雷震事件がいかにして罪として問われたかと、同事件が映し出す一九五〇年代における言論の自由の問題について検討した。[19] 蘇瑞鏘の「従雷震案看戒厳時期政治案件的法律処置対人権的侵害」[20]は、当時の法律における関連規定、および雷震事件の処理手続きについて深い考察を行っている。許瑞浩の「従官方档案看統治当局処理『雷震案』的態度與決策——以国防部档案為中心」は、国防部档案を利用し、国民党当局が「雷震事件」を処理する際の意思決定問題を検討した。[21] 薛化元は、「雷震的『国家統治機構』改革主張」[22]と、「雷震的国家『統治機構』改革主張——対台湾自由主義的一個考察」[23]の中で、海外情勢の変遷と『自由中国』の主張との間の関係を分析し、雷震と『自由中国』誌の立場が、時期と環境の変化に応じて変化していっていることをつぶさに観察した。また、「台湾自由主義対国家定位思考的歴史探討——以雷震及《自由中国》為例」[24]、および「戦後台湾自由主義與民族主義互動的一個考察——以雷震及《自由中国》的国家定位為中心」[25]では、外的条件の変化と思想における論理の発展という二つの切り口から、『自由中国』の台湾の国家的位置づけに対する立場の変遷、すなわち中華民国のみが中国を合法的に代表するという「一つの中国」論から、「二つの中国」論へと移行する過程について検証している。任育徳は、「一九五〇年代雷震憲政思想的発展――以『中央政体』與『反対党』為例」[26]の中で、雷震の憲政に関する思想の発展から説き起こし、ついで「中央政体」と「反対党」に対する『自由中国』の立場と主張について検討した。

本書の執筆にあたっては、主に筆者のこれまでの雷震および『自由中国』に関する研究を下敷きにして、既存の研究成果や、すでに公刊された雷震の著作物を参考にするとともに、傅正主編『雷震全集』の中の回想録や日記、書簡、さらに公的機関における雷震関連の文書も大量に参照している。また、伝統的な研究方法以外に、デジタル人文学の研究アプローチを用いて『雷震日記』を分析し、雷震の反対党結成に向けた動きなどの諸相を明らかにして、関連する章節を補足していくことも試みたい。

三、本書の章立て

本書は、基本的には時系列に沿って叙述される。第一章は、雷震が誕生し、故郷で学業を始め、日本留学を経て中国に帰国し、政府に出仕するまでを扱う。第二章は、雷震が政党間の協商や憲法の制定・施行に関与した後、一九四九年に中華民国政府の台湾移転にともなって渡台し、『自由中国』を出版するまでを描く。第三章がとりあげるのは、雷震が『自由中国』を主宰していた時期である。『自由中国』を通じて、雷震は一九五〇年代台湾の自由民主を求める言論や民主化運動を代表する人物の一人になっていく。しかし、蔣介石を指導者とする国民党当局を批判し、当局の一線を越えたことから、一九六〇年九月、根拠の薄弱な罪状により投獄されることになるのである。

第四章は、雷震が投獄される経緯、さらに、一〇年間の刑期を終えて一九七〇年九月に出獄した後、『自由中国』もなく、もはや言論界の輝けるスターではなくなった雷震が、それにもかかわらず台湾の民主化運動の中で果たすことのできた役割について論じる。それはもとより、過去に『自由中国』が自由民主という領域に種をまいてきたことが、一九七〇年代の民主化運動の重要な資源となり、下の世代の政治運動家たちを啓蒙してきたからである。さらに言えば、雷震の自由民主に関わる主張は、『自由中国』が発行されていた時代にのみとどまるものではなく、さらに一歩進んで、台湾の生存とも関連している。一九七〇年代初頭、雷震が自由と民主の価値の優位性から、台湾の民主憲政発展の道筋について深く考えをめぐらせたことは、現在においても現実的な意義を有しているのである。最後に、雷震が生涯をかけて追及した民主憲政の姿と、その意義について総括して、本書を締めくくることとする。

注

1 〔訳注〕戴季陶（一八九一～一九四九）は、ジャーナリスト、政治家。名は伝賢、希陶は字。四川省漢州に生まれる。一九〇五年に日本に留学。帰国後、ジャーナリストとして言論活動に従事。中国国民党右派の理論的指導者となる。著作に『孫文主義之哲学的基礎』、『国民革命與中国国民党』、『日本論』など。近代中国人名辞典修訂版編集委員会編『近代中国人名辞典　修訂版』（霞山会、二〇一八年）八九～九〇頁。

2 〔訳注〕王世杰（一八九一～一九八一）は、憲法学者、政治家。字は雪艇。湖北省崇陽に生まれる。ロンドン大学で政治経済学、パリ大学で法学を学び、法学博士を取得。北京大学で憲法を教えた後、国民政府に入り、法制局長、教育部長、軍事委員会参事室主任などを歴任。台湾移転後は総統府秘書長や総統府資政などを務める。近代中国人名辞典修訂版編集委員会編『近代中国人名辞典　修訂版』六〇九～六一〇頁。

3 〔訳注〕国民参政会は、抗日戦争期の政治討議・諮問機関。一九三八年三月の国民党臨時全国代表大会の議決に基づき設置される。成立初期には共産党など国民党外の党派や個人をも包括していたが、国共対立の激化により次第にその役割は失われていき、一九四八年三月、国民党の憲政実施国民大会開催により、終結が宣言された。天児慧ほか編『岩波現代中国事典』（岩波書店、一九九九年）三四〇頁。

4 〔訳注〕蔣介石の「介石」は字であり、名は「中正」である。原著では蔣中正と表記されているが、本書では日本で一般的に知られている蔣介石という呼称を用いる。

5 〔訳注〕張群（一八八九～一九九〇）は、軍人、政治家。字は岳軍。四川省華陽に生まれる。日本の振武学校、陸軍士官学校で学ぶ。帰国後、蔣介石の北伐に参加。湖北省政府主席、外交部長、行政院長などを歴任。台湾移転後は総統府秘書長に就任。知日派として知られ、

日華協力委員会顧問も務める。近代中国人名辞典修訂版編集委員会編『近代中国人名辞典　修訂版』八二三～八二四頁。

6 〔訳注〕反乱鎮定動員時期とは、中華民国が「中国共産党との内戦」という非常時期にあることを指す用語。中国語では、「動員戡乱時期」。一九四八年、非常時期にあることを理由に、中華民国憲法の付属条項として「反乱鎮定動員時期臨時条項」が制定され、中華民国総統に強大な権限が付与された。例えば、総統は戒厳令を布告する際に行政院会議の議決を得るだけでよく、立法院の通過または追認を必要としなくなる（憲法第39条の凍結）など、人民の諸権利を抑圧するさまざまな下位法規の法源となったのである。反乱鎮定動員時期は、一九九一年五月一日に李登輝が終結を宣言するまで続いた。天児慧ほか編『岩波現代中国事典』一〇六〇～一〇六一頁。

7 「自由中国運動」と『自由中国』誌の発展については、薛化元『《自由中国》與民主憲政：一九五〇年代台湾思想史的一個考察』（板橋：稲郷、一九九六年）を参照。

8 〔訳注〕「改造」とは、一九五〇年から五二年にかけて実施された、国民党の改革のこと。蔣介石は中国大陸時期から、国民党が共産党との内戦で劣勢に立たされた原因は、党員の腐敗と組織のゆるみ、軍の士気の低下と軍閥化にあると考えていた。台湾移転後、蔣は党内派閥の克服による党総裁の指導の貫徹と、国民党による軍・政への一元的支配を目指して党の整頓に取り組む。「改造」は、①現有党員の再登録と不良党員の粛清、②新規党員の吸収、③党員の組織編入、という手順で進められた。その後、一九五二年十月の国民党第七回全国代表大会において党規約と党綱領が採択され、四〇名の中央評議員と三二名の中央委員を選出し、さらに蔣の指名により一〇名の中央常務委員を選出することで、「改造」の公式の仕上げとされた。若林正丈『台湾――変容し躊躇するアイデンティティ』（ちくま新書、二〇〇一年）九五～九六頁。

9 〔訳注〕「蔣家の天下、陳家の党」とは、中国大陸時代の国民党政権において、陳果夫と陳立夫の兄弟を中心とするC・C派が、国民党の中央組織部、中央政治学校などを拠点にして中央および各省・市党部を掌握して一大勢力を築いていたことに由来する。松田康博『台湾における一党独裁体制の成立』（慶応義塾大学出版会、二〇〇六年）三二頁。

10 〔訳注〕国是声明とは、米中国交正常化の見通しが台湾に伝えられた直後の一九七八年十二月二十五日、在野勢力により台北で開催された「党外人士国是会議」で採択された声明。中央民意代表の全面改選、軍隊の国家化、戒厳令の解除などを含めた一〇項目の呼びかけを行った他、「我々の運命は一七〇〇万の人民によって決定されるべきである」との住民自決の主張を表明した。薛化元ほか『戦後台湾人権史』（台北市：国家人権紀念

館籌備処、二〇〇三年）二四七～二四八頁。

11 〔訳注〕康寧祥（一九三八～）は、政治家。台湾の党外民主運動の指導者の一人。台北に生まれる。ガソリンスタンド勤務を経て、一九六九年に無党派で台北市議員選挙に立候補し、当選。一九七二年には増加定員選挙で立法委員に当選し、以後三期連続で務める。黄信介らと党外の連携と組織化を図るが、大衆運動路線を志向する黄らの急進派に対し、議会路線を重視する穏健派として活動。一九七九年に政論雑誌『八十年代』を創刊する。同年末の美麗島事件では逮捕を免れ、党外民主運動を維持するが、康の穏健路線に若手党外人士が反発し、立法委員選挙に落選。民進党結党後は、小派閥の康寧祥派を率いる。陳水扁政権では国防副部長、国家安全会議秘書長などを歴任した。岩波書店辞典編集部編『岩波世界人名大辞典　第一分冊』（岩波書店、二〇一三年）九五九頁。

12 〔訳注〕郭雨新（一九〇八～一九八五）は、政治家。台湾の宜蘭に生まれる。一九三四年に台北帝国大学農林専門部を卒業。林本源興殖株式会社勤務などを経て、台湾省参議員、台湾省臨時省議員を歴任。一九六〇年、中国民主党結党運動に参画する。一九七三年、監察委員選挙に出馬するも、落選。その後、立法委員選挙にも落選する。一九七七年に渡米し、その後台湾民主運動海外同盟を結成して台湾の民主化を訴える。許雪姫総策画『台湾歴史辞典』（台北：行政院建設委員会、二〇〇四年）八一七頁。

13 〔訳注〕陳菊（一九五〇～）は、政治家。世界新聞専科学校を卒業後、郭雨新の秘書を務める。一九七九年末の美麗島事件に関係して翌年逮捕され、六年間入獄。出獄後、民進党結党に参画。台北市社会局長、行政院労工委員会主委、高雄市長、総統府秘書長を経て、監察院長などを歴任。

14 李敖編著『雷震研究』（台北：李敖出版社、一九八八年）。

15 任育徳『雷震與台湾民主憲政的発展』（台北：国立政治大学歴史学系、一九九九年）。

16 范泓『民主的銅像：雷震先生伝』（台北：秀威資訊、二〇〇八年）、および范泓『雷震伝：民主在風雨中前行』（広西：広西師範大学出版社、二〇一三年）。

17 張忠棟『胡適・雷震・殷海光』（台北：自立晩報社、一九九〇年）。

18 馬之驌『雷震與蔣介石』（台北：自立晩報社、一九九三年）。

19 楊秀菁「権衡下的十年罪責――雷震案與一九五〇年代的言論自由問題」『国史館館刊』第四〇期（2014. 6）、一〇四～一三八頁。

20 蘇瑞鏘「従雷震案看戒厳時期政治案件的法律処置対人権的侵害」『国史館学術集刊』第十五期（2008. 3）、一一三～一五八頁。

21 許瑞浩「従官方档案看統治当局処理『雷震案』的態度與決策――以国防部档案為中心」（胡健国主編『二十世

紀台湾民主発展：第七屆中華民国史専題論文集』台北県：国史館、二〇〇四年）、三一九～四〇六頁。

22 薛化元「雷震的『国家統治機構』改革主張」（『二十世紀』第六十九期）（2002.2）、六六～七〇頁。

23 薛化元「雷震的国家『統治機構』改革主張――対台湾自由主義的一個考察」（『台湾史料研究』第二十期）（2003.3）一一九～一五五頁。

24 薛化元「台湾自由主義対国家定位思考的歴史探討――以雷震及《自由中国》為例」（『台湾風物』第四十八巻第一期）（1998.3）、四一～六一頁。

25 薛化元「戦後台湾自由主義與民族主義互動的一個考察――以雷震及《自由中國》的国家定位為中心」（『当代』第一四一期）（1999.5）、三二～四五頁。

26 任育徳「一九五〇年代雷震憲政思想的発展――以『中央政体』與『反対党』為例」（『思與言』第三十七期第一期）（1999.3）、九七～一三九頁。

第一章　成長と家庭生活

第一節　成長と、年少の頃の学習の経歴

一、家柄の背景と学識の形成

雷震は、一八九七年六月二十五日（陰暦五月二十六日）に中国の浙江省長興県小渓鎮に生まれた。父の雷錦貴は、原籍が河南省羅山県で、祖父の雷天壽は河南で捻軍[1]に抵抗していた時に亡くなり[2]、家屋もこの間に焼き払われて、家が零落してしまった。そのため、光緒十年（一八八四年）頃に故郷を離れ、戦火を逃れる多くの難民とともに浙江に至り、湘軍にあって標統[3]の職に就いていた父方の従兄のもとに身を寄せ、最終的には浙江省興県小渓口鎮に居を定めた。小渓口鎮に居住していた雷氏一族の人々は、その多くが河南省羅山県から来ていた[4]。

雷錦貴は、河南にいた時に范氏を妻とし、雷用功と雷用書の二子を育てた。雷用書は子どものなかった従兄のもとへ養子に出したが、その後思いがけず長子雷用功と范氏が相次いで亡くなったので[5]、雷錦貴は、地元浙江の陳氏を後妻に迎える[6]。陳氏は相次いで男子を三人、女子を二人産み、二番目の子どもが雷震であった。族譜上に登記された譜名は雷用龍であり、兄と弟が一人ずつと、妹が二人いた。上の妹は一九〇八年に夭折し、下の妹も一九二二年に亡くなったので、二人とも未成年のままこの世を去ってしまう[7]。長兄の雷用邦は、幼い頃に脳膜炎を患ったため、脳と聴覚に障害が残った。弟の雷用国は末っ子であり、母の寵愛を受けた[8]。父親が移民であった関係から、雷震は幼い頃から異なる省籍の人間が集まった家庭に育ち、省籍間の文化の違いについて、一般の人よりも身近に接することになる。こうした成長時の環境は、雷震が省籍間の衝突や差別について理解することを助け、後に彼が省籍問題を処理する際の態度にも影響を与えたのである[9]。

雷震の学業は、私塾での学習から始まった。当時雷震の郷里では、数を数える能力が、子どもに私塾で学習するに十分な理解力があるかどうかを判断する基準とされていた。五歳になって迎えた冬、長い夜に時間があったので、父親は息子に数の数え方を教え始めた。ほどなくして、雷震は銅銭を百

の位まで数えられるようになる。父親は喜んで、雷震には天稟があり、早く入学して勉強を始めるべきだと考えた。一九〇三年、雷震は六歳で「発蒙読書〔はじめての勉強〕」を始め、母方の従兄の沈本魁（字は幼卿）に教わりながら勉強を開始する[10]。当時中国の私塾は、地方郷紳や裕福な家庭が自家の子どもの学習のために設立したもので、私塾の教師は、塾の経営者の子どもや、試験を受けに行く学生にのみ関心を払い、一時的に籍を置いている子どもに対しては熱意を傾けて教えようとはしないのが普通であった。雷震の父親は文字が読めなかったが、息子がより多く勉強できるようにと、自ら私塾を設立した[11]。

雷震によると、河南から浙江に移住して来た人は「自視甚高〔自らを高みに置く〕」であり、江浙地方を未開で粗野な地域と見なし、平素から浙江人を「蛮子」と呼んでいた[12]。雷震の父、雷錦貴も河南省の移民として、河南人の教師に子どもの勉強を任せたいと考えており、それによって、「南蛮の分かりにくい言葉をしゃべる連中の影響を免れ、中原上国の優良な伝統を保持できるだろうと期待していた」。雷震のおじである沈文卿の手配で、錦貴はわざわざ河南から自分の甥にあたる沈幼卿を浙江に招き、教育を任せた[13]。

雷錦貴は、家から五華里[14]ほどのところにある南淙抖付近の西荘というところに田畑を購入し、そこに塾を設立した。雷震と兄の雷用邦と雷用書[15]の他、二〇人近くの学生がおり、当時としてはかなり大きな私塾であった。おじの沈文卿は田畑で農作業をし、雷震と二人の兄は塾に住み込みをし、他に三人の寄宿生がいた。おじは優しく穏やかで、雷震を実の子どものように扱った。私塾で受けた初級の教育は、まず『三字経』、『百家姓』から始め、それから『論語』に進むというものだったが、これらの内容は幼い雷震にとって「無味乾燥でつまらない」ものだった。加えて、沈幼卿は教育能力が低く、かんしゃく持ちでしょっちゅう学生に体罰を加えたので、雷震の学習意欲は上がらず、塾を辞めたいと思うようになった。入塾からほどなくして清明節になり、雷震と兄の雷用邦は墓参りのために家に帰った。次の日、母親が戻るよう言うと、雷震は嫌でたまらなかったが、母親がなだめすかしたので、しぶしぶ塾に戻る。しかし、戻ってからも雷震はどうしても勉強がしたくなく、家に帰ると言ってきかなかったので、叔父はやむなく次兄の雷用書に雷震を連れ帰らせた。清明節後の雨で路上はぬかるみ、用書は道のりのほぼ半分を、雷震を背負って帰った。家に着いた後、父親は心中愉快ではなかったが、責めはしなかったのに対し、母親は顔色を変えて怒り、雷震が怠けていると見なして厳しく打擲し、その夜すぐに塾に連れて戻るよう用書に言いつけた。父親があれこれと取りなしたのでようやく一晩家に泊まることは許されたものの、翌朝の明け方、雷震は塾に向けて出発した。それからというもの、二度と授業をサボることはなくなり、勉強の大切さも身に染みて理解した。雷震自身、後に自分がいささか勉強をしたのは、この時に母親から懲らしめられたことによると振り返っている[16]。塾から逃げ帰り、母親から厳しく罰せられたことは、雷震の心の中に「一生忘れがたい」深い印象を残し、清明節が終わった後の二日目は、人生の中の記念すべき一日となったのである[17]。

一九〇五年、雷震が学んでいた私塾は南淙圩から、より遠くの王家埠に移転した。その理由は二つあり、一つ目は、おじの沈文卿が蘇州の呉県渡村鎮に引っ越すことになり、家の田畑は人に貸して耕作させなければならないので、私塾をそこに設けておくことができなくなったということがあった。二つ目は、私塾の学生は大部分が付近の農村の子弟だったが、沈幼卿は学生の保護者たちを田舎者と見下していたので、彼らの怒りを買い、次々と子どもたちを他の塾で学ばせたり、やめさせたりするようになって、学生数が次第に減少していったのである。私塾移転の主要な原因は、こちらであった[18]。折よく、雷錦貴の友人が王家埠に空き家を持っており、借りて使うことを許可してくれたので、そこに引っ越すことになった。しかし、王家埠は雷家からさらに遠く、約七、八華里[19]の距離があり、山村の辺鄙なところで人家もまばらだったので、塾の学生はおのずから以前より減少した。沈幼卿は心中大いに不愉快で、「塾長」が無能だからこのような嫌な思いをし、収入が減少したのだと思うようになる。雷震の父の雷錦貴は目に一丁字もない農夫で、沈幼卿はかねてから雷錦貴を田舎者、雷震の母を（浙江出身だったので）「蛮子」と見なして、ばかにしていた。また、雷震と雷用邦を、しつけの悪い子どもと罵り、父母に学問がないからしつけができないのだと言ったこともあった。雷震の見る沈幼卿は、心が狭く、利益を求めるだけの人間だった。沈幼卿は、塾の移転により学費収入が減少した他、塾設立のための土地購入の契約書を自分が書いたのにもかかわらず、雷震の父が代筆料を払わなかったことにもわだかまりを抱いていて、「吝嗇」で「為富不仁〔金持ちには血も涙もない〕」だと思っていた。実情はというと、雷震の父は沈幼卿が親戚であることから、金銭を支払うことは他人行儀だと思い、そのかわりに沈のために新しい衣服を購入したり、旅装を買い足してやったりしていたのである。そのために費やした金銭は、代筆料の数倍にあたった。何より、土地を購入したのも、彼の私塾のためだったのである[20]。

沈幼卿と雷震の父が不和であったことの影響は、雷兄弟の身にも降りかかり、沈は口実を設けては彼らをこっぴどく叩き、憂さを晴らした。ある時、沈の手ぬぐいがなくなると、雷兄弟を怒鳴りつけてひどく殴り、手ぬぐいをなくした者が認めるまで、罰として一晩中跪かせるということがあった。真夜中まで跪いたあと、雷震はこっそりと兄の雷用邦と相談し、「ひとまず認めて、ずっと跪いていなくても良いようにしよう」と言った。用邦は不本意ではあったが、沈を起こし、手ぬぐいは自分がなくしたのだと認めた。ところが、沈は熟睡していたのを起こされたのでさらに怒り、用邦が手ぬぐいはどこにあるかわからないと言うと、また彼をひどく殴った。雷兄弟は、ひどい無実の罪を着せられたと考え、その晩木製ベッドの上で仮眠をとろうとしても寝付けず、二人でこっそりと話し、翌日の朝逃げ出そうと決した。夜が明けると、雷震と雷用邦は、沈がまだ寝ている隙に静かに寝床から抜け出し、服を着て門をこっそり出て、家の方向に向かってものすごい勢いで駆け出した。帰途はずっと緊張で張りつめ、誰か追いかけてきたり、道すがら他の塾生に出くわしたりしないかと心配で、近道をするためにあえて危険な木橋を渡ったりもした。雷震と雷用邦が帰り着いた時、家ではまだ朝食をとっておらず、母親は兄弟二人が走ってやってくるので大変驚いた。まさに聞きただそうという時に、兄弟二人は大声で泣きだした。母親は事のいきさつを問いただしながら、息子の頭をなでていると、雷用邦のあたまに大小いくつかのコブができているのを見つける。そこで、子どもたちがつらい思いをしていたことに気がついて涙があふれ、母子三人は抱き合って泣いた。雷震が家に着いてから二時間後、二名の学生が沈幼卿の命を受けて雷家にやって来て、帰塾するよう求めたが、雷震の母が厳しい言葉で拒絶した[21]。

この事件の後、母親は二度と沈のもとに子どもを勉強に行かせたくはなかったが、父親は紹介者であるおじの沈文卿の面子を気にしていた。沈文卿が再三にわたって取りなしたのと、雷兄弟が家では身を入れて勉強しようとはしなかったので、兄弟はまた父親によって沈幼卿のところに送られて勉強することになる。沈幼卿は、屈辱を受けたことに怒って、さらに雷兄弟につらくあたるようになり、授業の時に、雷震の父親は「金があることを頼みにして、貧乏人を見下げている」とあてこすりを言うことすらあった。雷震は、負けずに言い返したかったが、じっと我慢してうつむき、涙を浮かべるしかなかった。端午節の休みに家に帰った時、雷震が沈の授業内容を父母に告げると彼らはとても怒り、母親は、もう傷つけられないよう雷震と雷用邦に塾には戻るなと言ったが、父親はおじのことを慮って、やはり休みが終わったら必ず帰塾するようにと言った[22]。

日常生活においても、沈は塾に寄宿している雷兄弟につらくあたった。沈は、雷震の父から炊事係に払うための給金を受け取っていたが、実際には炊事係を雇わず、雷兄弟に飯を炊くよう言いつけ、自分自身はおかずをつくった。ある時、薪が雨で濡れてしまい、飯が炊けなくなったが、沈は寝床で高鼾をかき、まったく関心を向けなかった。雷兄弟はひもじさに狼狽し、誕生日を過ごすことを口実に実家に逃げ帰って、家に入るやいなや冷たくなった飯を台所でかきこんだ。またある年の夏、暴風雨のあとで、屋根が草ぶきである塾は雨漏りがして床がびしょびしょになったが、沈は乾いた所で寝る一方、雷震たちには濡れているところで寝かせた。沈がいかに年若い学生たちに対して関心を払わなかったかは、このことからも明らかだった[23]。

二、父親の病死と強盗事件

沈幼卿のもとで三年間勉強した後、一九〇六年に雷震は父方の親戚[24]である黄有鄰の主催する塾で二年間学んだ。その一年目に黄は科挙に合格し、それは郷里では大事件だった。それからの数か月間、黄有鄰は他の合格者や親友、先輩などのところをあちこち訪問し、そのたびに祝賀会が開かれた。それらが済むと、黄は自分でも招待状を出して宴席を設け、大量の祝儀を集めた。そのため、この一年の間、黄には授業をしようという気はまったくなかった。毎朝学生たちにしっかりと本を読んで字を書け、遊びほうけたり喧嘩したりしてはいけないと言い聞かせた後、仕度を整えて出発し、日が暮れるころにようやく帰って来るというありさまだったので、その頃には学生たちはとっくに家に帰っていたのである。当時、「先生が外出すると学生は妖怪になる」という俚諺があったが、黄先生が塾にいない時、学生たちは毎日上を下への大騒ぎであった[25]。

一九〇七年になると、黄有鄰は訴訟事務も兼業するようになったので、さらに教育をする気をなくし、授業を休んだりやめたりする日が重なり、雷震の学業に深刻な影響を及ぼした。雷震は、黄有鄰のしていることは「訴訟ゴロ」と同じで、「一年の月日を無駄にした」と思うようになる。毎日学校が引けた後、雷震は母親にその日の学習の様子を報告し、母親を介して父親にも伝えられた。母親は父親に対して、黄は教師として不適格だと力説し、父親が息子の学習状況に気をまわしていないと文句を言って、きっぱりと塾を変え、二度と息子たちを黄有鄰のところで学ばせなかった[26]。

十一歳（一九〇八年）の時、雷震と兄の雷用邦は家族の手配で、郭伯仁の塾に入り直した。郭伯仁は河南の人で、教育にまじめであり、授業も明瞭かつ詳細で、良い教師だった。雷震はこの一年間に多くを学び、文章の書き方も身につけた[27]。

一九〇九年になると、父親の雷錦貴が病臥するようになり、母親は家の仕事を分担してくれる人間が必要になったが、三弟の雷用国もすでに初歩的な学習を始める年齢に達しており、子どもたちが家を離れて勉強に行くことを望まなかったので、家の中に塾を設け、江蘇省句容県の李氏を招いて授業を開かせた[28]。ところが、この年の四月九日、雷錦貴が不幸にも病死し[29]、母親の陳氏は三十六歳の若さで寡婦となって[30]、四人の子どもを育てる責任を一人で背負うことになった[31]。父親が亡くなったこの年、李氏を招いて家で授業を開かせていたものの、雷震は葬儀に忙殺され、ほとんど授業に出ることができなかった[32]。

父親が病で亡くなった経験は、後の雷震の伝統文化に対する態度に影響を与えた。当時、雷震の郷里には西洋医がおらず、漢方医は父親の病を治療することができなかった。そのことは、雷震が漢方医を信頼しなくなる原因となった。また、一部の親戚や友人は道士や巫祝をよんできて、妖魔調伏の法術を何度も行わせたが、実際は病人の静養を邪魔するだけだった。これらの経験を通して雷震は、伝統文化の限界を理解し、後の文化論戦においては近代（西洋）文化を積極的に導入する必要性を強調するようになるのである[33]。

雷錦貴の死が雷家に与えた影響は大きく、雷震の母は家のことを自ら決断しなくてはならなくなった。この時、雷震の異母兄弟である次兄の雷用書は、こともあろうに出棺の日にやって来て、家産を奪おうと大騒ぎした。それは雷震の見るところでは、「でたらめ極まるもので、許しがたいほどのものだった」。陳氏はこれに打撃を受けて、たびたび雷錦貴の墓前に赴いては、人から侮りを受ける苦痛を泣いて訴えた。幸い、話の分かる伯父の蘭泉が出てきて道理を説いたので、用書は無理を押し通せないと見て引き下がった[34]。この時代、一家の主を失った孤児と寡婦は、容易に他人からいじめられたのである。雷用書との争いが終わった後も、雷錦貴の死を奇貨として、雷家の財産を奪おうと試みる一族の者は後を絶たなかった。陳氏は、一族の者から嫌がらせを受けても屈せず、徹底的にやり合うことを決断する。雷錦貴の死後、陳氏は一族の人間と長年にわたって訴訟を戦い、彼らはしだいに彼女があなどり難いことを悟るようになった。そこで、畏敬の念を抱くようになり、「老巴子」というあだ名を彼女につけた。虎という意味である[35]。

父親が亡くなった同じ年の九月一日、ちょうどこの日は陳氏の誕生日であったが、夜半になって約二〇人の強盗が侵入し、財物を奪い去られてしまった。だが、強盗たちが巨石で通用門を破壊しようとする前から、陳氏は強盗が押し入ろうとしていることに気づき、じかに金銭を巻き上げられないないよう、自分はすでに逃げ去ったと偽装して、屋根の上に隠れた。雷兄弟三人の方は、強盗が入って来てからようやく眠りから覚まされた。雷震は無意識のうちに逃げようとしたが、一人の強盗に捕まえられた。強盗は逃げられないよう雷震の辮髪を柱に結び付け、刀を左右の首筋にあてて、母親がどこにいったかを問い詰めた。さらにもう一人の強盗は、短銃を雷震の腹部に突き付けて大声で威嚇したので、雷震は驚きのあまり泣き叫んで、大声で助けを呼んだ。後になって雷震は、陳氏が自分の隠れている場所を言わなかったのは幸いで、もし言われていたら話してしまっただろうと回想している。強盗たちは、屋内で財物を徹底的に探し回り、たんすや箱をひっくり返すのは時間をとられるので、行李や木棚などを直接刀や斧でたたき割った。出ていく時には、追ってきたり官に訴え出たりしてはならないと大声で警告し、「万一忠告に耳を貸さなかったら、血の報復に注意しな、子どもたちの命に気をつけるんだぜ」と言って、空に向かって発砲して威嚇してから、ようやく引き揚げていった。陳氏は、背中に盗品を背負った強盗達が引き返して報復に来ることはないだろうとあたりをつけ、屋根の上から大声で、強盗を捕まえろと叫んだ。雷震の方は、強盗が去って行った後、急に首に強い痛みを感じた。強盗に刀で擦り傷をつけられ、血痕ができていたが、その時には恐怖のあまり痛みを感じなかったのだ[36]。

強盗事件が発生した後、陳氏はあきらめることなく何度も県衙に告訴し、ついに数か月後、そのうちの七人が逮捕された。それによって威信を確立することに成功したので、以後は江湖の大盗もあえて再び略奪に来ようとはしなかった。また、異変に遭遇しても慌てないという陳氏の対応ぶりは郷里の人々の尊敬を集め、それ以来彼女の地位と声望は次第に高まっていった[37]。陳氏は家計を切り盛りする他、あらゆる変事にも対応する必要があり、雷震は心から母親に敬服していた。雷震の印象の中の母は、物事の処置が果断で、負けん気が強く、知慮に富み、記憶力に優れ、話は慎み深く、子どもの教育にかなりの力を入れる人だった[38]。

当時家に招いて授業を開講していた李氏は、強盗事件に驚かされて、教え続ける気をなくしてしまった。李氏がやめた後、子どもたちを別の私塾に送って勉強させるよう提案する人もいたが、陳氏は「大勢の赴くところ、以後子どもたちは『洋学堂』で勉強させるべきで、役にたたない古いものをいつまでも固守するべきではない」と考えたので、婉曲にその提案を断った。雷震の伝統的な私塾での学習は、これで一つの区切りを迎えたのである[39]。

三、近代知識の学習と愛国運動への参加

一九一〇年、雷震は十三歳になったが、この年は彼が近代知識を学ぶようになる重要な節目の年でもあった。当時、「西学」の学習が少しずつ重視され始めており、小渓口鎮にも宣統元年（一九〇九年）に、地元浙江の人が設立した「長安小学堂」と、河南からの移民が設立した「安長小学堂」という二つの「洋学堂」が建てられた。陳氏は、「洋学」を学ぶことは一種の趨勢であると考え、雷震を安長小学堂に入れ、高学年で学ばせた。安長小学堂の代表は雷震の大おじの雷祖培（字は壽山）で、六人の同級生は全員河南省出身者の子弟だった。この頃「洋学堂」と称する新式の小学堂は、実際にはまだ新旧の混合物で、国文課では新式の教科書と経書『左伝』とが使われていた。その他に、修身、算術、体操の三つの科目があった[40]。

ところが、小渓口鎮の学生数は二つの新式小学堂を維持できるほど多くはなく、一九一〇年にこの地方の紳商たちは両校の合併を決議し、秀才[41]の韓寶華（字は剣青）を校長に推し、校名は「安長両等小学堂」とした。安長両等小学堂は一九一一年の正月から正式に授業を開始し、学生数は急増して、

総数は一〇〇名以上に達した。学生数が増えたとはいえ、どんな試験でも雷震の成績は常に一番で、教師たちから高く評価され、特に校長の韓は、雷震の前途は洋々たるものだと見込んでいた[42]。この年、雷震は煙草も覚えた[43]。煙草を吸うようになったきっかけは、その頃父方の従兄の雷用皋が、小渓口の街頭の露店で魚と紙巻き煙草を売っていたことだった。雷震はいつも休日に街へ出ると彼の店に行っており、そのたびに従兄は包みを開けて雷震に一本吸わせるのであった。当時、学堂では学生に喫煙を許しておらず、雷震はいつもこっそりと隅や教室に隠れて吸っていた[44]。以後、雷震は時々禁煙してはまた喫煙するというパターンを繰り返す。それは、後に「自由中国運動」に奔走する中で、気管支炎の悪化により咳が止まらなくなり、禁煙を決意する一九四九年三月二十九日まで続いた。その後は、十年近くの間、一本も吸わなかった[45]。

一九一一年十月に「武昌革命」が勃発すると、学堂の先生たちが次々と革命に参加したので、授業は休止になった。韓先生はとても興奮して、これは漢人が陽の目を見られるようになる機会だととらえていた。学生たちはというと、革命が何であるかはあまり理解していなかったが、辮髪を切って良いのだと知ると、皆非常に喜んだ[46]。一九一二年、韓寶華校長は梅渓高等小学校に転任することになったが、離職する前に人に託して雷震の母親に手紙を送り、雷震も韓と一緒に転校するよう勧めた。そうすれば、「そばで面倒を見る」こともできるからだ。母親は韓寶華の勧めに従い、故郷から離れた梅渓高等小学校に雷震を転校させた。入学した時、雷震は一年生だったが、一月の内に二学年進級し、三年生に編入された[47]。雷震は負けん気が強かったため、新しい学校で張り切って勉強し、夏季の学期末試験では一番をとる[48]。韓寶華は、彼を見込みのある人材と見て、浙江省立第三中学を受験するよう勧めた。雷震は、梅渓高等小学校校長の劉式玉（名は以璋）[49]の紹介も得て、浙江省立第三中学を受験し、見事に合格した[50]。

雷震は浙江省で育ったとはいえ、家の原籍は河南省であり、小さい頃から接した教師たちも皆河南人だったので、発音は完全に河南人のなまりだったし、浙江省の人の話も完全には聞き取ることができなかった。中学入学後、教師たちは皆南方の人で、雷震は授業を聞いている時に疎外感を感じ、辛い思いをした。また、入学したばかりの頃、地元の学生から差別もされた。河南人の学生は、はじめは他にも五人いたが、後に二人だけとなり、話の出来る同級生は非常に少なかった。地元の言葉を身に着けられなかったので、雷震は校内の学年会や球技大会などの活動に対して、いつも傍観的な態度をとっていた[51]。

韓寶華と劉式玉の二人は、雷震が中学入学前に出会った恩師で、彼に大きな影響を与えた。韓と雷震の間には親密な付き合いがあり、中学時代の雷震は、郷里に帰るたびに韓のもとを訪れたし、日本に留学していた期間も手紙のやりとりを続けた。雷震は後に、韓先生はいつも学問をして研鑽を積むよう励ましてくれて、母親に対しても、学業を続けさせるよう説得してくれたと語っている[52]。日本留学から帰国した後も、雷震は韓寶華の紹介により、教育の仕事に身を投じた[53]。また、雷震が留学する時、日本に一緒に行ったのは劉式玉であり、同じように日本で勉強した。雷震の母は、息子をよくよく指導して欲しいと劉にお願いしていた[54]。

中学時代、雷震は愛国運動に参加し始めた。一九一五年、十八歳の雷震は、人生で初めての学生救国活動に参画した。二十一カ条反対運動である[55]。その年の一月十八日、日本は中国に対して「対華二十一カ条要求」を提出し、五月七日には、四十八時間以内に回答するよう中国政府に要求した。袁世凱政府は日本の圧力により、民意に背いて秘密裏に調印したが、その後各界から非難の声があがったのである。当時中学三年であった雷震は、クラスの同級生とともに二十一カ条要求反対運動のリーダーグループに加わり、デモ行進やビラの印刷配布、日本帝国主義反対と日本製品排斥の啓発活動などを行った。それらの活動を通じて、国民が共通の敵に対して敵愾心を燃やし、彼らの呼びかけに賛同してくれるようになって欲しいと考えたのである。この頃の活動について雷震は、組織的な策動はなかったし、誰も出しゃばったり声高に自己主張したりはせず、金のある者は金を出し、力を出せる者は力を出すといった方式で、秩序も整然としていたと振り返っている。同活動は空前と言ってよいほどの反響を呼び、湖州城では、しばらくの間日本製品はまったく販売されなかった。中国のこうした学生運動や社会運動は、袁世凱政府に「二十一カ条」を拒絶させるという目的を果たすことはできなかったが、後の関連する契約の締結や推進には影響を与えたのである[56]。

一九一六年、雷震は袁世凱の帝政復活に反対するため、再び学生救国運動に身を投じたが、当地の軍や警察の密偵から監視され、危うく逮捕されそうになった[57]。愛国運動に身を投じることで、勉強の進み具合に影響が出ることは避けがたく、学業と愛国運動の優先順位問題は雷震を困惑させた。そのため雷震は、このような活動は本当に国家にとって有益なのだろうか、自分のためになっているのだろうか、このような運動は学生がするべきなのだろうか、といった問題を考えずにはいられなかった[58]。「啓蒙」と「救国」が交錯するこの時代にあって、雷震は、結局はこうした自主的・自発的な愛国運動に共感するようになった。そのことは、雷震の留学生活にも影響を与えたのである。

注

1　〔訳注〕安徽省各地で形成されていた武装集団捻子が、一八八五年に張楽行を盟主として結集したもの。太平天国に呼応して清朝に対して蜂起し、江蘇省や河南省、山東省にまで勢力を拡大するが、李鴻章率いる淮軍に鎮圧される。

2　任育徳が整理した雷震年譜や、一般の伝記では父親の名前を雷天壽と記しているが、実際には雷天壽は雷錦貴の父であり、すなわち雷震の祖父である。任育徳『雷震與台湾民主憲政的発展』三四五頁、范泓『民主的銅像：雷震伝』（台北：独立作家、二〇一三年）三一頁。雷震の記すところによれば、「亡くなった祖父は諱を天寿公といった」、「亡くなった父は諱を錦貴公といった」。雷震著、傅正主編『雷震全集8：我的母親』（台北：桂冠図書、一九八九年）Ⅶ頁。雷震は別の箇所で「私の父親の父親は名を『天壽』といった」と記しており、これが誤解を生んだ可能性もある。『雷震全集8：我的母親』一四一頁を参照。

3　〔訳注〕清末の軍制で、陸軍の三営を統率する将校。

4　雷震『雷震全集8：我的母親』Ⅶ、二六、九四～九六、一四二頁。任育徳『雷震與台湾民主憲政的発展』一三頁。胡虚一「雷震日記紹介及選註」（李敖主編『李敖千秋評論』冊七五）（1988.1.15）二二二～二三三頁。

5　雷震『雷震全集8：我的母親』九七、一四〇～一四一頁。

6　雷震『雷震全集8：我的母親』Ⅶ頁。任育徳『雷震與台湾民主憲政的発展』三四五頁。

7　雷震『雷震全集8：我的母親』Ⅶ～Ⅷ、一四一頁。

8　雷震『雷震全集8：我的母親』九頁。雷震『雷震全集9：我的学生時代（一）』（台北：桂冠図書、一九八九年）一六八～一六九頁。

9　任育徳『雷震與台湾民主憲政的発展』一五頁。また、雷震『雷震全集8：我的母親』九八～九九頁も参照。

10　雷震の一九〇三年からの学習開始は、彼が六歳の時である。しかし、雷震は自分では七歳と計算しており、「私は七歳から学習を開始した。それは光緒二十九年、西暦一九〇三年の時であった」と記している。雷

震『雷震全集8：我的母親』九四頁。范泓『民主的銅像：雷震伝』三一頁。雷震『雷震全集8：我的母親』九四、一〇〇頁。任育徳『雷震與台湾民主憲政的発展』三四五頁。

11　雷震『雷震全集8：我的母親』一〇六頁。

12　雷震『雷震全集8：我的母親』九八頁。

13　雷震『雷震全集8：我的母親』一〇〇頁。

14　〔訳注〕五華里は、約二・五キロメートル。一華里は約五〇〇メートル。

15　雷用書は雷震と母を異にする兄で、陳氏が雷家に嫁ぐ前に、すでに雷震の二番目の叔父のもとへ養子に出されていた。しかし、家塾が設立された時、叔父はすでになくなっていたので、雷錦貴は用書も勉強に参加させたのである。雷震『雷震全集8：我的母親』一〇一、一三九、一四一頁。

16　雷震『雷震全集8：我的母親』一〇〇〜一〇三頁。

17　雷震『雷震全集8：我的母親』九三頁。

18　雷震『雷震全集8：我的母親』一〇四〜一〇六頁。

19　〔訳注〕七、八華里は、約三・五〜四キロメートル。

20　雷震『雷震全集8：我的母親』一〇五〜一〇八頁。

21　雷震『雷震全集8：我的母親』一〇九〜一一三頁。

22　雷震『雷震全集8：我的母親』一一三〜一一五頁。

23　雷震『雷震全集8：我的母親』一一五〜一一七頁。

24　〔訳注〕原文では、「堂姑丈」。父方の祖父の兄弟の息子。

25　雷震『雷震全集8：我的母親』一五九〜一六〇頁。

26　范泓『民主的銅像：雷震伝』三一頁。雷震『雷震全集8：我的母親』一五九、一六四頁。

27　雷震『雷震全集8：我的母親』一六五〜一六七頁。

28　雷震『雷震全集8：我的母親』一六八〜一六九頁。

29　任育徳『雷震與台湾民主憲政的発展』三四五頁。雷震『雷震全集8：我的母親』一三一頁。

30　雷震は別のところでは三十五歳と記している。『雷震全集8：我的母親』一六八〜一六九頁。

31　雷震『雷震全集10：我的学生時代（二）』（台北：桂冠図書、一九八九年）三九四頁。

32　雷震『雷震全集8：我的母親』一六九頁。

33　任育徳『雷震與台湾民主憲政的発展』一五頁。雷震『雷震全集8：我的母親』一二六、一三〇〜一三七頁。

34　雷震『雷震全集8：我的母親』一三九〜一四〇頁。

35　雷震『雷震全集8：我的母親』一四五頁。

36　雷震『雷震全集8：我的母親』一四六〜一五七頁。

37　雷震『雷震全集8：我的母親』一五一、一五七頁。

38　雷震『雷震全集8：我的母親』一三七、一四四〜一四五頁。

39　雷震『雷震全集8：我的母親』一六九〜一七〇頁。

40　雷震『雷震全集8：我的母親』三六、一七〇〜一七一頁。

41　〔訳注〕ここでいう秀才とは、清代の科挙制度での生員の俗称を指す。

42　雷震『雷震全集8：我的母親』一七二〜一七三頁。

43　雷震『雷震全集8：我的母親』一七五頁。

44 雷震『雷震全集9：我的学生時代（一）』二二〇頁。

45 例えば、一九三四年の春、雷震は気管支の炎症により咳がしきりに出るようになったので、喫煙量を減らし、二年間にわたり、原稿に追われている時だけ吸うことにした（当時、徐逸樵、羅鴻詔、馬宗栄らと『中国新論』月刊を創刊していたのだ）。だが、それは一九三五年の年末までしか続かず、また普通に吸うようになった。

46 雷震『雷震全集9：我的学生時代（一）』三三三頁。

47 雷震『雷震全集8：我的母親』一七三〜一七四頁。

48 雷震『雷震全集8：我的母親』一七五〜一七六頁。

49 雷震『雷震全集8：我的母親』一七八〜一七九頁。

50 雷震『雷震全集10：我的学生時代（二）』四一七頁。

51 雷震『雷震全集8：我的母親』一七九〜一八〇頁。

52 雷震『雷震全集8：我的母親』一八八〜一八九頁。

53 雷震『雷震全集10：我的学生時代（二）』三九二、三九六頁。

54 雷震『雷震全集10：我的学生時代（二）』一九五頁。

55 雷震『雷震全集10：我的学生時代（二）』四一七頁。

56 雷震『雷震全集10：我的学生時代（二）』四〇一〜四〇三頁。

57 雷震『雷震全集10：我的学生時代（二）』四〇一〜四〇四頁。薛化元『中国現代史』（台北：三民、二〇一一年）一一一頁。

58 雷震『雷震全集10：我的学生時代（二）』四〇三頁。

雷震『雷震全集10：我的学生時代（二）』四〇五頁。

第二節　日本留学

一、中華革命党への加入

一九一六年の夏、雷震は浙江省立第三中学校を卒業した。郷里の浙江省は上海から比較的近いところにあったが、雷震は自分の英語力に自信がなく、どの学校も「外国式学校」というイメージがある上海の学校に行くことには、尻込みしていた。母親も、上海は堕落した都市とのイメージがあったので、学びに行かせたいとは思っていなかった。そのため、中学卒業後には、北京の大学に進学する計画を立てていたのである。しかしこの間、何人かの友人が日本で勉強するよう口々に勧めたので、雷震も心を動かされた。友人たちが日本を勧めた理由は主に二つあり、一つは、経済的理由。もう一つは、留学生は帰国後に国内大学の卒業生よりも社会的に尊重されやすいということがあった。学費の負担で言うと、当時浙江省から北京に行くのにかかる旅費は、日本に行くよりも高額だった。しかも、日本留学にかかる学費は、北京で勉強するよりも割に合うものだった。政府（地方の浙江省を含む）が提供する日本への留学生向けの官費制度に合格すれば、必要な学費が少なくて済む他、金箔とまでは言わなくても、銀箔ぐらいの箔はつくのである[1]。そこで雷震は志望を改め、母親の陳氏からも後押しを受けた。その頃雷震の故郷では、「海外に留学することは一大事だと考えられていた」。陳氏は、三か月のうちに銀貨五〇〇元を工面し、雷震と共に湖州まで行って、一緒に日本留学に行く劉式玉先生と、学生の潘震玉・金正容の三人と合流した。雷震たち一行四人は上海から船に乗るのだが、仕度や切符の手配などにより、上海に一〇日とどまって、十月になってようやく日本の汽船「築島丸」[2]に乗り込み、日本を目指した。生まれて初めて船に乗った雷震は、ひっきりなしに揺れるということにすっかり驚いてしまい、もともと一行は終点の横浜まで船で行き、それから東京に行こうと計画していたのだが、船酔いに耐えかねたので神戸で下船し、それから汽車に乗って東京へ向かった[3]。

雷震たちが日本に着いたのは、一九一六年の十一月頃であった。当時、雷震は一九一八年の夏に東京第一高等学校の中国人特別予科の試験を受け、それから日本の帝国大学を受験しようと考えていた[4]。中国で日本語を勉強したことがなかった雷震は、日本に着いたばかりの頃は日本語の五十音も分からなかったので、まず松本亀次郎が中国人留学生のために東京の神保町に開設した「東亜予備学校」で日本語と英語を勉強した[5]。同じ年、名を雷震と改め、字を儆寰とした[6]。かつて中学に入学した頃、国語科の教師である潘尊行が、「雷名於淵」を典拠に、「雷淵」という「学名」[7]を雷震につけたことがあった。しかし、「淵」は「冤」と同じ音で、しばしば「老冤」と呼ばれ、からかいの的になりやすい名前だったので、日本に行ってから「雷震」に改名したのである[8]。

晩年、雷震は次のように述べている。「私は、早くから一人の人間が名前の他に別号を持つということが嫌いだった。『人に対しては字を称し、己には名を称する』というやり方は、すでに今日の時代に合っていない……私自身は一文字の名前を持っており、さらに別号を持つのは、不便なことが多いが、変えられなかったのだ」[9]。

一九一七年五月七日、日本留学中の中国人学生たちが東京大手町の衛生院で会議を開き、日本政府が一九一五年五月七日に中国政府に最後通牒を発し、二十一カ条要求に同意するよう求めたという「国恥日」を記念した。二〇歳の雷震も、初めてこれに参加した。この活動は、名義上は中国学生会の主催だったが、実際は東京の中華革命党が背後で主導するものだった。雷震は、日本が二十一カ条要求を出したことに深く恨みを抱いており、留学前も中国で抗議活動に参加したことがあったので、日本でこうした活動があると、いつも出席していたのである。その日は、議長である東京帝大生の王兆栄が記念大会の意義について述べた後、革命党のリーダーである張継と戴季陶（日本にいた時、戴天仇とも名乗っていた）が紹介され、演説を行った。大会が終わった後、張継と戴季陶の二人は、参加した若者の一部を誘って話を続けたが、雷震も誘われたうちの一人だった。戴季陶の原籍は〔浙江省の〕湖州で、雷震とほぼ同郷といっても良かった。雷震は彼ら二人の演説に惹きつけられ、革命組織に参加することに決める[10]。

こうして、張継と戴季陶の紹介で、その日のうちに中華革命党に加入することとなった。この頃、入党手続きはきわめて簡単で、姓名、年齢、本籍、住所を記すだけでよく、宣誓の儀式もなければ、党費を納める必要もなかった[11]。雷震も含め、当時の青年学生たちの心の中には痛切な亡国感があり、北京政府の腐敗や無能、各地における軍閥の割拠に深く憤りを覚えていた。そこで、「国民党が現代的な政治意識をもった政治団体だと信じ」[12]、いつの日か「国民党」が政権を握って改革を行い、民主政治を確立して、国家の富強と人民の安寧を実現してくれると期待していたのである。雷震は、当時入党した若い学生たちが「国民党を心から信奉している」ことに感嘆していた。しかし、雷震は学業が忙しく、毎日六時間から八時間の授業を受けなければならなかったので、入党した後も党の会議や活動に参加することはめったになかった[13]。

前述したように、渡日後の雷震が主要な目標としていたのは、東京第一高等学校の予科に合格することであった。劉式玉が提案した、東京高等師範学校の中国公費生の資格の方には、さほど心を動かされなかった[14]。一九一七年から、雷震は受験合格のため、「研数学館」で数学や理科の勉強を始める[15]。だが、日中関係の展開が多くの留学生たちを刺激し、ついには雷震も政治抗争の大きな流れの中に参画することとなった。それにより、雷震の留学生活は中断されることになるのである。

一九一八年三月中旬、北洋政府と日本が「膠済鉄道密約」を締結するとの噂が在日中国人留学生の間で広まると、大きな騒動と不安を引き起こした。雷震は当時、東京市内で中国人留学生が最も多く集まっていた神田三崎町に住んでおり、毎日のように友人たちが家に来ては、密約締結に関する最新の情報を交換したり相談したりしていた。こうした雰囲気の中、雷震は学業がそっちのけとなり、国が主権を失い、辱められることへの憤りのみが頭の中を占めるようになったのである[16]。

二、「授業ボイコット帰国」運動と新聞発行による救国活動

二週間あまりの準備を経て、中国留日学生総会は留学生全体大会を招集し、「授業ボイコット帰国（罷学帰国）」を決議し、留日学生に対して、全員即刻中国に帰国するよう求めた。雷震は、この運動は国民党党部の人間が背後で秘密裡に指揮をとっていたと語っている[17]。青年学生たちは、かねてから「対華二十一カ条要求」に反感を抱いていたので、「授業ボイ

コット帰国」運動が広まると、すぐに多くの学生が呼びかけにこたえた。熱狂的な運動の参加者は、平和的な説得を試みる他、時には暴力で脅すという手段で呼びかけを行ったので、帰国に賛成しなかった中国人留学生は彼らから「売国賊」と罵られるか、ひどい時にはなぐられることすらあった。当時、雷震も積極的に運動に参加しており、彼の任務はあちこちの中国人留学生の寄宿舎に出かけては、「授業ボイコット帰国」をして、二度と日本人から侮辱されないよう説得することであった。このころの雷震は、一人を説得して帰国させれば、国家に対して一つ功績をあげたことになると考えていたのである。雷震自身も、渡日以降の一年あまりに購入した書籍、机や椅子、和服などの品物をすべて転売し、退路を断って、「二度と日本というこの横暴で理不尽な国家で勉強はしない」と誓いを立てていた。一緒に日本に来た劉式玉はこの様子を見て、頭を冷やして自分の将来のことをよく考えるようにと忠告したが、運動の盛り上がりのただ中にいた雷震は聞き入れようとはしなかった。後年、この頃のことを回想して雷震は、当時は日本の新聞紙上で中国人を侮辱する言葉が頻出しているのに我慢がならなかったのと、国民党の人間からしきりに勧められたこともあり、愛国的な感情が高揚して、まったく劉式玉先生の忠告を聞き入れようとはしなかった。個人の利害を顧みず、長らく準備してきた一高予科の入試も放棄して、頭の中は「授業ボイコット帰国で国を救うことができ、国民の一人としての責任を果たすことができる」という考えで一杯だったと語っている[18]。

これら留学生たちの「授業ボイコット帰国」運動は、日本では勉強しないとすることで日本人との関係決裂を示す以外に、北京に人を派遣して、山東省の「済順」・「高徐」という二つの鉄道の借款契約に調印しないよう請願することと、広東や武漢に人を派遣して宣伝活動を行い、国民の注意を喚起することを目標としていた。連絡のしやすさを考慮して、「帰国団」は本部を上海に設立する。雷震は、一九一八年五月に神戸から汽船「八幡丸」に乗って上海に戻り、七月の第一高等学校中国人予科の入試は放棄した[19]。

「帰国団」のメンバーは中国に帰国後、上海で『救国日報』を創刊した。雷震は販売を担当し、湖州出身者グループが開設した振興旅館を宿とした。日本にいた頃雷震は、帰国した後すぐ反日救国運動を展開できると考えていた。だが、案に相違して、中国国内では学生たちによる帰国運動への関心は低く、新聞を購読する人はわずかにとどまり、経営も販売も思うようにいかなかった。さらに、上海での毎日の宿泊費と飲食費の支出も相当な額にのぼり、帰国前に身の回りのものを売って工面した旅費も一か月後には使い果たし、旅館の宿泊費もつけがたまって払えなくなって、車に乗るための小銭さえなくなってしまったのである。しかたなく、手紙を書いて母親に急を告げ、上海に金銭を送るよう要請することを余儀なくされた。母親は手紙を受け取ってから、はじめて雷震が入試を放棄して中国に戻っていたことを知り、いぶかると同時に、上海での活動に危険はないかと心配して、すぐに雷用国に百五〇元を持たせて上海へ送った。雷用国は、上海でたまっていた雷震の各種の負債を払い終えたのち、家に連れて帰ると言って譲らなかった。雷震もこの時には救国運動に対して悲観的になっていたので、ついに七月末には雷用国に伴われて故郷に戻った[20]。

新聞発行による救国活動が失敗した後、しばらくの間、雷震は何をすべきか分からなくなってしまった。はじめのうちは、日本に戻って勉強したいとは思わなかったが、故郷に帰った後、友人たちが日本で勉強した学校や学科について興味津々に聞いてくるのに対して、「目を見開くのみで何と答えれば良いか分からない」ことに恥ずかしさを感じるようになった。加えて、今回帰国した理由を聞かれて、救国の大理屈をぶってみたものの、人から中々理解されず、かえって「きっと叛徒に煽られてそそのかされたんだろう」などと言われたりもした。雷震を最も後悔させたのは、自分が一時の衝動で学業を放棄したことが、母親を鬱々とさせた他、母が苦労して工面した留学経費を浪費してしまったことであった[21]。

当時、北洋政府は国民党を「乱党」と見なしていて、無実の罪で人を陥れるというケースも多く存在した。例えば、雷震の従兄の雷子才は湖州鎮守使署の密偵と一人の女性をめぐっていさかいを起こしたが、こともあろうに乱党分子の容疑をかけられ、おじの雷文初、雷心斎と一緒に逮捕されるということがあった。湖州鎮守使署はまた、彼ら三人の供述から、授業ボイコットをして帰国した雷震を「乱党分子」と断定し、逮捕に向かった。幸いにも、密偵がやって来る当日、雷震は母方の叔父である丁鶴人の家で叔父と従兄を救出する算段をしており、家にいなかった。機転の利く母親は、密偵に対しては、息子は上海で日本に戻る準備をしているとごまかす一方で、密かに人を派遣して、家に戻ってはいけないと雷震に伝えた。そこで、雷震はいくつも山を越え、夜半にある親戚の家に到着した。親戚の方では、乱党分子を家に置いておくと連座して処罰を受けるのではないかと心配して、雷震を屋根裏部屋に落ち着かせた後、下に降りて来るのを禁じた。雷震は屋根裏に二日間閉じこもった後、我慢できなくなって、故郷である湖州を離れることとし、回り道をして蘇州にいるおじの沈文卿や、遠縁の親戚である敖雲翹らの家にしばらく避難した。蘇州にはおよそ二か月とどまり、この機会に各地の名所を見物して歩いた[22]。

この期間の反省を経て、雷震は蘇州から母親に手紙を書いて、日本に戻って引き続き勉強したいという希望を伝え、絶対に官費学校に合格すると保証した上で、できるだけ早く留学費用を工面してくれるよう頼み込んだ[23]。母は、息子の決断に賛成し、白米を売って得たお金と衣服、布団、書籍などを持って、十二月に蘇州のおじの所まで出向いて雷震と落ちあい、そこから一緒に上海まで行った。一九一八年の十二月末、雷震は再び船に乗って日本に戻り、進学のための準備を再開した[24]。

三、名古屋八高での勉強

雷震は半年あまり中国に帰っていたため、以前に第一高等学校の中国人予科を受験するために勉強してきたことの多くが無駄になってしまっていた。日本に戻った後、試験本番まであと数か月もなかったので、再び「研数学館」に入って数学の授業を受けると同時に、一人で早稲田近くの辺鄙なところに引っ越した。友人の丘景尼と王廷翰の他には、誰にも住んでいるところを告げなかった。だが、夜を日に継いで猛勉強した結果、不眠症を患ってしまい、これにはその後長い間にわたって苦しめられることになる[25]。一九一九年四月、雷震はまず早稲田大学専門部の政治経済科に合格して、万一公費生に合格しなかった場合の退路とした[26]。同年七月、雷震は一高予科の試験があまりうまくいかなかったと感じ、もし公費生の資格を得られなかったら早稲田大学専門部で勉強しなくてはいけないので、予科試験が終わった後、金策のためにただちに帰国した。どこからも学位を得られずに、母親を失望させることにはなりたくなかったのである[27]。だが、帰国後まもなく留日学生監督処から、毎年五〇名しか募集しない第一高等学校附属の中国学生特別予科の文科官費生に合格しており[28]、八月末に日本で入学手続きを行うよう求める通知を受け取った。官費待遇を受けられることになり、母親の負担を増やさなくてもよくなったことで、雷震は大いに喜んだ。それとともに、以後は二度と見境なく救国運動に参加はしないと決意し、以前に授業ボイコット帰国運動に携わったのは、軽率で幼稚なことだったと反省した。深く思いめぐらして得た結論は、次のようなものだった。「国とは人の集まりであり、もし個人が自立できれば、国家と社会にも貢献できるところがある……一人一人が広い知識を備え、深い学問を身に着けることで、自立が可能になり、貢献もできるようになるのである」[29]。

雷震が合格した中国人特別予科は、清末に中国政府が日本の文部省と協議して、同省の協力のもと、東京第一高等学校、東京高等師範学校、東京高等工業学校および千葉医学専門学校の計四校に設立されたものである。当時、日中間には文化専約［五校特約］が締結されており、それぞれの学校は毎年五〇名の中国人学生を募集していて、その期間は一五年であった。そのため、この資格を得た者は官費生となり、毎月中国政府から学費の提供を受けた。主な内容は、予科に合格した中国人学生の日本語能力を訓練することで、期間は一年だった。学習科目は、英語と日本語以外に、さらに文科と理科の課程があった[30]。

雷震は、今回日本に勉強に行く前、特に時間を割いて杭州に足を延ばし、学問を続けるよう常に励ましの言葉をくれた韓寶華のもとを訪れた。韓はとても喜んで、杭州駅近くの有名な「聚豊館」に宴席を設けて、雷震と、同行していた王廷翰を一緒にもてなした。しかし、この料理が新鮮でなかったのか、翌日に日本行きの汽船「八幡丸」に乗船した後、雷震は猛烈な腹痛にみまわれた。船内には日本人医師がいたが、その頃上海ではコレラが発生しており、日本の客船会社の規定では、もし船内で感染者が出たら全員長崎に一か月隔離し、検査の結果罹患していないと判明した者だけが上陸できることになっていた。そのため、多くの人が雷震に対して、本当にコレラだったら全乗客に影響がおよぶので、船医の診察は求めないようにと勧めたのである。幸い、船内に周振治という中国人留学生がおり、腹痛をおさえる昔ながらの方法を使ってマッサージを施したので、徐々に痛みはおさまっていった。周振治の手助けは雷震にとってまさしく干天の慈雨であった。後に、り、後年台湾に移住した後でも思い出すほどであった。後に、周振治は「千葉医学専門学校」に合格し、首尾よく開業してい医者になったが、不幸にも交通事故で亡くなってしまった[31]。

前述したように、雷震は初めて渡日した時には言葉が全く分からなかったので、まず「東亜予備学校」にて日本語を半年学んだ[32]。しかし、一高に出願する前に日本語を学んだ期間があったとは言え、ふだん付き合うのはもっぱら中国人であり、日本語を使う機会は少なく、聞いたり話したりする能力はなかなか向上させられなかった。そのことは、学習にも一定の制約をもたらすことになったのである。そこで、一高の予科で勉強する時、雷震は学校の寮である「明寮」への入居を申請した。一つには、日本の学生生活や日本人の性格について理解し、日本語も勉強できるからであり、もう一つには、寮費が安いので、残ったお金で書籍を買えるからである。入寮した後、雷震は日本人学生の活動に積極的に参加した。ある時、一人の日本人学生は雷震に向かって、今まで中国人留学生は客人として来ただけだと思っていたが、雷震だけが真に彼らと苦楽を共にしにやって来た、と言った[33]。

中国留学生特別予科の規定では、学業を修め、かつ合格した者は、成績と志望に応じてその他の高等学校に割り振られることになっていた。その頃、日本の高等学校はいずれも数字で名前がつけられており、設立された順番を意味していた[34]。二十三歳の時（一九二〇年七月）、無事に一高中国人予科を卒業した雷震は、学生運動の盛んな東京を離れ、じっくりと勉強することにした。もし東京に残ったら、たとえ勉強すると決心しても以前からの人間関係から離れ難く、留学生総会が開かれたら、結局出席せざるを得なくなるだろうと考えたのである。雷震はまた、授業中に読んだ、福沢諭吉が学生を激励して言った「現在はやはりしっかりと勉強するべきで、他日報国の機会はたくさんある」[35]という言葉から影響を受けていた。学業に専念するため、雷震は京都か名古屋の高等学校への進学を希望し、第一志望は京都三高、第二志望は名古屋八高とした。その後、友人の羅鴻詔と一緒に、名古屋第八高等学校の文科に割り振られた[36]。

高等学校の卒業生は、帝国大学で勉強することができた。エリートの養成教育である。高等学校の教育方針は、語学の訓練を最も重視しており、その次が基本的な知識の涵養だった。基礎訓練に重きを置くもので、大学進学のための予科というだけではなかったといえる[37]。雷震は名古屋八高の英語科で学ぶと同時に、ドイツ語を第二外国語として選び、毎週英語の授業が九時間、ドイツ語の授業が四時間あった[38]。この時、雷震はすでに日本語を学んで数年たっていたが、名古屋第八高等学校に入って授業を聞く時には、やはり分からないところがたくさんあった。授業で使用される日本語、英語、ドイツ語は、中国人留学生である雷震にとってはいずれも外国語であり、英語やドイツ語を和訳する時には、日本語力の不足のため、時には辞書をひくのに大いに苦労した。特に歴史の授業は聞き取るのに骨が折れ、先生が話す冗談や話がまったく分からないこともあり、そういう時には日本人学生が笑うのに合わせて笑うしかなかった[39]。言語の問題以外に、体育の授業も雷震にとって苦痛だった。雷震はクラスの中で最も身長が高かったので、体育の時には列の先頭に立たなくてはならず、先生の号令を注意して聞く必要があり、まったく気をゆるめることができなかった。負けず嫌いな性格なのと、中国人の面子をつぶしたくなかったので、列の先頭を務める時には失敗できないと思い、体育の授業にはとりわけ大きなプレッシャーを感じた[40]。

雷震にとって、名古屋八高の教授は東京一高に比べてレベルが低く、授業に感銘を受けた教授はごくわずかだった。しかし、この時代、教師の教える能力がピンからキリまで色々あっても、学生に口出しをする余地はなく、無理にでも拝聴する他なかった[41]。指導の面では、八高は比較的管理が厳しく、学生の身なりや立ち居振る舞いにまで多くの禁止事項があった。煩雑な規定があることで、管理する側と学生との間で摩擦も生じた。学校の規定が多ければ多いほど、雷震は反抗意欲をかき立てられた。若い頃の雷震は髪の毛が多く、長く伸ばして西洋式の髪型にしたかったので、学生管理の責任者である「生徒監」と衝突したこともあった[42]。

八高に在学していた間、教室の机が低く、授業中は長時間座っていなければならなかったので、身長の高い雷震は尾椎骨を痛め、以後しばしば痛みが出るようになった[43]。その他、不規則な飲食と頻繁な間食により胃病を患い、なかなか治らなかった。ついには、医師が短い時間内に間食はしないようたしなめたので、言うとおりにしてみると、胃病はようやく改善に向かった。それ以後、雷震は間食をしないことが習慣になった[44]。

雷震は、学生運動から離れるために名古屋で勉強することにしたわけだが、名古屋時代の最後の一年に、やはり社会運動に参加した。当時、日本社会には、第一次世界大戦中の募集に応じてフランスで仕事をし、戦後仕事が終わったために日本に流れて来た中国人労働者や行商人がたくさんおり、特に東京や名古屋に集まっていた。人数の急増によって問題が生じることもあり、日本政府も注目するようになって、中国人労働者に嫌がらせをすることもあった。しかし、それに対して中国公使館の方では、まったく関心を払わなかったのである。そこで、中国青年会が発起し、日本救世軍（キリスト教の社会福祉団体）の賛助を得て、華工共済会が設立された。本部は東京に設置され、会長を務めたのは王希天であった。八高の学生である王兆澄も、名古屋に支部を開設した。王兆澄は雷震と同じ「慶親館」という所に住んでおり、しばしば雷震に華工共済会のことを相談していたが、後には活動に参加して手伝うよう熱心に勧めたのである。雷震は、中国人労働者の境遇に同情したのと、国家の名誉のために彼らの立場を向上させたいと思ったので、加入を決断し、華工共済会名古屋支部の副会長に就任した。華工共済会名古屋支部は、中国人労働者のために寮を二つ経営し、夜間学校も経営した。雷震は夜間学校の校長を兼任し、毎週二回、労働者たちに日本語の日常会話や日本の習俗を教えた他、日曜の夜には演説会の司会もした。これらの仕事は多くの気苦労と時間のいるもので、時には足りない費用を補填しなければいけないこともあったが、こうした福祉事業に参与することは、自分の義務だと思っていた[45]。

四、京都帝国大学への入学

一九二三年三月、二十六歳になった雷震は、名古屋第八高等学校を卒業した。当時の日本の教育制度では、エリート養成校である高等学校を卒業した後は、帝国大学への入学を申請することができた。もし、申請した大学の志願者数が定員を超えた場合、入学試験を実施して学生を選抜したのである[46]。そのため、高等学校では各大学に志願名簿として送るため、卒業試験の前に学生たちに大学の志望表を記入させた。雷震の志望は法学部で、法律学科と政治学科の中でも、後者を第一志望とした。最も入学を希望していたのは東京帝国大学で、それは同級生の羅鴻詔が東京帝大哲学科で勉強すると決めており[47]、もし自分も東京帝大に入れたら、互いに切磋琢磨し合えるからだった。さらに、政治の中心である東京で勉強することで、現実の政治にも多く触れることができるし、一般的には東京帝大法学部の教授陣の方が、京都帝大よりも優れていると見られていたこともあった[48]。しかし、東京帝大法学部はとても人気があり、志願者の人数は定員をはるかに上回っていて、選抜試験によって選別される他なかった。雷震は試験の一〇日前に東京に入り、本郷の東京帝大の校門前の小さなアパートに住んで、復習の時間にあてた。そのアパートで、東大工学部造船科の学生である加藤恭亮と知り合い、気心の知れる友人となった[49]。

東京帝大法学部の選抜試験の内容は、英文和訳と和文英訳の筆記試験のみで、雷震はこれで学力の判定ができるのかどうか疑わしく思った。試験結果発表の日、雷震は自分が合格者に含まれていないことを知って、すぐ名古屋八高に電報を打ち、京都帝大法学部に入学を申し込むよう依頼した。これも人気のある学部であり、志願者数は定員を超えていたので、またもや試験を受ける必要があった[50]。今回の試験には無事に合格し、こうして雷震は日本の最高学府の一つである京都帝国大学法学部政治学科に入学を果たしたのである[51]。

京都帝大法学部は、学生の授業選択に関する規定がわりあいと自由で、教授のサインをもらい、学年試験の前に申請をして、きちんと試験を受ければそれで良かった。授業で出欠をとることもめったになく、出席するかどうかは主に学生が自ら決めるものだったが、それでも基本的にほとんどの学生が時間通りに出席していた。この頃、雷震の日本語会話能力はまだ日本人学生に及ばなかったし、教室は広すぎて音響設備もないため、いつも早めに教室に行っては、講義が聞き取れ、ノートがとりやすい場所に席をとった。聞き取れなかった部分は空欄にし、授業が終わった後で日本人学生に教えてもらった。一つの授業のノートとりが終わった後、いつも手はだるく背中も痛くなったので、雷震は漢字の画数は多すぎると考えるようになった。日本の学生は漢字の代わりに仮名を使うことができたが、中国の学生は、それにはあまり習熟していなかった。このような経験が、後に教育部に奉職した時、中国の漢字を簡素化するよう積極的に提唱するきっかけとなる。ただし、この提案は戴季陶の強い反対に遭い、うやむやのうちに沙汰止みとなった。なお、日本留学時代にとった講義ノートは、抗日戦争中に引っ越しを繰り返すうちに紛失してしまい、雷震はとてももったいなかったと悔やんだ[52]。

雷震が大学の志願先として法学部政治学科を選択したのは、主に政治、特に憲法について研究したかったからであった。一般的な法律訴訟や、弁護士といった職業には、まったく興味がなかった。日本の帝国大学が政治学科を設置した主要な目的は、外交方面の人材を育成することだったが、法律学科と比較すると政治学科は卒業後の選択肢が多くなく、そのため学生数は比較的少なかった[53]。政治学科の内容は、ほぼ法律学科と経済学科の中間で、学生はこの三つの領域を跨いで授業を履修することができた。入学後、雷震は政治学科のカリキュラムは非現実的で実際的でないと感じることが多くあり、自分で学習した方が効率的だとさえ思った。法律学科の方はそのようなことはなく、政治学科よりも内容が難解であり、教師から順を追って指導を受けることで、ようやく全体像が理解できた。そのため、履修選択をする時、雷震はなるべく法律関係の授業を選んだ[54]。

京都帝大で法律を中心に学んだ経験は、後に法律と政治に関する文章を書く上での基礎を確立した[55]。在学中、雷震が深く影響を受けたのは、森口繁治と佐々木惣一という、民主政治を提唱する二人の教授であった[56]。森口教授から教えを受けた時間は長くはなかったが、雷震は自分が後に民主政治と議会制度を信奉するようになったのは、彼の影響を強く受けたことによると認識していた。帰国した後でも、森口の新しい研究が出ると、きまってそれを精読したのである。

五、森口繁治と佐々木惣一の影響

森口繁治はフランスに長年留学した経験があり、当時京都帝大法学部で「国法学」の授業を開講していた。教育に熱心な若き教師で、研究書も多く、『近世民主政治論』、『立憲主義と議会政治』、『比例代表法の研究』、『婦人参政権論』、『憲政の原理と其運用』、『選挙制度論』、『憲法学原理』などの著作があった。また、市村光恵とルソーの『民約論』（またの名を『社会契約論』）を共訳したこともあった。雷震の知る森口教授は、「掛け値なしの民主主義者」であり、生涯「全民政治」に心酔していた。天皇が依然として神聖不可侵と見なされていた日本の政治情勢の中で、民主政治を提唱することをためらわず、軍人の政治介入に反対し、「帷幄上奏」という言葉で、軍上層部が内閣を経ずして直接天皇に上奏する制度を皮肉ったこともあった[57]。

森口繁治の考えでは、近世の民主政治は民主主義あるいは「国民主権説」を基礎とするもので、その中には三つの思想的要素が含まれるものであった。

一、国家は各個人の為に且其全個人の為に存在するものである。

二、国家の権力は人民自身に出づるものであり、従つて其最高の権力は常に国民自身に存せねばならぬ。されば人民は国家の作用を行はしめる為に種々の役人を作るが、総ての役人は人民の受託者又は下僕にすぎないのであるから、彼等は常に人民に対して有責任である。

三、吾々が国家の意思に服従するのは、それは国家の意思が或る個人の意思である為ではなく、吾々の作る団体の意思即ち吾々の意思である為である。故に吾々人民は悉く此意思の作成に与かる所の権利を有つものである。専制政治より議会政治に、貴族的な少数者の政治より民主的な多数者の常識政治に移つて来たと云ふ点に現代の政治の特徴がある。[58]

そこから雷震は、民主政治を行う上で重要なのは民意を代表する政党であり、政党から産まれる議会がどのような選挙制度を採用しているかがとりわけ重要であると考えるようになった。森口教授は、議会選挙は「比例代表制」を採用することで、少数意見が埋没するのを防ぎ、少数者の権利を保障して、「多数による暴政」に陥るのを防ぐべきだと主張していた。多数派の意見といえども完全に正確なわけではなく、「比例代表制」によって少数派の意見も代表させることで、真の「全民政治」の民主政治を実現できるからである。少数派を圧迫する多数による暴政は、真の民主政治でないだけでなく、容易に「革命」や「暴動」を惹起するものなので、少数者の権利と利益も配慮されなければならない。だが雷震は、森口の意図は分かるものの、「比例代表制」を採用したフランスでは小党が乱立した結果、過半を占める政党が一つもなくなっており、「連立政権」を成立させることになったら、政府の政策を貫徹することは困難になり、政治は不安定化して、長く執政することはできないと考えていた。[59]

森口教授の『近世民主政治論』という著作を通じて、雷震は民主主義と民主憲政について深く理解するようになり[60]、それは後に彼の憲政に関する著作にも大きな影響を与えた。このように、雷震は政治学科を志願したものの、入学後はかえって法学の授業から多くを得たのである。後に大学院に進学してからは、さらに森口教授の指導下で憲法を専攻した。李鴻禧は、雷震の憲法や憲政に関する論著には、以下の三つの特色が存在すると指摘している。

一、憲法理論の病理に対する診断が明快であり、説明や論評は誠実で明確である。

二、憲法学の法理を深く研究していて、憲法の観念が非常に明晰かつ正確である。

三、孫文独創の政権と治権の二分論説に対し、現代憲法学と政治学の立場から客観的に分析して論じることができる。[61]

京都帝大法学部で、もう一人雷震に強い影響を与えたのは、佐々木惣一という教授であった。佐々木惣一は、当時京都帝大法科大学で行政法総論と行政法各論の二つを開講しており、専門書も著していたが、授業の時は自著に沿って教えるだけでなく、法律の原理や原則を細かく解説する他、学生が将来応用する際の参考となるよう、できるだけ多くの事例を挙げて説明した。雷震は、佐々木教授はその頃の帝大法学部の中で、授業の筋道が最もよく通っており、最も学生たちを惹きつけた教授であって、教室内はほぼ満席だったと回想している[62]。若い頃の雷震は、佐々木惣一の著書『日本行政法総論』を精読し、頁に多くの「評語」や「注釈」をつけて、自分の意見を書き込んでいた。自分のメモが書き込まれた同書をとても大切にしていたが、後に劉百閔に貸したところ、抗日戦争中の引っ越しの際に、書籍を入れた木箱が不幸にも三峡の急流に落ちてしまい、二度と見つけることができなくなった。これは、雷震の非常に残念に思うことであった。[63]

佐々木教授は、行政法学だけでなく、憲法学の研究にも力を入れていた。その著書『日本憲法要論』の中で佐々木教授は「天皇機関説」を採用し、「天皇は国家統治権の機関であり、統治権の主体ではなく、統治権の主体は人民である」と提唱した。それにより、軍部から迫害を受け、著作が取り締まりの対象にされたこともあった。[64]

京都帝大法学部と東京帝大法学部は、日本国内でいずれもトップの位置を占める大学であり、最高水準の法学人材の養成所である。東京帝大と比較すると、京都帝大の学風の方が自由で、たびたび日本の右派と対立してきた歴史もあった。その中でも、一九三三年の「瀧川事件」は、最も有名なものである。一九三三年、瀧川幸辰教授がその著書の中で、「姦通罪は妻のみに適用される」との法律の規定を批判したことに対し、保守派から共産主義の学説であるとの非難の声があがった。議会における右翼議員の圧力の下[65]、文部省は著書を発売禁止にし、瀧川を教授職から解任したのである[66]。京都帝大法学部の教授たちは、抗議の意思を示すために全員辞職することに決したが、最後には民主と自由を信奉する教授たちの辞表のみが受理されることになり、その中には雷震が在学中に強い印象を受けていた森口繁治教授と佐々木惣一教授も含まれていた。後に「京大事件」とも呼ばれたこの事件が起こった時、雷震はすでに京都帝大を離れた後だったが、この大学の自由で権力を畏れない校風からは、大きな影響を受けた。雷震は、森口教授の畏れることなく勇敢に時の政治を非難する精神を敬慕し、佐々木教授の学問と人柄にもかねてから敬服していたが、この二人が「瀧川事件」の中で示した気骨によって、さらに尊敬の念を深めた。なお、雷震は、佐々木教授は京都帝大を離れた後、立命館大学の学長に転じたが、「天皇機関説」を支持したため、学長職の辞任を余儀なくされたと理解していた[67]。

六、東山銀閣寺での学究生活

京都帝大に在学中、雷震は「社会問題」、「社会政策」など「当時最も流行していた学問分野」も熱心に学び、「これらは実際の政治に従事する者が理解していなければならないもの」と考えていた。その他、法律や社会科学を学ぶ者は、哲学の修養と論理の訓練を積んでいる必要があるとの考えから、文学部の哲学や倫理学など単位には含まれない課程も選択して履修した[68]。

また、京都帝大での留学生活中、日本の大学教育が学生の社交活動を重視せず、それにより人間関係が希薄になっているのは大きな欠点であり、このことは日本人の「孤独な性格」とも関係があるに違いないと観察していた。留学中の経験では、京都帝大の教師と学生の間ではめったに一対一で接する機会がなく、授業は基本的に大クラスで人数が多く、教授は終業後すぐに教室を出てしまい、学生と交流することはめったになかったのである。雷震は、京都帝大にいた三年あまりの間、教師と一言も単独で話をしたことはなかったと回想している。それだけでなく、学生同士ですら友情を結ぶことは困難で、机を並べて共に授業を受けた学生たちでも、お互いに知り合いにはならず、話をしたことがあっても相手の名前を聞くことはなかった。平素から行き来することは少なく、法学部には同窓会があったものの、実際に社交の面での効果はなかったのである[69]。さらに、雷震が日本で勉強した三つの学校は、どの学校も卒業式を行わなかった。日本の教育は、集団活動を軽視し過ぎていると雷震は思っていた[70]。

大学時代の雷震は、東山銀閣寺の近くに二年あまり住んでいた。家から京都帝大法学部までは徒歩で三〇数分かかり、帰り道は坂を登るため一時間ほどかかった。多くの時間がかかるため、雷震は毎日大きなカバンを背負い、一日に必要なものをすべて詰め込んで、朝は早く、夜は遅く帰ることにして、途中で家に戻らなくても済むようにした。昼の食事は、大学近くのホールか、吉田山で山東省出身者の経営する、中国北方の料理を食べられる小さな食堂でとった。京都帝大から当時の市街区までは少し離れており、買い物にはとても不便だった。雷震は、繁華街から遠く、行き来がしにくかったからか、京都帝大は「学問を探求するのには本当に良い環境」であり、また、留学中に歩く習慣ができたことは、後々の健康にも役立ったと回想している[71]。

当時、東山銀閣寺あたりには多くの京都帝大生が住んでいたが、そのあたりはいまだ都会的な雰囲気のない田舎であり、土地柄は純朴であった。以前に東京で部屋を借りた時には、「支那人お断り」との注記を入れる大家によく出くわしたのと比較すると、銀閣寺付近の住民は中国人を差別することがなく、むしろ好意的であるとすら感じられた[72]。東山は京都郊外の有名な景勝地の一つであり、雷震は勉強に疲れた後、あちこちの風景を観光して回り、各種の名所旧跡を心ゆくまで眺めるのが好きであった。また、好んで博物館や展覧会を参観して、見聞を広めもした。気候の良い春や秋には、東山の奥にある比叡山に登り、山頂を超えて滋賀県の琵琶湖畔の坂本まで行き、琵琶湖遊覧船に乗って山紫水明の景色を堪能した後、大津市の埠頭から電車で京都に戻るということもした。雷震は、この登山からの湖遊覧という行程が、学業での疲れを癒す最良の方法だと思っており、老年になった後でも当時を懐かしんで、「もし国民党政府が私の出国を許可するなら、きっと日本に行って各地を巡り歩くだろう。歩行が困難でなければ、また歩いて行楽に出かけ、なじみのある土地に遊び、昔の記憶をよみがえらせるつもりだ」[73]と語っている。

七、中日間を行き来して、認識を深める

一九二三年の春、雷震の弟で三男の雷用国が突然病のため亡くなった。雷震の父は早くに他界し、長男は脳に障害があり、雷震は長く家を離れていたので、家の中のことの多くは三男が処理していたのである。彼が不幸にも亡くなってしまったことは、母親を大いに悲しませた。京都帝大に入学してから一学期が過ぎた後、雷震は一時的に学業を中断し、夏季休暇の間に中国に戻って母親に付き添った[74]。故郷に帰る途中で上海に着いた時、雷震は国民党が主催し、居正が議長を務める五九国恥紀念会に参加した。席上、雷震は留日華工共

済会のために発言し、援助を募った他、徐謙、黄宗漢らの国民党員と面識ができた[75]。

その年の九月一日、日本を関東大震災が襲った。地震発生時はちょうど正午で、各家庭で食事の準備をしていた時間帯だったことから、多くの人々が火を使っていた。突然の強震に直撃され、火勢は収拾がつかなくなり、火の手が蔓延して家屋を焼き払い、多くの人々が家を焼きだされて難民となった。そして、この大災害の発生から数日後、華工共済会の発起人である王希天が、築地に行って中国人労働者の生活事情を探ろうとしたところ、日本の憲兵に呼び出され、その後行方不明になった。殺害されたことが疑われ、共済会もそれがために運営停止に追い込まれたのである。この不幸な消息を知った後、雷震は改めて日本が在日中国人を迫害していることを痛感したのであった[76]。

一九二四年の春、二十七歳の雷震は、中国から京都に戻った。一年前の関東大震災のため、日本では物資が欠乏し、物価はことごとく高騰して、中国人留学生に支給されていた官費では生活が賄えなくなっていた。そのため、各地の留学生は相次いで政府に対して官費の増額を請求し、雷震の所属していた浙江省官費留学生もそれに加わった。しかし、浙江省政府は東京地区の学生に対してのみ、毎月日本円で一〇円を増額することに同意したが、それ以外の地域の公費留学生の待遇は改善しなかったのである。他の省ではすべての学生の官費を増額していたので、雷震たち東京以外（「京外」とも呼ばれた）の地にいる公費留学生たちは浙江省政府の措置に強い不満を抱いた。そこで彼らは、浙江省教育庁に対して改善を要求し[77]、さらに各校の浙江省出身の公費生で団体を結成して、雷震をそのリーダーに押し立てたのである。このため、雷震は忙しく奔走することになり、各地の物価に関する資料を集める他、浙江留日学生の管理員に依頼して、浙江省の教育当局に京外の学生の境遇を報告してもらい、官費の増額を要請したが、一年たっても具体的な結果にはつながらなかった[78]。さらに悪いことに、一九二四年の秋、中国では直隷派と皖系[79]が武力衝突する「斉盧戦争」（別名「江浙戦争」）が勃発し、その影響で浙江督軍の盧永祥が浙江省の留学生の官費を流用して、軍費にあてたのである。そのため浙江省政府は数か月にわたって学生向けの官費を日本に送らず、留学生の生活は継続が困難になった。同省からの官費は四か月遅れ、その影響は雷震にも及んだが、幸いなことに広東省出身の羅鴻詔から彼の受領している官費の一部を援助してもらい、どうにか食費をまかなうことができた[80]。

一九二四年には、また、孫文の「連ソ容共」思想に直接触れる機会も得た。この年の十一月、同級生と連れ立って、神戸高等女学校に孫文の演説を聞きに行ったのである。演説の中で、孫文は「赤色ロシア」を大いに賞賛したが、雷震たちはすぐには理解できず、戴季陶の説明を聞いて、ようやく連ソ容共政策の内容がつかめた。演説が終わった後、雷震たちは孫文が宿泊しているホテルで、現下の政治について議論を交わしたが、孫文の考え方は現実的ではないと思い、少なからず失望させられた[81]。

この年の十二月中旬、雷震は留学生の官費の件で「京外」の代表に推され、東京代表である東京帝大農科の学生戴弘と一緒に神戸から上海丸に搭乗して、請願のために帰国した。当初、雷震は間近に迫った大学の学期末試験の準備ができなくなることを心配して、帰国に乗り気ではなかった。だが、過去一年にわたって官費の支払いを求めて争ってきたことが徒労に終わるのは本意でなかったし、京外の学生たちから期待を寄せられていたこともあり、強いて引き受けることにした。出発の日時は学校の冬期休暇中を選び、欠席する授業がなるべく少なくなるよう工夫もした[82]。しかし、戴弘と会った時には、大いに失望させられた。それというのも、戴弘が自分は口下手だからと言って、すべてを雷震に丸投げしたからである。幸い、最後には浙江省議員の蔡経賢の助けを得て、全公費生に一律月一〇元を増額するという決議が省議会で通過した[83]。この請願を行っている間、雷震は多くの要人からの協力を得られた。前述した蔡経賢の実弟である蔡経徳は、東京で勉強していた際に親しくしていた友人で、彼が兄に向けて紹介状を書いてくれた。浙江省教育庁の庁長は、雷震が日本に留学したばかりの頃、浙江省の経理員を務めていた人物であった。また、中学時代の教師であった祝文白が教育庁で働いており、偶然応接室で出会った後、彼らのために口添えをしてくれた[84]。

杭州で浙江省政府に請願を行っていた時期を利用して、雷震は杭州で弁護士として開業していた小学校時代の恩師である韓寶華のもとを訪れたが、そこで思わぬことに、母が病気ですでに一か月近く床に臥していることを聞かされた。この年（一九二四年）の夏、兄の雷用邦が狂犬に噛まれ、医者にかかるのが遅かったからか、あるいは来歴の不明な「丹薬」を服用したためか、毒がまわって亡くなってしまった。母は悲嘆にくれ、さらに家事や各種雑務の負担を一身に背負うことになり、疲労が蓄積して病に倒れたのである[85]。雷震はそれを聞くと、心配で居ても立ってもいられなくなり、官費増額という結果が出るやいなや、急いで杭州から実家に戻った。兄と三弟がいずれもすでに亡くなっており、母と憂いを共にし、負担を分かち合える成年男子がいなかったため、雷震はしばらく実家にとどまることにして、母が家の中のことを切り盛りするのを手伝った。母の方は、長らく会っていなかった息子に会えて嬉しかったのか、病状は好転に向かった。実家に二週間滞在した後、雷震は一九二五年二月十七日、日本に戻って京都で試験を受けるべく、出発した[86]。上海で神戸行きの船に乗る前、友人に送るつもりで大洋〔銀貨〕五枚を払ってミカンを一籠買ったが、神戸上陸前に日本の税関職員の検査を受け、中国産ミカン類の表皮には寄生虫のような細菌が付着しているため、日本への輸入が禁止されており、すべて廃棄処分にする規定になっていると告げられた。雷震は心の中で、税関職員は没収したミカンを自分たちで食べるのだろうと思っていたが、職員たちがその場ですぐミカンを海中に投棄したので、日本の職員の事務を処理する態度の真剣さを大いに賞賛した[87]。

同じ年の秋、雷震は法学部の同級生たちと一緒に、当時日本で最も立派な監獄であった「奈良模範監獄」を見学した。収監された囚人たちは、手枷や足枷をつけられることなく、各自の志望に応じて決められた仕事に従事し、平時には各種の団体活動も行っていた。監獄の側でも、宗教などを通じて囚人が心を入れ替えるのを助けようとしていた。その他、監獄長は学問を積んだ博士で、受刑者を尊重し、かつ親しく接しており、その態度は雷震に強い印象を与えたのであった[88]。

八、帰国して校長に任命される

一九二六年三月、二十九歳になった雷震は京都帝国大学法学部を卒業した後、同大大学院に進学し、森口繁治教授に師事して憲法を研究した。「米国憲法」をテーマに学位論文を書く予定だったが[89]、勉強のし過ぎと睡眠薬のとり過ぎから不眠症が日増しに深刻になり、病院で診察を受けても効果がなかった。医師が旅行などによる「自然療法」を勧めたので、大学院で一学期学んだ後、同年の秋に帰国して静養することにした[90]。雷震は後に、不眠症には一生苦しめられており、これまでどれだけの睡眠薬を服用してきたか分からない、と嘆いている[91]。

日本から中国に戻る途中、雷震と一緒に乗船した京都帝大の卒業生である韓祖望が、上海に上陸する際に一人の横暴な日本人と衝突して流血事件となり、彼らは駐上海日本総領事館に犯人を処罰するよう求めたが、梨のつぶてだった。この事件は、日本人が中国人を軽蔑していることを改めて雷震に痛感させたし、それ以降の彼の日本人に対する態度にも大きな影響を与えることになった[92]。雷震は、もともとは年末に京都に戻って大学院での研究を続けようと考えていたが、母から旧正月は家で過ごすよう強く引き留められた。雷震は、母が五人の子どもを産んだにもかかわらず、現在では自分一人しか付き添える人間がいないのはどれほど寂しいことかと思い至り、残って母に付き添うことにした[93]。

翌年（一九二七年）、思いがけないことに、国民党浙江省党部の工人部長に転じていた韓寶華から、杭州に赴任して浙江省立第三中学の校長職をつとめるよう求める電報が送られてきた。当初、雷震は経験が不足していることから固辞したが、教育庁長の朱兆萃（雷震の古くからの同郷の友人で、東京留学時代にはよく会っていた）と韓寶華の二人は、いずれも雷震に受諾するよう求めた。韓が、「革命政府は『新人』を用いたいと考えており、それによってはじめて『去腐生肌〔壊死した肉を取り除き、新しい肉を再生すること〕』や『除旧布新〔古いものを取り除き、新しいものを打ち立てること〕』が可能になるのだ」と言ったので、雷震は及ばずながら引き受けることにした。一九二七年二月十一日、雷震は正式に浙江省政府教育科の辞令を受け、学生生活に終止符を打つこととなった[94]。

後に、森口繁治教授は一九三〇年に南京を訪れて、国民党が北伐を行った後の施設を視察したが、その際に雷震とも面会した。森口が国民革命以後の中国社会について、「革命を声高に叫ぶ人々の多くは、権力の争奪が目的であって、国家建設のためではない」との感想を述べると、雷震はいたたまれなさに返事ができなかった。森口が南京で胡漢民[95]と戴伝賢〔季陶〕の二人を訪ねた時には、雷震も同行した。胡漢民は立法院の業務について、その概要を森口に説明し、雷震が通訳を務めた。戴伝賢は日本語に精通し、森口と直接会話ができたが、話題が考試院に及んだ時には、孫文の見解を繰り返しただけだった。森口は、独立した「院」を設立して試験を主催する必要はなく、困難であるばかりか、浪費でもあると考えていた。今回中国に来る際に、森口は新しく出版した『憲法原理の研究』と『比例代表法の研究』の二冊を携えてきており、雷震に贈った。雷震はずっと大切に保管していたが[96]、その後森口教授からの指導を受ける機会は二度と訪れなかった。第二次世界大戦中、森口は病を得て亡くなったのである[97]。

注

1 〔訳注〕原文は「獲得『鍍銀』」＝「『鍍銀』を獲得する」。「鍍金」は箔がつくという意味だが、普通欧米に洋行や留学をした時に使う。「鍍銀」は、それよりは一段落ちるということを含意している。

2 雷震『雷震全集8：我的母親』一九四頁。雷震『雷震全集10：我的学生時代（二）』四〇九頁。工藤貴正による日本郵船株式会社資料の考証によれば、「築島丸」の記載はなく、雷震は船名について記憶違いをしたのではないかという。工藤貴正「雷震在日本留学体験之中所形成的初期民主・憲政思想」中央研究院近代史研究所「西方経験與近代中日交流的思想連鎖」学術研討会報告論文（二〇一八年十二月五日）、一二頁。

3 雷震『雷震全集10：我的学生時代（二）』四〇六～四一一頁。

4 工藤貴正「雷震在日本留学体験之中所形成的初期民主・憲政思想」中央研究院近代史研究所「西方経験與近代中日交流的思想連鎖」学術研討会報告論文（二〇一八年十二月五日）一頁。雷震「学生時代救国活動的回憶」『雷震全集10：我的学生時代（二）』四一三頁。

5 雷震『雷震全集8：我的母親』一九六頁。雷震「学生時代救国活動的回憶」『雷震全集10：我的学生時代（二）』四一三頁。

6 任育徳『雷震與台湾民主憲政的発展』一三、三四五頁。

7 〔訳注〕旧時、子どもが学校に入学する時につけた正式の名前のこと。

8 雷震『雷震全集8：我的母親』一八六頁。雷淵という名前の典拠について、雷震の譜名が雷用龍であることから、『易経』乾卦の龍「或躍在淵，無咎〔或いは躍りて淵に在り，咎無し〕」から来ているとの説もある。

9 雷震「中華民国憲法詮真原序」雷震原著、薛化元主編『中華民国制憲史：制憲的歴史軌跡（1912-1945）』（板橋：稲郷、二〇一〇年）ⅶ頁。原文は、国科会編、雷震遺著『中華民国制憲史』（自筆原稿）、総号：1、「中華民国憲法詮真――中山学術文化基金会専題研究」一～一一、二九～四〇頁。世新大学図書館蔵、マイクロ資料。

10 范泓『民主的銅像：雷震伝』五三～五四頁。雷震『雷震全集10：我的学生時代（二）』四一三～四一四、四四一頁。

11 この年、孫文は中華革命党を解消し、改組を行うことに決めていた。雷震が入党した時には、孫文への忠誠を宣誓することはすでに求められなくなっていたのである。

12 伝統的な国民党の党員は、国民党が革命党を継承したという見方をとっていたので、雷震も中華革命党を国民党の歴史的段階の一部と見なしており、事後の記録でもしばしば中華革命党を「国民党」と呼称している。

13 雷震『雷震全集8：我的母親』一九七頁。雷震「学生時代救国活動的回憶」『雷震全集10：我的学生時代（二）』四一三～四一四頁。

14 雷震『雷震全集8：我的母親』一九六頁。雷震『雷震全集9：我的学生時代（一）』一七五頁。

15 同校は、専門学校を受験する日本の学生のために設けられた学校で、中国で、中国からの留学生は少なかった。雷震『雷震全集8：我的母親』一九六頁。

16 雷震「学生時代救国活動的回憶」『雷震全集10：我的学生時代（二）』四一六頁。

17 これより以前、孫文はすでに国民党に改組したことを中華革命党の各支部に通知している。

18 雷震『雷震全集8：我的母親』一九七頁。雷震『雷震全集9：我的学生時代（一）』一七四～一七五頁。雷震『雷震全集10：我的学生時代（二）』四一六～四一八頁。

19 雷震『雷震全集10：我的学生時代（二）』四一八頁。

20 范泓『民主的銅像：雷震伝』六〇頁。雷震『雷震全集8：我的母親』一九七頁。雷震『雷震全集9：我的学生時代（一）』一七五～一七六頁。雷震『雷震全集10：我的学生時代（二）』四一九～四二〇頁。

21 雷震『雷震全集10：我的学生時代（二）』四一九～四二一頁。

22 雷震『雷震全集10：我的学生時代（二）』四二二～四二五頁。

23 雷震『雷震全集10：我的学生時代（二）』四二七頁。工藤貴正「雷震在日本留学体験之中所形成的初期民主・憲政思想」中央研究院近代史研究所「西方経験與近代中日交流的思想連鎖」学術研討会報告論文（二〇一八年十二月五日）、二頁。

24 雷震『雷震全集10：我的学生時代（二）』四二七～四二八頁。

25 雷震『雷震全集9：我的学生時代（一）』一七六頁。

26 雷震『雷震全集9：我的学生時代（一）』一七六頁。雷震『雷震全集10：我的学生時代（二）』三九五～三九六頁。

27 雷震『雷震全集10：我的学生時代（二）』三九五～三九六頁。

28 任育徳『雷震與台湾民主憲政的発展』三四六頁。雷震『雷震全集9：我的学生時代（一）』二頁。

29 雷震『雷震全集10：我的学生時代（二）』三九五～三九六、四二八～四二九頁。

30 雷震『雷震全集9：我的学生時代（一）』一～二頁。

31 雷震『雷震全集10：我的学生時代（二）』三九五～三九九頁。

32 雷震『雷震全集10：我的学生時代（二）』四一三頁。
33 雷震『雷震全集9：我的学生時代（一）』三～六頁。
34 雷震『雷震全集9：我的学生時代（一）』二七頁。
35 〔訳注〕雷震が引用している福沢の発言は、あるいは『学問のすゝめ』の中の次の一節かもしれない。「今の世に生まれ、報国の心あらん者は、必ずしも身を苦しめ、思いを焦がすほどの心配あるにあらず。ただその大切なる目当ては、この人情に基づきて、まず一身の行ないを正し、厚く学に志し、博く事を知り、銘々の身分に相応すべきほどの智徳を備へて、政府はその政を施すに易く、諸民はその支配を受けて苦しみなきやう、互ひにその所を得て、ともに全国の太平を護らんとするの一事のみ」。福沢諭吉著、伊藤正雄校注『学問のすゝめ』（講談社学術文庫、二〇〇六年）二八頁。
36 雷震『雷震全集10：我的学生時代（二）』四三一～四三三頁。
37 雷震『雷震全集9：我的学生時代（一）』四八～四九頁。高等学校が外国語の訓練を重視していたため、雷震の友人である斉世英は高等学校卒業後に京都大学で勉強した後、すぐ欧州に留学できたのである。
38 雷震『雷震全集9：我的学生時代（一）』四五頁。
39 雷震『雷震全集9：我的学生時代（一）』一、四六～四七頁。
40 雷震『雷震全集9：我的学生時代（一）』三七頁。
41 雷震『雷震全集9：我的学生時代（一）』四三～四四頁。
42 雷震『雷震全集9：我的学生時代（一）』三〇～三一頁。
43 雷震『雷震全集9：我的学生時代（一）』三七～三八頁。
44 雷震『雷震全集9：我的学生時代（一）』三八～四一頁。
45 雷震『雷震全集9：我的学生時代（一）』八八～一〇〇頁。
46 中でも、当時人気があったのは帝国大学法学部と医学部で、往々にして入学を申請した人数が実際の入学人数を上回った。留日学生の回顧録を参照されたい。雷震『雷震全集9：我的学生時代（一）』一一三～一一四頁。陳逸松口述、林忠勝撰述『陳逸松回憶録（日拠時代篇）』（台北：前衛、一九九四年）八二頁。
47 羅鴻詔は雷震の生涯の友人で、後に『自由中国』誌の編集委員を務め、一九五六年に死去した。雷震は晩年になって、自分のつくった自由墓園に羅鴻詔を改葬している。雷震『雷震全集38：第一個十年（六）』（台北：桂冠図書、一九八九年）雷震日記、一九五六年四月三日の条、二四四～二四六頁。なお、呉乃徳がその著書の中で、羅鴻詔と雷震は抗日戦争中に知り合ったと記しているのは誤りである。呉乃徳『百年追求：巻二自由的挫敗』（新北市：衛城出版、二〇一三年）二九～三〇頁。
48 雷震『雷震全集9：我的学生時代（一）』一一三～一一八頁。
49 雷震『雷震全集9：我的学生時代（一）』一二八～一三〇頁。

50 雷震『雷震全集9：我的学生時代（一）』一二八〜一三〇頁。

51 任育徳『雷震與台湾民主憲政的発展』一九、三四六頁。范泓『民主的銅像：雷震伝』八四頁。雷震「京都帝大三年半」『雷震全集9：我的学生時代（一）』一四三〜一四四頁。

52 雷震『雷震全集9：我的学生時代（一）』一五四〜一五五頁。雷震『雷震全集10：我的学生時代（二）』二七六〜二八一頁。

53 雷震『雷震全集9：我的学生時代（一）』一四三〜一四四頁。

54 雷震『雷震全集9：我的学生時代（一）』一四四〜一四八頁。

55 任育徳『雷震與台湾民主憲政的発展』一九〜二〇頁。雷震「京都帝大三年半」『雷震全集9：我的学生時代（一）』一四七、一六一〜一六二頁。

56 任育徳『雷震與台湾民主憲政的発展』二一〜二二頁。雷震「京都帝大三年半」『雷震全集9：我的学生時代（一）』一六六、二三二、二三五、二七五〜二七六頁。

57 雷震『雷震全集9：我的学生時代（一）』一六五〜一六七頁。

58 雷震の森口繁治『近世民主政治論』二四三〜二四四、三一九頁からの引用。雷震『雷震全集9：我的学生時代（一）』一六六頁。〔なお、引用文の訳出にあたっては、森口の原著の表現を参照した。〕

59 雷震『雷震全集9：我的学生時代（一）』一六六〜一六七頁。

60 工藤貴正「雷震在日本留学体験之中所形成的初期民主・憲政思想」中央研究院近代史研究所「西方経験與近代中日交流的思想連鎖」学術研討会報告論文（二〇一八年十二月五日）一一頁。

61 李鴻禧「雷震之憲法学者画像　遭誣受害之宿命」［HI-ON］鯨魚網站、二〇〇二年九月七日の文章 http://www.hi-on.org.tw/bulletins.jsp?b_ID=44880（二〇二〇年四月二十四日確認）。

62 雷震『雷震全集9：我的学生時代（一）』二三一、二三四頁。

63 雷震『雷震全集9：我的学生時代（一）』二三四〜二三五頁。

64 佐々木教授は「滝川事件」で京都帝大教授の職を辞した後、立命館大学に転じて学長となった。雷震『雷震全集9：我的学生時代（一）』二三一〜二三四頁。

65 雷震は、文部省は軍閥の圧力を受けたことで、瀧川幸辰教授を解職したのだと理解していた。雷震『雷震全集9：我的学生時代（一）』二三三頁。

66 張智程「瀧川幸辰與京大事件：捍衛百分之百学術自由的『京大精神』」陳建邦「【大学之道】青春無悔、反骨精神——説京都大学」『台湾海外網』http://taiwanus.net/news/news/2012/201212170213591983.htm（二〇二〇年七月九日確認）。

67 雷震『雷震全集9：我的学生時代（一）』一六七、二三三～二三五頁。
68 雷震『雷震全集9：我的学生時代（一）』一四八～一四九頁。
69 雷震「京都帝大三年半」『雷震全集10：我的学生時代（二）』二八一～二八二頁。
70 雷震「京都帝大三年半」『雷震全集10：我的学生時代（二）』二八二～二八三頁。
71 雷震「京都帝大三年半」『雷震全集10：我的学生時代（二）』二八四～二八五、二八八～二九〇頁。
72 雷震「京都帝大三年半」『雷震全集10：我的学生時代（二）』二八四～二八五、二八八～二九六頁。
73 雷震「京都帝大三年半」『雷震全集10：我的学生時代（二）』二九七～三〇一頁。
74 雷震『雷震全集9：我的学生時代（一）』一〇四、一六八～一七〇頁。
75 雷震『雷震全集10：我的学生時代（二）』四三五頁。
76 任育徳『雷震與台湾民主憲政的発展』一九頁。雷震『雷震全集9：我的学生時代（一）』九六～一〇七頁。
77 雷震『雷震全集9：我的学生時代（一）』一八〇～一八五頁。
78 雷震『雷震全集10：我的学生時代（二）』三八九頁。
79 〔訳注〕直隷派は、中国の軍閥の一派。直隷省（現河北省）出身の馮国璋、曹錕、山東省出身の呉佩孚らが中心で、イギリス、アメリカの勢力に支えられ、民国初年、日本が援助する段祺瑞の安徽派、張作霖の奉天派と対立抗争を続けた。一九二〇年の安直戦争で段祺瑞を押さえ、また二二年の奉直戦争で張作霖に勝って、北京政界に勢威を振るい、二三年から二四年にかけて曹錕が大総統になった。ところが二四年、第二奉直戦争で敗れ、その後、二六年には北伐軍による攻撃の矢面にたった張作霖と組んだが、結局、蔣介石らの北伐軍に駆逐され、完全に勢力を失った。日本大百科全書（ニッポニカ）https://japanknowledge.com/lib/display/?kw=%E7%9B%B4%E9%9A%B7%E6%B4%BE&lid=1001000152653（二〇二一年三月七日確認）。
皖系は、段祺瑞を首班とする中国北洋軍閥の一派で、別名を安徽派。一九一六年袁世凱の死後、段祺瑞はその後継者として北京の実権を握ったが、直属の軍隊は弱小で、最大のライバルであった直隷派に対抗して日本の寺内内閣と結託、西原借款や日本軍将校の配属を受け、日華軍事協定を締結し、さらにロシア革命への干渉である日本のシベリア出兵にも参加した。一九一八年の国会選挙では、安福クラブが絶対多数を占めたが、翌一九一九年、国内の民主化を求め売国的外交政策に反対する五・四運動によって国民的反撃にあい弱体化した。一九二〇年七月、直隷派との安直戦争で敗北、段は一九二四年に臨時執政に返り咲いたが、もはや安徽派としての実体はなかった。日本大百科全書（ニッポニカ）https://japanknowledge.com/lib/display

/?kw=%E5%AE%89%E5%BE%BD%E6%B4%BE&lid=1001000014847（二〇二二年三月七日確認）。

80 雷震『雷震全集9：我的学生時代（一）』一七二頁。雷震『雷震全集10：我的学生時代（二）』三〇二～三〇三頁。

81 雷震『雷震全集10：我的学生時代（二）』四三四～四三七頁。

82 雷震『雷震全集10：我的学生時代（二）』三九〇～三九二頁。

83 雷震『雷震全集10：我的学生時代（二）』三九〇～三九二頁。雷震『雷震全集9：我的学生時代（一）』一八四～一八五頁。

84 雷震『雷震全集10：我的学生時代（一）』三九一～三九二頁。

85 雷震『雷震全集9：我的学生時代（一）』一八五頁。

86 雷震『雷震全集10：我的学生時代（二）』三九三～三九四頁。

87 雷震『雷震全集10：我的学生時代（二）』三九四～三九五頁。

88 雷震『雷震全集10：我的学生時代（二）』三七二～三七六頁。

89 工藤貴正「雷震在日本留学体験之中所形成的初期民主・憲政思想」中央研究院近代史研究所「西方経験與近代中日交流的思想連鎖」学術研討会報告論文（二〇一八年十二月五日）、四頁。

90 任育徳『雷震與台湾民主憲政的発展』三四六頁。范泓『民主的銅像：雷震伝』九六頁。一九二六年秋の帰国については、雷震『雷震全集8：我的母親』五五頁。雷震『雷震全集9：我的学生時代（一）』一八七～一八八頁。

91 雷震『雷震全集9：我的学生時代（一）』一八四～一八五頁。

92 雷震『雷震全集8：我的母親』五五～五六頁。

93 雷震『雷震全集9：我的学生時代（一）』一九三頁。

94 雷震『雷震全集9：我的学生時代（一）』一九三～一九七、二〇〇頁。工藤貴正の考証によると、京都帝国大学の一九二九年四月の学籍名簿にはまだ「米国憲法↓法学士↓雷震↓支那」という雷震の記録が存在しており、おそらく退学の手続きは行わなかったと見られるという。工藤貴正「雷震在日本留学体験之中所形成的初期民主・憲政思想」中央研究院近代史研究所「西方経験與近代中日交流的思想連鎖」学術研討会報告論文（二〇一八年十二月五日）、一三頁を参照。

95 〔訳注〕胡漢民（一八七九～一九三六）は、政治家。広東省番禺に生まれる。一九〇二年に日本に渡り、東京弘文学院、法政大学速成科で学ぶ。滞日中に中国同盟会に加入し、以後孫文に従う。孫文の死後、南京国民政府に参画するが、蔣介石が独裁化を強めるにつれ対立関係に陥り、一九三一年に三月に監禁される。釈放後は香港で「抗日、倒蔣、反共」をスローガンとする政治活動を展開。一九三五年にはヨーロッパに外遊したが、翌年広州で死去した。近代中国人名修訂版編集委員会編『近代中国人名辞典　修訂版』（霞山会、二〇一八年）二〇二～二〇三頁。

96 工藤貴正の考証によると、森口繁治には『憲法原理の研究』という著作はなく、雷震に送った二冊の著作は、おそらく一九二五年に出版した『比例代表法の研究』と、一九二九年に出版した『憲政の原理と其運用』であり、雷震が晩年に記述した書名とは少し異なるという。工藤貴正「雷震在日本留学体験之中所形成的初期民主・憲政思想」中央研究院近代史研究所「西方経験與近代中日交流的思想連鎖」学術研討会報告論文（二〇一八年十二月五日）、一四頁を参照。

97 雷震『雷震全集9：我的学生時代（一）』一九九頁。

第三節　結婚と家庭生活

一、結婚と恋愛について

中国と日本の間を往復しながら勉強をしていた期間中——おそらく一九一八年末の二回目の日本行きの前後——、母親の陳氏の周旋により、雷震は一度目の結婚をした。これに関して残された記述は少なく、結婚生活はすぐ終わったのだろうと考えている人もいるほどである。最初の夫人である劉氏の名前が何であったかは、分かっていない。息子の雷紹陵が米国で死去した際の死亡証明書には、その母の名が「Zen Liu」と記されており、これは劉氏の名前を音訳したものと考えられる[1]。劉氏との間には二男二女が生まれ、現在資料によって比較的名前が明らかなのは、息子の雷紹陵（幼名を瑞陵）[2]、雷祥陵、および娘の雷鳳陵[3]である。資料の制約があり、二人がいつ結婚したかを特定することは難しい。一九二二年、雷震が二十五歳の時に、最初の妻である劉氏との間で長男の雷紹陵が生まれたことは比較的知られているが、その他にもあまり知られていない娘として雷省吾がおり、一説によると彼女は雷紹陵の姉であるという[4]。長男の出生日から考えると、雷震と劉氏の結婚は一九二一年よりも前であり、もし雷省吾が初めての子どもならば、もっと前であったことになるだろう。もう一人の娘である雷鳳陵は一九二四年に生まれており[5]、結婚は五年以上継続したものと考えられる。しかし、結婚していた時期は雷震の留学中と重なっており、ほとんどの期間別離していて顔を合わせることは少なく、一般の夫婦に比べて互いのやり取りは少なかった。

雷震と二番目の妻である宋英との交際は、彼が京都帝大大学院を休（退）学し、中国に戻ってからのことであった。一九二八年、三十一歳の雷震は、当時財政部関務署に勤めていた宋英（一九〇二年生まれ）と知り合いになる[6]。翌年（一九二九年）、宋英が日本に留学する時、雷震は彼女を上海まで送るとともに、神戸に住んでいる日本の友人加藤恭亮に手紙を送り、彼女の面倒を見てくれるよう依頼した[7]。だが、彼らの関係が近づくきっかけとなったのは、宋英が中国に一時帰国して官費を申請したのと、雷震の母の陳氏が南京に短期滞在したことだった。

一九三〇年の年末、陳氏が南京に二か月間滞在するつもりだと手紙で連絡してきたので、雷震は母が来訪した時のために考試院の東に部屋を一つ借りた。その部屋は大きいが辺鄙なところにあり、雷震も昼間は出勤するので、母が退屈ではないかと心配し、友人の羅鴻詔と王廷翰夫婦、および一時帰国していた宋英に、付き添いのために母と一緒に住んでもらおうと考えた。当時羅鴻詔は金陵大学で教えており、王廷翰も考試院に勤務していた。宋英は官費申請のために日本から戻ってきたところだったが、安徽省教育庁からは、しばらく官費の欠員はないとの通知を受けており、翌年の夏季休暇に改めて申請をする時までは、日本に再留学することはできないという状況だった。彼らが一緒に住んでいた期間は短かったが、印象的なエピソードも起こっている。ある日の夜半、雷震の家に泥棒が入った。彼らの目標は、宋英の父がちょうどその日送ってきたばかりの生活費であり、屋外から直接宋英の部屋の壁に穴をあけた。真っ先に異常に気付いたのは雷震の母で、熟睡していた雷震を大声で起こした。雷震は泥棒がいることに気が付き、話し声から少なくとも三人はいると推測したが、少年の頃に盗賊に入られた恐ろしい経験から、あえて外へ出てみることができず、部屋の中で「強盗だ！強盗だ！」と叫ぶのみであった。その声を聞いた後、泥棒たちは宋英のトランクを慌ただしく持ち去ったが、壁に穴をあける際に用いた軍帽と刀をうっかり置き忘れていった[8]。翌朝早く、一同は即刻転居することにした。雷震は、残された軍帽と刀から、泥棒は近くにある中央陸軍軍官学校の士卒だろうと判断した。そこで、即日軍官学校に赴き、考試院の秘書という身分を明かして、前夜の窃盗事件について徹底的に捜査するよう求めた。しかし、中隊長は絶対に兵営内に犯人はいないと主張して譲らず、不満に思った雷震は、窃盗に遭った過程を新聞に載せ、さらには蔣介石総司令に軍を厳しく取り締まるよう上申すると揚言してから、軍官学校を立ち去った。一日後、中央軍校の責任者で団長の宋希濂は、事態が明るみになった時に上役からとがめられるのを恐れたからか、人を派遣して「遺失物」が見つかったと雷震に知らせ、軍官学校に受け取りに来るよう要請した。雷震が同僚の潘鳳翥と王廷翰と連れ立って行くと、宋希濂は自ら出迎えて宋英のトランクを返却したが、依然としてそれは士卒が「拾った」ものであると主張し、窃盗行為があったことはあくまで否定した。トランク内の金銭や品々は一部がなくなっていたが、事ここに至っては、雷震もそれ以上争うことはしなかった[9]。

宋英が再び日本に留学した後の一九三一年三月、雷震は日本外務省の文化事業部の招聘を受け、日本視察の機会を得た[10]。視察の行程中、雷震は日本で勉強していた宋英を誘って一緒に旅行し[11]、彼女に求婚したが、婉曲に断られてしまう。二人は知り合ってからすでに数年が経っており、宋英も雷震に好意を持っていたが、すぐには返事ができなかったのである。宋英が気にしていたのは、雷震に結婚歴があり、四人の子どもがいたことと、雷震の母があまりにも聡明かつやり手であることだった。雷震は求婚が拒絶されて落ち込んだのと、仕事上の心労が重なり、中国に帰国後、突然喀血してしまう。そこで、しばらく南京郊外の清涼山の小さな廟で静養することとし、長男の雷紹陵が面倒を見た。雷震は鬱々として気持ちが晴れず、半年の間ほとんど口をきこうともしなかった。友人の徐逸樵[12]や楊開甲たちは、宋英に手紙を書いて状況を知らせると同時に、雷震のために仲立ちもした。宋英は心を決めかねていたが、一九三一年九月の満洲事変発生のために帰国すると、環境が変化したこともあって、二人の恋愛感情はようやく新しい展開を迎えた[13]。

一九三一年十二月はじめ、宋英は上海に戻り、まず雷震に会いに南京に行ったが、ちょうどその時、雷震は開封に軍の慰問に行っており、会うことができなかった。宋英の南京滞在中、雷震はいなかったものの、友人の徐逸樵や湯恩伯[14]らが毎日のようにやって来ては雷震の求婚に応えるよう説得し、結婚後は姑と前妻の子どもたちとは同居しないと、雷震が保証したことも伝えた。宋英は何度も考えた末、雷震は信頼するに足り、一生を任せられる人間だと思って、とうとう雷震の求婚を受け入れた。湯恩伯が、すぐに開封の雷震に電報を打ってこの嬉しい知らせを伝えると、雷震もすぐに返信を打ち、北平〔現在の北京〕に来て結婚してくれるよう宋英に頼んだ。さらに、ハネムーンが終わってから二人で南京に住もうと計画をたてた。宋英は雷震と約束を交わした後、一九三二年一月中旬にまず上海で衣服や服飾品、日用品などを買い足し、それから船で天津に行く準備をしていたが、上海に着いてから間もなく第一次上海事変〔一二八事変〕が勃発する。そこで、しばらく松江に難を避けた後、元宵節が過ぎてから上海を離れ、蘇州に出てから南京行きの汽車に乗り、到着後は河を渡った浦口からさらに汽車に乗って、ようやく北平にたどり着いた[15]。三月五日、雷震と宋英は北京擷英飯店にて結婚した[16]。当日の出席者は三〇人余りで、詮叙部秘書の王維藩、次長の馬洪煥、金庸、趙蔚如夫妻、丘景尼らがいた[17]。雷震は、同郷で代々付き合いのある尚傳道に頼んで結婚式の手配を手伝ってくれるよう頼んだ。尚傳道は媒酌人と介添人を兼ね、丘景尼が婚礼立会人を務めた。結婚後、二人は北平周辺の景勝地や名所をめぐり、半月のハネムーンを過ごした後、再び津浦鉄路の汽車に乗って南京に戻った。当時、雷震は考試院の秘書を務めていたので、南京では考試院の宿舎に住んだ[18]。

結婚してから間もなく、雷震と宋英の間に愛の結晶が産まれた。一九三二年十一月二十六日、南京市の考試院宿舎で、彼らの長子雷徳寧が誕生したのである[19]。一九三三年十二月七日には長女の雷徳全が産まれた[20]。一九三五年四月一日には二男の雷徳成が産まれ、徳成は友人の劉百閔のところに養子に出した[21]。一九三七年の春頃、宋英と雷震の母陳氏は、短期間一緒に住むことになった。陳氏は、雷震が南京に建てたばかりの新居に一時期住んだのだが、郷里から持参したお土産以外に、雷震と前妻の間の娘である雷鳳陵と姪の雷継華を連れて旅行に来たのだった。結婚前、雷震と宋英は、姑および前妻の子女とは同居しないと約束していたが、息子たちが相次いで他界した後、陳氏には雷震しかおらず、南京滞在中には心配事や郷里のことなど、雷震と共有したいことが山のようにあったのである[22]。一方で、宋英からすれば、日常の中に注意深く仕えなくてはならない姑が出現し、その姑はまた嫁である自分に嫉妬して、自分が夫と少し多く話をしたら不機嫌になり、まるで息子を奪い取られたかのようであった。また、陳氏は自分の孫の中であからさまに雷継華にひいきし、雷鳳陵には冷たくあたった。そうした状況に気づいた後も、宋英にできることはひそかに雷鳳陵を慰めることだけだった[23]。ただ、この同居生活から宋英と雷震の前妻の子どもたちとの間には交流が生まれ、特に雷鳳陵との関係は非常に良く、かなり長い期間にわたって、鳳陵は宋英と同じ戸籍に入っていた。後に鳳陵も、自分は「幼少の頃より雷夫人の宋英女史から実子のように扱われ、成人になるまで扶養を受けたので、政府の戸籍や資料には、いずれも宋女史が母として記載されている」と語っている[24]。

雷震は、宋英と家庭を築いた他に、第二夫人[25]（補償基金会の戸籍資料の記述に基づく呼び方）の向筠との間でも、次第に関係を発展させていった。一九一五年二月十日生まれの向筠は[26]、宋英と同じく安徽省出身で、安慶女子師範学校の卒業生でもあり[27]、学年だけ違っていた[28]。現在公開されている資料からは、雷震と向筠が知り合った経緯は分からない。宋英との結婚は一九三二年のことだが、同じ年、雷震は向筠と曁南大学のキャンパスを一緒に散策しており、彼女のために写真を何枚も撮影している[29]。一九三八年十二月二十日、雷震と向筠の間には長女の雷美琳が生まれた[30]。一九四〇年十二月十三日には二女の雷美莉が[31]、一九四四年三月十五日には三女の雷美梅が生まれ[32]、一九四七年八月七日には長男の雷天錫が無錫で誕生している[33]。雷美琳の回想によると、無錫で生活していた時期には、湯恩伯一家と共に塀で囲まれた大きな住宅に住んでおり、正門では衛卒が番をしていたという[34]。末の息子である雷天洪は、一九五〇年八月四日に台北で生まれた[35]。

雷震は母親の陳氏に心から敬服しており、自分に与えてくれた教育と援助に感謝の気持ちを抱き続けていた。雷震が中国に戻った後、陳氏は短期間雷震のもとを訪ねて来ることがある以外には、大部分の時間を故郷で過ごし、雷震の一度目の結婚で生まれた四人の子どもたちの面倒を見ていたのである。一九三四年、雷震は母の苦労に感謝するため、六十歳の誕生日に受け取った祝儀に家族の収入をあわせて、長興県に長安小学を創設することにし、その年の冬から建築を始めた[36]。一九三五年の夏、長安小学の教室の建築はほとんどが完成し、夏季休暇中に生徒の募集が開始された[37]。雷震はこの学校に深い関心を寄せ続け、台湾に移転してから年月が過ぎ、中国大陸と遠く離れた後になっても気にかけてやまなかった。自分の死後、いつの日か大陸の故郷を取り戻すことができたら、この学校で学んで欲しいと子どもたちに言い聞かせたこともあったのである[38]。

二、対日戦争による移転

一九三七年七月七日に盧溝橋事件が勃発した後、陳氏は雷震のことを心配し、急いで南京まで訪ねていった。雷震の家族は八月六日に南京を離れ、牯嶺にしばらく疎開した。上海の租界に転居すれば便利だとすすめる友人もいたが、中国人を差別する租界の雰囲気が嫌いであったのと、あくまで「抗日図存〔日本に抗い生存をはかる〕」を主張していたことから、内陸部に移住して長期の抗戦にあたるべきだと考えたのである[39]。戦局の進展にともない、政府は南京から撤退し、蔣介石が教育部の長沙への移転命令を発したので、当時教育部に勤めていた雷震は家族を長沙に迎えた。しかし、長沙に落ち着いてからほどなくして、蔣介石が教育部を重慶に移すことを命じたので、雷震一家は漢口を経由して重慶に転居する[40]。雷震が家族の重慶移転を手配していた八月十三日、日本軍が上海に侵攻したと聞いた陳氏は翌日、帰郷して地方の防衛組織をつくることを決意した[41]。陳氏は、郷里ではいわば「大紳女〔風格のある女傑〕」であり、常に人々の問題を解決したり、もめごとを収めたりしていたので、戦乱の時に息子に従って遠いところに避難するよりは、郷里を守るために帰る方を選択したのである[42]。

一九三八年二月二十日、陳氏は長興県和平郷呉山区で、不幸にも日本軍の硫黄弾にあたって焼死した。享年六十四歳であった[43]。雷震は、二か月後の四月末になって、ようやく母の死を知らされた。当時、武昌で設計委員会の仕事に従事していた雷震は、突然の訃報を受けて誰に打ち明ければ良いかも分からず、涙をためながら一人で黄鶴楼に上り、声をあげて泣き叫んだ[44]。故郷に戻りたいと強く思ったが、抗日戦争の最中であり、武漢から浙江に至る道は混乱を極めていて、通行ができなかった[45]。生前に母を近くで世話をすることがかなわず、亡くなったあとも礼を尽くして埋葬することができなかったことに、雷震は強い罪悪感を覚えた[46]。母の殉難に対し、一九四一年の日記の中で「かたきを討つことができず、心の底から悲しくてたまらない」[47]と記している。

一九四五年八月に抗日戦争に勝利した後も、雷震は一九四六年には政治協商会議と憲法制定の問題で忙しく、一九四七年にはまた「国民政府改組」のために奔走することを余儀なくされた。行政院が改組され、張群を行政院長とする内閣が発足した際に無任所の政務委員に任命されるまで、まとまった時間を確保することができなかったのである[48]。一九四七年八月の終わりごろ、雷震はようやく故郷にもどって母親を埋葬したが、棺桶の中の母の遺体が焼けて損壊しているのを見て、日本軍の残虐さにより一層憤りを感じた[49]。生前の母の意向に従って、太湖東山〔東洞庭山〕に風水の地相がよい土地を買い、墓を建立した。雷震にとって極めて不思議だったのは、帰郷してみると、故郷の人々がみな汪精衛〔兆銘〕を褒め称えていたことだった。彼らによると、長興県は国軍が撤退した後、「忠勇救国軍」を自称する遊撃隊がやって来てまるで土匪のようにふるまい、人びとは甚大な迷惑を蒙ったという。甥の雷紹熙もこうした見方に同意し、さらに「祖母が亡くなったのは、遊撃隊がこの土地の治安を乱していたので、民衆が湖州城内の日本軍本部に要請して、兵力によって彼らを討伐してもらった際に巻き込まれたのだ」と述べた。これを聞いた雷震は、心の中で深く慚愧の念にかられた[50]。一九四九年三月十六日、中国大陸を長く離れることになるだろうと予期した雷震は、時間をつくって母の墓前で祭祀と礼拝を行った[51]。

三、雷震一家の台湾移転

一九四九年一月初め、雷震はすでに一家をあげて上海から台湾に移転する準備を始めていた。まず渡台したのは宋英で、湯恩伯のつてを頼みに、三人の子どもと二人の使用人（雷徳全が「褚おばさん」と呼んでいた女性と、調理師の劉博淵）、さらに大量の荷物とともに一月十一日に中興輪という汽船に乗りこんで、台湾に向かった。出発の際、宋英は嘔吐と下痢に苦しめられ、雷震をいたく心配させた[52]。一月十三日の午後、中興輪が基隆港に到着すると、迎えが来ており、その夜は西門町の日本料理店で歓迎の席が設けられた。宋英たち一行には、ひとまず和平東路二段十八巷一号にあった一軒の日本式家屋が手配された。それからの数日間、宋英は家族の生活を落ち着かせるのに忙しく、家具や日用品を次々に購入し、子どもたちもそれぞれ台湾の学校に編入させた[53]。雷徳全は、船に乗って来台した時のことを回想して、「私たちは遠くに出かけることが嬉しかった……だが、出かけてから三〇年あまり経って、ようやく大陸に戻れるようになるとは思いもよらなかった」[54]と語っている。

この時、雷震の上司であり、友人でもある王世杰の長男王紀五も台湾大学の四年に転入し、宋英のところに仮住まいをしていた。家の中の人口が増えたのと、後から家財が運び込まれるのに対応するため、宋英は友人の助けを借りて金山街一巷二号に、二棟の日本式家屋をぶち抜きにした、庭だけでも二百坪ある大きな家をもう一軒購入した。南京に置いてあった家具が続々と家に運び込まれ、雷徳全のお気に入りであるピアノも雷震によって運ばれて来た[55]。

二月九日の夜、雷震は向筠たちを台湾行きの船に乗せた[56]。しかし、この時点では雷家はまだ完全に全員が台湾に移転したわけではなく、雷震はまだ中国大陸に残って事務を処理していたし、宋英も飛行機で南京を往復して、会議に出席していた[57]。雷震は台湾に着いてから金山街の家に住み、ほどなくして程積寛と張和祥も上海からやって来て、雷震の事務や、時には家の仕事も手伝った[58]。

宋英と向筠は、それぞれお互いの雷震との三角関係を知っていたと思われるが、子どもたちには黙っていた。しかし、台湾移転後、狭い土地であるため、宋英の女児雷徳全は、あろうことか父に別の家庭があることに気がついた。それは徳全には受け入れがたいことであり、それによって雷震と激しく衝突することになる。三か月の間一言も口を利かず、家庭の雰囲気が気まずくなったので、宋英は徳全を海外留学に出すことにした。一九五〇年五月末、徳全は首尾よく政府主催の留学試験に合格し、同年の九月二十九日、台北発米国行きの飛行機に搭乗し、留学へと旅立った。その後は、一九七二年に両親に会いに戻るまで、一度も台湾には帰らなかった[59]。

雷震と前妻の劉氏との間に生まれた子どもたちの中では、雷紹陵と雷鳳陵も台湾に来ていた。雷鳳陵は長年にわたって宋英と一緒に暮らし、関係がとても良かった。宋英は、義母として雷震の前妻の子どもたちも自分の子どもと同じように世話をして、疎かにすることがなかった。雷鳳陵もまた、宋英を実の母のように慕っていた。雷徳全は、「母は四番目の姉（雷鳳陵）に対して、実の子どもより良くしていた」[60]と回想している。しかし、雷祥陵は、事情により家族と一緒に来台することはせず、一九五〇年六月に上海を離れた時には、国軍がすでに舟山から撤兵していたため台湾に渡れず、中国大陸に残らざるを得なかった[61]。中国で改革開放が始まってから、ようやく渡米を申請することができたが、その時には雷震はすでに亡くなっていたのである[62]。祥陵は健康が優れず、肺病を患っていて、中国大陸にいる間、時たま手紙で兄や姉たちと連絡することができるだけであった。兄の雷紹陵が、定期的に彼に金銭を送っていた[63]。ある時、祥陵は手紙で郷里の状況を報告してきたが、それによれば、文化大革命の期間中、雷家が「地主」であることと、雷震と雷紹唐が当局から「国民党特務」と見なされていたことから、雷家の者はみな「成分の良くない分子」と見なされ、劉氏は紅衛兵による批判闘争の中で亡くなったという。雷震の甥の雷紹熙は、早くに新疆に下放され、一九六〇年頃に亡くなったと伝えられている[64]。

現在の資料にもとづけば、宋英と向筠の間の関係はなごやかなもので、大きな衝突がおこることもなく、いずれも雷震を背後から支えていた。二人の子どもたちも雷震のことを気にかけており、一九六〇年に逮捕された後は、母親に付き添って獄中に雷震を訪ねる者もいれば、海外から声援を送る者もいた。しかし、二つの家庭の子どもたちが長ずるにつれ、時にはやや緊張した関係になることも免れなかった。雷震が生前に、自分の死後は大げさな告別式は行わないよう言い残したのも、あるいは争いごとが起こるのを避けるためだったのかもしれない[65]。だが、総じていえば、宋英と向筠の二人は、それぞれ自分の子どもたちと住み、お互いに良好な関係を保っていたのである[66]。

注

1 財団法人戒厳時期不当叛乱暨匪諜審判案件補償基金会蔵「雷紹陵死亡証明書」『雷鳳陵等十一人、申請補償金（雷震）』案号：004764号、一二一頁。

2 「瑞陵係雷先生長公子紹陵小名」、雷震『雷震全集38：第一個十年（六）』、日記一九五五年十二月二十七日の条、一九七頁における傅正の注釈を参照。

3 「母はその時、父がすでに最初の妻と離婚し、二男二女があり、彼らは祖母と一緒に浙江省長興県小渓口の田舎に住んでいることを知った」。「父は以前、祖母の命によって結婚をしたことがあり、すでに最初の妻とは離婚したが、二男二女があり、彼らは祖母と一緒に生活していた」。雷徳全『我的母親：宋英』（台北：桂冠図書、一九九六年）三八、五二頁を参照。

4 徐恵林「雷震家事」。ウェブサイト「秋毫明察軒主的博文」からの転載。http://blog.tianya.cn/m/post-27063818.shtml（二〇二〇年六月五日閲覧）。

5 財団法人戒厳時期不当叛乱暨匪諜審判案件補償基金会蔵『雷鳳陵等十一人、申請補償金（雷震）』案号：004764号、三頁。

6 雷徳全は、雷震と宋英が知り合ったのは一九二六年の初春で、当時雷震は法制局に勤めていたという。しかし、雷震が法制局にいたのは一九二七年末から一九二八年十月であることから考えると、彼らが知り合ったのは、雷震自身が記しているように一九二八年と見るべきだろう。雷震『雷震全集9：我的学生時代（一）』二一二頁。雷徳全『我的母親：宋英』三七頁を参照。

7 雷震『雷震全集9：我的学生時代（一）』二一五、二二六～二三〇頁。

8 雷震『雷震全集9：我的学生時代（一）』二一八～二一九、二二六～二二八頁。

9 雷震『雷震全集9：我的学生時代（一）』二二八～二三〇頁。

10 雷震『雷震全集10：我的学生時代（二）』三六三～三六四頁。

11 雷震『雷震全集10：我的学生時代（二）』三六四～三六五頁。

12 〔訳注〕徐逸樵（一八九八～一九八九）は、官僚、ジャーナリスト、文筆家。原名は頌薪、逸樵は字。浙江省諸暨に生まれる。一九一八年から二四年まで日本に留学し、雷震や湯恩伯と親しく交わる。東京高等師範学校を卒業後、帰国して中学教師や教育部社会教育司第二科科長などを歴任。一九二九年、雷震らとともに南京で日本研究会を設立し、出版を担当する。抗日戦争終結後、蔣介石の命を受けた張群によって対日善後問題座談会を組織すると、雷震らとともに参加。また、中華民国駐日代表団顧問として日本に渡り、以後一九七八年まで滞在する。その後は中国大陸に戻り、政治協商会議常務委員を務めた。李蓉「愛国民主人士徐逸樵」（浙江省政協文史資料委員会『浙江文史集粋 第2輯 政治軍事巻下』杭州：浙江人民出版社、一九九六年）二四一～二四六頁。

13 雷徳全『我的母親：宋英』五八頁。

14 〔訳注〕湯恩伯（一八九八～一九五四）は、軍人。原名は克勤で、恩伯は字。浙江省武義県湯村鎮に生まれる。日本に留学し、明治大学法学部に入学するが、中退して帰国。一九二五年に再度渡日し、陸軍士官学校に入学、二七年に卒業。抗日戦争中の台児荘の会戦で日本軍を背後から衝き、後退させる。国共内戦期には京滬衛戍総司令、福建省主席などを歴任する。台湾移転後は金門島防衛に成功。一九五四年、病気治療のため渡日するが、慶應義塾大学病院で死去する。葬儀は東京で行われ、旧日本軍関係者・政府高官などが多数出席した。近代中国人名辞典修訂版編集委員会編『近代中国人名辞典　修訂版』（霞山会、二〇一八年）五五九～五六〇頁。

15 雷徳全『我的母親：宋英』六一～六二頁。

16 雷震『雷震全集37：獄中十年（二）』（台北：桂冠図書、一九八九年）日記一九六二年三月五日の条、五三～五四頁。ここには、当時雷震は三十六歳で、宋英は三十一歳だったと記されているが、数え年だと考えられる。

17 雷震『雷震全集41：獄中十年（三）』（台北：桂冠図書、一九八九年）日記一九六四年三月四日の条、二六五～二六六頁。

18 雷徳全『我的母親：宋英』六三頁。

19 雷徳全『我的母親：宋英』六五頁。

20 雷徳全『我的母親：宋英』六六頁。

21 雷徳全『我的母親：宋英』六七頁。

22 雷震『雷震全集8：我的母親』八～九頁。

23 雷徳全『我的母親：宋英』七三～七四頁。

24 雷鳳陵「身分証明説明書」財団法人戒厳時期不当叛乱暨匪諜審判案件補償基金会『雷鳳陵等十一人，申請補償金（雷震）』案号：004764号、一二四頁。

25 〔訳注〕原文では、如夫人。

26 財団法人戒厳時期不当叛乱暨匪諜審判案件補償基金会『雷鳳陵等十一人，申請補償金（雷震）』案号：004764号、一四五頁。

27 安慶女子師範学堂は一九〇七年に創立され、一九一二年に改制により安徽省立第一女子師範学校となり、一九二八年には安徽省立第一女子中学校となった。その後も幾度かの整理統合を経て、現在は安慶市第二中学となっている。安慶市第二中学のウェブページ「安慶二中校史沿革図」（二〇一六年十月十九日編集）を参照。http://www.aqez.net/DocHtml/1/Article_20161219 4973.html（二〇二〇年五月二十五日確認）。

28 胡虚一「雷震日記介紹及選註」（『李敖千秋評論』冊七二）（1897.9.20）三二五頁。厳密に言うと、宋英の在学中は安徽省立第一女子師範学校であり、向筠の在学時は安徽省立第一女子中学校であったはずである。雷徳全『我的母親：宋英』一九頁を参照。

29 宛萱（写真の文字）雷震『雷震家書』（台北：遠流、二〇〇三年）一八～二三頁。

30 財団法人戒厳時期不当叛乱暨匪諜審判案件補償基金会『雷鳳陵等十一人，申請補償金（雷震）』案号：004764号、四一頁。

31 財団法人戒厳時期不当叛乱暨匪諜審判案件補償基金会『雷鳳陵等十一人，申請補償金（雷震）』案号：004764号、五六頁。

32 財団法人戒厳時期不当叛乱暨匪諜審判案件補償基金会『雷鳳陵等十一人，申請補償金（雷震）』案号：004764号、四一頁。

33 財団法人戒厳時期不当叛乱暨匪諜審判案件補償基金会『雷鳳陵等十一人，申請補償金（雷震）』案号：004764号、四二頁。宛萱（写真の文字）雷震『雷震家書』六一頁。

34 宛萱（写真の文字）雷震『雷震家書』六一頁。

35 財団法人戒厳時期不当叛乱暨匪諜審判案件補償基金会『雷鳳陵等十一人，申請補償金（雷震）』案号：004764号、四二頁。

36 雷震『雷震全集8：我的母親』三五～四三頁。任育徳『雷震與台湾民主憲政的発展』三四七頁。

37 雷震『雷震全集8：我的母親』三九頁。

38 雷震『雷震全集42：獄中十年（四）』（台北：桂冠図書、一九八九年）日記一九六六年一月六日の条、二五〇～二五一頁。

39 雷震『雷震全集8：我的母親』九～一〇頁。

40 雷震『雷震全集8：我的母親』一一～一二頁。

41 雷震『雷震全集8：我的母親』一六～一七頁。

42 雷震『雷震全集8：我的母親』五〇、五三～五五頁。

43 雷震『雷震全集8：我的母親』一、三四頁。

44 雷震『雷震全集8：我的母親』四七、四九頁。

45 雷震『雷震全集8：我的母親』五七～五八頁。

46 雷震『雷震全集8：我的母親』七五～七六頁。

47 胡虚一「雷震日記介紹及選註」（雷震日記一九四一年二月十七日の条）（李敖主編『萬歳評論叢書』冊三）（1884.3.31））一二三～一二四頁を参照。

48 雷震『雷震全集8：我的母親』七六頁。

49 雷震『雷震全集8：我的母親』三四～三五頁。

50 雷震『雷震全集8：我的母親』七七～九一頁。

51　雷震『雷震全集8：我的母親』九二頁。

52　雷震『雷震全集31：第一個十年（一）』（台北：桂冠図書、一九八九年）、日記一九四九年一月十日、十一日の条、一一七～一一九頁。

53　雷徳全『我的母親：宋英』一五三～一五五頁。ここは、『自由中国』の設立された住所に基づいて修正した。

54　雷徳全『我的母親：宋英』一五三～一五四頁。

55　雷徳全『我的母親：宋英』一五六頁。

56　雷震『雷震全集31：第一個十年（一）』日記一九四九年二月九日、十日の条、一二九、一三〇頁。

57　雷徳全『我的母親：宋英』一五七頁。雷震『雷震全集31：第一個十年（一）』日記一九四九年三月六日、八日の条。一五二～一五四頁。

58　雷徳全『我的母親：宋英』一五六頁。

59　雷徳全『我的母親：宋英』一六一～一六五頁。雷震『雷震全集32：第一個十年（二）』（台北：桂冠図書、一九八九年）、日記一九五〇年九月二十九日の条、一九五頁。雷美琳は、家族の問題に関して早くから記憶があり、次のように筆者に語っている。雷震が国民参政会で働いていた頃、オフィスに雷震を訪ねていった時、初めて雷徳全というもう一人の女児がいること、および宋英との間にもう一つ家庭があることを知った。来台した後、彼女の家族と雷徳全および湯恩伯の女児たちとの間で、言い争いをすることもあった。また、雷徳全が米国に留学していた時、おそらく雷震は、徳全が米国で親しくなった王紀五とより一層親密になることを期待していたが、そこまでには至らなかったという。

60　雷徳全『我的母親：宋英』一一八頁。

61　雷震『雷震全集32：第一個十年（二）』、日記一九五〇年六月三日の条、一一九～一二〇頁。

62　雷震『雷震全集32：獄中十年（二）』、日記一九五〇年七月八日の条、傅正による注釈、一四〇～一四一頁。

63　雷震『雷震全集41：獄中十年（三）』、日記一九六四年九月二十一日の条、四一〇頁。雷震『雷震全集43：獄中十年（五）』（台北：桂冠図書、一九八九年）日記一九六七年四月二十九日の条、七二～七三頁。雷震『雷震全集43：獄中十年（五）』日記一九六七年十二月十九日の条、一八五～一八七頁。

64　雷震『雷震全集43：獄中十年（五）』、日記一九六七年一月十八日の条、一六頁。現在出版されている雷震の日記では、直接「劉氏」と記されたことはなく、「鳳陵の母親」と書かれている。

65　胡虚一「雷震先生喪事記実」（李敖主編『雷震研究』台北：李敖出版社、一九八八年）三六頁。

66　例えば、雷震の孫の金幼陵がかつて筆者に述べたところによると、出獄した後、雷震は松江路の向筠の家にも来ることはあったが、ほとんどは木柵に住んでいた。彼らの子どもも母親の雷美琳に連れられて、よく木柵まで宋英と雷震に会いに行き、二人の退屈しのぎに付き合うなどして、お互いの関係は良好だったという。

第二章　中国大陸時期における政治生活

第一節　第二次世界大戦終結以前の政治経験

一、国民政府への参加

雷震が中国に帰国したのは、ちょうど国民政府が北伐を実施していた時期で、新しく統治権を獲得した地域において、国民党部は行政、司法、教育の各領域に介入し、指導を行っていた。そのため、母校である第三中学校の校長職を引き継いでからほどなくして、雷震は学校の人事、教育内容から教育方式に至るまで、現地の党部から少なからず干渉され、制約を受けることに気がついた。地方の県党部がいつでも学生たちを尋問できるようになっていることは、学業の深刻な妨げになっていたのである。党部にその旨を伝えに行くと、思いもよらないことに党職員たちは、「『帝国大学』の卒業生は『帝国主義者』であり、国民革命の対象だ」とあてこすりを言った。雷震にしてみれば、言いがかりもいいところであった[1]。一九二七年の年末、自らの理想とする教育が実現できないので、校長職を引き受けてから一年も経っていなかったが、雷震は辞職を決断する。

それからほどなくして雷震は、国民党員として国民政府に勤務することになった[2]。最初は、東京で中華革命党への加入を仲介してくれた戴季陶が、国民政府法制局での編集と校閲の仕事に彼を推薦した[3]。当時法制局局長を務めていた王世杰は、英国とフランスに留学して憲法を専攻し、比較憲法を研究している、中国でも傑出した学者であった。王は、雷震が日本の京都帝国大学法学部に留学し、憲法を学んでいたことを知ると、戴季陶の推薦を受け入れ、法制局での職務に就けることにした。雷震と王世杰は、学問上の専攻が近かっただけでなく、馬も合ったので、以後数十年にわたって親交を結ぶこととなった[4]。

（一）法制局から銓叙部[5]へ

一九二八年十月末、法制局が立法院に合併され、雷震の職務は再び変わることとなった。当時、国民政府は「国民政府組織法」を修正通過させ、五院制を樹立したところであり、蔣介石の腹心である戴季陶が、考試院長に任命されていた[6]。人材を探していたタイミングでちょうど法制局の所属変更があったので、戴希陶は雷震を招致して、考試院の設立準備作業を手伝わせるとともに、考試院編訳局の編集の仕事も任せることにした。当時、人事関連法規の改訂（制定）が急を要しており、雷震は「公務人員任用法草案」の起草を命じられる[7]。新しい時代に合わせるため、政府の法規は外国の先例を参照する必要があったが、この頃関連の書籍は非常に少なく、南京では必要な参考資料を見つけることができなかった。雷震は、森口教授に手紙を送って、日本の文官任用制度に関する書籍の探索を依頼した。森口教授は、それに応えて多くの関連書籍を雷震のために送った。その中には、当時日本で使われていた文官任用法規の他、京都帝大図書館から借り出してくれた、一組三冊の浩瀚な書籍である『官吏学』もあった。これらの資料は、彼が文官制度について理解し、法規を起草する上で大きな助けとなる[8]。

この頃、雷震は家賃と日常の支出以外に、実家の家計を補うために送金もしなければならなかったため、三百元の月給では足りず、収入を増やす方法を考える必要があった。そこで、考試院で勤務する他、家の近くにある中央軍事政治学校で授業を兼任し、三民主義と五権憲法[9]を教え、さらに翻訳の仕事にも従事した[10]。一九二九年に銓叙部が成立すると、雷震は銓叙部秘書兼調査統計科科長に就任する[11]。その翌年、三十三歳になった時には、国立中央大学法学院の教授も兼ねることになった[12]。

一九三〇年の秋、視察のため中国を訪れていた日本外務省の中日文化事業部[13]部長が、南京滞在中に雷震のもとを訪ねてきた。中日文化事業部は、日本政府が庚子賠償〔義和団事件の賠償金〕を運用して設立した機構である。雷震は、日本政府がこの機構を「中日親善」のための道具とするつもりだと考えていたので、この機会を利用して事業部部長に対し、日本の対華政策は『中日親善』、『同文同種』の名のもとに中国人を各地で侮辱し、常に中国の土地を侵略せんともくろむものである」と非難して、こうした政策は必ず改められなければならないと強調した。同部長は、雷震が率直に話をすること、また、南京で「大高同学会（帝国大学および高等学校学生の同窓会）」を組織しており、南京の日本留学経験者のリーダー的存在であることを知っていたので、雷震に対して親しみを抱いていた。彼は、南京滞在中に雷震のもとを二度訪れ、日中関係について意見を求めた他、中日文化事業部の全額負担で、雷震の訪日を招待したのである。当時、考試院銓叙部秘書を務めており、役人の選考、任用に関わる制度設計を担当していた雷震にとって、この招待は日本の文官制度を視察する絶好の機会だったため、喜んでそれに応じることにした[14]。

一九三一年三月、雷震は二週間の休暇をとり、外務省中日文化事業部の招待で東京視察に出かけた[15]。この訪日期間中には時間をつくって、留学時代の思い出の詰まった京都を訪れもした。もともとは、京大の恩師である森口繁治教授のもとを訪ねようと考えていたが、折悪く森口は東京に出かけており、会うことができなかった。この他、日本人の友人である加藤恭亮にも会いに行った。加藤は神戸の造船所で、軍艦や潜水艇の建造を監督していた。その他、当時日本に留学していた宋英を誘って、一緒に観光もした[16]。

一九三一年の冬、雷震は行政組織改革に着目し、「行政改良芻議」を印刷して各部門に配布した他、天津の『益世報』、上海の『時事新報』、さらに武漢の某新聞紙上にも公表した。だが、考試院長の戴季陶は、この文章に不快の念を抱いた[17]。同文章は、総務の独立を提唱し、また、用品の集中調達による経費の削減を主張していて、多くの機関の官吏たちから反感を買うことが予想されるものであった。しかも、雷震は考試院の職員であり、単なる大学教授や知識人という身分で時の政治状況を批評しているわけではないので、考試院の院長である戴は、文章が持ち得る政治的効果について、考慮しないわけにはいかなかったのである[18]。

南京政府に勤務している時期、雷震は国民党党内でも地歩を固めていった。一九三二年には南京特別市党部委員となり、宣伝を担当した[19]。南京特別市党部委員は全部で七名おり、雷震の他には周伯敏、張元良、谷正鼎、方治、袁野秋、謝作民らがいた。その後、南京市党部常務委員兼書記長にも任じられたが、党務を取り扱う中で、同じく浙江省主審の陳果夫、陳立夫と良好な関係を築いた[20]。国民党南京市党部は、一般にはCC派の天下と見なされていたが、雷震はCC派のメンバーというわけではなかった。彼は、党内で派閥抗争が行われることに、終始反対していたのである。しかし、いかなる派閥にも属していなかったがゆえに、雷震は一九三三年三月に行われた南京市党員第二次代表大会の議長に推されることとなる。大会の席上、呉紹澍が、「改組派」[21]である谷正鼎のささいな失敗をとらえて、大いに攻撃するということがあった。議長の雷震は、大会の進行に影響が出ることをおそれて、呉紹澍に対し、谷正鼎に恥をかかせてはいけないと説得した。だが、それによりCC派は、議長が密かに改組派と手を結んでいるのではないかと疑い、雷震に対して強く不満を抱いた[22]。

（二）教育部時代

一九三三年、三十六歳の雷震は、また政界において新たな道を歩むことになった。今回の異動は、かつて勤めていた国民政府法制局の元上司である王世杰と関わりがあった。王世杰は、この年の四月に教育部長に就任しており、自分の補佐をしてくれる人材を探していたので、雷震を教育部に招いたのである。七月、雷震は教育部総務司長に就任する[23]。だが、政務次長の段錫朋は、当初雷震をCC派の人間だと思っており、総務司の公文書に目を通して指示を出そうとしなかったので、王世杰が代わりに疑いを晴らしてやるということがあった[24]。

CC派の方では、一部に王世杰を「改組派」だと目する向きがあり、その部下であって、かつて改組派の彭学沛と日本の一高で一年間同級だったことなどと考えあわせて、雷震もまた改組派だと見なす人々がいた[25]。後のことになるが、張群と一緒に仕事をした時には、張や王世杰など、「政学系」の幹部とも見られていた二人と個人的な交際があったことから、雷震はしばしば政学系の一員という誤解も受けたのであった[26]。

教育部に在職していた時期、政府は小学校の義務教育化導入を計画していた。雷震は、それによって中国の非識字者をなくし、全ての人に生きていくための基本的な知識を備えさせ、さらには国民としての民族意識と国家の観念を育てることを期待していた。当時彼は、「義務教育は、救亡図存〔国家・民族の滅亡を救い、生存を図る〕と民族の復興にとって最も根本的かつ有効な手段である」[27]と述べている。その他、雷震は在職中に、外部から大学の自治に干渉してはいけないと考え、「教授治校〔教授が学校を管理する〕」を主張した[28]。また、この間に上司である王世杰の北京大学時代の同僚であった胡適と交わりを結んだ[29]。

一九三五年十一月の国民党第五回全国代表大会において、雷震は監察委員候補に第二位で当選し、国民党政治委員会財政専門委員会委員も兼ねることとなった[30]。同大会では、憲政の推進についても具体的な進展があり、「国民大会の招集及び憲法草案の公表」が決議され、第五期中央執行委員会に憲法草案公表の権限を授与すること、および国民大会招集の日程が決定された[31]。それによって、雷震が国民政府の憲法制定作業に関わることになる下地ができたのである。同年四月、雷震、徐逸樵、周憲文、劉百閔、羅鴻詔、馬存坤らによって政論雑誌『中国新論』が創刊され、徐逸樵が編集長、雷震が発行人を務めた。雑誌社の成立後、雷震の収集した文章が編集され、叢書として出版された。翌年出版された『雷震論文集』には、二二篇、合計一〇万余字の政論が収録されている[32]。一九三七年に雷震が編集した「非常時期叢書」は、『中国新論』から出版され、合計で三六冊が出版された[33]。

一九三六年は、日中戦争勃発前に、国民党当局が憲法制定作業を推進した重要な年であった。王寵恵が取りまとめ役を務め、雷震も審議に参加した「憲法草案審議報告」が、国民党中央で採択されたのである。これは、雷震が「中華民国憲法草案」と関わる重要なきっかけとなった。五月五日、国民政府は「中華民国憲法草案」（「五五憲草」とも呼ばれる）を公布した[34]。この時の雷震は、審議に参加するのみであったが、後に国民参政会の一員となってから参加した、「五五憲草」の修正から憲法制定に至るまでの作業においては、彼の果たす役割は次第に重要なものになっていったのである。

一九三七年七月、国民政府は牯嶺で教員の夏季訓練班を実施し、雷震は班の副主任を務めた。主な任務は、講師に付き添って授業に出ることであった。教員の夏季訓練班は七月九日が初日であったが、これは国民革命軍が広州にて北伐の誓いを立てた日でもある。この活動で印象に残ったのは、開学の式典において、カンカンと照り付ける太陽の下、蔣介石委員長の長時間にわたるくだくだしい挨拶を拝聴する中、扇子の使用やハンカチで汗を拭うことも禁じられていたので、体力のない人々がバタバタと倒れていったことだった。訓練班参加者たちの生活は一律に軍隊化され、小グループに編成されて軍隊式の管理が行われており、軍事委員会訓練総監部から派遣された人員が、取りまとめ役を務めていた。後に雷震は、このいわゆる「訓練」について、「まったく見掛けだけのお役所式のやり方であり、賑やかで見栄えは良いかもしれないが、『実際の効果』については話にならない」ものであって、参加者全員の時間と国家の予算を浪費し、甚だしきに至っては「大陸全体を訓練でダメにしてしまった」と回想している。国民党政府のこうした、うわべだけを整え、実際の効果を重視しないやり方に、雷震は強く不満を感じた[35]。もっとも、講師の応接担当の責任者を任されたことで、自身の人脈を広げるのに寄与したという面もあった。

同じ年の七月七日、盧溝橋事件が勃発した。ほどなくして、国民政府は各機関の職員に対し、家族を南京から疎開させるよう命令を出し、長期の抗戦に備えた。雷震は七月十四日に長興輪に乗って南京に戻り、教育部の事務員や公文書の疎開、防空設備の建造など、戦争によって生じた行政事務の処理にあたった。疎開後、抗日のために郷里に戻った雷震の母を除く家族は、雷震の手配によって、重慶へと向かった[36]。

一九三八年一月、国民政府の改組によって、王世杰は教育部から軍事委員会に転出することとなり、雷震も王世杰と一緒に教育部を離れた。この時、軍事委員会は政治部を設立したばかりで、陳誠[37]が部長を務めていた。当時政治部秘書であった張厲生[38]が陳誠に対し、雷震を政治部設計委員として招くよう建言したので、雷震は軍事委員会政治部に転任することとなる[39]。政治部設計委員は会議を開くだけで事務をする必要のない閑職であったが、これは雷震にとって、はじめて陳誠と共にする仕事でもあった[40]。政治部設計委員会の事務所は武昌市にあったが、毎日執務をする必要はないので、雷震は友人と一緒に漢口に住んだ[41]。

二、国民参政会の準備

日本が南京を攻略した後、国民政府は長期にわたる抗戦という情勢に対処するため、各方面からの呼びかけに応える必要があり、各党派を団結させるべく、一九三八年三月二十九日の中国国民党臨時全国大会において「抗戦建国綱領」を通過させた。また、国防参議会を解散させ、新たに国民参政会を招集することを決議した[42]。四月十日に公布された国民参政会条例の第一条には、成立の目的として、「国民政府は、抗戦期間中に大衆の意見を集めて広く有益な考えを取り入れ、全国の力量を団結させるべく、国民参政会を特設する」と記されている[43]。

国民参政会の参政員は国民政府によって選抜・招請された人々で、メンバーは各党各派、各民族、各地域のエリートであり、六月十日に二〇〇名の人選が決定された[44]。国民党は、この組織によって党内外を団結させ、国民政府の指導下で抗戦と建国のために尽力させることを構想していた[45]。全体的に見て、非常時期に成立した国民参政会の主要な機能は、各党派を団結させ、それぞれの政治エリートが建言を行うルートを提供することにあったと言える。国民参政会は法定機関の一つではあったが、真の意味での中央民意機関ではなく、政府の施政に対して建議するという発言権はあっても、立法権等の実際上の政治権力はなかった。そのため、政府を実際に拘束することはできず、せいぜい「準」中央民意機関にすぎないものだったのである[46]。

この時、雷震は第三戦区慰労団の団長を務めていた。六月、谷正綱や包華国らと安徽省休寧県城の第三戦区総部で将兵を慰労していた雷震のもとに、漢口の王世杰から長距離電話があり、七月一日に「国民参政会」第一回大会が漢口で開催されることになったので、速やかに漢口に来て準備作業に参加するように告げられた[47]。

六月末、雷震は各地を経由しながら漢口に戻り、国民参政会の開催準備に着手した。しかし、準備作業が煩雑だったため、参政会開催は七月五日まで延期された。会期は十日で、七月十四日に閉会した[48]。王世杰は国民参政会の秘書長を務め、雷震は各部次長の「特務秘書」に相当する役職と[49]、秘書処の下に設けられた議事組の主任を兼任する。主な仕事は、議事日程や会議記録の編纂と校訂、各種議案の関係文書の編集、決議および審査報告の整理、会議および各委員会の開会準備と通知、参政員の出欠席・表決の集計、議事日程進行中のあらゆることがらに関するサポート、プレス発表や新聞記者との打ち合わせなどであった[50]。また、国民党国民参政会党団の幹事も兼任し、会場において党団の指示を伝達する責任者の役も務めた[51]。

国民参政会の開会期間中、大会では『抗戦建国綱領』を擁護する決議案」が採択された。同綱領は、全国の人士が団結し、精神を集中させ、行動を統一させて政府を擁護するようになることを主に目指すものであった[52]。その他、大会では各省市に戦時民意機関を設立することも決定した[53]。国民参政会が開会するのと同時に、雷震はすでに重慶へ戻るための準備作業に着手し、会議終了後の八月一日には飛行機で重慶へと戻り、参政会秘書処事務室の業務を重慶でも引き続き行えるよう手配した[54]。

一九三九年、四十二歳になった雷震は、国民党党内でさらに地歩を固めた。蕭佛成が抜けたあとの空席を埋めるかたちで、国民党中央監察委員に就任したのである[55]。同年、国民参政会の第一期第三回大会が重慶で開催され、議長の蔣介石提案による「川康建設期成会」を組織する案が採択された。

「川康建設期成会」は、蔣介石が会長を兼任し、雷震が主任秘書を兼任した[56]。期成会の主要な内容は、四川・西康各地に視察団を派遣し、視察結果をもとに起草された意見書から川康の建設計画を立案制定して[57]、政府が川康建設を推進し、抗戦と建国のための国力を増強させるのを督促するというものであった[58]。

一九三九年九月九日、国民参政会の第一期第四回大会が重慶で開催された。在野の人士たちは、国民党が長期にわたって実施してきた「一党訓政[59]」に不満をもっており、元来は一九三六年に完成するはずだった憲法制定が促進されることを期待していた[60]。これより前の一九三八年、国民党当局は政治的団結の雰囲気を醸成し、日本による侵略に対処するため、国民党臨時全国代表大会で「抗戦建国綱領」を採択していたが、その第二十六条には、国民党以外の政党も合法的に結社することができると規定されていた[61]。国民党指導者の蔣介石と汪兆銘が、国社党のリーダーである張君勱に手紙を送り、その「言論、出版、結社、集会の自由」を保障すると表明して、形式上野党の存在の合法性を承認したこともあった[62]。それにもかかわらず、国民党が事実上「一党独裁」を布いているという政治情勢に変化はなかったのである。そのため、諸政党は、国民党が「一党独裁」を放棄し、各党派に平等な地位を付与することを望んでいた[63]。各党派は、憲法草案にある「三民主義共和国」などの用語についても修正を要求し、青年党や国社党（戦後に民社党に改組された）の政治的主張を、三民主義と同等の重要性をもつものとして位置づけるよう主張していた[64]。一九三九年九月の第一期第四回大会では、左舜生[65]、張君勱、孔庚らが「期日を定めて国民大会を招集し、憲法を制定するよう政府に求める」ことに関する提案を七件提出した[66]。その中には、「人心安定と民力発揚により抗戦に資するため、党治を終わらせ、憲政を実施するよう求める案」や、「非常局面に対処するための政治改革案」などが含まれていた[67]。

雷震にとって、憲法の施行は、人民に国家の大事に関与する力を付与するものであり、民心を団結させ、国民の求心力を凝集させる唯一の方法であった。国事に関心のあるものが、民意機関の設立により己の理想を実現させる機会を有し、それによって「戦場」を「議場」に代え、議場において人々は言論を用いて説得するだけであり、「人民は選挙によって中心における政治に参加する」のは、近代政治の常識なのである。そのため、憲政の実施により船頭多くして船山に上る、などと考えるべきではなく、「不善の法と雖も、尤悪するは無法に於いてす〔善からぬ法であっても、責めとがめて避けるべきは無法状態である〕」[68]ということを深く心にとめておかなくてはならない。それに比べると、「独裁こそが国家分裂をもたらす主因であり、専制こそが政治を堕落させる毒素なのである」[69]。しかし、この頃の国民党には、「一党独裁」を放棄する考えはなかった。国民党中央は、諸政党の人士から上述の要求があったことを重視し、その他の党派の人士の考え方を穏健化させるべく、対策を講じることとなった。こうした中で、雷震は議案の消息を国民党中央党部に伝えると同時に、国民参政会には国民党中央の意見を伝達するという役割を務めていた。任務を果たすため、視界の悪い夜中に危険な区域を車で走り、建議案を自ら重慶の上清寺にある国民党中央党部に届け、党が速やかに対策を練られるようにするということもあった[70]。国民党は、各党派の改革要求に対応するため、「国民大会を招集し憲政を実行する決議案」を採択した。その内容は、期日を定めて国民大会を招集し、憲法を制定して憲政を開始するというもので[71]、形式的には、国民党が「党治」を終わらせ、改革を推進することを表明するものであった[72]。国民党中央で決定が下された後、大会では「憲政期成会」の発足が決議され[73]、国民参政会第一期第四回大会の閉幕一日前の九月十八日、議長の蔣介石によって憲政期成会委員のメンバー二十五人が発表された[74]。その顔触れは主に雷震によって立案されたもので、蔣介石は特に異論もはさまず、それを採用したのであった[75]。

三、各政党との意思疎通と協議

憲政期成会設立の主要な目的は、憲政の実現のために政府をサポートするというものであり[76]、雷震は秘書長職を務めたが、それによって、その後憲法制定作業に関わる重要な補佐役となるのである[77]。この時から、制憲国民大会によって憲法制定が完成するまでの間、雷震は大小各種の会議に一三八回参加し、憲法制定作業への理解を深めていった[78]。憲政期成会は、三度にわたる討論を経て、一九四〇年三月に「五五憲草」を修正した「中華民国憲法草案（五五草案）修正草案」を提出した[79]。雷震は、憲政期成会秘書長に就任することで、憲法制定作業に深く関わるようになると同時に、国民党と各党派間の意思疎通や協議において欠かすことのできない調整役を務めるようになり、各党派の指導層とより密接な交際を結ぶようになったのであった。

憲政期成会の決議は、一九四〇年四月二日に開催された国民参政会第一期第五回大会に提出され、討議がなされた[80]。しかし、最終的な決議文の内容と、諸党派の要求との間には大きな隔たりがあり、訓政の終了と国民大会の招集による憲法制定について、まったく触れていなかった。そのことは、参政員の左舜生（青年党指導者の一人）と張君勱（国社党指導者）に、強い不満を抱かせたのである[81]。雷震の考えでは、この決議文の内容は国民党指導層の考え方を反映したものであり、党内の大多数が「党治」を終わらせたくはなく、憲法制定と訓政の終了を故意に遅らせ、一日一日をしのいでいこうと考えていたことによるものであった[82]。国民党がこの時に憲法制定を推進したくなかった主な原因について、後に雷震は次のように記している。第一に、国民党の指導層は根本的に西洋の民主制度を信じておらず、船頭多くして船山に上ると考えていた。第二に、国民党員は一般的に傲慢で反省能力に欠け、先知先覚をもって自ら任じていたため、もし憲政を実施したら、再び北伐時代のような混乱に陥ると考えていたのである[83]。

（二）民主同盟の成立

一九四一年になっても、雷震は依然として国民参政会の仕事に忙殺されており、二月には国民参政会の第二期第一回大会開催の準備作業に加わった。大会は、三月一日に開幕した[84]。大会期間中、雷震は国民党と各党派の人士間の意思疎通の主要な窓口となり、奔走した。時には、国民党・国民政府を代表して、諸党派の要求に回答した。中国共産党が、新四軍[85]に対する処置への不満から会議への出席を拒否したため、何度も中国共産党駐重慶代表団のもとへ足を運び、周恩来や董必武らと交渉することもあった[86]。三月、国民参政会第二期第一回大会が閉幕してすぐ、雷震は国民党中央監察員として重慶で国民党第五期八中全会に参加するなど、多忙を極めた[87]。この頃、国共両党以外の第三勢力も発展しつつあり、民主的な政府の成立と内乱停止を目標に掲げ、政府の民主化と軍隊の国有化を主張していた[88]。こうした要求に合わせて、多くの参政会員が一九四一年三月に秘密裏に中国民主政団同盟（略称は民主同盟、あるいは民盟）の結成を準備し[89]、十一月十七日、国民参政会第二期第二回大会の前に、正式に成立を宣言した[90]。それ以降、個別の党派と協議する以外に、民主同盟と意思疎通することも、雷震の重要な仕事となった。

しかし、民主同盟の成立後、国民党当局を批判する声がやまなかったため、そのメンバーである羅隆基らが攻撃や抑圧を受けることにもなった。国社党籍の参政員（民主同盟の宣伝部長を兼任）羅隆基は、参政会の憲政期成会において「五五憲草」を修正したことで国民党当局から憎まれ、また、たびたび国民党批判の文章を発表していた他、教鞭をとっていた大学の教室でも国民党と三民主義を批判した。そのため、陳立夫が部長を務めていた教育部は、昆明の国立雲南大学に対して、羅を解職するよう命令を出したのである。教職を失った後、羅隆基は圧力を感じ、参政会での発言も控えめになった。しかし、一九四二年、国防最高委員会の国民参政会参政員資格審査委員会が第三期国民参政会の名簿を審査した際、陳布雷は羅隆基を除名したいとの意見を表明した。雷震は異議を唱えたものの、陳布雷の意見は蔣介石の態度を反映したものでもあったので、結局羅は審査会によって除名されることとなった。羅隆基は、除名の知らせを受けた後、雷震に周旋を頼んだ。雷震は、国民参政会秘書長の王世杰や中央党部秘書長の呉鉄城らの助力を仰ごうと試みたものの、羅の境遇に同情していた呉鉄城さえ、「蔣介石と陳布雷の羅隆基に対する先入観は根深いものがあり、もはや挽回することはできない」と述べた。羅隆基はさらに、国社党を離党することで事態を打開しようとして、雷震に取りなしを依頼したが、雷震はすでに形勢を挽回できる余地はなく、助力したくても力が及ばないことを知っていたので、国社党を離党はしないよう力を尽くして勧めた。たとえ離党しても、参政会から除名されることは変えようがないことを知っていたからである。国民参政員の職を離れた後、羅隆基の国民党当局および蔣介石に対する批判は、さらに激しいものとなった[91]。抑圧は、それだけにとどまらなかった。十二月末、張君勱は昆明の西南聯合大学でおこった学生運動を扇動したと誣告され、汪山に二年にわたって軟禁された上、張が国民党の幹部とともに名を連ねていた民族文化書院も廃校を命じられた。雷震は、「蔣介石は常に張君勱と羅隆基を嫌っており、国社党に対してはさらに強い嫌悪感を抱いていた」と記している。蔣介石の考えでは、張君勱と羅隆基、国社党は「国民党の天下にとっての敵であり、とりわけ自らの政権にとって極めて不利」な存在だったのである[92]。雷震は、用事があって汪山を訪ねた時に、張君勱が昼夜を問わず監視されている様子を目の当たりにした。来訪者は一人ずつ憲兵から尋問され、雷震もまた厳しい取り調べを受けた。張君勱を、まるで重要犯罪人のように扱っていたのである。雷震は張君勱の苦痛を知った後、「良心の面で申し訳なく思うだけでなく、事実としても申し開きができない」ので、重慶に戻った後、軍統局副局長の戴笠に対して、昆明の学生運動は張君勱の使嗾によるものではないし、すでに二年近くが経っているので監視の必要性はなく、いたずらに野党党首を迫害しているという悪印象を残すだけであるとして、屋外で監視している憲兵と外出時に尾行する特務を即刻撤収させるよう求めた[93]。すると以外にも、戴笠は申し訳なさそうに次のように語った。

> 党派のこと、特に張君勱など政党の領袖のことについては、すべて〔蔣介石〕委員長がご自身で扱われています。〔陳〕布雷氏も多少関与されているかもしれませんが、委員長から任されたことは、我々はそのとおりにするほかないのです。本当に申し訳ありません。私も心の中では儆寰先生〔雷震〕のおっしゃるとおり、現在監視の必要はまったくないと思っています。[94]

虎の首に鈴をつけた人こそ、その鈴をはずすことのできる人である。雷震はやむなく、参政会秘書長の王世杰を通じて、蔣介石に監視の撤廃を求めた。幸いにも、蔣介石は王世杰からの報告を聞いた後、即座に張君勱への監視と尾行を停止するよう命じた。雷震は、懸案が無事に解決したとの知らせを受けて、ようやく一息つくことができ、張君勱一家に対しても申し開きができたと思った[95]。しかし、それからというもの、張君勱は二度と蔣介石と事を共にしようとはしなくなり、一九四六年の制憲国民大会に民社党は参加したものの、彼個人は参加を拒絶したし、その後の国民党、青年党、民社党三党の連合政府への参加も拒んだ。蔣介石はそのことを不愉快に思い、張君勱は人の好意を仇で返す人間だと見なしたのであった[96]。

（二）参政会の「当家婆[97]」

国民参政会での長年にわたる勤務を経て、一九四三年、四十六歳になった雷震は国民参政会の副秘書長に昇格した[98]。国民参政会秘書処の組織規程によると、このポストは国民政府から特派され、秘書長の邵力子を補佐して秘書処の事務を主管し、秘書長が不在の際はその職務を代行するというものであった[99]。後に雷震が回想するところによると、国民参政会での一〇年間、自らが果たした役割は「門神[100]」に過ぎず、常に各党派の参政員をあしらったりなだめたりする役割を務めたが、国民党当局には各党派が要求する改革を実施する考えがなかったことから、しょっちゅう人から罵られるという辛い目にあった。それは実に、苦労ばかり多く、見返りは少ない仕事だったのである[101]。副秘書長を務めていた頃、ある友人は彼のことを参政会の「当家婆」と呼んでいた。実際、議事組主任を兼任していた雷震は、一義的には議事組の業務に責任を負っていたが、参政員に問題があった時は往々にして雷震に周旋が依頼されたため、常に多忙を極めた。例えば、ある時には参政員数名が中共の根拠地である延安訪問を予定していたが、出発間際になって中共が梁實秋の訪問を歓迎しないと発表するということがあった。そこで梁實秋は、中共が自分を受け入れない理由を周恩来に問いただしてくれるよう、雷震に頼んだ。その際に梁は、「もし周恩来に聞きにいってくれないなら、副秘書長をおいておく意味がないじゃないか?」とすら言ったのである。そこで雷震が掛け合いにいくと、周恩来は「延安の決定であり、私にもどうしようもない。梁参政員にご説明ください」と答えた。後に、左舜生や傅斯年らが延安を視察にいった時、梁實秋は同行することができなかった。雷震の見るところでは、梁は魯迅と紙上で論戦を展開したことがあったため、中共から反共的と見なされ、訪問を拒否されたのであった[102]。

九月六日、国民党は重慶で第五期第十一中全会を開催し、雷震は国民党中央監察委員として出席した。大会において雷震は、政治改革に関する詳細な意見を陳述したが、その建議は採用されるには至らなかった[103]。

当時、民主同盟は民主憲政運動に関する宣伝に力を入れており、国内の民主的な人士や諸外国から共感を得ていた。国民党は、民主同盟など党外人士の民主憲政運動に対応し、形だけでも憲法制定と憲政実施について誠意をもっているという政治的態度を示す必要があった。そこで、国民党総裁兼国民政府主席の蔣介石は、一九四三年九月の国民参政会第三期第二回大会の報告において、「憲政の実施のため、憲政実施協進会を設置すべきである」と表明した[104]。国民参政会大会で設立が決議された後、一九四三年十一月十二日、憲政実施協進会は正式に発足し、国防最高委員会の下に設置された。同会は、国民政府主席の蔣介石が会長を兼任し、立法院副院長の葉楚傖が秘書長を兼ね、雷震が副秘書長を務めた。重慶の友人たちは、「副秘書長のスペシャリスト」だと雷震をからかった[105]。雷震は、憲政実施協進会のメンバーは国民党中央委員、国民参政員と国民党の指名した専門家から構成されており、国民党はその活動をコントロール下におくことができたので、国民参政会憲政期成会のように統制できないということはなかった、と指摘している。しかし、同会に招請されて参加した党外の民主的な人士たちにとっては不満を感じさせるものであり、青年党の左舜生や民主同盟の黄炎培などは、会議の席において公然と、自分たちが招請を受けて参加したのは国民党の面子を保つためだけだったと発言した。雷震自身が会議に参加したときに観察したところでも、やはりその討議はかなりいいかげんなものであった。協進会が提起する「五五憲草」に対する意見は、いずれもさして重要でない箇所に対してのものだったのである。雷震は、憲政実施協進会に参加した党外人士は、中国の憲政に対して真剣に検討したことがないと感じており、呉鉄城と王世杰にもそう伝えたことがあった。しかし、彼ら二人は、「国民党が憲政実施協進会を操るために派遣した進行係」ではあったが、共進会の会議にはめったに参加せず、民主党派の活動への対処や、彼らの不満の調整に全力で取り組んではいなかった。それと比べると、共産党は憲政実施を主張する民主運動を全力で支援しており、雷震によれば、「これは国民党が闘争の上で失敗した原因の一つ」であった[106]。一方、協進会の中の一部の人々は「五五憲草」の主要な起草者であり、彼らは「五五憲草」こそが孫文の遺教である五権憲法と建国大綱に最も合致したものであると考えていたので、討論においては一貫して譲歩しようとはしなかった[107]。

雷震の見るところでは、「憲政実施協進会」は、国民党当局が民主的人士の期待を適当にごまかし、民主同盟の要望をあしらって、米国を中心とした諸外国の世論からの批判を減らすためのものに過ぎなかった[108]。そのため、同会は、数回にわたって会議を開催はしたものの、以前の「憲政期成会」と比較して、その効用は限定的なものであった。

国民参政会において、雷震は人権保障に関する法規の起草にも協力した。民主党派のエリートたちによる人権保障の強化を求める声に応えるべく、一九四四年、国民参政会は「保障人民身体自由弁法」の草案を起草し、同弁法は国民政府によって同年七月に公表、八月一日から施行された。これは、憲法施行前の過渡的な法規であった[109]。当時、雷震が王世杰の要請に応じて審査した、行政院と軍法執行総監部がそれぞれ起草した草案は、それぞれ大部分が採用された。その中で、雷震は特に次の一条を加えている。「各機関は、法に基づき人民を逮捕し、尋問を行った後、もし誤認逮捕であるか嫌疑不足と認められた時には、即座に釈放しなくてはならず、保釈の際に保証人は必要としない」。また、補足として次の説明も付された。「犯罪人は、保証人を求めることでいわれのない損失や精神的な苦痛を受けることがあり、思想犯や政治犯などの事件では、あえて保証人になろうという人もいないものである。」雷震が加えたこの条文は、『大公報』の社説で賞賛され、誤認逮捕や嫌疑不足の者に対して、保証人は求めず即座に釈放しなければいけないという規範は、「歴史的な功績と徳行と言うべきである」と称えられた[110]。これはまた、「提審法」の実施以前、訓政体制下において、人身の自由を保障する過渡的な法規でもあったのである[111]。

注

1　雷震『雷震全集9：我的学生時代（一）』一二七頁。
2　任育徳『雷震與台湾民主憲政的発展』二三頁。
3　任育徳『雷震與台湾民主憲政的発展』二三、三四六頁。馬之驌『雷震與蔣介石』（台北：自立晩報社、一九九三年）八頁。
4　范泓『民主的銅像：雷震伝』九七頁。
5　〔訳注〕役人の選考、任用にあたる部署。
6　繆全吉『中国制憲史資料彙編』（台北県：国史館、一九八九年）三一九～三二五頁。
7　范泓『民主的銅像：雷震伝』九七頁。
8　この三冊からなる大著『官史学』は、後に佐佐木惣一の『行政法総論』と同じく、劉百閔が三峡の急流に落としてしまい、二度と見つけることができなくなった。『官吏学』はすでに絶版になっていたので、雷震は京大図書館に対して返すことのできない負債をかかえていることを、ずっと気にしていた。雷震『雷震全集9：我的学生時代（一）』一九八、二三五頁。
9　〔訳注〕孫文は、中華民国の政治制度として、行政・司法・立法の三権以外に、官吏選抜の「考選権」と監督弾劾の「糾察権」をあわせた、「五権分立」の原則を憲法に規定するよう提唱していた。孫文「三民主義と中国の前途」（村田雄二郎責任編集、深町英夫・吉川次郎編集協力『新編　原典中国近代思想史3　民族と国家：辛亥革命』岩波書店、二〇一〇年）二一一～二一二頁参照。この構想は、一九四七年一月に公布された中華民国憲法にも反映されている。
10　雷震『雷震全集9：我的学生時代（一）』二一四頁。

11 任育徳『雷震與台湾民主憲政的発展』三四六頁。『国民政府公報』三三一（1929.11.28）一五頁。

12 任育徳『雷震與台湾民主憲政的発展』三四六頁。

13〔訳注〕中日文化事業部は、日本外務省内に設置された「文化事業部」のことであると考えられる。一九二三年、義和団事件賠償金および山東・青島関係の鉄道、鉱山、公有財産を運用資金とし、中国人留学生に対する学資補給、北京人文科学研究所および図書館などでの学術研究、日中両国間における人物交流などを行う「対支文化事業」が、日本政府によって開始された。その実施のために外務大臣管理のもとに設置されたのが「対支文化事務局」である。同事務局は、「対支」という冠詞が中国側を刺激することが懸念され、一九二四年に「文化事業部」へと改組された。外務省外交史料館日本外交史辞典編纂委員会『新版　日本外交史辞典』（山川出版社、一九九二年）四九九～五〇〇頁。

14 雷震『雷震全集10：我的学生時代（二）』三六二～三六三頁。

15 雷震『雷震全集10：我的学生時代（二）』三六三～三六四頁。

16 雷震『雷震全集10：我的学生時代（二）』三六四～三六七頁。

17 任育徳『雷震與台湾民主憲政的発展』二六頁。

18 雷震『雷震全集43：獄中十年（五）』日記一九六七年一月三十日の条、二一～二二頁。

19 任育徳『雷震與台湾民主憲政的発展』一三頁。

20 胡虚一「雷震日記介紹及選註」（李敖主編『李敖千秋評論』冊七四）（1987. 12. 2）二二〇～二二一頁。

21〔訳注〕改組派とは、国民党左派の陳公博が一九二八年に結成した派閥。国民党は一九二四年の改組当時の精神に立ち戻るべきと主張し、党中央の権力集中を批判したことから、その名前がついた。蔣介石の弾圧を受け、一九三一年に解散が宣言される。土屋光芳「汪精衛は「改組派」の指導者か？」『政經論叢』六〇（五－六）、一九九二年を参照。

22 雷震著、林淇瀁校註『雷震回憶録之新党運動黒皮書』（台北：遠流、二〇〇三年）二〇九～二一一頁。

23『国民政府公報』一一七九（1933.7.11）一頁。

24 胡虚一「読『愛荷華憶雷震』書後」（李敖編著『雷震研究』台北：李敖出版社、一九八八年）一二八～一二九頁。

25 雷震『雷震回憶録之新党運動黒皮書』二〇八～二〇九頁。

26 胡虚一「雷震日記介紹及選註」（李敖主編『李敖千秋評論』冊七四）（1987. 12. 2）二二〇頁。

27 雷震「実施義務教育計画」（『大公報』（天津）一九三五年八月十一日）第四版。

28 雷震『雷震全集9：我的学生時代（一）』一二四頁。

29 胡虚一「読『愛荷華憶雷震』書後」（李敖編著『雷震研究』）一二八頁。

30 李雲漢主編、劉維開編輯『中国国民党職名録』（台北：中国国民党中央委員会党史委員会、一九九四年）一二〇、

一三三頁。この時の中央監察委員選挙の結果について雷震は、CC派の妨害を受けたことで、正規の定員内に当選することができなかったと考えていた。雷震著、林淇瀁校註『雷震回憶録之新党運動黒皮書』二一二頁。

31 「歴届全代会」、「中国国民党全球資訊網」ウェブページ。http://www.kmt.org.tw/p/blog-page_36.html（二〇二〇年六月三〇日閲覧）。

32 任育徳『雷震與台湾民主憲政的発展』四一～四二、三四八頁。

33 任育徳『雷震與台湾民主憲政的発展』三四八頁。

34 胡虚一「雷震日記介紹及選註」（李敖主編『萬歳評論叢書』冊一二）（1984. 12. 15）二六頁。

35 雷震『雷震全集8：我的母親』三～七頁。

36 雷震『雷震全集8：我的母親』一一～一二頁。

37 〔訳注〕陳誠（一八九八～一九六五）は、軍人・政治家。字は辞修、別名を石叟。浙江省青田県に生まれる。保定軍官学校入学後、中国国民党に入党。国民革命軍の北伐、剿共作戦、抗日戦争に従事して軍歴を重ねる。戦後は、台湾省政府主席、行政院長を歴任して、土地改革などを主導した。一九六〇年に副総統を兼任。一九六五年に肝臓がんで死去する。近代中国人名辞典修訂版編集委員会編『近代中国人名辞典　修訂版』（霞山会、二〇一八年）三六～三七頁。

38 〔訳注〕張厲生（一九〇一～一九七一）は、政治家。原名は興周、その後維新に改名。字は少武。一九二二年、パリ大学に入学し、社会学や政治経済を学ぶ。在仏中に中国国民党に加入。帰国後、国民党中央組織部秘書、行政院秘書長、内政部部長などを歴任。台湾移転後は、行政院副院長、国民党中央執行委員会秘書長、駐日大使などを務める。近代中国人名辞典修訂版編集委員会編『近代中国人名辞典　修訂版』八一九頁。

39 雷震『雷震全集8：我的母親』四八頁。

40 胡虚一「雷震日記介紹及選註」（雷震日記一九四五年一月一日の条）（李敖主編『萬歳評論叢書』冊八）（1984. 8. 31）一〇三～一〇五頁。

41 雷震『雷震全集8：我的母親』四九頁。

42 雷震原著、薛化元主編『中華民国制憲史：制憲的歴史軌跡（1912-1945）』（板橋：稲郷、二〇一〇年）一七〇頁。郭廷以『中華民国史事日誌』第四冊（台北：中央研究院近代史研究所、一九八五年）二二頁。「抗戦建国綱領」の第十二条には、「国民の参政機関を組織し、全国の力を団結させ、全国の思慮と識見を集中することにより、国策の決定と推進を促進する」と規定されている。「中国国民党抗戦建国綱領」（中国国民党中央執行委員会宣伝部編著『抗戦建国綱領浅説』重慶：正中書局、一九三八年）一七〇頁を参照。

43 雷震原著、薛化元主編『中華民国制憲史：制憲的歴史軌跡（1912-1945）』一七〇頁。孟広涵主編『国民参政会紀実（上巻）』（重慶：重慶出版社、一九八五年）四六頁。

44 郭廷以『中華民国史事日誌』第四冊、三八頁。

45 孟広涵主編『国民参政会紀実（上巻）』九四頁。

46 雷震原著、薛化元主編『中華民国制憲史：制憲的歴史軌跡（1912-1945）』一七一頁。荊知仁『中国立憲史』（台北：聯経、一九九二年）四二九頁。

47 雷震『雷震全集8：我的母親』五七～六一頁。

48 雷震『雷震全集8：我的母親』六六～六七頁。

49 胡虚一「雷震日記介紹及選註」（李敖主編『萬歳評論叢書』冊四）（1984.4.30）八四頁。

50 孟広涵主編『国民参政会紀実（上巻）』五六～五七頁。胡虚一「雷震日記介紹及選註」（李敖主編『萬歳評論叢書』冊四）（1984.4.30）八四、九二頁。

51 任育徳『雷震與台湾民主憲政的発展』二四頁。

52 孟広涵主編『国民参政会紀実（上巻）』一八一～一九三頁。

53 雷震『雷震全集8：我的母親』六七頁。

54 雷震『雷震全集8：我的母親』六七頁。

55 金陵「撫今追昔」（雷震著、林淇瀁校註『雷震回憶録之新党運動黒皮書』）六頁。任育徳『雷震與台湾民主憲政的発展』二四、三四九頁。李雲漢主編、劉維開編輯『中国国民党職名録』一二〇頁。

56 任育徳『雷震與台湾民主憲政的発展』二四頁。

57 孟広涵主編『国民参政会紀実（上巻）』四三八頁。

58 孟広涵主編『国民参政会紀実（上巻）』四六四頁。

59 〔訳注〕孫文は、中華民国の建設を軍政、訓政、憲政の三段階に分けていた（三段階革命論）。軍政時期には、あらゆる制度を軍政の下に置き国家の統一を促進する。訓政時期には政府が人員を各地に派遣し、人民に協力して自治を準備する。憲政時期には憲法が公布され、全国国民が憲法に従って総選挙を行ない、選挙完了後、政権は民選政府に移譲される。深町英夫編訳『孫文革命文集』（岩波書店、二〇一一年）三九一～三九四頁。

60 孟広涵主編『国民参政会紀実（上巻）』五七四～五七五頁。

61 「抗戦期間においては、三民主義の最高原則および法令に違反しない範囲の中で、言論、出版、集会、結社に対して、法にかなった充分な保障が与えられるべきである」。「中国国民党抗戦建国綱領」（中国国民党中央執行委員会宣伝部編『抗戦建国綱領浅説』）一七一頁を参照。

62 「張君勱先生年譜初稿」（『張君勱先生九秩誕辰紀念冊』台北：中国民主社会党中央総部、一九七六年）四三頁。

63 雷震原著、薛化元主編『中華民国制憲史：制憲的歴史軌跡（1912-1945）』一一二頁。

64 この時の修正案では、第一条の「中華民国は三民主義共和国である」の横に「参政員の張君勱と左舜生は、憲法公布前に国民党最高機関または領袖によって、本条文が抗戦以来の各派の団結、合法的な存在、およびその固有の主義に対する信仰に影響を及ぼすものではないことが明確にされるべきである、と声明した」と付記されている。繆全吉『中国制憲史資料彙編』五六

六頁

65 〔訳注〕左舜生（一八九三―一九六九）は、ジャーナリスト、学者、政治家。原名は学訓、舜生は字。湖南省長沙に生まれる。上海震旦学院に学び、少年中国学会に入会するが、李大釗ら左派と対立、「国家主義」を主張するようになる。一九二六年、中国青年党に加入。一九三八年、国民政府の武漢移転後には青年党代表として国民参政会参政員となる。反共を主張しつつ、蔣介石の独裁に反対して憲政の実施を主張。一九四九年、香港に移住して反共的雑誌『自由陳線』を刊行。一九六九年に台湾で病死。近代中国人名辞典修訂版編集委員会編『近代中国人名辞典　修訂版』八九七～八九八頁。

66 荊知仁『中国立憲史』四二九頁。

67 孟広涵主編『国民参政会紀実（上巻）』五七四～五七五頁。

68 〔訳注〕原文は、「雖不善法，尤悪於無法」。出典は明らかではないが、慎子に「法雖不善，猶愈於無法（法は不善なりと雖も、なお法なきに愈る」との言葉がある。木村英一『法家思想の研究』（大空社、一九九八年）九三頁。

69 雷震原著、薛化元主編『中華民国制憲史：制憲的歴史軌跡（1912-1945）』一七八～一七九頁。

70 雷震原著、薛化元主編『中華民国制憲史：制憲的歴史軌跡（1912-1945）』一一二～一一三頁。

71 孟広涵主編『国民参政会紀実（上巻）』五九三頁。

72 雷震原著、薛化元主編『中華民国制憲史：制憲的歴史軌跡（1912-1945）』一一三～一一四頁。

73 孟広涵主編『国民参政会紀実（上巻）』五九三頁。

74 雷震原著、薛化元主編『中華民国制憲史：制憲的歴史軌跡（1912-1945）』一一六頁。

75 雷震原著、薛化元主編『中華民国制憲史：制憲的歴史軌跡（1912-1945）』一一五～一一六頁。

76 雷震原著、薛化元主編『中華民国制憲史：制憲的歴史軌跡（1912-1945）』一一四頁。

77 任育徳『雷震與台湾民主憲政的発展』二四、三〇頁。

78 雷震原著、薛化元主編『中華民国制憲史：制憲的歴史軌跡（1912-1945）』一五三頁。

79 雷震原著、薛化元主編『中華民国制憲史：制憲的歴史軌跡（1912-1945）』一一八頁。荊知仁『中国立憲史』四三〇頁。

80 孟広涵主編『国民参政会紀実（上巻）』六五九頁。

81 雷震原著、薛化元主編『中華民国制憲史：制憲的歴史軌跡（1912-1945）』一四九頁。

82 雷震原著、薛化元主編『中華民国制憲史：制憲的歴史軌跡（1912-1945）』一五四頁。

83 雷震原著、薛化元主編『中華民国制憲史：制憲的歴史軌跡（1912-1945）』一五八～一六五頁。

84 郭廷以『中華民国史事日誌』第四冊、一五八～一五九頁。

85 〔訳注〕新四軍とは、日中戦争期、主に華中で活動した中国共産党系の軍隊。一九四〇年十二月、蔣介石から長江以北への移動を命じられるが、移動中に安徽省（略称は皖）南部で国民党軍の攻撃を受け、壊滅的な打撃を受ける。蔣介石は新四軍の解散を宣言するが、河北から南下した八路軍によって新四軍の残存部隊は吸収される。天児慧ほか編『岩波現代中国事典』（岩波書店、一九九九年）五六七頁。

86 孟広涵主編『国民参政会紀実（下巻）』八六五頁。

87 胡虚一「雷震日記介紹及選註」（李敖主編『萬歳評論叢書』冊三）（1984.3.31）一二六～一二七頁。

88 張君勱『中国第三勢力』（台北：中華民国張君勱学会編訳、二〇〇五年）一〇八頁。

89 張君勱によれば、民主同盟が成立したのは一九三九年十月で、その源流は張君勱やその他の民主人士が重慶で開催した憲政座談会であるという。張君勱『中国第三勢力』一〇九頁。

90 中国民主同盟中央文史資料委員会編『中国民主同盟歴史文献』（北京：文史資料出版社、一九八三年）一頁。

91 雷震原著、薛化元主編『中華民国制憲史：制憲的歴史軌跡（1912-1945）』二四七～二六三頁。

92 この昆明西南聯合大学でおこった学生運動は、同年十二月に香港が日本軍によって陥落した際、人を運ぶために重慶から派遣された九機の飛行機が、孔夫人のために犬を運ぶためのものだったと言われたことによって発生したもので、張君勱は陰でそれを扇動していたと誣告されたのである。雷震原著、薛化元主編『中華民国制憲史：制憲国民大会』（板橋：稲郷、二〇一一年）二一四、二一八～二二〇頁。中国民主社会党中央総部「張君勱先生年譜初稿」（『張君勱先生九秩誕辰紀念冊』）五一～五三頁。薛化元『民主憲政與民族主義的弁証発展』（台北県：稲禾、一九九三年）四四～四五頁。

93 雷震原著、薛化元主編『中華民国制憲史：制憲国民大会』二二一～二二二頁。

94 雷震原著、薛化元主編『中華民国制憲史：制憲国民大会』二二三頁。

95 雷震原著、薛化元主編『中華民国制憲史：制憲国民大会』二二三～二二三頁。

96 雷震原著、薛化元主編『中華民国制憲史：制憲国民大会』二二五頁。

97 〔訳注〕当家婆とは、一家の大黒柱的な役割を果たし、家を切り盛りする女性のこと。

98 任育徳『雷震與台湾民主憲政的発展』二四頁。『国民政府公報』三二一：渝字六〇九号（1943.9.29）二頁。

99 孟広涵主編『国民参政会紀実（上巻）』五六頁。

100 〔訳注〕門神とは、春節の際に魔除けとして門の扉の上に貼る、門を守る神の画像のこと。

101 雷震原著、薛化元主編『中華民国制憲史：制憲的歴史軌跡（1912-1945）』一五六頁。

102 胡虚一「雷震日記介紹及選註」（李敖主編『萬歳評論叢書』冊六）（1984.6.30）七〇頁。

103 胡虚一「雷震日記介紹及選註」（李敖主編『萬歳評論叢

書』冊七）（1984.7.1）一三三～一三六頁。

104 郭廷以『中華民国史事日誌』第四冊、二五七頁。

105 胡虚一「雷震日記介紹及選註」（李敖主編『萬歳評論叢書』冊六）（1984.6.30）日記一九四四年八月一日の条、補足注釈、七一～七二頁。

106 雷震原著、薛化元主編『中華民国制憲史：制憲的歴史軌跡（1912-1945）』一八五～一八六頁。

107 雷震原著、薛化元主編『中華民国制憲史：制憲的歴史軌跡（1912-1945）』一九四～一九五頁。

108 雷震原著、薛化元主編『中華民国制憲史：制憲的歴史軌跡（1912-1945）』一八三～一八五頁。

109 任育徳『雷震與台湾民主憲政的発展』三四九頁。郭廷以『中華民国史事日誌』第四冊、二九三頁。

110 胡虚一「雷震日記介紹及選註」（李敖主編『萬歳評論叢書』冊六）（1984.6.30）日記一九四四年八月一日の条、五七～五八頁。

111 この弁法は、王世杰によって署名され、提出された。草案の修正や立案過程、およびその意義については、吉見崇『中国司法の政治史』（東京大学出版会、二〇二〇年）一七五～一八二頁を参照。

第二節　政治協商会議

一、政治協商会議の背景[1]

一九四五年五月五日に開幕した中国国民党第六回全国代表大会において、雷震は国民党中央監察委員に再任された[2]。当時、国民党と共産党の間ではすでに紛争が続発しており、対日戦争終結後にいかにして国家を建設するかが注目されていた。国民党当局もそのことをある程度認識しており、この時の全国代表大会では「憲政実施を促進する各種必要措置案」が採択され、一九四五年十一月十二日に制憲国民大会を開催し、憲法を制定することも決議された[3]。

国民党当局が憲政実現に向けて積極姿勢を見せたのは、前述した国民参政会における各党派のエリートたちの主張とも共通するところがあった。しかし、当時戦争はまだ終わっておらず、たとえ速やかに終戦に至ったとしても、もし何らかの措置がとられなければ、十一月十二日に行われる憲法制定は、一九三七年の戦争勃発以前に国民党当局が主導して形成された国民大会代表によって掌握されることが目に見えていた。それは、在野の人々の期待からは大きく離れた状況だったのである。これについて言えば、国民党が、政治的な効果を考えて一党による憲法制定を準備するのでなければ、前述した国民党全国代表大会の決議は、実質的な効果よりも政治的な宣伝意義の方がはるかに大きなものになるのだった。そのため、戦後の政局は、朝野の政治協商路線へと発展していった。

政治協商が展開した間接的な原因は、中国の憲政体制がいまだ確立していないことであり、また、国共両党の衝突とも密接な関係があった[4]。前節でも述べたように、一九三九年九月の参政会第一期第四回大会は、張君勱、左舜生、章伯鈞らが提出した、政府は期日を定めて国民大会を招集し、憲法を制定して憲政を実行することを明文化するべきであるとの要求を可決していた[5]。一方、国民党の第五期六中全会もまた、一九四〇年十一月に国民大会を招集することを決議しており[6]、それは国家の政策決定に実質的な力を有する執政党が、国民参政会の決議を受け入れたことを表していた。しかし、その後国民大会は期日どおりに招集されなかったし、国防最高委員会代表の蔣介石は、一九四一年の参政会第二期第一回大会での演説において「一党訓政」を重ねて言明し、もともとの決議を取り消したのである[7]。それは、国民参政会において民主形成を求めていた張君勱らにとっては、衝撃的なことであった[8]。さらに、同年（一九四一年）一月に新四軍事件が発生し[9]、それより少し前、第二期参政員の名簿から章伯鈞らの名前が除名されたことで、国民党と共産党以外のいわゆる民主党派のメンバーたちは、国共両党間を調停し、団結を続けて民主を実現するため、民主政団同盟を結成した[10]。同盟は、その後一九四四年九月に中国民主同盟へと発展する[11]。これら在野の民主人士たちを主体とした「第三勢力」は、国共両党が一刻も早く政治協商会議によって紛争を解決するよう、一貫して主張していた[12]。一方、一九四四年九月の国民参政会第三期第三回大会において、中共代表の林祖涵と国民政府代表の張治中は、両党間の協議結果を詳細に報告し、同時に「〔問題は〕政治的に解決し、軍事力を用いることはしない」と表明していた[13]。その他、米国の駐華大使ハーレー（P. Hurley）は、一九四四年から重慶–延安間を何度も往復し、国共間の協商促進を積極的に働きかけた[14]。それにもかかわらず、国共両党の正式な協議はほとんど実を結ばなかったのである。

しかし、一九四五年八月十五日に日本が降伏を発表した後、平和を切望する声は国中に広がり、国民政府の蔣介石主席は中共に対して会談を求めた。米国はずっと国共両党の合作を希望していたし、「中ソ友好同盟条約」が締結された後、ソ連も国共間で取り決めが結ばれることを望んでいた[15]。中共の側では、国内外の情勢の進展を考慮し、また、蔣介石から三度にわたって招待の電報が送られたことを受けて、八月二十四日、毛沢東は蔣介石と会談し、和平と建国について協議することを受諾すると表明した[16]。ハーレーは、毛沢東の安全を強く保証し、八月二十八日に毛沢東や周恩来らとともに重慶に赴いて、国民政府との会談を行った[17]。毛沢東は参政員だったため、国民参政会の正副秘書長である邵力子と雷震は、空港まで出迎えにいった[18]。国共双方は会談後、十月十日に双方の代表が「双十会談紀要」に調印したことが発表された[19]。会談紀要の第二点では、中国の民主化問題について、双方は速やかに訓政を終わらせて憲政を実施することで一致し、そのためにまず国民政府が政治協商会議を開催して各党派代表および有識者を招き、国事を協議するほか、和平と建国のプログラムや、国民大会開催など各種問題について討論する必要があることで合意した[20]。

当時、雷震はこのことを非常に喜び、「双十会談紀要」は、中国に民主と自由をもたらす一里塚だと考えていた。しかし、青年党の左舜生と雑談していた折、左は依然として国民党および中国政治の軍閥式やり方に不満を抑えられず、以下のように述べた。

今日、共産党が提起している多くの問題は、いずれも以前我々が参政会で何度も提起したものです。その時、国民党はまじめに取り組まなかったのに、今では一つ一つ応答しています。それは共産党には武力があって騒乱を起こしたり造反したりできるので、国民党も妥協せざるを得ないからです。それは、国民党には話し合いよりも強硬手段が有効であることを示しており、銃を持っている人間は恐れるけれども、私たちのような身に寸鉄も帯びない党派は相手にしないのです……。[21]

雷震は左舜生の見解に同感で、その言葉は「いちいちもっともであり、拝聴するだけで一言も発さなかった」が、心中では次にように決意していた。

今後、人権は保障されることになるだろう。言論、出版、講義、集会、結社は自由になり、我々の国は以後必ず民主と自由を実現できるはずだ。その時になったら彼ら——民主派の人士たちは、二度と国民党と国民政府に対して不平を言うこともないだろう……時間をして、これらの問題を解決せしめるのだ、と私は思った。[22]

二、政治協商会議の開催

国共両党が「双十会談紀要」を発表した後、駐華米国大使ハーレーは本国に帰還し、米国による調停が成功し、中国の和平が見通せるようになったと報告した。ところが、帰国したハーレーは、国務省で中国政策を主管する人々と意見が衝突して辞職してしまう。トルーマン大統領は前陸軍参謀長のマーシャル元帥を「特使」として中国に派遣し、ハーレーの調停作業を継続させることにした。トルーマンはまた、米国の対中政策を発表し、中央政府と中共の軍隊は闘争を停止して、中国各大政党の代表会議――政治協商会議を開催することで、国内の紛争を速やかに解決するよう求める声明を出した[23]。

マーシャル特使の上海到着後、蔣介石主席は国民参政会副秘書長の雷震と陸軍総司令の何応欽を上海に派遣した。そして、マーシャルを南京に迎え、中国政府の歓迎の意を表し、「平和で、統一され、民主的な新しい中国」を共同で完成させたいとの意向を表明した[24]。共産党の側も、代表団を重慶に派遣して、国民政府と交渉を開始した。そのメンバーには、周恩来、葉剣英、董必武、陸定一らがいた。雷震と王世杰、張群、邵力子、張治中らは、政府を代表して、連日共産党と協議し、「平和、統一、民主の建設」に関わる国事について折衝を重ねた[25]。

マーシャルが産婆役を務めた協議を経て、国共両党は、一九四六年一月十日に政治協商会議を重慶の国民政府大礼堂で開催することで合意した。国民政府は、国民参政会副秘書長の雷震を政治協商会議秘書長に任命することを発表する[26]。雷震は、会議開催前から、国民参政会にて「国共両党間に挟まれていた第三勢力」（主に民主同盟に参加している党派）と密に連絡をとるなど、慌ただしい日々を過ごした[27]。

(一) 政治協商会議の開催と人事

政治協商会議の秘書処は、一月六日に成立した。国民参政会からは、参政会秘書の龔光朗が秘書に、参政会会計の李拂丞が会計に、参政会議事組の顧粲が政協議事組の職員として異動してきて、すぐさま仕事を開始した[28]。

政治協商会議の開催決定後、各勢力の代表者数と人選をどうするかという問題が浮上し、会議の進行にも影響を与えるようになった。雷震の回想によれば、もともと共産党は、政治協商会議は国民党、共産党、民主同盟、無党派の有識者など四者から構成されるものと想定していた。しかし、国民党の方では、当時民主同盟の加入者は国社党以外ほぼ全員が共産党よりであることを考慮し、青年党を丸め込んで民主同盟から離脱させ、一つの独立した団体とした。この調整の結果、政治協商会議に参加する三八名中、国民党は八名、共産党は七名、民主同盟は九名、青年党は五名、無党派の有識者九名となった[29]。

共産党の七名は、周恩来、董必武、王若飛、秦邦憲、呉玉

章、陸定一、鄧穎超。民主同盟の九名は、張瀾、羅隆基、張君勱、張東蓀、沈鈞儒、張申府、黄炎培、章伯鈞、梁漱溟。青年党の五名は、曽琦、陳啓天、楊永浚、余家菊、常乃悳。有識者九名は、莫徳恵、邵従恩、王雲五、傅斯年、胡霖、郭沫若、銭永銘、繆嘉銘、李燭塵という顔ぶれであった[30]。有識者の中で、郭沫若のみが共産党の推薦であり、その他に李燭塵が共産党から支持を受けていたが、それ以外の人選はすべて国民党の人選によるもので、共産党はそれに対し強く不満を抱いた[31]。

政治協商会議の参加者の多くは国民参政会にも参加していた人々で、政協会員の三八名中、国民参政員は二五人を占めていた。加えて、政治協商会議主席の蔣介石は元々国民参政会の議長であり、多くの人間が国民参政会主席団のメンバーであって、国民党代表の邵力子は国民参政会の秘書長だったから、政治協商会議は国民参政会の「特別委員会」とも呼ばれた[32]。

会議開始前、執政党である国民党とその他の党派、あるいは無党派の有識者が「平等」の立場にあることを示すため、円卓会議のかたちで事前に席次が決められることになった。また、フランスの議会が各政党の思想の「左右」に応じて座席を配列していることにならい、政治協商会議議長の左右の座席は共産党と国民党によって占められることになった。それはまた、「中国の今日の支配権をもっているのは、国民党以外には共産党があるのみであり、両者が『肩を並べて』対立している」ことを明らかに示したものでもあったのである[33]。

政治協商会議の秘書長である雷震の主な仕事は、各党派の意見について協議することだった。しかし、その実情について雷震は、「政治協商会議の大会は、各党派の宣伝場所に変わってしまった」と観察していた。政治協商会議の大会には新聞記者がいたので、多くの出席者は自らの名を売ることに腐心し、新聞記事で取り上げられ、自らが愛国的で人民のためを思っていることを示そうとつとめた。そのため、記者が参加しない小グループでの会議でしか、真に問題を討論する機会はなかったのである[34]。民主同盟の一員として政治協商会議に参加していた国社党主席の張君勱は、こうしたありさまを遺憾に思い、会議の主席に対して、議題と関係のない発言を行う者には是正を求めるべきだと提案した。しかし、主席の回答は、「これは議会ではなく協商会議なのだから、話したいことがあれば自由に発言することができる」というものだった。雷震の見るところでは、張君勱は真に国家の大事を重んじる人なので、こうした自己宣伝に専心する政客を嫌悪するのであった[35]。

（二）議題ごとの組分けと討論

政治協商会議開催後、議題ごとに五つに組分けをして、具体的な討論を行った。第一組が政府組織の拡大について、第二組が施政綱領について、第三組が軍事問題について、第四組が国民大会について、第五組が憲法草案についてのグループであった。この五組の上に、さらに「綜合小組」が設けられ、各組が単独で解決できない問題や、その他の組にかかわる問題は、この綜合小組が責任を負った[36]。

その中で、第一組によって主に討論された政府の拡大案は、次のように提案されていた。「中国国民党は国民大会を開催する前、憲政実施を準備するため、国民政府組織法を改正し、もって国民政府委員会を充実させ、党外人士を受け入れ、大会後の政策決定機関とすることを計画する」。これはまた、国民政府を訓政という過渡期から、憲政へと移行させる統治機関に改組するということを意味していた[37]。

訓政から憲政への移行において、その成否の鍵を握るのは、それに至る段取りと、憲法がどのような内容になるかという問題であった。政治協商会議では、第五組によって、中華民国憲法草案の内容が討論されたが、その中で焦点となったのが、「五五憲草」[38]の修正であった。この、後の「中華民国憲法」の根本精神にかかわる部分について生産的な討論が行われたことには、孫科の態度が重要な役割を果たしていた。彼は、もともと「五五憲草」を可決した立法院の院長であっただけではなく、孫文の息子でもあった。孫は、蔣介石から正式に指名されて、政治協商会議の毎回の全体会議の議長を務めていたのである[39]。「五五憲草」について孫科は、「国民党としては、この草案（五五憲草）が不磨の大典のような修正不能なものとは考えておらず」、「中華民国憲法が三民主義に基づき、五権制度を実行すること」を希望するが、「国民大会の成立、組織、大総統の職権、五院の組織方法およびその運用などは専門的・技術的問題であり、じっくりと検討して、補足や修正を加えることは可能である」と表明した[40]。孫科のこうした態度は、憲法草案組の会議であれ、彼が招集者となった憲法草案審議委員会においてであれ、草案に関する討論の方向性や雰囲気を形成する上で、良い影響を与えたのであった[41]。

政治協商会議で可決された政治協商会議憲法草案修正原則十二項目[42]は、雷震も述べるように、その検討と起草の過程で、張君勱が多くの意見を提出し、重要な役割を果たした[43]。政治協商会議に参加した人々や、同時期の重要な政界関係者の回想によれば、張君勱がこの間最も尽力した人間であったことは、間違いないようである。その中で、梁漱溟は張君勱の貢献を認めただけでなく、さらに十二項目は張が「巧妙に中身をすり替えるという計略を用い、五権憲法の名を保全しつつ、英米憲法の実を盛り込んだ」と評した[44]。それは、張君勱と十二項目との深い関わりを明確に説明したものであった。

具体的な成果をあげたのは、憲法草案組だけでなかった。全体的に見て、政治協商会議では朝野の代表がお互いに議論を戦わせ、意思の疎通に努めたことで、各組とも成果をあげ、その成果は政治協商会議で採択されていったのである。

政治協商会議期間中の朝野の衝突について、雷震は多くの記録を残していた。政協秘書長として、「誠心誠意努めたので、間違いはおかさなかった」と自負していたが、ただ一度だけ、夜間の暗さが原因でニュース原稿を送り間違え、董必武が修正した原稿を正確に送らなかったため、故意に不正を行ったと指弾されるということがあった。雷震は、共産党員は猜疑心と警戒心が強すぎて「友人になるのは難しい」と思った[45]。その他、雷震によれば、政治協商会議の期間中、共産党の軍隊は各地で造反したり国民党軍を攻撃したりしていたし、政協の共産党代表である周恩来や、民主同盟の沈鈞儒、羅隆基といった人々は、国民党が特務を利用して迫害を行っていると、はばかることなく非難を加えた。こうした状況は、「もともと度量の狭い国民党員」にとって、耐え難いものであった[46]。しかし、周恩来や沈鈞儒らが、問題を協議すべき時にも過去のことを再三にわたって持ち出すのに対し、その他の無党派人士もついには不快感を覚えるようになっていった。例えば、有識者代表の傅斯年は、「問題を討論する際には、現在のことに重点をおくべきで、過去のことはあまり提起するべきではない」と応じている[47]。

しかし、衝突があったのは、国民党内部も同様であった。国民党から政治協商会議に参加していた代表は、孫科、呉鉄城、陳布雷、陳立夫、張厲生、王世杰、邵力子、張群の八名であった[48]。雷震によれば、国民党がこれらの党内各派閥の顔ぶれを選出したのは、党の団結を示すためであった。しかし、党内最大派閥のCC派から選ばれたのは陳立夫一人のみだったし、陳布雷以外はみなCC派との関係が悪かったので、派内では失望感があった。「政治協商会議が成功したら、CCにとって政治的には失敗だ」との声さえあったのである。政治協商会議が始まってから一週間後、陳立夫の態度は、突然それまでの積極姿勢から消極姿勢へと変わり、欠席や遅刻を繰り返すようになった。訝しく思った雷震が各方面を探ったところ、CC派内部で陳立夫が「真剣になり過ぎてはならず、消極的な態度をとり、できることなら政治協商会議を不首尾に終わらせるのがよい」と決められていたことが分かった[49]。CC派は蔣介石に対して、「政治協商会議が成功したら、国民党は失敗する」とさえ進言していたという。

雷震の回想では、一月十日の政治協商会議開幕当日、あいさつをする蔣介石の表情は愉快そうだったし、雷震、王寵惠、王世杰、呉鉄城らを自宅に招いて、政治協商会議の「五五憲草原則十二条」（政治協商会議憲法草案修正原則十二項目）について話し合う際にも同様であったという。だが、思いもよらないことに、政治協商会議の閉幕前に開催された、国民党臨時中央常会において、波瀾が起こったのであった。

三、政治協商会議憲法草案の波瀾

全体的に見ると、政治協商会議各組の決議は、ほとんど各党派の絶対多数の支持を得たものであった。何と言っても、もし国民党代表が受け入れなければ、これらの決議が採択されることは不可能だったからである。だが、その中の「憲法草案修正原則十二項目」については、「政治協商会議憲法草案」の主な設計原則とされていたにもかかわらず、政治協商会議で採択された後、国民党中央から同意を得られなかった。それにより、「政治協商会議憲法草案」の速やかな成立には、ブレーキがかかることとなる。

王世杰ら国民党代表が政治協商会議の五項目の決議案を国民党中常会で報告した際、党内からは強い反対の声があがった。谷正綱は、政治協商会議憲法草案修正原則十二項目に反対のあまり涙を流したほどであった。決議は当日の中常会で可決されたものの、数日後の中央委員会の談話会において、CC派を中心とした委員たちは政治協商会議の結果に反対すると発言し、とりわけ憲法草案を非難した。国民党内の強い批判の声に対し、王世杰本人も、草案には「確かに妥当でないところが多くあり」、「当時、確かに軽率にことにあたったと言わざるを得ない」と認めた[50]。

この他、蔣介石総裁も事前に「憲法草案修正原則十二項目」の内容について十分に把握してはおらず、把握後も即座に公然と反対を唱えはしなかったが、一九四六年一月三十一日の政治協商会議閉幕式では、すでに異議があることを示していた[51]。あいさつの際、蔣の「表情は非常に厳しく、態度も非常に立腹している」ように見えたし、雷震が準備していた散会後の立食式親睦会もキャンセルしたのである。雷震は、蔣介石が「政治協商会議をぶち壊そうという党内の人々の讒言を聞き、政治協商会議閉幕前に開いた臨時中央常会で反対派の発言を聞いて受けた衝撃によって」、このように豹変したのだろうと考えた[52]。

国民党の反対姿勢は、もとよりこの頃すでにその一端があらわれていたわけだが、まだはっきりと党の政策にはなっていなかった。こうした中で、政治協商会議の決議を受けて憲草審議委員会を成立させることも、すぐに何らかの影響を受けることはなかったようである。政治協商会議閉会後、政治協商会議憲法草案小組の決議に基づき、憲法草案審議委員会が組織され、委員は政治協商会議に参加している政府、共産党、青年党、民主同盟、有識者からの各五名の代表によって構成された[53]。政府からは孫科、王寵恵、王世杰、邵力子、陳布雷の五名[54]、共産党からは、周恩来、董必武、呉玉章、陸定一、何思敬の五名だったが、呉が病気のため、李維漢に交代した。青年党からは曽琦、陳啓天、余家菊、常乃悳、楊永浚の五名、民主同盟からは張君勱、黄炎培、沈鈞儒、章伯鈞、羅隆基の五名、有識者からは傅斯年、王雲五、胡霖、莫徳恵、繆嘉銘の五名であった。委員会外の専門家としては、林彬（立法委員、五五憲草執筆者）、史尚寛（元立法委員、五五憲草執筆者）[55]、呉経熊（立法委員、五五憲草の起草に参加し、当時考試院秘書長）、樓桐孫（立法委員）、黄右昌（立法委員）らがいた。憲法草案審査会議で、雷震はまたもや秘書長を務め[56]、以前に政治協商会議の毎回の全体会議で議長を務めた孫科は、憲法草案審議会では招集者に推薦され、たびたび議長も担当した[57]。

（二）孫科の重要な役割

張君勱と民主同盟の人士たちは、委員会外の専門家は、本来各方面から推挙された人々が招聘されるべきであったのに、国民党が自分たちで招聘した結果、彼らの多くは政治協商会議憲法草案修正原則十二項目に反対よりの立場をとる人々になったと批判した[58]。だが、野党各党派の代表が政治協商会議の「憲法草案修正原則十二項目」の擁護に努めたことに加えて、招集者である孫科の態度は、それ以上に重要であった。雷震は、次のように回想している。

彼〔孫科〕は民主制度に対して確かな認識を持っており、〔かつて孫文が定めた〕五権憲法と建国大綱の規定に必ずしも賛成してはおらず、政権と治権を分けるというやり方、特に五五憲草が総統に独裁的権力を付与していることに反対していた。そのため、憲法草案について討論している時、彼は「食孫不化〔孫文の学説を学んでも理解できず、実際に生かすことができないこと〕」[59]な専門家の意見を支持しなかったので、ある程度円満な結果を得ることができたのである。[60]

しかし、憲法草案の討論が困難な部分に差し掛かると、招集者の孫科や憲法学者の王寵恵はどちらも消極的になり、はっきりとした態度はとらず、主に王世杰に決定を任せた。雷震は、「おそらく王世杰が蔣介石と最も近く、いつでも蔣に会って報告ができるだけでなく、王世杰がくだした決定は蔣も信頼しているからであろう」と思った[61]。

政治協商会議での憲法草案の立案において、雷震は重要な助産師の役割を果たした。憲法草案の起草について、「憲法草案審議会はかつて、孫科、王寵恵、張君勱、王雲五、陳啓天、周恩来、呉経熊の七名を憲法起草小組の執筆者に推薦していた」が、雷震は「憲法には一貫性が必要で、寄せ集めの文章にしてはならないので、実際の起草者は一人が執筆を担当するべきであり、集団での創作は不可能である」と考えた[62]。国民党の代表には憲法学者の王寵恵と王世杰がいたが、雷震の見立てでは、彼らは「五五憲草とかけ離れたものであり、さらには孫文の五権憲法の原則に違背し、とりわけ建国大綱の定めるところに違反するような憲法草案をあえて起草しようとはしない」のであった[63]。他方、「共産党から参加していた人々は、民主政治と憲政の制度について、本当に分かっている人はまったくいなかった」し、青年党は共産党と「まったく相容れなくなっており、心を合わせて協力できるとは思えない」ので不適当だった。民主同盟の代表の中で、羅隆基と張君勱はこの方面に能力があったが、「国民党当局の羅隆基に対する印象は極めて悪かった」ので、受け入れられるとは思えなかった[64]。雷震は考慮の末、「憲法草案の起草を担当するというきわめて困難で骨が折れ、よい結果を出すのが難しい仕事を担当できるのは張君勱しかおらず、他に各方面から同意を得られる人間がいないのは明らかである」との結論に達した。張君勱がドイツ留学から帰国後の一九二二年に起草した「国是会議憲法草案」は各方面から重視され、その後の「曹錕憲法」と段祺瑞政権の「段氏憲草」に大きな影響を与えていた。それに加えて、雷震は張君勱に好感を抱いており、その「人となりは温厚で、言行は一致しており、権謀をめぐらすことなく、党派の利益よりも国家の利益を優先する」と評していた。王世杰と相談したところ、王も張君勱の起用に賛成したので、雷震は一九四六年二月四日に「上清寺の求精中学に出向いて張君勱に年始の挨拶をし、憲草審議会での討議に付すため憲草草案を起草してくれるよう依頼した」。張君勱はそれを承諾した後、早くも三日のうちに原稿を送ってきた[65]。雷震は、次のように信じて疑わなかった。

　彼の起草した憲法は、「民主憲法」であり、中国での民主的な政治制度の建設を可能にするものとなるに違いない。国民党の一部頑迷派や私利私欲をむさぼる連中は除くとして、その他の各党派にとって受け入れ可能なものだろう。野心満々で、国民党をたたき潰して取って代わろうとしている共産党にとっても受け入れられるものだろう。[66]

　張君勱の草稿を受け取った雷震は、時間節約のため憲草起草小組を飛ばすこととし、速やかに憲草審議委員会を招集するよう孫科に要請した。それと同時に、張君勱の起草した憲法草案前文をいち早くガリ版で印刷し、翌日各委員に送付して、逐条討論を始めた[67]。張君勱は、雷震の手回しの早さに驚き、数年後に雷震に宛てた手紙の中では、「当時、もしあなたの断固とした決意がなかったら、どうして憲法が成立しえたでしょう」[68]と記している。

　しかし、委員会外の専門家たちは政治協商会議の決議に対して根本的に反対だったので、会議の進行は順調にはいかなかった。二月十六日の会議で「専門家たちが議会政治を痛烈に批判した」後、招集者の孫科は、「遺教は必ずしも完璧なものではなく、協商案は必ずしもすべて誤りではない」と発言した。孫科はまた、立法委員の直接民選や、立法委員の国民大会参加（政治協商会議憲法草案原則十二項目第一項第二款）

など、政治協商会議憲法草案修正原則十二項目に則した制度設計を受け入れるとも表明したのである[69]。孫科自身は、政治協商会議の結果にすべて賛同していたわけではなかったが、少なくとも彼の態度表明は、政治協商会議の決議が反故にされないという可能性を示すものであった[70]。そうした態度は、憲草審議委員会の進行にとって、建設的な効果を持つものだったのである。

（二）政治協商会議決議の再度の行き詰まり

ところが、三月初めに中国国民党第六期二中全会が開催された後、再び状況に変化が生じた。特に、張群、王世杰、孫科らが全会中に批判の的となったことは、張君勱と民主同盟の指導者たちにとって、政権党内で保守勢力が台頭している兆しと受け取れるものであった[71]。蔣介石も、第六期二中全会にてCC派と保守派が政治協商会議決議を批判した際、決議に法的効力はないと述べた。さらに、二中全会終了後、政府の改組など政治協商会議決議の中で実行が迫られている課題に対しても、合法なのは「訓政時期約法」のみであり、決議には拘束力がないため、約法の規定する段取りに基づいて改革を行わなければならないと説明したのである[72]。

「政治協商会議憲法草案修正原則十二項目」のうち、国民党第六期二中全会で批判された条文は、以下のとおりである[73]。

一、国民大会

1. 全国の選挙民は四権を行使し、これを国民大会という。

2. 総統普通選挙の実行以前には、総統は県級・省級及び中央の議会が合同で組織する選挙機関によって選出される。

六、行政院

2. もし立法院が行政院全体に対して不信任の時は、行政院長は辞職するか、あるいは総統に立法院の解散を申請する。ただし、同一の行政院長は、再度立法院の解散を申請することはできない。

八、地方制度

4. 省は省憲法を制定することができるが、国権と抵触してはならない。

もし国民大会が全国の有権者によって選出されるなら、〔権限の弱い〕「無形の大会」となる。国民党の党員たちにとってそれは、〔孫文が制定した〕建国大綱に違反するものであった[74]。さらに蔣介石にとって不満だったのは、総統の権限であった。張君勱は、総統の職権問題がネックになるだろうと認識しており、「行政院長は総統の命を承けて政務を処理し、立法院に対して責任を負う」という修正案を腹案としてもっていた[75]。当時、中共もまだ政治協商会議が成果をあげることを望んでいたので、国民党側から反発の声があがっていることを受けて、周恩来から張君勱に対して、妥協するよう説得がなされた。その譲歩内容は、張君勱の考え方とも近かったし、国民党の代表も同意したため、一九四六年三月十五日の夜八時過ぎ、以下の三点の決議が出された[76]。

一、国民大会は有形の国民大会とする。
二、政治協商の憲法草案に関する原則のうち、第六項第二条は削除する。
三、省憲法は省自治法に名称を変更する。

だが、三月十六日の国民党第六期二中全会第十八次大会で報告された合意内容においては、合意事項にはなかったいくつかの項目が追加されていた。すなわち、国民大会が「四権を行使」し、「省自治法」は「自治法規」に改めることになっていたほか、立法院の行政院長に対する同意権や、監察院の同意権などは「いまだ合意に達していない」項目の中に入れられていたのである[77]。その結果、同報告に対して、国民党二中全会第十八会議は、政治協商会議とは異なった決議を作成した。報告案における未合意の部分をすべて盛り込んだだけでなく、憲法制定は基本的に「建国大綱」に依拠するものであり、国民大会は「建国大綱」で規定されている職権を行使できるものでなければならないと強調していた[78]。こうして、ようやく成立した合意は、再度行き詰まることになるのである。

この結果は、当然在野勢力の強い反発を引き起こした。張君勱は三月十八日と十九日に共産党と国民党に対し、国社党は政府の改組への参加名簿を提出しないと表明した[79]。その他、中国共産党の立場にも明らかな変化が生じた[80]。

こうした行き詰まりは、三月二十日に早くも再び転機を迎える。国民党代表が（おそらく蔣介石主席ら党幹部の支持を得て）、夜七時の綜合小組の会議で、前述の第六期二中全会の決議を覆し、以下の三つの点に関して、はっきりとした立場を在野各党派に対して示したのである。すなわち、すでに合意された政治協商会議憲法草案修正原則十二項目の三点の修正以外、修正は行わない。党外人士の政府参加者名簿は、国民党中常会に提出して同意を得る必要はない。憲法修正案（つまり、政治協商会議憲法草案〔政協憲草〕）が採択された後、立法院が制憲国民大会に提出するのは、決定版のみである[81]。当日の会議により、三月十五日の決議が再度確認されることとなった。言い換えれば、この日の協議そのものは、三月十五日の結果を再確認したもので、国民党代表が第六期二中全会の決議に基づいて、在野の各党派と協議した結果ではなかった。つまり、途中で起こった曲折は、国民党の決議と、もとの協議の間の食い違いによって起こったのである。

ここに至り、ようやく「政協憲草」の設計方向と位置づけがある程度固まり、憲法草案の問題協議に入ることができるようになったので、張君勱は四月七日から、すべての憲法草案の起草に着手した[82]。その中で最大の争点になったのは、行政院の立法院に対して負う責任に関する問題だった。四月十三日、王寵惠、王世杰、呉経熊を国民政府（党）代表、陳啓天を青年党代表、張君勱を民主同盟代表、王雲五を有識者代表（中共の人選は別途実施）とし、憲法条文小組を設置することを討論していた時でさえ、呉鉄城はなお、国民党は「五五憲草」式の総統制を支持すると表明したのである。張君勱は呉鉄城の意見に反駁した上で、政治協商会議で決まった折衷制について、次のように説明した。「将来、人事権は総統が持つが、行政院長は議会に対し責任を負わなければならない。これが折衷制である」[83]。最終的に、憲法条文小組は四月十六日から憲法草案の条文について検討を始め[84]、四月末には全ての条文についていちおうの討論は終了した[85]。

国共両党それぞれの内部に、憲法草案に対して異論を唱える声は依然として存在していたが、政治協商会議が定めた制憲国民大会が開催予定の五月五日に実施できなかった主要な原因は、国共の平和交渉がうまくいかなかったことにあった。政治協商会議で決議された憲法制定手続きについて言えば、主要な問題は政府委員のポスト配分問題が解決できず、国民政府を改組して各党派のメンバーを受け入れることができなかったことにあったのである。

注

1 本書の政治協商会議から憲法制定までの内容は、主に筆者の博士論文「民主憲政與民族主義的弁証発展——張君勱思想研究」と雷震の関連記録を基礎として、さらに発展させたものである。

2 任育徳『雷震與台湾民主憲政的発展』三四九頁。

3 〈歴届全代会〉「中国国民党」ウェブサイト http://www.kmt.org.tw/p/blog-page_36.html（二〇二〇年六月三十日）。

4 李璜『学鈍室回憶録』下冊（香港：明報月刊社、一九八二年）五七七頁。荊知仁『中国立憲史』四三七頁。

5 李璜『学鈍室回憶録』下冊、五六四頁。孟広涵主編『国民参政会紀実（上巻）』五八四～五八八頁。

6 李璜『学鈍室回憶録』下冊、五六四頁

7 李璜『学鈍室回憶録』下冊、五六九頁。

8 C. Chang, *The Third Force in China* (New York: Bookman Associates Inc., 1952), pp. 112-114.

9 郭廷以『近代中国史綱』（香港：中文大学、一九七九年）七〇四頁。

10 平野正『中国民主同盟の研究』（研文出版、一九八三年）二九～三一頁は、民主政団同盟成立の原因について詳しく説明している。李璜『学鈍室回憶録』下冊、五六九～五七二頁も参照。

11 平野正『中国民主同盟の研究』六二一～六五頁は、二つの同盟の性格の変化について論じている。

12 李璜『学鈍室回憶録』下冊、五八五頁。

13 李璜『学鈍室回憶録』下冊、五八一頁。孟広涵主編『国民参政会紀実（下巻）』一三四二～一三六四頁。

14 郭廷以『近代中国史綱』七四〇～七四四頁。

15 郭廷以『近代中国史綱』七四三～七四四頁。

16 郭廷以『中華民国史事日誌』第四冊、三八五頁。

17 蔣匀田『中国近代史転捩点』（香港：友聯出版社、一九七六年）一頁。郭廷以『中華民国史事日誌』第四冊、三八七頁。

18 雷震原著、薛化元主編『中華民国制憲史：政治協商会議憲法草案』（板橋：稲郷、二〇一〇年）三六頁。

19 〔訳注〕日本語では、「双十協定」として知られている。

20 「一九四五年双十節国共会談紀要」（学習知識者編印『政治協商会議文彙（増訂本）』広州：学習知識社、一九四七年六月再販）一八〇頁。張玉法『中国現代史』（台北：東華書局、一九七七年）六九〇頁。雷震原著、薛化元主編『中華民国制憲史：政治協商会議憲法草案』三八頁。

21 雷震原著、薛化元主編『中華民国制憲史：政治協商会議憲法草案』四二～四三頁。

22 雷震原著、薛化元主編『中華民国制憲史：政治協商会議憲法草案』四三頁。

23 雷震原著、薛化元主編『中華民国制憲史：政治協商会議憲法草案』四三～四四頁。

24 胡虚一「雷震日記介紹及選註」（李敖主編『李敖萬歳評

論』冊一六）（1985.3.5））一〇三～一〇四頁。

25 胡虚一「雷震日記介紹及選註」（李敖主編『李敖萬歳評論』冊一六）（1985.3.5））一〇四頁。

26 雷震原著、薛化元主編『中華民国制憲史：政治協商会議憲法草案』四四頁。

27 胡虚一「雷震日記介紹及選註」（李敖主編『李敖萬歳評論』冊一六）（1985.3.5））一〇四頁。

28 雷震原著、薛化元主編『中華民国制憲史：政治協商会議憲法草案』四五頁。

29 雷震原著、薛化元主編『中華民国制憲史：政治協商会議憲法草案』五〇～五一頁。

30 雷震原著、薛化元主編『中華民国制憲史：政治協商会議憲法草案』四九頁。

31 雷震原著、薛化元主編『中華民国制憲史：政治協商会議憲法草案』五〇～五一頁。

32 雷震原著、薛化元主編『中華民国制憲史：政治協商会議憲法草案』五一頁。

33 雷震原著、薛化元主編『中華民国制憲史：政治協商会議憲法草案』五二～五三頁。

34 雷震原著、薛化元主編『中華民国制憲史：政治協商会議憲法草案』五三～五四頁。

35 雷震原著、薛化元主編『中華民国制憲史：政治協商会議憲法草案』五四頁。

36 雷震原著、薛化元主編『中華民国制憲史：政治協商会議憲法草案』五五頁。

37 雷震原著、薛化元主編『中華民国制憲史：政治協商会議憲法草案』五七頁。

38 〔訳注〕五五憲章は、一九三六年五月五日に公布された中華民国憲法草案。総統が立法・司法・行政・考試・監察の五院を統合する地位にあり、立法院と監察院が総統を規制する機能も周到に制限されるなど、専制的な性格を有していた。金子肇『近代中国の国会と憲政――議会専制の系譜』（有志舎、二〇一九年）一五〇頁。

39 雷震原著、薛化元主編『中華民国制憲史：政治協商会議憲法草案』一〇四頁。

40 『中央日報』一九四六年一月十九日、「孫科対『五五憲草』的説明」（重慶市政協文史資料研究委員会、中共重慶市委党校編『政治協商会議紀實』重慶：重慶出版社、一九八九年）四一九～四二〇頁から再引用。また、孔繁霖編『五五憲草之評議』（南京：時代出版社、一九四六年）二七〇頁も参照。

41 憲草審議委員会は、政治協商会議の決議に基づき成立したもので、主に政治協商会議の十二項の憲草修正原則に基づき、憲政期成会の修正案や憲政実施協進会の検討結果、および各方面の意見を踏まえて、「五五憲草修正案」を取りまとめた。国民政府の蔣介石主席は、孫科を同委員会の招集者に任命している。重慶市政協文史資料研究委員会、中共重慶市委党校編『政治協商会議紀實』一二八頁。

42 〔訳注〕政治協商会議憲法草案修正原則十二項目の内容

は、以下の通り。

一、国民大会

1. 全国の選挙民は四権を行使し、これを国民大会という。

2. 総統普通選挙の実行以前には、総統は県級・省級及び中央の議会が合同で組織する選挙機関によって選出される。

3. 総統の罷免は、総統選挙と同様の方法でこれを行う。

4. 法律の制定・改廃の両権の行使は、別に法律をもってこれを定める。

二、立法院は国家の最高立法機関であり、選挙民がこれを直接に選挙する。その職権は各民主国家の議会に相当する。

三、監察院は国家の最高監察機関であり、各省級議会及び各民族自治区の議会がこれを選挙し、その職権は、同意・弾劾及び監察権の行使である。

四、司法院は国家の最高法院であり、司法行政を管轄せず、大法官若干名によりこれを組織する。大法官は総統が指名し、監察院の同意を経て任命する。各級の法官は、すべて党派を超越しなければならない。

五、考試院は委員制を採用し、その委員は総統が指名し、監察院の同意を経て任命する。その職権は、公務員及び専門人員の試験に重点を置く。考試院委員は、すべて党派を超越しなければならない。

六、行政院

1. 行政院は国家の最高行政機関であり、行政院長は総統が指名し、立法院の同意を経て任命する。行政院は立法院に対して責任を負う。

2. もし立法院が行政院全体に対して不信任の時は、行政院長は辞職するか、あるいは総統に立法院の解散を申請する。ただし、同一の行政院長は、再度立法院の解散を申請することはできない。

七、総統

1. 総統は行政院の決議を経て、法により緊急命令を発布することができる。ただし、一か月以内に立法院に報告しなければならない。

2. 総統は各院院長の決議を招集するが、その招集には明文の規定を必要としない。

八、地方制度

1. 省を地方自治の最高単位として確定する。

2. 省と中央の権限区分は、均権主義に照らして規定する。

3. 省長は民選とする。

4. 省は省憲法を制定することができるが、国権と抵触してはならない。

九、人民の権利義務

1. およそ民主国家で人民が享受する自由及び権利は、均しく憲法で保障されるべきであり、違法な侵害を受けることは許されない。

2．人民の自由に関して、もし法律により規定するのであれば、自由を保障する精神から出発するべきであり、制限することを目的とすべきではない。

3．人民の徴用は自治法において規定すべきであり、憲法で規定すべきではない。

4．一定の地方に集住する少数民族には、その自治権を保障すべきである。

十、選挙は専門の章を設けるべきであり、被選挙年齢は、二十三歳に定める。

十一、憲法草案の基本国策を規定する章は、国防・外交・国民経済・文化教育の各項目を含むべきである。

1．国防の目的は、国家の安全を保障し、世界平和を擁護することにあり、全国の陸海空軍は、国家に忠誠を尽くし、人民を愛護し、個人・地方及び党派関係を超越しなければならない。

2．外交の原則は、独立自主の精神に基づき、友好関係を結び、条約の義務を履行し、国連憲章を遵守し、国際協力を促進し、世界平和を確保することとする。

3．国民経済は、民生主義を基本原則とすべきで、国家は、耕す者がその土地を有し、労働者が職を有し、企業家が発展の機会を有することを保障し、国家の財政と民衆の生活の均衡のとれた充足をはかるべきである。

4．文化教育は、国民の民族精神・民主聖心・科学知識を発展させることを基本原則とすべきで、一般人民の文化水準を普及・向上させ、教育の機会均等を実行し、学術の自由を保障し、科学の発展に尽力する。

十二、憲法の修正権は、立法・監察両院の聯席会議に属し、修正後の条文は、総統の選挙機関でこれを再度可決すべきである。

43 国民大会秘書処編印『国民大会実録』（台北：国民大会秘書処、一九四六年）二七八～二八一頁。薛化元著、柳亮輔訳「中華民国憲法の制定過程と政府の組織原理に対する再考察——張君勱を中心に」（『近代中国研究彙報』第三一号、二〇〇九年）六一～六四頁から再引用。雷震『制憲述要』（香港：自由出版社、一九五七年）一三頁。

44 梁漱溟「我参加国共和談的経過」（重慶市政協文史資料研究委員会、中共重慶市委党校編『政治協商会議紀實』三七二頁。梁は回想の中で、張君勱がいかにして五権憲法の構成を保ったままで国民大会を無形化し、監察院を上院にして、立法院と行政を運営上内閣制とするよう設計したかについて、詳しく説明している。

45 雷震原著、薛化元主編『中華民国制憲史：政治協商会議憲法草案』四五頁。

46 雷震原著、薛化元主編『中華民国制憲史：政治協商会議憲法草案』四九頁。

47　雷震原著、薛化元主編『中華民国制憲史：政治協商会議憲法草案』五四〜五五頁。

48　「張厲生は河北の人間で、北方人と軍のリーダーである陳誠との関係を代表していた。張は、元々はＣＣ派の一員であった」。雷震原著、薛化元主編『中華民国制憲史：政治協商会議憲法草案』四七頁を参照。

49　雷震原著、薛化元主編『中華民国制憲史：政治協商会議憲法草案』四七〜四八頁。

50　雷震原著、薛化元主編『中華民国制憲史：政治協商会議憲法草案』四七頁。『王世杰日記』冊五、二五九〜二六〇、二六三頁。雷震原著、薛化元主編『中華民国制憲史：政治協商会議憲法草案』四八頁から再引用。

51　雷震原著、薛化元主編『中華民国制憲史：政治協商会議憲法草案』四八〜四九頁。梁漱溟「我参加国共和談的経過」（中共重慶市委党校編『政治協商会議紀實』）七三一頁。

52　雷震原著、薛化元主編『中華民国制憲史：政治協商会議憲法草案』四八〜四九頁。

53　雷震原著、薛化元主編『中華民国制憲史：政治協商会議憲法草案』一〇一頁。

54　実際には、常に会議に参加していたのは孫科、王寵恵、王世杰の三人だけであった。雷震原著、薛化元主編『中華民国制憲史：政治協商会議憲法草案』一〇四頁。

55　林彬はかつて雷震に対して、「五五憲草の起草には多くの困難がある」。「第一に、現実政治に気を配らなければならない。特に、この憲法が施行される時は蔣介石が総統になっているだろうが、彼は絶対的独裁の人なので、彼が総統を務めつつ『違憲』にならないように配慮する必要がある。第二に、五権憲法と建国大綱の指示とが筋道からはずれすぎないよう配慮しなければならない。第三に、我が国が民主国家であることにも気を配らなければならず、憲法が設計する政治制度は民主制度であることを示さなければならない。これら三つの要配慮事項があるため、当然執筆時には収拾がつかなくなり、互いに矛盾しあっているのに自分では気づかないという結果になった」と述べている。雷震原著、薛化元主編『中華民国制憲史：政治協商会議憲法草案』一七七頁。

56　雷震原著、薛化元主編『中華民国制憲史：政治協商会議憲法草案』一〇一頁。任育徳『雷震與台湾民主憲政的発展』三三三頁。

57　雷震原著、薛化元主編『中華民国制憲史：政治協商会議憲法草案』一〇四頁。

58　梁漱溟「我参加国共和談的経過」（中共重慶市委党校編『政治協商会議紀實』）七三四頁。張君勱日記手稿、一九四六年二月十五日、十六日の条。

59　〔訳注〕古いものを学んでも役立たせられないことを指す、「食古不化」という成語をもとにした造語。

60　国科会編、雷震遺著『中華民国制憲史』手稿、総号：31、「政治憲草」附註（1）。世新大学図書館蔵、マイク

ロフィルム資料。雷震原著、薛化元主編『中華民国制憲史：政治協商会議憲法草案』一一三頁より再引用。

61 雷震原著、薛化元主編『中華民国制憲史：政治協商会議憲法草案』一〇四頁。

62 雷震原著、薛化元主編『中華民国制憲史：政治協商会議憲法草案』一〇五頁。

63 雷震原著、薛化元主編『中華民国制憲史：政治協商会議憲法草案』一〇六頁。

64 雷震原著、薛化元主編『中華民国制憲史：政治協商会議憲法草案』一〇六～一〇七頁。

65 雷震原著、薛化元主編『中華民国制憲史：政治協商会議憲法草案』一〇八頁。

66 雷震原著、薛化元主編『中華民国制憲史：制憲国民大会』三九～四四頁。

67 雷震原著、薛化元主編『中華民国制憲史：政治協商会議憲法草案』一〇八～一〇九頁。雷震以外に、蔣匀田も、国共両党はそれぞれ周恩来と王世杰から、蔣を通じて張君勱に憲法草案の原稿を起草するように伝え、張は蔣を通じて承諾の意を伝えたと記している。蔣匀田『中国近代史転捩点』三七頁。また、張君勱も自ら孫科に自分の草稿を示し、孫科主席は雷震にそれを渡して、印刷して各委員との討論に供するよう任せた。張君勱「中国新憲法起草経過」(『再生』総二二〇期)(1948.6)三頁。

68 張君勱「読『制憲経過』憶当年制憲情形令人感佩——張君勱致雷震」(一九五七年七月三日) 傅正主編『雷震全集30：雷震秘蔵書信選（雷震書信集）』(台北：桂冠図書、一九九〇年) 三四八頁。

69 張君勱、一九四六年二月十六日日記手稿。

70 張君勱は、孫科の発言は批判の声を（しばらく）やませ、政治協商会議憲法草案修正原則十二項目が国民党側から完全に否定されるのを防いだと述べている。張君勱「中国新憲法起草経過」(『再生』総二二〇期)(1948.6)三頁。

71 張君勱、一九四六年三月九日日記手稿：梁漱溟「我参加国共和談的経過」(中共重慶市委党校編『政治協商会議紀實』) 七三三頁。

72 蔣匀田『中国近代史的転捩点』四九、五七頁。梁漱溟が雷震に問いただした際も、同様の問題点をあげられている。梁漱溟「我参加国共和談的経過」(中共重慶市委党校編『政治協商会議紀實』) 七三三頁。歴史文献社編選『政協文献』(歴史文献社、一九四六年) 一八六～一九三頁。

73 国民大会秘書処編印『国民大会実録』(国民大会秘書処、一九四六年十二月) 二七八～二八一頁。

74 雷震原著、薛化元主編『中華民国制憲史：政治協商会議憲法草案』一五七頁。

75 張君勱、一九四六年三月十一日日記手稿。

76 張君勱、一九四六年三月十五日日記手稿。歴史文献社編選『政協文献』一四四頁。

77 国民大会が四権を行使することは、大会の有形化にとどまるものではなかった。とりわけ、〔法律を〕制定したり改廃したりする権利は、立法院の役割を曖昧なものとし、立法院と国民大会の間に矛盾をもたらすものだったのである。歴史文献社編選『政協文献』一四四頁。

78 この決議の原文は、以下に収録されている。歴史文献社編選『政協文献』一四五〜一四六頁。中共重慶市委党校編『政治協商会議紀実』六三八〜六三九頁。

79 張君勱、一九四六年三月十八日、十九日日記手稿。

80 政府への参加問題について、一九四六年二月六日の中共中央政治局会議では、毛沢東、林伯渠、董必武、呉玉章、周恩来、劉少奇、范明樞（あるいは彭真）、張聞天が国民政府委員会に参加して委員を務めること、また、周恩来、林伯渠、董必武、王若飛を行政院に参加させ、周恩来の副院長就任を勝ち取ることが決定されていた。しかし、三月十八日には国民党第六期二中全会の決議をうけて、周恩来に対し「国民政府、国民大会に参加できない」との電報が伝えられた。中共中央文献研究室編『周恩来年譜：一八九八〜一九四九』（北京：中央文献社、人民出版社、一九八九年）六四三、六五二頁。

81 張君勱、一九四六年三月二十日日記手稿。協議は、ここに至りようやく各方面から確認された。

82 張君勱、一九四六年四月七日日記手稿。

83 張君勱、一九四六年四月十三日日記手稿。

84 張君勱、一九四六年四月十六日から四月二十四日の日記手稿。

85 後に公布、掲載された草案条文には、いずれも行政権については未決定（各派が保留する条文は別途列挙）と記されていた。最も注目するべきは、民社党の機関刊行物が民国三十五年十月に掲載した「五五憲草修正案初稿」である。これは、注記が他の記録より多く、条文内でその他の条文や条文番号に言及しているところは空白になっており、条文の数は少しだけ異なっているが（数条が一つの条になっているところが二か所ある）、現在把握されている中で比較的原版に近い記録である。『再生』総一三五期（1947.10.19）

第三節　制憲国民大会

一、制憲国民大会の手続きをめぐる論争

政治協商会議の決議によれば、まず国民政府の改組を完成させて、それから制憲国民大会を開催することになっていた。そこで、国民政府は同決議に基づいて「国民政府組織法」を修正し、党外の人士を受け入れて国民政府委員会を充実させ、施政の政策決定機関とすることを準備していた[1]。しかし、中共と民主同盟がボイコットをしたため、国民政府の改組はいっこうに完成させることができず、後に予定している制憲国民大会の開催にも影響を与えるようになった。中共と民主同盟がボイコットという挙に出たのは、主に国民政府委員の委員配分問題と関わっていた。国民政府委員会の通常の政策決定は多数決で行われるが、政治協商会議を通過した「政府組織案」の注記第三項では、「国民政府の定員の半数は国民党党員を充て、残りの半数はその他の各党派および有識者をもってこれに充てる。その配分については別途協議の上定める」と規定されていた[2]。国民党党員が二分の一を占めるということで、通常の政策決定では国民党の政策を問題なく進められるが、国民政府委員会が政治協商会議の採択した「施政綱領」を変更する際には、三分の二の賛成が必要となっていたのである。そのため、中共と民主同盟は国民政府委員の定員のうち一四、すなわち三分の一のポストを割り当てることを強く求めた。それは、国民党が施政綱領を変更することを阻止できる「拒否権」を持つに等しかった[3]。国民党の側では、執政が困難になることを懸念し、共産党と民主同盟に国民政府委員ポストを一四配分することを認めようとはしなかったが、それは共産党と民主同盟には受け入れられないことだったのである。双方がいずれも自党派の利益を考え、折り合える可能性がまったくなかったので、仲裁にあたろうとした「第三方面代表」も[4]、マーシャル特使も最後には調停の断念を宣言した[5]。一九四六年十月になって、ようやく蔣介石は中共と民主同盟に国民政府委員ポストを一三席与えるという譲歩をすることに同意する。しかし、国民党は依然としてこの両党に一四席をあたえることを拒否したので、この

一席のために、訓政を終わらせ、憲政に移行するという過渡期の国民政府の改組を速やかに行うことができなくなったのである。雷震は、たかだか国民政府委員一人分のポストによって合意に達することができず、国民政府委員会を成立させられなかったのは、「国民党が過度に固執したためだ」と考えていた[6]。

一九四六年四月から、政治協商会議の各代表は次々に戦時首都である重慶を離れていったが、雷震は残って会議の残務処理を行った。五月一日には漢口に飛んで中国工鉱銀行漢口支店の開業式典を主宰し、その後武漢に三日間滞在して、五月四日に南京に戻った。戦時中に南京を撤退してから、すでに八年五か月が経っていた[7]。

政治協商会議の決定によれば、一九四六年五月五日に南京の国民大会堂で制憲国民大会が開催され、政治協商会議憲法草案〔政協憲草〕に基づき中華民国憲法が制定されることになっていた。そのため、国民政府は「国民大会準備委員会」を設立させて関連事務を処理することとし、国民党中央常務委員の葉楚傖を主任委員、洪蘭友を秘書長、雷震を準備委員の一人に任命した。しばらくして葉楚傖が病死すると、国民参政会秘書長の邵力子に国民大会準備委員会主任委員を兼任させた[8]。制憲国民大会は、国共両党の和平交渉が順調に進まなかったため延期されることとなり、いつまで延びることになるかは分からなかったが、年内に憲法制定を完了させたいという思いは、大多数の人々の間で共有されていた。国内の団結と停戦、および制憲国民大会の開催日時確定のため、国民党は速やかに各党派と協議を行う必要があった[9]。

（二）南京で一番多忙な人間

制憲国民大会の速やかな開催にこぎつけるべく、雷震は民主同盟、民社党、青年党の間を奔走し、国民党への協力を求めた。記者たちは一致して、雷震を「南京で一番多忙な人間」と認めた。一九四六年六月の間、雷震は国民党、青年党、民主同盟、中共の間を往復し、国共双方の停戦と交渉再開に関する意見を報告した[10]。

協議がまだ進行していた一九四六年七月四日、国民政府は十一月十二日の国民大会開催を文章で公布した[11]。しかし、各党派と継続中の協議はまだ妥結に至っておらず、会議がいつ開けるかは未定であった。一九四六年十月十一日の朝、国民政府主席の蔣介石が、呉鉄城、陳立夫、王世杰、邵力子、雷震らを電話で国民政府主席室に招集した。一同が揃った時、蔣の表情は沈んでいたが、「十一月十二日に国民大会を開催することに決定した。諸君は準備にとりかかるように」と、断固として述べた。蔣は何も説明せず、ただ言うとおりに処理するよう雷震らに「命令」を下したので、一同は沈黙に包まれた。この時、雷震は重慶にいた際、政治協商総合小組が「国民大会の開催日時は、政治協商総合小組の協議にてこれを定める」と決議していたことを思い出し、蔣介石に指摘する責任があると考えた。そこで、「共産党と民主同盟の人間はいずれも南京にいますので、彼らに話をする必要があるでしょう」と述べた。他にも言いたいことはたくさんあったが、口にはせず、次のようにだけ説明した。

彼らに口実を与え、国民党が独断専行していると彼らにまた言わせないよう、まず話をしておく必要があるでしょう。それから、政治協商会議で決議された手順では、まず政府の改組を行い、それから国民大会を開催することになっています。つまり、連合政府の統治下で国民大会を開いて憲法を制定することになっていまして……

思いもよらないことに、蔣介石は雷震の意見をまったく聞こうとせず、すぐさま「必要ない！」と述べた。これもまた、命令に等しいものであった。蔣介石が政治協商会議の決議に違反した指示を出すのに対し、呉鉄城、陳立夫、王世杰、邵力子らが何も意見を表明しようとしなかったことに、雷震は心中で強い反感を覚えた[12]。蔣介石はまた、雷震に対して、即日上海に赴き、十一月十二日の国民大会開催を第三勢力の人々に伝えるよう命じた。特に、民社党や青年党の指導者である張君勱、曽琦、左舜生らに対し、政府が訓政の終了を準備しており、国民大会を開催して憲法を制定する必要があることを、詳細に説明することが求められた[13]。

雷震も含めた国民党の党員たちは共通して、共産党は制憲国民大会の開催に反対するに決まっていると考えていたので、蔣介石は共産党と協議をしようとはしなかった。雷震の理解では、当時蔣は共産党の打倒は問題なくできると考えており、内心では「一面で憲法を制定して訓政を放棄すると表明し、一面では剿匪〔共産党の討伐〕により武力で中国を統一することで後腐れのないようにする。対等な立場で共産党と向き合うなど受け入れられない」と思っていた。王世杰もこうした考え方に賛成しており、共産党との交渉は時間と精神の浪費だと見なしていた[14]。晩年に雷震は、当時国軍は腐敗し、地方政治も劣化しており、人民は国民党に深く失望して、心はすでに共産党の方に傾いていたのに、蔣介石は毎日大量の阿諛追従を聞き、周囲の高級将校たちもみな武力での共産党消滅を主張するなど、己を知るということに甚だしく欠けていたと回想している。雷震はまた、当時国民党は中国大陸を統治して二〇年近くになり、一般の国民党員はみな「優越感」を抱いて、民主党派は政権の分け前にあずかろうとしているにすぎないと見下していたが、こうしたことが共産党に反乱の機会を提供してしまったのだとも述べている[15]。

蔣介石が制憲国民大会の開催を決定するのに際し、事前にほかの党派と協議しなかったため、翌日の十月十二日には国民党が「単独」で国民大会開催を準備していると報じられ、各新聞は国民党が「政治協商会議の決議を顧みず」「独断専行」であると、こぞって非難した[16]。そのため、呉鉄城、孫科、王世杰、邵力子らは、蔣介石が雷震を上海に派遣して交渉させることに強く賛成した。彼らはみな、十一月十二日に必ず国民大会が開催されることを雷震が婉曲に張君勱、曽琦、左舜生、李璜、陳啓天、黄炎培、梁漱溟らの面々に伝えることで、新聞世論の批判を緩和させられるほか、国民大会が期日どおりに開催され、憲法制定から憲政実施に至れば、世人の非難を受けてきた一党専制をようやく終わらせることができ、国共の停戦と平和交渉を主張してきた米国の朝野も満足させられることができると期待していたのである[17]。

第三勢力の方でも国共両党の合意達成に助力することを望んでいたので、各党派の代表は次々と会議のため南京に集まってきた。一九四六年十月二十一日の午前、雷震も明故宮空港で会議に参加する代表たちを出迎えた。国民党からは呉鉄城と邵力子、共産党からは周恩来と董必武、民主同盟からは梁漱溟と黄炎培、青年党からは曽琦、左舜生、李璜、陳啓天、常乃悳が、民社党（この時国社党はすでに改組して民社党となっていた）からは張君勱と蔣匀田らがやってきた。彼らはみな内戦を停止させ、団結と平和への道を歩むことで、中国に民主政治を建設することに強い情熱をもっていた。翌日、各党派の代表たちは南京白下路の交通銀行で会合を開いた。それは政治協商総合小組の会議と言ってもよいものだった。共産党から参加したのは、周恩来、董必武と陳家康の三人であった[18]。会議では主に、「国共双方の軍隊に衝突の停止と政治協商会議の決議履行を求めることや、局地的な衝突が長期の内戦へと発展し、憲法制定作業が限りなく先延ばしになるだろうとの見通し」について話し合われた。第三勢力から提起された休戦方法が国共両党の同意を得た後、梁漱溟らは和平プログラムを立案し、当時南京にいた第三勢力のすべての人士から同意の署名を得た後、十月二十六日に国共双方にそれぞれ送付した。しかし、共産党が、同プログラムは自党に不利と見なし、受け入れを拒否したので、平和交渉はまたもや失敗に終わった。共産党が和平プログラムを拒否した後、国共双方の軍事衝突は止められなくなり、軍隊の整理縮小もできなくなったので、共産党が制憲国民大会に参加することはいっそうあり得なくなった。こうして、国民党は単独での憲法制定になることを回避するため、民主党派と有識者を国民大会に招請することに重点を置いて、対策を講じた。そして、そのための橋渡しや調整を主に担ったのは雷震であり、大会に参加する他の国民党上層部とも、パイプを通じて意思の疎通を図ったのであった[19]。

（二）諸党派を抱き込み、国民大会に参加させる

こうした状況の中で、もし国民党が諸党派を抱き込み、制憲国民大会に参加させたいのであれば、まず「政協憲草」を完成させ、立法院の審議を通過させた後、それを国民政府から制憲国民大会に送付する必要があった[20]。そのため、一九四六年十一月二日、蔣介石は王寵恵と雷震に対して、後の手続きをすませ、その後国民政府から制憲国民大会に提出して討議に付すことができるように、政協憲草を整理するよう命じた[21]。雷震の見るところ、蔣介石がこの任務への参画を命じたのは、雷の学歴と関係があった。彼の専攻は憲法で、大学で憲法を教えたこともあり、国民参政会に参加してからというもの、憲政期成会、憲政実施協進会、政治協商会議憲法小組、政協憲草審議会など、そのいずれにも参画してきたし、政治協商会議の秘書長も務めてきたのである[22]。そのため、雷震がこの任務に参加したならば、政協憲草の元来の精神を揺るぎないものにできるはずであった。整理の終わった原稿を孫科のもとへ送った後、孫は雷震に、王寵恵、邵力子、呉鉄城、王世杰、陳布雷を招いて国民党内部で研究と討論を行うよう命じた（王世杰は用事があり参加しなかった）。内部での討論後、孫科はまた雷震を通じて政協憲草審議会の参加者であった王寵恵、張君勱、陳啓天、左舜生、王雲五、繆嘉銘、および専門家の呉経熊、林彬らを自宅に招き（張君勱は上海にいて来られなかった）、「政協憲草」が制憲国民大会で採

択されやすくなるよう、整理後の原稿をもう一度審議した[23]。

審議後、雷震は整理稿を蔣介石主席／総裁に提出した。蔣介石は特に意見を表明することなく、原稿を国民党中央党部秘書長の呉鉄城に送り、国民党中央常務委員会を通過させた後、立法院での立法手続きを終わらせるべく、準備するよう雷震に命じた。雷震は、こうした手続きをふむのは、「五五憲草」は立法院が起草し（通過させ）たものであったのに対し、「政協憲草」は「五五憲草の修正案」であり[24]、当時の訓政体制においては、立法院を通過した後、国民政府から憲法草案を制憲国民大会に送って審議することになっていたからだと説明している。それは、一九三六年に実施するよう準備していた手続きとほぼ同様のものであった。

整理稿を受領した立法院は、二つの重要な修正を行った。まず、総統の職権に「総統は院と院との間の紛争に対して、この憲法に規定がある場合を除いて、関係各院を招集し、協議解決することができる」との一条を加えた。次に、監察院の職権行使範囲を縮小し、「該当する各院に送付してその注意、改善を促すことができる」という規定を「行政院およびその各部会に送付してその注意、改善を促すことができる」としたほか、「監察院は、各院あるいは各部の重大な違法事件を明らかにし…」とあったのを、「監察院は、行政院あるいはその各部会の人員に対し、違法あるいは職務怠慢の事実があると認めたときは…」に変更したのである。雷震は、立法院の意見に基づいた場合、監察院による弾劾対象は行政院とその各部会に限られ、政協草案や整理稿の規定よりもさらに範囲を縮小したものとなり、「監察院は中央…公務員に対し、違法あるいは職務怠慢の事実があると認めたときは」の指す「中央」も、「行政院およびその各部会」に限られることになると思った[25]。

（三）蔣介石の声明

制憲国民大会の開催時期が目前に迫り、中共は依然として制憲国民大会への代表名簿提出を拒否していたので、国民政府主席の蔣介石は十一月八日に再度声明を出し、国民政府が政治協商会議で決議された憲法制定手続きに則らずに、制憲国民大会を十一月十二日に開催する理由を説明したほか、以後の手続きについても説明した[26]。

政治協商会議の決定では、国民大会は本年五月五日に開催されることとなっていたが、中共と各党派はいまだ代表名簿を提出することを拒んでいる。七月四日、政府は再度、十一月十二日に国民大会を開催することを発表し、四か月の間にあらゆる討議と準備を行うよう各党派に求めた。これに対して各党派は、政治協商会議で合意された政府の改組という段階がまだ実施されていないとして、異議を唱えた。私が説明したいのはただ、政治協商会議閉幕後の半年間で情勢が大きく変化したということである。関外の東北では大きな戦いが勃発し、戦火は華北にも飛び火した。そして中共軍の編成替えは、いまだ協議で定められた方法どおりに実行されていない。こうした状況の中、政治協議は成果を挙げられていないのである。現在、国民大会は法に基づいて代表を選出していて、いずれも期日どおりに到着しており、これ以上延期して政治的・軍事的不安を増加させ、人民の苦痛を深めるわけにはいかない。さらに、国民大会の開催は、政府が政治を民に還すための唯一の合法的な手順であり、再度先延ばしにすることはできない。そのため、政府は国民大会を期日どおり十一月十二日に開催することを、すでに決定した。…

そのため、政府は中共およびその他の党派の国民大会における定員を残しておき、いつでも憲法制定に参加することを希望する一方、中共には速やかに軍事三人小組に代表を派遣し、私が十月十六日の声明で提起した各点に基づき、衝突停止、軍隊の駐留場所の配置、交通の回復、および軍の整理統一の方法などについて協議し、もって速やかな実行に移せるようになることを希望する。

国民政府委員会の改組については、一日も早く合意に達し、正式な改組が行われるよう望む。行政院は実質的に責任を負う機構であり、その改組は慎重に行われるべきであるため、国民大会の閉会以前に急いで大きな変更を加えることはしない。憲草について、政府は憲草審議会では完成しなかった修正草案を国民大会に提出する予定である。国民大会閉会以降の六か月以内に、憲法に基づいて全国的な普通選挙が実施されるが、その時に各党派と全国人民はいずれも自由に選挙に出ることができ、それによって次期の国民大会を構成し、憲法の規定に則って、法で定められた職権を行使する。

それゆえに各党派は次期国民大会において、憲法に対して修正意見があったなら、法に基づいて修正を提起することができる。

蔣介石の声明は、共産党と第三勢力にとって、基本的に受け入れることのできないものだった。翌日の夜、共産党から政治協商会議に出席していた周恩来は、共産党の駐南京総部がある梅園新村[27]に民主同盟の人士たちを招き、国民党が政治協商会議のその他の勢力と相談せず十一月十二日の国民大会を決定したと、再度非難した。さらに、「政治協商会議が定めた手続きでは、まず国民政府委員会を改組し、連合政府を成立させてから、この連合政府によって国民大会を招集し、憲法を制定して憲政を実施することになっていた。今、国民党がこの手続きによらずに進めようとしているのは、明らかに政治協商会議の決議を無視したもので、この憲法も民主憲法にはなり得ない。共産党はこうした状況のもと、『再革命』をおこすのみである。みなさんにお知らせするが、我々は明日延安に帰ることを決定した。『革靴を脱いでわら靴に履き替える。三年後にまたお目にかかろう！』」と述べた[28]。

二、民、青両党を説得し、行き詰まりを打開する

中共が憲法制定への参加を拒否したあと、蔣介石がそれに対して態度を表明することはなかったが、雷震たちは、政治的な行き詰まりを打開しようと、引き続きその他の政党との間を往来して意思の疎通を図り、民社党と青年党に対し、制憲国民大会に代表を派遣するよう説得にあたった。

十一月十一日、国共両党以外の第三勢力の人士たちは再度南京交通銀行に集まり、国民大会の開催を三日延期して、十一月十五日に開会するよう求めた。しかし、制憲国民大会開催の一日前の時点で、民社党は参加の拒絶こそしなかったものの、出席するとは表明していなかった。青年党は参加を承諾したものの、民社党が参加することを条件としていたので、国民大会への出席者名簿を提出しなかった[29]。これより前、国民党と青年党との間では、雷震が必要に応じて連絡をとっていたほか、陶希聖らも懐柔工作を行っていたが、民社党については、ほぼ雷震が一人で交渉にあたっていた。雷震は、蔣介石とCC派が張君勱や民社党を嫌っているのを知っていたので、積極的に民社党を招聘することはしなかったものの、蔣匀田を通じて張君勱に対し、国民党の訓政を終わ

らせたければ、制憲国民大会の開催にこぎつけ、憲法制定を完成させる必要があると伝えた。また、国民大会が「政協憲草」を通過させることを、憲法制定に参加する際の条件として提示しなければならないとも忠告した。さもなければ、国民党員が絶対多数を占める制憲国民大会は、五権憲草の方を通過させるに決まっていたからである。国民党内部に対して雷は、一党のみによる憲法制定は避ける必要があり、青年党と民社党を一緒に参加させなければならないと説いていた[30]。

十一月十四日になっても「一党制憲」の状況が変わらなかったので、焦った蔣介石は、当日午後に雷震、王世杰、呉鉄城に対し、官邸で会議を開くと通知した。三人が到着すると、蔣は雷震に、「青年、民社両党の国民大会参加はどうなっている？　張君勱は参加するか？」と訊ねた。雷震は、「青年党はすでに参加を表明していますが、民社党も参加することを条件にしています。……民社党については個人的に接触して、参加を説得していますが、中央と蔣主席が態度を表明されていないので、正式には招請をしていません」と答えた。その後、四人での食事の席で、蔣介石は雷震に対して、「儆寰〔雷震の字〕、今晩上海に行って民社党に国民大会への参加を招請し、あわせて張君勱に、政府は政協憲草を提出して討議に付し、政協憲草のとおりの内容で通過させると伝えてくれ」と指示した。雷震は、明日飛行機で上海に飛ぶつもりで、その時には先に青年党の制憲国民大会への参加者リストを受け取れるはずだと答えた。雷震が心中で考えていたのは、青年党の参加者リストを新聞紙上に公開すれば、民社党の参加を促せるだろうということだった。蔣介石は雷震の意見に同意し、青年党と連絡をとるように言った。夕食後、曽琦、李璜、左舜生の三人が青年党の制憲国民大会への参加者リストを持って蔣介石の官邸を訪れた。彼らの要求は、青年党に百四十名分の議席を割り当てるようにというものであった。これについて、蔣介石はもともとすでに青年党の要求を承諾していたが、雷震はそれを聞くと、即座に反対した。李璜が雷震に対し、「あなたは毎日のように青年党に参加を求めておきながら、今になって嫌がらせをするのか？」と非難すると、雷は、現時点で河北、山東、チャハル、北平〔北京〕の四つの省市区域だけがまだ代表を選出できておらず、もし青年党員の本籍がこの四地域になければ、代表は選出できないと答えた。この指摘を受けた李璜や曽琦らは、雷の説明を受け入れる他なかった[31]。

青年党から制憲国民大会参加者の正式な名簿を受け取るた

め、雷震は十一月十五日の早朝から昼の十一時まで三度にわたって青年党秘書長の陳啓天の家を訪れて、ようやく任務を達成した[32]。

（二）政協憲草の基本原則の確認

青年党の出席者名簿を待っている間の午前中、雷震は制憲国民大会の開会式に出席したが、民社党と青年党からはいずれも参加者がおらず、大会は休会を宣言した。陳啓天は、名簿を雷震に渡す際、もし民社党が参加しないのであれば、青年党の制憲国民大会代表の名簿が発表されていても、青年党は参加しないと再度表明した。陳啓天は、名簿を先に発表してはいけないと釘を刺したが、雷震はそれについては正面から答えなかった。もし、青年党から制憲国民大会に出席する代表の名簿を先に発表しておけば、民社党の説得に資するだろうと考えていたからである。そのため、まず名簿を陳立夫に渡し、速やかに中央社で発表するように言った。また、上海行の飛行機に乗り込むため、宋英に荷物を準備し、中国航空公司の上海便に雷震が到着してから離陸するように依頼し、さらには空腹をしのぐために空港まで炒飯を持って来てくれるよう頼んだ。飛行機は、雷震を待ったため、三〇分遅れで出発した[33]。

上海に到着した時には、友人の蔡叔厚が出迎えに来ており、すでに蔣匀田らとの面会をとりつけていた。雷震はまずホテルに行ったが、疲労のあまり倒れてしまったので、少し休んで食事をとってから蔣匀田のもとを訪ね、その後蔣と連れ立って張君勱に会いに行った。雷震は張に対し、蔣介石は制憲国民大会への参加を民社党に要請しており、政協憲草を討論の基礎に据えることを決定していると伝えた。また、制憲国民大会では、表現を若干修正することはあるかもしれないが、政協憲草の基本原則を覆しはしないとも保証した。雷震が三時間にわたって説得した後、張君勱は、翌日の民社党（中）常会で討論する必要があると述べた。蔣が事前に、民社党の制憲国民大会参加問題に大きな影響力を持っているのは徐傅霖だと言っていたので、翌朝雷震は、まず徐のもとを訪ねた。徐傅霖は、雷震が来意を説明し終わるのも待たず、国民党の過去の行為、特に特務がしてきた非道な行いを痛罵し始めた。それが四〇分間続き、徐が一息ついた後で、雷震は蔣介石が張君勱にも保障した内容を繰り返し説明し、憲法制定作業の重要性を説いた。その結果、徐は、民社党の制憲国民大会への参加を支持する旨、発言すると述べた[34]。

しかし、十一月十六日の午後に再度張君勱の自宅を訪問した雷震は、いまだ良い返事を聞けずにいた。張は、「制憲〔国民大会〕への参加は、まだ結論が出ていない。明日の午前中に再度例会を開いてから決定する」と述べたのである。張のもとを辞した雷震は、先に蔣匀田の説得に向かい、民社党中央に対して、次のように建議するよう要請した。「一、民社党は国民大会への参加を決定する。二、国民大会は政協憲草を通過させなければならず、少なくとも原則面で変更がなされてはならない。さもなければ、民社党は国民大会を離脱する。その他の詳細については、南京到着後に引き続き協議する。協議が満足のいくものであったら、民社党は国民大会への参加者名簿を提出する。もし協議が不調に終わったら、民社党は参加せずとも良く、南京には遊覧に出かけたと思うことにする」。蔣匀田がこの意見に賛同した後、雷震はすぐさま張君勱と徐傅霖のもとをそれぞれ再訪し、制憲国民大会は「政協憲草」を通過させると繰り返し説明し、保証したので、張君勱と徐傅霖は雷の建議に同意した。時間が切迫していたため、雷震は、飛行機をチャーターして民社党の代表団全員を南京に連れて行くことを計画した。十一月十七日の早朝、雷震は上海市長の呉国楨に連絡し、協力を求めた。呉国楨は、即座に中国航空公司から南京行きのチャーター機を確保し、さらに民社党代表の送迎用に車を三台貸した他、秘書の欧陽遵詮をサポートのために派遣した。一方、民社党中常会では、制憲国民大会は「政協憲草」を通過させなければならないとの原則付きで、民社党が国民大会に参加することが決議された。雷震は、即座にそれを受け入れると表明し、十七日午後には国民大会に出席する民社党代表と飛行機に乗り込み、南京に到着した。この間、雷震が南京と上海の関係者に迅速に連絡をとることができたのは、宋英が留守宅にて雷震からの情報を速やかに伝達していた他、上海と南京の電話局が、雷からの長距離電話であれば、必ず数分以内に素早くつなげたからでもあった。徐傅霖を団長とする民社党の制憲国民大会代表団が南京に到着した後、雷震はすぐさま蔣介石に報告し、接見を要請した。その日の夜八時、徐傅霖を接見した蔣介石は、大いに話が弾み、会談終了後には「蔣介石が自ら家の外まで見送りに行き、徐傅霖が車に乗ってから家に戻った」[35]。

翌日、蔣介石は国民大会秘書処で雷震と面会し、制憲国民大会の副秘書長を引き継ぐよう告げ、さらに次のように述べた[36]。

今、国民政府は政協憲草を国民大会に提出して討論に付している。憲草を立案する間、あなたは政協会議の秘書長をしていて、この間の経緯について一番よく分かっているし、民社・青年両党の主要な人物ともみな知り合いで、緊密な関係を築いている。副秘書長をやってもらいたいのは、政協憲草が可決するよう知恵をしぼり、国民党の人間が五五憲草を復活させたがっているとして民・青両党が退席したりすることのないようにさせたいからだ。今回の国民大会による憲法制定は、内外の人士が注目しているもので、滞りなく行われて欲しいし、途中で問題が生じてはならない。もし問題がおこって解決できない時には、いつでも言って来て構わない。私から、国民党の議員団に対して、解決するように言うだろう。儆寰よ、副秘書長としてのあなたの任務は、政協憲草が可決されるよう調整にあたるだけで良い、そのほかの事務はすべて秘書長に取り仕切らせるから、関与してもらう必要はない。憲草の討議で問題が発生した時には、いつでも良いから私に報告してくれ。

（二）国民党による「一党単独開催」の回避

民社党と青年党を国民大会に招請する仕事が終わった後、雷震は蔣介石の任命を受け、制憲国民大会の副秘書長に就任し、大会の議事進行を担当することになった。民社党の国民大会参加代表団は、南京に到着後、さらに会議の参加について三日間にわたって討論を重ね、十一月二十日の午後までかかって関連事項の細部が詰められた。同日夜、同党の主張を記した、張君勱主席の署名入りの書簡が蔣介石国民政府主席に届けられる。その主要な内容は、以下の二点であった。一、いかにして停戦命令を徹底し、戦火の拡大を防ぎ、平和を得たいとの誠心誠意の気持ちを示すか。二、いかにして政協決議の精神を徹底的に実現し、民主を実行する決意を明らかにするか。そのうち、いかに政協決議の精神を実現するかという点に関しては、冒頭に次のように記されていた。「政協憲草審議会によって修正された憲章は、国民大会において、各方面がその採択に責任を負わなければならない」。蔣介石は書簡を受け取った後、十一月二十一日に国民党総裁として返信を送り、張君勱の主張に同意すると表明した。「これを要するに、書簡の中で列挙されていた諸項目は、いずれも政府の当然と考えるところであり、中正〔蔣介石〕個人もまた、全力を尽くしてこれの実現にあたりたいと願うものであります」[37]。民社党側が蔣介石の返信を受領した二十一日の夜、徐傅霖は民社党から国民大会に出席する代表者の名簿を雷震に提出した。その中には、民社党が民主同盟の中で制憲国民大会代表として割り当てられていた四〇名以外に、青年党の区域代表一〇名も含まれていた[38]。

民社党、青年党および有識者が参加することになったので、制憲国民大会は国民党の「単独開催」ではなくなった[39]。張君勱と左舜生は、制憲国民大会開催にこぎつけるまでの雷震の苦労を多とし、「儆寰なかりせば、国民大会がいつ開催されたか分からない」と評した[40]。しかし、民社党は制憲国民大会に出席したものの、張君勱本人は参加しようとはしなかった。張は雷震に対して、「蔣介石は、目的を達したら恩を仇で返す人間だ。人に頼む時には一も二もなく承諾するが、その人を必要としなくなった時には足蹴にして、相手側の人格もまったく無視するよ」と言ったのである。青年党の指導者の一人である李璜は、張君勱と長年の友人関係にあり、一九二八年には『新路』という雑誌を合同で経営していたこともあったが[41]、やはり張と同じく、制憲国民大会には出席せず、改組後の国民政府にも参加しなかった[42]。

民社党が国民大会への出席代表名簿を提出した後、形式上は、まだ「国民大会代表選抜資格審査委員会」で審査を受けてから国民政府に報告・申請の上、顔触れが公表される必要があった。その結果は十一月二十四日に新聞紙上に発表され、翌日、民社党の制憲国民大会代表は、国民大会に出席した。同日の午前十時、国民大会は「国民大会議事規則」の討論に入り、蔣介石が議長を務め、制憲国民大会が正式にスタートした。青年党の大会代表も、李璜が参加しなかったのを除いて、この日に正式に出席した[43]。

雷震が、制憲国民大会の代表メンバーについて分析すると、国民党代表が八割以上を占めているほか、有識者七〇名のうち、すでに到着している人々の少なくとも三三名が国民党員であり、未到着の五名の中でも、三名が国民党員であった。一方、すでに到着している制憲国民大会代表一七一名中、青年党と民社党の代表は合計しても一六〇名に過ぎず、実際に出席する人数はこれよりも少なかった。そのため、はじめから「政協憲草」に賛成している代表は多くても二〇〇名を超えず、国民党の同意しない憲法条文は、制憲国民大会で承認されないことも見込まれたのである[44]。絶対多数を占める国民党籍の代表が「政協憲草」を否決するのを防ぐためには、制憲国民大会で憲法を審議する際の順序において、「予防」の工夫をするしかなかった。そこで、憲草が国民大会に提出された後、「第一読会」の期間には各代表が広く意見を発表するだけで、採択はせず、それぞれ関連する審査委員会に送って審査をすることとした[45]。審査委員会は八組に分かれ、さらにもう一つ「綜合審査委員会」が設立され、各委員会間の対立を調整し、あるいは各委員会の不適当な決定については是正することで、「政協憲草」の主要な原則が否決されないようにしたのである。綜合審査委員会は、各審査委員会委員の中から互選される一名、座長の中から各二名、主席団の中から九名、各代表の出身部門から三名を推薦して、組織された。その役割と職掌は、各審査委員会に関わる事項、各審査委員会で論争が決着しなかった事項、各審査委員会の審査結果のうち、審査原則との間に開きがある事項、各審査委員会の結果の編纂および全章節と文章の整理、の四つであった[46]。そこで、青年党の制憲国民大会代表である陳啓天、曽琦、張伯倫、余家菊、常乃悳、張子柱、民社党の徐傅霖、蔣勻田、劉中一、石志泉、朱鴻儒、伍藻池らはみな綜合審査委員会に参加したし、陳啓天と徐傅霖は同委員会の座長役も務めた。「政協憲草」に好意的な国民党の孫科、王寵恵、王世杰、胡適、呉経熊らも綜合審査委員会に参加し、孫科と王世杰は座長を務めた。そのため、制憲国民大会の各審査委員会において、「政協憲草」の主要な原則を否定するような条文が出された際には、綜合審査委員会で再審議を申請することができたのである。もちろん、その間には激しい議論がなされたが、最終的には条文の内容をひっくり返すことが可能であった[47]。

国民党の制憲国民大会代表の中には、「五五憲草」を支持するか、あるいは総統の職権をさらに拡大したいと考えるなどの理由で、「政協憲草」の原則に賛成しない人々が依然として多数存在した。そこで、国民政府主席と、孫科立法院長は、それぞれ制憲国民大会の場において、「政協憲草」を支持する立場を公式に表明した。一九四六年十一月二十八日、国民政府主席の蔣介石は、自ら制憲国民大会に出席し、中華民国憲法草案と国民政府教書を制憲国民大会での審議のために送付した。国民大会代表に向けた談話の中で、蔣は、「本日国民政府が提出した憲法草案に対して、私は賛成し、擁護するものである。五五憲草は、今では使用に適するとは思わない」[48]と述べた。孫科は、大会で報告を行った際、「政協憲草」の総統および行政院長の職権について、次のような意見を表明した。「総統の責任は行政院長が代わって負い、立法院を通過しない時には行政院長が即座に辞職し、総統は後任を選ぶことができる。こうした方法は、総統の責任を軽減させ、また、総統が政争から影響を受けないようにさせられるものである」[49]。

(三) 国民党団領袖の支持を得る

前述したように、蔣介石が雷震を制憲国民大会の副秘書長に任命したのは、「政協憲草」を速やかに通過させたいとの思惑からであった。「政協憲草」の経緯と、在野諸党派の憲法に関する見解に最も詳しかった雷震は、大会で憲法について討論される際、常に秘書長役を担っていた。また、状況を見ながら進行にあたり、憲法制定作業をすすめるために、綜合審査委員会の秘書も兼任した。制憲国民大会の開催期間中、議論が百出すると、言葉を尽くして調停に奔走した。その苦心惨憺のしようは、喉を嗄らしてしまうほどだったのである[50]。雷震が綜合審査委員会の秘書を務めたことは、各審査委員会が「政協憲草」の決議を否定した場合、それを修正するというだけでなく、協議時間を短縮することにも貢献した。各審査委員会が「政協憲草」と異なる決議を行った場合、一律に綜合審査委員会での討議にかけられて、修正あるいは否決がなされ、その後、綜合審査委員会による修正条文が国民大会の二読会にて審議され、決定されたからである[51]。

制憲国民大会における国民党の代表が、前言を翻して「政協憲草」の原則を覆そうとし、民社・青年両党がそれに反撃する時、その矢面に立ったのが国民党秘書長の呉鉄城、CC派領袖の陳立夫、および復興社[52]領袖の陳誠だった。そのうち、呉鉄城と陳立夫の二人は制憲国民大会の代表ではなかったが[53]、国民党代表団の指揮をとっていた[54]。初めの頃、国民党代表団の内部会議において陳誠と陳立夫は、民社党と青年党は過大な要求をしており、雷震はそれに譲歩が過ぎると批判していた。そのため雷震は、次のように説明した。民社党の制憲国民大会への招請は、国民党が「政協憲草」を通過させると保証したから、同党は「ようやく代表を指名して参加した」のであり、さもなければ「軽々しく参加したりはしなかった」。したがって、「政協憲草」を通過させるのは、「約束を履行する」にすぎないのであって、民社党が過大な要求をしているのではない。さらに、「青・民両党の国民大会参加は、もとより彼らの長年にわたる希望、すなわち党治の終了と憲政の実施を実現させるものであるが、同時に、国民党を助けて憲法制定を完成させることで、共産党と民主同盟が宣伝しているような、国民党が単独で憲法制定を行ったという非難を無効化させるものでもある」[55]。

憲法制定とその後の執行について、雷震はこうも述べた。「今日、我々と青・民両党は共同で憲法を制定したが、その後も、青・民両党と共同で憲法を執行していくのである。この点について、国民党の国民大会代表には深く理解し、また行動で示してもらいたい。くれぐれも両党の国民大会代表の悪口を言ったり、侮辱したりしてはならない。そうしてくれれば、彼らに謝罪しなくてよくなり、私の面倒は減る。さらに〔蔣介石〕総裁の信用を守ることもできるのである。私個人が口汚くののしられることは重要ではなく、何ということもない」[56]。この後、雷震は国民党代表団領袖の支持を得たので、ようやく折衝や意志の疎通などが円滑に行えるようになった。

以下では、中華民国憲法第一条と国民大会の位置づけの間の矛盾を例に、〔上述の過程に関する〕補足説明を行う。前者（憲法第一条）について審査委員会で検討が行われた際、青・民両党の代表は断固として反対したが、結局「中華民国は三民主義の民主共和国」であるとの文言が採決された[57]。そのため、民社党の国民大会代表団団長の徐傅霖は、もし政協憲草第一条の原文を復活させないのであれば、民社党代表はボイコットをし、この先国民大会には参加しないと明言した。雷震は、国民党代表団の指導員であり、「復興社」系統の国民大会代表を監督している陳誠に一肌脱いでもらい、綜合審査委員会で再審議の請求をしてくれるよう求めた。そこで陳誠は、国民党代表団会議を招集し、「大局を念頭に置き、感情にまかせて事を行ってはならず、とりわけ討論の際に青・民両党代表の感情を傷つけるような言葉を用いてはならないと、全員に言い含めた」。その後、綜合審査委員会での再審議を経て、「中華民国は、三民主義に基づく民有、民治、民享の民主共和国とする」という政協憲草の原文を維持することが決議されたのである[58]。後者（国民大会の位置づけ）については、国民党は多数を恃んで、民社、青年両党代表の強い反対を顧みず、第二審査委員会で採決を行い、「国民大会は中華民国国民を代表し、政権を行使する最高機関である」との文言を通過させた[59]。民社党代表団団長の徐傅霖は、綜合審査委員会に参加していたが、同条の追加への反対が実らなかったため、即座に「退席」を表明し、国民大会への参加をとりやめた。蒋匀田、石志泉、朱鴻儒、伍藻池らのような、民社党から綜合審査委員会に参加していたその他の代表も、ともに退席した[60]。雷震は、国民党籍で綜合審査委員会の座長である陳誠に、国民党員の民社党代表に対する「濫言〔虚妄の言〕」を制止し、同党代表の立場をなくさせないようにすると同時に、国民党も面子を失わないようにさせるよう求めた[61]。また、蒋匀田の協力を得て、綜合審査委員会に再度出席するよう、共に徐傅霖を説得した。その後、陳誠が時宜を得た演説を行ったことで、「政協憲草」の原案が復活することとなったのである[62]。

いくたびもの折衝や差し戻しを経て、制憲国民大会はようやく「政協憲草」を底本とした「中華民国憲法」の採択にこぎつけた[63]。十二月二十五日の午前、雷震が憲法の全条文を読み上げて第三読会とし[64]、同日、国民大会は無事に閉幕した[65]。だが、雷震にとって遺憾だったのは、もし当時蒋介石が雷や王世杰の忠告を聞き入れて大会を延期し、共産党とがまん強く交渉していれば、その後の歴史は異なるものになっていたかもしれないということであった。その責めは、蒋が自軍でもって共産党を打倒できると過信していたことに帰されるべきであり、その結果はといえば、打倒されたのは自分の方だったのである[66]。制憲国民大会の閉幕後、蒋介石は国民政府の改組問題のため、上海に行き、民社党および青年党と交渉するよう雷震に命じた[67]。

注

1　雷震原著、薛化元主編『中華民国制憲史：政治協商会議憲法草案』五七頁。

2　雷震原著、薛化元主編『中華民国制憲史：制憲国民大会』八一頁。

3　薛化元『民主憲政與民族主義的弁証発展――張君勱思想研究』一八六頁。雷震原著、薛化元主編『中華民国制憲史：制憲国民大会』八〇～八二頁。

4　政治協商会議中の「有識者」、「青年党」、「民主同盟」等の代表を指す。

5　胡虚一「雷震日記介紹及選註」（李敖主編『李敖萬歳評論』冊一六）（1985.3.5）一一五頁。

6　雷震原著、薛化元主編『中華民国制憲史：制憲国民大会』八一～八二頁。蒋介石は、制憲国民大会の十一月十二日開催を可能にするため、一九四六年十月にマーシャルに書簡を送り、元々承認していた一二席以外にさらに一席を無党派人士に充てることに同意するとし、その人選は中共が推薦し、国府の同意を経て任命すると伝えていた。張君勱著、中華民国張君勱学会編訳『中国第三勢力』一四八頁を参照。

7 雷震原著、薛化元主編『中華民国制憲史：制憲国民大会』三六頁。

8 雷震原著、薛化元主編『中華民国制憲史：制憲国民大会』三八頁。

9 雷震は、共産党は国民大会の開催にそもそも反対しており、その上故意に国民大会を開催できないようにし、憲法を制定できなくすることで、訓政を終わらせて政権を民に還すことができないという責任をすべて国民党に負わせようとしていたと指摘している。雷震原著、薛化元主編『中華民国制憲史：制憲国民大会』三七頁。

10 任育徳『雷震與台湾民主憲政的発展』三三～三四頁。陸鏗「雷震——記者之友」（傅正主編『雷震全集2：雷震與我（二）』）二五五～二五七頁。

11 雷震原著、薛化元主編『中華民国制憲史：制憲国民大会』四一頁。

12 雷震原著、薛化元主編『中華民国制憲史：制憲国民大会』三九～四〇頁。

13 雷震原著、薛化元主編『中華民国制憲史：制憲国民大会』四一頁。

14 雷震原著、薛化元主編『中華民国制憲史：制憲国民大会』四一～四二頁。

15 雷震原著、薛化元主編『中華民国制憲史：制憲国民大会』四一～四五頁。

16 雷震原著、薛化元主編『中華民国制憲史：制憲国民大会』四一頁。

17 雷震原著、薛化元主編『中華民国制憲史：制憲国民大会』四五～四六頁。

18 雷震原著、薛化元主編『中華民国制憲史：制憲国民大会』五八頁。

19 雷震原著、薛化元主編『中華民国制憲史：制憲国民大会』五九頁。交渉の過程について、当事者の回想である梁漱溟『憶往談旧録』（台北：李敖出版、知道発行、一九九〇年）、および蔣匀田『中国近代史的転捩点』も参照されたい。

20 雷震原著、薛化元主編『中華民国制憲史：制憲国民大会』八五頁。

21 『国民大会実録』の記載は少し異なっており、政府は王寵恵、呉経熊、雷震を指名し、合意された修正草案の文章を整理校正させたとしている。『国民大会実録』二九八頁。

22 雷震原著、薛化元主編『中華民国制憲史：制憲国民大会』八八頁。

23 雷震原著、薛化元主編『中華民国制憲史：制憲国民大会』九四頁。

24 雷震原著、薛化元主編『中華民国制憲史：制憲国民大会』九五頁。

25 雷震原著、薛化元主編『中華民国制憲史：制憲国民大会』九五～九六頁。総統の職権は第四十五条に記された。監察院に関する条文は、整理稿では百一条に記されていたが、立法院による修正稿では、百三条に記された。

26 雷震原著、薛化元主編『中華民国制憲史：制憲国民大会』七四～七五頁。理由は不明だが、蔣介石は声明を発表した日時を十一月十一日と記している。蔣中正『蘇俄在中国』（台北：中央文物供応社、一九五七年）一八二～一八三頁。

27 一九四六年五月三日から一九四七年三月までの間、中共代表団は長江路の東端にある梅園新村（現在の漢府街）に事務所を設置していた。梅園新村十七号に対外事務機構が置かれ、外事組、新聞組、軍事組、婦女組および八路軍駐京弁事処などがあり、周恩来が対外的に記者会見を開いたり、来客と面会したりする場所でもあった。周恩来と鄧穎超は梅園新村三十号に、董必武と李維漢は梅園新村三十五号に住んでいた。

28 雷震原著、薛化元主編『中華民国制憲史：制憲国民大会』八六頁。しかし、周恩来が延安に戻ったのは十一月十五日であり、この点雷震の記述には誤りがある。

29 雷震原著、薛化元主編『中華民国制憲史：制憲国民大会』一〇一頁。

30 雷震原著、薛化元主編『中華民国制憲史：制憲国民大会』一〇三、一三五頁。国民党籍の国民大会代表が、会議の正規の手順にもとづいて制憲国民大会を主導していたことについては、荊知仁『中国立憲史』四五四頁を参照。

31 雷震原著、薛化元主編『中華民国制憲史：制憲国民大会』一〇三～一〇七頁。

32 雷震原著、薛化元主編『中華民国制憲史：制憲国民大会』一〇八～一〇九頁。

33 雷震原著、薛化元主編『中華民国制憲史：制憲国民大会』一一〇～一一一頁。任育徳『雷震與台湾民主憲政的発展』三五～三六頁。

34 雷震原著、薛化元主編『中華民国制憲史：制憲国民大会』一一二～一一八頁。

35 雷震原著、薛化元主編『中華民国制憲史：制憲国民大会』一一九～一二四頁。

36 雷震原著、薛化元主編『中華民国制憲史：制憲国民大会』一二四頁。

37 雷震原著、薛化元主編『中華民国制憲史：制憲国民大会』一二五～一三〇頁。民社党が会議を開催していた時、雷震はまた上海に行き、黄炎培ら一部の民主同盟の人士を制憲に参加するよう説得を試みたが、成功しなかった。中国社会科学院近代史研究所中華民国史研究室編『黄炎培日記摘録』一三〇頁。

38 雷震原著、薛化元主編『中華民国制憲史：制憲国民大会』一三〇頁。

39 胡虚一「雷震日記介紹及選註」（雷震日記一九四七年一

月二十二日の条）（李敖主編『李敖千秋評論』）冊七一）（1987.8.31）一九四頁。

40 胡虚一「雷震日記介紹及選註」（李敖主編『李敖千秋評論』）冊七一）（1987.8.31）二〇二頁。

41 薛化元『民主憲政與民族主義的弁証発展』四〇頁。李璜『学鈍室回憶録』二四三頁。

42 雷震原著、薛化元主編『中華民国制憲史：制憲国民大会』一三〇～一三二頁。

43 雷震原著、薛化元主編『中華民国制憲史：制憲国民大会』一三七頁。

44 雷震原著、薛化元主編『中華民国制憲史：制憲国民大会』一四一頁。

45 雷震原著、薛化元主編『中華民国制憲史：制憲国民大会』一四一頁。

46 王壽南編『王雲五先生年譜初稿』冊二（台北：台湾商務、一九八七年）五五七頁。

47 雷震原著、薛化元主編『中華民国制憲史：制憲国民大会』一四二～一四三頁。

48 国民大会秘書処編『国民大会実録』（一九四六）、三八七、三九一頁。

49 『国民大会実録』（一九四六）三九五頁。

50 雷震原著、薛化元主編『中華民国制憲史：制憲国民大会』一四二～一四三頁。

51 雷震原著、薛化元主編『中華民国制憲史：制憲国民大会』一四三～一四四頁。

52 〔訳注〕復興社は、国民党内の派閥の一つで、一九三二年三月、軍関係者と黄埔軍官学校の卒業生を集めて設立された特務組織。蔣介石を「社長」、戴笠を特務処処長、鄭介民を副処長とした。一九三七年、抗日戦争が勃発すると、国民政府は特務組織を統一し、軍事委員会の下に「調査統計局」を設立するが、後に改組して「中央執行委員会調査統計局（中統計局）」と「軍事委員会調査統計局（軍統局）」に二分した。後者の骨格を形成したのが、復興社であった。陳翠蓮『派系闘争與権謀政治：二二八悲劇的另一面相』（台北：時報文化、一九九五年）二一三頁。

53 両名は、この当時行憲立法委員であった。

54 雷震原著、薛化元主編『中華民国制憲史：制憲国民大会』一六七頁。

55 雷震原著、薛化元主編『中華民国制憲史：制憲国民大会』一四四～一四七頁。

56 雷震原著、薛化元主編『中華民国制憲史：制憲国民大会』一四九～一五〇頁。

57 雷震原著、薛化元主編『中華民国制憲史：制憲国民大会』一五一頁。

58 雷震原著、薛化元主編『中華民国制憲史：制憲国民大会』一五二頁。

59 当時、ある人は、「このことは職権が拡大する伏線となるに決まっており、きわめて憂慮すべきである」と考えていた。陳布雷『陳布雷従政日記稿様』冊五、一九

四六年十二月十一日の条、八八四頁。雷震原著、薛化元主編『中華民国制憲史：制憲国民大会』一五三頁。

60 雷震原著、薛化元主編『中華民国制憲史：制憲国民大会』一五三～一五四頁。

61 雷震原著、薛化元主編『中華民国制憲史：制憲国民大会』一五四頁。

62 雷震原著、薛化元主編『中華民国制憲史：制憲国民大会』一五六頁。

63 任育徳『雷震與台湾民主憲政的発展』三六～三七頁。

64 雷震『雷震全集37：獄中十年（二）』日記一九六二年十二月二十五日の条、二四一～二四二頁。

65 胡虚一「雷震日記介紹及選註」（李敖主編『李敖千秋評論』冊七一）（1987.8.31）、二一〇頁。

66 胡虚一「雷震日記介紹及選註」（李敖主編『萬歳評論叢書』冊一二）（1984.12.15）三〇～三一頁。

67 胡虚一「雷震日記介紹及選註」雷震日記一九四七年一月二十二日の条（李敖主編『李敖千秋評論』冊七一）（1987.8.31）一九四頁。

第四節　国民政府の改組と憲政の施行

一、国民政府の改組

一九四六年十二月二十六日、蔣介石は雷震に命じて、数日以内に上海に行き、民社党と青年党に対して、「過渡期」の政府への参加と、憲政施行の準備に関わる諸作業に携わることを要請させた。この時蔣介石は、再三にわたって「連合政府」について話したが、それは憲政施行を準備する時、国民党が一党専制体制を放棄して、三党でもって「連合政府」を組織し、憲政を実施していくことを意味していた。蔣はまた、政府の改組についてはまず張君勱と話をつけるよう雷震に指示した[1]。政府と国民党を代表して協議にあたるのは主として王世杰や呉鼎昌らだったが、当時王は外交部長、呉は国民政府の文官長を務めており、公務に忙殺されていたため、改組にかかわる協議は、その多くを雷震が担当した[2]。

一九四六年十二月二十七日の午後、雷震は連合政府の件で、まず上海へと列車で向かった。この時は、主に国民政府改組について民社党・青年党と大まかな話し合いを行い、具体的な協議はまだ始めなかった[3]。その後、雷震は南京—上海間を一〇数回往復し、民社・青年両党に対して、政府の改組に参画するよう積極的に働きかけた。憲法制定後の政府への参画問題について、民社党と青年党では、いくぶんその態度に違いがあった。張君勱の率いる民社党の方が、やや抑制的であったのに対し、曽琦の率いる青年党の方は、政府内のポストを獲得することに比較的積極的だったのである。前述したように、両党は制憲国民大会への参加問題においても、若干立場を異にしていた。民社党は、基本的にもともと民主同盟に参加していた際に割り当てられた四〇議席を所与のものとしていたのに対し、青年党の方は、より多くの議席を獲得しようと努める傾向にあった[4]。

雷震が連合政府の形成促進の命を受けて、上海との間を頻繁に往復しなければならなかったのは、交渉相手の居住場所と関係があった。当時、青年党領袖の曽琦と陳啓天（秘書長）の二人は南京に住んでいたが、左舜生と李璜、および民社党領袖の張君勱、徐傅霖、蔣匀田らは、みな上海にいたのである。青年党主席である曽琦は、同党の国民政府改組への参加問題の主な窓口は左舜生と李璜であり、この二人さえ同意すれば、青年党党部の大半は同意すると雷震に教えた。曽はまた、張君勱は蔣介石率いる国民党に協力したいとはあまり思っておらず、もし張と話をつけられなければ、青年党と民社党が国民政府の改組に参加することもかなわなくなることを、再三にわたって忠告した[5]。雷震も張君勱の考え方はよく理解していたので、張との意思の疎通に努めた。また、政府への参加問題で周旋を行う他、青年・民社両党の運営に資するよう、援助を行うことにも携わった。

（一）連合政府の推進

一九四七年一月四日、民社党中常会が国民政府改組への不参加に傾いているとの情報に接した雷震は、接触をはかるため、同日夜には上海に駆け付けた。翌朝、雷震はまず張君勱のもとを訪れ、民社党中常会委員との会談をとりつける。その夜、雷震は張君勱の家で、張のほか伍憲子、徐傅霖、湯在心、萬鴻図、馮今白、孫宝剛、盧広声、胡海門、李大明ら十人と深夜まで会談を行った。その後、各中常委員と個別にアポイントをとって会談したほか、青年党の領袖のところも訪れた。両党とも、まず中共と協議を行い、その後で政府改組の問題を議論するという方針に傾きつつあることに気づいた雷震は、一月八日の夜、急いで南京へと戻る。報告を聞いた蔣介石は、張治中を延安に派遣して中共と協議させると同時に、一月九日には国民党中央文宣部部長の彭学沛を通じて、政府は衝突停止や改組等の問題を具体的に解決するため、中共と誠実に会談を持つことを希望しているとの声明を出させた。蔣はまた、九日の晩に雷震を再度上海に赴かせ、政府に和平交渉の意思があることを民・青両党に伝え、両党の意見を求めた他、孫科、張群、呉鉄城らの国民党幹部を南京に呼び戻し、中共との和平交渉計画について討議することとした。一月十二日の夜、雷震、孫科、張群は南京へと出発した。国民党上層部での議論を経て、和平交渉計画が決定した後の一月十五日、蔣介石はまた雷震を上海に派遣し、事後の問題について協議するべく、青年・民社両党の領袖を南京に招いた。翌日の夜、まず青年党の曽琦と左舜生が、夜行列車で南京へと向かい、十七日夜には、民社党の張君勱、伍憲子、徐傅霖、萬鴻図、蔣匀田、孫寶毅らが、雷震に伴われて南京に到着した。十八日、それぞれの中で打ち合わせが行われていた際、中共からの和平交渉の条件が届けられる。その条件とは、まず一九四六年一月十三日時点の国共双方の軍事的配置を回復させること、および、中華民国憲法は取り消されなければならないというものであった。そこで、すぐに会合が開かれ、中共の要求は受け入れられないこと、しかし、国民政府には和平交渉の最後の可能性を放棄しないとの声明を出すよう求めることになった[6]。国民党は、〔中共との〕和平交渉が進展しなかったため、民社・青年両党との間で連合政府の組織に関する具体的な問題について議論を行うこととした。一月二十日午前、王世杰、呉鼎昌、雷震と民社党の張君勱、徐傅霖、伍憲子、萬仞千、蔣匀田が会合を開き、青年党に対しては張群と陳立夫が、曽琦と左舜生を相手にそれぞれ会合をもった。さらに同日昼、孫科宅に全員が集まり、話し合いが行われた。国民党側は、改組後に民社党、青年党それぞれに国民政府委員を四名、行政院部長のポストを二名、政務委員を一名ずつ割り当て、立法院、監察院、国民参政会については、民社党と青年党にそれぞれ四分の一の議席を配分するとした上で、以上の各機関の改組については、一括して行うのでも、立法院、監察院、国民参政会から先に行うのでもどちらでもよいとの案を提示した。青年党は、改組には参加するが、国民政府と行政院に参与するのは民社党と一緒でなければならないと表明した。民社党の側は、上海に戻り、中常会を開いた後で決定する必要があると回答した[7]。

一月二十二日、雷震が曽琦や陳啓天らのもとへ新年の挨拶に訪れると、彼らは、国民政府委員の定員について、青年党は五名を要求すると述べた。また、すぐ上海に行き、民社党に対して政府への参加を勧めるよう雷震に求めた。それに対し雷震は、国民政府委員の配分について、中共と民主同盟に配分されていたポスト（民主同盟が民社党に配分していた二人分は除く）は「変更しない」で、国民党は元々の二〇人分から三人分のポストを譲渡し、民社党、青年党と社会有識者にはそれぞれ四名分を配分するとの原則を説明した。そして、青年党にはこのような方針を受け入れるよう望むとしつつ、青年党の希望は蔣介石主席に伝えるとも請け合った。その後、雷震は張群のもとへ新年の挨拶に行き、青年党とのやりとりの経過を伝えた[8]。

連合政府の形成がなかなか進展しないことに、蔣介石はかなり気をもんでいた。一月二十四日、王世杰は雷震に電話して民社党の政府参加問題について尋ねた上で、当日の午前十一時半に、蔣介石主席の官邸にて同問題について話し合うよう連絡した。この面談にて、民社党内部で意見が割れていることを知り、また、蔣匀田が以前雷震に対し、農暦の正月が終わった後、速やかに上海に来て政府への参加問題について議論するよう希望すると伝えていたこともあって、蔣介石は雷震に対し、「上海に行って彼らと交渉し、そのつど報告する」よう求めた。雷震は蔣に、一月二十五日に上海へ急行すると答え、帰宅後、王世杰と張群に電話して、一連の経過について報告した[9]。

上海に到着した雷震は、一月二十六日にまず張君勱の自宅にて、長時間にわたって会談した。張は依然として、「党内に人材なく、政府への参加は情勢の好転に益するところなく、内部の意見は割れており、参加後にかえって分裂の危険がある」ことを挙げ、なぜ自身が民社党から閣僚を出すことを希望しないかについて説明した。雷震も、民社党内では李大明らの提案により、二度にわたる話し合いを経ても結論を出すに至らず、中常会を開催して、改めて決定しなければならないことを理解していた[10]。

（二）国民政府委員のポスト配分

当時、国民参政会副秘書等だった雷震は、蔣介石が各地域・各党派の参政員を招いて開く食事会に参加する必要があった他[11]、各党派のために事務所を探す仕事も引き受けなければならなかった。民社党の張君勱や伍憲子らが、党務の便を図るため、事務所にできる場所の提供を求めていたのである。蔣介石に民社党側の要求を伝えた雷震は、蔣の許可を得ると同時に、責任者として処理することを命じられた。一月二十七日、主席令を手にした雷震は、同党の事務所として家屋を一棟、車を一台提供した[12]。民社党との関係を深めるため、雷震が一月二十八日に汪世銘、李大明、伍憲子らのもとを訪れると、彼らはいずれも、できるだけ政府の改組に参加するべきであり、多くの人間を政府に入れるべきだと考えていた。李はさらに、雷震に対し、もし「国民党が客人を招待するようなやり方をするなら、我々の党は参加したいとは思わない」との意思を伝えた。とはいえ、政府に全面的に参加しようという彼らの主張は、張君勱の意見とは隔たりがあった[13]。国民党側からすれば、張君勱の取り込みが優先されることになったわけである。

雷震との間で協力問題を話し合っていた際、張君勱は、民社党にいくつポストを割り当てるつもりかと質問した。雷震は、立法委員一二名、監察委員七名、国民参政員一一名、憲政実施協進会五名と答えた。張君勱は次いで、徐傅霖が憲政実施協進会の副会長になることは可能かと尋ねた。雷震は、南京に戻ると、張君勱の意見を陳立夫に報告し、陳の意見を訊いた。陳立夫は、憲政実施協進会の副会長は各党から一名出されるので、民社党も副会長を出すことができると答えた上で、憲政実施協進会への割り当ては増やすことも可能だが、監察委員の割り当ては減らさなければならないとも述べた。雷震は、張幼儀（張君勱の妹）に電話で国民党側の回答を伝え、ポストについて議論した際には、民社党から憲政実施協進会へは、一〇名分が割り当てられることを確認した[14]。

二月十四日朝、張君勱は呉鼎昌と会談し、民社党から立法院、監察院、国民参政会および憲政実施協進会に参加する人名名簿はまだ最終的な決定に至っていないと伝えた。一方、蔣勻田は雷震に電話をかけ、民社党から前記四機関に参加する人間の名簿は、自身が携えて、十六日に南京に向けて出発すると伝えた[15]。二月十六日日曜、民社党は書面での談話を発表し、四機関に参加する理由を説明すると同時に、行政院への参加については、「各党が一致して平和と民主のために協力するようになる時」まで待ちたいと表明した。この談話を読んだ雷震は、民社党を国民政府と行政院に参加させるには、まだまだ説得に力を入れる必要があることを認識した[16]。

二月十七日の朝、雷震は南京に到着した蔣勻田を自宅に迎え、朝食を共にした。蔣から提供された民社党の名簿には、立法院一二名、監察委員七名、国民参政員一一名、憲政実施協進会一七名の名前が記されていた。その内容に、元々聞いていたものと異なる部分があることに気づいた雷震は、監察委員が六名でない理由と、憲政実施協進会に一七名を提出した理由を尋ねた。蔣勻田はそれに答えて、憲政協進会のポストを民社党と青年党に四分の一ずつ配分するとしたら、全体が一二〇数名であることから考えれば合わせて三一名になるはずであり、それに副会長ポストを加えて三二名にしたと説明した上で、可能であればさらに二名増やしたいとの希望も伝えた。雷震は、名簿は国民党に報告するが、協進会に一七名は多すぎはしないかを懸念すると応じた。雷震はまた、すぐに蔣介石主席に電話で連絡し、紀年週に参加した後、直接蔣に報告する機会をとりつけた。蔣介石は雷震と面会後、蔣勻田と午後に会談することにした。また、呉鉄城秘書長は雷震に対し、政治協商会議に参加する国民党代表を孫科の自宅に集めて、この問題について議論するよう言った。この会合には邵力子、王世杰、陳布雷、呉鉄城に雷震らが参加したが、結論は出なかった。民社党の連合政府参加は、まだ相当な困難が残っていたからである[17]。その日の夜、青年党の左舜生と劉東巖が雷震に電話をかけ、青年党に分配されるポストについて尋ねてきたので、雷震は、立法委員一三名、監察委員六名、参政員一一名であり、憲政実施協進会については、民社党に合わせて少し増加させることができると答えた。左と劉が、増加できる人数は何名になるかと聞いたの対しては、二〇名から二五名であると応じた。だが、青年党側では、自党への配分数は十分ではなく、ポストの配分は、もともと制憲国民大会に参加していた人数比に基づくべきであり、もし民社党が憲政実施協進会で一七名を得るなら、自分たちは四一名を要求するとした。雷震の考えでは、制憲国民大会において、民社党はもともと民主同盟に割り当てられていた人数で参加したのであり（青年党は、政治協商会議に参加した際には、すでに民主同盟を離脱していた）、連合政府については、民社党と青年党は二つの対等な政党として参加する（民社党は、この時すでに民主同盟の一部ではない）のであるから、「青年党のごね方は度を越している」し、その要求は理屈の通らないものであった。青年党は、雷震に対し、少なくとも民社党と青年党を公平に扱って欲しいと述べたが、雷震にしてみれば、自身は何も差別的な待遇はしていないし、常に多くの割り当てを要求して、対応に苦慮させているのは青年党の方だったのである。民社党は党費を要求してこないのに、青年党が一九四七年に三〇億元を要求してきたのも、似たような性質の問題なのであった[18]。

二月十八日、雷震と面会した陳立夫は、民社党は憲政実施協進会に、なぜかくも多くのリストを出してきたのかといぶかしんだ。それに対して雷震は、以前、民社党に配分されるポスト数を同党に連絡し、またその際に張幼儀を通じて、監察委員を一名減らし、憲政実施協進会を一〇名増やすことは可能かどうか伝えてもらうよう頼んだからであると説明した。その後、雷震が蔣匀田に改めて尋ねたところ、蔣からは、上海で中常会を開催した後、新聞が憲政協進会のポストのうち四分の一が民社党に配分されると報道したので、多めの名簿を提出したのだとの回答があり、さらに、名簿に漏れた人間に金融機構のポストを与えて欲しいとの要望も出された。一方、青年党に対して雷震は、その要求に応じ難いところがあると感じてはいたものの、依然として積極的に周旋にあたった。また、青年党との仲介役の人間に対して、青年党側に意思を伝達する際には、まず呉鉄城の同意を得る必要があると伝えた[19]。

(三) 民社党内部の分裂

民社・青年両党との協議の進展にともない、連合政府の行政院長は、宋子文が引き続き務めることとなったが、傅斯年らはかねてから宋に不満を持っていた。傅は、国民参政会駐会委員会において、「宋子文はやめさせなければならず、孔・宋両家の財産は徹底的に調査する必要がある」とすら述べていたのである[20]。連合政府組織の協議中、蔣介石が宋子文を行政院長に任命する見込みであることを知った張君勱もまた、強硬に反対して、「もし宋子文が行政院長に任命されるなら、民社党は決して参加しない」と表明した。とうとう蔣介石は、宋に替えて張群を行政院長に任じることになった[21]。

民社党内部では、政府に全面的に参加するか否かをめぐって、分裂が生じはじめていた。四月十六日以降、元憲政党の伍憲子らを中心とした人々が、党主席の張君勱による政策に反対の立場をとり、また、張が党を代表して提出した政府参加者名簿も認めないと表明するようになった。それにもかかわらず、国民政府はその改組において、依然として伍憲子、胡海門、戢翼翹を国民政府委員に、李大明、蔣匀田を行政院政務委員にあてていた[22]。青年党の方はさほど問題がなく、曽琦、陳啓天、余家菊、何魯之が国民政府委員に[23]、李璜、左舜生、常之悳が行政院政務委員に任じられた。閣僚では、李璜が経済部長を、左舜生が農林部長を兼任することになった[24]。だが、〔民社党籍の〕国民政府委員の伍憲子、行政院政務委員の李大明は、「遅々として就任しようとしなかった」。青年党はそこで、陳啓天を経済部長に、常之悳を国民政府委員に、鄭振文を行政院委員に挙げた。民社党は、徐傅霖の名前を新たに加え、伍憲子に替えて湯住心を、李大明に替えて楊滄明を推薦した。また、李璜が経済部長というポストを望まず、連合政府への参加も拒否したため、同じ青年党籍で、当時同党秘書長を務めていた陳啓天が、五月下旬に後任として同職に就いた[25]。それによって、連合政府の成立は二週間遅れることになったのである[26]。

民社党が、国・青・民三党の連合政府への参加を決定したものの、蔣介石と〔青年党の〕曽琦が国民政府委員に参加したにもかかわらず、〔民社党の〕張君勱個人は参加を拒んだことは、蔣介石に強い不快感を与えた。張君勱は頑迷に過ぎ、自分の好意を無にしたと見なしたのである。それでも、憲法施行前に共同で関連する政務を実行していくことを示すべく、一九四七年四月十六日、国民党総裁の蔣介石、民社党主席の張君勱、青年党主席の曽琦、さらに社会有識者の莫徳恵と王雲五の五人が、共同で「国民政府施政綱領」に署名した。同綱領は十二条から成り、国民政府から公表され、移行政府の施政準則となるものであった[27]。

四月二十三日、国民政府は各党派も参加して組閣され、張群が行政院長に就任し、雷震は無任所の政務委員として、各党派間の連絡や周旋を担当することとなった[28]。その他、浙江省長興県の国民大会代表にも選出され、行政院政務委員の職務では、張群行政院長に「革新建議」を提出した[29]。また、制憲国民大会が制定した「憲法実施之準備程序」では、「憲法施行」の段取りとスケジュールを規定しており、現行の法律のうち、憲法と抵触するものについては、憲法公布後、国民政府は迅速に修正ないし廃止しなければならないとされていた[30]。そのため、雷震は行政院の「法規整理委員会」の責任者として、関連法規に違憲の可能性があり、修正の必要のあるものがないかを検証したのであった[31]。

二、憲法施行と中央民意代表の選挙、および人事の協議

連合政府の成立後、憲政を施行する上で、中央民意代表の選挙は、その重要な一環であった。正式に選挙を実施する前、国民党は自党の候補者を選んだ他、民社党・青年党とも人選について協議を行った。当時、中央選挙総事務所と各省市の選挙事務所組織は、いずれも「委員制」を採用しており、国民党以外の民社・青年両党も人を派遣して参加していた。しかし、県市の選挙について、各省市の選挙事務所は統制することができなかった。実際の運営では、国民党・民社党・青年党の候補者名簿の処理については、国民党中央党部組織部長の陳立夫がその責任者になっており、陳は三党の合同名簿を省市の選挙事務所を通じて各県市政府に回し、規定通りに処置をするよう手配した。だが、各県市の選挙実務は国民党の県市党部委員に支配されており、彼らの多くはＣＣ派に所属していたのである。各県市でのいわゆる選挙なるものは、いずれも彼らが「代理記入」を請け負っていた。そのため、民社・青年両党の多くの候補者が落選した一方、国民党の方は、一部では候補者指名を受けていない人間すら当選し

たのである。もちろんそれは、各県市の国民党党部の委員たちが結託して不正を働いた結果であった。それゆえ、選挙結果が公表された後は大いに紛糾し、請願にくる人々や、抗議に訪れる人々で国民党中央党部は「千客万来」のありさまで、陳立夫も呉鉄城秘書長も大わらわとなり、落選者が騒ぎ立てないよう、あちこちに頭を下げてまわった。国民党と民・青両党の間の窓口になっていた雷震も、少なからずそのあおりを受けて、対応に追われることとなった。国民党が青年・民社両党に割り当てると約束していた民意代表の人数が、「代理記入」による選挙のために満たされたなかったことで、落選した両党の候補者たちは当然不満を持つことになり、雷震は彼らに謝罪したほか、善後策の調整に奔走した[32]。

だが、第一期国民大会が開催される時になっても、騒ぎは一向におさまらなかった。一九四八年三月二十七日、雷震が国民大会準備委員会に出席した時、民社・青年両党は、国民大会開会式は延期しなければならないと強く主張していた。事態を打開するべく、蔣介石総裁は、議席をめぐる問題に対しては、「以党譲党〔党を以て党に譲る〕」の方式で取り組むことを決定する。張群と呉鉄城は、それぞれ雷震に対して、民社・青年両党と協議を行うよう要請した。当日夜、蔣匀田らのもとを訪れた時、青年党代表も現れたので、雷震は蔣介石の決定を彼らに伝達した。雷はまた、最終的に民・青両党の国民大会の代表者数が事前の協議で決定された人数に満たなかったとしても、国民党側の誠意は示されたものとして、民社・青年両党にはそれを受け入れ、国民大会に出席して欲しいと述べ、過度な要求は出さないでもらいたいと要請した。会合が終了した後、雷震は電話で張群に報告したほか、呉鉄城の自宅を訪れて、経過を説明した[33]。

国民大会の開催後、重要な局面は、総統・副総統の選挙であった。蔣介石が総統に当選するのは予想されたことであったが、副総統選挙について、国民党中央や蔣介石総裁の態度ははっきりとしておらず、それによって少なからず問題が引き起こされることとなる。最も早くから雷震に協力を求めてきたのは李宗仁[34]であり、早くも一九四七年から準備を始めていた。李は、程思遠を通じて政務委員をしていた雷震に書簡を送ったほか、自ら雷震宅を訪れ、再三にわたって選挙に協力するよう要請した[35]。

一九四七年の夏、当時行政院政務委員を担当していた雷震は、程思遠を通じて李宗仁からの書簡を受け取った。書簡には、蔣介石が自身の副総統選出馬に承諾を与えたこと、雷震に選挙での協力を求めたいこと、特に青年・民社両党の国民大会代表に対する票工作を頼みたいことなどが記されていた。数日後、李宗仁は自ら雷震の自宅を訪れて、頼み込んだ。雷震は、李宗仁とはともに国民党中央監察委員だったことがあり、顔を合わせた時には挨拶するだけで話をしたことはなかったが、今回李が選挙協力を求めてきたので、話し合いの機会を二度もつことになったと回想している。その二度の会談中、李宗仁が見せた態度は親しみやすいものであったが、「蔣介石の専断独裁や、他人の意見を容れようとしないことを度々提起し、また、軍人の腐敗や軍紀の頽廃などについて述べ、多くの証拠を挙げた」。雷震は、李の言うことはもとより事実ではあるが、お互いの関係が深くないにもかかわらず、顔を合わせるやこのような話をし始めたことから、「彼の人に対する見方や態度には深みがなく、おそらく重責に耐えないだろう」、「平凡な人間に副総統を担当させてはいけない」と思った[36]。雷は、選挙協力は「軽率に関わってはならない」と考え、まず国民党中央党部秘書長の呉鉄城に探りを入れた。呉は雷震に対し、蔣介石は確かに李宗仁の副総統選出馬に同意したし、現時点で他に出馬している人間はいないので、李の選挙に協力することに賛成すると答えた[37]。ところが、その後になって于右任[38]も副総統選出馬に意欲を持ち、直接蔣介石の指示を仰いだところ、蔣は即座に承諾しただけでなく、国民党の国民大会代表に全力で于を支持するよう命令を下し、「革命に奔走した于右任の数一〇年におよぶ労苦と功績に鑑みると、彼が副総統の選挙に参加するのは気の毒ですらある」とも述べた。蔣はまた、総統と副総統は、南方人と北方人の組合せが一番良いとも語っていた[39]。さらにそればかりでなく、孫科まで蔣介石の命令で副総統選に出馬してきたのである。選挙の数日前、呉鉄城から雷震に対し、急いで国民党中央党部にて相談したいことがあるとの電話がかけられた。呉は、顔を合わせるやいなや、焦った様子で次のように述べた[40]。

雷氏、まずいことになった。ボス［蔣介石］が急に、「阿科」［孫科］を副総統選に出馬させて、党部だけでなく、民・青両党にも全力で孫を支持させるように言ってきた。今、彼ら［李宗仁、程潜、于右任のこと］の票工作はあらかた済んでいる。時間が迫っているから、すぐ青・民両党と連絡をとって欲しい。もし全部の票が阿科に入れられたら一番良いが、そうでなくても一部は入れられる必要がある。さもなければ申し開きができないからな！

雷震は、各副総統候補者の票工作がすでに終わっている中で、急遽出馬した孫科のために票工作をするのは極めて困難だと思った。だが、呉鉄城は、蔣介石が幕僚と相談せずに決定を下すことへの不満を述べた後、それでも雷震に対し、奔走してくれるよう要請したのであった[41]。

雷震にできることは、青・民両党のトップに支持を懇願することぐらいであったが、青年党領袖の左舜生、民社党の張君勱は、どちらも孫科のことを嫌っていた。雷震は、まず李宗仁を支持している左舜生のもとを訪れ、孫科を支持するよう要請したが、「李徳鄰［宗仁］は、蔣先生が副総統出馬を認めた候補者だと、呉鉄城秘書に聞いている。蔣先生は、どうして今日になって翻意されたのか？　彼のやり方は、本当に理解できない。青年党は、すでに李徳鄰を支持すると決定している。国民大会代表の中に、孫哲生［孫科］に投票したい者が少数いたとしたら、それはかまわない！」[42]と、にべもなくはねつけられた。民社党について雷震は、政協憲草審議会での孫科の懇切丁寧な仕事ぶりが張君勱の態度に影響を与えていはしないかと期待したが、同党の国民大会代表団は徐傅霖が率いていたので、徐に話をしに行った。すると、思いがけないことに、徐傅霖は張君勱よりもさらに孫科を嫌っており、民社党の国民大会代表も、大部分は李宗仁を支持していたのである[43]。孫科がこれほど嫌われているとは思いもよらなかった雷震は、二度とも断られてしまったため、あきらめるほかなかった。一九四八年の副総統選挙をめぐるごたごたについて、その主要な原因は、「蔣介石が朝令暮改し、手練手管を弄したことによるもので、その責めは負わなければならない」[44]と、雷震は思った。

一九四八年五月二十日、蔣介石は中華民国憲法施行後の初代総統に就任し、ただちに立法院に対して、翁文灝を行政院長に指名すると発表した。五月二十四日、立法院は翁文灝の行政院長就任に同意し、翌日蔣介石は正式に翁に組閣を命じた。六月一日、行政院が改組され、雷震は引き続き政務委員を担当することとなる[45]。しかし、国民党が民社・青年両党に約束していた立法委員の議席数の問題は、依然として解決していなかった。七月十二日、民社党の蔣匀田らが雷震のもとを訪れ、同党の立法委員が当日夜、汽車で南京に到着することを告げた他、張君勱からの書簡を手交した。書簡は、雷震に対して、民社党立法委員の立法院参加を歓迎するとの談話を発表すること、また、国民党を代表して、いかに立法院の五議席を民社党に譲るかについて回答することを要求するものであった。雷震は、民社党の求めに応じたものの、国民党の立法委員当選者に議席の譲渡を要求することは、決して容易なことではなかったため、「具体的に答える」には「慎重に考慮する必要があった」。そこで、陳布雷のもとを訪れたが、陳もまた、「容易に実行できない」事態に陥ることを避けるために、返信は「具体的に過ぎ」てはいけないと考えていた。青年党については、民社党立法委員が立法院出席を決定した後、青年党の立法委員も出席を通知してきたので、雷震は歓迎のための原稿を、両党の立法委員の立法院出席を歓迎するという内容のものに改めた。また、関係する責任者に連絡をとり、蔣介石総統／総裁には民社党籍の「参議」の人事案を速やかに発表すること、立法院には車を〔南京市の〕下関に送って会議に参加する立法委員たちを出迎えること、立法院長の孫科には委員たちへの歓迎の意を表明することなどを要請した。雷震は、二か月来このために心血をそそいできたが、幸いにも民・青両党が全体の局面を考慮してくれたので、このような結果を得ることができたと語った[46]。

民社・青年両党の立法委員は会議に参加したものの、国民党が約束した議席譲渡問題は、いまだ実行に移されていなかった[47]。それだけではなく、七月十四日に監察院は大法官の人事同意権を行使したが、民社党と青年党が推薦し、総統が指名した四名のうち、大法官に選出されたのは民社党が指名した沈家彝のみであった[48]。また、七月十五日、総統が指名した一九名の考試委員のうち、九名が落選した。これは、民社・青年両党を狙い撃ちにしたものではなく、地域的な配分とも関係していたが、同時に、蔣介石総統／総裁の国民党籍の監察委員に対する指導力が明らかに衰えていたことを象徴していた[49]。こうした状況は、国民党の民社・青年両党との交渉の責任者であった雷震の任務が、いかに困難なものだったかを示すものでもあったのである。

注

1　雷震原著、薛化元主編『中華民国制憲史：制憲国民大会』二〇一頁。

2　胡虚一「雷震日記介紹及選註」（李敖主編『李敖千秋評論』冊七二）(1987.9.30) 三二四頁。

3　この時、雷震は上海に四日間滞在し、もっぱら大まかな意思の疎通をはかることと、民・青両党の態度を理解することにつとめた。政治権力の分配に関わる具体的な話し合いと調整は、一九四七年一月に行われた。胡虚一「雷震日記介紹及選註」雷震日記第一篇一九四七年一月二十二日の条（李敖主編『李敖千秋評論』）冊七二（1987.9.30）三〇一頁。なお、もともとの雷震日記には、一月二十二日の箇所が二つあった。第一篇の一月二十二日を雷震は農暦の元旦と記しているが、この記述は正確なものである。後に雷震が胡虚一に話したところによると、一月二十二日当日は他にも用事があると思い、日記に記さなかったため、後からまた補記したのだという。そのため、本書では一月二十二日について触れる時、「第一篇」、あるいは「第二篇」と注記する。

4　青年党が制憲国民大会代表の議席を多く獲得しようとしていた理由については、曽琦が蒋介石との会談内容を黄炎培に伝えた際に述べた、「行政院は改組されなければならない。我々はどうでも良いのだが、我々の部下はいくつかの官職を割り当てられ、暮らしを立てることを希望している」という言葉が参考になる。世故に長けた黄は、この言葉は、南京で聞いた三大「赤裸々で独特な味わいをもった話」の一つだと思った。中国社会科学院近代史研究所中華民国史研究室編『黄炎培日記摘録』（北京：中華書局、一九七九年）一二五、一二六頁。雷震原著、薛化元主編『中華民国制憲史：制憲国民大会』一〇七、一一四頁。

5　雷震原著、薛化元主編『中華民国制憲史：制憲国民大会』二〇二頁。

6　胡虚一「雷震日記介紹及選註」（李敖主編『李敖千秋評論』冊七二）（1987.9.30）一九五、二一一頁。

7　胡虚一「雷震日記介紹及選註」雷震日記第一篇一九四七年一月二十二日の条（李敖主編『李敖千秋評論』冊七二）（1987.9.30）一九五～一九六頁。

8　雷震、日記一九四七年一月二十二日の条。雷震原著、薛化元主編『中華民国制憲史：制憲国民大会』三三八～三三九頁。

9　雷震、日記一九四七年一月二十四日の条。雷震原著、薛化元主編『中華民国制憲史：制憲国民大会』三三九頁。

10　雷震、日記一九四七年一月二十六日の条。雷震原著、薛化元主編『中華民国制憲史：制憲国民大会』三三九頁。

11　胡虚一「雷震日記介紹及選註」（李敖主編『李敖千秋評論』冊七七（1988.3.10）二七八頁。

12　胡虚一「雷震日記介紹及選註」雷震日記一九四七年一月二十七日の条（李敖主編『李敖千秋評論』冊七二）（1987.9.30）三二三、三二六頁。

13　雷震、日記一九四七年一月二十八日の条。雷震原著、薛化元主編『中華民国制憲史：制憲国民大会』三四〇～三四一頁。

14　雷震、日記一九四七年二月十八日の条。雷震原著、薛化元主編『中華民国制憲史：制憲国民大会』三四四頁。

15　雷震、日記一九四七年二月十四日の条。雷震原著、薛

16 化元主編『中華民国制憲史：制憲国民大会』三四一頁。
雷震、日記一九四七年二月十六日の条。雷震原著、薛化元主編『中華民国制憲史：制憲国民大会』三四二～三四三頁。
17 雷震、日記一九四七年二月十七日の条。雷震原著、薛化元主編『中華民国制憲史：制憲国民大会』三四四頁。
18 雷震、日記一九四七年二月十八日の条。雷震原著、薛化元主編『中華民国制憲史：制憲国民大会』三四五頁。
19 雷震、日記一九四七年二月十八日の条。雷震原著、薛化元主編『中華民国制憲史：制憲国民大会』三四四～三四五頁。
20 雷震、日記一九四七年二月十四日の条。雷震原著、薛化元主編『中華民国制憲史：制憲国民大会』三四一頁。
21 王世杰の分析では、宋子文が更迭された原因は三つあった。すなわち、党内で陳立夫や黄埔関係者から不満を持たれていたこと。民社党が、宋が行政院長にとどまるなら、絶対に行政院に参加しないと再三にわたって表明していたこと。胡適や傅斯年ら、無党派の人士たちも宋子文に反対していたことである。王自身は、「火に油をそそぐことをしたくないため」、意見は表明しなかったと述べている。王世杰、日記一九四七年三月一日の条。『王世杰日記：手稿本』冊六（台北：中央研究院近代史研究所、一九九〇年）三八～三九頁。
22 郭廷以『中華民国史実日誌』第四冊、六三〇～六三三頁。
23 郭廷以『中華民国史実日誌』第四冊、六三一～六三二頁。
24 郭廷以『中華民国史実日誌』第四冊、六三三～六三四頁。
25 雷震、日記一九四七年五月二十七日の条。雷震原著、薛化元主編『中華民国制憲史：制憲国民大会』三五五頁。
26 雷震原著、薛化元主編『中華民国制憲史：制憲国民大会』一三一～一三二頁。
27 雷震原著、薛化元主編『中華民国制憲史：制憲国民大会』二二五頁。
28 任育徳『雷震與台湾民主憲政的発展』四〇頁。
29 范泓『民主的銅像：雷震伝』一四一頁。
30 『国民政府公報』二七一五（一九四七年一月一日）一二頁。
31 雷震原著、薛化元主編『中華民国制憲史：制憲国民大会』二三二頁。『国民大会実録』五七六頁。
32 雷震原著、薛化元主編『中華民国制憲史：制憲国民大会』一九一～一九二頁。
33 雷震『雷震全集31：第一個十年（一）』、日記一九四八年三月二十七日の条、九頁。
34 〔訳注〕李宗仁（一八九一～一九六九）は、軍人・政治家。字は徳鄰。広西省臨桂県に生まれる。広西陸軍速成学堂卒業後、桂（広西）軍の軍人として護国運動に参加する中で頭角を現し、一九二五年には新広西派の領袖として広西省全域を支配下に収める。国民党との提携後、北伐戦争や国民党左派との戦いに貢献し、国民政府委員や軍事参議院院長などを兼任する。蔣介石との関係悪化から一九二九年から三〇年にかけて蔣桂戦争を起こすも、敗北。その後も対立を繰り返すが、抗日戦争勃発後は蔣介石に全面的に協力し、軍事委員会委員長北平行営主任に任命されるなど、国民政府内で高位に就く。一九四八年四月、副総統に選出。国共内戦下の一九四九年一月には、蔣介石の下野にともない中華民国総統の職権を代行するが、同年四月に行われた共産党との和平交渉に失敗。十月に香港へ脱出し、十二月には病気療養のためアメリカへ亡命。一九五四年一月、蔣介石を批判する公開書簡を発表すると、同年五月に副総統から解任される。一九六五年に中華人民共和国に帰国し、六九年、北京で病死。近代中国人名修訂版編集委員会編『近代中国人名辞典　修訂版』（霞山会、二〇一八年）三二〇～三二一頁。

35 雷震原著、薛化元主編『中華民国制憲史：政治協商会議憲法草案』一九〇～一九一頁。

36 雷震原著、薛化元主編『中華民国制憲史：政治協商会議憲法草案』一九〇～一九一頁。

37 雷震原著、薛化元主編『中華民国制憲史：政治協商会議憲法草案』一九一頁。

38 〔訳注〕于右任（一八七九～一九六四）は、政治家・ジャーナリスト。原名は伯循、字は右任。陝西省三原県に生まれる。一九〇三年に挙人となり、商州中学堂監督となるが、時政を批判したため清朝に追われる。『神州日報』、『民呼日報』、『民立報』などの新聞を創刊して、革命を宣伝。また、邵力子らと上海大学を創立し、その校長となる。一九二四年、国民党第一回全国代表大会が開催されると、于は中央執行委員に就任。一九三一年には国民政府委員兼監察委員長に就任し、監察制度の整備・確立に貢献。一九四六年、監察院長に就任。一九四八年四月の副総統選では候補者の一人となるが、一次選挙後に立候補を辞退。一九四九年十二月、蔣介石とともに台湾へわたり、晩年は詩作に力を注ぐ。一九六四年十一月に病没。近代中国人名修訂版編集委員会編『近代中国人名辞典　修訂版』七七六～七七八頁。

39 雷震原著、薛化元主編『中華民国制憲史：政治協商会議憲法草案』一九二頁。

40 雷震原著、薛化元主編『中華民国制憲史：政治協商会議憲法草案』一九二頁。

41 雷震原著、薛化元主編『中華民国制憲史：政治協商会議憲法草案』一九二～一九三頁。

42 雷震原著、薛化元主編『中華民国制憲史：政治協商会議憲法草案』一九三頁。

43 雷震原著、薛化元主編『中華民国制憲史：政治協商会議憲法草案』一九三～一九四頁。

44 雷震原著、薛化元主編『中華民国制憲史：政治協商会議憲法草案』一九四頁。

45 郭廷以『中華民国史事日誌』七五八、七六〇頁。

46 雷震『雷震全集31：第一個十年（一）』、日記一九四八年七月十二日の条、一四～一五頁。

47 七月二十二日になっても、青年党は雷震のもとを訪れ、国民党籍立法委員の議席譲渡問題について引き続き協力を求めていた。雷震『雷震全集31：第一個十年（一）』、日記一九四八年七月二十二日の条、二三頁。

48 雷震『雷震全集31：第一個十年（一）』、日記一九四八年七月十四日の条、一六頁。

49 雷震『雷震全集31：第一個十年（一）』、日記一九四八年七月十五日の条、一七頁。

第五節　一九四九年の変局下における選択

一、一九四九年の大変局と「擁蔣反共」[1]

第二次世界大戦の終了後、中国国内では平和と国家建設に対して強い期待がもたれていたが、一九四六年の国共両党を中心とした政治協商はうまくいかず、国内での政治的・軍事的対立は日増しに深刻なものになっていった。一九四七年七月、国民政府は反乱鎮定を宣言し、中国は正式に内戦へと突入した。一九四七年七月四日、国民政府第六次国務会議は「匪区〔共産党支配地域〕の人民を救出し、民族の生存を保障し、国家の統一を強固なものにし、全国総動員を実行し、以て共匪の反乱を平定して、民主の障害を一掃し、憲政を予定通りに実施し、和平建国方針を貫徹する案」を採択した。また、処字第七二二号訓令を発布し、行政院および直轄の各機関に「速やかに、着実に施行する」ことを要求した[2]。七月十八日、既存の「国家総動員法実施要綱」がすべては適用できない状況下で、国民政府委員会国務会議は「動員戡乱完成憲政実施要綱」を採択し、全国総動員実施の根拠とした[3]。

一九四八年五月、憲政施行下の中華民国政府が成立したが、政治・経済の状況は改善するどころか、さらに厳しさを増していた。八月、蔣介石総統は「財政経済緊急処分令」を公布し、金円券の改革を進め、同時に経済統制を実施した[4]。しかし、その効果は思わしいものではなく、財政状況は急速に悪化していった。一九四八年末に勃発した淮海戦役[5]は、中国大陸における国民党と共産党の勢力消長の重要な分水嶺となるものであった。同戦役での敗北により、中華民国政府は邱清泉指揮下の機械化部隊を含む四〇数万の軍を失い、中共軍の方は南下して長江に迫ることが可能になったのである[6]。戦局が不利に傾くなかで、政府内外では平和交渉を主張する声が高まり、一部の政界人や軍幹部たちは、「政府は、まだなせることがあるうちに」中共との交渉を復活させるよう主張した[7]。十二月、新任の行政院長である孫科は、「政府が軍を用いる最終的な目標は、平和を勝ち取ることである」と宣言した[8]。また、麾下に大軍を擁する華中剿匪総司令の白崇禧と、湖南省主席の程潜が政府に打電して中共との和平交渉を要請したことも、政策転換に重要な影響を与えた。白が和平を主張したことで、中華民国政府は戦闘を継続することができなくなったし、程潜と、その後河南省政府主席、河南・湖南・湖北・広西の参議会議長らが発した公開電報は、和平交渉をすすめるために蔣介石総統の下野さえ要求したのである[9]。内部からの圧力に加え、米国の対華政策も積極的な支持ではなくなり、蔣介石夫人の宋美齢訪米による支援要請も成果をあげなかった[10]。前述した、蔣介石の下野を要求する各省の公開電報も、米国のスチュアート駐華大使から内密に支持を受けていた可能性があった[11]。蔣本人は、これらの作戦継続に不利となる様々な圧力に対して感じるところがあり、一九四九年一月一日の総統文告で中共に和平を呼びかけ、それが達成されるならば「個人の進退にはまったく拘泥しない」と表明した[12]。一月八日、政府は米、ソ、英、仏の大使に和平の斡旋を求める覚書を送付したが、十九日にはいずれの国からも拒絶された[13]。行政院はそこで、中共に対し無条件に停戦し、和平交渉を行うとの要求を議決する[14]。その翌日、国民党中央政治会議は行政院の決議を採択し、和平交渉を行うことは正式な政策として決定された。蔣介石総統は一月二十一日に正式に下野を発表し、李宗仁が総統代理に就任する[15]。雷震は、「情勢がこのようになったのは、蔣氏も責任を負わなければならない」と思っていた。過去に雷震は幾度も蔣介石に対し、局面挽回のための建言をしてきたのに、聞き入れようとしなかったからである[16]。他方、総統代理の李宗仁は雷震の力を借りたいと考えていたが、雷の方では李宗仁の和議への態度を懸念していたほか、李の部下には人材がおらず、党務の改造を仕上げることはできないと考えていたので[17]、国策顧問への就任を拒否した[18]。雷震と王世杰の二人は、和平の雰囲気が濃厚な南京を離れて上海に向かい、「擁蔣反共」の政治路線を掲げた[19]。この頃、胡適も同様に南京から上海に移っていた。雷震と王世杰は章剣慧の家に同居し、胡適や杭立武らと頻繁に顔を合わせ、時局を議論した[20]。

雷震や王世杰と、胡適を代表とする反共リベラルの知識人たちは、長きにわたって蔣介石総統と良好な関係を保っていた。彼らは、一九四九年前後の時期、時局に対して不満を持ってはいたものの、依然として、局面の打開は蔣介石総統主導でなされる必要があると考えていたのである。そのため、元旦の総統文告発表後、彼らは蔣介石の下野に反対し[21]、蔣の下野は局面を瓦解させるとして、中共に対しては「和平は不可能であり、戦いによって生存をはかるのみである」[22]と主張した。中共との和平反対について、雷震は一月十七日に記者の取材に答えた際に、「中共が和平に対する誠意を持っているとは、軽々に信じることはできない」と表明していた。雷震が特に強調したのは、「戦うことができて、はじめて和平を達成できる」、「中共の反応のみによって積極的に和平を求めるのは、ただ投降の道をすすむことにしかならないであろう」ということであった[23]。蔣介石の下野後、彼らはまず蔣介石総裁に出国を迫る運動に対して反対した[24]。国共の和平会談が破綻した頃、彼らのうちある者は命を受けて出国し[25]、ある者は湯恩伯を助けて上海の防衛にあたった[26]。

二月十二日、雷震は、同じく上海にいた胡適と長時間にわたって会談した。胡適は、「国民党の現在のありさまをとらえた」陶淵明の詩を雷に紹介した[27]。「桑を種う長江の辺，三年当に採るべしと望めり，枝条始めて茂らんと欲して，忽ち山河の改まるに値う，柯と葉とは自ら摧け残し，根と株とは滄海に浮かべり。春蚕既に食無く，寒衣誰にか待たんと欲する。本高原に植えず，今日復た何をか悔いん」[28]。

胡適や雷震たちは蔣介石総統と近しい人々であったが、それは無条件のものではなかった。胡適が蔣介石と親しく交わったのには、蔣の「知遇の恩」に報いる他[29]、蔣介石総統統治下の中華民国が「自由中国」となることへの期待が含まれていたのである。そうした考え方は、一九四九年四月に胡適が執筆した「自由中国的宗旨」の中に反映されていた。胡適によれば、反中共（あるいは反共産、反強権）の闘争においては民主・自由の側に立たなければならず、言論の自由を実行することは、自分たちを民主・自由の世界において遜色なき立場におかせるものであった[30]。そのため、内戦に敗北した中華民国政府が台湾に移転した後、胡適が強調したのは、蔣介石総統統治下の台湾は徹底的に言論を自由化しなければならず、そうすることによって台湾と中国大陸との差異を明らかにすることができ、台湾が自由民主主義陣営の真の一員であると米国に信じさせることができるということであった[31]。

二、「自由中国運動」と『自由中国』の創立

一九四九年二月から三月にかけて、雷震、胡適、王世杰、杭立武らは、民主・自由を宣揚し、共産党の専政と強権への対抗を訴えるべく、言論によって政府の改善を督促することを決定した。当初は、上海で雑誌か新聞を刊行し、共産党統治下の人々に影響を与えることを構想していた。

雷震と杭立武は、刊行物の名前として、「自由論壇」、「北辰」など八つの名前を考えていたが、いずれも胡適に反対された。胡適は、これらの題名は「今日では北方の人々の心に影響を与えることはできない」ので、題名を「自由中国」とし、それによって刊行物発刊の目標を直接表すことを提案した[32]。

雷震が主張したのは日刊紙の発行だったが、胡適は定期刊行物の発行を主張した。胡適は、「ある種の主張を宣伝するのであれば、定期刊行物が良い。読者は保存することができ、新聞紙のように読んだらすぐに捨てるということがない」と考えていた。雷震が日刊紙発行の方を望ましいと考えたのは、「定期刊行物では間隔が空き過ぎ、たとえ週刊であっても、一週間のうちに一つしか出すことができず、『遠方の水は近くの火を救うことができない』の感がある」からであった[33]。

雷震は、ひとまず上海で日刊紙を発行することを目標に、資金の調達を始めた[34]。王世杰の方では、蔣介石が下野して奉化にいた間、たびたび〔奉化県の〕渓口に赴き、胡適や雷震らの考え方を蔣に伝え、また、蔣の指示を彼らに伝えた[35]。

王世杰は三月十二日に台中から雷震に送った書簡の中で「週刊」の名称について取り上げ、胡適案の「自由中国」は非常に良いとした上で、「もし力のある運動を形成したいのであれば、広州（あるいは香港）、重慶、台湾で日刊紙をやる必要があり、上海でも、たとえ二、三か月しか続けられなくても、やらねばならないと思う」と記した。王世杰はまた、三月十五日以降台北に四～五日滞在するので、書簡や電報は、台北の雷震の住居（和平東路二段十八巷一号）に送ってもらえれば、息子の王紀五が受け取って転送すると通知した[36]。

三月十四日、王はまた雷震と杭立武に書簡を送り、陳誠と傅斯年が台北にいるので、雷のほか、杭立武、胡適もこの機会に台北で四～五日滞在し、情勢について話し合うことを提案した[37]。そこで、雷震は陳誠の手配で三月二十三日に飛行機で台北に到着した[38]。当時、『中央日報』は雷震が「台湾に静養に来たと言われる」と報道していたが[39]、実際には三月二十四日に杭立武、許孝炎、胡適、王世杰、傅斯年らと草山の招待所に集まり、参加者に向けて中国大陸の情勢について報告していた。雷震は「現在、南京と上海の輿論は健全さを失い、和平一辺倒になっている」と指摘し、士気を向上させるため、「我々は奮起し、民主・自由を信仰する一般の人士に団結を呼びかけ、言論や文章でもって投降論を批判する必要がある。それゆえ、週刊誌と日刊紙を発刊し、共産党の実像や、投降してはならないことなどを宣伝するべきである」と述べた。この提案は王世杰、杭立武、許孝炎から賛同を得たが、傅斯年は「あれやこれや述べて、要領を得なかった」[40]。翌日、雷震と許孝炎は前日の決議に基づき、民主・自由を信仰している人士に呼びかけ、党派を問わず共同で「自由中国大同盟」を組織することで、共産主義に反対し、政府が投降の道に進むことを阻止するための案を起草した。草案の完成後、傅斯年の居宅で引き続き討論を行い、王世杰、杭立武、兪大維らも参加した。討論の過程で、傅斯年は「おかしな議論が多く、ことごとく不賛成であると言ってよかった」が、その日の最後には、数十人を招待して時局について意見を発表させること、「自由中国社」を組織して新聞・雑誌を出版すること、雷震・杭立武・許孝炎の三人で準備にあたること、雑誌の趣旨については胡適が起草することなどが決議された。その夜、南京から台湾に戻った陳誠は、雷震らを自宅での食事に招いたが、その席上で「文人も発言して、軍人を支援するべきである」と発言しており、陳もこの組織と出版の計画に賛同していたと考えられる[41]。

（二）「自由中国社」と出版計画

新聞・雑誌発行の準備作業の責任者となった雷震、杭立武、許孝炎の三人は、三月二十七日に王世杰宅で議論し、週刊では「急場に間に合わない恐れがある」ため、ひとまず上海と香港にて日刊紙『自由中国報』を発行し、しばらくしてから重慶と台湾でも発行することを決定した[42]。雷震は多くの人々から刊行物についての意見を求め、張伯謹[43]、蕭公権、張佛泉、毛子水、兪鴻鈞らはみな賛意を示した。その中で張佛泉は、論説委員を務めることを希望したが、総主筆への就任は固辞して、かわりに崔書琴を推薦した。毛子水は、日刊紙出版前に上海で一か月協力することを承知した。薩孟武は、「これまでの国民党に対する憤激から、一切の参加を拒んだ」[44]。

四月一日、陳誠は雷震、張佛泉、毛子水、蕭公権、張百謹、何子星、許孝炎、盧冠群、謝然之、および台湾省新聞処処長の呉錫澤らを食事に招いた。会食後、雷震は「自由中国社」の組織、および日刊紙と叢書出版の計画を報告した[45]。四月二日、出版計画について議論された際、王世杰は、週刊誌を出版するべきだという胡適の考え方を伝えた。議論の後、出席者たちの間では日刊紙と週刊誌の両方を刊行する方向で意見がまとまり、翌日に雷震と王世杰が直接蔣介石に報告に行くことが決定された[46]。

四月三日、雷震と王世杰が台北を出発し、渓口に向かう準備をしていると、浦薛鳳と王叔銘が空港に見送りにきた[47]。離陸前、雷震は記者に対して談話を発表し、「いわゆる連合政府の問題について、軽視してはならず、特に警戒心を高めなければならない」と呼びかけた[48]。渓口に到着した日の晩、蔣介石宅での食事の席で雷震は、上海の輿論を正したいとの意向を蔣に示し、特に『新聞報』と『商報』に対して不満を述べた[49]。翌日、雷震は台北で発表した談話が各紙に掲載されたものの、『大公報』と『商報』にだけは掲載されなかったのを見て、『商報』は明らかに中共と結びついていると思った[50]。

四月四日、雷震が「自由中国社」結成の経過と出版計画の概要について蔣介石に報告すると、蔣は賛同した他、援助を与える意向を示した[51]。四月五日、上海に到着した雷震は、初めて崔書琴と卜蔚然に会い、上海での『自由中国報』出版計画について相談した。また、翁文灝は同計画を聞いて賛同し、蔣廷黻と陳通伯にも参加を呼びかけられると述べた[52]。

四月六日の正午、胡適はPresident Cleveland号に乗って米国に行くことを予定していた。出発前の朝、雷震と王世杰は胡適に渓口行きを報告し、胡適は『自由中国報』の題字を書いた[53]。四月七日、雷震は卜蔚然や崔書琴と『自由中国報』の準備状況の詳細について説明し、その後連れ立って中央日報社を訪れて李秋生らと話し合い、自由中国社の結成、および新聞発行の動機と経過について述べた[54]。新聞発行の経費調達については、雷震が湯恩伯に、王世杰が陳誠に、杭立武が胡宗南に援助を募った。湯恩伯は、雷震に五〇〇〇米ドルを援助するとし、三日以内に支払うと請け負っていたにもかかわらず、四月十一日に雷震が湯を訪ねていった際には金がないと述べて、雷震と宋英から叱責を受けた。そこで湯恩伯は繰り返し過ちを認め、その場で一台のジープを自由中国社に寄贈するよう指示する[55]。だが結局、湯恩伯と胡宗南は一文も経費を払わなかったので、新聞社の準備作業は困難に陥った[56]。四月十三日、雷震は中央日報社に赴いて自由中国社の綱領と組織について話し合い、綱領は崔書琴が、組織については許孝炎が起草することが決定された。この時、自由中国社の約款と社屋についてはまだ目途がたっておらず、『正言報』が空家を持っていると聞いた雷震は、『正言報』社長の呉紹澍のもとを訪れた。だが、面会した際に呉紹澍は連合政府に賛成し、口をきわめて李宗仁のことを褒めちぎったので、立場の違いから話が合わず、この件は沙汰やみとなった[57]。

雷震と王世杰は、協力して自由中国社の設立準備を進めながら、時局についても論じ合った。二人はともに、和平交渉の破綻後、南京政府が連合政府を受け入れるかもしれないことを懸念しており、「擁蔣反共」の立場から「護憲と革命の利害得失」を分析し、いくつかの意見をまとめて教育庁長の陳雪屏に送付した。また、李宗仁代理総統に不満をもっていた二人は、蔣介石が復職した場合の得失についても話し合った。雷震は、蔣介石は「現在出馬するべきではない」と考えていたが、「総裁がもし出馬しなかったら、適当な領袖を探すのは難しく、傑出した人がいない」とも思っていた。もし蔣が出馬するのであれば、人材の起用や事の処理については改善が必要で、それによって全国の人士たちに共に奮闘するよう呼びかけることができるのであり、さもなければ、「かえって容易に崩壊してしまうだろう」[58]と見ていたのである。

(二) 蔣介石と陳誠の支持を得る

自由中国社の結成と刊行物の出版計画について陳誠と蔣介石からの支持を取りつけ、張佛泉や毛子水らから賛同を得た後も[59]、雷震は積極的に動き続けた。四月十七日、雷震は中央日報社に赴いて自由中国社の組織と綱領について議論し、趙政沂が発起人を募る書状の起草、崔書琴が綱領の起草にあたることが決定される。許孝炎が、新聞を国民党の機関紙である『中央日報』に付随して発行すれば手間を省けると主張すると、夏道平は、『中央日報』は「党の色彩が濃すぎる」として反対し[60]、最後には雷震も同様の理由から『中央日報』と合同で新聞を出版する案は却下した。とはいえ、このような議論の過程からは、創立時の自由中国社と国民党との間に密接な関係があったことが見てとれる[61]。四月二十一日、雷震は胡適がホノルルから送った書簡を受領した。その中には、「自由中国社的宗旨」という一文が含まれていた[62]。それは、胡適が四月に渡米する道中で執筆したものであったが、胡適自身は満足のいくものとは思っておらず、雷震らに送付した一方で、再三にわたってこれは「下書き」であって、雷らによって書き直される必要があり、公開の際にも署名を入れないで欲しいと要請した[63]。

この間、蔣介石と李宗仁の間では、軍の配置をめぐって大きな意見の隔たりがあったが、人民解放軍が長江の防衛線を突破すると、どちらも南京の放棄を準備し始め[64]、政府の官員たちは続々と広東や台湾行きの飛行機に乗り込み、空港は大混乱に陥った。四月二十五日、王世杰は飛行機で台湾に向かい[65]、到着後の五月二日、まだ上海にいた雷震に打電して、速やかに台北に来て自由中国社を設立し、新聞を発行するように促した[66]。

雷震は、上海防衛のため広州に援助を求めに行っていたが、思いもよらないことに上海がほどなくして陥落したため、中国航空公司の飛行機に乗って、広州から直接台湾に渡ることを決断した。六月一日の早朝、雷震は広州白雲空港に到着し、故障のため正午になってようやく離陸した飛行機は、午後三時近くに台北空港に到着した。家中から迎えに来た者はなく、雷震は自分で車に乗って家に着いた。ちょうどこの日は端午節で、夕方には娘の雷鳳陵と姪の雷選青が来て、一緒に過ごした。夜には谷正綱と方治のところを訪れたが二人とも不在で、中央通訊社台北分社主任の葉明勳とだけ会うことができた[67]。

台湾到着後、雷震は引き続き『自由中国』の準備作業に奔走した。六月二日には張佛泉と話し合い、張は週刊の出版には毎月八〇〇米ドルが必要であろうとの見積もりを語った[68]。六月三日、陳雪屏のもとを訪れた時には、どうしても週刊誌を出版しなければならないと語った。同日夜、陳誠が文化界の人士を警備総司令部の招待所に招いて夕食会を開き、宣伝工作について話し合う席を設けた。台湾省政府の当時の分類では、刊行物は第一に「高級で学術性を有するもの」、第二に「青年学生に読ませるもの」、第三に「一般民衆に読ませるもの」の三種類に分けられていたが、自由中国社の出版する週刊誌は第一級に属するものと省政府では認識しており、出版援助を申し出ていた。だが雷震は、刊行物は一般人が読んで反共の立場を理解できるものであるべきで、あまり学術的であってはならないと考えていた。陳誠も、刊行物が民衆に読まれるものである必要があることには同意し、再度出版援助の意向を表明した[69]。六月七日の午前には浦薛鳳を訪問し、週刊誌『自由中国』を出版する必要性を説明し、浦からの支持を得た[70]。

創刊準備の間、自由中国社の構成員をどのような人々から求めるかについて、雷震の友人の谷正綱たちからも関心が示された。雷震の自由中国社創立準備と深く関わりのあった王世杰は、雷の長年の上司でもあり、国民党内の政学系に属していた。また、雷震は一九四七年の国民政府改組の際に張群内閣で行政院政務委員を務めており、当時一般的には政学系寄りだと目されていたのである。そのような中、草山で方治（希孔）らと国民党の改造について議論していた谷正綱は、「自由中国社は、CC派と復興社からの参加は募らない」と公言した。そのため雷震は、六月十四日に特に「訂正」を行い、「そうした決定はない」ことを説明した[71]。

（三）台湾における準備状況

六月十八日の正午、徐学禹が雷震、湯恩伯、谷正綱、方治、洪蘭友らを招いて開いた食事会は大いに盛り上がり、雷震も酒量を過ごした。その夜、陳雪屏も自由中国社の設立準備の関係者である雷震、張佛泉、崔書琴、王聿修、毛子水、張伯謹らを招いた会食の席を設け、台湾省政府の『自由中国』助成について話し合った。食後、雷震からこれまでに議論されてきたことの概要が報告され、その後王聿修から台湾における準備状況の進展について報告がなされた。最後に陳雪屏が台湾省政府の意見について報告し、省政府は雑誌発行の経費を出資する意向であること、雷震らの『自由中国』が省主席陳誠に援助を求めるなら、台湾省政府の「第一級刊物」に認定することも検討できると述べた。張佛泉と崔書琴の二人は、台湾省政府は別の雑誌をやり、自由中国社は香港で雑誌を発行するべきだと考えていたが、毛子水、雷震、張伯謹らは、出版経費の捻出は容易ではないので、雑誌が自由中国社によって「独立して行う」ことができ、台湾省政府が干渉しないのであれば、台湾省政府の援助を受けても構わないと考えていた。それはすなわち、自由中国社の雑誌が台湾省政府の発行する「第一級刊物」になることには反対するということであった。ひとまず、陳雪屏、張伯謹、雷震で補助の件について陳誠と交渉することとし、次週に雷震宅で食事会を開き、今後の仕事について話し合うことが決まった[72]。

六月二十一日、週刊『自由中国』（この頃想定されていたのは週刊誌の発行であった）の準備作業はさらなる進展をみせる。その日の夜、陳雪屏、張佛泉、毛子水、王聿修、沙学浚、余紀忠、崔書琴、張伯謹が雷震宅に集まり、前回の議論に基づいて、雑誌を台湾省政府の「総合的高級雑誌とは別物にする」こと、もし陳誠が同意するなら、台湾省政府の援助を受け入れること、「台湾で創刊し、香港でも発展させること」が決定されたのである。また、「毛子水が趣旨を執筆する」ほか、張佛泉が編集長、王聿修が事務を担当することも決まった。この時、許孝炎が台北に到着し、雷震に電話をかけ、王世杰が翌日台北に到着するので、出迎えるようにと伝えた[73]。

前述した六月二十一日の決定事項と、王世杰が以前に雷震と進めていた「自由中国運動」の想定していた内容との間には少なからぬ隔たりがあり、とりわけ、運動の（精神的）領袖と想定されていた胡適は、雑誌の中で重要な役割を与えられていなかった。そのため、六月二十三日に雷震が王世杰と週刊『自由中国』について相談した際、王は資金調達に熱心ではなかったし、崔書琴や張佛泉、毛子水らの影響力は限定的で、もし胡適が雑誌に文章を書かなかったとしたら、元来は「意義のあった運動が、かえってうずもれてしまう」と考えていた。そのため、「それよりは、時事週論のやり方にならい、一〇数名の署名した文章を新聞各紙に掲載し、共匪に反対した方が良い」と述べたのである。それに対し雷震は、「長らく世間に対して『自由中国』の運動について公言してきたのだから、今立ち消えにしてしまうと国民を失望させるばかりでなく、我々が竜頭蛇尾だと思われてしまう。雑誌はどうしても創刊しないといけない」と述べた。雷震も、王世杰の提起した二種類の方法は、同時に平行して実施しても良いと考えた。その他王世杰は、陳誠が雑誌に対して援助できないこと、崔書琴らが「過去に政府で働いた経験のある者は必要としない」との意見を出していたことを気にしており、彼らとは協力したくないと思っていた[74]。王世杰のこれらの主張は、『自由中国』誌の準備方向を、王がもともと想定していた方向に引き戻した。胡適が雑誌の中で（精神的）領袖とされ、キー・パーソンとして位置づけられるようになったのである。資金調達運動が順調に進まず、時局の急速な変化から雷震も政治・軍事の仕事におわれ、『自由中国』誌の発行は先延ばしになったが、そのような中でも、雷震は公的・私的な場面で、積極的に雑誌の支持を求め続けた。

七月二十三日、雷震は広州で陳立夫と会った。陳立夫が、自由中国社創設に協力すると述べると、雷は、正中書局[75]の紙の一部を分配し、『自由中国』での使用にあてることに同意してもらいたいと要請した。また、今後は国民党が自ら矢面に立たなくてすむように、各種の反共団体を利用して、反共を宣伝するべきだとも述べた[76]。七月二十四日、飛行機で厦門を経由して台北に戻った後[77]、雷震は引き続き雑誌創刊の準備にあたり、二十八日には自由中国社の立地と登記の問題について、陳雪屏や王聿修とそれぞれ話し合った。「自由中国」という名称は、すでに任卓宣と易君左によって先に登記されていたので、台北市政府は、王聿修らが提出した刊行物の登記申請の受理を拒んでいたのである。これまでに、王聿修は陳雪屏を介して、彼らとの間で名称の譲渡や刊行物の合併などを交渉してきたが、合意には達していなかった[78]。そこで、雷震は八月三日に呉鈞澤（原文のママ。新聞処長呉錫澤か）のもとを訪れ、長きにわたって準備してきたのだから、『自由中国』の名称を譲ってくれるよう易君左を説得してもらいたいと要請した[79]。この間、雷震は政軍両方の事務に忙殺されながらも、時間を見つけては、間もなく発行される『自由中国』のために文章を執筆していた[80]。

（四）胡適が発行人に就任する

雑誌発刊の前、副編集長の王聿修は、発行人は胡適の名義を使用するべきで、「さもなければ、三か月もしないうちに廃刊になるだろう」と主張していたが、雷震はその意見には賛成ではなかった。まず、中国大陸で大きな挫折を経験した国民党は、以前のように「唯我独尊的で、人民に意見を表明させない」ようなことはないだろうし、「ましてや、すでに憲法が施行された」のだから、国民党は「人民の自由権を尊重し、法律によって国を統治する」ことを信じていた。何と言っても、そうすることによってのみ、「中国大陸の人心に影響を与え、復国の可能性もあり得る」のである。さらに、胡適は遠く米国におり、現在手紙を送って彼の同意を得ていては間に合わないのであった。毛子水、王聿修、張佛泉、崔書琴らはといえば、雷震のことを国民党の要人と見なしており、雷に対して警戒心をもっていた[81]。もっとも、雷震も元々は胡適が社を率いることを主張していたし、王聿修ら雑誌社のメンバーたちも強く主張したので、最後には胡適を『自由中国』の名義上の発行人とすることが決定された[82]。

胡適は一九四九年四月に米国に渡っており、この時台湾にはいなかった。『出版法』の規定では、「国内に住所がないもの」は新聞紙あるいは雑誌の発行人になることはできないとされており[83]、登記を行う際には、規定に合うように調整をする必要があったのである。また、一九四九年十月十日に雑誌を台湾で登記する時、金厦の防衛問題に忙殺されていた雷震は台湾にいなかったため、『自由中国』半月刊の最初の登記上における発行人は胡適とされ、責任者（発行人代理）は、当時編集長であった毛子水の名前が登記された。雷震が公式資料上で責任者として登記されたのは、一九五〇年三月三十日になってからであった[84]。

十月十九日の午後、雷震は船に乗って金廈から台湾に戻り、各地を経て二十二日に台北に到着後、引き続き雑誌の準備作業にあたった[85]。二十三日には教育部長の杭立武と会談し、杭は経費の補助を承諾して、『自由中国』の早期の出版を促した[86]。十一月二日、雷震は毛子水、張佛泉、王聿修らと議論し、財務と原稿の量を考えて、半月刊を出版することに決定した[87]。

一九四九年十一月二十日、『自由中国』雑誌は正式に創刊号を発行した[88]。初日の売れ行きは好調で、雷震はそれを「発行人の盛名」のおかげとした[89]。米国にいた胡適は、『自由中国』の発行人となっており、創刊の趣旨も胡が執筆したものだったが、自由中国社の主要な業務の責任者は雷震であり[90]、経費、原稿募集、選定、校正、編集委員会議の運営などに責任を負っていた。創刊号には胡適、傅斯年、毛子水、雷震、殷海光らの文章が掲載され[91]、雷震の発表した「独裁、残暴、違背人性的共産党〔独裁、残虐、人間性に反した共産党〕」と題した一篇は、マルクス・レーニン主義の掲げる「プロレタリア独裁」が、その実は法の平等を否定し、独裁統治になるものだと批判するものであった[92]。

雷震は自著の中で、『自由中国』の登記申請表において、実際の発行人は自分になっていたが（一九五〇年三月に雷震が登記の変更をした時のことを指している）、それは法律上の責任は自身が負うということであり、後に発行人の登記は「自由中国編輯委員会」に変更されたものの、実際の発行人の欄にはやはり自分の名が記されていたと述べている[93]。王世杰と同様、雷震も、胡適が雑誌の発行人であったほうが、社会的に大きな影響力があると考えていた。『自由中国』を二号発行した後の十二月、雷震は胡適に手紙を送り、この「大きな影響力を持った」「発行人」に、編集者たちを勇気づけ、社会の期待に応えるためにも、原稿を書いて雑誌に送ってもらいたいと要請した[94]。ところが、胡適は『自由中国』誌と雷震の手紙を受け取ってから、発行人に自分の名前が使われていることに強い不快感を抱き、一九五〇年一月の返信では直接「これはインチキである」と批判して、発行人の変更を検討するよう求めた。胡適はまた、自身が以前に執筆した雑誌の趣旨はすでに時宜に合わないので、王世杰、傅斯年、毛子水、張佛泉らと改めて議論することも提案した[95]。

三、一九四九年の政治・軍事の実務への参与

一九四九年一月に蔣介石総統が下野した後、雷震は李宗仁代理総統からの国策顧問就任要請を断り、初志を貫いて、蔣介石が引き続き反共工作を指導していくことを支持していた。その後、雷震は「自由中国運動」を推進し、『自由中国』雑誌を創刊したほか、政治・軍事の実務にも参与することになる。

同年四月から、雷震は上海にて京滬杭警部司令部の顧問に就任し、谷正綱や方治らと共に湯恩伯の上海防衛を補佐した。具体的な任務は、金融と物資の疎開を統制することであり、「滬上〔上海の〕三剣客」と呼ばれた[96]。当時、雷震は政治的反体制派や、監視対象となっていた学生の境遇に大きな関心を寄せており、その援助にも尽力していて、湯恩伯にも協力するよう強く求めていた。上海の情勢が緊迫し、湯恩伯の治安要員である陳大慶や毛森らは、拘禁・監視・軟禁されていた反体制派を秘密裏に処刑することを相談しており、その中には羅隆基、張瀾、黄炎培らが含まれていた。それを知った雷震は、絶対にそんなことをしてはならないと湯恩伯に迫り、「情勢がここまで悪化した今、政治犯をことごとく海のもくずにしたところで、国家にとって何の益があるだろうか？上海の防衛に役に立つだろうか？」と訴えた。湯恩伯は、最後には雷震の建言を受け入れ、自身の掌握下にあった反体制派の人々に手出しはしなかった[97]。

だが、五月八日、雷震は谷正綱を通して、湯恩伯が為替で五〇万米ドルを米国に送付したと桂永清が言っているのを耳にする。この消息は、雷震をひどく悲しませた。湯恩伯の上海防衛を補佐している時、自身は政府の給料を一文も受け取らず、「完全に党員の資格で、この地で苦労をしていた」のである。もし湯恩伯が実際にこのような行為に及んだとすれば、国家に対してだけでなく、雷震と谷正綱の二人に対しても顔向けができないことであり、「本当に愚かな男で、考えれば考えるほどくだらない」と思った。宋英と王世杰がそれぞれ催促する中で、雷震はもともとその週に上海を離れる予定だったが[98]、情勢が差し迫っていたため、上海に残留して仕事を手伝った。

（一）行動で、湯恩伯に抗議を示す

この他、京滬杭警部司令部が学生を逮捕したことや、その後の処置も、雷震の湯恩伯に対する不満をさらに大きくさせた。司令部は、四〇〇名の学生を逮捕し、その後二週間経っても「遅々として判決を下さず、外部から保証人を立てて保釈することも受理しなかった」のである。五月十一日夜の会議で、谷正綱がこの問題について取り上げ、雷震は、判決を下して、無実の者は釈放するべきだと主張した。正式な会議の席上、雷震と湯恩伯は激しくやり合い、雷は自分でも「話をするとき、表情が厳しかった」と思ったが、湯の方も「きつい言葉と顔つきで、不可だとした」。湯恩伯は、「釈放したら、作戦の妨げとなる。もし間違いがあったなら、徹底的に間違えるべきだ」と考えており、学生の釈放に反対した。雷震はこの言葉に大いに不満で、「本物の共産党員はもとより逮捕すべきだが、無実や巻き添えにあった人間は逮捕すべきでない。特に若い学生は、大切に扱わなくてはいけない。いったい、子どものいないものがいるだろうか。我々は、父母のような心で彼らを遇するべきで、良心に基づいてこの件を処理しなければならない」と述べ、早期の判決が必要だと強く主張した。会議後、湯恩伯は雷震のことを「まじめすぎる」と言い、保釈者のリストを出せば、「保釈の必要な人間を引き渡すことができる」と提案した。だが、湯はまったくの考え違いをしていたのであり、雷震は何も特定の学生を保釈させたいと思っていたわけではなかった。単に、「この件は公平に処理され、公開に討論がなされるべきで、どうして密室で人命を軽々しく扱うことができるだろうか」と考えていたにすぎないのである。雷震も、すべてが湯恩伯の過ちと認識していたわけではなく、はじめに逮捕者リストをつくった人間が「あまりにも無責任で、恩伯も事前には知らされておらず、他人の責任を負わされたものに過ぎなかったが、過ちが起きたにもかかわらず、正そうとしないのが軍人のやり方であって、私はこれに反対であり、こういうことでは協力することができない。政府で二〇年働いてきたが、軍人と共に事をなそうとしなかったのは、軍人は文人のことを眼中に入れておらず、仕事でも公私を分けずに勝手気ままなやり方をするので、気骨のある文人には受け入れることができないからだ」と考えていた[99]。

前述した一連の事件のあと、雷震は行動でもって湯恩伯に抗議を示すことにした。一九四九年五月十二日午前、谷正綱が雷震の居宅を訪れ、中央銀行の審査会議に参加することを強く要請した。谷の説得にほだされ、雷震は上海での滞在期間中、経済問題の処理を手伝うこととし、関連の会議に出席することには応じたが、湯恩伯が主催する政委会と、夜の報告会議への参加は固く拒んだ[100]。湯恩伯は、雷震が不満に思っていることを知り、翌日電話を三、四回かけた。谷正綱も同じようにかけたが、雷震は出ようとはしなかった。そこで、谷は雷震のところへ赴いて、「恩伯から、謝罪の意思を伝えてくれるよう頼まれた」と述べたが、雷は依然として当日夜の報告会に出席しようとはしなかったのである。湯恩伯は、雷震が夜に蔡叔厚の家で食事をすることを知っていたので、直接出向いて説得にあたることにした。雷震は、軍事情勢が切迫している中、湯が自らやって来たので、当日夜の報告会には出ることにした[101]。

上海の風雲が急を告げてきたので、周至柔らは雷震に対して、中央のある広州に行き、兵力増援を求めてくるよう要請した。そこで雷震は、五月二十二日に飛行機に乗り、同日夜に厦門を経由して、二十三日に広州に到着した[102]。雷震は、二十六日午前に中政会および中常会の合同会議に出席して、上海の戦況を報告する予定だった。ところが、思いもよらないことに、会議開催前に上海陥落の知らせを受けたのである。情勢の急変を受けて、雷震も報告をしようという勇気はなかった。当時、雷震らの国民党員たちは海南島を将来の根拠地とし、「遠く台湾と連携する」ことを考えていた[103]。二十八日、雷震は湯恩伯に送った手紙の中で、もともと二十七日に上海に戻ろうと考えていたが、「思いがけず戦況が急変し…数日来、弟［雷震］は精神的な苦痛が大きく、進退窮まり、今後どのようにして盛り返せば良いのか、方向性を見失った思いがする」[104]と吐露していた。

五月二十九日、雷震は新聞報道で谷正綱、方治、陳良、陳保泰、陶一珊、談益民らがみな台北にいることを知り、広州に長く滞在したくはないと思った[105]。それに加え、五月下旬に居正が行政院長に任命されると伝え聞いた雷震は、居正が「年はすでに七十歳余りになり、長年念仏を唱えてきた人物で、今の危難の折に行政院長をやらせるとは、まさに国を誤り、人を誤るものである」ので、強く反対した。さらに日記には「居正が行政院長に就任する。国民党は早く終わるべきだった。余は速やかに台湾にいくことを決断した。ここに長く滞在したいとは思わない」[106]と、憤りを記したのである。居正は、李宗仁代理総統派の人間で、当時「擁蒋反共」

の立場をとっていた雷震は、李のやり方には強い不満があった。後に、李宗仁が居正を行政院長に起用する案を提示したのに対し、立法院では過半数に一票足りないという結果に終わったのを見て、雷震は我が意を得た思いであった。「私はずっと立法院を重視していなかったが、今回居正の起用案が通過しなかったのは、立法院にまだいくらかの正義が残っているのを示したものと言えよう。この危機の折に、棺桶の中の人間を引き出してきて行政院長をやらせるとは、荒唐無稽もいいところで、李代理総統のやり方は、国人の軽蔑するところである」[107]。

六月一日、雷震は飛行機で広州を離れ、台北に戻った[108]。動乱の時期にあっても、民社党、青年党および無党派の有識者たちの指導者・エリートたちは、依然として雷震と連絡をとっていた。まだ上海にいた五月六日には、左舜生から妻の黄竹生夫人を台湾に送れるようにして欲しいと手紙で依頼を受けたので[109]、雷震が航空券を手配し、五月八日、黄夫人は無事に台湾に到着するということもあった[110]。雷震の台湾到着を知った左舜生と莫徳恵は、六月十八日に雷の自宅を訪れ、長時間会合をもった。この際に莫徳恵は、憲政督導会の関連で広東に行くことになっているが、出発前に蔣介石総裁に面会したいと思っていたので、以前に雷震に助力を求めたことを持ち出した。雷震は、すでに蔣経国に書簡を送り、蔣介石に指示を仰いでから返信するよう依頼したが、遅々として知らせがないと答えた。そこで莫徳恵は、王世杰を通じて指示を仰ぐよう、雷震に依頼した。折よく、王紀五が杭立武からの電報を王世杰に送ろうとしていたので、雷震は王紀五に対し、莫の件についても話してくれるよう頼んだ[111]。

雷震はまた、自分でも王世杰に電報を送り、許孝炎が「港報」（後の港報）の件で王と蔣介石に面会を求めているので、蔣の指示を仰いで返電してくれるよう依頼した[112]。さらに雷震は、長文の書簡を王世杰に送り、蔣介石総裁に数項目の提言を伝えることも要請した。それらは、許孝炎が香港で新聞を発行することの支持、海南島の防衛と経費の強化、中国大陸から来台した人材が多いので、東南軍政長官公署を設立したら、「いくつかの諮問委員会を設置」し、「名士」を多く招聘すること、銀行券は「長くはもたない」ので、「多くの金を持っているものが金を出すようにさせるべきこと」、速成練兵と練兵法の改革により、「兵に民衆を愛護させ、責任を理解させるべきことなど」といった内容であった[113]。

（二）上海、厦門の相次ぐ陥落

六月下旬、雷震は台北で東南軍事会議に参加し、東南軍政長官公署と非常委員会東南分会の案を起草する責任者になる[114]。七月二日には、上海会戦の検討会に出席した。席上、湯恩伯は、上海を撤退したのは援軍の望みがなく、死守すれば上海が破壊されるのは必定で、国民政府と国民党にとって益はなく、最後には軍も敵によって殲滅されるからであると説明し、当時撤兵した兵力は一〇万余で、今後の反攻のための力になると報告した。さらに湯は、上海撤退は完全に自分の決定であって、自身がその責任を負い、歴史の批評を甘んじて受け入れるとも述べた。雷震は、湯恩伯の発言に心を動かされ、「恩伯兄の話は力強く、報告は人を惹きつけるもので、しかもすべて事実である」と思った[115]。七月八日、雷震は国民党改造方案の討論に参加する[116]。八月初旬に国民党総裁弁公室が台湾に設立されると、設計委員会の委員を任じられて、機密事務に携わることとなり、党の改造に参画した[117]。

この間、七月中旬には台湾から広州に飛び[118]、綏靖公署の会議に出席した。席上、雷震は国民党改造の必要性を強力に訴え、「今後、政治を担当するものは党の領袖になる」ようにすることで、党と政府の領袖が異なることで起こる摩擦を減らせると主張した。「また、これから党部は組織と宣伝だけを扱い、政治に口出しをしてはならないことにすれば、自ずから対立の弊害は減らせる」というのが雷震の意見だったが、多数の支持を得るには至らなかった[119]。

八月、湯恩伯は蒋介石の命令で福建に異動となり、金厦防衛の責任者になった。蒋は、福建の軍政を完全に湯恩伯に委ね、省主席も兼任させる[120]。八月十五日、湯恩伯は雷震と方治のもとを訪れ、自身は「軍事にのみ関わり、主席は他の人間に任せる」と述べ、省主席をやってもらえないかと二人に尋ねた。だが、雷と方はそろって、「肩書なしで何でも協力できるが、主席は担当したくない」[121]と答えた。八月二十二日、雷震と方治は約束どおり台北から厦門に駆け付け、再度湯恩伯を補佐した[122]。しかし、実務の上では、やはり肩書があった方が都合は良く、二人は湯恩伯の政務方面の最も重要な補佐役となった[123]。

厦門勤務中、雷震は教育部長杭立武の依頼を受け、方治とともに、厦門大学の図書や各種器具を安全地区に疎開させる作業の指揮をとった。当時、厦門大学には、まだ大学を離れていない教員と学生がおり、「護校」のため疎開作業を阻止する動きに出ており、作業の援護に来ていた軍隊と衝突が生じていた。さらに、厦門警備司令の毛森が、これらの教員と学生はいずれも共産党の潜伏分子の可能性があるとして、弾圧のため大勢の憲兵と警察を派遣し、全員の逮捕を命じたので、衝突はいっそう拡大したのである。厦門大学校長の汪徳耀は、このままでいけば流血の悲劇が生じることを懸念し、雷震に協力を求めた。雷はすぐ毛森に電話し、学生を包囲して逮捕しようとしていた憲兵と警察の退去を求めた。惨事を避けるため、雷震は毛森に対し、後の処理は自分と方治とで行い、もし問題があれば二人で湯恩伯司令に責任を負うと提案した。協議後、毛森は撤兵を開始し、雷震が学生代表と懇談して疎開の必要性を説いたので、ようやく疎開作業は進められるようになった。毛森が軍と警察を動員して、かくも激烈なやり方で学生に対峙しようとしたことに雷震は否定的で、学生に対しては道理を説くことで納得させるべきだと思った[124]。

厦門の防衛について、問題があると考えていた人間は少なかったが、予想に反して、十月には陥落した。台湾に戻った後、雷震は陳誠と林蔚時のもとを訪れたが、二人の態度は冷淡なものであった。その後、雷震は蔣介石総裁に謁見し、湯恩伯からの報告書簡を提出したほか、厦門陥落の経過と海軍の作戦状況、および今後の金門島の防衛などについて詳細に報告して、指示を仰いだ。蔣介石は金門の死守を主張し、「この上金門まで失うことはできない。必ずや金門と存亡を共にしなければならず、とりわけ、船上で指揮をとってはならない」と湯恩伯に伝えるよう、雷震に託した。雷震が自身の人格をかけて、「厦門を放棄するより前には、船に乗りませんでした」と繰り返し保証すると、蔣は怒気を発し、「もとより船に乗ってはならないのだ」と述べた。そこで雷震が、湯恩伯は劉汝明とともに船に乗って金門に到着したのであり、船を探して撤退したことを説明すると、蔣はさらに怒って、「劉も船に乗ることを許されるべきではなかった。我々はいつも逃げてばかりではならない。名誉は重要である」と言って、自室へと戻った。雷震はそこで退出するしかなかったが、陳誠と林蔚時の態度が冷淡だった原因も分かった。聞くところによれば、「総裁は厦門から台湾に戻った後、厦門の防備に満足して、たびたび周囲に賞賛していたのに、突然放棄されたことに深く失望していた」[125]のである。

全体的に言うと、雷震は一九四八年末から蔣介石に改革の実施を建言し、その成果は顕著なものではなかったものの、国共和平会談を求める雰囲気のある中で、蔣介石が反共工作を指導することを強く支持した。そのため、一九四九年初頭に雷震は、まず蔣介石の下野に明確に反対し、次いで、王世杰らと「擁蔣反共」工作を展開した。また、湯恩伯の上海・厦門の防衛を補佐したほか、台湾にて「東南軍事会議に参加し、東南軍政長官公署と非常委員会東南分会の案を起草する責任者になった」。国民党の党務面では、「七月から国民党の改造方案をめぐる討論に参加し、設計委員会委員を担当したため、機密に携わるようになり、また、改造の業務にも加わった」[126]。その後、雷震は台湾と中国大陸の間を往復して「自由中国運動」を推進し、中国大陸の情勢が急速に悪化した後は台北で『自由中国』誌を刊行して、「擁蔣反共」路線から、元来設定していた「民主反共」の路線へと、少しずつ舵をきっていったのである。

注

1 一九四九年に雷震らが蔣介石を支持し、「自由中国運動」を展開したことに関する本節の記述は、筆者の『《自由中国》與民主憲政』（板橋：稲郷、一九九六年）の第二章を基礎に、加筆・修正を加えたものである。

2 『国民政府公報』二八六九（一九四七年七月五日）、五〜六頁。

3 『国民政府公報』二八八一（一九四七年七月十九日）一〜二頁。『台湾省政府公報』三十六年秋三八（一九四七年八月十二日）五九六頁。

4 決定した兌換率は、金円券一元につき法幣三百万元、金円券四元につき一米ドルであった。『大公報』（一九四八年八月二十日）第一版。台湾銀行金融研究室「幣制改革在台湾」（『台湾銀行季刊』第二巻第一期）(1984.9) 一〇九頁。

5 〔訳注〕中国語では、徐蚌会戦。

6 郭廷以『近代中国史綱』七八五頁。張玉法『中国現代史』七〇九頁。

7 張玉法『中国現代史』七一一頁。李宗仁口述、唐徳剛撰写『李宗仁回憶録』（三重：台光印刷出版事業翻印本）六〇一頁。当時立法院長だった孫科は、真っ先に「光栄ある和平」を提起した。雷震「胡適與雷案」（『雷震全集47：最後十年（三）』）一六〇頁を参照。

8 郭廷以『近代中国史綱』七八六頁。

9 張玉法『中国現代史』七一一〜七一二頁。

10 蔣介石総統と蔣介石夫人の米国での活動については、資中筠『美国対華政策的縁起和発展、一九四五〜一九五〇』（重慶：重慶出版社、一九八七・六）三二八〜三二九頁。また、秦孝儀主編『中国国民党九十年大事年

表』（台北：中国国民党党史会、一九八四年）四三二～四三三頁。

11 郭廷以『近代中国史綱』七八六頁。

12 総統文告の草案完成後、国民党中央執行委員と監察委員を招いた食事会が開かれ、意見が聴取された。出席者の間では、文告に反対する声もあったが、蔣介石は立場を変えようとはしなかった。国立編訳館編著『中国近代現代史』（台北：幼獅、一九七九年）六七四頁。スチュアートは、白崇禧の電報が届いてから二日目（十二月二十五日）には、蔣介石総統は下野を決断したと述べている。司徒雷登『司徒雷登回憶録（在中国五十年）』（台北：新象書店、一九八四年）二二五頁。

13 郭廷以『近代中国史綱』七八七頁。

14 張玉法『中国現代史』七一四頁。

15 国立編訳館編著『中国近代史』六七五～六七六頁。李永熾監修、薛化元主編『台湾歴史年表：終戦篇Ⅰ』七二頁。『公論報』（一九四九年一月二十三日）。Simon Long, *Taiwan: China's Last Frontier*, p. 58.

16 雷震『雷震全集31：第一個十年（一）』、日記一九四九年一月二十一日の条、一二四～一二五頁。

17 雷震『雷震全集31：第一個十年（一）』、日記一九四九年一月二十一日、二月七日の条、一二四～一二五、一二七～一二八頁。

18 胡虚一「読『愛荷華憶雷震』書後」、「再蒙李敖先生大函啓示的感想——兼代古人雷震先生再作点解説」（李敖編著『雷震研究』）一九二～一九三、三二四頁。

19 雷震と王世杰は、蔣介石が下野を宣言した当日に汽車に乗り、夜を徹して上海に向かって、二日目の午前中に上海に到着した。雷震『雷震全集31：第一個十年（一）』、日記一九四九年一月二十一日、二十二日の条、一二四～一二六頁。それより前、雷震宅での食事に呼ばれた邵力子は、南京を離れないよう雷震を説得していた。雷震著、林淇瀁校注『雷震回憶録之新党運動黒皮書』二三三頁。

20 雷震「《自由中国》與胡適」（『雷震全集11：雷案回憶（一）』台北：桂冠図書、一九八五年）五八～五九頁。

21 雷震『雷震全集31：第一個十年（一）』、日記一九四九年一月三日、六日、二十一日の条、一一一、一一六、一二五頁。一月二十一日の日記において雷震は、蔣介石周辺の政界関係者の中で、蔣の総統職継続を支持していた主な人物は、胡適と王世杰のみであったと記している。蔣匀田『中国近代史転捩点』二四二頁。

22 雷震『雷震全集31：第一個十年（一）』、日記一九四九年一月六日の条、一一六頁。

23 「雷震談和平→停戦応為先決条件→中共答覆並無誠意」（『中央日報』一九四九年一月十八日）第二版。雷震「《自由中国》與胡適」（『雷震全集11：雷案回憶（一）』）五八頁。

24 雷震『雷震全集31：第一個十年（一）』、日記一九四九年二月二十八日の条、一四九頁。

25　胡適は後に、民国三十八年四月に訪米したのは、蔣介石の要求によるものであったと述べている。張忠東『胡適五論』（台北：允晨文化、一九九〇年）二八九頁。胡適「『自由中国』雑誌三週年紀念会上致詞」（『自由中国』第七巻第十二期）（1952.12.16）四頁。

26　一九四九年四月二十二日、雷震は蔣介石総統が南京の放棄を準備していることを聞いた。当日、上海市治安当局も、同市が作戦の最前線区域になることを正式に布告した。党と政府の要人たちは次々と撤退していき、大部分は広東に、一部は台湾に向かった。雷震は、上海の湯恩伯の家にとどまることに決め、五月二十二日になってからそこを離れた。雷震『雷震全集31：第一個十年（一）』、日記一九四九年四月二十二日、二十四日、二十五日、五月二十二日の条、一八九、一九〇、一九一、二一五～二一六頁。「滬治安当局宣佈　上海進入戦時状態　即日起実施全面軍事管制　学校工廠派駐軍事連絡員」（『中央日報』一九四九年四月二十三日）第二版。

27　〔訳注〕この詩は、陶淵明の「擬古」其九の一部である。現代文は次のとおり。「長江のほとりに桑を植えた。三年たてば葉を摘み取れるものと期待して。だが枝がようやく茂り始めたころ、山や川の様子が一変してしまった。枝や葉はくだけ折れ、根や株までが青海原に押し流されてしまった。春のかいこにやるものがなくなって、繭の収穫が期待できなくなった今、冬の着物は誰をあてにしたらよいのか。もともと高原に植えなかったのがまちがいのもと、今さら悔いたところでどうなろう」。原文は、「種桑長江邊 三年望當採 枝条始欲茂 忽値山河改 柯葉自摧残 根株浮滄海 春蠶既無食 寒衣欲誰待 本不植高原 今日復何悔」である。松枝茂夫、和田武司訳注『陶淵明全集（下）』（岩波書店、一九九〇年）二二四～二二五頁。なお、「柯葉自摧折」について、『雷震伝』では「柯葉自摧残」と記されており、正確ではないが、本文では『雷震伝』の表現をそのまま採用した。

28　雷震『雷震全集31：第一個十年（一）』、日記一九四九年二月十二日の条、一三〇頁。

29　陳儀深「胡適與蔣介石」（周策縦ほか『胡適與近代中国』台北：時報文化、一九九一年）一〇三頁。

30　張忠棟『胡適五論』二七一頁。張忠棟『胡適・雷震・殷海光』（台北：自立晩報社、一九九一年）一五五頁。

31　張忠棟『胡適五論』二七一頁。

32　雷震著、林淇瀁校注『雷震回憶録之新党運動黒皮書』八二頁。

33　雷震著、林淇瀁校注『雷震回憶録之新党運動黒皮書』九六頁。

34　雷震「《自由中国》與胡適」（『雷震全集11：雷案回憶（一）』）五八～五九頁。

35　雷震日記には、このことについて多くの記録がある。『雷震全集31：第一個十年（一）』一二八、一七三～一七五、一八二、一八五～一八九頁を参照。

36　王世杰「不応迫蔣中正出国――王世杰致雷震」（一九四

九年三月十二日）（傳正主編『雷震全集30：雷震秘蔵書信選』）二七～二九頁。

37　王世杰「希與胡適即至台北小住，以便共商大局――王世杰致雷震、杭立武」（一九四九年三月十四日）（傳正主編『雷震全集30：雷震秘蔵書信選』）二九頁。

38　雷震『雷震全集31：第一個十年（一）』、日記一九四九年三月二十一日、二十三日の条、一六三～一六五頁。

39　「雷震赴台休養」（『中央日報』一九四九年三月二十四日）第二版。

40　雷震『雷震全集31：第一個十年（一）』、日記一九四九年三月二十四日の条、一六五～一六六頁。

41　雷震『雷震全集31：第一個十年（一）』、日記一九四九年三月二十五日の条、一六六～一六七頁。

42　雷震『雷震全集31：第一個十年（一）』、日記一九四九年三月二十七日の条、一六八頁。

43　雷震『雷震全集31：第一個十年（一）』、日記一九四九年三月二十六日の条、一六七～一六八頁。

44　雷震『雷震全集31：第一個十年（一）』、日記一九四九年三月二十九日、三十一日の条、一七一～一七二頁。

45　雷震『雷震全集31：第一個十年（一）』、日記一九四九年四月一日の条、一六九～一七一頁。

46　雷震『雷震全集31：第一個十年（一）』、日記一九四九年四月二日の条、一七二頁。

47　雷震『雷震全集31：第一個十年（一）』、日記一九四九年四月三日の条、一七二～一七三頁。

48　「雷震離台前談話　比較前政協與今和談　共党太欠乏民主風度　対所謂連合政府応提高警覚」（『中央日報』一九四九年四月五日）第二版。

49　雷震『雷震全集31：第一個十年（一）』、日記一九四九年四月三日の条、一七二～一七三頁。

50　雷震『雷震全集31：第一個十年（一）』、日記一九四九年四月四日の条、一七三～一七四頁。

51　雷震『雷震全集31：第一個十年（一）』、日記一九四九年四月四日の条、一七三～一七四頁。

52　雷震『雷震全集31：第一個十年（一）』、日記一九四九年四月五日の条、一七四～一七五頁。

53　雷震『雷震全集31：第一個十年（一）』、日記一九四九年四月六日の条、一七五～一七六頁。

54　雷震『雷震全集31：第一個十年（一）』、日記一九四九年四月六日の条、一七五～一七六頁。

55　雷震『雷震全集31：第一個十年（一）』、日記一九四九年四月十一日の条、一七七～一七八頁。

56　雷震『雷震全集31：第一個十年（一）』、日記一九四九年四月十五日の条、一八一～一八三頁。

57　雷震『雷震全集31：第一個十年（一）』、日記一九四九年四月十三日の条、一七九～一八〇頁。

58　雷震『雷震全集31：第一個十年（一）』、日記一九四九年四月十五日の条、一八一～一八三頁。

59　雷震『雷震全集31：第一個十年（一）』、日記一九四九年四月七日の条、一七六頁。

60 雷震『雷震全集31：第一個十年（一）』、日記一九四九年四月十七日の条、一八四～一八五頁。
61 薛化元『《自由中国》與民主憲政』六一頁。
62 雷震『雷震全集31：第一個十年（一）』、日記一九四九年四月二十一日の条、一八八～一八九頁。
63 胡適「胡適致雷震等」（一九四九年四月十六日）（萬麗鵑編註、潘光哲校閲『萬山不許一渓奔：胡適雷震来往書信選集』台北：中央研究院近代史研究所、二〇〇一年）一～二頁。
64 雷震『雷震全集31：第一個十年（一）』、日記一九四九年四月二十二日の条、一八九頁。李宗仁口述・唐徳剛撰写『李宗仁回憶録』（台北：遠流、二〇一〇年）八六〇～八六四頁。
65 雷震『雷震全集31：第一個十年（一）』、日記一九四九年四月二十五日の条、一九一頁。
66 雷震『雷震全集31：第一個十年（一）』、日記一九四九年五月二日の条、一九六～一九七頁。
67 任育徳『雷震與台湾民主憲政的発展』六八～六九頁。雷震『雷震全集31：第一個十年（一）』、日記一九四九年五月三十一日、六月一日の条、二二四～二二六頁。この飛行機のチケット代は、銀洋五五元であった。
68 雷震『雷震全集31：第一個十年（一）』、日記一九四九年六月二日の条、二二七頁。
69 雷震『雷震全集31：第一個十年（一）』、日記一九四九年六月三日の条、二二七～二二八頁。
70 雷震『雷震全集31：第一個十年（一）』、日記一九四九年六月七日の条、二三二～二三三頁。
71 雷震『雷震全集31：第一個十年（一）』、日記一九四九年六月十七日の条、二三九～二四一頁。
72 雑誌の準備作業に参画した人々が、台湾省政府から出版助成を受けること自体を拒絶すると決議したわけではないことは、注目に値する。任育徳『雷震與台湾民主憲政的発展』八一頁。雷震『雷震全集31：第一個十年（一）』、日記一九四九年六月三日、六月十八日の条、二二八、二四三頁。
73 雷震『雷震全集31：第一個十年（一）』、日記一九四九年六月二十一日の条、二四四頁。
74 雷震『雷震全集31：第一個十年（一）』、日記一九四九年六月二十三日の条、二四五～二四六頁。
75 〔訳注〕正中書局は、陳立夫の提唱により、一九三一年十月十日に南京に設立された出版社。学校教科書、社会科学、教育、新生活運動関連の書籍のほか、一般大衆や児童向けの書籍も出版した。「正中書局簡介」https://www.ccbc.com.tw/ccbc_group/about_01.php（二〇二三年三月一日確認）
76 雷震『雷震全集31：第一個十年（一）』、日記一九四九年七月二十三日の条、二七二頁。
77 雷震『雷震全集31：第一個十年（一）』、日記一九四九年七月二十四日の条、二七一～二七二頁。
78 雷震『雷震全集31：第一個十年（一）』、日記一九四九年七月二十八日、八月二日の条、二七四～二七五、二七八～二七九頁。

79 雷震『雷震全集31：第一個十年（一）』、日記一九四九年八月三日の条、二七九頁。

80 雷震『雷震全集31：第一個十年（一）』、日記一九四九年八月十六日、十八日の条、二八七～二八八頁。

81 馬之驌『雷震與蔣介石』一〇一～一〇二頁。

82 雷震「《自由中国》與胡適」（『雷震全集11：雷案回憶（一）』）六〇頁。

83 「台湾省行政長官公署公告：修正出版法」（一九四七年三月一日）（楊秀菁、薛化元、李福鐘主編『戦後台湾民主運動史料彙編（七）新聞自由（一九四五～一九六〇）』（台北県：国史館、二〇〇二年）九頁。

84 「自由中国半月刊歴年人事変更調査票」（一九五九年二月）「国史館」档案、案名：「対雷震及自由中国半月刊調査研究案」、档案管理局蔵、档号：A202000000A=0047=275.11=1=virtual001=virtual001=0056。雷震自身も、「台湾省政府新聞処に行って登記手続きをした時、ベテランの報道人である新聞処長の朱虚白から『もし胡適を発行人にするなら、実際に責任を負う発行人を別に一名立てる必要がある……法では、刊行物の発行人は、刊行物の所在地を六か月離れてはいけないとされている。まして、胡適は海外にいて、名義だけの発行人になるのだから』と言われた」と述べている。朱虚白は一九五〇年三月十六日に台湾省政府新聞処処長に就任しているので、雷震が登記にいった時間として公式資料に記録されている一九五〇年三月三十日という日付と整合性がとれている。雷震著、林淇瀁校注『雷震回憶録之新党運動黒皮書』八六頁。「省新聞処明交接　呉錫澤准辞朱虚白接充」（『中央日報』一九五〇年三月十五日）第四版。

85 雷震『雷震全集31：第一個十年（一）』、日記一九四九年十月十九日、二十二日の条、三四三～三四四、三四六～三四七頁。

86 雷震『雷震全集31：第一個十年（一）』、日記一九四九年十月二十三日、二十四日の条、三四七～三四八頁。

87 雷震『雷震全集31：第一個十年（一）、日記一九四九年十一月二日の条、三五四頁。

88 『自由中国』創刊号は、もともと一九四九年十一月十六日の出版を予定していたが、印刷を請け負っていた上海印刷廠でトラブルがあり、二十日まで伸びた。雷震「《自由中国》與胡適」（『雷震全集11：雷案回憶（一）』）六〇頁を参照。

89 雷震『雷震全集31：第一個十年（一）』、日記一九四九年十一月二十日の条、三六六頁。雷震「《自由中国》與胡適」（『雷震全集11：雷案回憶（一）』）六〇～六一頁。

90 范泓『民主的銅像：雷震伝』一六〇頁。

91 任育徳『雷震與台湾民主憲政的発展』三五一頁。

92 雷震「独裁、残暴、違背人性的共産党」（『自由中国』第一巻第一期）（1949.11.20）一一～一三頁。

93 雷震著、林淇瀁校注『雷震回憶録之新党運動黒皮書』八六頁。

94 雷震「雷震致胡適」（一九四九年十二月八日）（萬麗鵑編註、潘光哲校閲『萬山不許一渓奔：胡適雷震来往書信選集』）四頁。

95 胡適「胡適致雷震」（一九五〇年一月九日）（萬麗鵑編註、潘光哲校閲『萬山不許一渓奔：胡適雷震来往書信選集』九〜十頁。

96 任育徳『雷震與台湾民主憲政的発展』二五、六八頁。

雷震『雷震全集31：第一個十年（一）』、日記一九四九年四月二十九日から五月二十一日までの条、一九三〜二一五頁。

97 これらの内容は、雷震が胡虚一（学古）に語ったもので、彼の記した注釈の中に収録されている。胡虚一「雷震日記介紹及選註」（李敖主編『李敖千秋評論』冊七五）（1988.1.15）一三六頁。

98 雷震『雷震全集31：第一個十年（一）』、日記一九四九年五月八日の条、二〇二頁。

99 雷震『雷震全集31：第一個十年（一）』、日記一九四九年五月十一日の条、二〇四〜二〇六頁。

100 雷震『雷震全集31：第一個十年（一）』、日記一九四九年五月十二日の条、二〇六頁。

101 雷震『雷震全集31：第一個十年（一）』、日記一九四九年五月十三日の条、二〇七頁。

102 雷震『雷震全集31：第一個十年（一）』、日記一九四九年五月二十一日、二十二日、二十三日の条、二一四〜二一七頁。

103 雷震『雷震全集31：第一個十年（一）』、日記一九四九年五月二十六日の条、二二〇頁。

104 雷震「上海失守後練兵之道——雷震致湯恩伯」（一九四九年五月二十八日）（『雷震全集30：雷震秘蔵書信選』）四一頁。

105 雷震『雷震全集31：第一個十年（一）』、日記一九四九年五月二十九日の条、二二一〜二二三頁。

106 雷震『雷震全集31：第一個十年（一）』、日記一九四九年五月三十日の条、二二三〜二二四頁。

107 雷震『雷震全集31：第一個十年（一）』、日記一九四九年五月三十一日の条、二二四〜二二五頁。

108 雷震『雷震全集31：第一個十年（一）』、日記一九四九年六月一日の条、二二六頁。

109 雷震『雷震全集31：第一個十年（一）』、日記一九四九年五月六日の条、一九九〜二〇〇頁。

110 雷震『雷震全集31：第一個十年（一）』、日記一九四九年五月八日の条、二〇二頁。

111 雷震『雷震全集31：第一個十年（一）』、日記一九四九年六月十八日の条、二四一頁。

112 雷震と王世杰は、『自由中国』以外に、香港で党の機関紙を発行することも相談していた。許孝炎が準備と主宰にあたり、北平〔北京〕と天津の党機関紙の器材を使用し、初期費用は国民党が負担するというものであった。当時、雷震は『自由中国』誌の準備に忙殺され、上海と厦門の防衛戦にも参加していたので、「香港党報」のために力を割く余裕がなかった。雷震の回想によると、「『香港時報』は、元来は刊名を『自由論壇報』、英語名を"Herald"とし、『自由中国』誌と呼応させるつもりであった」、「思いもよらないことに、国民党頭目の蔣介石と専制国家は、共産党と同様に、『自由』の二字を嫌っていたので、『香港時報』に改め、英語名は"The Hongkong Times"にした。香港で発行するものだから、『香港時報』という名前を使用することで、国民党の実権を握っている連中からの誤解を避けることができた」という。雷震著、林淇瀁校註『雷震回憶録之新党運動黒皮書』二二二、二二五～二二六頁。

113 雷震『雷震全集31：第一個十年（一）』、日記一九四九年六月十八日の条、二四一頁。

114 任育徳『雷震與台湾民主憲政的発展』六九頁。雷震『雷震全集31：第一個十年（一）』、日記一九四九年六月二十四日、二十五日の条、二四七～二四九頁。

115 雷震『雷震全集31：第一個十年（一）』、日記一九四九年七月二日の条、二五六～二五七頁。

116 任育徳『雷震與台湾民主憲政的発展』六九頁。雷震『雷震全集31：第一個十年（一）』、日記一九四九年七月八日の条、二六一頁。

117 任育徳『雷震與台湾民主憲政的発展』六九、三五〇頁。

118 雷震『雷震全集31：第一個十年（一）』、日記一九四九年七月十四日の条、二六六～二六七頁。

119 雷震『雷震全集31：第一個十年（一）』、日記一九四九年七月十五日の条、二六七頁。

120 もともと、五月下旬に上海から撤退する際、湯恩伯は全軍を率いて海南島に移転することを計画していたが、衆議にはかった結果、それによって広東人の反抗を招き、薛岳（伯陵）や余漢謀など広東籍の軍官たちが桂系〔李宗仁派〕の方に傾く恐れがあるため、取りやめとなった。雷震『雷震全集31：第一個十年（一）』、日記一九四九年六月五日の条、二二九～二三〇頁。

121 雷震『雷震全集31：第一個十年（一）』、日記一九四九年八月十五日の条、二八六頁。

122 雷震『雷震全集31：第一個十年（一）』、日記一九四九年八月二十二日の条、二九一頁。

123 雷震は「第二席首席」、方治は「第三席首席」となった。雷震『雷震全集31：第一個十年（一）』、日記一九四九年八月二十六日の条、二九五頁。

124 胡虚一「雷震日記介紹及選註」（李敖主編『李敖千秋評論』冊七五）（1988.1.15）二三七～二三八頁。

125 雷震「蔣中正対厦門失守甚為不満——雷震致湯恩伯」（一九四九年十月二十三日）（『雷震全集30：雷震秘蔵書信選』）五一頁。

126 任育徳『雷震與台湾民主憲政的発展』六九頁。雷震『雷震全集31：第一個十年（一）』、日記一九四九年四月十四日、六月二十四日、六月二十五日、七月八日の条、一八〇～一八一、二四六～二四九、二六一～二六二頁を参照。

第三章　『自由中国』時期

第一節　「擁蔣反共」の時期

一、「自由中国運動」と「擁蔣反共」路線の継続

『自由中国』が創刊されたばかりの頃、胡適によって中国自由党が結成されるとの消息が蔣廷黻によって発表され、雷震たちは対応を協議することになった。一九四九年十二月八日、雷震は胡適に書簡を送り、胡氏が中国自由党を組織すると蔣廷黻が発表したのは、ちょうど『自由中国』が台北で発行された時でもあり、「こんなまたとない機会があるでしょうか」と記した。さらに、「中国自由党章程〔規約〕」はすでに拝読しており、「先生がご指導されるなら、自由を愛好する人々は大いに興奮するでしょう」と述べた上で、結党の人選には慎重に取り組み、「国民党の失敗の轍を踏む」ことのないよう注意をうながした[1]。

また、副編集長の王聿修の主導で、一九五〇年一月の『自由中国』第二巻第一期、第二期に「中国自由党組織綱要草案」が掲載された[2]。それより前、蔣廷黻が米国で記者会見を開き、政党結成と「中国自由党組織綱要草案」を発表した際には、「第一に、中国自由党は国民党に反対するものではない。第二に、中国自由党は強権共産党に反対する。第三に、中国自由党の積極的な目的は、中国人民の経済生活と政治的自由を増進させることにある」との三点を強調していた。王紀五からの知らせによると、胡適を領袖に推戴することを予定している中国自由党は、その設立目的の一つとして、「中国の合法的な国連総会代表団」の支援を掲げているとのことであった[3]。こうした方針は、王世杰や雷震らによる、胡適を領袖に担いで自由派の人士を糾合し、蔣介石を支持するという一九四九年からの政治運動の方向性とも概ね一致していた。中国の自由派人士たちが米国と台湾で互いに影響を与えあったことで、台北では「自由中国運動」が引き続き発展していくことになる。

王世杰を通じて、雷震と同志たちは、中国自由党の結党運動が蔣介石総裁の賛同も得ていることを知った（王世杰は、「胡氏による結党を総裁に伝えたところ、総裁は強く賛成された。だが、蔣廷黻が参加することは総裁に報告すべきだろう」と述べ

た）。しかし、どのように政党を結成するか、あるいは結党と「自由中国運動」との関係をどうするかについては、意見が分かれた。その中で、雷震と許孝炎は、まず中国自由党を結成し、それから自由中国同盟を組織するべきと考えていた。それに対し杭立武は、二つの道筋を提起した。一つは、国民党を分割して中国自由党を組織するというもの。もう一つは、「自由中国運動」に着手した後、一つの政党を結成するというものであった[4]。

　だが、台湾でいかに「自由中国運動」を展開するかという問題は、胡適が台湾に戻って運動を指導するかどうかと密接に関わっていた。そこで、雷震と友人たちは、まず胡適の意向をただすことにした。胡適に宛てた書簡の中で雷震は、胡適が「自由中国運動」の指導を引き受け、超党派の政治団体を組織して全国の人材を網羅してくれることを希望すると記した[5]。胡適からの書簡を通じて、「中国自由党は蔣廷黻が発起したものであり、この種の仕事には向いていないとの理由で、彼［胡適］は参加していない」ことを雷震は知っていたが[6]、別の書簡の中で胡適は、「台北の友人各位に、『自由中国運動』の組織を結成し、今日の必要性に即した宗旨について詳細に討論されることを強く望む」とも記していた。胡適の書簡の主旨は、『自由中国』の発行人にされていることに対する不満と、自身が起草した『自由中国』誌の宗旨は「用をなさない」と思っていることにあったが[7]、雷震は、胡適が台北の友人たちに「自由中国」運動の組織結成を要請したことの方を重視して、そこから、「胡先生も私の以前の意見に賛成されているようである」と思った。「自由中国運動」について、王世杰は、胡適は必ずしも帰ってこなければならないというわけではなく、運動の指導を引き受けてくれるだけでもよいと考えていた[8]。それは、一九四九年にメディアの立ち上げを推進していた時、胡適が参加することの重要性をたびたび強調していたのと、同様の発想であった。一月二十四日、雷震は「中国自由党組織綱要草案」の掲載された『自由中国』誌と、以下の書簡を蔣廷黻と陳之邁に宛てて郵送した[9]。

　国民が本誌に注目しているのは、本誌が「自由中国運動」のためのものであって、一部の人々の意見を代表しているからです。志と信念を同じくする人々を糾合し、超党派による反共の「自由中国運動」を展開することが、今日の中国にとって必要だと考えています。文章やその他の方法によって同志を求め、この団体が相当の力を持つに至った後、実際の政治に参画するのです。このようなやり方は、緩慢であることを免れませんが、波紋を呼ぶこともないでしょう。ただし、この運動は政党のように信条（あるいは綱領でも可）と組織を持つ必要がありますが、政党にはならないことで、既成政党に参加している人々も党を離脱せずに参加できるようになります。……現在、運動の綱領を起草しており、適当な草案が完成した暁には、米国にお送りしてご講評を頂ければと思います。この期間には宣伝から着手し、『自由中国』半月刊も及ばずながらこの運動のために力を尽くします。先生には、宣伝を広めるため、ぜひ本誌のために数篇の文章をお寄せ頂きたく、お願い申し上げます。……中国自由党章程〔規約〕の発表後、台湾における関係団体の有無や、結党の進捗状況について問い合わせがあることから、社会的に注目を集めていることがうかがえます。とにもかくにも、今日、中国の一般の人々が国民党を信じておらず、新しい政治団体の出現を切望していることは、確かな事実です。私は、「自由中国運動」は政党結成よりも呼びかけが容易であり、勢力を形成しやすいと考えておりますが、両者を同時並行で進めても問題ないと考える人々もいます。

書簡の中で、超党派による反共の「自由中国運動」をまず開始するべきとの提案があったため、蔣廷黻は三月三日、返信の中で次のように表明した。

まず運動を展開し、しばらく政党結成はしないというのも、方法ではあります。政党結成について、私は三十五（一九四六）年の冬に提起し、簡単な大綱も起草しました。もし、当時結成されていたら、情勢への対処ははるかに容易だったでしょう。現在、あなた方は運動のみ行うというのでしたら、私一人があえて異なる立場をとることはしません。しかし、将来、またもや良いタイミングを失したと感じ、良心が痛むことになるでしょう。私たちはいつも困難を避け、易きに就いてきたのです。[10]

議論を重ねる中で、雷震の友人たちは、「自由中国」の組織は政党をつくるものではなく一つの運動であり、現時点で政治に参画する必要はなく、組織の名称は「自由中国運動同志会」にしようと考えていた[11]。雷震は、この運動は文化団体にするのみではなく、政治的に蔣介石の反攻事業を支持し、反共勢力を団結させることで、胡適と蔣介石の力を結合させるべきと考えていたが、最終的には、まず社会運動から着手することにした。政治運動となった場合、胡適が指導に二の足を踏むことを懸念したからである[12]。だが、この運動も結局は胡適から前向きな反応が得られず、効果的に展開することはできなかった[13]。

この頃、雷震が「自由中国運動」に熱心に取り組み、その他の仲間たちよりも運動の政治性を強調していたのは、彼の政治的主張や、現実政治に対する判断によるものであった。雷震は、国民党はあらゆる反共人士と連合して共産党に対抗するべきだと主張しており[14]、国民党の一部にあった、共産党のやり方に倣うことで共産党に対抗できるとの考え方には反対していた[15]。また、「現在、自由中国地域では、新しい政治団体を組織する必要があり、それによって内外に呼びかけることができる」し、「この組織は適之先生〔胡適〕が指導してこそ、成功し得る」のであり、そうでなければ「介公〔蔣介石〕が出てきても、できることはないだろう」と確信していたのである[16]。雷震がこのように主張したのは、「今日、〔世間に〕呼びかけて影響力があるのは、適之先生という看板だけである。実際に反共抗ソを担当するのは、介公でなくてはならない」と考えていたからであり、その胡適と蔣介石を結びつける具体的な方法が、「自由中国運動」だったのである[17]。

雷震の「自由中国運動」は、個人として討論や活動を行っていただけではなく、『自由中国』誌の論説でも展開された。『自由中国』第二巻第四期（一九五〇年二月十六日）には、香港の朱啓葆が寄稿した「我們需要一個自由中国大運動〔我々は自由中国大運動を必要とする〕」との文章が掲載され、その後、第二巻第六期（一九五〇年三月十六日）には、国内からそれに呼応した「響応自由中国大運動〔自由中国大運動に共鳴する〕」との文章が載せられたのである。

運動を準備する過程で、政治運動の団体に加入しようとはしない胡適の態度を考慮し、活動は社会運動に限定された。だが、書簡を送付した後も依然として前向きな回答を得られなかったため、元来胡適の指導を頼みにしていたこの運動は、実のある活動を展開することができなかった[18]。

同じ時期、台湾に移転した中華民国政府は、指導者不在の問題に直面していた。憲法施行後の初代総統である蔣介石は一九四九年一月にすでに下野しており、李宗仁代理総統は病気療養を名目に一九四九年十一月二十日に南寧から出国して香港に渡航した上、中枢の軍事と政治の責任者は行政院長の閻錫山になると発表した[19]。十二月五日、李は香港から米国へと渡り[20]、中央の政務は閻錫山行政院長が総統の職権を代行することになった[21]。中華民国憲法の第五十一条では、「行政院院長が総統の職権を代行するときは、その期限は三箇月を超えることができない」と規定されており、十二月九日に正式に台北で業務を始めた中華民国政府は、いかにして憲法に違反せずに継続できるかという問題に直面していたのである。そのため、指導者不在という状態に対処すべく、台北の政界では蔣介石が執務に復帰するとの雰囲気が醸成されつつあった。

この頃、雷震の「擁蔣反共」の政治的立場ははっきりしており、世間からは蔣介石総裁に情報を伝えられる窓口であると見なされていた。そのことは、雷震の訪日計画にすら影響を及ぼすほどであった。一九五〇年一月二日に雷震は訪日を申請したが、回答は保留され[22]、九日になって連合軍総司令部（ＧＨＱ）から訪日謝絶の通知を受けた。訪日は、蔣介石総裁の避難所をつくるためだと思われたのである[23]。

その一方で、雷震は国民党内部での会議において、改革を提言し続けていた。一月中旬の改造方案会議において雷震は、長く論争の的となっていた軍隊の国家化（国民党部の軍からの退出）問題について、国家化の必要性を強く主張した他、政治工作は改善する必要があり、過去の方式が失敗したからには修正しなければならないと提起した[24]。それは、雷震と蔣介石との間に国民党、ひいては国家政策の方向性をめぐって一定の違いが存在することを表したものでもあった。ただし、この頃雷震はまだ、依然として蔣介石総裁の信頼する同志であった。一九五〇年三月一日、蔣介石は総統として執務に復帰し、孫立人を陸軍総司令に、王世杰を総統府秘書長に、雷震を国策顧問に任命した[25]。雷震も蔣の復職に期待をかけており、「天気晴朗、陽光煥発」であった三月一日に蔣匀田や余井塘と雑談した際には、「今日の天気が良いのは、まさに総統復職後の希望を象徴している」と話している[26]。翌日、雷震は李宗仁が米国で行った記者会見で総統復職を否定し、蔣介石は「すでに退職し、平民であるのに、どうして復職できるのか？」と述べたことを聞いた。李宗仁は、反共を指導するため帰国する準備をしていると表明し、今蔣介石が復職するのは「違憲であるだけでなく、全国人民の意志に反しており、民国以来最も深刻な憲法違反である」と指摘したのである。雷震は蔣匀田と話し合う中で、「李は安全地帯におり、我々がいるのは火山の上である。彼のこのようなやり方は、我々にとって有害なだけでなく、彼自身に対しても無益であり、いたずらに自己を損なうのみであって、台湾の援助に反対する人々に格好の口実を与えてしまう」と述べていた[27]。

すでに蔣介石総裁が下野する前後から雷震や王世杰たちは、反共には蔣介石の指導に頼る必要があると考えており、一九五一年五月に台湾の情勢が比較的安定するようになるまで、その方針のもと『自由中国』の言論と社務を展開していた[28]。雑誌内容の決定においては、初期の副編集長である王聿修が不満に思っていたように、雷震は王がまだ読んでいない時から、すでに原稿を取り寄せて読むことがしばしばだったし[29]、雷震が「擁蔣反共」の基調に照らして文章掲載の可否を決めていたとの証言も数多く存在している。許冠三はその回想の中で、雷震は彼らの政府批判の文章を修正していたと記していたし[30]、鄭学稼の文章も、雷震によって『自由中国』の宣揚する自由民主の理念に合わないとの理由によって受理されなかったという[31]。後に雑誌の中で重要な役割を果たす殷海光ですら、文章の内容が蔣介石総統を批判しており、当時は「擁蔣」が必要だとの理由で、原稿を断られたのである[32]。

一九五〇年の雷震の基本的立場は「擁蔣反共」だったので、言論によって政治を監督し、批判するという面は相対的に弱かった。しかし、「自由中国運動」の目的の一つは、台湾で「自由中国」が実現することでもあり、民主憲政の運営にとって反対党の存在には重要な意味があるため、雷震は三月十五日に自宅で「反対党之自由及如何確保〔反対党の自由およびその確保について〕」という文章を執筆した。それはすなわち、蔣介石総統が台湾で執務に復帰してからわずか半月後に、雷震はもう反対党の意義を強調していたということである[33]。五月二十五日、雑誌協会は『自由中国』、『自由世紀』と『新聞天地』を常務理事に推薦したが[34]、それは当時の台湾の輿論において雷震の主導する『自由中国』が占めていた地位を反映したものであった。

この時期、雷震は蔣介石総統の信任を得ており、雷自身も積極的に建言をし、自らの長ずるところをもって貢献したいと考えていた。中国大陸時期に銀行業務に参与し、金融事務について建言を提出したこともあったからか、一九五〇年六月十九日、政府は雷震を中央銀行の監事に任命した。だが、新聞報道でそれを知った雷震は、適任ではないと思い、即座に辞意を表明した[35]。その一方で、自分でも進められると思った仕事については、積極的に参加した。日本（当時は連合国軍総司令部の統治下にあった）との交流事業について、七月一日には張群のもとを訪れて亜東協会[36]の再建について話し合い、張群は理事長就任を承諾した[37]。亜東協会の件はその後進展しなかったが、正式な外交チャネル以外の対日業務において、雷震と張群は協力していくことになる。

二、香港への慰問（第一回）と、帰台後の活動

一九五〇年十月、雷震は命を受けて、一回目の香港への慰問に赴いた。当時、国民党当局が雷震を派遣した主な理由は、許孝炎の『香港時報』の経営状況に問題が生じていたことにあった。

国民党党部は、香港で反共救国宣伝を実施するため、資金を投資して一九四九年八月に『香港時報』を創刊しており、その発行人が許孝炎であった[38]。『香港時報』は国民党の海外における党報であって、一般の営利企業が董事会〔取締役会〕を設置しているのと異なり、国民党中央宣伝部の下で「管理委員会」が設置され、蔣介石総裁によって王世杰がその主任委員に任じられていた。雷震も委員の一人で、執行秘書を兼任していたのである[39]。

（一）『香港時報』の経営問題

雷震の回想によれば、『香港時報』の経費は国民党から毎月香港ドルで三万五〇〇〇元から四万元が支給されていたが、発行人である許孝炎の経営では収益を増やすことができず、経費の不足からしょっちゅう台湾に戻り、中央銀行から借り入れていた[40]。国民党内部では、『香港時報』を補助することに対して異論もあり、許孝炎は大きな圧力を受けていたが、雷震は一貫して同紙を支援しており[41]、「海外への販売は収支がマイナスになるものであり、政府は大規模な援助をするべきである」と考えていた[42]。

一九五〇年五月二十七日、立法委員の陳介生が蔣介石総統の開いた茶会の席で『香港時報』の経営問題について報告し、蔣は不満に思ったが、他の同席者から異なる意見も出されたので、しばらくは大きな問題にならなかった[43]。だがその後、香港駐在の国民党特務が、『香港時報』は毎日二〇〇部を発

行するのみで、許孝炎は業務に精励していないと報告するに及んで、蔣介石は顔色を変えて怒り、机を叩いたのである[44]。九月二十三日、蔣介石が改造委員会に対し、『香港時報』の経営状況について調査を行うよう命じたとの知らせが、雷震にもたらされる。それは、（一）発行部数、（二）経費が自給自足できるようになる時、（三）同紙創刊後の香港での影響力を調べよというものであった[45]。翌二十四日、王世杰は雷震に対し、許孝炎からの書簡の中で「香港の第三勢力は盛んで、抑えられない」と記していたことを挙げ、それによって許も影響を受けた可能性があり、「孝炎はすでに闘志を失ったということだと思う」と懸念を示した[46]。

こうした背景のもと、雷震は『香港時報』の管理委員会委員兼執行秘書の資格で、十月六日に香港に赴いた[47]。その主要な任務は、『香港時報』の経費と販売量について調査することであった。この香港行きについて政府から補助はなく、『香港時報』の台北事務所から台北発香港行きの航空券が提供されただけで、香港への入境証申請にかかわる急を要する費用は、いずれも雷震が自費でまかなった[48]。

香港到着の夜、雷震は『香港時報』の社員らと会食し、彼らを激励した[49]。当日夜、許孝炎は新聞の印刷状況見学のために、雷震を工場に案内した。経理の劉一樵は、『香港時報』は毎日約四〇〇〇部発行されていると述べていたが、工場の工員の説明によれば、出ているのは約三〇〇〇部であるとのことだった。雷震は、わざわざ露店の新聞売り場にも見に行ったが、買いに来る客がいないので、『香港時報』が置かれている露店は少なかった。香港の一般市民は国民党を嫌い、国民党の新聞を読もうとはしなかったのである。共産党の特務から嫌がらせを受けることを恐れて、『香港時報』を新聞の山の下に置いている露店もあった[50]。八日、雷震は杜月笙のもとを訪ねて『香港時報』の経費捻出問題について話し、杜は協力を表明した[51]。『香港時報』の毎日の発行部数についておよそ調べをつけた後、雷震はさらに国民党特務が流言を飛ばした動機についても理解した。数名の広東籍の国民党幹部が、『香港時報』は広東人によって経営されるべきだと思ったので、特務を買収して話をでっち上げたのである[52]。

『香港時報』に協力するだけでなく、雷震はこの期間を利用して、民社党主席の張君勱、副主席の伍憲子、および青年党主席の左舜生ら、在香港の反共人士たちとも面会した[53]。雷震は、蔣介石総統の名義で香港にいる彼らを慰問し[54]、さらに台湾の最近の状況を説明して反共勢力を取り込み、「自由中国協会」の設立準備問題についても話し合った[55]。

これらの人々は、中華民国政府に対して多くの意見を提起した。劉百閔は、台湾のやり方は偏狭であると思っていた[56]、左舜生、成舎我らは、「台北が非民主的であり、恣意的に人を逮捕することや、入境証の発行に制限をかけたり、処理がいい加減だったりすることに対して大いに不満であった」。雷震は、彼らの提起した問題に一つ一つ回答しつつ、最近の台湾の進歩について語り、彼らの理解を得ようとした。また、王聿修は、反共抗ソのための超党派反共組織が必要であると提起した[57]。彼らは、雷震と再度会食する機会を設けて、

食後、今ある自由中国食事会を正式な組織とすることについて話し合った。それは重大な問題が発生した際には対外的に意見を発表もするような、反共抗ソの超党派組織であり、台湾の国民政府を擁護し、政治的活動は行わないとするものである。[58]

十月二十日、雷震は「自由中国協会」の成立会に出席した。当日は規約と幹事の人選を決定し、幹事は王雲五、左舜生、金侯城、成舎我、許孝炎、卜少夫、王聿修ら七人に決まった[59]。二十二日には第一回幹事会が開催され、幹事会主席に王雲五、書記に許孝炎が選出され、「台北およびその他の地域において会員を吸収することの是非をめぐる案」について三点を決議した。「一、台北で雷儆寰〔雷震〕氏を通じて、傅孟真、羅志希、張佛泉、毛子水、陳啓天、蔣匀田、蕭同茲、杭立武、丘念台、臧啓芳、陳訓悆ら各氏に、本会の会員になることを打診する。二、幹事全員の署名した書簡を胡適之、張君勱、曽慕韓、于斌の各氏に送り、本会への参加を要請し、さらに各地で会員を募集して、会を発展させる。書簡にて、左舜生氏に草稿執筆を依頼する。三、各地の会員数が一〇名を超えた場合、幹事三名を選出し、本幹事会に参加する」[60]。後に、香港の著名な雑誌である『自由人』は、「自由中国協会」と密接な関係を持つようになった。

(二) 香港における反共人士の考え方を理解する

香港滞在中、在港の民社党の人士と面会した際、雷震は彼らから、台湾の民社中央総部に対して資金不足の状況を伝えるよう依頼された[61]。そのほか、調景嶺の難民問題[62]を調査

し、調景嶺の代表とも面会した[63]。また、週刊誌『祖国』の編集委員の許冠三（かつて『自由中国』の創刊にも参加した）の紹介で、「友聯社」のメンバーである胡越、徐東濱、邱然らとも会って意見を交換した。この後、雷震は彼らと頻繁に書簡をやりとりするようになった。一九五七年に出された雷震の著作『制憲述要：中華民国憲法制定経過』も、友聯出版社から出版されたのである[64]。

さらに、雷震が香港で迎えた双十節の日には、次のような事件もあった。当日、『香港時報』が紙面の都合により、蔣介石総統の文告の前半部分だけを掲載し、全文を赤字で記したものを別版で添付したが、台湾で販売された同紙には、赤字の文告が添付されていなかったのである。これに蔣介石が怒り、王世杰から雷震に対し、釈明を求める書簡が送付された。雷震は、原因を説明した他、双十節当日の同紙には中華民国国旗が添付されていたと取りなしたので、報告を聞いた蔣介石は大いに喜んだのであった[65]。

香港での慰問中、当地の反共人士が中華民国政府に提起した最大の問題は、台湾への入境証の申請に時間がかかったり、却下されたりすることだった。ひどい場合には、入境を申請したある国民大会代表が、「国民大会臨時会期の終了後、決定する」との通知を受けたり、「本件は総統府によって決定される必要がある」とのいいかげんな回答をされたりする例があり、在香港の国民大会代表たちの憤慨するところだったのである[66]。

十月二十三日、雷震は船便で香港を発ち[67]、帰台後[68]、各関係者に香港訪問の内容を報告した。十一月八日には改造会第一回会議に出席し、対敵作戦組に参加した[69]。

台湾に戻った雷震は、一九五〇年十一月二日に「蔣中正総統に呈する報告」の中で、書面による明確な建言を行った。彼の見るところでは、在香港の人士たちの多くは反共であり、また総統を擁護していて、いわゆる「第三勢力」は重視するに足るほどのものではない。ただし、在港の人士たちは一般的に「台湾側」に不満をもっており、「政府が批判や建言に対して開かれることを希望している」。そこで雷震は、政府は国際的な名声を有している（胡適のような）人物の出馬を促し、「アジアの精神文化面での反共勢力」を指導してもらうべきだと建議した。また、政府が張君勱、曽琦、李宗仁、孫科、顧孟餘らを含む海外在留の反共リーダーたちの帰国を促すことで反共勢力の団結を示すこと、入境制限を適切に緩和し、香港在住の政界人士の来台を許可すること、調景嶺の難民問題を可及的速やかに処理すべきことなども建言した。さらに、香港での反共宣伝を重視し、香港の反共刊行物、とりわけ党報である『香港時報』の発展を支持するよう政府に要請した[70]。

十一月十日、雷震は蔣介石総統と面会し、『香港時報』の状況と「自由中国協会」について詳細に報告したほか、香港の反共人士たちの考え方を伝えた。総統は報告を聞き終えた後、雷震に調景嶺の難民の台湾入境問題について、草案を作成するよう命じた[71]。

雷震の建議と相呼応して、一九五〇年十一月十六日に刊行された『自由中国』第三巻第十期はその社説で政府に対し、香港の反共勢力を台湾の反共勢力圏内に取り込むこと、在港の反共人士たちによる政府への批判や非難は、政府をないがしろにしているものではなく、反共勢力を強化するに足るものであることを理解する必要があること、台湾への入境許可証の申請を緩和し、台港両地の反共精神の連携を強化し、反共という共同目標を達成すべきことなどを建言した[72]。十七日、雷震が香港での見聞を陳誠行政院長に報告すると、陳は、総統は何事によらず自らやろうとしがちで、やり方が非常に古いと語り、自分も入境申請は緩和するべきだと思うと述べた[73]。

十一月十九日、『香港時報』の管理委員会が雷震宅で開かれ、雷震は『香港時報』の香港での実績と、同紙社員たちの努力について報告した。許孝炎は、もし党が信任しないのであれば自分は辞職しても良いが、同紙は存続しなければならないと述べた。王世杰もまた、『香港時報』は資金の限られている中で大きな実績をあげており、社員たちの努力がうかがえると繰り返し表明した。黄少谷は、政府には資金がなく、多くの人々が確かに同紙に対して誤解があるので、それを解かないことには、同紙の前途は困難であると述べた[74]。雷震はすでに、『香港時報』の経営継続を支持するよう、管理委員会をおおむね説き伏せていた。

十二月二十七日、雷震は設計会に出席し、軍隊の中に国民党党部を設立することに対して反対を表明した。すでに憲法を施行しており、その他の政党も軍内に党部の設立を求めてきたら対応に苦慮するだろうから、いっそのこと軍の政党入党を禁止することで、党派間の紛争発生を防止すべきというのが、雷震の考えであった[75]。これは雷震の一貫した主張であり、蔣介石総統の政策とは明らかに相違するものでもあった。そのため、以前に反対意見を述べた後、一九五〇年六月の国民党軍中党部の成立大会で、蔣介石から「名指しはせずに」批判されるということがあった[76]。

このような一幕があったものの、雷震の香港出張はおおむね成功裏に終わった。それにより、またしても香港慰問に出かけることになったのである。

三、第二回目の香港慰問の旅

一九五一年一月十一日、王世杰は、蔣介石総統が雷震に再度香港に行くよう求めていることを告げた。雷震は、もし蔣介石総統が自ら言い出したことでなければ、自分を信用して任せはしないだろうから、香港側に承諾したことを果たせず、うまくいかないことを心配した。それに対し王世杰は、その他の人選はすべて反対されており、総統自身が、雷震を希望しているのだと答えた。王はまた、まず香港での計画案を蔣介石に提出し、同意を得ておいた方が、香港到着後の仕事がやりやすくなるだろうと助言した[77]。

この時、洪蘭友も香港行きを強く自薦しており、黄少谷や陳誠は彼が香港派遣の代表になることに反対だったが、蔣介石は洪が雷震に同行することを許可した[78]。王世杰は、洪蘭友が同行することで足手まといになることを心配して雷震の意見を求めたが、雷震は、洪が香港に行って役に立つことは難しいが、仕事の邪魔になるというほどでもないだろうから、あえて反対しなくても良いと述べた[79]。

当時香港にいた、共産党に反対しつつ、大陸を失った国民党と蔣介石にも好感を持っていなかった民主人士たちは、反共反蔣のための団体（第三勢力）組織を計画しており、その背後には米国政府からの援助もあった[80]。雷震が彼らの主張に積極的に向き合ったことは、一月十六日に刊行された『自由中国』第四巻第二期に掲載された時事評論「建立聯合陣線正是時候了！〔聯合戦線を樹立する時が来た！〕」にも反映されていた。同評論は、反共勢力団結の重要性を強調し、次のように呼びかけたのである。

統一された政府の下に、民主主義の原則に基づいた、挙国一致の「聯合戦線」を樹立する。……あらゆる反共の人々を国民政府の下に集結させ、勢力を集中することで、共産党を消滅させることができる。……もし全中国の国内外の人々が真に聯合戦線を形成すれば、もとより「第三勢力」は発生しなくなるし、米国による援助の対象も一つのみになる。[81]

香港慰問に派遣する人事案が固まった後、国民党当局は一九五一年一月十八日に座談会を開き、香港の反共人士救援の方法について討議した。出席したのは、国民党改造委員会の各組代表、行政院秘書長黄少谷、総統府秘書長王世杰、および雷震、洪蘭友、端木愷らであった。洪蘭友と端木愷は、慰問の対象とするのは、許崇智など国民党と関係のあるごく少数の人々にするべきであり、香港に委員会を設置し、あらゆる反共人士の調査および組織工作を行うのは、あまりにも複雑かつ危険なので反対であると主張した。それに対し雷震は、もしごく少数の過去に政治的な地位のあった人士だけを慰問したり、彼らの来台を用意したりするだけであれば、反共工作にとってあまり意味はないと述べた。最終的には、行政院の考え方を基礎として、委員会には党外の人士は参加させないこととなった。[82]

（二）在香港の反共人士を援護する

出発前、雷震は蒋介石総統が決済した香港出張の関連書類に目を通したが、その中には在香港の人士たちのうち、台湾への入境を拒否する人々の名簿があった。それは、蒋経国の主導する総統府機要室資料組が、蒋総統の平素の発言をもとに作成したものであった。名簿には、尹述賢、甘家聲、邵鏡人、王夢鄰、黄宇人、周天賢、任國栄など、雷震と近しく、香港到着後に面会を予定していた人々も含まれており、彼らが入境拒否者にリストアップされているのを見た雷震は、やっかいな問題に直面したことを感じたのである。[83]

最終的に、蒋介石と陳誠はいずれも、今回の香港行きは「援護だけを言い、団結は言わない」ものだと雷震に告げた。それはつまり、今度の任務は反共人士を援護すればそれで良く、彼らを国民党当局にひきつける必要はないということであった。雷震は、それは理解に苦しむことであり、たとえ「聯合戦線を提唱しないにせよ、少なくともそれに向けた下準備はするべき」だと思った。唐縦も、雷の意見に賛同していた。[84]

一月三十一日、雷震は再び香港への慰問の旅に出発した。今回は、総統府秘書長の王世杰から四〇〇〇香港ドルを、[85]行政院秘書長の黄少谷から一万香港ドルが援助されていた。[86]いずれも、小切手であった。[87]今回の香港出張の主要な任務は、（一）蒋介石総統を代表して反共人士たちを慰問する他、駐港委員会を設立し、香港の一般の反共人士の調査および登録をして、緊急時には撤退できるようにする[88]。（二）第三勢力の香港での情勢について調査する、というものであった。雷震は、週に二通の書簡を王世杰秘書長に送り、香港での行動と情勢について報告した[89]。

この頃、香港の反共人士は、国民党政府統治下の台湾における政治的自由について、深刻な懸念を持っていた。香港に到着した一月三十一日、「自由中国協会」の幹事会に参加した雷震は、同会が台湾で設立できないことについて、「台湾では国民党と民・青両党以外、その他の政治組織は認められていないので、自由中国協会も設立が許可されないのである」と釈明する他なかった[90]。一方、青年党の領袖である左舜生や李璜らは、雷震や洪蘭友と顔を合わせるやいなや、蔣介石と蔣経国が軍内に国民党党部を設立したこと、民主を実行しないことは、憲法に違反しているだけでなく、完全に「世襲君主制度〔家天下〕」の統治だと痛罵した。彼らの批判は、いずれも事実であるので、雷震と洪蘭友は何も言うことができず、甘んじて批判を受けるしかなかった[91]。

二月十四日には、再度洪蘭友と共に「自由中国協会」大会に出席し、列席の在港人士たちに今回の任務と台湾の政情について報告した。席上、左舜生が、台湾の国民党政府のやり方は依然として「武力統一、一党専制、一人の領袖」というものかとただしたのに対し、雷震は、「それは以前の話です」と答えた。続いて左舜生は、「自由中国協会」が台湾で活動を許されず、過去の民・青両党のように政治団体は「承認」されないといけないというのは、哀れなことであると指摘した。それについて許孝炎は、「台北の政治はめざましく進歩しており、新聞に対して固有の制限はありますが、検査はありません。自由中国協会については、大多数の人が国民党なので、改造委員会では党員の復帰を望んでいます。協会の台湾での成立を望まないのは、党員の復帰の妨げになることを懸念しているからです」と説明した。程滄波は、「みな台湾に行きたいとは思っていませんが、実際には行かないわけにはいきません。なぜなら台湾は匪区〔中国共産党支配地域〕よりは自由だからです」[92]と述べた。

二月十五日、雷震は「自由作者協会」の座談会に出席した。司会は雷嘯岑（馬五）で、出席者には孫寶毅、丁廷標、金良木らがおり、彼らは、台湾のやり方は偏狭で非民主的であると思っていた。雷震は、皆さんは台湾の情勢をご存じないとし、香港と台湾の間には誤解が存在するので、意見交換の機会を増やすべきだと述べる他なかった。彼らの中には、雷の来港の目的は第三勢力と連絡をとることにあると思っていた者もおり、雷震は誤解であることを説明した。その他、伝えられるところによると、謝澄平は、馬義（馬五?）の主導する「自由作者協会」が自分に従わないため、馬義は雷震から一万元を受け取っているとのデマを流したということであった。反共勢力がこのように内輪もめを起こしているのは、あってはならないことだと雷震は思った[93]。

今回の慰問の重要な対象の一人は、許崇智であった。一月三十一日、香港に到着してすぐ、朱新民は雷震に、許崇智が「中国民主反共同盟」を設立し、参加者には彭昭賢、梁寒操、左舜生、方覺慧、上官雲相、宣鐵吾らがいることを告げていた[94]。香港滞在中、雷震は各方面から許崇智の意図を探った。二月一日には左舜生と李福林から、許が自身のことを強固な反共主義者と語っていることを聞いた。左舜生は、許には革命的なところがあり、台湾はこの組織に対する取り組み方を考えるべきだと述べた[95]。このほか、李璜[96]、甘家馨[97]、伍憲子[98]らとも前述の組織について話し合ったが、彼らはいずれも、同組織に見込みがあるとは思っていなかった。

その一方で、二月四日に杭立武が雷震に述べたところによると、杭が米国の駐香港総領事と面会した際、総領事は許崇智の組織を援助しないとは言おうとしなかったばかりか、強く興味を持っており、総領事館の政治部も許の組織と頻繁に接触していたという[99]。彭昭賢は、同組織と台湾の政府は、進む道は異なっていても目指すところは同じであり、張君勱の来港と米国人の回答を待ってから成立大会を開くと述べて、組織の発展に強い自信を見せた[100]。

二月五日、雷震は金侯城のもとを訪れ、張君勱が許崇智の組織に参加するのかどうかを探った。金侯城は、許崇智から張君勱に宛てて、組織を率いて欲しいとの書簡が届いたことを雷震に告げた。これに対し張君勱は、許崇智の組織の主旨は民主と自由を勝ち取ることであり、民社党とも一致しているが、民社党中央は台湾にて蔣介石総統を擁護しており、もし張君勱や金侯城が別に活動すれば、台湾にいる徐傅霖代理主席に申し訳ないとの理由から、許に返信はしなかったという[101]。同日午後、雷震は許崇智のもとを訪問し、短時間の会談をもった。許は、「この組織は情勢の必要性に鑑みてできたのであり、台湾に反対するものではないので、誤解しないでもらいたい」と述べた。雷震は、今回の香港出張の目的を許に説明し、蔣総統の意向は必要な時の撤退作業の準備をするというもので、強制的なものではなく、利用しようというつもりもないと説明した[102]。

一方、香港の反共人士たちのうち、将来台湾に撤退する人々のリストを作成するため、二月初めに駐港小組委員会が設立された。メンバーは、成舎我、彭昭賢、朱新民、呉開先、楊管北、洪蘭友、谷錫五に雷震の八名であった[103]。

雷震の調査によれば、香港の反共人士たちの中には、(前述の許崇智のように)台湾に行きたくないと考える人々もいれば、王聿修[104]や李培炎[105]のように台湾行きの意志を直接表明した人々もいた。尹致中は、行きたいという気持ちはあったものの、台湾の殺伐とした状況に恐れを抱いていた[106]。甘家馨、王夢鄰、邵鏡人、涂公遂らは、台湾に行きたがっていたが、入境拒否のリストに入っており、「彼らは、台湾が入境を許可しないことに憤慨していた。そして、政府には民意機関代表である自分たちを拒絶する権利はなく、介公〔蔣介石〕はなぜこうも度量が小さいのかと述べ、国連に告発するとも言った。私は再三にわたって彼らに釈明し、どうにかすると言った」[107]。また、左舜生のように[108]、香港に留まり続け、もし緊急事態が発生したら、それから台湾に行くと考えていた人々も少なからずいた。

二月十六日、小組委員会で議論が行われた際、教育界の人士については、呉俊升が名簿を作成した。報道界の人士に対しては、こちらから招けば彼らの仕事や旅費の工面に影響を与えると思われたので、台湾行きの機会を宣伝し、自分たちで渡航の道を探してもらうのが良いだろうということになった。商工界の人士たちは、上海での事業に支障をきたしかねないことを心配した他、かつて台湾で冷遇され、台湾に行きたくないものが多数いることが説明された[109]。もっとも、商工界にも中共に対し強い恨みを抱いている人々はいた。例えば、三月一日に林崇墉が連れて来た新光内衣廠の傅良駿と中央紡織公司の劉慶一は、もともとは上海を離れたくなかったが、中共による人民迫害を目撃し、自身も長時間にわたる訊問で疲労困憊させられたことがあったため、一切の地所財産を捨て、台湾に逃げたいと思うようになっていた[110]。マカオから撤退する人々のリストは、二十五日にマカオの祝秀侠から香港の雷震に送付された[111]。三月一日には、劉家麟が、撤退すべき国民大会代表のリストを送ってきた[112]。

二月二十二日、王世杰から、できるだけ速やかに台湾に戻ることを求める書簡が届けられた。董時進のこと、調景嶺の青年学生のこと、および聯合戦線のことなど、いずれも台湾にて協議をする必要があったので、雷震と洪蘭友は相談の上、月末に任務を完了させてから戻ることに決した[113]。

（二）蔣氏父子との関係の転換

三月二日、雷震は船で香港を離れ[114]、四日の晩に台北に戻った[115]。帰台後、雷震は関係各所にそれぞれ報告を行い、行政院には十一項目の建言を提出した[116]。三月十四日、雷震と洪蘭友は行政院から渡された台湾撤退者のリストを検討し、それぞれ署名入りで意見を提出した。台湾に入境する人々への規制を緩和する件については、来台を急いでいる人々のリストを保安司令部に送付し、処理した[117]。

三月二十三日、雷震と洪蘭友は、国民党改造委員会での香港・澳門問題の討論に招かれた。雷震らは報告の中で、香港の各界人士たちがもっとも不満に思っているのは、学校の三民主義課程と、軍内党部の二つであると述べたが、列席者はさほど気に留めなかった[118]。また、改造委員たちは、委員会に対して書面での報告を提出するよう要求したので、雷震は固辞しがたく、六項目の建議書を執筆して、自ら改造委員会に送付した[119]。六項目の建議の中には、学校での三民主義課程実施の廃止や、軍内党部の問題などが盛り込まれていたため、蔣氏父子から不満をもたれることになる[120]。

再三にわたって軍内党部の廃止を呼びかけたことで、雷震は蔣介石と蔣経国の叱責を受けた。三月二十九日、忠烈祠公祭に出席した際、蔣経国が雷震を呼び止め、軍内党部の廃止を提案しているのかと尋ねた。雷震が確かにそのとおりであると答えると、蔣経国はすぐさま、それは共産党に使嗾されて国民党に危害を加えるものであると痛罵したので、雷震は非常につらい思いをさせられた[121]。その後、四月十六日には蔣介石が軍内党部改造委員の就任式典の席上、雷震と洪蘭友が在港人士たちの軍内党部廃止要求を伝達したことについて、「これらの行動は匪諜〔共産党のスパイ〕や漢奸に等しく、一種の厚顔無恥な行為である」と、大いに罵った[122]。蔣介石総統が軍内党部の設立に固執するのは、彼が共産党に類似した組織でもって共産党に対抗するという路線を選択し、自由民主による反共は重視しないという決定を下したことを示しており、それは雷震と『自由中国』の政治路線とは大きな隔りがあった。そのため、雷震は「大陸に戻った後、いかに民主を実行するか」という問題を懸念し始めるようになったのである[123]。蔣介石総統と、政治路線をめぐって懸隔が生じたことは、雷震および『自由中国』と蔣総統との関係に転機が生じたことを意味していた[124]。

しかし、雷震が香港から持ち帰った建議は、一部の国民党幹部からは好意的に迎えられてもいた。出発前に雷震が提唱していたのと同じように、香港の反共民主人士が「聯合戦線」を主張し、雷震と国民党幹部らがいかにしてそれを実現するかを考えていた時、張群は比較的好意的で、自身と邱昌渭や端木愷とで行っていた草案作成作業に加わるよう雷震に求めた[125]。改造に携わっていたその他の要人の中で、唐縦は個人的に支持を表明し、草案も作成したが[126]、公式な討論の場では消極的な態度を示した。国民党中央改造委員会秘書長の張其昀は、反対の立場をとった[127]。

一方、『自由中国』への助成状況にも変化が生じていた。一九五〇年末、行政院長の陳誠は、教育部による経費補助を停止し、かわって、台湾省主席の呉國楨の下にある省財政庁が『自由中国』を補助するとの決定を下した。時期は、一九五一年三月から一九五三年春までで、額は毎年二万台湾ドル、計六万ドルであった[128]。

注

1 范泓『民主的銅像：雷震伝』二八四頁。「雷震致胡適」（一九四九年十二月八日）（萬麗鵑編註、潘光哲校閲『萬山不許一渓奔：胡適雷震来往書信選集』）五～六頁。
2 范泓『民主的銅像：雷震伝』二八四頁。
3 王紀五「《自由中国》創刊号可賛，而蔣廷黻籌組「自由党」另有目的——王紀五致雷震（一九四九年十二月四日）」（傅正主編『雷震全集30：雷震秘蔵書信選』）五八頁。雷震『雷震全集32：第一個十年（二）』、日記一九五〇年一月三日の条、傅正注釈、四～六頁。
4 雷震『雷震全集32：第一個十年（二）』、日記一九五〇年一月三日の条、四～六頁。
5 雷震『雷震全集32：第一個十年（二）』、日記一九五〇年一月十八日の条、一九～二〇頁。
6 雷震『雷震全集32：第一個十年（二）』、日記一九五〇年一月十五日の条、一六～一七頁。
7 「胡適致雷震」（一九五〇年一月九日）（萬麗鵑編註、潘光哲校閲『萬山不許一渓奔：胡適雷震来往書信選集』）九～一〇頁。
8 雷震『雷震全集32：第一個十年（二）』、日記一九五〇年一月十五日の条、一六～一七頁。
9 雷震「如何由自由中国運動推動新政治団体——雷震致蔣廷黻、陳之邁」（一九五〇年一月二十四日）（傅正主編『雷震全集30：雷震秘蔵書信選』）六六～六七頁。
10 蔣廷黻「恐先辦運動、暫不組党又錯失良機——蔣廷黻致雷震（一九五〇年三月三日）」（傅正主編『雷震全集30：雷震秘蔵書信選』）七二頁。

11 雷震『雷震全集32：第一個十年（二）』、日記一九五〇年一月二十一日の条、二二一～二三頁。

12 雷震『雷震全集32：第一個十年（二）』、日記一九五〇年二月二日の条、三一～三二頁。雷震『雷震全集32：第一個十年（二）』、日記一九五〇年二月三日の条、三二～三三頁。

13 薛化元『《自由中国》與民主憲政：一九五〇年代台湾思想史的一個考察』七八頁。

14 連合戦線について雷震は、「今日連合して反共し、他日には連合して建国する」と考えていた。雷震『雷震全集33：第一個十年（三）』、日記一九五一年一月二十九日の条、二一頁を参照。

15 雷震『雷震全集32：第一個十年（二）』、日記一九五〇年一月十一日の条、一四頁。薛化元『《自由中国》與民主憲政：一九五〇年代台湾思想史的一個考察』七八～七九頁。

16 雷震『雷震全集32：第一個十年（二）』、日記一九五〇年一月十八日の条、一九頁。

17 雷震『雷震全集32：第一個十年（二）』、日記一九五〇年二月二日の条、三二頁。

18 王聿修が雷震に宛てた書簡には、自由中国運動は「適之先生が熱心ではないので、おそらく前途に希望はもてないだろう」と記されていた。胡適が「自由中国運動」に乗り気ではなかった態度がうかがえる。王聿修民国三十九年四月十七日、雷震宛書簡。傅正主編『雷震全集30：雷震秘蔵書信選』七九頁。

19 郭廷以『中華民国史事日誌』第四冊、九一二～九一五頁。

20 当時、『中央日報』は李宗仁が十一月十四日の夜に広西から重慶に飛んだと報道しているが、誤報と思われる。『中央日報』（一九四九年十一月十五日）第一版。『中央日報』（一九四九年十二月六日）第一版。

21 一九四九年十一月二十日、李宗仁代理総統は出国して香港に渡り、さらに渡米した。事後に、彼が職務を放棄して出国し、職権を行使できなくなったことが公式に認められた。郭廷以『中華民国史事日誌』第四冊、九一五、九一九頁を参照。

22 雷震『雷震全集32：第一個十年（二）』、日記一九五〇年一月二日の条、四頁。

23 雷震『雷震全集32：第一個十年（二）』、日記一九五〇年一月九日の条、一一～一二頁。

24 任育徳『雷震與台湾民主憲政的発展』七一頁。雷震『雷震全集32：第一個十年（二）』、日記一九五〇年一月十三日の条、一五頁。

25 任育徳『雷震與台湾民主憲政的発展』六九頁。

26 雷震『雷震全集32：第一個十年（二）』、日記一九五〇年三月一日の条、五一～五二頁。

27 雷震『雷震全集32：第一個十年（二）』、日記一九五〇年三月二日の条、五二～五三頁。

28 薛化元『《自由中国》與民主憲政：一九五〇年代台湾思想史的一個考察』の第三章第一節を参照。

29 ここで引用した王聿修が馬之驌に語った内容は、馬之驌『雷震與蔣介石』一〇四～一〇五頁を参照。

30 許冠三「儆寰先生辞世十一年祭」（傅正主編『雷震全集2：雷震與我（二）』）二五二頁。

31 雷震『雷震全集32：第一個十年（二）』、日記一九五〇年一月二十五日の条、二六頁。

32 雷震『雷震全集32：第一個十年（二）』、日記一九五〇年六月二十一日の条、一三〇頁。

33 雷震『雷震全集32：第一個十年（二）』、日記一九五〇年三月十五日の条、六一～六二頁。

34 雷震『雷震全集32：第一個十年（二）』、日記一九五〇年五月二十五日の条、一一三～一一四頁。

35 雷震『雷震全集32：第一個十年（二）』、日記一九五〇年六月十九日の条、一二八～一二九頁。

36 〔訳注〕亜東協会は、国民党中央宣伝部亜東問題研究会と改造出版社が共同して、一九四七年六月二九日に成立させた組織。中国と東アジアの相互理解促進や、東アジア問題についての研究、および政府への建言などを趣旨としており、創立時のメンバーには彭学沛、湯恩伯、雷震、許孝炎、劉百閔、陳博生らがいた。「亜東協会在滬成立」（『中央日報』一九四七年六月三〇日）を参照。

37 雷震『雷震全集32：第一個十年（二）』、日記一九五〇年七月一日の条、一三六～一三七頁。

38 前述したように、許孝炎は香港で雑誌を発行するべく、雷震や王世杰を通じて蔣介石の援助を求めており、雷震も強く賛同していた。「香港時報四日創刊」（『中央日報』一九四九年八月二日）第三版を参照。

39 雷震『雷震回憶録之新党運動黒皮書』二二六頁。雷震が胡虚一に話し、胡が記録したものとして、胡虚一「雷震日記介紹及選註」（李敖主編『萬歳評論叢書』冊一六）（1985.3.5）、雷震日記一九四六年六月十七日の条、一一〇～一一一頁。

40 雷震『雷震回憶録之新党運動黒皮書』二二八頁。だが、雷震の一九五〇年六月四日の日記には、「予算は毎月三万香港ドルと確定していた」と記されている。雷震『雷震全集32：第一個十年（二）』、日記一九五〇年六月四日の条、一二〇頁。

41 「もともと準備していた経費では、同紙は四カ月半しか維持させることができず、〔許〕孝炎は対応に困難を感じていた。台湾の政府および党内からも理解が得られず、陰口も多くささやかれたので、書簡で辞職を求めていた。私は前回に陳訪先が「時報」の減版に抗議したこと、孝炎が経営維持に苦心していることの詳細を報告した上で、書簡を送って慰留し、励ますよう建言した。〔陶〕希聖は、管理委員会は中央宣伝部と財務委員会の両方と関係があり、前途に多少障害があるとして、今後会議には出席され、規約は改変されないようお願いしたいと言い、経費の捻出については雪艇〔王世杰〕や私など三人を推薦した、と言っていた」。雷震『雷震全集32：第一個十年（二）』、日記一九五〇年三月二十一日の条、六六頁を参照。

42 雷震『雷震全集32：第一個十年（二）』、日記一九五〇年六月四日の条、一二〇頁。

43 雷震『雷震全集32：第一個十年（二）』、日記一九五〇年五月二十八日の条、一一五～一一六頁。

44 雷震「我両次奉命赴港調査與宣慰」（『雷震全集12：雷案回憶（二）』）三八三～三八四頁。

45 雷震『雷震全集32：第一個十年（二）』、日記一九五〇年九月二十三日の条、一九二～一九三頁。

46 雷震『雷震全集32：第一個十年（二）』、日記一九五〇年九月二十四日の条、一九三頁。

47 雷震『雷震全集32：第一個十年（二）』、日記一九五〇年十月六日の条、一九八～一九九頁。

48 雷震「我両次奉命赴港調査與宣慰」（『雷震全集12：雷案回憶（二）』）三八四頁。

49 雷震『雷震全集32：第一個十年（二）』、日記一九五〇年十月六日の条、一九八～一九九頁。

50 雷震「我両次奉命赴港調査與宣慰」（『雷震全集12：雷案回憶（二）』）三八五頁。

51 雷震『雷震全集32：第一個十年（二）』、日記一九五〇年十月八日の条、二〇〇頁。

52 雷震「我両次奉命赴港調査與宣慰」（『雷震全集12：雷案回憶（二）』）三八五～三八六頁。

53 胡虚一「雷震日記介紹及選註」（李敖主編『萬歳評論叢書』）冊一六）（1985.3.5）、雷震日記一九四六年六月十七日の条、一一〇～一一一頁。

54 例えば、「食後、王新衡を見舞い、総統の名義で彼を慰問した」とある。雷震『雷震全集32：第一個十年（二）』、日記一九五〇年十月八日の条、二〇〇頁を参照。

55 陳三井「蔣介石眼中的香港自由民主運動」（『八十文存：大時代中的史家與史学』台北：秀威資訊、二〇一七年）三六三頁。

56 雷震『雷震全集32：第一個十年（二）』、日記一九五〇年十月七日の条、一九九～二〇〇頁。

57 雷震『雷震全集32：第一個十年（二）』、日記一九五〇年十月九日の条、二〇一頁。

58 雷震『雷震全集32：第一個十年（二）』、日記一九五〇年十月十三日の条、二〇四頁。

59 雷震『雷震全集32：第一個十年（二）』、日記一九五〇年十月二十日の条、二〇八頁。「自由中国協会成立会紀録」（『雷震全集27：給蒋氏父子的建議與抗議』台北：桂冠図書、一九九〇年）一六～一七頁。

60 雷震『雷震全集32：第一個十年（二）』、日記一九五〇年十月二十二日の条、二〇九～二一〇頁。「自由中国協会第一次幹事会紀録」（『雷震全集27：給蒋氏父子的建議與抗議』）一八～一九頁。

61 雷震『雷震全集32：第一個十年（二）』、日記一九五〇年十月十一日の条、二〇二～二〇三頁。

62 〔訳注〕調景嶺は、国共内戦により中国大陸から香港に避難した人々の難民キャンプが存在した場所である。

63 雷震『雷震全集32：第一個十年（二）』、日記一九五〇年十月十四日の条、二〇四～二〇五頁。

64 雷震「我両次奉命赴港調査與宣慰」（『雷震全集12：雷案回憶（二）』）三八七～三八八頁。

65 雷震「我両次奉命赴港調査與宣慰」（『雷震全集12：雷案回憶（二）』）三九三～三九四頁。

66 雷震『雷震全集32：第一個十年（二）』、日記一九五〇年十月二十一日の条、二〇九頁。

67 「総統府顧問　雷震離港返台」（『香港工商日報』一九五〇年十月二十四日）第五頁。

68 雷震は一九五〇年十月二十三日から二十八日の間、日記をつけていない。傅正の調べでは、二十八日の香港の『上海日報』は、雷震が二十七日に帰台したと報道している。一方、『中央日報』は、雷震が二十六日に台北に到着したと報じている。「留港難胞及栄軍向総統献旗祝嘏　託雷震転呈致敬書」（『中央日報』一九五〇年十月二十八日）第一版を参照。

69 雷震『雷震全集32：第一個十年（二）』、日記一九五〇年十一月八日の条、二一五頁。

70 雷震「呈総統蔣中正報告」（一九五〇年十一月二日）（『雷震全集27：給蔣氏父子的建議與抗議』）一～七頁。

71 雷震『雷震全集32：第一個十年（二）』、日記一九五〇年十一月十日の条、二一六頁。

72 社論「台湾、香港與大陸」（『自由中国』第三巻第十期）（1950.11.16）四頁。

73 雷震『雷震全集32：第一個十年（二）』、日記一九五〇年十一月十七日の条、二二〇頁。

74 雷震『雷震全集32：第一個十年（二）』、日記一九五〇年十一月十九日の条、二二二頁。

75 雷震『雷震全集32：第一個十年（二）』、日記一九五〇年三月十五日の条、二四〇～二四一頁。

76 薛化元『《自由中国》與民主憲政：一九五〇年代台湾思想史的一個考察』八一頁。雷震『雷震回憶録――我的母親続篇』（香港：七十年代雑誌社、一九七八年）三六一～三六二頁。

77 雷震『雷震全集33：第一個十年（三）』、日記一九五一年一月十一日の条、六～七頁。

78 雷震『雷震全集33：第一個十年（三）』、日記一九五一年一月十三日の条、八～九頁。

79 雷震「我両次奉命赴港調査與宣慰」（『雷震全集12：雷案回憶（二）』）三九四頁。

80 雷震「我両次奉命赴港調査與宣慰」（『雷震全集12：雷案回憶（二）』）三九二頁。

81 「建立聯合陣線正是時候了！」（『自由中国』第四巻第二期）（1951.1.16）四～五頁。

82 雷震『雷震全集33：第一個十年（三）』、日記一九五一年一月十八日の条、一一～一三頁。

83 雷震『雷震全集33：第一個十年（三）』、日記一九五一年一月二十四日の条、一七～一八頁。
84 雷震『雷震全集33：第一個十年（三）』、日記一九五一年一月二十八日、二十九日の条、二〇～二二頁。
85 雷震「我両次奉命赴港調査與宣慰」（『雷震全集12：雷案回憶（二）』）三八八頁。
86 雷震「我両次奉命赴港調査與宣慰」（『雷震全集12：雷案回憶（二）』）三九二頁。
87 雷震「《自由中国》的第一次言禍」（『雷震全集12：雷案回憶（二）』）三九五頁。
88 雷震『雷震全集33：第一個十年（三）』、日記一九五一年二月五日の条、二八～三〇頁。
89 雷震「我両次奉命赴港調査與宣慰」（『雷震全集12：（二）』）三九二頁。
90 雷震『雷震全集33：第一個十年（三）』、日記一九五一年一月三十一日の条、二二～二四頁。
91 雷震「反対『党化軍隊』惹怒了蔣家父子」（『雷震全集12：雷案回憶（二）』）三九八頁。
92 雷震『雷震全集33：第一個十年（三）』、日記一九五一年二月十四日の条、三八頁。
93 雷震『雷震全集33：第一個十年（三）』、日記一九五一年二月十五日の条、三八～三九頁。
94 雷震『雷震全集33：第一個十年（三）』、日記一九五一年一月三十一日の条、二二～二四頁。
95 雷震『雷震全集33：第一個十年（三）』、日記一九五一年二月一日の条、二四～二五頁。
96 雷震『雷震全集33：第一個十年（三）』、日記一九五一年二月二日の条、二五～二六頁。
97 雷震『雷震全集33：第一個十年（三）』、日記一九五一年二月十六日の条、三九～四〇頁。
98 雷震『雷震全集33：第一個十年（三）』、日記一九五一年二月十七日の条、四〇～四一頁。
99 雷震『雷震全集33：第一個十年（三）』、日記一九五一年二月四日の条、二七～二八頁。
100 雷震『雷震全集33：第一個十年（三）』、日記一九五一年二月四日の条、二七～二八頁。
101 雷震『雷震全集33：第一個十年（三）』、日記一九五一年二月五日の条、二八～三〇頁。
102 雷震『雷震全集33：第一個十年（三）』、日記一九五一年二月五日の条、二八～三〇頁。
103 雷震『雷震全集33：第一個十年（三）』、日記一九五一年二月五日の条、二八～三〇頁。
104 雷震『雷震全集33：第一個十年（三）』、日記一九五一年二月三日の条、二六～二七頁。
105 「五時頃、『時報』で李培天、李培炎兄弟に会う。培天は総統宛ての書簡を持っていた。培炎は台湾入境を計画しており、入境証の手続きを裹存藩に頼んだ」。雷震『雷震全集33：第一個十年（三）』、日記一九五一年三月一日の条、五六～五七頁を参照。
106 雷震『雷震全集33：第一個十年（三）』、日記一九五一年二月二十六日の条、五一～五二頁。

107 雷震『雷震全集33：第一個十年（三）』、日記一九五一年二月十六日の条、三九～四〇頁。

108 「左舜生個人は、香港では原稿を売ることができるが、台湾では生存できないので、まず入境証を申請しておき、緊急時になったら台湾に行くと考えていた」。雷震『雷震全集33：第一個十年（三）』、日記一九五一年二月一日の条、二四～二五頁。

109 雷震『雷震全集33：第一個十年（三）』、日記一九五一年二月十六日の条、三九～四〇頁。

110 雷震『雷震全集33：第一個十年（三）』、日記一九五一年三月一日の条、五六～五七頁。

111 雷震『雷震全集33：第一個十年（三）』、日記一九五一年二月二十五日の条、四九～五一頁。

112 雷震『雷震全集33：第一個十年（三）』、日記一九五一年三月一日の条、五六～五七頁。

113 雷震『雷震全集33：第一個十年（三）』、日記一九五一年二月二十二日の条、四六～四七頁。

114 雷震『雷震全集33：第一個十年（三）』、日記一九五一年三月二日の条、五七頁。

115 雷震『雷震全集33：第一個十年（三）』、日記一九五一年三月四日の条、五七～五八頁。

116 陳三井『八十文存：大時代中的史家與史学』、三六六～三六七頁。

117 雷震『雷震全集：第一個十年（三）』、日記一九五一年三月十四日の条、六一～六二頁。

118 雷震『雷震全集33：第一個十年（三）』、日記一九五一年三月二十三日の条、六六～六七頁。

119 雷震「反対『党化軍隊』惹怒了蔣家父子」（『雷震全集12：雷案回憶（二）』）三九八頁。

120 陳三井『八十文存：大時代中的史家與史学』三六六～三六七頁。

121 雷震『雷震全集33：第一個十年（三）』、日記一九五一年三月二十九日の条、七〇～七一頁。

122 雷震『雷震全集33：第一個十年（三）』、日記一九五一年四月十六日の条、八一頁。蔣経国は、当時「特殊党部改造委員会」（省級党部に相当）の書記長（中央は、周至柔をその主任委員に任命していた）であり、軍内党部の工作において重要な役割を果たしていた。周國光『七海光』七六～七七頁。張忠棟『胡適・雷震・殷年来的特殊党務』（一九五七年）一〇～一一頁。同資料は、龔宜君教授の提供を受けた。感謝申し上げる。

123 雷震『雷震全集33：第一個十年（三）』、日記一九五一年四月十七日の条、八二頁。

124 雷震は、自身に向けられた蔣介石からの批判について、総統府秘書長の王世杰に不平をこぼしたことがあったが、その時王は応じようとはしなかった。雷震『雷震全集33：第一個十年（三）』、日記一九五一年四月二十二日の条、八四頁を参照。しばらくして、王世杰は雷震の見解に賛同すると述べた。雷震『雷震全集33：第一個十年（三）』、日記一九五一年五月九日の条、九二頁。蔣介石の批判は雷震にとって大きな打撃となり、その後彼らの関係は疎遠になる。『自由中国』の言論が、たびたび蔣介石の禁忌に触れたことも、雷震と蔣介石、および国民党当局との関係を悪化させることになっていく。

125 雷震『雷震全集33：第一個十年（三）』、日記一九五一年三月十日の条、六〇頁。

126 雷震『雷震全集33：第一個十年（三）』、日記一九五一年三月二十一日の条、六五頁。

127 雷震『雷震全集33：第一個十年（三）』、日記一九五一年三月二十三日の条、六六頁。

128 任育徳『雷震與台湾民主憲政的発展』八二頁。

第二節　衝突の増加

一、社説「政府不可誘民入罪」の意義とその影響

前述したとおり、雷震の主導した『自由中国』は、創刊当初は「擁蔣反共」の立場をとっており、中華民国政府が台湾に敗退してきたばかりの頃は「大局を重んじ」、人権には二義的な価値しか置いていなかった。そのため、雷震と蔣介石率いる国民党当局は、依然として良好な関係を維持していた[1]。とは言え、民主憲政の主張を取り下げたわけではなかったので、二度目の香港出張から戻ってからは軍隊の国家化などを建議し、蔣氏父子から不満を持たれたのである。しかし、蔣介石・蔣経国親子が雷震を痛罵したとはいえ、国民党当局はまだ『自由中国』誌を直接批判してはいなかったし、雑誌に対して圧力をかけることもなかった。

一九五〇年六月に朝鮮戦争が勃発し、米国が第七艦隊を派遣して「台湾海峡中立化」政策を実施すると、台湾海峡の情勢は危機を脱した[2]。一九五一年五月には、国際情勢はさらに進展を迎える。朝鮮での戦局が国連軍優勢に傾いた後、米国のトルーマン大統領が、台湾海峡の問題において中共政権に譲歩しないことを正式に決定したことで、台湾の安全はより強固な保障を得るに至ったのである[3]。元来、国家のおかれた情勢が劣悪であることに鑑み、政府による人権侵害に容認的であった『自由中国』の態度も、この頃から転換し、同誌と治安情報機関が正面から衝突することにつながってゆく。

その発火点となったのは、一九五一年六月一日の『自由中国』第四巻第十一期に掲載された夏道平による社説「政府不可誘民入罪〔政府は民をそそのかして罪を犯させてはならない〕」であった[4]。同社説は、一部の不良官吏が摘発件数を上げたいからか、あるいは金融事件に支払われる高額の賞金のためか、民衆をペテンにかけて罪に落としていることを告発していた[5]。その手口というのは、まず土地銀行で口座を開き、約束手形を取得後、それを抵当にして高利率で人々に貸し付け、貸借の成立後に保安司令部経済検査組が出てきて金融犯罪として逮捕し、保安司令部の軍法機関で裁判をするというもので、経済検査組の人員はそれによって高額の賞金

を得るのであった[6]。社説が出た後、台湾省保安司令部副司令の彭孟緝は雷震に、「『自由中国』の文章は保安司令部を侮辱した。彼（彭）は今日から報復をする、絶対に手加減はしない、法的な解決でも構わない」[7]と警告した。彭は、自分は「台湾人の恨みを買った、今後台湾には住めない」と恨み言を公言したほか、雷震は総統府国策顧問であり、その話は人から信じられやすいので、保安司令部の威信は雷震によって損なわれたとも述べていた[8]。彭はさらに、『自由中国』の同社説は台湾の金融統制を破壊し、今後自分の仕事はできなくなったと言ったばかりか、雷震は二度にわたって香港で「不法な外国為替投機」や「密輸」をしたと非難し、雷は商人の口利きをしようとしたが、彭が許さなかったので、社説の掲載はその報復という意図があったのだ、などと並べ立てた[9]。

当時、大きな権力を握っていた彭孟緝は、放言するだけではなく、実際に自由中国社の編集員を逮捕するための公文書を作成しており、保安司令部司令を兼任していた台湾省主席の呉国楨に批准を要求していたが、呉から突き返されていた[10]。雷震日記の記述からは、彭が一度ならず手出しをしようとしていたが、国民党当局の上層部における雷震に好意的な人々が、度々救いの手を差し伸べていたことがうかがえる。

（二）応答の文章が大幅に修正される

事件発生後の六月八日、雷震は友人である総統府秘書長の王世杰のもとを訪れた。来客は、ほかに行政院秘書長の黄少谷がいた。黄が帰った後、王世杰は、「政府不可誘民入罪」により「すでに保安司令部との間で戦端が開かれた。同部は私［雷震］に対抗すると決定した」旨を雷震に告げた。王はまた、「この文章は事実であるが、今日共産党を打倒するためには、こうした連中も使わなければならないので、時には目をつぶらないわけにはいかない」とも述べ、『自由中国』が応答の文章を掲載し、経済を管理することや、関係する人員の功労と廉潔を否定しているわけではないと説明するよう提案し、「本心とは異なる言論をする」必要はないと述べたので、雷震も同意した[11]。六月九日、国民党中央改造委員会第四組は雷震に打電して、この件は保安司令部を怒らせたので、『自由中国』は二度と政府の信用を損なうような事件を起こしてはならないと警告した。また、陶希聖も雷震に電報を送り、『自由中国』が文章を発表して緊張を緩和するよう求めた他、翌週月曜（六月十一日）に陶が記者会見を開き、政府の金融管理の措置について説明すると述べた[12]。

六月十一日、保安司令部督察処長の陳仙舟が記者会見で、政府が経済を統制する意図と効果について説明し[13]、政府の威信回復を図った。その一方、六月十一日、雷震は自由中国社の入り口を特務が監視していることに気づいたが、それは明らかに、恫喝の意味がこめられたものであった。怒った雷震は呉国楨に電報を送り、介入を要請した。雷震は呉に対し、「あなた方がこんな調子で、国家になお希望があるだろうか?」とかんしゃくを爆発させたのである。ほどなくして来た呉国楨からの返電には、逮捕者を出さないことはできるが、それ以外のことは保証できないと記されていた。雷震は心中で、「一篇の『政府不可誘民入罪』という文章で、国民党の軍事機関は人を逮捕できるのか?『自由中国』を標榜する言論の自由はどこへ行ったのだ?」といぶかしく思った。ところが、保安司令部の特務はすぐには撤収しなかったので、雷震はまた正午に行政院秘書長の黄少谷に電話で問いただし、さらに王世杰と陶希聖にも電報で知らせた。また、近隣の友人である余井塘と蔣匀田にも連絡したので、多くの国民党の友人たちが雷震に声援を送った[14]。その中で、蔣匀田は民社党の人士であったので、陶希聖は後に、この件を国民党員ではない蔣匀田に教えるべきではなかったと雷震をとがめた[15]。

雷震が間接的に聞いたところによれば、もともと彭孟緝は、『自由中国』に公開謝罪を要求するつもりだったという。陶希聖は彭に「『自由中国』に対し何か行動を起こしてはならない。もし起こしたら、保安司令部が恥をかくだけでなく、台湾全体も恥をかくことになる」と諫めていた。王世杰も、こういうことをしてはいけないと、彭に伝えていた[16]。その他、この事件は米国大使館からも注視され、楊没明を通じて、停刊しないようにとのメッセージが送られてきた[17]。

事件が起こってから、王世杰は、『自由中国』の言論の内容について雷震とやりとりをしたほか、積極的に調停に乗り出した。王は、『自由中国』が応答の文章を発表する際には、保安司令部が匪諜の検挙粛清に成果をあげていることを評価するよう提言したが、雷震は乗り気でなく、王も強いてすすめはしなかった[18]。とは言え、『自由中国』も一定の譲歩はした。六月十一日の夜、編集会議が開かれ、「事を穏便に解決するとの目的に基づき、次号の社説を企画・執筆する」ことが決定される[19]。応答の文章が完成した後、まず王世杰に送付して目を通してもらい、別に編集委員会から連名で王世杰、黄少谷、陶希聖に書簡を送り、本件を彼らの指示どおりに処理すると表明した。当日、毛子水は編集会議に出席しなかったので、雷震は同書簡を毛に送って読んでもらったが、毛による修正後は語気がより強硬になっており、いつも温和な毛子水すらこの件では自尊心が損なわれたと感じ、怒っていたことを表していた[20]。だが、王、黄、陶の三人は相談後、事を穏便に済ませるため、さらに応答の文章の末尾に保安司令部に対して肯定的な言葉を載せるよう要求した。陶希聖はまた、その他の編集委員と相談すると異なる意見が出て来て収拾がつかなくなることを恐れ、雷震は彼らと相談しないようにと述べた。その上で、王世杰との数十年にわたる交誼のよしみで文章修正に協力して、王を困らせないようにとすすめたのである[21]。

雷震の回想によれば、元々自由中国社で作成した文章は、「高ぶらず、またへりくだらない書きぶりで、外部からの圧力で執筆を余儀なくされた謝罪文であるとは読者に思わせず、保安司令部に面子を与えつつも、『自由中国社』の宗旨を損なっていない」ものであったが、六月十三日の夜、陶希聖はそれに目を通した後、なお「この文章は使えない。これは強弁であり、まったく謝罪の意思が示されていない」と述べたという。そこで雷震はやむなく陶に修正を依頼し、最終的に掲載された文章は、陶希聖が大幅に加筆したものとなった[22]。

六月十六日、国民党設計委員会が開かれ、司会の蕭自誠が「政府不可誘民入罪」事件に言及し、「もし、前回『大華晩報』事件発生の折、保安司令部がほしいままに人を逮捕することを禁じていなかったら、今回『自由中国』も免れなかっただろう」と述べた。続いて端木愷は、「保安司令部の今回の行動はもとより違法なものであり、『自由中国』が批判したのに対し、同部がさらに法に則った処理をせず、直接的な行動に出たら、それもまた違法である。民主制度のもとにありながら、法に則って職務がなされなかったら、この国家に進歩はあるだろうか？」と述べた。端はさらに、もし雷震が同社説のために獄につながれるなら、自身も一緒に入獄するとまで述べたのである。会議中、雷震は今回『自由中国』誌が圧迫を受けていることについて一言も触れず、ただ起立して次のように発言した。「改造会が、法律の範囲内での言論の自由について、適切な主張をされることを望みます。健全な輿論を形成し、内幕ニュースものを減らす必要があります。はっきりと名指しせず、それとなく人を誹謗中傷するようなやり方は、健全な輿論の形成に寄与しません。民主政治とは、みなに毎日感謝の意を表明させたり、電報で敬意を表させたりするようなものではなく、人々に政府を督促・監視させるものであります。さらに、人民が向上できるよう励まし、人々の奮闘精神を高める必要があります。人民を消極的・悲観的にさせてはなりません」[23]。

（二）胡適の書簡を公に掲載する

同日発刊された『自由中国』第四巻第十二期には、王世杰や陶希聖らの要求した「再論経済管制的措施〔経済統制の措施を再論する〕」が掲載され、政府の経済統制政策を支持し、その効果を評価すると表明することで[24]、事件の幕引きが図られた。ところが、思いもよらないことに、同文章は遠く米国にいる胡適を不快にさせた。文章を読んだ胡適は、八月十一日に雷震に書簡を送り、台湾の軍事機関が言論に干渉することへの不満を述べた上で、『自由中国』発行人の肩書を辞職すると表明したのである。胡適はさらに、書簡冒頭の空欄部分に加筆して、「この書簡は『自由中国』誌上に発表することはできるでしょうか。もし『自由中国』が『発行人胡適』の抗議を発表できなかったら、それでも『自由中国』と言えるでしょうか」[25]と記した。そこで、胡適の意を受けた雷震は、同書簡を九月一日の『自由中国』第五巻第五期に公開した。ただし、書簡掲載の際、横に小さく次のような数行の註をつけ、胡適が引き続き『自由中国』の発行人を担当することを要請した[26]。

本誌の記事は、編集部スタッフがその責任を負うものであるが、立論における本誌の態度は、胡氏が手ずから制定された「自由中国の宗旨」（本誌が毎号掲載しているもの）を遵守したものである。これまでもそうであったし、将来においてもそれは変わらない。今回、胡氏が本誌発行人の名義を降りられることについて、本社同人は全会一致をもって、引き続きご指導をお願いすることを決議した。

『自由中国』誌は胡適の書簡を公開し、同誌の立場を改めて表明したが、自由中国社ではそれにともなって胡適の辞意を受け入れようとはしなかった。雑誌裏表紙の発行情報には、その後も発行人は胡適と記されていたのである[27]。編集部の雷震、毛子水、羅鴻詔、殷海光、李中直、金承藝、夏道平、黄中らは、さらに連名で胡適に書簡を送り、以下のように説明した[28]。

常に考えていることですが、現段階の中国の民主自由運動——すなわち、言論の自由の一点のみを勝ち取るということ——にとって、あなたが積極的に指導されるのは不可欠なことです。……現在の台湾における刊行物の中で、我々の『自由中国』のみが、輿論のための刊行物というに足るものとなっています。——これはみなの公認するところです。我々は本誌を大切にしており、世間の人々も期待をかけています。それゆえ、我々はあなたに引き続き発行人を担当して頂き、我々を指導し、常に我々の言論に対して指示を賜りますようお願いしたく、その旨を全会一致で決議しました。

だが、雷震が胡適の書簡を公開したことは、党と政府から指弾されることになった。掲載当日の夜には、李士英と蕭自誠から、胡適の名声はあまりに高いので、書簡は共匪から引用され、国際的に良くない反響をよぶ恐れがあるので、雷震は書簡を発表すべきではなかったとの電話があった。それに対し雷震は、「共匪が彼を気にかけるとは限りません。台北が行動を起こさず、読まれるにまかせておけば、台湾に言論の自由があることになり、胡氏が言われることは事実ではないことになります。もし、干渉がなされたら、胡氏の言われるとおり、言論が自由でないことを示しているのです」[29]と答えた。

一方、王世杰は『自由中国』が胡適の書簡を公開したことを「非常に悲しんだ」。当日、王は羅家倫を通して、電話で以下の三点を雷震に伝えた。一、この行動は、胡適と政府を対立させた。二、以前「政府不可誘民入罪」事件の折、雷震は調停を引き受けた王世杰に対し、後続の文章は載せないと答えていたのに、今回の書簡公開について、事前に王に知らせなかった。三、「台湾の今日の情勢は非常に不安定であり、この荒波に耐えられない」[30]。王世杰の「悲しんだ」という反応に雷震は「大いに戸惑い不安に思った」ので、王に文書で説明をすることとした。すなわち、書簡の発表は「胡氏の意向に基づいたものである」し、胡適の立場は過去と今後の言論から自ずと明らかにされるもので、「他人が彼を『どうこう』して、政府と対立させることができるものではありません」。「もし、政府が書簡の公表に寛容でなく、波風がたつようなことがあれば、それは政府がそうしたのであり、その波風に耐えられるかどうかは、政府が自ら考えるべき問題であって、我々の責任ではありません」[31]。

刊行翌日の九月二日、雷震は保安司令部が各地に人を派遣して、同号の雑誌を買い上げていることを耳にした。また、趙効沂からの電報によれば、改造会第四組が、『香港時報』に対し、同号の『自由中国』の発行を停止するよう電話で要求したとのことであった[32]。九月四日、蕭自誠が座談会への出席を雷震に要求してきたが、それは実際には胡適の書簡を公開した一件について査問するためのものであった。会は蕭自誠が司会を務め、席上、陶希聖から「胡適之がこの雑誌の編集責任者だったら、この書簡を発表しなかっただろう……なぜ胡適之と政府を対立させるのか」との発言があった。胡健中は、書簡の公表が『自由中国』にもたらした損害は大きかったと述べた。蕭自誠もまた、書簡は発表されるべきではなかったと強く主張した。彭孟緝は、雷震が彼への報復を意図していたと批判し、さらに張許超が香港に行った一枚の写真を列席者に見せ、雷震が香港で「不法な外国為替投機」や「密輸」をしていた証拠とした。しかし、彭は人を派遣して『自由中国』を監視させたことや、保安司令部が雑誌を買い上げたことなどについては、認めようとしなかった。それらに対し雷震は、『自由中国』の雑誌としての立場を説明することを試み、もし胡適の書簡を発表できれば、『自由中国』には言論の自由があることを表していると述べた上で、「人々が経済統制の方法の是非ではなく、『自由中国』が胡氏の書簡を載せるべきではなかったという点のみ追及すること」[33]をいぶかしく思った。

当時、『自由中国』に発行停止が要求されるという話も伝わっていたが、九月五日の夜、張其昀が自宅に訪ねてきて、「この件について過度に重視する必要はなく、総裁に報告する必要もない」と述べた。張其昀がきていた時、保安司令部からの呼出状も届き、翌日午後三時に軍法処にて香港での「不法な外国為替投機」について説明するよう要求していた。雷震は、彭孟緝がこの呼出状を出したのは自分を侮辱するためだと思い、張其昀に「明日の午後、私は必ず出席する。出席した後で胡適之に手紙を書き、あなたの書簡はすでに掲載されました、その結果がこの呼出状です、と説明する」と告げた。張其昀は、雷震が行く必要はないと言い、すぐに彭孟緝に話をしに行った。ところが、張其昀が彭に会ったところ、彭は呼出状について知らないと言ったのである。雷震は「軍事機関は規律を重んじるのに、どうして部下がしたことを知らないのか」と問いただした。結局、この呼出状は張其昀によって片付けられた[34]。

九月七日の午前、蕭自誠が自由中国社を訪れ、胡適の書簡掲載問題を話題に出した。羅鴻詔は蕭に対して、「胡氏の書簡をもし発表できなかったら、『自由中国』になお言論の自由はあるでしょうか？　我々は特に実験してみたのです。今、実験はすでに終わりました。すなわち、『自由中国』に言論の自由はないのです」と言った。蕭はそれに答えようとしたが、羅鴻詔はさらに、「あなた方は、弁論のために弁論をしています。私は絶対に、そうしたものには答弁しません」と付け加えた。午後になって、この件を収めるため、雷震は呉国楨、沈昌煥、胡健中のもとをそれぞれ訪れた。呉国楨は、蔣介石総裁が怒っており、雷震が停刊を脅しに使っていると誤解しているので、釈明するよう求めた。雷震は、雑誌は出版を継続しているが、経費に困っているのは事実であるとしながらも、蔣介石のところに「理解を求めには行かない」と答えた。次に沈昌煥のところに行くと、李士英も来ており、李と蕭自誠が、同号の再版はするのかと尋ねたのに対し、雷震は、「そういうことは絶対にない」と答えた。胡健中は、国民党上層部での会議の状況を詳しく雷震に伝えた。それによれば、蔣介石は、雷震が「すでに金融騒動に巻き込まれており」、先の「政府不可誘民入罪」は報復のための文章であって、その後、同文章の掲載をめぐる調停にむしゃくしゃして、胡適からの書簡を公開したのだと理解していた。そこで蔣は、雷震には党員の資格はないと考え、党籍の剥奪を指示したが、陳誠らが反対したことで、警告にとどまったという。こうした状況から、中央改造会は雷震を国民党中央紀律委員会にて審査することに決めた。七日の夜、雷震は、紀律委員会からの文書を受け取った。一〇日以内の回答提出を要求していた。[35]

(三)　国民党上層部との関係が日増しに疎遠になる

その一方、雷震を支持する友人たちも少なからずいた。九月八日、雷震を心配した湯恩伯がわざわざ訪ねてきた。萬仞千もやってきて、「『自由中国』はすでに成功した」と雷震を慰めた。その夜、『自由人』のメンバーが王新衡の自宅に集まって食事会を開き、出席者には、程滄波、樓桐蓀、胡秋原、黄雪邨、端木愷、阮毅成、張純明、王雲五、陶百川らがいた。彼らはみな『自由中国』に深く同情し、「今後はもっと積極的にやるよう」雷震を鼓舞したのである。王雲五はさらに雷震に、「次回はもっと多く印刷してください。今日、雑誌を発行して名を揚げるのはとても難しいものですが、今日、『自由中国』はもう名を揚げたのですから」と励ました。席上、出席者たちは、「今後、小事で政府を刺激する必要はないが、大事は疎かにしてはいけない」ことで一致した。胡秋原は、みな一致して『自由中国』を支持するべきで、めいめい勝手な振る舞いをしてはならない、と提唱した[36]。

九月九日の午後、雷震は陳雪屏のもとを訪れ、事件の詳細について語った。陳雪屏は、胡適の書簡を発表したことは、政府が現在置かれている困難な局面をいっそう深刻なものにしたと語った。なぜなら、毛邦初事件[37]が米国で問題になっている中で、同書簡の発表は人々に政府攻撃の口実を与えるものだからである。陳雪屏はまた、同書簡はまず王世杰に見せるべきだったとして、三〇余年来の友人をああいう風に扱ってはいけないとも言った。雷震が、この挙にでたのは政府の改革を促進するためだったと説明すると、陳雪屏は、「こうした方法を用いても、総裁が受け入れるとは限らない」と述べたが、陳もまた、「〔胡〕適之の書簡を読んだ後、あの社説をもう一度読んでみると、多くの面で改革が必要だとみな思った」ことは認めた。それによって雷震は、「胡氏の書簡が効力を発揮したことが分かる」と思った[38]。

友人たちの仲介によって、「政府不可誘民入罪」が引き起こした騒動は、ひとまず一段落した。おおまかに言って、雷震と『自由中国』は政府および国民党に対して相当な批判を行ったものの、雑誌の言論は、基本的には依然として蔣介石総統を擁護し、国民党政府の立場を支持していた。おそらく対立を軽減させるためか、『自由中国』の編集会議は、「今後国際的な文章を多く書く」ことを決議し、さらに雷震の執筆した「輿論與民主政治〔輿論と民主政治〕」の連載を中途で打ち切った[39]。しかし、「政府不可誘民入罪」および胡適の書簡は、『自由中国』の名声を高めもした。台湾省議員李萬居は、「七〇〇万人を代表して」、雷震に敬意を表した。だが、雷震は自身が国民党設計委員であることに思い至り、「心中非常につらく」、「言葉に出せぬ苦痛があった」[40]。

後に、胡適は九月十一日に『自由中国』雑誌社のメンバーたちに返信し、言論の自由に対する深い関心を示した。

> 私が明らかにしてほしいのは、『自由中国』が、先週日曜（九月二日）に発売を禁止されたのかどうかという一点です。……もし、本当に『自由中国が』発売を禁止されたなら、私たちはこの件について大いに政府

と争うべきです。すべての証拠書類を〔呉〕国楨主席、辞修〔陳誠〕院長、蔣総統に知らしめるべきでしょう。とにかく、『自由中国』に自由はなくてはならないし、言論の自由もなくてはならないのです。……これが大事であり、私が辞職するのは小事です。私がまずはっきりさせたいのは、あなた方が台北でやっている『自由中国』に言論の自由があるのかどうかということです。「政府不可誘民入罪」のような批判の文章を、今後も引き続き発表できるのでしょうか？[41]

雷震と『自由中国』にとって、より重要なことは、いかにして政府をして人民の自由に気を配らせ、民主を実現するかであった。そのため、前述した衝突が起こった時、雷震と『自由中国』が選択できる余地は少なかったのである。だが、事件の発生後、雷震は蔣介石ら国民党当局指導部との関係が緊張したほか、当初一緒に「自由中国運動」を発起した一部の高官や友人たちとも明らかに疎遠になった。

一九五二年、蔣介石との関係が疎遠になったことを象徴したできごとの一つは、雷震が改造会と総統府の新年会に参加しなかったことであった[42]。当日、蔣経国は、自由中国社職員の馬之驌と会った際、「〔雷震は〕反共ではなく反動である……今日は総統を擁護し、政府を擁護する以外の道はないのだと言った」[43]。その他、友人たちとの関係が疎遠になったことも、行動としてあらわれていた。友人たちの一部が、雷震と距離をとるようになったのである。そのうち、おそらく雷震にとって最も感慨が深かったのは、王世杰であったと思われる。王世杰は、もともと雷震と『自由中国』の支持者であり、元上司でもあって[44]、雷震がずっと尊敬していた人物であった。ある時、北婆羅洲の青年、張昌正が蔣総統の写真を一枚雷震に送り、蔣総統のサインを求めて来たので、雷震は写真を総統府秘書長の王世杰に転送したが、思いもよらず、王から突き返されるということがあった。王世杰が雷震から距離を置く態度に出たことは、雷震に深い感慨を覚えさせたのであった[45]。

雷震は、自身が讒言や中傷を受けることを恐れ、「つまらないことで煩わされぬよう、どこにも外出せず、どんな会議にも出席しない」ようにしただけでなく[46]、同僚たちにも、行動に気をつけるよう注意した。『自由中国』編集委員の李中直が一九五二年三月に訪日する際には、李の居宅まで赴き、言動に気をつけ、第三勢力と交流してはならず、とりわけ『自由中国』を代表して政治的な色のついた人々と交流してはならないとアドバイスしたのである[47]。

(四) 中日文化経済協会の成立

社説「政府不可誘民入罪」の騒動により雷震は大いに困惑させられ、眠れなくなり、以来、毎晩睡眠薬の服用が欠かせなくなった。しかも、服用量は少しずつ増加していったし、薬の種類もしょっちゅう変ったのである[48]。しかし、雷震が持つ豊富な人脈と人望の高さにより、国民党上層部が対日関係を推進する際には、やはり雷の力を頼ることが多かった[49]。

一九五二年五月十七日、張其昀が国民党中央党部に張群、何応欽、黄朝琴、陳訓悆、張伯謹、斉世英、呉鉄城、湯恩伯、丘念台、方治と雷震らを集め、「日本問題に熱心な人士」により日本に関する民間団体を組織し、国策に沿った活動をさせることについて討論した。蔣介石の意見に基づき、組織の名前は「中日文化経済協会」とされ、張群と何応欽の二人が指導することとなる[50]。蔣はまた、一〇名から成る準備委員の名簿を出したが、初めのうち人々は団体を組織することに差し迫った必要性を感じていなかったので、準備作業の進展はきわめて緩慢であった[51]。六月十一日、張群は、総統が宣伝会報において「この協会に積極的で、早期に成立しなければならないと考えているようだった」と述べた[52]。六月末になって、準備委員たちは牯嶺街の何応欽宅にて、いかに組織をつくるかについて集中的に討論し始めたが、張其昀は、自分が日本について理解していないからと言って、いつも参加しなかった[53]。

七月十七日、張群が電話をかけてきて、政府の命により、日本政府が河田烈特使を台湾に派遣し、「中日和約〔日華平和条約〕」を締結したことへの謝意を述べるべく、早くて一週間以内に答礼訪問に出発することを雷震に告げた[54]。張群にとって、これは自身の政治資本を蓄積する好機でもあった。しかし、この時張群は政府の官職に就いておらず、日本で活動する際の適当な名義をもち、日本の新聞記者のインタビューを受ける際に、面目の立つような肩書を必要としていた[55]。いちばん望ましいのは、「中日文化経済協会」会長の資格で訪日することだったが、張群が同会の成立が間に合うか心配していたので、雷震は、張のために登記の手続きを急ぐと請け負った[56]。

「中日文化経済協会」の成立を急ぐ必要ができたため、雷震は、行政能力のある劉子英のことを思い出した。劉子英は国民参政会で秘書処の職員をしていた時に雷震と知り合い、一九四九年には、雷震の忠告を聞かず、政府の広州撤退に同行しなかった[57]。中国大陸から香港に逃れた後、保証人になる人間がいなかったため、来台することができず、人を介して雷震に助力を求めるということがあったのである[58]。その時雷震は、黄少谷が「文書の人材を探している」ことを考えて、劉の保証人になることを引き受けた[59]。劉子英は、一九五〇年五月十三日に来台したあと[60]、まず自由中国社で会計を任され、また雷震を助けて「台湾雑誌協会」の設立にも携わった[61]。

「中日文化経済協会」の設立準備のため、雷震と劉子英は数日間徹夜し、一九五二年七月二十九日に成立大会開催までこぎつけた。当日は、会員二百名余りが参加し、会則を定め、理事と監事を選出した[62]。また、翌日の常務理事会にて、張群が理事長に推挙され、理事長によって雷震が幹事長、張其昀が文化委員会、鄭道儒が経済委員会、黄朝琴が財務委員会の主任委員に任じられた[63]。

「中日文化経済協会」は順調に成立し、七月三十一日には、日本の外相から祝電も送られた[64]。八月二日、張群は「中日文化経済協会」会長の肩書で訪日した。張群は、雷震の仕事が早いことに大いに満足したが、雷震は、劉子英の功績が非常に大きかったと思った[65]。

二、軍部による閲読禁止から、雷震の国民党離脱まで

しかし、雷震と国民党当局の関係はその後も悪化していった。「政府不可誘民入罪」は、雷震と、彭孟緝の指揮する保安司令部が正面から矛を交えたものであったが、一九五二年九月と十月の『自由中国』による教育や救国団に関する文章は、蔣経国との直接的な衝突を引き起こしたのである。一九五二年九月十六日、『自由中国』が掲載した社説「対於我們教育的展望〔我々の教育に対する展望〕」は、救国団設立の方向性に反対を表明し、それによって当局と『自由中国』の緊張関係はより顕著なものとなる。同号出版からまもなく、国防部総政治部は、官兵が『自由中国』を閲覧することを禁止し、「さらに古いものは破り捨てた」[66]。これは、当局が初めてあからさまに『自由中国』の取り締まりに出たものであった。禁止の範囲は軍内に限られたものの、このことは、蔣経

国の『自由中国』に対する攻撃が、公然としたものになったことを意味していたのである[67]。

また、一九五二年十月十六日の『自由中国』は、徐復観の「青年反共救国団的健全発展的商榷〔青年反共救国団の健全な発展についての検討〕」という一文を掲載した。その内容は、青年反共救国団の三つの要点は、「性格がいまだ充分に明らかではなく」、「国民党との明確な関係に欠け」、「任務として列挙されている項目が、政府のすべての仕事を包含している」ことを批判したもので、国民党当局の不満を惹起した[68]。とりわけ、救国団を指導する蔣経国は、激怒したのである。雷震は、王新衡からの電話で、蔣経国が同文章を読んだ後で大いに怒り、「これは彼〔蔣経国〕に難癖をつけたものだ」と見なして、なぜ『自由中国』はこれまで批判はしなかったのに、蔣が団長になってからこのような文章を発表したのかと思ったと知らされた。加えて蔣は、徐復観とはよく知った間柄なのに、なぜ直接自分に言わないのか、雷震も知り合いなのに、なぜこの文章を掲載したのかと思い[69]、雷に対する不満をさらに深めたのであった。その後、ある会議において蔣は、徐復観と雷震が「共産党を幇助している疑いがある」と、直接的に批判した[70]。数日後、蔣介石総統も、「自由中国社の内部には共産党がいる」[71]と公言した。

蔣介石総統が『自由中国』に不満であったことから、国民党党部と行政部門からの『自由中国』への助成も、次第に縮小されていった。言論をめぐって騒動が起こったあと、『自由中国』には、中国国民党中央委員会から送られていた毎月一五〇〇元の郵送費が支給されなくなった。その他、雷震がかつて行政院に請求した『自由中国』への補助も、承認されなかった[72]。その一方、一九五二年末、『自由中国』は米国の半官半民の団体である「自由アジア協会」と長期購入契約を結び、一九五三年から一〇〇〇部、一九五四年にはさらに増えて一五〇〇部が同会から購入された[73]。蔣介石や蔣経国ら国民党当局の上層部が雷震を公然と批判し、あるいは攻撃に出るようになったのは、雷震や『自由中国』の言論への不満だけではなく、彼ら――とりわけ蔣経国の、リベラルな言論やリベラルな知識人への不満が表れたものであった。このことは、胡適が帰台した後の軍系統の挙動から、その一端を見てとることができる[74]。

一九五二年十一月十九日、「政府不可誘民入罪」の騒動で発行人の辞職を申し出た胡適が、米国から台湾に戻った。二十八日に『自由中国』三周年記念会に出席した胡適は、あいさつの中で、「私は発行しない発行人です」と称し、再度辞意を表明した[75]。

この数年、発行人という虚名を得ていたことを、恥ずかしく思います。実際には、私は責任を負ってきませんでした。私は発行人の責任を負ってこなかっただけでなく、文章を書く責任すら果たしてこなかったのです。この三年、私が書いた文章は二、三篇しかなく、恥ずかしいことです。本日ここで、みなさんに特に謝罪したいと思います。……今、この機会をお借りして雷氏、夏氏、および『自由中国』の発展に助力されている友人各位にお願いしたい。私という責任を負わない虚名の発行人を外し、実際に責任を負っている方を発行人にしてください。

胡適が、「あらゆる人間が、言論の自由を最も貴重なものと見なすべきで、いつでもどこでもそれを勝ち取り、維持するために努力すべきだ」と励ましつつ、発行人の辞職を求めたのは、自身が米国におり、言論の責任を負うことができないからであった[76]。

その夜、自由中国社の食事会において、胡適の発行人辞職の件について話し合われ、みな慰留したが、胡適の辞意が堅かったため、自由中国社も胡適の辞職願を受け入れるほかなかった。最終的には、雷震が「『自由中国』編集委員会」の名義を用い、胡適を委員の一員として、委員のリストを雑誌に掲載することを提案し、胡適もこの方法に同意した[77]。

一九五三年一月七日、胡適は報業公会の茶会の席で、自由中国社がすでに彼の発行人辞職を受け入れたこと、今後は編集委員の一員として責任を負うことを公表した。それに対して雷震は、次号から雑誌は『自由中国』編集委員の名義で発行されると補足した[78]。そのため、一九五三年二月一日に出版された『自由中国』第八巻第三期より、裏表紙の出版情報は、「発行人兼主編：自由中国編集委員会」に改められた[79]。しかし、実際には、役所に登記された発行人と責任者の姓名は、いずれも雷震であった[80]。

（二）国策顧問の職から罷免される

蔣介石総統が、すでに雷震と『自由中国』の言論に不満を持っている中で、『自由中国』は自由民主の理念を曲げず、引き続き国民党当局に建言をし続けたので、国民党当局による、責任者の雷震に対するさらなる攻撃を引き起こした。一九五三年から一九五四年にかけて、雷震はまず国策顧問の職を罷免され、さらに、登記をしていない状況下で、国民党の党籍を抹消された。米国政府による正式な招待で、短期の視察にいくことすら禁じられたのである。

一九五二年十一月一日に出版された『自由中国』は、雷震の執筆した「監察院之将来（一）〔監察院の将来（一）〕」と、社説「再期望於国民党者――読了七全大会宣言以後〔国民党に再度期待をかける者――七全大会を読んで〕」という二篇の文章を掲載して[81]、またもや国民党上層部の怒りに触れた。まず、国民党中央第四組が雷震に書簡を送り、雷の文章が「挑発的な語句」で国民党と民・青両党間の感情を傷つけたほか、社説は「故意に解説を歪曲し、本党には七全大会宣言を実行する意志がないと決めつけた」と指摘して、今後は言葉遣いに注意し、「党内外人士の誤解を招かないよう」要求した[82]。また、二篇の文章は蔣介石総統のもとに送られ、総統は読後「烈火のごとく怒って」、雷震の国策顧問罷免を命じたのであった。国民党中央がこのような行動をとったのは、保安司令部が中央党部に告発したことによるものだった[83]。

王世杰は、総統が命令を下して免職するのは「体裁がよくない」ので、雷震が自分で辞職することを望んだ。だが、雷震は、二篇の文章は内容に誤りがなく、総統が免職するなら甘んじて受けるとの立場を崩さなかった[84]。雷震の日記には、彼が早くから国策顧問を辞任したかったことが吐露されており、蔣介石が二篇の文章を理由に彼を免職しようとしたことは、蔣に「人を容れる度量がない」ことを示すものだと記されていた[85]。それでも、雷震は中国国民党第四組に返信を送り、批判に答えた[86]。また、第四組主任の沈昌煥に送った書簡の中では、次のように強調した[87]。

> 私たちが雑誌をやらないならともかく、もし雑誌をやるなら、第七回全国党大会の招集のような自由中国〔中華民国〕の政治的に重大な事件に対して文章で批判をしなかった場合、雑誌としての立場を失うでしょう。たとえば、良心に基づいた主張をせず、ひたすら功績を持ち上げるだけだったら、国事に対して無益であるばかりでなく、独立した人格をも失うのです。

雷震を国策顧問から解任するという公文書は、一九五三年三月二十五日に送られてきた[88]。当日、雷震は胡適に一通の書簡を送り、自身が『自由中国』の二篇の文章のために蔣総統から国策顧問の職を解任されたことを知らせ、続けて以下のように記した。

あなたが台湾におられた時、一再ならず発行人を辞することを求められ、同人たちがそれに遅々として応じようとしなかったのは、あなたが後ろ盾になって下さることを望んでいたからです。いま、あなたが発行人を辞されてから間もなく、政府が〔雷〕震に対してこのような行動をとったことは、みなの懸念が杞憂ではなかったことを物語っています。……ぜひ、近々本誌のために文章をお書き頂き、一つにはあなたが本誌に関心をもたれていることをお示しになり、二つには同人たちを勇気づけて頂きたいと思います。……これは、文章を書いて頂きたいがためにわざと大げさなことを言っているのではなく、実際の状況がこのようなものですので、長短にかかわりなく、ぜひ一篇の文章をお寄せ頂きたく思っております。[89]

当時の時代背景にあって、雷震が国策顧問から免職されたことは、単に雷震と『自由中国』の言論が蔣介石総統の怒りを買ったということだけを意味するものではなかった。別の角度から見れば、これは蔣介石総統の率いる国民党政府が、政治統制を強化したために起こった衝突でもあったのである[90]。一部の友人たちは、蔣介石は「器が小さく」、雷震にとって傷にはならないと言って、励ました。雷震も、「私には何の感慨もない、引き続き奮闘あるのみである」[91]と記していた。

もっとも、一九五三年五月、雷震は政治学会第五回年会において理事に選出されており、雷の知識界における人気を反映していた[92]。一方で、雷震が従来の言論路線を継続したことで、国民党当局との関係はさらに悪化し続けた。国民党当局は、九月に雷震を国民大会準備委員から外し[93]、十月には中央銀行改組にともない、監事の職務からも外した[94]。この年、軍部は『自由中国』を軍内の慰問刊行物の指定から外し、閲読禁止にした。年末には、『自由中国』に対する助成が完全に停止された[95]。

一九五四年初頭、端木愷が「両航案」後にシェンノートの民航空運公司[96]の債務問題に巻き込まれ、蔣介石は手ずから「端木愷は虚勢を張って各地で騙りをしており、即刻党籍を剝奪する」[97]との指示を出した。事件を知った雷震は、それを教訓として、「中央委員会第一組からの、最近撮影された二寸の半身正面の写真二枚を送付することを各代表に求める通知」を受領した後、写真は提出しないことにした。「中央から党籍を剝奪されるよりは、登録しない方が良い」と思ったからであり、「党証の受け取り」も準備しなかったのである[98]。劉子英がかわりに書類を作成して党部に送付すると、間もなく許可されたが、にもかかわらず、雷震はやはり党証を受け取りにはいかないことにした[99]。そのため、国民党中央党部第一組主任の唐縱が、数回にわたって、新しい党証との交換手続きを行うよう連絡してきたが、それに対し雷震は、「遅かれ早かれ、私はあなた達から除籍されるのですから、新しい党証は受け取らず、そちらに置いておいても良いでしょう。そうすれば、私が除籍になったあと、受け取った党証をまた送り返さなくてもすみますから」[100]と回答した。

この年は、蔣介石が一期目の総統職の任期満了を控えており、改選が行われることになっていた。国民党内部で、陳誠を副総統に指名することが決定する前[101]、張文山[102]、毛子水[103]、さらに丁文淵、左舜生ら十一名の香港の民主派人士たちは[104]、胡適を推挙して副総統職を勝ち取りたいとの意思を表明していた。

雷震個人はそれに懐疑的で、『自由中国』が胡適を副総統にしようとの輿論をつくろうとしていると世間から見られることを心配していた[105]。蔣経国と近しい関係にあった友人の王新衡も、胡適が副総統選に立つことは望みがたいと述べていた[106]。

(二) 国民党籍を抹消される

だが、二月十六日に出版された『自由中国』は、許思澄の「提議徵召胡適之先生為中華民国副総統〔胡適之氏を中華民国副総統にすることを提議する〕」[107]、朱伴耘の「響応選挙胡適之先生為副総統〔胡適氏を副総統に選出することに賛同する〕」[108]など、支持する文章を掲載していた。一方、夏道平は、朱啓葆という筆名で、「我不賛成選胡適先生做副総統〔私は胡適氏を副総統に選ぶことに賛成しない〕」[109]という反対意見を載せた。結局、国民大会代表のうち、連署して胡適を指名した代表はいなかったが、蔣介石は、胡適を副総統にするという考え方を「背中にとげが刺さったよう」に受け止めたと噂されており、おのずから『自由中国』の言論を好まなかった[110]。今回の選挙は、出席した国民大会代表の人数が不足していたので、民社党の徐傅霖が対立候補となった三月二十日の第一回投票では、蔣介石が出席者の絶対多数の支持を得たものの、代表総数の過半数の票を獲得することはできず[111]、三月二十二日の第二回投票で、ようやく再選を果たした[112]。二十三日、副総統選の第一回投票では、陳誠も十分な票を得られず、二十四日の第二回投票でようやく当選した[113]。

雷震は、三月二十日の総統選出の第一回投票の際には、「友党にきまりが悪い思いをさせたくなく、得票数が少なすぎると見栄えがよくないので」徐傅霖に投じ、三月二十日の第五回投票では蔣介石に一票を投じたと記している。総統選挙の結果はあらかじめ予想のできるものであったが、雷震の政治的態度は、「現在の中国は、彼が指導する必要があるので」、蔣介石に投票しつつ、次号の『自由中国』では、蔣総統が「やり方を改め、民主制度を確立する」よう求める社説を準備するというものであった[114]。

夏道平が執筆したその社説「敬以諍言慶祝蔣総統当選連任〔謹んで、忠言をもって蔣総統の再任を慶祝する〕」は[115]、蔣総統に新たな任期中に民主憲政を実行するよう呼びかけ、さらに有力な反対党を育成することへの心理的準備をするよう建言していた[116]。蔣総統の再任をこのように祝賀する文章が発表されたことで、蔣の雷震と『自由中国』への不満はさらに高まることになる。朱文伯と沈雲龍を通じて、雷震はある「経済部の国民党小組長」が、同文章が蔣介石の怒りに触れ、国民党中央党部が『自由中国』の自発的停刊を要求していると伝えられていると述べたことを知らされた。だが、雷震はまだ何らの通知も受けていないので、朱文伯と沈雲龍に対し、「政府が停刊を命じない限り、私は自発的に停刊などしません」と応じた[117]。このことは、『自由中国』と国民党との関係が、すでに停刊の要求が噂されるほど悪化したというだけにとどまらず、胡適に代表される自由派人士たちが、時代状況の変化にともない、蔣介石総統のすすめるストロングマンによる権威主義体制にとっての障害と見なされるようになったことを意味していたのである[118]。

一九五四年十二月十六日に刊行された『自由中国』第十一巻第十二期に掲載された、読者による投書「搶救教育危機〔教育危機を緊急に救う〕」は、中学生の読むべき「課外読本」が多すぎ、特に三民主義、総理遺教、総統訓辞などの「政治大課」に多くの時間が割かれていると指摘した。そして、現行の教育はすでに「一党が独断で行う党化教育」になっており、これでどうして「共匪」が「青年を毒し、思想を統制している」などと罵ることができるだろうかと批判して、当局にこの問題を重視し、速やかに「教育危機」を救うよう呼びかけたのである[119]。この投書は、雷震と蔣介石総統との間でさらに大きな衝突を引き起こすこととなる。友人を通じて、雷震には次のような情報がもたらされた。十二月二十八日、蔣介石が司会する宣伝会報において、陶希聖が、『自由中国』は学生が「総裁言論」を読むことに反対していると述べると[120]、蔣介石は激怒し、雷震をろくでなし、ばか野郎などと罵った上[121]、雷は「米国の駐在武官の間諜」であるとして[122]、党から除籍することを決定する。それに対し、「唐縦が〔雷震は〕今回〔党員〕登録をしていませんと答える」と、蔣は「登録していなくても除籍する」と指示したという[123]。この情報は、総統府秘書長をしていた張群が王世杰に教えたことで、雷震にも人づてに伝わってきたものだった[124]。

直後の一九五五年一月三日、国民党第七期中央委員会常務委員会第一六三回会議が、雷震は第一回の党籍総検査合格後、一九五三年六月に第一組から通知を受けた後も党証を交換しておらず、国民党を離脱して一年を経過したことを理由に、「党員の組織離脱処分標準」に基づき、その党籍を抹消することを正式に決定した[125]。

雷震が党籍を抹消された後、洪蘭友、王新衡、王雲五、呉開先ら友人たちが次々と祝いの言葉を述べにやってきて[126]、殷海光、王正路らも手紙で祝意を伝えた[127]。

その一方、副総統の陳誠は一月十一日の司法節十週年の場において、雷震と『自由中国』は、「文化的ごろつき・文化的堕落者であり、矛盾をつくり出し、共匪の手先となって騒ぎたて、民主自由の名を借りる日和見的な政客が、悪意をもって政府を攻撃する」と批判し、「法律で文化的堕落者に対処する方法はないのか」と尋ねた[128]。長きにわたって、『自由中国』に凝集されてきたリベラルな言論は国際的に注目を集めており、加えて司法節での陳誠の発言があったので、米国の在台大使館も関心を寄せるようになった[129]。このことは、この頃の『自由中国』がまだ、より強い圧力を受けるまでには至らなかったことの一因が何であるかを、ある程度物語るものであった。

注

1 薛化元『自由中国與民主憲政：一九五〇年代台湾思想史的一個考察』七六～八九頁。

2 伊原吉之助『台湾の政治改革年表・覚書（1943-1987）』（奈良：帝塚山大学、一九八八年）九四頁。

3 張淑雅「美国対台政策転変的考察」（『中央研究院近代史研究所集刊』一九）（1990.6）四八四～四八五頁。

4 范泓『民主的銅像：雷震伝』一九〇頁。薛化元『自由中国與民主憲政：一九五〇年代台湾思想史的一個考察』八九頁。

5 社論「政府不可誘民入罪」（『自由中国』第四巻第十一期）（1951.6.1）四、三一頁。

6 傅正注釈、雷震『雷震全集33：第一個十年（三）』、日記一九五一年六月八日の条、一〇八～一〇九頁。雷震「《自由中国》的第一次言禍」（『雷震全集12：雷案回憶（二）』）三九七頁。

7 雷震『雷震全集33：第一個十年（三）』、日記一九五一年六月九日の条、一〇九～一一〇頁。雷震『雷震回憶録——我的母親続篇』八〇～八一頁。

8 雷震『雷震全集33：第一個十年（三）』、日記一九五一年六月九日の条、一〇九～一一〇頁。

9 雷震『雷震全集11：雷案回憶（一）』七九頁。

10 雷震『雷震回憶録——我的母親続篇』八二頁。

11 雷震『雷震全集33：第一個十年（三）』、日記一九五一年六月八日の条、一〇八～一〇九頁。范泓『民主的銅像：雷震伝』一九一頁。范泓の著書では、黄少谷の意見について記述があるが、雷震日記の中には記述がない。

12 范泓『民主的銅像：雷震伝』一九二頁。雷震『雷震全集33：第一個十年（三）』、日記一九五一年六月九日の条、一〇九～一一〇頁。

13 「金融新措置実行後　市場已歩入正軌　陳仙舟昨日向新聞界報告　緊締黄金外鎖黒市的情形」（『中央日報』一九五一年六月十二日）第三版。

14 雷震『雷震全集33：第一個十年（三）』、日記一九五一年六月十一日の条、一一一～一一二頁。雷震『雷震全集11：雷案回憶（一）』七七頁。

15 雷震『雷震全集33：第一個十年（三）』、日記一九五一年六月十三日の条、一一三頁。

16 雷震『雷震全集33：第一個十年（三）』、日記一九五一年六月十日の条、一一〇～一一一頁。

17 雷震『雷震全集33：第一個十年（三）』、日記一九五一年六月十一日の条、一一一～一一二頁。

18 雷震『雷震全集33：第一個十年（三）』、日記一九五一年六月十一日の条、一一一～一一二頁。

19 雷震『雷震全集33：第一個十年（三）』、日記一九五一年六月十一日の条、一一一～一一二頁。

20 雷震『雷震全集33：第一個十年（三）』、日記一九五一年六月十二日の条、一一二～一一三頁。

21 雷震『雷震全集33：第一個十年（三）』、日記一九五一年六月十三日の条、一一三頁。

22 馬之驌『雷震與蔣介石』一七三〜一七四頁。

23 雷震『雷震全集33：第一個十年（三）』、日記一九五一年六月十六日の条、一一五〜一一六頁。

24 社論「再論経済管制的措置」（『自由中国』第四巻第十二期）（1951.6.16）四頁。

25 「胡適致雷震」（一九五一年八月十一日）（萬麗鵑編註、潘光哲校閲『萬山不許一渓奔：胡適雷震来往書信選集』）二三頁。

26 胡適「致本社的一封信」（『自由中国』第五巻第五期）（1951.9.1）五頁。

27 『自由中国』第五巻第五期（1951.9.1）三二頁。

28 「雷震等致胡適」（一九五一年九月七日）（萬麗鵑編註、潘光哲校閲『萬山不許一渓奔：胡適雷震来往書信選集』）二六〜二七頁。

29 雷震『雷震全集33：第一個十年（三）』、日記一九五一年九月一日の条、一五〇〜一五二頁。

30 雷震『雷震全集33：第一個十年（三）』、日記一九五一年九月一日の条、一五〇〜一五二頁。

31 これは雷震から王世杰宛書簡の原稿である。雷震「為発表胡適対政府抗議信再辯正」（傅正主編『雷震全集30：雷震秘蔵書信選』）一六二〜一六三頁。

32 雷震『雷震全集33：第一個十年（三）』、日記一九五一年九月二日の条、一五二〜一五三頁。

33 雷震『雷震全集33：第一個十年（三）』、日記一九五一年九月四日の条、一五三頁。

34 雷震『雷震全集33：第一個十年（三）』、日記一九五一年九月五日の条、一五三〜一五四頁。

35 雷震『雷震全集33：第一個十年（三）』、日記一九五一年九月七日の条、一五五頁。陶晋生編『陶希聖日記：一九四七〜一九五六（上）』（台北：聯経、二〇一四年）陶希聖日記一九五一年九月六日の条、四九四頁。中国国民党中央改造委員会「為同志在《自由中国》刊登胡適私信，有損我国在国際上信誉一案，希於十日内提出答弁書由」（一九五一年九月七日）（『傅正主編『雷震全集30：雷震秘蔵書信選』）一六五〜一六六頁。

36 雷震『雷震全集33：第一個十年（三）』、日記一九五一年九月八日の条、一五五〜一五六頁。

37 〔訳注〕毛邦初事件とは、米国駐在の空軍副総司令毛邦初が、軍需物資購入資金を着服していることを告発され、メキシコに逃亡した事件。米国議会でも、中華民国の軍需物資購入が不透明であることは問題視された。

38 雷震『雷震全集33：第一個十年（三）』、日記一九五一年九月九日の条、一五六〜一五七頁。

39 雷震『雷震全集33：第一個十年（三）』、日記一九五一年十月六日の条、一七一頁。雷震日記には、編集会議がこの決定をした後、「みな非常に苦痛に感じ、夏道平さんは一言も発しなかった」と記されている。また、張忠棟「離開権力核心的雷震」（『胡適・雷震・殷海光：自由主義人物画像』）一〇一頁を参照。

40 雷震『雷震全集33：第一個十年（三）』、日記一九五一年九月十三日の条、一五八頁。

41 「胡適致雷震等」（一九五一年九月十一日）（萬麗鵑編註、潘光哲校閲『萬山不許一渓奔：胡適雷震来往書信選集』）二八〜二九頁。

42 雷震『雷震全集34：第一個十年（四）』、日記一九五二年一月一日の条、三頁。張忠棟『胡適・雷震・殷海光』八七頁。

43 張忠棟『胡適・雷震・殷海光』一〇五頁。

44 馬之驌『雷震與蔣介石』八頁。張忠棟「離開権力核心的雷震」（『胡適・雷震・殷海光：自由主義人物画像』）一〇〇頁。

45 雷震『雷震全集34：第一個十年（四）』、日記一九五二年二月一日の条、二〇頁。

46 雷震『雷震全集34：第一個十年（四）』、日記一九五二年三月五日の条、三五頁。雷震が設計会に出席しなかったので、かつて一緒に『自由中国』創刊をすすめた崔書琴はわざわざ雷震のもとを訪れ、もし出席しないなら、長期休暇を申請すべきだとすすめた。『雷震全集34：第一個十年（四）』、日記一九五二年四月二十六日の条、五九頁。

47 原文は、「一、話は慎重にする。特に外国人の面前で、気の向くままに政府を批判してはならない。二、第三勢力と交流してはならない。三、とくに、『自由中国』を代表して政治的な色のついた人々と交流してはならない。四、若くて見識をもち、かつ民主自由を熱愛する人々に着目し、彼らと多く交わるようにする」。雷震『雷震全集34：第一個十年（四）』、日記一九五二年三月十八日の条、四一頁。

48 その後、雷震は入獄するまで睡眠薬をやめることができなかった。雷震「戒薬一月受難記」（萬麗鵑編註、潘光哲校閲『萬山不許一渓奔：胡適雷震来往書信選集』）二五三頁。

49 雷震は、国民党当局が中日関係の民間団体設立を予定した時、張群、何応欽、湯恩伯、邵汝麟と自身を準備にあたる人間に定めていたと回想している。雷震『雷震全集28：與王雲五的筆墨官司（雷震特稿）』四三一頁。

50 雷震『雷震全集34：第一個十年（四）』、日記一九五二年五月十七日の条、六九〜七〇頁。

51 雷震『雷震回憶録——我的母親続篇』三三頁。

52 雷震『雷震全集34：第一個十年（四）』、日記一九五二年六月十一日の条、八一〜八二頁。

53 雷震『雷震回憶録——我的母親続篇』三三頁。

54 雷震『雷震回憶録——我的母親続篇』三二頁。雷震『雷震全集34：第一個十年（四）』、日記一九五二年七月十七日の条、九九〜一〇〇頁。

55 雷震『雷震全集28：與王雲五筆墨官司（雷震特稿）』四三一頁。雷震『雷震回憶録——我的母親続篇』三三頁。

56 雷震『雷震全集34：第一個十年（四）』、日記一九五二年七月十七日の条、九九〜一〇〇頁。

57 雷震『雷震回憶録——我的母親続篇』一七頁。

58 雷震『雷震回憶録――我的母親続篇』一九頁。雷震『雷震全集32：第一個十年（二）』、日記一九五〇年四月八日の条、八〇頁。

59 雷震『雷震回憶録――我的母親続篇』二〇頁。

60 雷震『雷震全集32：第一個十年（二）』、日記一九五〇年五月十三日の条、一〇五頁。

61 雷震『雷震回憶録――我的母親続篇』二〇～二一頁。

62 雷震『雷震全集34：第一個十年（四）』、日記一九五二年七月二十九日の条、一〇四頁。雷震『雷震回憶録――我的母親続篇』二三頁。

63 雷震『雷震全集34：第一個十年（四）』、日記一九五二年七月三十日の条、一〇四～一〇五頁。

64 雷震『雷震全集34：第一個十年（四）』、日記一九五二年七月三十一日の条、一〇五頁。

65 雷震『雷震全集28：與王雲五筆墨官司（雷震特稿）』四三二頁。雷震『雷震回憶録――我的母親続篇』二三頁。

66 雷震『雷震全集34：第一個十年（四）』、日記一九五二年九月十九日の条、一二五～一二六頁。

67 薛化元『《自由中国》與民主憲政：一九五〇年代台湾思想史的一個考察』一〇四～一〇五頁。薛化元『雷震與一九五〇年代台湾政治発展――転型正義的視角』（台北：中正紀念堂、二〇一九年）一二〇頁。

68 雷震『雷震全集34：第一個十年（四）』、日記一九五二年十月二十日の条、一四二～一四三頁。

69 雷震『雷震全集34：第一個十年（四）』、日記一九五二年十月二十七日の条、一四六頁。

70 雷震『雷震全集34：第一個十年（四）』、日記一九五二年十一月五日の条、一五一～一五二頁。

71 雷震『雷震全集34：第一個十年（四）』、日記一九五二年十一月九日の条、一五三頁。

72 任育徳『雷震與台湾民主憲政的発展』八一～八二頁。

73 馬之驌『雷震與蔣介石』一一六～一一九頁。

74 胡適が帰台したばかりの頃、すでに国民党当局の一部では、人を派遣して各地での胡適の言行を監視させることが提案されている。蔣経国の指導する国防部総政治部には、立法委員の楊覺天が、書簡の中で胡適を罵っていたことが報告されていた。一九五二年十二月五日から十一日の『青年戦士報』の社説は、個人の自由を批判していたが、これも胡適に対するものであった。雷震『雷震全集34：第一個十年（四）』、日記一九五二年十二月二日、十二日、十四日の条、一六七、一七二～一七三頁。『青年戦士報』民国四十一年十二月五日、十二月十二日。

75 胡適「『自由中国』雑誌三周年紀念会上致詞」（『自由中国』第七巻第十二期）（1952.12.16）四～五頁。

76 文徳「雷震・胡適・中国民主党」（『雷震全集1：雷震與我（一）』台北：桂冠図書、一九八九年）八～九頁。

77 雷震『雷震全集34：第一個十年（四）』、日記一九五二年十一月二十八日の条、一六四頁。

78 雷震『雷震全集35：第一個十年（五）』、日記一九五三年一月七日、七～八頁。

79 『自由中国』第八巻第三期（1953.2.1）三二頁。

80 雷震「『自由中国』與胡適」（『雷震全集11：雷案回憶（一）』台北：桂冠図書、一九八九年）六四頁。

81 雷震「監察院之将来（二）」（『自由中国』第七巻第九期）（1952.11.1）七頁。社論「再期望於国民党者――読了七全大会宣言以後」（『自由中国』第七巻第九期）（1952.11.1）四頁。

82 傅正主編『雷震全集30：雷震密蔵書信選』二四六～二四八頁。

83 雷震『雷震全集35：第一個十年（五）』、日記一九五三年三月十九日の条、四六頁。張忠棟「離開権力核心的雷震」（『胡適・雷震・殷海光：自由主義人物画像』）一〇六頁。

84 雷震『雷震全集35：第一個十年（五）』、日記一九五三年三月十九日の条、四六～四七頁。

85 雷震『雷震全集35：第一個十年（五）』、日記一九五三年三月二十四日の条、五〇頁。傅正主編『雷震全集30：雷震密蔵書信選』二五一～二五二頁。

86 傅正主編『雷震全集30：雷震密蔵書信選』二四八～二五一頁。

87 雷震『雷震全集35：第一個十年（五）』、日記一九五三年三月二十四日の条、五〇頁。

88 雷震『雷震全集35：第一個十年（五）』、日記一九五三年三月二十五日の条、五〇～五一頁。

89 「雷震致胡適」（一九五三年三月二十五日）（萬麗鵑編註、潘光哲校閲『萬山不許一渓奔：胡適雷震来往書信選集』）四四～四五頁。

90 薛化元『《自由中国》與民主憲政：一九五〇年代台湾思想史的一個考察』一一〇頁。

91 雷震『雷震全集35：第一個十年（五）』、日記一九五三年三月二十八日の条、五二頁。雷震は同年の建国記念の活動にも、すでに国策顧問ではないため招請されなかった。雷震『雷震全集35：第一個十年（五）』、日記一九五三年十月十日の条、一四九～一五〇頁。ここまでの、文章の掲載から雷震と蔣経国の直接衝突、および雷震の国策顧問免職までについては、薛化元『雷震與一九五〇年代台湾政治発展――転型正義的視角』一二二～一二三頁も参照。

92 雷震『雷震全集35：第一個十年（五）』、日記一九五三年五月十日の条、七五頁。

93 雷震『雷震全集35：第一個十年（五）』、日記一九五三年九月十八日の条、一三九頁。

94 雷震『雷震全集35：第一個十年（五）』、日記一九五三年十月三十一日の条、一六〇～一六一頁。職務からの免職については、任育徳『雷震與台湾民主憲政的発展』七四頁を参照。

95 任育徳『雷震與台湾民主憲政的発展』七二頁、注九五。

96 〔訳注〕両航案とは、一九四九年一一月九日に中国航空公司と中央航空運輸公司の職員たちが、集団で香港から十二機の飛行機を飛ばし、中華人民共和国に逃亡した事件。事件後、両社が香港に所有していた航空機七一機は、クレア・リー・シェンノート（Claire Lee Chennault）の民航空運公司に売却された。

97 雷震『雷震全集35：第一個十年（五）』、日記一九五四年二月二十七日の条、二三一～二三二頁。この事件は、一年前に総統府秘書長王世杰が免職された事件の延長であり、王世杰免職の原因も、「シェンノートの民航空運公司債務問題」であった。雷震『雷震全集35：第一個十年（五）』、日記一九五三年十一月十八日、十九日の条、一七二頁。李永熾監修、薛化元主編『台湾歴史年表：終戦篇Ⅰ（1945-1965）』一九六頁。

98 雷震『雷震全集35：第一個十年（五）』、日記一九五四年三月八日の条、二三九～二四〇頁。

99 雷震「国民党是人民心中的『狗民党』！」（『雷震全集12：雷案回憶（二）』）三七七頁。

100 胡虚一「雷震日記介紹及選註」（李敖主編『李敖千秋評論』冊八〇）（1988.6.15）三一四頁。

101 雷震『雷震全集35：第一個十年（五）』、日記一九五四年二月十六日の条、二二四～二二五頁。

102 雷震『雷震全集35：第一個十年（五）』、日記一九五四年二月一日の条、二一七～二一八頁。

103 雷震『雷震全集35：第一個十年（五）』、日記一九五四年二月十五日の条、二二四頁。

104 雷震『雷震全集35：第一個十年（五）』、日記一九五四年二月九日の条、二二二～二二三頁。

105 雷震『雷震全集35：第一個十年（五）』、日記一九五四年二月一日の条、二一七～二一八頁。

106 雷震『雷震全集35：第一個十年（五）』、日記一九五四年二月九日の条、二二二～二二三頁。

107 許思澄「提議徴召胡適之先生為中華民国副総統」（『自由中国』第十巻第四期）（1954.4.1）一九頁。

108 朱伴耘「響応選挙胡適之先生為副総統」（『自由中国』第十巻第四期）（1954.4.1）二〇頁。

109 朱啓葆（夏道平）「我不賛成選胡適先生做副総統」（『自由中国』第十巻第四期）（1954.4.1）二一頁。

110 雷震『雷震全集35：第一個十年（五）』、日記一九五四年三月二十一日の条、二四七～二四八頁。

111 『中央日報』（一九五四年三月二十一日）第一版。

112 『中央日報』（一九五四年三月二十三日）第一版。

113 『中央日報』（一九五四年三月二十五日）第一版。

114 雷震『雷震全集35：第一個十年（五）』、日記一九五四年三月二十二日の条、二四八頁。

115 社論「敬以諍言慶祝蒋総統当選連任」（『自由中国』第十巻第七期）（1954.4.1）三～四頁。

116 社論「敬以諍言慶祝蒋総統当選連任」（『自由中国』第十巻第七期）（1954.4.1）四頁。

117 雷震『雷震全集35：第一個十年（五）』、日記一九五四年四月十五日の条、二六五頁。

118 薛化元『《自由中国》與民主憲政：一九五〇年代台湾思

想史的一個考察』二一七頁。

119 余燕人、黄松風、廣長白「搶救教育危機」(『自由中国』第十一巻第十二期)(1954.12.16)三二頁。薛化元『雷震與一九五〇年代台湾政治発展――転型正義的視角』一二三～一二四頁。

120 雷震「国民党是人民心中的『狗民党』!」(『雷震全集12：雷案回憶(二)』)三七七頁。

121 雷震『雷震全集38：第一個十年(六)』、日記一九五五年一月三日の条、四～五頁。

122 雷震『雷震全集38：第一個十年(六)』、日記一九五五年一月四日の条、五～六頁。

123 雷震『雷震全集35：第一個十年(五)』、日記一九五四年十二月二十九日の条、三八四～三八五頁。

124 雷震「国民党是人民心中的『狗民党』!」(『雷震全集12：雷案回憶(二)』)三八一頁。雷震『雷震全集35：第一個十年(五)』、日記一九五四年十二月二十九日の条、三八四～三八五頁。

125 「中国国民党第七届中央委員会常務委員会第一六三次会議紀録」(一九五五年一月三日)「中国国民党第七届中央委員会常務委員会会議紀録(四)」『陳誠副総統文物』国史館蔵、数位典蔵号：008-011002-00009-015。「党員脱離組織処分標準」の第四項では、「組織を離脱して一年以上たつ者は、党籍を剥奪する」とある。「中国国民党第七届中央委員会常務委員会第十七次会議紀録」(一九五三年二月二十六日)「中国国民党第七届中央委員会常務委員会工作会議紀録彙編」『陳誠副総統文物』国史館蔵、数位典蔵号：008-011002-00005-017。雷震が党籍を剥奪される過程については、薛化元『雷震與一九五〇年代台湾政治発展――転型正義的視角』一二四頁を参照。

126 雷震『雷震全集38：第一個十年(六)』、日記一九五五年一月三日、九日の条、四～五、九～一〇頁。

127 殷海光の手紙原文は、雷震の一九五五年一月五日の日記に記されている。「儆公先生：大先輩が尻尾を断ち切られたとの知らせを喜ばしく聞きました。まさに新春の吉報であり、慶賀すべきことです。以後、先生はよりいっそう平民の立場から、民主のためにたゆまず奮闘されることが可能になったわけです。新年あけましておめでとうございます。後学 殷海光 一月四日」雷震『雷震全集38：第一個十年(六)』、日記一九五五年一月五日の条、七～八頁。

128 雷震『雷震全集38：第一個十年(六)』、日記一九五五年一月十二日の条、一二頁。

129 雷震『雷震全集38：第一個十年(六)』、日記一九五五年一月十五日の条、一六頁。

第三節　国民党当局による抑圧

一、訪米の招待に応じられなくなる

雷震と国民党上層部との間には、まだ密接な関係があったものの、蔣介石総統は雷に対し、人々が予想していなかったほど強い圧力をかけた。一九五四年の春から一九五五年にかけて、所持していない党籍を国民党から剥奪されたことを除くと、最も蔣介石と雷震の関係が反映された事件は、米国政府からの正式な招待による短期の訪米が実現できなかったことであった[1]。

雷震の訪米は、台湾にあった米国広報文化交流局が国務省に推薦したもので、はじめは、『自由中国』文芸版の責任者である聶華苓が一九五四年三月に個人的に雷震に伝えた[2]。それから五か月あまり経った一九五四年八月十九日、米国大使館が正式に招待状を送付して、米国務省が、第80議会を通過した公法四〇二に基づき（Under the Authority of Public Law 402）、雷震を米国観光に招待するので、広報文化交流局と相談するよう連絡してきた[3]。招待状を受けとった後、呉魯芹に会った際、呉は、以前は訪米に招待することは秘密だったが、現在は公開できるようになったとして、招待に応じると返信するよう雷震に求めた[4]。

とりあえずのスケジュールが固まってから、一九五四年八月三十一日、雷震は総統府秘書長の張群のもとを訪れ、米国務省の招待に応じて訪米すること、米側に返信したことを伝えた。思いがけないことに、報告を聞き終わった張群は不機嫌な様子で、まず米国務省から招待されたことを報告し、それから返信をすべきだったと言った。雷震は、すでに国民大会の代表以外には何の公職にもついていないのだから、出国のパスポートを申請すれば良いのであって、なぜ報告する必要があり、誰に報告するのかと奇妙に思った。だが、張群は、雷震が「不注意であり、状況が分かっていない」と述べたのである。この時、おそらく張群はすでに、雷震が出国証をすんなりとは得られないことを予測していたものと思われる。当日午後には、政治的な関係が最も密接であり、元上司でこの時には罷免されていた王世杰のもとも訪ね、張群と同日朝に交わしたやりとりを報告したが、長く蔣介石総統と深い関係にあった王の反応は、より直接的なものであった。王世杰は、蔣介石は雷震が米国と少しでも交流をもつことをおそれ、出境証を批准しないだろうと述べたのである[5]。王世杰の判断には根拠があった。この後、蔣介石は『自由中国』の言論を理由に雷震を処罰しようとした時、雷は「米国の駐在武官の間諜」であると公然と罵ったのである[6]。

（一）あちこちを奔走するも、結果は出ず

その後、雷震は米側から外交部に通知してくれるよう依頼したほか、友人たちに助力を求めた。九月一日、雷震が外交部に時昭瀛次長を訪ねると、時次長は、米国からの正式な招待であれば「許可しないわけにはいかない」が、「慎重を期して」、やはり張群を通じて蔣介石総統に伝えてもらうよう頼んだ方が良いと述べた。時はまた、「記者の名義で、内政部から申請する」こともできるとアドバイスし、参考のために関連規定を雷に渡した[7]。九月四日、米国広報文化交流局が、雷震を米国見学に招待したことを外交部に通知したとの知らせが届く[8]。九月六日、雷震は黄雪邨と会い、訪米の件について話し合った後、二人で張群への説明のため手紙を書いた[9]。

九月十日、雷震は中山北路の「救国団本部で蔣経国と会い」、米国訪問について「詳細に説明」して、「総統が〔訪米を〕許可するよう」助力を求めると、蔣経国は「分かった」とのみ答えた[10]。雷震は、「国民の出国も総統の批准が必要とは、中華民国総統には空前の権力があるものだ」と感慨を覚えた[11]。翌日早朝、雷震は再度張群のもとを訪れ、訪米の件について「総統に報告」することを頼んだ。張群は、蔣総統に報告することは自分の職責ではないと述べて（だが、後述するように実際には蔣に報告していた）、雷震には「速やかにパスポートの手続きをする」ようすすめた。雷震は、すぐに外交部に葉公超外交部長を訪ね、「出国を許可するよう蔣氏に報告すること」を要請すると、葉は、申請表に記入するよう求めた。ところが、責任者である補佐役の宋氏は、教育部と話をするように主張して、直接国際文教司に電話をかけた。すると、先方からは「招待状の中で新聞記者のことは書かれていないので、自分たちの管轄ではない」と言われたので、雷震はやむなく再度時昭瀛次長を訪ねたが、時はやはり内政部の管轄だと主張し、上役の指示を仰ごうともしなかった。話し合っ

た末、九月十一日、雷震は米国大使館からの招待状を「内政部に送ると同時に、岳軍［張群］にも送って指示を仰いだ」[12]。九月十三日、雷震は再度張群に書簡を送り、「一日も早くご助力を頂きたい」と求めた[13]。十五日、葉公超は、「出国の件は、おそらく問題ないはずである」と雷震に語る[14]。だが、『自由中国』の同人である劉子英からは、訪米のことを事前に張群に伝えなかったので、張は「困った状況におかれている」との消息がもたらされた[15]。九月二十八日、再び張群のもとを訪れた雷震は、まず中日文化経済協会の仕事から退くことを準備していると述べてから、出国の件について尋ねた。張群は、蔣介石総統が以前、雷震は党員かと尋ね、そうだと答えると、「党部に審査させる必要がある」と言ったことを紹介した。そして、すでに雷震宛に手紙を送り、「中日文化経済協会幹事長」の職にとどまることを求め、「しばらく出国できない」と記したことを告げた。また、党内では、党員である雷震が政治を批判することに強い不満が出ているとも述べた上で、訪米の件ではすでに自分は努力したので、雷震の為に「尽力したと言えるだろう」と語った[16]。この頃、米国の胡適は、雷震がパスポートを取得できずにいることを知らず、招待に「早く応じると決めるよう」書簡で雷震にすすめた。書簡を受け取った雷震が、谷正綱のところに持っていって相談すると、当時国民党の「中央党部で、出国人員を審査する委員会」の責任者をしていた谷は、「総統は自分では許可したくないので、口では審査にかけると言ったが、事実上は許可しないということに等しい」と説明した（翌日、この会は三中全会の後にはすでに開かれていないことが分かった）。谷正綱は、胡適の書簡を陳誠副総統に送り、雷のために「口をきいてもらう」ほか、書簡が来たことを中央党部の前秘書長である張厲生にも伝えておくよう雷震にすすめた[17]。翌日、雷震は郭驥のもとを訪ねて、「胡適の書簡を見せ、陳誠副総統に会いたいと伝えてもらうよう頼んだ」。同日、張群の手紙も届き、出国の件は「明春まで待ち、各種の準備ができてから計画すれば、出発できる」とすすめていた[18]。

十月一日、雷震と面談した陳誠副総統は、胡適の書簡を読んだと言い、張群と相談してから総統へ建言するだろうと伝えた。陳は、総統がこのことについて話さなかったので、自分からは出国の件について話しづらかったのだと説明した[19]。翌日、雷震はまた張群に手紙を書き、陳誠が張と相談後、総統に進言すると述べたことを記した[20]。十月五日、雷震は黄少谷と会い、黄が訪米を支持すると述べたので[21]、十月六日にはまた張群のところを訪れた。だが、張は胡適からの書簡を返却した上で、辛抱強く待つように言うのみだった。雷震は不愉快でならず、出境を許可しない道理があるのか、なぜ許可されないのかと張群を問いただしたが、張は仕方がないといった風情で、理屈に合わないことが多すぎて、自分にも正すことはできないのだと答えた[22]。

十月十一日、訪米の件で王世杰が雷震宅を訪ねてきて、張群から言付かってきたことを伝えた。張が雷震訪米のために引き続き努力していること、蔣介石総統の許可がおりるまでは、世間向けには中日文化経済協会の仕事のために出国できないことにして、円満に収められる余地を残しておいた方が良いだろうというのが、その内容であった。王世杰はまた、胡適に再度書簡を送ってもらい、訪米の件について触れてもらうのが良いだろうとすすめた。雷震が、すでに胡適からの書簡は張群に見せてあると言うと、王は、それは胡適から雷震宛の書簡であって、胡適から張群宛に直接書簡が送られると、張は直接総統に報告するだろうから、意味が違ってくるのだと説明した[23]。

十一月二十五日、雷震は再度王世杰の自宅にて、訪米について話し合った。王世杰は、すでに張群に手紙を送り、雷震が張からすすめられたとおりにするだろうと記したこと、黄伯度も王に対して、胡適から張群宛に送られた書簡はすでに届いており、張が努力するから、雷震からは催促しないよう述べたことなどを説明した[24]。十一月二十九日、王世杰は再度雷震と会い、張群は胡適の書簡を受け取った後、もともとは直接蔣介石に提出しようとしたが、前回に張が雷震を出国させるべきだと建言したのに対し、蔣が「延期するよう婉曲に伝える」との指示を出していたことから、問題解決のためには、総統に直接伝える必要があると判断した旨を伝えた[25]。一か月後の十二月二十九日、王世杰はまた雷震に対し、張群が十二月二十八日に雷震出国の件について触れ、『自由中国』が絶えず国民党の施政を批判しているため、問題が生じていると話したことを告げた。

一九五五年二月二日、雷震は外交部に消息を聞きに行ったが、何の進展もないことが分かったので、王世杰の自宅に赴き、王紀五からの手紙で、胡適が再度政府に書簡を送り、雷震の出国を認めるよう求めると知らされたことを説明した。当日の夜、雷震は郭驥の家に行って、胡適からの書簡が来ているかどうか陳誠副総統に尋ねて欲しいと依頼した[26]。二月四日、雷震のもとに胡適からの書簡が届き、すでに張群に書簡を送ったこと、出国後の雷震が国家と政府の威信を損なうような言論を発表しないと保証したこと、雷震のことも自分が保証するので、張から蔣介石総統に報告してもらいたいと要望したことなどが記されていた[27]。翌日、雷震はまた張群に会いに行き、胡適の書簡と、米国大使館からの訪米を促す書簡を見せた。張群は、今回の件は自分が処理すると言いつつも、万一成功しなかった場合、今後のことを考え、これ以上自身の人脈を使わないよう雷震に求めた[28]。二月十四日、雷震は王世杰から、張群に再度助力を求めた他、今後は黄伯度に直接助力を求めて良いとの連絡を受ける[29]。二月二十一日には、王世杰が雷震を訪ねて来て、現在の状況を説明した。王によれば、張群が蔣介石総統に会い、米国国務院が雷震訪米を持ちかけて来たのに許可しないのは、適当ではないと述べたという。総統が、胡適から書簡は来たかと尋ねると、張は、すでに来ているが、以前に蔣総統がしばらく出国を延ばすよう指示をしたことを受けて提出していないと答え、胡適はおそらく再度書簡を送って来るでしょうと述べた。それに対し蔣介石総統は、胡適の書簡が来てから考えようと言ったという。だが、二月十九日、張群は雷震の出国について伺い書を提出し、出国を許可するべきであると提言して、もし総統が許可されないのであれば、張群が直接お話したいと述べていたと報告するよう、秘書に言付けていた。黄伯度は、張群がこれほど助力してくれたからには、うまくいくだろうと語った[30]。だが、事態はそのようには展開していかなかったのである。

黄伯度は、二月二十五日にも雷震に対し、今回張群がこのように口添えをしているのは、以前には見たこともないことで、なぜ総統が許可しないのかまったく分からないと述べた。雷震は、再度総統に報告するよう張群に依頼してもらいたいと、黄伯度に頼んだ[31]。三月二日と三日、胡適から連続して雷震のもとに届けられた書簡には、葉公超に助力を求めるよう記されていた。そこで、三月三日に雷震が葉公超に電話で訪米問題について報告すると、葉は、この件についてはすでに十分理解しており、台湾に戻った後、張群、王世杰、黄少谷らにその重要性を説明してあると述べ、二日後に蔣介石総統に報告することも承諾した[32]。

(二) 蔣介石総統、あくまで許可せず

三月十一日、米国大使館の官員は、雷震の出国にかかわる

状況が遅々として好転しないので、ランキン大使が非常に不愉快に思っていると表明した。国務省が直々に招待したにもかかわらず、実現しないことについて、大使は国務省に釈明しなければならないからである[33]。三月十六日、Miss Whippleから、出国計画を再度送るよう求める手紙が届いたため、雷震はその手紙を持って葉公超に会いにいった。葉公超は、この件についてはランキンも意見を言ってきたことがあるが、蔣介石総統はやはり許可しなかったと述べた。葉は、また、張群からも今一度努力するよう頼まれたが、自分はおそらく無理だと思うとも告げたのである。当日夜の会食で、雷震は王世杰と会い、胡適からの書簡到着後の状況について説明を受けた。それによると、張群は胡適の書簡を受け取った後、再度具申したが、ほどなくして出た蔣介石総統の指示は、またもや「出国を延期する」であった。葉公超が帰台した後、張群は葉から伝えられた胡適の意見に基づき、再度蔣介石総統に伺いを立て、雷震の出国を許可するよう求めたが、蔣は依然として許可しようとしなかった。張群がこれらについて王世杰に告げ、直接雷震には教えなかったのは、まだ蔣介石総統の考え方を変える機会があることを期待しているからだという[34]。三月十七日の夜、張群は雷震を自宅に招き、出国の件にかかわる経緯を伝え、自分は努力したものの、蔣介石総統は許可しようとしなかったので、どうしようもないと伝えた。張はさらに、蔣介石総統は雷震を信頼していないので、どうあっても許可しようとしなかったし、胡適に手紙を書いて、これ以上雷震のために口添えをするのはやめろと伝えるよう指示されたとも告げた。雷震は、事態の推移に不愉快でならず、張群に対しても厳しいものの言い方になった。蔣介石総統には、自分が招待に応じて訪米することを拒絶できる権力はないし、張群がいまだに政府の意志決定を糊塗しようとしていることに不満であるとした上で、公開書簡を発表して批判すると述べたのである[35]。そのため、三月二十日に王世杰が訪ねてきて、張群の言葉を伝えた。葉公超が再度蔣介石総統と面会したが、総統は依然として許可しなかったので、おそらくこの件はもはや打つ手がないと思うということと、公開書簡を発表して蔣介石を批判するのはやめた方がよいとの意見であった[36]。

三月二十九日、雷震が王世杰のもとを訪ねた際、王は、張群が引き続き協力してくれることを望むが、張も困っていると述べた。また、葉公超がこの件で直接行政院長の兪鴻鈞に伺いを立てており、行政院も正式に公文書を出して総統に伺いを立てたこと、王から黄伯度に対し、葉公超と兪鴻鈞が一緒に総統に面会するよう提案したことなどを告げた[37]。

四月八日、雷震のもとに王紀五の手紙が届き、三月二十九日に胡適が士林官邸の蔣介石総統に直接書簡を送ったことを伝えてきた。張群と葉公超のどちらも事務所にいなかったので、雷震は胡適の書簡のことを書置きに残してから、王世杰に会いに行った。王は、兪鴻鈞行政院長に会いに行くよう勧めたほか、再度張群に会ってみて、張が引き続き協力してくれるよう求めると述べた[38]。翌日、雷震が張群のもとを訪れると、張は、胡適がすでに総統に対して直接書簡を送ったからには、許可するかしないかは総統の問題だと述べた。同日、王世杰は、兪鴻鈞と黄少谷のところを訪ね、二人から話をしてもらうよう雷震にすすめた。すでに拒絶されている張群と葉公超は、重ねて話をしたくはないだろうというのが、その理由だった。その日の午後、雷震は黄少谷に会いに行き、黄は話をすることを引き受けた[39]。また、四月十日に雷震が兪鴻鈞行政院長を訪ねると、兪は総統に建言することを承諾し、雷震の出国を許可しない理由はないとも述べた[40]。

四月十八日、王世杰は雷震を食事に誘い、胡適が蔣介石総統に送った書簡の内容を教えた。蔣介石が、雷震のために口添えをしないように求めたのに対し、胡適は、「口添えをしているのは国家のためである」と説明し、米国が雷震を招待しているのに「政府が許可しないのは、対外的に説明ができない」し、「パスポートを発行するのは外交部の科長の仕事であり、総統がなにゆえこのような些事に口出しをされるのか」と記した。この書簡は士林の官邸に届けられたあと、手続きにもとづいて「総統府摘由〔公文書の主な内容を書き出したもの〕」がつくられてから、秘書長の張群が閲覧した。張群はわざわざ職員に対し、「総統ご自身でご覧いただくように。読み聞かせてはならない」と言い含めておいた[41]。五月六日、雷震が王世杰のもとを訪れると、王は、蔣介石総統が胡適に送った返信を見たが、雷震出国の件は急ぐ必要がなく、胡適の帰国後、「相談して決める」と記されていたことを伝えた[42]。

六月、雷震のもとに大使館二等秘書のEwingからの手紙が届き、米国行きはすでに「不可能」になったと記されていた。一九五五年六月二十二日、雷震はとうとう日記に「私はもはや米国に行くことはできない」と記した[43]。

その頃、出入境の統制を通じて出国を制限された国民は、雷震だけではなかった。とは言うものの、雷の事例は、やはりかなり特殊なものであった。当時、中華民国政府は米国からの支持を切実に必要としており、杭立武など雷震の友人たちが考えていたように、蔣介石総統はたとえ雷震に不満があっても、ふつうに考えれば、最終的にはその訪米を認めるはずであった。雷震が、総統府秘書長の張群や外交部長の葉公超を通して、副総統の陳誠と行政院長の兪鴻鈞らの意見を聞くと、彼らもみな出国に賛成していた。張群は一再ならずこの件で蔣介石総統に建言をしたし、胡適からの数度にわたる書簡を通じて、蔣介石総統の心を動かそうとした。それだけではなく、米国政府も外交部や内政部などの関係部局に書簡を送り、米国のランキン大使もこの件への不満を表明して、国務省に説明ができないと述べたのである。それにもかかわらず、蔣介石の決心は揺らがず、自らの意志をよりどころにして、雷震の出国に同意しなかった。これは、蔣介石総統個人の雷震に対する不満、あるいは雷の出国に安心できない気持ちがいかに強いかを示すものでもあったのである。

二、教育部門での抑圧と、孫元錦事件[44]

雷震と国民党当局の関係が悪化していく中で、学校における『自由中国』の普及も抑制されていくようになった。一部の学校が、省教育庁の行政命令を理由に、『自由中国』雑誌の保管は学校が責任を負うとして、閲覧を非公開にしたのである。六月八日、雷震は台南農業職校の読者からの投書を受け取ったが、それには、同校が『自由中国』を言論の不正確な雑誌に認定し、教務処で保管して、閲覧室には配架しなくなったと記されていた[45]。この投書に対する読者の反応を得た後、『自由中国』は、雑誌は法に基づいて政府から発行許可を得ており、毎号とも法に則って、調査に備えて主管機関に送付・保存されているものであって、学校には「言論が不正確」であると宣告して禁止する権利はないとの社説を発表して、抗議した[46]。これについては、教育庁の劉先雲庁長から謝罪があったが[47]、その後、台中女中、高雄女中でも相次いで同様の状況があるとの知らせがもたらされる。そのうち、台中女中の方は明らかに上からの介入であり、「督学が台中女中にやってきて、『自由中国』を閲覧可能にしてはならないと、校長を厳しく叱責した」のであった[48]。雷震は、事態が大きくなることを避けるため、教育庁に知らせるだけにとどめたので[49]、騒ぎは沈静化したものの、この事件は、言論の自由に対する抑圧が軍内だけではなく教育界にも及び、一部の学校でも行われるようになったことを示していた。他方、教育庁が謝罪したことは、この時期の政府内でも、『自由中国』と党・政府の関係がいまだ完全には破綻していない状況下で、依然として表面的には同誌との良好な関係を維持しようとする人々が、一部にはいたことも表していた。また、『自由中国』の言論も、ある程度は抑制されたものであった。例えば、一九五五年八月二十日、孫立人事件[50]が勃発すると、関係部門から『自由中国』に対して強い関心が寄せられ、関連した社説を載せないよう伝えられた[51]。雷震が友人たちと食事をした際、孫立人事件について社説を書かなかったのは良くないと言われた。それは、雷震にとって非常につらい言葉だったのである[52]。

それにもかかわらず、一九五五年九月に『自由中国』は、その言論の内容により改版を余儀なくされる。その年の七月、台北紡績廠の経理である孫元錦が自殺するという事件が発生した。孫元錦が自殺したのは、保安司令部保安処台北経済組が、職権を濫用して責め立てたことと関係があった[53]。一九五五年九月十六日、『自由中国』の第十三巻第六期は、事件に関して二篇の文章を発表する。一篇は、社の立場を代表した社説「従孫元錦之死想到的幾個問題〔孫元錦の死から思いつかれるいくつかの問題〕」で、もう一篇は、王大鈞の執筆した「関於孫元錦之死〔孫元錦の死について〕」であった[54]。治安情報機関は、『自由中国』の内容を把握すると、発刊前の九月十五日午前、まず国安局副局長の陳大慶（湯恩伯の元部下）が私人の名義で電報を送ってきて関心を示し、次いで国民大会秘書長の洪蘭友が立て続けに三本の電話をよこし、自宅にきてもらって話をしたいと言ってきた。その後、台北市警察局長の劉国憲が保安司令部政治部主任の王超凡の命をうけ、督察長と四分局警員を自由中国社に派遣して、編集者と話をすることを求めてきた。ほどなくして、劉局長も自ら社にやってきた[55]。

雷震が洪蘭友の自宅に着くと、そこには立法委員の周兆棠と楊管北の二名もいた。三人ともに雷震と交遊があったが、保安司令部と情報局から頼まれてきたと言って、孫元錦に関する文章と、遺言の写真を掲載する今号の『自由中国』を改版して、発行し直すよう懇願した[56]。

老兄〔雷震〕にご理解頂きたいのは、この号が出たあと、老総（蔣介石のこと）が知ったら、必ずや激怒されるだろうということです。老総はずっと「護短〔自分や味方の欠点や落ち度をかばうこと〕」でやってこられました。特務が人に害をなしてはいけないと思っていても、明らかに特務によって国を治めてきたのです。特務を処分し、叱責する一方で、あなたが文章を発表するべきではなかったとして、国家と政府および彼個人の面子を大いに失わせたと思い、必ずやあなたと自由中国社をひどく憎むでしょう。それで損をされるのは、おそらくあなたがたです。……保安司令部という機関は怒らせてはならないもので、国民党の権力者を除いては、はばからない人はいません。一般の人はみな、「保安司令部」は太上皇〔皇帝の父〕だと言っており、老総と蔣経国を除いては、最も大きな権力を持つ機関です。今、あなた方が「孫元錦の死」の文章を掲載し、特務が人を死に追いやったことの証拠が確実であったら、彼らは膝を屈しはするでしょうが、一日たったら、機会を見つけてあなた方に打撃を与えようとし、甚だしきに至っては、たたき潰しにくるでしょう。あなた方を逮捕するかもしれないのです。報復の機会はいくらでもあるのですから。……正直に言って、今日の中国には、功績や仁徳を持ち上げる自由だけがあり、言論の自由はありません。迫害の自由だけがあり、批判の自由はないのです。……我々三人は一致して老兄に、ご寛恕頂くようお願いします。今期の『自由中国』は発行しないでください。ただし、今号を停刊されてはいけません。今号を停刊すれば、社会の誤解を増してしまうでしょう。いつもどおり発行はされるとしても、改版される必要があります。孫元錦の死に関する文章を取り出し、改編した後で発行されるのです。一両日遅れても問題はありません。私たちは人から頼まれてきたのです。保安司令部と情報局のどちらからも人がきて、老兄に話をしてくれるよう懇ろに頼まれました……実のところ、あなた方も発行することはできないのです。

洪蘭友の意味するところは、たとえ自由中国社が妥協を拒んだとしても、雑誌の発売はやはり困難であり、「郵便局で差し押さえられたり、新聞スタンドが検査されたりして、今後の仕事がよりいっそう困難になる」だろうから、それよりは恩を売った方がよいというものであった[57]。聞き終わった雷震は非常な困難を感じ、自由中国社に戻った後、すぐ編集委員会を開いてこの件について話し合うと答えた[58]。雷震が社に戻ると、劉国憲局長がまだいて、台湾省保安司令部政治部の王超凡主任が今号の『自由中国』は発行を遅らせること、雑誌はまず警察分局に送り、チェックを受けてから発行可にすると言っていることを告げた[59]。

雷震が編集委員会を開いて協議をしていると、王超凡と国防部情報局組長の劉瑞符が、説得のために相次いで雑誌社までやってきた[60]。王超凡は、この問題は保安司令部の名誉にかかわるとして、改版して「孫元錦自殺」関連の文章を削除してから改めて発行するよう再三にわたって要求しつつ、特務の李基光は愚かであると非難して、保安司令部は必ずや厳重に処分すると述べた。雷震が言論の自由を理由に改版を拒むと、王超凡は改版の費用を出すと申し出たが、それも雷震に拒絶された。雷震の態度が堅いのを見た王は、なんと雷震に跪いて、『自由中国』がもし改版しなければ、自分は処分を受けるだろうと言った[61]。

当初は、改版を拒絶する方向であった雷震と数名の編集委員たちだったが、保安司令部と情報局の人員が続けざまにやってきて、改版をしなかった末路は「逮捕されて投獄される」ものであることがはっきりしてからは、態度が軟化していった[62]。最終的に、編集委員会は「改版するしかない」が、その費用は雑誌社が自ら負担することとし、「保安司令部には負担させないようにする。そうでないと、どさくさにまぎれて裏帳簿をつけ、一万元出しただけでも、彼らは二万元か、それ以上を計上するだろうから」ということに決した[63]。一方で、王超凡に対して、以下の三項目の条件も提出した。「一、出版できなかった雑誌は、政府高官に送付する。二、李基光は速やかに処分し、かつ処分を公にして、人民の怒りを鎮める。三、本件のような措置は今回限りとし、次に同様のことが起こったら、本社はむしろ停刊を選択する」[64]。

元々の発行予定日から二日遅れたため、九月十八日に『自由中国』は改めて今号の「第二版」を発行したが、それは一角に小さなスペースをとって「本刊の重要なお知らせ」を掲載して、「本刊の本期（第十三巻第六期）は、九月十六日に出版されるはずでしたが、わけあって二日遅れて、今日（十八日）に発行します。読者のご了察をお願いします」とのみ記し、出版が遅れた原因については何も触れていなかった[65]。孫元錦に関連した二篇の文章は差し替えられ、同号の三篇の社説も二篇のみが掲載された。また、傅正の執筆した「国家主義與世界主義（上）」〔国家主義と世界主義（上）〕という論説で誌面が補われ、裏表紙にあった「給読者的報告〔読書への報告」」も、相応する修正が加えられた[66]。ところが、改版がなされる前、警察が各分局をとおして露店の本屋に対し、『自由中国』の同号が送られた後は、各派出所での審査を経てから発売が可能になると通知を出していた。この命令は、取り消しが間に合わず、『自由中国』が改版して再発行された後、各露店は面倒を恐れて受け取ろうとはしなかったのである。雷震は即座に警察に対して抗議の電報を送った他、警察がこのような禁止令を出した法的な根拠を問いただした[67]。

雷震は、今回『自由中国』に起こったことについて、張群、黄少谷、国民党第四組、新聞局などに詳細に報告した。また、胡適に書簡を送って、「今後、雑誌をやるのはきわめて困難です。あなたに多くの文章を書いて頂き、精神的な支持を賜りたいものです」とこぼした[68]。

孫元錦事件が引き起こした騒動は、『自由中国』が妥協して改版したことで一段落したが、事件の過程は、『自由中国』と国民党当局との関係が転機を迎えたことを示していた。これまで、国民党当局は『自由中国』の出版に干渉したことはなく、停刊や法的処分などの脅しはあったが、出版前に内容の変更を求めるという行動に出たことはなかったのである。今回、改版を余儀なくされたことは、発行が妨げられるという圧力はあったものの、当局との関係は情実に左右された部分が多く、強制的な要素はあまり多くなかった。だが、これより後、『自由中国』に対する干渉は、実際の行動として、公然と行われるようになっていったのであった。

注

1　本節の、雷震訪米が阻止された事件については、筆者の『雷震與一九五〇年代台湾政治発展——転型正義的視角』の第三章第二節「雷震的行動遭到限制問題：以美新処邀請訪美事件為例」を修正したものに基づいている。

2　雷震『雷震全集35：第一個十年（五）』、日記一九五四年三月十四日の条、二四四頁。

3　胡虚一「胡適致雷震密件」（李敖主編『李敖千秋評論』冊八四）（1988.12.5）二四八頁。

4　雷震『雷震全集35：第一個十年（五）』、日記一九五四年八月二十一日の条、三一九〜三二〇頁。

5　雷震『雷震全集35：第一個十年（五）』、日記一九五四年八月三十一日の条、三二四頁。

6　雷震『雷震全集38：第一個十年（六）』、日記一九五五年一月四日の条、五〜六頁。

7　雷震『雷震全集35：第一個十年（五）』、日記一九五四年九月一日の条、三二五頁。
8　雷震『雷震全集35：第一個十年（五）』、日記一九五四年九月四日の条、三二七頁。
9　雷震『雷震全集35：第一個十年（五）』、日記一九五四年九月六日の条、三二八頁。
10　雷震『雷震全集35：第一個十年（五）』、日記一九五四年九月十日の条、三三〇頁。
11　雷震『雷震全集35：第一個十年（五）』、日記一九五四年九月十三日の条、三三二頁。
12　雷震『雷震全集35：第一個十年（五）』、日記一九五四年九月十一日の条、三三〇～三三一頁。
13　雷震『雷震全集35：第一個十年（五）』、日記一九五四年九月十三日の条、三三一～三三二頁。
14　雷震『雷震全集35：第一個十年（五）』、日記一九五四年九月十五日の条、三三二～三三三頁。
15　雷震『雷震全集35：第一個十年（五）』、日記一九五四年九月十六日の条、三三三頁。
16　雷震『雷震全集35：第一個十年（五）』、日記一九五四年九月二十八日の条、三三八頁。
17　雷震『雷震全集35：第一個十年（五）』、日記一九五四年九月二十九日の条、三三八～三三九頁。
18　胡虚一「胡適致雷震密件」（李敖主編『李敖千秋評論』冊八四）（1988.12.5）二五〇～二五一頁。雷震『雷震全集35：第一個十年（五）』、日記一九五四年九月三十日の条、三三九頁。
19　雷震『雷震全集35：第一個十年（五）』、日記一九五四年十月一日の条、三四〇頁。
20　雷震『雷震全集35：第一個十年（五）』、日記一九五四年十月二日の条、三四〇～三四一頁。
21　雷震『雷震全集35：第一個十年（五）』、日記一九五四年十月五日の条、三四二～三四三頁。
22　雷震『雷震全集35：第一個十年（五）』、日記一九五四年十月六日の条、三四三～三四四頁。
23　雷震『雷震全集35：第一個十年（五）』、日記一九五四年十月十一日の条、三四五～三四六頁。
24　雷震『雷震全集35：第一個十年（五）』、日記一九五四年十一月二十五日の条、三六六頁。
25　雷震『雷震全集35：第一個十年（五）』、日記一九五四年十一月二十九日の条、三六八～三六九頁。
26　雷震『雷震全集38：第一個十年（六）』、日記一九五五年二月二日の条、二五～二六頁。
27　雷震『雷震全集38：第一個十年（六）』、日記一九五五年二月四日の条、二七～二八頁。
28　雷震『雷震全集38：第一個十年（六）』、日記一九五五年二月五日の条、二八～二九頁。
29　雷震『雷震全集38：第一個十年（六）』、日記一九五五年二月十四日の条、三四頁。
30　雷震『雷震全集38：第一個十年（六）』、日記一九五五年二月二十一日の条、四〇頁。
31　雷震『雷震全集38：第一個十年（六）』、日記一九五五

32　年二月二十五日の条、四三頁。
33　雷震『雷震全集38：第一個十年（六）』、日記一九五五年三月三日の条、四五頁。
34　雷震『雷震全集38：第一個十年（六）』、日記一九五五年三月十一日の条、四九～五〇頁。
35　雷震『雷震全集38：第一個十年（六）』、日記一九五五年三月十六日の条、五二～五三頁。
36　雷震『雷震全集38：第一個十年（六）』、日記一九五五年三月十八日の条、五四～五六頁。
37　雷震『雷震全集38：第一個十年（六）』、日記一九五五年三月二十日の条、五七頁。
38　雷震『雷震全集38：第一個十年（六）』、日記一九五五年三月二十九日の条、六一～六二頁。
39　雷震『雷震全集38：第一個十年（六）』、日記一九五五年四月八日の条、六七～六八頁。
40　雷震『雷震全集38：第一個十年（六）』、日記一九五五年四月九日の条、六八～六九頁。
41　雷震『雷震全集38：第一個十年（六）』、日記一九五五年四月十日の条、六九～七〇頁。
42　雷震『雷震全集38：第一個十年（六）』、日記一九五五年四月十八日の条、七四頁。
43　雷震『雷震全集38：第一個十年（六）』、日記一九五五年五月六日の条、八四～八五頁。
44　雷震『雷震全集38：第一個十年（六）』、日記一九五五年六月二十二日の条、一〇四頁。
44　孫元錦事件と、『自由中国』が内容の改版を迫られたことについては、主に薛化元『《自由中国》與民主憲政：一九五〇年代台湾思想史的一個考察』一三〇～一三一頁。薛化元『雷震與一九五〇年代台湾政治発展——転型正義的視角』一二七～一二八頁を参考。
45　雷震『雷震全集38：第一個十年（六）』、日記一九五五年六月八日の条、九七頁。
46　社論「抗議與申訴」（『自由中国』第十二巻第十二期（1955.6.16）六頁。
47　雷震『雷震全集38：第一個十年（六）』、日記一九五五年六月十七日の条、一〇二頁。
48　雷震『雷震全集38：第一個十年（六）』、日記一九五五年七月八日の条、一一〇頁。
49　雷震『雷震全集38：第一個十年（六）』、日記一九五五年七月八日の条、一一〇頁。
50　〔訳注〕孫立人は、中華民国の軍人。米国のバージニア軍事學校を卒業し、陸軍総司令兼訓練司令、台湾防衛司令官などを歴任。抗日戦争や国共内戦で活躍する。国民党政権が、党による軍への介入を強化することに反発し、蔣介石・蔣経国と対立する。一九五五年八月、部下の郭廷亮共産スパイ事件に巻き込まれ、一九八八年まで軟禁される。呉密察監修、遠流台湾館編著、横澤泰夫訳『台湾史小辞典　第三版』（中国書店、二〇一六年）二四八頁。
51　雷震『雷震全集38：第一個十年（六）』、日記一九五五

52 年八月二十四日の条、一三五頁。「呉開先と食事をした。ゲストには、呉鑄人、劉百閔、胡健中、蕭錚、徐恩曽、程滄波、成舍我らがいた。蕭が、『自由中国』は『中央日報』みたいになったと言い、みな孫立人の件について社説を書かなかったのは良くないと言った。私は内心非常に苦痛で、食事の味もしなかった」。雷震『雷震全集38：第一個十年（六）』、日記一九五五年八月二十七日の条、一三六頁。

53 雷震『雷震全集38：第一個十年（六）』、日記一九五五年七月二十七日の条、一一九～一二〇頁。

54 王大鈞「関於孫元錦之死」（『自由中国』第十三巻第六期）（1955.9.16）二〇～二二頁。社論「従孫元錦之死想到的幾個問題」（『自由中国』第十三巻第六期）（1955.9.16）四～五頁。

55 雷震『雷震全集38：第一個十年（六）』、日記一九五五年九月十五日の条、一四六～一四八頁。

56 雷震原著、薛化元・楊秀菁主編『雷震的歴史弁駁』（台北：財団法人自由思想学術基金会、二〇一六年）九五～九八頁。

57 「雷震致胡適」（一九五五年九月十九日）（萬麗鵑編註、潘光哲校閲『萬山不許一渓奔：胡適雷震来往書信選集』）七九～八〇頁。

58 雷震原著、薛化元・楊秀菁主編『雷震的歴史弁駁』九八～九九頁。

59 雷震『雷震全集38：第一個十年（六）』、日記一九五五年九月十五日の条、一四六～一四八頁。

60 雷震『雷震全集38：第一個十年（六）』、日記一九五五年九月十五日の条、一四六～一四八頁。雷震原著、薛化元・楊秀菁主編『雷震的歴史弁駁』九九～一〇一頁。

61 雷震「警総特務的無法無天」（『雷震全集12：雷案回憶（二）』）二〇二～二〇三頁。

62 雷震原著、薛化元・楊秀菁主編『雷震的歴史弁駁』九九～一〇二頁。

63 雷震原著、薛化元・楊秀菁主編『雷震的歴史弁駁』一〇二頁。雷震日記の記述によれば、同号の改版費用は、『自由中国』雑誌に五〇〇〇元あまりの損失をもたらした。雷震『雷震全集38：第一個十年（六）』、日記一九五五年十月十二日の条、一六一頁。

64 雷震『雷震全集38：第一個十年（六）』、日記一九五五年九月十五日の条、一四六～一四八頁。

65 「本刊重要啓事」（『自由中国』第十三巻第六期）（1955.9.18）三頁。

66 雷震原著、薛化元・楊秀菁主編『雷震的歴史弁駁』一〇二～一〇三頁。傅正「国家主義與世界主義（上）」（『自由中国』第十三巻第六期）（1955.9.18）一一～一四頁。「給読者的報告」（『自由中国』第十三巻第六期）（1955.9.18）三二頁。

67 「雷震致胡適」（一九五五年九月十九日）（萬麗鵑編註、潘光哲校閲『萬山不許一渓奔：胡適雷震来往書信選集』）八三頁。

68　「雷震致胡適」（一九五五年九月十九日）（萬麗鵑編註、潘光哲校閲『萬山不許一渓奔：胡適雷震来往書信選集』）八二頁。

第四節　「祝寿専号」事件

一、「祝寿専号」の発表

『自由中国』雑誌の内容は読者から人気を博したが、その中で増刷された回数が最も多かったのは、一九五六年十月三十一日に発行された「祝寿専号〔生誕祝賀特集号〕」である。

一九五六年十月、『自由中国』第十五期第九期が出した「祝寿専号」は、リベラル派の人士たちによる蔣介石総統への建言を集めたものであった。「祝寿専号」は、発刊後大いに売れたが、国民党当局は建言の内容に不満で、党・団・軍の刊行物を通じて『自由中国』に集中攻撃を加えた[1]。これに対し、雷震は「我們的態度〔我々の態度〕」という一文を発表し、雑誌は「人に対して偏見はなく、事に対して是非を述べるものである」と説明したが、それでも、『国魂雑誌』、『幼獅』、『革命思想』などの雑誌は、「共産思想の密輸入」や、「共匪による統一戦線工作のお膳立て」などと述べて、『自由中国』を攻撃することをやめなかった[2]。

「祝寿専号」の編集は、蔣介石総統が建言の提出を奨励したことから着想されたものであった。一九五六年十月、自身の「七十華誕〔七十歳の誕生日〕」が迫る中で、蔣介石総統は新聞局を通じて、台湾全土の新聞雑誌に以下の六項目を提起し、各界がそれらに対して積極的に建言を提出するよう求めたのである。

（一）台湾を三民主義の模範省として確立するために創建・改革することが急務である政策。

（二）台湾の四大建設（経済、政治、社会、文化）を促進し、古い官僚や政客の悪い風習を取り除くための具体的な意見。

（三）戦時生活を押し広め、奢侈浪費などの悪い風習を取り除き、盛んで活発な民族復興基地とするために必要な措置。

（四）国内外の反共救国の意志を団結させ、反攻復国の戦力を増強するための、空理空論でない、実効性ある具体的な方法。

(五) 反共抗ソを貫徹するための具体的な実施計画と行動規範。

(六) 上記五点以外に、蔣介石個人の平素の言行と生活、および性格などにおける各種欠点に対する具体的な指摘と忠告。[3]

自由中国社では、もともと蔣介石総統の誕生日にあわせて、国是に関する社の意見をまとめた社説執筆を計画していた。だが、蔣総統が建言の提出奨励を告知した後、雷震は、「今総統がこのような呼びかけをしたからには、提起された諸点に対してそれぞれ建言をし、知っていることは何でも話し、話せば余すところなく語りつくすという言論の責任を果たすべきである」と思った。そこで、蔣匀田が特別号を出すことを提案し、夏道平も同じ意見であった。[4] 十月十八日、自由中国社は次号の雑誌に関する会議を開き、編集委員の他、国是問題に関心のある雷震の友人たちも招かれて参加した。出席者には、王師曽、蔣匀田、程滄波、陳芷町、成舎我、陶百川、徐道鄰、毛子水、夏道平、黄中、王世憲、陳啓天らがいた。会議では、「詔を下して直言を求めるというようなこの蒋総統のやり方は、完全に君主がするもので、こうした態度は間違っている」と批判する者もいれば、「みな、この機会を利用して、現在の国家に対する意見を率直に表明するべきだ」と考える者もおり、最終的には各人がそれぞれ執筆することに決まった。[5] 十九日、雷震は自ら東海大学に赴き、同大学で教鞭をとる徐復観にも一文の寄稿を依頼した。[6]

「祝寿専号」が発刊される前、蔣匀田が陶希聖から聞いたところによると、蔣総統が六項目について意見を求めた日、張群ら幕僚たちは、「総統は突然このような話をするべきではなく、好ましくない反響がある恐れもあるので、まず自分たちと相談すべき」だと思っていた。しかし、総統はそれに激怒し、「国家がすでにこの有様になったのに、お前たちの誰も責任をとらない」と言い、もし先に張群らに相談していたら、建言を募集するやり方に賛成しなかったに決まっているとして、それでも自分が「お前たちの地位を守ってやらなければならないのか?」と述べたという。雷震はその消息を聞いた後、蔣総統の「発言は憤りに満ちているが、いったいどういうつもりなのか分からない」と思った。[7]

『自由中国』第十五巻第九期の「祝寿専号」は、通常の刊行日である一日ではなく、蔣介石の誕生日にあわせて、十月三十一日に前倒しして刊行された[8]。表紙の目次には、大きな朱書きで「恭祝総統七秩華誕〔総統の七十の誕生日を謹んでお祝いする〕」と印字された。蔣総統の「人を祝うことは、国を祝うことにおよばない」との意を受けた同期の専門号は、社説とあわせて合計一六篇の文章が掲載された[9]。一方、『自由中国』雑誌の印刷を請け負っていた精華印書館は、期日どおりの十月三十日に「祝寿専号」の印刷を終わらせたものの、自由中国社に対して、数年来の協力関係を終らせ、印刷を行うのは年末までとすることを要求した。雷震は、精華印書館は、おそらく今回の印刷の過程で嫌がらせを受けたのだろうと推測した[10]。

巻末の「読者への報告」による同号に掲載された一五篇の文章の総括によれば、要望が提起されたのは、主に以下の七点についてであった。

一、民主政治制度の確立
二、有力な反対党の育成
三、言論の自由の実効ある保障
四、軍隊の国家化実施
五、司法の独立保障
六、教育の正常化
七、反共救国会議の速やかな招集[11]

巻頭の社説「寿総統蔣公〔蔣総統を祝う〕」で『自由中国』誌は、人治を法治に替えて制度の権威を確立するよう主張し、後任の人選、責任内閣制の確立、軍隊の国家化などの問題は、いずれも法の規範の中で処理されるべきで、それでこそ社会を長期にわたって安定させることができると呼びかけた[12]。一六篇の論考は、いずれも国是に関する意見を発表したものであり性質が似ているので、社説以外の文章は執筆者名の画数に基づいて掲載順が定められたが、それは『自由中国』の誌面編成では前例のないものであった。同号に掲載された文章は、掲載順に以下のとおりである。

社説「寿総統蔣公〔蔣総統を祝う〕」
毛子水「試談文化的建設和反共的理論以寿蔣総統〔文化建設と反共理論の試論をもって蔣総統を祝う〕」
王師曽「政治建設的根本問題〔政治建設の根本問題〕」
胡適「述艾森豪総統的両個故事給蔣総統祝寿〔アイゼンハワー大統領の二つの逸話を述べて、蔣総統の誕生日を祝う〕」

徐復観「我所了解的蔣総統的一面〔私の知っている蔣総統の一面〕」

徐道鄰「民主、法治與制度〔民主、法治と制度〕」

夏道平「請從今天起有効地保障言論自由〔今日から言論の自由の実効ある保障を求む〕」

翁之鏞「現行経済機構怎可不再改革？〔現行の経済機構は、もはや改革しないわけにはいかない〕」

張士棻「祝望造成一個現代化的民主憲政国家〔近代的な民主憲政国家の構築を切に望む〕」

陳啓天「改革政治、団結人心〔政治を改革し、人心を団結させる〕」

陶百川「貫徹法治寿世慰親〔法治を貫徹して世人に幸福をもたらし、近しい人に安らぎを与える〕」

雷震「謹献対於国防制度的意見〔国防制度に対する意見を謹んで献上する〕」

劉博崑「清議與干戈〔清議と干戈〕」

蔣匀田「忠誠的反応〔忠実な反応〕」

魏正明「民主政治的基本精神――合法的反対〔民主政治の基本精神――合法的な反対〕」

羅大年「建立自由教育必須剔除的両大弊害〔自由教育の確立のために除去が必要な二大弊害〕」

『自由中国』の「祝寿専号」は、広範な読者から好評を博した。出版から三日目の雷震日記には、「本誌は今回一〇〇〇〇部ほど多めに印刷したが、すでに完売し、嘉義と宜蘭から本誌を求める声があがっているので、もう一度増刷することを決定した」[13]と記されている。後に、特集号は増刷を重ね、その回数については九回、一一回、一三回など諸説ある。後に傅正は、「最終的には、名目上は九回増設されたが、実際には一三回におよんだ」と記して、それが記録の一致しないことの原因として考えられると述べている[14]。このように『自由中国』の言論は歓迎を受けたわけだが、当局の受け入れるところとはならなかったばかりか、国民党政府から「毒素思想」と見なされ[15]、党・政・軍のメディアによる全面的な集中攻撃を受けることになった。ここに至って、『自由中国』と国民党政府の関係は正式に破綻したのである[16]。

二、国民党当局の反応と攻撃

『自由中国』は創刊時から、（一九五六年十二月十六日出版の）第十五巻第十二期に至るまで、出版の際には常に『中央日報』に広告が掲載されていた。創刊当初は毎号とも二日から三日掲載され、後に経費の問題から、一日のみ掲載されるようになったのである。だが、一九五七年一月一日に出版された第十六巻第一期は、当日の『中央日報』に掲載されるはずの広告が載らず、雷震は人を派遣して理由を訊ねさせた。同紙の広告課の説明によれば、「祝寿専号」が何度も増刷されたことで「国民党中央党部の怒りに触れ、我々〔自由中国〕の広告掲載を許可しないとの圧力がかかったので、元の広告を今日返却する」とのことであった。その巻き添えを受けて、青年党の朱文伯らが発行していた『民主潮』の広告も、同紙に掲載されなかった[17]。

国民党当局が、機関紙の『中央日報』に対し、『自由中国』の広告を掲載しないよう要求したのは、まだ「温和」な手段に属した。より激烈な「文攻〔言論による攻撃〕」が、「祝寿専号」刊行からまもなくして、始まったのである。国民党党報の『中華日報』をはじめとして、『軍友報』、『青年戦士報』、『国魂』、『幼獅』などの軍および救国団の新聞雑誌が、『自由中国』への包囲攻撃に加わった。十二月二十二日、軍友社が実施した座談会では、『自由中国』は士気と民心を破壊しているとし、同誌への集中的な批判は、「統一戦線工作の先棒を担いでいる個人自由主義者の陰謀を暴露」するためであると糾弾された[18]。

「祝寿専号」の中で、立法委員である劉博崑の記した「清議與干戈〔清議と干戈〕」は、文中であげた例があらぬ連想をかきたてるものであったために、物議をかもした。同文章は、清末の慈禧太后の長期にわたる専制政治が満清帝国の滅亡をもたらした例をひき、統治者にとっての輿論の重要性を説明した論考で、発表された時、雷震の友人たちの多くも賛同はしなかったものだったが[19]、十二月になって党報の『中華日報』から照準を合わされた。曹聖芬は、同文章が「慈禧太后によって我々の総統を当てこすり、満清の亡国寸前の政権によって我々の自由中国をあてこすっている」と指摘した上で、群衆に対し、「これらの文化的ならず者をこらしめる」よう煽動さえしたのである[20]。一九五七年一月十六日、『自由中国』は、范度才（成舎我のペンネーム）と署名された、読者からの投書「中華日報鼓吹暴動！〔中華日報が暴動を鼓吹している〕」を掲載して対応した[21]。成舎我は、『中華日報』の「祝寿専号」への短評は、民衆に新聞社を暴力で破壊し、主筆に危害を加えるよう鼓吹するものであると批判し、『自由中国』は暴力による脅しに屈することがないようにと期待した[22]。だが、著者である劉博崑本人は、圧力を感じて『自由中国』に文章を発表し、「清議與干戈」は「祝寿専号」のために書いたものではなく、時政をあてこするためのものでもなかったとして、誤解を解くべく、「当時私は、この債務返済の文章が、祝寿号に一緒に掲載されるとは思いもよらなかった……この文章がなぜ祝寿専号に掲載されたのか、貴社自らが解答を出されるものと思う」[23]と記した。劉博崑のこうした態度は、雷震にとって納得のできないものであった。「明らかに風刺であるものを、言い逃れしなくてもよいではないか。われわれは社会にあって、良心が満足するかどうかだけを問題にし、権威を恐れてはならない。さもなければ、民主と自由の前途は暗いだろう」[24]と、雷震は記している。

『自由中国』が前述のように各種の新聞雑誌から集中攻撃を受けたのは、実際には国民党当局の行動の一部に過ぎなかった。一九五六年十二月、中国国民党の軍内特種党部（「周国光」との偽名を使っている）は、「極機密」と注記した「特殊指示」（特字第九九号）を発出した。それは、「向毒素思想総攻撃〔毒素思想に総攻撃を加える〕」との標題で、「全党員が計画的に行動を展開することを策動する」ものであった[25]。その全文は、冒頭から次のように述べている。

『自由中国』という刊行物が、最近良からぬことをたくらみ、下心をもって民主自由の名のもとに主義に反対し、政府に反対し、本党に反対するという歪曲されたたわごとを発しており、それによって是非を転倒させ、情報を混乱させて、ある種の政治的野心を成功させようとの不当な目的をもっている。[26]

雷震は、ある中国国民党籍の監察委員を通じてこの機密文書を入手したが、これはまさに政府が『自由中国』に攻撃を加えることを指示した明確な証拠であった[27]。この指示の中には、特種党部が現在『向毒素思想総攻撃〔毒素思想に総攻撃を加える〕』という小冊子を編纂しており、将来「全党の同志」による精読・討論が行われるべきこと、また、軍部の刊行物である『青年戦士報』および『国魂』とも、相呼応させることが記されていた[28]。

一九五七年一月、もともとは軍内特種党部の文書だった『向毒素思想総攻撃』という小冊子は、発行対象を拡大し、広く国民党の各級党部、治安情報機関、軍事機関と部隊、各地の民衆服務站[29]などに支給され、文章は二万三〇〇〇字あまりの長さとなって、支給冊数は一〇万冊にのぼった[30]。その全文は、『自由中国』の「祝寿専号」の各文章を逐一分析して批判を加え、この種の言論に対していかに「防御」し、「攻撃」するかを指導するものだった[31]。

「向毒素思想総攻撃」は、『自由中国』が自由民主の名のもとに直接的あるいは間接的に「匪諜〔共産党のスパイ〕」の使嗾を受け、各地で「毒素思想」をばらまき、民心・士気を瓦解させ、一〇数年前の「共匪の決まり文句」に追随しているが、それは共匪の対台湾「政治攻勢」に歩調を合わせ、「国際社会に幻想と錯覚」を起こさせることで、台湾を「蚕食」するという陰謀を実現させるものであると指摘した。また、『自由中国』が「個人の自由主義思想」を広めているのは、九〇〇〇万の軍民の反共抗ソへの自信を揺るがし、思想を混乱させ、匪諜が流言飛語や中傷を広めるのを容易にすることがその目的であるとし、こうした毒素思想に対しては、「必ずや一掃し、反共抗ソの大事業を損なうことのないようにしなければならない」と国民に呼びかけた。そして、この小冊子を通じて、まず敵の思想の淵源や内容と、その陰謀を理解し、各種の方法でそれに対する思想的な攻撃と戦闘を行い、思想動員の方式で「この毒素思想を撲滅する」とした[32]。

『向毒素思想総攻撃』は、「毒素思想が、最近こともあろうに領袖〔蔣介石〕の誕生祝いに乗じて、六項目の建言提出の呼びかけにこたえるというかたちで、でたらめな言論を展開している」のは、以前に「公然と国に背いた」呉国楨が「ばらまいた思想的毒素を受け継いだものであり」、「自由主義の名を借りつつ、実際には共匪の共犯者である」とした。また、『自由中国』の「祝寿専号」における言論の「でたらめの極まった」ところについて、以下の数点にまとめていた[33]。

一、「言論の自由」を主張する。

夏道平の「請従今天起有効地保障言論自由〔今日から言論の自由の実効ある保障を求む〕」は、「我々には『恐怖に怯えない自由』はない」と述べた。それに対して『向毒素思想総攻撃』は、「反共、あるいは非共の立場をとりさえすれば、どのような言論を発表しても政府は干渉しない」のだから、この一文は誤りであるとした[34]。

二、「軍隊の国家化」を主張する。

社説「寿総統蔣公〔蔣総統を祝う〕」、雷震「謹献対於国防制度的意見〔国防制度に対する意見を謹んで献上する〕」、蔣匀田「忠誠的反応〔忠実な反応〕」などの文章は、軍内の国民党党部や、領袖への忠誠の宣誓、および関連する標語を廃止するよう求めていた。こうした要求は、「抗戦勝利の時の共匪の言論」であるとされ、『向毒素思想総攻撃』は、軍隊が領袖および三民主義への忠誠を宣誓することは至極あたりまえかつ神聖なことであり、覆してはならないものであると強調した[35]。

三、「自由教育」の確立を主張する。

羅大年の「建立自由教育必須剔除的両大弊害〔自由教育の確立のために除去が必要な二大弊害〕」は、青年反共救国団の廃止、総理遺教・総統訓話・総裁言論・三民主義の精読の撤廃を呼びかけていた。それに対し、『向毒素思想総攻撃』は、反共救国団は青年たちの興味に適合したもので、各学校に置かれた分遣隊は大多数の学生たちの自主的な要求によって成立したと述べた。また、国父遺言および総統訓話を精読することも至極あたりまえのことであり、憲法の規定と国家の必要性にかなっているので、「もし国父遺教と総統訓話の精読に反対するものがいれば、それは中華民国に対する大逆無道な叛徒であり、みなでその罪をはっきり明らかにして、国民共通の敵として攻撃すべきである」と公言した[36]。

四、総統個人を攻撃する。

胡適の「述艾森豪総統的両個故事給蔣総統祝寿〔アイゼンハワー大統領の二つの逸話を述べて、蔣総統の誕生日を祝う〕」は、総統に「無智、無能、無為」な元首になることを求めていた。徐復観の「我所了解的蔣総統的一面〔私の知っている蔣総統の一面〕」は、「総裁が常に客観的なものごとが自身に従属するよう要求すると皮肉っていた」。『向毒素思想総攻撃』は、反共抗ソの大事業は、「多くの貢献をしてきて」、「聡明かつ智慧にすぐれ」、「全国軍民が傾倒し、従う」総裁が革命を指導する必要があるとして、胡適らの言論は「革命と領袖を攻撃し、民衆の力を分裂させる」ものであると激しく批判し、「その裏で匪諜が糸を引いていないかどうか、推測するのは難しい」とした[37]。

小冊子『向毒素思想総攻撃』が出された後、『自由中国』はその対応として、自社の刊行物を通じて、回答のための五篇の文章を発表することを余儀なくされた[38]。こうした経過が示しているように、「祝寿専号」の出版後、国民党当局（とりわけ、蔣経国の主導する軍内党務、政戦系統）にとって、『自由中国』はすでに「毒素思想をばらまく」敵となっていたのである。国民党当局が『自由中国』の主張する自由と民主に公然と反対し、『自由中国』に共匪のレッテルを貼り続けたのは、同誌を抑圧する措置であったと見なすことができる[39]。

「向毒素思想総攻撃」の騒動後、『自由中国』はより公然と国民党政府からの攻撃と抑圧を受けるようになり、それは販売や予約購読に対する干渉だけにとどまらず、『自由中国』の製作を請け負っていた印刷工場にまでおよび、発行が妨害されたのである。治安情報機関の人員は、『自由中国』を印刷していた印刷工場に赴き、原稿を検査し、写真をとり、調査をするというかたちで干渉したので、印刷工場にとっては圧力となった。そのため、『自由中国』は何度も印刷工場を替えなければならなかったが、それは国民党当局の加える圧力がますます強くなっていたことを示していたのである[40]。

三、友人たちの配慮と取りなし

「祝寿専号」の出版後、雷震は国民党当局が不満を持っていることを感じ取ったので、ただちに「我們的態度（我々の態度）」という一文を執筆し、一九五六年十一月十六日出版の『自由中国』（第十五巻第十期）に掲載して、応答とした[41]。同号が正式に出版される前の十一月十三日、雷震は胡適に手紙を送り、「我們的態度」によって、自由中国社が「戦々恐々とした心持ちで仕事をしている」ことが読み取れることでしょうと記した[42]。同文章は、雑誌発行から満七年となり、八年目に入ろうとしているこれまでの来歴を回顧し、次のように説明した。自由中国社の雑誌発行の姿勢は、「人に対して偏見はなく、事に対して是非を述べる」というものである。「一国の政治と社会が進歩したかどうかは、一国に健全な輿論があるかどうかを子細に見れば、判断することができる」と信じるものであり、『自由中国』は国家への忠誠心に基づいて、輿論が果たすべき役割を果たすことに尽力してきた。自由中国社は、常に同誌が「人が言えないことを言う」

と読者から称賛されてきたが、それに対しては、一面では喜びを覚えるものの、同時に悲しくもなる。なぜなら、真に民主的で自由な国家では、評論者はもとより当局者の忌諱に触れることを恐れる必要はないからである。台湾の言論と新聞の自由度は、アジア地域全体を見ても低いが、政府が言論と新聞を統制するのは、百害あって一利もない。『自由中国』は、言論の自由が民主政治の基本であり、民主政治を徹底的に実現してこそ共産主義に抵抗することができ、反攻復国の目的を達成することが可能になるものと固く信じている[43]。

国民党当局の不満が鬱積している最中の一九五六年十一月十六日、雷震は中日文化経済協会の幹事長職を辞任した[44]。このことは、雷と国民党上層部の友人たちの付き合いを、また一つ少なくさせるものであった。

「祝寿専号」が国民党当局との衝突を引き起こした後、友人たちは、気をつけるよう雷震に忠告した。蔣経国と古くからの知り合いで、治安情報機関のこともよく知っている王新衡は、特に雷震に対して、蔣経国は「おそらく手段を択ばない」ので用心するよう注意した[45]。王世杰は雷震に対し、「慎重にふるまい、自らの立場を失わないようにしつつ自重することで、破滅させせられないよう」勧めたが[46]、後には雷震が誰かに謀殺されることすら危惧していた[47]。

雷震が「我們的態度」を発表して、雑誌の立場を明確にしてからも、国民党当局の各方面からの攻撃はやむことがなかった。そのため、一九五七年一月十六日の『自由中国』は、社説「我們的答弁〔我々の答弁〕」で、「祝寿専号」は総統の六項目の呼びかけに応じたもので、雑誌はこれまでずっと、執政者が共産党の方法を採用することに反対してきたのであり、反対するのは共産党の本質に対してであると、再度強調した[48]。だが、二月初め、軍の雑誌である『国魂』は、依然として全篇を割いて『自由中国』を攻撃していた[49]。

対立がますます激しくなっていくので、雷震の友人である許孝炎は取りなしを試み、雷震も衝突緩和のために譲歩をしても良いと考えたが、その効果は限定的だった。許孝炎は雷震に対し、「一、総統個人を批判しない。総統が主宰することについては批判しても良い……。二、国民党を批判しない。三、態度は柔らかくする」ことを要求したが[50]、雷震は二番目の点には同意できないとして譲らず、「批判する時、語調は礼儀正しくする」という妥協案を提起した。また、その際には、「相手方は批判をしても良いが、レッテルを貼ってはならない。例えば、相手方が我々を匪賊と言ったら、即座に

この妥協はなかったことにする」と強調した[51]。この取り決めを遵守するため、雷震はこの頃左舜生が執筆した、蔣介石総統個人を批判した文章を掲載しないことに決めた[52]。だが、政治作戦部門の方では取り決めを守らず、依然としてメディアにおいて『自由中国』を「共匪」になぞらえたので、雷震は強く不満に思った[53]。三月十一日、雷震が許孝炎の自宅にてこの問題について話し合った際、監察委員の馬慶瑞と陶百川も同席していたが、陶百川は、『自由中国』が受けてきた攻撃は、「いずれも共産党の手法」であると述べた。また、馬慶瑞は、『自由中国』と総政治部の間の調停を行いたいと表明した[54]。

注

1　任育徳『雷震與台湾民主憲政的発展』一六〇頁。
2　文徳「雷震・胡適・中国民主党」（『雷震全集1：雷震與我（一）』九頁。
3　「婉辞各方発起祝寿挙動　総統重申謙冲至意　提示問題広徴衆議」（『中央日報』一九五六年十月十七日）第一版。
4　雷震『雷震全集38：第一個十年（六）』、日記一九五六年十月十七日の条、三二三頁。
5　雷震『雷震全集38：第一個十年（六）』、日記一九五六年十月十八日の条、三二三～三二四頁。
6　雷震『雷震全集38：第一個十年（六）』、日記一九五六年十月十九日の条、三二四～三二五頁。
7　雷震『雷震全集38：第一個十年（六）』、日記一九五六年十月二十九日の条、三二五～三二六頁。
8　雷震『雷震全集38：第一個十年（六）』、日記一九五六年十月十七日の条、三二三頁。
9　『自由中国』第十五巻第九期（1956.10.31）。薛化元『雷震與一九五〇年代台湾政治発展――転型正義的視角』一二九頁。
10　雷震『雷震全集38：第一個十年（六）』、日記一九五六年十月二十八日、三十日の条、三二五、三二六頁。
11　「給読者的報告」（『自由中国』第十五巻第九期）（1956.10.31）三五頁。
12　社論「寿総統蔣公」（『自由中国』第十五巻第九期）（1956.10.31）三～四頁。
13　雷震『雷震全集38：第一個十年（六）』、日記一九五六年十一月二日の条、三二八頁。
14　薛化元『《自由中国》與民主憲政：一九五〇年代台湾思想史的一個考察』一三七頁。「祝寿専号」の増刷回数について、雷震は「今号の増刷は一一回におよんだ」と記す。雷震「胡適公開抗議台湾没有言論自由」（『雷震全集11：雷案回憶（一）』）一〇七頁。一方、傅正は「同号はセンセーションを引き起こしたので、何度も増刷され、最終的には、名目上は九回増刷されたが、実際には一三回におよんだ」と記している。傅正主編『雷震全集30：雷震秘蔵書信選』三二九頁。

15　雷震『雷震全集11：雷案回憶（二）』一〇七～一四五頁。

16　薛化元『《自由中国》與民主憲政：一九五〇年代台湾思想史的一個考察』一三七～一三八頁。薛化元『雷震與一九五〇年代台湾政治発展——転型正義的視角』一二九～一三〇頁。

17　雷震『雷震全集39：第一個十年（七）』、日記一九五七年一月一日の条、三～四頁。雷震は、『自由中国』が、平素「虚偽」の宣伝を多く行っている「党報」の『中央日報』に広告を掲載しているのは、公共機関、民衆団体、軍事機関と部隊は同紙を購読しなければならないことになっているので、広く『自由中国』の主旨（全国の国民に自由と民主の真実の価値を広め、政府（各級の政府）に対して、政治経済を適切に改革し、自由で民主的な社会の樹立に努力するよう督促すること）を宣伝することで、より多くの読者に『自由中国』各号の内容（広告には、各号の文章の題名が詳しく掲載されている）を知る機会を提供し、それによって購読の興味をかきたてたいからである。そのため、「台湾の民衆はみなあまり『党報』を読みたいとは思っていない」状況でも、やはり『中央日報』紙上に広告を掲載したのだと語っている。雷震原著・薛化元、楊秀菁主編『雷震的歴史弁駁』八六～八八頁。「給読者的報告」（『自由中国』第十六期第二期）（1957.1.16）三四頁。早くも一九五五年には、当時『中央日報』社長だった阮毅成が、中央党部から『自由中国』の広告を掲載しないよう言われたが、同意しなかったと雷震に伝えていた。雷震『雷震全集38：第一個十年（六）』、日記一九五五年三月五日の条、四七頁。

18　雷震『雷震全集39：第一個十年（七）』、日記一九五七年一月三日の条、四～五頁。当日の日記には、次のように記されている。「今日、気候はとても暖かい。朝の八時半に自由中国社に着く。楊浚明が来たので、軍と青年団が我々を罵っている刊行物を彼に見せる。これらの刊行物は、主に「統一戦線工作の先棒を担いでいる個人自由主義者の陰謀を暴露」すると述べており、これはレッテルを貼るだけでなく、人を陥れようとの意図をもったものである。関連する新聞雑誌には、『軍友報』（すでに二回）、『青年戦士報』（すでに二回）、『国魂』、『幼獅』および『中華日報』がある。『中華日報』は、なんと暴動を奨励さえしている。私たちのところには、『中華日報』への不満を記した手紙がたくさん届いている。堂々たる党報が、人々に口を使うのではなく、手を出すことをすすめるとは、悲しいことではないか!」。党・政・軍の新聞雑誌による『自由中国』への集中攻撃については、雷震の一月二十八日、二月七日、二月十六日、二月十九日の日記も参照。

一月二十八日日記：「『国魂』一四〇期は、全篇『自

由中国』を罵ったものである。元来、文章でもって相互に批判し合うのは良いことだが、同号の中にはくだらない、人を中傷するものがたくさんあり、私が密輸をしているとか、女優のタニマチになっているとか、麻雀を打っているなどと言っている。密輸については、文章で声明を出さねばならない。実際には、台湾には多くの特務がおり、もし本当に密輸をしていたら、彼らはとっくに私を捕まえただろう。『国魂』、『軍友報』、『革命思想』、『中興評論』のほか、内幕新聞ものの『自由亜洲』さえ、我々を攻撃する戦列に加わった」。

二月七日日記：「今日、徐佛観、王世憲、蔣匀田の各氏が自宅に来て、新年の酒を交わした。みな、現在の時局に悲観的であった。この頃、党・軍・団の刊行物が我々に集中攻撃を加えており、特に軍が甚だしい。今号の『国魂』は、全篇が我々を攻撃したもので、一篇も例外はない。こうしたやり方が変わらなければ、彼らは反民主・反自由なのではないかと疑わしくなる」。

二月十六日日記：「二月十四日の『天文台』に『自由陣線』の広告が載っているのを見た。「自由中国的言論自由〔自由中国における言論の自由〕」、「自由中国反攻《自由中国》〔自由中国が《自由中国》に反攻する〕」、「圍剿《自由中国》〔《自由中国》を集中攻撃する〕」という三篇があるが、その内容は分からない」。

二月十九日日記：「午後三時、眼を見てもらいにいった。林医師によると、私の眼はこの三か月で一層悪化したという。軍・党・団の刊行物が『自由中国』を集中攻撃したことで、精神状態が落ち着かず、夜よく眠られないため、眼が悪くなったのだと思う」。雷震『雷震全集39：第一個十年（七）』、日記一九五七年一月二十八日、二月七日、二月十六日、二月十九日の条、二一～二三、二六～二七、三〇～三三頁。薛化元『雷震與一九五〇年代台湾政治発展――転型正義的視角』一三〇～一三二頁も参照。

19 雷震『雷震全集38：第一個十年（六）』、日記一九五六年十一月六日の条、三三〇頁。

20 雷震『雷震全集38：第一個十年（六）』、日記一九五六年十二月二十六日の条、三五三～三五四頁。范度才（成舍我）「中華日報鼓吹暴動！」（『自由中国』第十六巻第二期）（1957.1.16）三二頁。

21 「立法委員でベテランの新聞人でもある成舍我が『范度才』のペンネームで執筆した投書は、「《中華日報》鼓吹暴動」というタイトルであった。……成委員は、『反奴才〔反奴隷根性〕』と音が似ている『范度才』をペンネームに用いた」。雷震『雷震全集39：第一個十年（七）』、日記一九五七年一月十二日の条、傅正による注釈、一一～一二頁を参照。

22 范度才（成舍我）「中華日報鼓吹暴動！」（『自由中国』第十六巻第二期）（1957.1.16）三二、二一頁。

23 劉博崑「文債與文責、〈清議與干戈〉原委――劉博崑致雷震」（傅正主編『雷震全集30：雷震秘蔵書信選』）三三五～三三七頁。

24 雷震『雷震全集39：第一個十年（七）』、日記一九五七年一月二十八日の条、二一～二三頁。

25 薛化元『雷震與一九五〇年代台湾政治発展——転型正義的視角』一三二～一三三頁。

26 雷震原著・薛化元、楊秀菁主編『雷震的歴史弁駁』八三頁。

27 雷震原著・薛化元、楊秀菁主編『雷震的歴史弁駁』八五頁。

28 これは、特種指示の八番目の内容であった。雷震原著・薛化元、楊秀菁主編『雷震的歴史弁駁』八四頁。薛化元『雷震與一九五〇年代台湾政治発展——転型正義的視角』一三二～一三三頁。

29 〔訳注〕民衆服務站とは、国民党が民衆や農村の中に入っていき、党の政策を宣伝するとともに、民衆の要求を党内に反映させるために各地に設置した機関で、党員のリクルートや地方選挙での国民党の応援、社会調査などを実施していた。「党国治理記憶庫」ウェブページ、https://www.stories.cipas.gov.tw/kmtservicecenter（二〇二三年九月一日確認）。

30 雷震原著・薛化元、楊秀菁主編『雷震的歴史弁駁』八八頁。雷震『雷震回憶録——我的母親続篇』一〇六～一一一頁。

31 雷震原著・薛化元、楊秀菁主編『雷震的歴史弁駁』八九頁。雷震『雷震回憶録——我的母親続篇』一一二～一一三頁。

32 雷震原著・薛化元、楊秀菁主編『雷震的歴史弁駁』七八～七九頁。関連する内容を整理したものとして、薛化元『雷震與一九五〇年代台湾政治発展——転型正義的視角』一三五～一三七頁を参照。

33 雷震原著・薛化元、楊秀菁主編『雷震的歴史弁駁』四九～五二頁。

34 雷震原著・薛化元、楊秀菁主編『雷震的歴史弁駁』五一、五五～五六頁。

35 雷震原著・薛化元、楊秀菁主編『雷震的歴史弁駁』五一、五七～六四頁。

36 雷震原著・薛化元、楊秀菁主編『雷震的歴史弁駁』五一、六四～六八頁。

37 雷震原著・薛化元、楊秀菁主編『雷震的歴史弁駁』五一～五二、六八～七一頁。

38 雷震原著・薛化元、楊秀菁主編『雷震的歴史弁駁』九二、一〇七～一六〇頁。五篇の文章のタイトルは、以下のとおり。「社論：我們的答弁」（一九五七年一月十六日）、「社論：対構陥與誣衊的抗議——従個人自由與国家自由説起」（同文は雷震が執筆したもの。一九五七年二月十六日）、「社論：懐疑與希望」（一九五七年三月十六日）、「創刊《自由中国》的意旨——為建立反共理智的信念」（同文は雷震が執筆したもの。一九五七年三月十六日）、「社論：怎様挽救当前的危局」（一九五七年六月十六日）。薛化元『雷震與一九五〇年代台湾政治発展——

転型正義的視角』一三五～一三七頁。

39 薛化元『《自由中国》與民主憲政：一九五〇年代台湾思想史的一個考察』一四〇頁。

40 薛化元『《自由中国》與民主憲政：一九五〇年代台湾思想史的一個考察』一四一頁。印刷工場の変更については、傅正主編『雷震全集30：雷震秘蔵書信選』三三九～三四五、三七九、四〇三～四〇九頁。馬之驌『雷震與蔣介石』二三九～二五五頁。雷震『雷震回憶録――我的母親続篇』一〇一～一〇二頁。薛化元『雷震與一九五〇年代台湾政治発展――転型正義的視角』一三八頁を参照。

41 雷震「我們的態度」(『自由中国』第十五巻第十期(1956.11.16) 六～九頁。

42 「雷震致胡適」(一九五六年十一月十三日)(萬麗鵑編註、潘光哲校閲『萬山不許一渓奔：胡適雷震来往書信選集』)一〇七頁。

43 雷震「我們的態度」(『自由中国』第十五巻第十期)(1956.11.16) 六～九頁。

44 雷震『雷震全集38：第一個十年(六)』、日記一九五六年十一月十六日の条、三三五頁。

45 雷震『雷震全集39：第一個十年(七)』、日記一九五七年一月五日の条、七頁。

46 雷震『雷震全集39：第一個十年(七)』、日記一九五七年二月十四日の条、二九頁。

47 雷震『雷震全集39：第一個十年(七)』、日記一九五七年三月七日の条、四五頁。

48 社論「我們的態度」(『自由中国』第十六巻第二期)(1957.1.16) 四～五頁。

49 任育徳『雷震與台湾民主憲政的発展』一六二頁。雷震『雷震全集39：第一個十年(七)』、日記一九五七年二月七日の条、二六頁。

50 雷震『雷震全集39：第一個十年(七)』、日記一九五七年二月十八日の条、三二頁。

51 雷震『雷震全集39：第一個十年(七)』、日記一九五七年二月十八日の条、三二頁。

52 雷震『雷震全集39：第一個十年(七)』、日記一九五七年三月七日の条、四五頁。

53 雷震『雷震全集39：第一個十年(七)』、日記一九五七年三月十一日の条、四七頁。三月二日の『軍友報』は、『自由中国』の謬論と振る舞いは、完全に大陸時期の共匪の複製である」と記しており、取り決め違反の一事例となっていた。

54 雷震『雷震全集39：第一個十年(七)』、一九五七年三月十一日の条、四七～四八頁。

第五節　「今日的問題」シリーズ

一、「今日的問題」の登場

『自由中国』は、一九五七年八月一日の第十七巻第三期から「今日的問題〔今日の問題〕」というシリーズ物の社説を掲載して、当時の台湾における政治経済の問題に対する全面的な議論を開始した。実際の政策に対して建言と批判を行ったことで、国民党当局の反発を招き、雷震と『自由中国』のおかれた状況は、ますます厳しいものになっていく。「今日的問題」シリーズの社説は、雷震の主導する『自由中国』が、台湾の改革および発展の方向性に関する包括的な構想を示したものであった。

一九五四年十二月に締結された「米華相互防衛条約」は、一般的に、米国の同意なしに中華民国政府が大陸反攻を実施することを不可能にしたものだと考えられていた[1]。これは、大陸反攻が先延ばしにされることを意味しており、おそらく一部の政界有力者はそのことに焦燥感と不安を覚えるようになったため、反米的な感情が次第に高まっていく。一九五五年の孫立案事件と、一九五七年の劉自然事件は[2]、当時の国民党当局の米国に対する拒絶的態度が現れたものであった。「五二四劉自然事件」の発生後、雷震と同僚たちは事件に関する文章の内容について討議して、最終的には米国と中華民国政府の双方を批判する内容に落ち着いた。六月、『自由中国』は社説「怎様挽救当前的危局〔当面の危機をいかに救うか〕?」を発表し、国民党が普通の政党へと退き、党務と政務をはっきりと区分することを求めた[3]。同文章は、雷震が執筆し、多くの人間による修正を経て完成したものであった[4]。

こうした中、『自由中国』は当面の問題に対して、より積極的な検討を開始した[5]。一九五七年七月一日、『自由中国』の第十七巻第一期は、社説「今日的司法〔今日の司法〕!」を掲載し、裁判に独立の精神が欠如し、司法が政治の道具と化しているさまを批判した[6]。同文章に対しては、司法行政部部長の谷鳳祥が抗議をしてきたが、雷震がすぐさま、罪を犯していないにもかかわらず拘禁された事例をいくつか挙げて問い返したので、谷は何も言うことができなかった。「今日的司法！」が出された後、戴杜衡は『自由中国』の編集委員会において、大陸反攻、二つの中国、台湾人と内地人、公務員・教員の待遇などの現実的な問題について、シリーズものの社説を書くことを提案した[7]。雷震、戴杜衡、殷海光、夏道平、黄中ら編集委員たちは協議後、共通タイトルを「今日的問題」として、「当面の大問題についてより深く検討をする」ことに決定した[8]。言い換えれば、「今日的司法！」は、社説「今日的問題」シリーズの先駆けとなるものだったのである。

「今日の問題」シリーズの掲載は、一九五七年八月一日の『自由中国』第十七巻第三期から始まった。第一篇の「是什麼，就説什麼（代緒論）〔ありのままに話す（序論に代えて）〕」を執筆したのは、殷海光であった[9]。殷は、「我々のおかれた時代は、真実を話すことが求められる時代であるが、残念ながら今日の我々は、最も真実を話すことができないでいる」とし、当時の台湾社会は反共という口実のもと、「厳格に統制された社会」となっているが、『自由中国』が始める「今日的問題」シリーズは、「ありのままに話す」ことを論説の基準とし、一般に議論が避けられている現実的な問題を提起して、その解答を試みるものだと述べた[10]。

社説「今日的問題」シリーズは、大陸反攻問題を含めた軍事、財政、経済、中央政治制度、司法、新聞、反対党などの国事について全面的な議論を展開したもので、一九五七年八月一日の第十七巻第三期から一九五九年三月一日の第十八巻第四期まで、一五篇の文章が掲載された。それらは掲載順に、「是什麼，就説什麼（代緒論）」、「反攻大陸問題〔大陸反攻問題〕」、「我們的軍事〔我々の軍事〕」、「我們的財政〔我々の財政〕」、「我們的経済」、「美援運用問題〔米国の援助の運用問題〕」、「小地盤，大機構〔小さな地盤に大きな機構〕」、「我們的中央政制〔我々の中央政治制度〕」、「今天的立法院〔今日の立法院〕」、「我們的新聞自由〔我々の報道の自由〕」、「青年反共救国団問題〔青年反共救国団の問題〕」、「我們的教育〔我々の教育〕」、「近年的政治心理與作風〔近年の政治心理と態度〕」、「反対党問題〔反対党の問題〕」であった。

社説「今日的問題」シリーズの主張は、もとより蒋介石率いる国民党当局の喜ぶところとはならなかったが、中でも大陸反攻問題は[11]、一九六〇年に国民党当局が雷震に報復する原因の一つとなるのである。

表　『自由中国』「今日的問題」シリーズの社説

作者	篇名	巻期	頁数
社論（殷海光）	「今日的問題」（一）：是什麼、就説什麼（代緒論）	第17巻第3期（1957年8月1日）	3－4頁
社論（殷海光）	「今日的問題」（二）：反攻大陸問題	第17巻第3期（1957年8月1日）	5－7頁
社論（夏道平）	「今日的問題」（三）：我們的軍事	第17巻第4期（1957年8月16日）	3－4頁
社論	「今日的問題」（四）：我們的財政	第17巻第5期（1957年9月5日）	3－5頁
社論	「今日的問題」（五）：我們的経済	第17巻第6期（1957年9月16日）	3－7頁
社論	「今日的問題」（六）：美援運用問題	第17巻第7期（1957年10月1日）	3－5頁
社論	「今日的問題」（七）：小地盤、大機構	第17巻第8期（1957年10月16日）	3－4頁
社論	「今日的問題」（八）：我們的中央政制	第17巻第9期（1957年11月1日）	3－5頁
社論	「今日的問題」（九）：我們的地方政制	第17巻第10期（1957年11月16日）	3－5頁
社論（雷震）	「今日的問題」（十）：今天的立法院	第17巻第11期（1957年12月1日）	3－7頁
社論	「今日的問題」（十一）：我們的新聞自由	第17巻第12期（1957年1月16日）	3－6頁
社論（傅正）	「今日的問題」（十二）：青年反共救国団問題	第18巻第1期（1958年1月1日）	5－7頁
社論（殷海光）	「今日的問題」（十三）：我們的教育	第18巻第2期（1958年1月16日）	3－4頁
社論（殷海光）	「今日的問題」（十四）：近年的政治心理與作風	第18巻第3期（1958年2月1日）	3－6頁
社論（雷震）	「今日的問題」（十五）：反対党問題	第18巻第4期（1958年2月16日）	3－4頁

二、反攻絶望論

一九五七年八月、『自由中国』は殷海光が執筆した社説「今日的問題（二）：反攻大陸問題」を掲載した。同社説はその冒頭で、次のように記していた。

大陸反攻問題は、みなが最も注目している第一の問題である。この問題は『自由中国』が取り上げるあらゆる問題の鍵となるものであり、この問題についてはっきりと論じないことには、ほかのいかなる問題も根本的な解決には至らない。それにもかかわらず、これはみなにとって最もよく分からない問題となっていることを信ずるものである。[12]

社説は、政府が大陸反攻のタイミングを、「将来に世界戦争」が勃発した時まで待つと想定しているのに対し、国際情勢を評価した上で、このような戦争が数年後に発生する可能性は高くないとした。だが、政府が数年来台湾で行ってきた措置は、いずれも「すぐ大陸に戻る」ことを基本的な前提としているが、このような前提は現実的ではない。そこで社説は、政府に対して「実事求是，持久健進，実質反共〔実際に即して正確な方法を見いだし、長期的・安定的に前進し、実質的に反共をすすめる〕」を建言し、国民に客観的な事実を理解させ、長期的な精神を培わせるべきだと論じた[13]。

我々は、「すぐ大陸に戻る」という前提に基づいた各種のやり方に、顕著な弊害があることを知っている。そして、この「すぐ大陸に戻る」という前提は、きわめてぼんやりしたものでもある。一国のあらゆるやり方が、かくのごとくぼんやりした前提に基づいているのは、あまりに不穏なことである。一部の人々がこのようなぼんやりした前提の上で行っている活動が、どうして「生死を度外視」し、全力で事にあたるものであるだろうか。[14]

実際に即して正確な方法を見いだし、持久的・安定的に前進し、実質的に反共をすすめる。

これが、我々の基本的な原則である。我々がこの原則を提起したのは、虚栄心を満足させるために国家の大事をほら話の上に構築するのではなく、客観的な現実と向き合い、まじめな話が国事の基礎となることを望むからである。それと同時に、我々の反共は、政権の形式だけにとどまるものではなく、思想から生活方式に至るまで、その実質において根本的に共産党と異なるからである。[15]

思いもよらないことに、同社説の発表後、少なからぬ雷震の友人たちが反対意見を表明した。王新衡や陳中襄らが、社説は不適切だと表明した一方で[16]、成舎我は、言論で政府に大陸反攻を迫るべきだと述べたのである[17]。当局もまた、新聞雑誌を動員して「集中攻撃」を行った。『民族晩報』の牛哥[18]の漫画は、冷や水を浴びせるという題で『自由中国』を風刺したし、『中央日報』は、『自由中国』が「大陸反攻を放棄するという意図で、二つの中国を認めている」と記した。『聯合報』と『自立晩報』も、同社説を失敗主義と見なした[19]。「大陸反攻」の言論が高揚していた当時、民間でも社説に同情する空気はなかったし、当局はなおのこと『自由中国』に対して激しい攻撃を加えたのであった[20]。

そのような中で、『聯合報』八月八日のコラム「黒白集」は、『自由中国』の「今日的問題（二）：反攻大陸問題」を「反攻絶望論」と記した[21]。「反攻絶望論」という言葉は、『聯合報』のこの文章が発明したもので、もともとの標題にはなかったが、誤った話が伝えられ、社説の代名詞となったのである[22]。『自由中国』の編集委員の一人であった宋文明の回想によれば、殷海光の文章の本意は、「反共抗ソのためには、反共に裨益する着実なことをもっと行い、改革によって反共の力量を糾合しなければならない。もしそうはせず、一日中反共のスローガンを唱えているだけでは、希望はない」というものであり、それは『自由中国』の編集部もみな同意した書き方であった。「『反共絶望論』は、別の人間が言ったもの」[23]だったのである。『聯合報』のコラム「黒白集」も、雷震事件発生後の一九六〇年十一月一日、次のように認めた。

「反攻絶望論」という用語は、民国四十六年〔一九五七年〕八月に本コラムがこしらえたものである……こうした、意見をめぐる議論や、文章による弁証は、せいぜい一場の「論争」にすぎない。しかし、三年を経て、「反攻絶望論」というこの用語は、なんと引用されて文字の獄を構成する要素の一つとなってしまった。これは当初思いもよらなかったことであり、極めて遺憾に思わざるをえない。[24]

一方で、一九五七年八月の国民党宣伝会議において張厲生は、「反攻大陸問題」という文章が民心と士気に影響を与えており、『自由中国』を停刊処分にして、必要な場合は社員を逮捕するよう提起していた。張の話を聞いた蔣介石は激怒したが、黄少谷が、『自由中国』の言論は反対党の態度をとって著されており、もし同誌に対して行動をとったら、彼らの売れ行きを伸ばし、その地位も高めてしまうことになるだろうと取りなしたため、蔣はこの件についてそれ以上議論することをやめた[25]。

世間からの反応が大きかったため、次号の『自由中国』（八月十六日出版）は、「今日的問題」シリーズの「我們的軍事〔我々の軍事〕」において、前号の社説についてまず説明した。

我々が諸兄に指摘したいのは、「すぐに大陸反攻ができる」という心理によって間違いを犯してはならず、長期的な心理を培い、実際に即した正確な方法を見いだしながら、実質的な反共を行うべきだということでである。このような結論は、反攻を放棄するという意味ではない。そうではなく、我々は反攻の意味を狭義の軍事的反攻から、広義の政治的反攻へと拡大し、口頭でわめきたてる反攻を沈着に準備された反攻へと転換したいのである。[26]

だが、「反攻大陸問題」がかもした物議は、その後も続いた。八月二十日、殷海光は応答のための文章を執筆したが[27]、植字が完成した後、雷震は「海光の書いた大陸反攻に関する説明は、植字は完了しているものの、まったく掲載することができないので、皆に送って見てもらう必要がある」ことに気づいた[28]。黄中は、「この文章は言葉の遊戯であり、人と討論をするものではない」と言ったし、夏道平も、「これは弁論ではなく、鬱憤を晴らしているものだ」として、殷海光の原稿に賛同しなかった[29]。この文章は、戴杜衡によって修正されたあと、編集委員会での二時間にわたる議論を経て、雷震と黄中が原稿を整理して完成した[30]。こうしてできた「関於『反攻大陸問題』的問題（『大陸反攻問題』に関する問題）」は、論争への応答として『自由中国』第十七巻第五期に掲載された。同文章は、先の社説の主張と自由中国社の立場を改めて説明し、反攻という目標を否定するものではまったくなく、長期的な闘争に向き合うための心理的な基礎を培い、「世界戦争」のような茫漠たる幻影を追うのではなく、文化・政治・経済等の面で真に反共抗ソに裨益する努力がなされることを希望するのだと論じた[31]。

ここに至って事件は、表面上はしばらく収まったように見えた。だが、一九六〇年九月四日に「雷震事件」が発生した後、国民党が台北市の各新聞社の記者に配布した「《自由中国》半月刊違法言論摘要（《自由中国》半月刊の違法言論要旨）」という標題の小冊子には、「反攻大陸問題」が収録されており、同文章は反攻絶望論を提唱したと名指しされていたのである[32]。

三、「小地盤、大機構」と、「我們的地方政制」

当時、国会は全面的な改選を行うことができず、さらに反乱鎮定動員時期と戒厳令下にあるという状況にあった。こうした状況の中で、いかに現行の体制のもと、中華民国憲法の関連規定に基づき、台湾で自由と民主を促進していくかが、雷震と『自由中国』誌が思索を重ねた問題であった。「今日的問題」シリーズの社説においても、この問題は取り上げられた。「小地盤、大機構〔小さな地盤に大きな機構〕」という社説は、彼らが万年国会[33]と非常体制に対して、改革を主張したものである。中華民国憲法における地方自治に関する規定は、「反乱鎮定動員時期臨時条項」や「戒厳法」の制限を受けていないので、『自由中国』の改革構想も、地方自治を糸口にするものとなった[34]。

張君勱を中心に起草された「中華民国憲法」は、地方自治において「単一国」の体制をとっておらず、カナダの憲政体制をモデルとしていたので、そのこともまた、現行の体制内で民主政治がすすめられる可能性を提供するものとなっていた。「小地盤、大機構」と題した社説の中で『自由中国』誌は、「中央政府が実際に統治している省は一つだけなのに、行政部門は依然として大陸時期に統轄していた三五の省と一二の直轄市の規模を保持するばかりか、さらに増加しており、明らかに過大なものとなっている」と述べた[35]。社説はさらに、一九五〇年に蔣介石総統が「執務復帰」した際、中央行政機構の規模を縮小したいと考えていたのに、実行しなかったのは実に「失策」だったとした[36]。中央政府の機構があまりに雑然としており、かつ台湾省政府と職権の重複が多いという状況の中で、『自由中国』は、憲法に「中央が立法且つ執行し、又はその執行を省県に委ねる」ことが規定されている事項は、地方に委ねるべきで、中央政府が機構を設置して管理する必要はないと論じた[37]。そのため『自由中国』は、中央政府の行政部門を内政部、外交部、国防部、司法行政部、財政経済部の五部に簡素化することで、「小さな地盤に大きな機構」という現象を是正するよう主張した。同社説は、次のように記している[38]。

「小さな地盤に大きな機構」という非合理的な現象を是正するため、我々は以下の五つの前提のもと、まず中央政府の行政部門から簡素化することを主張する。……この五つの前提のもと、行政院の組織は以下の五部に簡素化できる。一、内政部、二、外交部、三、国防部、四、司法行政部、五、財政経済部である。もともとあった教育部は廃止し……内政部に教育司を設置して取り扱う。交通部は廃止し、その業務は財政経済部内に交通司を設置して取り扱う。財政部と経済部は一つの部に合併する。行政院に直属する主計処は合併し、主計局を設ける。

これだけでは、中央の権力を地方におろしただけであり、もし民主主義の要素を強化するのであれば、法（憲法）にのっとり、地方自治を実施する必要がある。その後、一九五七年十一月十六日の『自由中国』に掲載された「我們的地方政制〔我々の地方政治制度〕」は、この点について掘り下げた議論を展開した。「立法院は省県自治通則を迅速に制定し、省民代表大会を招集し、省自治法をつくって、省長の民選を実施する」[39]。その後、省級の民意機関については、「省議会の職権を拡大し、……それによって省自治法に基づいて省民を代表し、省の自治範囲内で完全な立法権を行使して、……同時に、省政府が確実に省議会に対して責任を負うようにする」[40]。そして、省政府が県・市政府の自治権を侵犯していることについて同社説は、「各県市が県市自治法を制定し、……自治範囲内の事項と、上級の機関が委託する事項とを明確に区分し、省政府からの命令は後者に限られるべきで、前者の領域を侵犯してはならない」とした[41]。また、県・市の自治における民意機関の職権を改善することについて、『自由中国』は、「県・市議会の権力を強化し、県・市政府が自治事項の範囲内で確実に議会に対し責任を負うようにする」べきであると主張した[42]。最後に、深刻な党治の問題について、『自由中国』は、「政党は選挙活動にのみ従事すべきで、直接あるいは間接に地方の政務に干渉し、支配してはならない」と呼びかけた[43]。

上述した『自由中国』の主張によれば、機構の縮小により、中央政府がもともと有していた多くの職権は必然的に地方政府によって執行されるようになり、台湾省政府の権限が中央政府に侵犯されている状況が改善されるだけでなく、行政システム全体における省政府の権限と重要性が大幅に増すことになる。さらに、台湾省の省長と省議会の選出、および自治の権限を中華民国憲法が元来設計していたとおりに戻せば、中央民意代表の全面改選がなされていないという状況下で、人民から直接選出される省級政府は、最も直接民意に基づくものとなるのである。このように、雷震と『自由中国』は、中央民意代表の改選には比較的慎重な態度であったが、彼らが主張する体制内の改革において、憲法に基づいた地方自治の実施、および中央行政機構の縮小により、民意の基礎をもつ地方自治機関により多くの権限を持たせることは、その重要な一部を構成していた。

近代の民主憲政において、権力の分立と抑制は、「近代的意義の憲法」における不可欠の要件である。民主的な選挙により、執政党は行政権と立法権を同時に掌握する。そのため、民主憲政をすすめる上で、反対党は監督・抑制の面で重要な役割を果たすのである。だが、一九五〇年代においては国民党一強であり、改選を必要としない中央の万年国会で絶対多数を得ていた他、地方選挙も掌握していた。こうした状況を打開し、自由民主に向かう上で、反対党の存在が重要であることは、自明の理であった。こうして一九五八年二月十六日、「今日的問題」シリーズも、社説「反対党的問題〔反対党の問題〕」で総括を行い、「反対党は、あらゆる問題を解決する鍵となるものである」と主張した[44]。

四、「今日的問題」シリーズ後の言論問題

前述したように、「今日的問題」シリーズの社説は、「大陸反攻問題」で国民党当局の不興をかっていた。その後、国民党当局は、一九五八年三月十六日に『自由中国』が掲載した宋文明執筆の社説「中国人看美国的遠東政策——対美遠東使節的台北会議提幾点坦率建議〔中国人が米国人の極東政策を見る——米極東使節の台北会議に対する数点の率直な建言〕」を「大陸反攻問題」と結び付け、一九六〇年に雷震事件が勃発した際には、雷震が中共のために宣伝を行った証拠の一つとした。その罪名は、「米国に我が国の内政に干渉するよう主張した」というものであった[45]。

同社説の発端となったのは、一九五八年三月十四日から十七日の間、米国の極東地域各地に赴任する外交使節が台北に集まり、ダレス国務長官と、極東事務を主管するロバートソン（Walter S. Robertson）国務次官補が主宰した四日間の会議であった。『自由中国』編集委員会は、この機会をとらえて一篇の社説を発表して、米国は民主自由の政府を支持し、民主自由の思想を発揚するべきとの自由中国社の見解を表明することを決定した[46]。執筆は宋文明が担当し[47]、題名は「中国人看美国的遠東政策——対美遠東使節的台北会議提幾点坦率建議」として、三月十六日発行の『自由中国』第十八巻第六期への掲載が決定される[48]。同社説は、米国が各国の内政に干渉しないと標榜し、極東地域で自由民主の原則に違背する政府を支持し、各国政府による一党専制、軍人独裁、人権侵害、司法の独立への干渉などに目をつぶっていることを批判するものであった。社説は、米国のこうした不干渉の態度は「現実的でないだけでなく、通用しないものである」とし、「共同の利益のためにある国家に対し、ある種の政策をとる

よう要求することや、ある種の基本原則を堅持しなくてはならないと求めて干渉することは、実際には米国がこの地域で外交政策を行う上で、必要な措置である」と論じた[49]。さらに、米国は被援助国内部の政治的民主化と経済的合理化を目標にするべきであるとして、次のように主張したのである。

もし今、米国がやり方を変え、こうした経済援助の重点を各国の政府にのみ置くのではなく各国の人民に置き、援助を受ける国は言論の自由、人権の保障、あらゆる事件に対しての公開裁判、経済政策と平民大衆の利益との関連づけ、司法の独立などを前提条件として遵受［正しくは遵守か］しなければならないと厳格に規定するようになれば、我々は、東南アジアのあらゆる国の人民は、こうした干渉に対して反対しないと信ずるものである。[50]

この社説は、発表後に物議をかもした。『聯合報』のコラム「黒白集」は、社説を「不正常な輿論」と指摘し、「援助を条件として、中国の内政に対して原則にかかわる干渉を行うよう外国に求める。我々は、このような手段を択ばぬ改革哲学は逆効果をもたらすもので、正常な輿論の中に現れてはならないものだと考える」と論じた[51]。

宋文明の説明によれば、社説はタイの政府が学生を鎮圧した問題について執筆したもので、米国がこうした状況について注視し、必要な関与を行うよう求めるものであった。それが思いもよらないことに、『自由中国』が米国に対し、台湾の内政への干渉を要求したと当局から曲解されたのだという[52]。『自由中国』の編集委員会のメンバーは「内容に問題はないとの考えで一致」したが、いくつかの点で「全面的な肯定を行っており」、「含みを持たせて」書くべきであるとした[53]。雷震の身近な友人である王新衡や沈雲龍らも、このような主張を支持した[54]。一方、胡適は、このような文章は書くべきではないと思っていた。米国政府は、内政干渉と非難されるのを最も懸念しており、現在反共を行う段階にあって、既存の政府に対しては、やはり支持しないわけにはいかないからである[55]。雷震は、米国の極東政策は「共産党を阻止したが、独裁者を育成した」ものであり、批判が必要だと考えていた[56]。

一方、台湾省政府の機関紙『台湾新生報』の社長である王民は、同社説の意見に賛成しないと表明するよう米国大使館に求めた。それに対し、参事のオズボーン（David L. Osborn）は、「賛成も反対も表明しない」と答えた。オズボーンは個人的に雷震に対して、「今日、台湾政府は民主政治を全面的に実行しておらず、人々が批判するのは当然である」と話した。雷震は、国民党政府のこのような行為こそ、外国人に干渉を求めるものだと思った[57]。

一九五八年三月二十七日、雷震は陶希聖と張厲生が自由中国社を閉鎖するよう政府に求めたが、蔣介石総統は受け入れなかったと聞いた。雷震は、聞きとった経過について、次のように記している[58]。

『中央日報』の社説が、『自由中国』は政府を転覆させる〔転覆政府〕と書いた。胡健中はこのような考え方に同意しなかったので、この四字を削除した。十八日、宣伝会報で陶が起立して、本刊〔『自由中国』〕が政府を転覆させると発言し、続けて張厲生が火に油を注ぐと、総統はそれを聞いて激怒した。翌日、国民党中央常務委員会にて総統が、『自由中国』の同社説はおそらくうまく書けていないもので、何かあるとは思わないが、政府を転覆させようとはしていないのに行動に出るのであれば証拠が必要で、ひたすらに濡れ衣を着せようとしてはならないと言ったので、この件は沙汰止みになった。人によって言うことは異なっているが、突き合わせてみると大体以上のようなことだったので、ひとまずこれを記し、後に証明されることを待つ。

そのほか、『自由中国』が長年にわたって主張してきた朝野の協力促進も、一九五八年以降の国外環境の変化により、同誌が重大な関心を寄せる課題となった。「八二三砲撃戦」[59]が勃発したあと、国内外の輿論は、対外的な危機に鑑み、陳誠が第一期の行政院長在任中に推進したものの成功しなかった反共救国会議に対して、ふたたび期待を抱くようになっていく[60]。一九五八年十月、中華民国の蔣介石総統と米国のダレス国務長官が共同コミュニケに署名し〔蔣―ダレス共同コミュニケ〕、金門・馬祖の両島と台湾の防衛とは密接な関係があることを確認すると同時に、武力によって大陸反攻を行うことを否定した[61]。これについて雷震は、「ダレスが来台して、武力を使用した大陸反攻を放棄するよう我が方に圧力をかけたのに対し、一日は決定をせずに持ちこたえた。ダレスはもともと二十三日の午前に台湾を出発する予定だったが、午後にまで伸ばされたのである。政府は阿Q式に『三民主義』を用いて政治的な反攻をすると提起したが、それは完全にごまかしの言である」と思った[62]。民主派の人々は、一九五〇年代初期から、反共救国会議の開催に期待しており、『自由中国』もそれに賛成であったため、社説「呼籲従速召開反共救国会議――並請蔣総統釈疑〔反共救国会議の速やかな開催を呼びかける――ならびに、蔣総統に疑いを解かれることを請う〕」を発表した[63]。問題は、反共救国会議を開催して国是について協議することは、ある意味で、朝野双方が体制外の場で政治協議を行って政策の方向を議論するということだが、それについて蔣介石総統が積極的ではなかったことだった。そのような中で、『自由中国』が会議の開催を主張しただけでなく、さらに「蔣総統が疑いを解かれる」よう求めたことは、国民党上層部の不満を惹起することになる。

同社説発表後の十一月十五日、許孝炎が派遣されてきて、雷震と以下のような話をした[64]。

> 彼〔許孝炎〕は本誌の三篇の文章を取り出した。「反攻無望論」、「美国干渉内政論〔米国に内政干渉を求める論〕」、および「従速召開反共救国会議――並請蔣総統釈疑」である。これらは国民党および蔣氏にとって不利であり、特に三番目の文は蔣氏にとってダメージとなるもので、ごまかしを許さず、全面的にあばきたてようとするものである……などと述べ、論調を和らげるよう求めた。私が、すでに和らげたと言うと、彼は、さらに和らげて欲しいと述べた。国民党は、もともと彼に四点を提起するよう言付けていた。蔣氏を批評しない、国民党を批評しない、既定の国策を批評しない、憲法を批評しない、というものである。彼は、私が受け入れるわけがないと知っていたので、いずれも提起しなかった。私も多くのことを話し、さらに民国三十九年〔一九五〇年〕に『自由中国』が一日に出せたのは二〇〇部だけだったことを挙げて、よく考えるよう求めた。彼にとって、どれほど苦しい時間だったことか。私はまた、胡適氏がサンフランシスコにて、国民党が改革をせず、たとえ『自由中国』を停刊処分にし、雷震を銃殺しても、国事に裨益するところはないと述べたことに言及した。彼らが改革をするのであれば、我々の論調を和らげることができるが、改革しないのであれば、和らげることはできない。我々が行

うあらゆる批判は国家のためであり、それ以外にはない。許孝炎はまた、「国民党への批判は遠慮して行う」ことや「憲法に対する批判は慎重に行う」などと述べたが、なぜ憲法の批判は慎重にしなければならないのか、私の最も理解に苦しむところであった。

許孝炎が雷震に話をしにきたことは、国民党当局が『自由中国』の言論に不満であったことと同時に、同誌が批判的論調を和らげることに期待していたことを示すものでもあった。雷震は、もちろん対話のなかでは『自由中国』の言論を弁護したが、記事の内容にかこつけて国民党当局から圧力を受けたことにより、雑誌の存続を考慮して部分的には妥協もした。それにもかかわらず、国民党当局が新しい反対党の設立に反対し、さらに蔣介石総統が三期目就任に向けて動きだしたことで、雷震と国民党当局との関係はさらに悪化していったのである。それについては、後の章で述べることとしよう。

注

1　同条約は防衛的な性格のものであり、かつその範囲を明確に台湾と澎湖に限定していて、米国側は武力での「大陸反攻」に協力するつもりはないというのが、条約の意図であった。現実問題として、米国の海・空軍の協力がなければ、中華民国政府には大規模な「上陸作戦」を行い、「大陸反攻」を行う能力がなかった。

2　〔訳注〕劉自然事件は、一九五七年五月に台北で発生した暴動事件。同年三月、革命実践研究院の職員であった劉自然が、米国軍事顧問団の団員であったレイノルズ（R.G.Raynolds）によって射殺されるが、レイノルズは米国の軍事法廷で、証拠不十分により無罪とされる。この判決に対する不満から、五月二十四日、群衆が台北の米国大使館に押し寄せ、館内の器物を損壊したほか、大使館員を負傷させた。

3　范泓『民主的銅像：雷震伝』二四三頁。

4　雷震『雷震全集39：第一個十年（七）』、日記一九五七年六月十二日の条、一一五頁。

5　薛化元『《自由中国》與民主憲政：一九五〇年代台湾思想史的一個考察』一四二～一四三頁。

6　社論「今日的司法！」（『自由中国』第十七巻第一期）（1957.7.1）三～五頁。

7　雷震『雷震全集39：第一個十年（七）』、日記一九五七年七月四日の条、一二四～一二五頁。

8　雷震『雷震全集39：第一個十年（七）』、日記一九五七年七月九日の条、一二八～一二九頁。

9　雷震『雷震全集39：第一個十年（七）』、日記一九五七年七月二十五日の条、一三五～一三六頁。
10 社論「『今日的問題』（一）：是什麼，就説什麼（代緒論）」（『自由中国』第十七巻第三期）（1957.8.1）三～四頁。
11 社論（殷海光）「反攻大陸問題」（『自由中国』第十七巻第三期）（1957.8.1）五～七頁。
12 社論（殷海光）「反攻大陸問題」（『自由中国』第十七巻第三期）（1957.8.1）五頁。
13 社論（殷海光）「反攻大陸問題」（『自由中国』第十七巻第三期）（1957.8.1）七頁。
14 社論（殷海光）「反攻大陸問題」（『自由中国』第十七巻第三期）（1957.8.1）七頁。
15 社論（殷海光）「反攻大陸問題」（『自由中国』第十七巻第三期）（1957.8.1）七頁。
16 雷震『雷震全集39：第一個十年（七）』、日記一九五七年八月十二日、十八日の条、一四五、一四九頁。
17 雷震『雷震全集39：第一個十年（七）』、日記一九五七年八月二十日の条、一五〇頁。
18 〔訳注〕牛哥は、台湾の漫画家、小説家。本名は李敬光、字は費蒙（1925-1997）。丑年生まれであったことから、牛哥をペンネームとした。代表作に『牛伯伯打遊撃』『牛小妹』など。
19 雷震『雷震全集39：第一個十年（七）』、日記一九五七年八月十二日の条、一四五頁。
20 雷震『雷震全集39：第一個十年（七）』、日記一九五七年八月二十七日の条、一五三頁。
21 「黒白集　紙上談兵」（『聯合報』一九五七年八月八日）第三版。
22 傳正「対殷海光先生的一段懐念」（林正弘編『殷海光紀念集』台北：桂冠図書、一九九〇年）二七九頁。
23 薛化元・潘光哲訪談、郭雲萍記録『宋文明先生訪談記録』（未発表稿）、一九九九年四月三十日、華華大飯店にて実施。
24 「黒白集　反攻有望論」（『聯合報』一九六〇年十一月一日）第三版。金恒煒『面対独裁：胡適與殷海光的両種態度』（台北：允晨文化、二〇一七年）二一八～二二〇頁。
25 雷震『雷震全集39：第一個十年（七）』、日記一九五七年八月十三日の条、一四五～一四六頁。
26 社論「我們的軍事」（『自由中国』第十七巻第四期）（1957.8.16）三頁。
27 雷震『雷震全集39：第一個十年（七）』、日記一九五七年八月二十日の条、一五〇～一五一頁。
28 雷震『雷震全集39：第一個十年（七）』、日記一九五七年八月二十三日の条、一五二頁。
29 雷震『雷震全集39：第一個十年（七）』、日記一九五七年八月二十四日の条、一五二頁。
30 雷震『雷震全集39：第一個十年（七）』、日記一九五七年八月二十五日の条、一五三頁。
31 社論「関於『反攻大陸問題』的問題」（『自由中国』第

32　十七巻第五期）（1957.9.5）六～八頁。傅正の注を参照。「いわゆる『反攻絶望論』は、一九五七年八月一日に出版された〈反攻大陸問題〉である。……上述の一篇は、殷海光の文章で、いわゆる反攻絶望論という大きなもめ事をかつて引き起こした。それはまた、一九六〇年の雷震事件勃発後、雷氏が共匪のために宣伝を行ったという罪状の一つにも数えられたのである。その罪名は、「反攻『絶望』を提唱した」というものであった」。雷震『雷震全集39：第一個十年（七）』、日記一九五八年十一月十五日の条、三九八～四〇〇頁。

33　〔訳注〕一九四八年に中華民国憲法が発効した後、中央民意代表選挙の結果をふまえて、第一期の国会が構成された。だが、台湾に撤退したあと、中華民国政府は中国を代表する正統政権であることを示すため、全中国での中央民意代表選挙実施が可能になるまで、第一期の中央民意代表は改選されないと発表した。中華民国政府が大陸反攻を実現できない中で、民意代表たちは高齢化しながらも職に留まり続けた。そのような状況を揶揄して、「万年国会」という言い方がされるようになっていった。

34　以下の議論は、薛化元「《自由中国》地方自治主張的歴史考察」（李永熾教授六秩華誕祝寿論文集編輯委員会『東亜近代思想與社会：李永熾教授六秩華誕祝寿論文集』台北：月旦、一九九九年）を参照。

35　社論「小地盤、大機構」（『自由中国』第十七巻第八期）（1957.10.16）三頁。

36　『自由中国』は、「民国三十九年〔一九五〇年〕に蔣総統が執務復帰した際、行政院を四部（内政、外交、国防、財政）に削減すると立案したことがあったが、実行に移されなかったのは、実に失策であった」と述べていた。社論「小地盤、大機構」（『自由中国』第十七巻第八期）（1957.10.16）三頁。

37　同社説の中で『自由中国』は、次のように記している。「法制の観点から言えば、憲法の第十章は中央と地方の権限に関する規定を列挙している。そのうち、第一〇七条は、『中央が立法し、且つ執行する』事項について、第一〇八条は、『中央が立法且つ執行し、又はその執行を省県に委ねる』事項についてのものである。その他の二条が列挙しているのは、『省又は県が立法且つ執行する』事項である。一〇七条が『中央が立法且つ執行する』と明確に規定している事項の中で、外交、国防、司法以外のいくつかの事項は、それぞれの間に密接な関係があり、いずれも公共経済に属するものであることが見て取れる。さらに、おそらく一般の人々は注意していないことかもしれないが、教育制度は一〇七条が規定する『中央が立法且つ執行する』事項には入っておらず、一〇八条の中に入っている。すなわち、教育制度は中央によって立法されるが、必ずしも中央によって執行される必要はないということである。それゆえ、流浪中の中央政府が教育部を設立する必要性は、さらにないのである」。社論「小地盤、大機構」（『自由中国』第十七巻第八期）三頁。

38 社論「小地盤、大機構」（『自由中国』第十七巻第八期）（1957.10.16）四頁。

39 社論「我們的地方政制」（『自由中国』第十七巻第十期）（1957.11.16）四頁。

40 社論「我們的地方政制」（『自由中国』第十七巻第十期）（1957.11.16）四頁。

41 社論「我們的地方政制」（『自由中国』第十七巻第十期）（1957.11.16）四頁。

42 社論「我們的地方政制」（『自由中国』第十七巻第十期）（1957.11.16）四頁。

43 社論「我們的地方政制」（『自由中国』第十七巻第十期）（1957.11.16）四頁。

44 雷震「今日的問題（十五）：反対党問題」（『自由中国』第十八巻第四期）（1958.2.16）三頁。

45 傅正の注を参照。「いわゆる『米国の内政干渉論』は、一九五八年三月十六日に出版された『中国人看美国的遠東政策——対美遠東使節的台北会議提幾点坦率建議』である。……上述の二つ目の文章は宋文明の筆になるもので、いわゆる干渉論の騒動を巻き起こし、さらに一九六〇年に雷震事件が勃発した後、雷氏が匪〔中共〕のために宣伝した証拠の一つとされた。その罪名は、『米国に我が国の内政に干渉するよう主張した』というものであった」。雷震『雷震全集39：第一個十年（七）』、日記一九五八年十一月十五日の条、傅正注釈、三九八～四〇〇頁。

46 雷震『雷震全集39：第一個十年（七）』、日記一九五八年三月五日の条、二四〇～二四一頁。

47 雷震『雷震全集39：第一個十年（七）』、日記一九五八年十一月十五日の条、傅正注釈、三九八～四〇〇頁。

48 社論「中国人看美国的遠東政策——対美遠東使節的台北会議提幾点坦率建議」（『自由中国』第十八巻第六期）（1958.3.16）三～五頁。

49 社論「中国人看美国的遠東政策——対美遠東使節的台北会議提幾点坦率建議」（『自由中国』第十八巻第六期）（1958.3.16）五頁。

50 社論「中国人看美国的遠東政策——対美遠東使節的台北会議提幾点坦率建議」（『自由中国』第十八巻第六期）（1958.3.16）五頁。

51 「黒白集　改革與外援」（『聯合報』一九五八年三月十九日）第三版。

52 薛化元・潘光哲訪談、郭雲萍記録「宋文明先生訪談記録」（未発表稿）、一九九九年四月三十日、華華大飯店にて実施。

53 雷震『雷震全集39：第一個十年（七）』、日記一九五八年三月二十日の条、二五〇～二五一頁。

54 雷震『雷震全集39：第一個十年（七）』、日記一九五八年三月二十一日の条、二五一～二五二頁。

55　雷震『雷震全集39：第一個十年（七）』、日記一九五八年四月九日の条、二六二〜二六三頁。

56　雷震『雷震全集39：第一個十年（七）』、日記一九五八年五月三十一日の条、二九九〜三〇〇頁。

57　雷震『雷震全集39：第一個十年（七）』、日記一九五八年三月二十八日の条、二五六〜二五七頁。

58　傅正による雷震の三月二十七日の日記への注釈によれば、これは十八巻第六期に掲載された二つの社説「究竟誰在給共匪利用〔結局、だれが共匪に利用されているのか〕？」と「中国人看美国的遠東政策」が発端だったという。雷震『雷震全集39：第一個十年（七）』、日記一九五八年三月二十七日の条、二五四〜二五六頁。

59　〔訳注〕八二三砲撃戦とは、一九五八年八月二十三日に中国軍の砲兵部隊が金門島に砲撃を開始したことで始まった砲撃戦。十月五日に中国軍はいったん砲撃を停止するが、それまでの四〇日間に中国軍が使用した砲弾は四七万発におよび、民衆に死者八〇名、重傷者八五名、軽傷一三六名の被害がでた。その後、十月二五日から中国軍は奇数日に砲撃し、偶数日は休止するという方針に転じ、引き続き金門島に砲撃を加えた。この方針は、一九七九年一月一日まで継続された。遠流台湾館編著、横澤泰夫編訳『台湾史小事典　第三版』（中国書店、二〇一六年）二五〇頁。

60　社論「認清当前形勢，展開自新運動——向大陸做政治進軍！」（『自由中国』第十九期第八期）（1958.10.16）三〜六頁。社論「呼籲従速召開反共救国会議——並請蔣総統釈疑」（『自由中国』第十九巻第九期）（1958.11.5）三〜五頁。

61　李永熾監修・薛化元主編、台湾史料編纂小組編輯『台湾歴史年表：終戦篇Ⅰ（1945-1965）』二九八頁。

62　雷震『雷震全集39：第一個十年（七）』、日記一九五八年十月二十四日の条、三八八頁。

63　社論「呼籲従速召開反共救国会議——並請蔣総統釈疑」（『自由中国』第十九巻第九期）（1958.11.5）三〜五頁。

64　雷震『雷震全集39：第一個十年（七）』、日記一九五八年十一月十五日の条、三九八〜四〇〇頁。

第六節　出版法の改正と「軍人と狗」事件

一、「出版法」の改正と田雨専案の萌芽

一九五八年四月、胡適が中央研究院の院長に就任した[1]。四月九日に雷震と長時間話した際、胡は「『自由中国』の数年来の奮闘を賞賛」し、さらに「将来、台北は雷儆寰のために銅像を建てなければならない。今日の台湾にいささか言論の自由があるのは、雷の奮闘によるものである」と述べた[2]。五月二十七日、自由中国社の宴席にて胡適は、知識人により在野政党を組織する考えを公に主張した[3]。それにより、『自由中国』は六月に社説「積極展開新党運動（新党運動を積極的に展開する）」を発表して胡適の在野政党結成の主張に歩調を合わせ、新党の結成を大いに鼓吹した[4]。胡適が『自由中国』の創刊以来の言論を評価したことと、台湾で反対党が結成されることに期待したこととは、まさに『自由中国』と国民党当局が対立し、衝突する主要な原因でもあった。

だが、胡適が『自由中国』が言論の自由を勝ち取るための努力を評価してから間もない一九五八年六月二十日、立法院は「出版法修正案」を通過させた[5]。そこで、『自由中国』は社説「国民党当局応負的責任和我們応有的努力（国民党当局が負うべき責任と我々のするべき努力）」の中で、「出版法修正案」の通過は、裁判所の審理を経ずに行政官署が直接出版物に処分を下すことができるものであり、これは立法史上「最も恥ずべき一頁」であると批判して、言論の自由を勝ち取るため努力するよう読者に呼びかけた[6]。「出版法修正案」の通過は、国民党当局が法制の面で、言論の自由に対する抑圧をさらに強化したものだったのである。

『自由中国』誌にとって、一九五二年に中華民国政府が公布した「出版法」は、まだ報道の自由の基本原則におおむね合致したものであった。だが、同年十一月二十九日、内政部は行政命令のかたちで「出版法施行細則」を交付し、「出版法」の中で言論の自由の原則にかなった部分を反故にする。そのうち、特に深刻であったのは、例えば施行細則の第二十七条であった。同条は、用紙の節約を理由に、当局の統制を受けない新しい新聞や雑誌の出版を禁止または困難にさせる

ものであった。また、第十九条第二項では、行政機関は無制限に出版物発行禁止の期間を延長できるとしており、形を変えた新聞雑誌の閉鎖であり、登記の抹消であった。新しい新聞雑誌の登記は許されず、既存の新聞雑誌は永久に停刊となる危険性があることで、メディアは発行の前に自己検閲をするようになったのである[7]。

その後数年間にわたって、「出版法施行細則」の廃止を求める声は少なからず存在し、一九五七年に『自由中国』誌は「我們的新聞自由〔我々の報道の自由〕」[8]という文章で問題を指摘した。思いもよらないことに、一九五八年三月二十八日、行政院は「出版法」の修正草案を立法院に提出し、違法な行政命令を合法化することを目指したので、台湾の民営各紙はさらに強く反発する[9]。四月十九日、立法院の三委員会合同会議は「出版法」の修正案を審査し、多数が公開での審議を主張した[10]。翌日、台北市通訊事業協会は全体会員座談会を開催して、「出版法」修正案について議論し、次の二点を決議した。一、政府に対し、立法院から同案を撤回するよう呼びかける声明を発出する。二、全国の各新聞社、通信社、ラジオ放送局、雑誌社などが合同で代表会議を開催し、対策を協議することを建議する[11]。雷震もまた、「出版法」の修正案は、政府が自ら厄介事を招いたものだと考えていた[12]。民間メディアからの反発の声は、蔣介石総統に既定の政策を取り消させはせず、それどころか総統は政策が支持を得られなかったことに怒り、反対輿論を「これは扇情的な報道と、政府を転覆させようとする新聞に対するものなので、彼らはこのように頑張る必要はなく、まったく事理をわきまえていない」、「民主自由は共産党のものだ」などと批判した[13]。

言論の自由を守るべく、『自由中国』は数号にわたり立て続けに出版法修正案について検討する文章を掲載した。五月一日出版の第十八巻第九期に発表された社説「出版法修正案仍以撤回為妥〔出版法修正案は、やはり撤回が妥当である〕」[14]、五月十六日の第十八巻第十期の続巻に夏道平が執筆した[15]社説「出版法事件的綜合観〔出版法事件の総合的な見方〕」[16]、および程滄波が舒霖という筆名で[17]発表した「出版法修正草案程序之争〔出版法草案手続きの争い〕」[18]などである。六月十六日の第十八巻第十二期に掲載された傅正執筆の社説「国民党当局還不懸崖勒馬〔国民党当局は、まだ踏みとどまらないのか〕？」は、率直な批判を展開して、「みな読んで肝をつぶした」[19]。

この間、国民党当局が党と政府を通じて、論争的な「出版法」の修正案を秘密会議にて審査することを決定すると、立法院内部でも一部の立法委員が言論の自由を保障するために発言したし、報業公会〔新聞協会〕も「出版法」修正案への反対を表明し続けた。一九五八年五月二日、一六一名の立法委員が連署して、「出版法」修正草案を公開会議で審議することに関する案を再議するよう求めたが、国民党当局は政策の変更を拒否し、国民党中央の動員による表決を経て、再議案はあと一息というところで否決された[20]。五月四日、台北市報業公会は、出版法の廃止あるいは合理的な修正を求める請願書を立法院に提出した。請願書には、出版法のうち憲法と抵触する部分も列挙されていた[21]。

国民党中央は、一連の反対や批判の言論および行動に直面しても、既定の政策を一切変更しようとはしなかった。雷震が成舍我から伝えられた消息によれば、蔣介石総統は「国際情勢はよくなっており、じきに反攻する」という時に「民主自由が中国をダメにした」と思っていた。「出版法」の修正は「彼の考え」であり、蔣介石の率いる国民党にとって、「同志でなければ敵であり、信徒でなければ叛徒」なのであった[22]。また、蔣介石は、もし修正案が通過しなかったら、それは「党員が言うことを聞かない」からであり、立法委員が「包華国や胡秋原のように行政院長を侮辱するのは、自分を侮辱するのに等しい」と述べていた。蔣介石の意向のもと、国民党中央は「立法院は本会期中に出版法修正案を原案どおり通過させること」を決議した[23]。立法院もまた、台北報業公会の提出した請願書を審査しなかった[24]。雷震の友人たちは、政府が言論の自由をいっそう制限したことで、世間の自由中国〔中華民国〕に対するイメージがさらに悪化することを心配した[25]。

「出版法」修正案が立法院の三読会で通過したあと、雷震は程滄波、端木愷、夏濤聲、王世憲、陶百川、成舍我、胡秋原らと食事をしたが、みなこぞって『自由中国』は言論に注意するべきで、「反攻絶望論」のような文章を発表してはならず、国民党当局の政策や青年救国団に対する批判は、「正式名称を用い」、「完全な抹殺」をしてはならないとすすめた[26]。六月二十三日に陶百川と会った際、陶はより直接的に、出版法は『自由中国』に対するものだと雷震に告げた[27]。一か月後、雷震が陶百川のもとを訪ねた時、陶はまた次のように述べた。七月十六日に「評議会で二冊の小冊子を読んだ。一つは時代考験で、その中には『自由中国』に対するくだりがあり」、『自由中国』は「共産党の同調者」で、「民心と士気」を損なわせたと批判していたという。陶百川の考えでは、国民党当局は「おそらく『自由中国』に三つの措置を取ることが見込まれた。それは、一、宥める、二、自己改革する、三、出版法第四十条第一款に基づき、十か月あるいは一年の停刊処分を下す」というものであった[28]。

『自由中国』は、台湾の言論の自由にとって象徴的な意義を有していたので、当時雷震の外国の友人たちの多くは、『自由中国』雑誌は外国人および外国の通信社から非常に関心を持たれており、もし停刊や閉鎖となったらむしろ政府にとって不利になるだろうから[29]、国民党当局は修正後の「出版法」を根拠に『自由中国』に手を下すことはあるまいと判断していた。

だが、陶百川の言葉は杞憂というわけではなかった。警備総部総司令の黄杰が一九五八年十月三十一日に陳誠行政院長宛に上申した伺い書は、『自由中国』雑誌による政府批判の言論を告発し、「懲治反乱条例」に基づいて雷震の逮捕を計画していた他、行政院内政部に対して、「出版法」の規定に基づき『自由中国』の発行停止を裁定し、判決確定後に登記を取り消すよう請求していた。伺い書は、次のように述べる。

雷震を社長兼主任編集委員とする自由中国半月刊は、長年にわたり自由民主の名のもとに元首をそしり、本党を攻撃し、反乱をたくらみ、政府を転覆させる有害な宣伝と陰謀に従事している。[30]

……懲治反乱条例第七条、戡乱時期検来〔粛〕匪諜条例第六条の規定に基づき、本部は雷震を法律に照らして逮捕、取り調べの上処罰することを立案する。

……自由中国半月刊に関して、修正出版法第四十条第一項第三款、第二項、第三項の規定に基づき、貴院より内政部に対し、速やかに期日を定めて発行の停止を裁定し、あわせてその出版物を押収されることを求める（判決確定後には、登記を取り消す）。[31]

陳誠が、黄杰の意見を取り入れて雷震と『自由中国』に手を下すことはなかったが、蔣介石総統／総裁は一九五九年一月二十日に宣伝会談を開いた際、『自由中国』の「思想毒素」は「蔓延するに任せる」わけにはいかず、関係資料を集めて「時期を選び、行動に移す」よう指示し、警備総部と総政治部に対しては、雷震に関する資料の整理を求めた[32]。同月、警備総部は「田雨専案〔田雨捜査部。田雨は、雷震の雷の字を分解したもの」」を成立させ[33]、よりいっそう雷震と『自由中国』に狙いを定め、攻撃の機会を窺った。

一方、輿論によって「出版法」の修正通過を阻止できなかった『自由中国』は、一九五九年一月十六日の第二十巻第二期に「出版法条文摘要」を載せて一種の抗議とした。「この出版法が廃止されるまで、本誌は上記条項の掲載を続け、一面では自らの戒めとし、一面では世間の人々に、我々の出版の自由がいかなる制限を受けているかを知らしめることとする」というのが[34]、同誌の主張であった。

「出版法」修正案の通過は、国民党政府が民主自由を主張するリベラルな刊行物および言論に対して、法律に則ったかたちで抑圧できるようになったことを意味していた。政府が民主自由の原則に抵触する法律を通過させたことで、これまでのように単に法を守り、行政は司法に干渉してはならないと要求することは、雷震らリベラリストたちにとって、効果的な要求ではなくなったのである[35]。

二、陳懐琪事件と「容認與自由」

（一）輿論から司法への発展

蔣介石が治安情報機関に対し、「時期を選び、行動に移す」ために雷震関連の資料を収集、整理するよう指示し、警備総部に「田雨専案」が設立された頃、『自由中国』誌は、ある読者の投書を掲載したことにより、社を揺るがすことになる陳懐琪事件に巻きこまれていた。

一九五九年一月十六日に出版された『自由中国』第二十巻第二期は、「陳懐琪」と署名された読者による「革命軍人為何要以『狗』自居〔革命軍人は、なにゆえ『狗』であることを自任しなければならないのか〕？」という投書を掲載した。投書は、軍内で行われている政治教育を批判したものだったが、それにより陳懐琪事件が勃発するのである[36]。同事件の発生は、投書の内容が国民党当局の神経に触ったことの他、現役軍人である陳懐琪が、後になって投書は自身が書いたものではないと声明したことによるものであった。

投書は、国軍における三民主義講習班を批判し、教官などのクラスでも、まず『自由中国』を批判し、以前に発表された「反攻絶望」の論調や「領袖を損なう」ような「でたらめな言論」を指弾して、反駁していたとする。「今年の三民主義講習班は、あたかも『自由中国』の『毒素思想』を批判するためだけに開催されたかのようだった」。クラスの訓導主任は、「現在我々革命軍人は、領袖の『走狗』を自任しなければならない。もし我々の領袖を攻撃する者がいれば、我々は遠慮会釈なくその者に噛みつくのだ」とさえ言ったのだという[37]。

この号の『自由中国』が出版された後、軍事情報部門と、自身が投書の作者ではないことを明らかにするよう求める陳懐琪とが、それぞれ『自由中国』を訪ねてきた。国家安全局と国防部総政治部は、警備総司令部に投書者の身分と動機を明らかにすることを求め、同誌が事実を捏造した可能性を疑っていた[38]。警備総司令部は、それより少し前に自由中国社に書簡を送り、同号の「革命軍人為何要以『狗』自居?」と、「老兵」との署名で書かれた「軍人也贊成反対党〔軍人も反対党に賛成する〕」[39]という文章は、「軍人に職務をゆるがせにするよう唆している疑いがあり、匪諜である可能性がある」として、二名の投書者の実際の氏名と住所を教えるよう自由中国社に要求していた[40]。自由中国社は、投書者を守るため公開を拒否すると同時に、警備総司令部の批判に反駁した[41]。

警備総司令部がこの書簡を発出するより前の一月三十日、陳懐琪という名の陸軍中佐課長が自由中国社を訪れて、この投書は自分の書いたものではないと説明した他、「訂正書」を執筆し、次号の『自由中国』に掲載するよう要求した[42]。自由中国社は、陳懐琪中佐の「訂正書」を掲載せよとの要求は受け入れず、二月十六日に発行された『自由中国』第二十巻第四期の「給読者的報告〔読者への報告〕」のなかで、同姓同名の異議があったことについて簡潔に説明した[43]。

陸軍工兵基地勤務処製造廠の中佐で行政課長である陳懐琪氏から、本誌第二十巻第二期に掲載された「革命軍人為何要以『狗』自居?」の陳懐琪とは、同姓同名ではあるものの同一人物ではないとの書簡が寄せられた。特にここに声明する。

雷震が訂正書を掲載することに前向きでなかったのは、投書の真偽に関する判断によるものであった。検証の結果、この投書は陳懐琪中佐が書いたもので間違いないと考えていたのである。投書と「訂正書」について、日記には、「我々が筆跡を対照させたところ、両者は完全に同じであった」と記している[44]。傅正による説明は、より具体的であった。すなわち、自由中国社は陳懐琪の投書と訂正書とを米軍の某部署に鑑定に出し、照合した結果、故意に筆跡を変えたところはあるが、同一の人間が記したものだと推定された。だが、米軍の某部署はいらざる面倒を引き起こすことを恐れ、証明書を出したがらなかった。自由中国社では、両者を写真製版し、最後にやむをえなくなった場合に提出できるようにして、社の対応を弁明することにしたという[45]。その後、投書が確かに陳懐琪中佐によるものであることの証拠を持っているという人物が雷震を訪ねてきたこともあった[46]。

しかしながら、陳懐琪中佐はこうした対応に満足せず、二月十六日に雑誌が発行されると、すぐに抗議のため自由中国社に赴いた。当時応対したのは編集の傅正で、声明の要点は二名の陳懐琪が同一人物ではないということで、その他の内容と声明とは無関係であり、陳が書いた「訂正書」を掲載する必要はないと述べた[47]。陳懐琪は、傅正の説明を受け入れず、メディアを通じて『自由中国』が掲載した文書の内容と、その後の処理の仕方とを非難した。彼はこのため、二月十八日と十九日の『中央日報』、『台湾新生報』、『聯合報』および『青年戦士報』に二日連続で「陳懐琪警告自由中国雑誌啓事〔陳懐琪が自由中国雑誌に警告を公示する〕」との広告を掲載し、『自由中国』が発表した「革命軍人為何要以『狗』自居？」という文章は、「事実を捏造し、団結を損ない、革命軍人を辱めるという手段を用いて、貴誌の地位に阿諛するものである」と批判したのである。陳懐琪は、当時の軍の制度に基づけば、現役の軍官に同姓同名の人間がいる可能性は絶対にないし、『自由中国』の投書者の学歴と経歴は彼自身のものと一致しているので、『自由中国』が彼の氏名を騙った読者の投書を掲載したことは「出版法」および刑法の文書偽造罪に違反していると主張し、「裁判所に保護を願い出る」と表明した[48]。党と軍のメディアも、陳懐琪による『自由中国』批判の言論を宣伝した。『中央日報』は、記者を派遣して陳懐琪にインタビューし、二月十九日にはこの件について報道したが、その中では上述の陳の文章を再度掲載したほか、陳が『自由中国』に掲載を要求した「訂正書」も掲載されていた[49]。翌日、官営の軍中広播電台と復興電台も、陳懐琪の談話に基づいた放送を流した[50]。事が大きくなったため、雷震の友人は、陳懐琪の背後に支持している人間がいるに違いないと言ったが、雷震は、それは警備総司令部だろうと見ていた[51]。このような大仕掛けは、「一人の中佐の収入でできるだろうか？　明らかに背後で操っている人間がいるのだ」と思っていたからである[52]。十九日当日、雷震と夏道平、戴杜衡、殷海光らは会議を開いて今後の対応を協議し、夏道平が一通の声明書を起草することに決まった。声明書は、弁護士である端木愷のチェックを経てから、『聯合報』、『中央日報』、『公論報』に送付され、発表された[53]。この『自由中国』からの公示記事は、同誌が声明を出すという義務を果たしたことを再度説明したほか、陳懐琪の文中にあった、投書者の学歴・経歴が陳本人のものと一致していたとの説明に対して疑問を呈した。『自由中国』が投書を掲載した際、投書者の学歴・経歴は載せておらず、陳懐琪の指摘の根拠がどこにあるか分からなかったからである。『自由中国』はまた、必要な際にはあらゆる関連の文書を公開し、各界の評価に委ねると表明した[54]。

『公論報』と『聯合報』は、翌日（二十日）にこの声明を発表した[55]。しかし、『中央日報』は、十九日には「すでに時間が遅い」ことを理由に原稿を受け取らず[56]、二十日に雷震が三度にわたって『中央日報』まで赴き、状況の把握につとめたところ、同紙は会議を開いて協議する必要があると説明し、二十一日の午後にようやく掲載を決定して[57]、二十二日に掲載した。だが、二十二日当日の『中央日報』は、陳懐琪が記者に答えて、『自由中国』の公示記事に逐一反駁したインタビュー記事もあわせて掲載したのである[58]。時間的順序から考えて、『中央日報』がすぐに『自由中国』の公示記事を掲載しなかったのは、故意に記事と陳懐琪の反論とを同日の紙面に掲載させるためであったと見て間違いないだろう[59]。

陳懐琪と党、軍、官製メディアによる攻撃後の二月二十三日、台湾省政府新聞処が新一字第六七三号文書で自由中国社に対し、「発行人」の欄に「自然人」の名前を記載するよう求めたので、雑誌末尾の発行人の欄には「雷震」と明記されることになった[60]。『自由中国』は、三月一日に発行された第二十巻第五期の社説の中で、事件のいきさつについて詳細に説明すると同時に、陳懐琪に対し、これ以上事を大きくしないよう呼びかけた[61]。

その後、陳懐琪は『自由中国』半月刊の発行人である雷震を「文書偽造」、「名誉棄損」および「懲治叛乱条例」第七条の「叛徒の宣伝への加担」などの三項目の罪名で台北地方院に告訴した[62]。三月二日、召喚状を受け取った雷震は[63]、翌日（三日）から数度にわたって台北地方法院検察処にて訊問に応じた[64]。雷震の回想では、三日に裁判所の検察庭で訊問に応じる時、入口には一〇〇名あまりの学生たちが待っていて、雷に声援を送ったという。また、自由中国社の職員以外にも、『自立晩報』社長の李玉階と青年党領袖で立法委員の夏濤聲、詩人の周棄子らも支持を表明した。李と夏は、雷震が保釈される時の必要に備えて、社と機関の印章も持参したが、検察法廷は保証人に引き渡すことを求めなかった[65]。雷震が一回目の訊問に応じた後、胡適は、雷が法廷に出席して訊問に応じたのは、最も文明的な行為だったと称賛した。胡適はまた、おそらく副総統兼行政院長の陳誠が、事態の悪化を抑えたのだろうとの推測を雷震に伝えた[66]。当時、胡適、成舎我、楊毓滋、陳啓天ら友人たちはみな、この訴訟が雷震と自由中国社に与える損失は大きくなく、むしろ政府に与える結果の方が深刻なものになるだろうと思っていた[67]。三月二十三日、地方法院の検察処はまたもや召喚状を送り、雷震に二十五日に出廷して訊問に応じるよう求めた。今回は、陳懐琪と、彼の訓育主任である陸伯琨も一緒に現れ、陸は雷震が「文書を偽造」して陳を誹謗したと訴えた[68]。

(二) 雷震の対応と友人たちの協力

雷震は、第一回目の訊問後、この訴訟のために自由を失い、『自由中国』の今後の運営にも影響が出る可能性も意識するようになった。そのため、三月七日に殷海光、夏道平、戴杜衡の三人と会い、万一自身が自由を失った場合、その後雑誌をどうするかについて話し合った。戴杜衡の態度は消極的で、「胡氏に多くの責任を負って頂くようお願いするべきでしょう」と答えた。雷震は、「万一私が自由を失ったら、世間は必ずや本誌に同情を寄せるだろうから、諸君ら三人は今までと同じように持ちこたえることができる」と考えていたのだが、戴杜衡は、その時には一時的に退却するよう主張したのである。彼の態度は、雷震にとって理解に苦しむものであった[69]。

陳懐琪事件について胡適は、国民党当局は訴訟をおこすべきではなかったと考えており、成舎我は、解決に乗り出すよう胡適にすすめた。一方胡適は、『自由中国』の当初の発起人は当時政務委員を務めていた王世杰だったので、王が問題の処理にあたるべきだと思っていた[70]。胡適はまた、雷震の依頼を受け、『自由中国』を婉曲に支持する文章の執筆に着手していた。雷震本人以外にも、友人たちや『自由中国』を支持する人々が、国民党当局が同事件を利用して雷震と『自由中国』に対して加える圧力を解消させるべく、それぞれ自らの人脈を使って動いていた。

蔣介石総統は、胡適らが雷震に援助の手を差し伸べるだろうと予想し、三月十日の会議で、「王雪艇〔王世杰〕と胡適は司法に干渉するなと言うが、彼らこそ司法に干渉するべきではない」と発言した。成舎我からその話を伝え聞いた雷震は、「もしも司法が干渉されないのであれば、そもそも陳懐琪事件など起こりはしなかった」と思った[71]。

三月十九日の午前、陳啓天と総統府秘書長の張群が事件について議論し、張群は「彼らは証拠を一つ見つけた」、「すでに裁判所に行っているから、法に則って解決される」と述べた。しかし、陳啓天が「検察官の背後には人がついているのではないか、陳懐琪の背後にも人がいるのではないか」と問いただすと、張群は答えなかった。結局、張群は黄少谷と陳誠に取りなすことは了承したものの、直接蔣介石総統とこの件について話そうとはしなかった[72]。

三月二十一日、雷震は陳懐琪事件のために、行政院副院長の王雲五と、阮毅成のもとを訪れた。王雲五は、過去に雷震が述べた「党部が司法に干渉する」という批判に賛意を示し、行政院長の陳誠と協議する他、「(黄)少谷と解決方法を全力で検討する」つもりだと述べた。王はまた、「今や雷震の事件は、孫〔立人〕の事件に匹敵する」と考えていた[73]。一方、阮毅成は、陶希聖が雷震に不満を持っていることを伝えた。陶は、雷震がかつて彼を漢奸と告発する宣伝ビラを散布したことを批判した。さらに陶は、陳懐琪の投書は、陳が後から送った訂正書をもとに雷震が書いたので、筆跡が同じなのだと指摘したのである。雷震は、陶希聖が人を陥れるような見解を述べたことに怒りを覚えた[74]。

三月二十四日、莫徳恵が雷震を訪ねてきて、陳懐琪事件について陳誠のルートを使うことはもはや無理なので、ほかの人間から蔣介石総統に取りなしてもらわないかぎり解決しないと伝えた[75]。三月二十五日、雷震が地検処で二回目の訊問を受けた後、成舎我は、情勢はかなり厳しいとして、『自由中国』発行人の職を辞し、関連する仕事の大部分は夏道平に任せた上で、陳懐琪事件で起こされた訴訟を避けるために出国することも考慮に入れるよう雷震にすすめた[76]。胡適は、陳懐琪事件を解決する最後の鍵はやはり蔣介石総統であると考え、蔣介石が常識の力によって冷静になるよう神に祈ると何度も話していた[77]。胡適に実際の支援活動にも携わってもらうべく、三月二十七日に胡秋原と端木愷は胡のもとを訪れ、陳懐琪事件への対応に協力し、事理に基づいて口添えをしてくれるよう要請した。彼らは、この事件は表面的には雷震をつるし上げるものだが、実際には胡適の打倒を意図したもので、もし雷震が入獄することになったら、胡適も中央研究院の院長を続けられないだろうと考えていた。胡適は胡秋原、端木愷との話し合いの後、王雲五に助力を仰ぐことにした。胡適はすぐ行動に移し、その日の夜には王雲五のもとを訪れた[78]。

四月二日、陳啓天が雷震を招いて話をした。陳は、陶希聖、谷鳳翔、陳建中らと話をしたが、谷鳳翔は表立って雷震のために弁護をしようとはしなかったし、陶希聖は過去に宣伝ビラをまいて自分を漢奸と指弾したのは雷震だと決めてかかり、雷震には「深い恨み」を抱いていると説明した。陶希聖はまた、雷震は政府の意見を聞き入れようとはせず、甚だしきに至っては公開発表してしまうから、政府は雷と交渉をしようとはしないのだとも語ったという[79]。

陶希聖が雷震をひどく憎んでいたことは、彼の態度にそのまま反映されていた。それに対して、谷鳳翔が「表立って弁護しようとはしなかった」という説明は、雷震の認識と大きな隔たりがあった。雷震の考えでは、軍部の総政治部と警備総司令部の他、司法行政部部長である谷鳳翔もまた、事件に関与していたからである。『自由中国』は、一九五八年の年末から一九五九年の初めにかけて、谷鳳翔と首席検察官延憲諒の「奉命不上訴〔命を奉じて控訴しない〕」事件[80]を批判する文章を多く発表していたので[81]、谷はこの機会をとらえて事態を攪乱し、報復したのだと雷震は考えていた[82]。

陳懐琪事件は、一九五九年中にひとまず収束したが、それは胡適の協力によるところが大きかった。とりわけ、胡が『自由中国』に発表した「容認與自由〔寛容と自由〕」、および「胡適之先生給本社編輯委員会一封信〔胡適之氏から本社編集委員会に送られた書簡〕」という二篇の文章は、情勢が雷震と『自由中国』にとって「楽観をゆるさない」ものになっているとの判断から、文章を発表することで立場を表明し、もって国民党当局からの圧力を解消しようとの意図から執筆されたものであった。

雷震は一九五八年末から、数度にわたって胡適に手紙を送り、この「容認」を標題にした原稿を催促していた[83]。胡適も、おそらくストロングマンによる権威主義体制の雰囲気のなかで『自由中国』の言論が直面する問題に注意を払っていた。金恒煒の考証によると、胡適のこの文章は長らく温められていたもので、おそらく一九五七年から準備されていたものだという。一九五八年、胡適は胡頌平に対して、「実のところ、寛容はすなわち自由である。寛容がなければ、自由もないのだ」と語っていた[84]。

一九五九年一月に陳懐琪事件が発生した後、二月九日に胡適に宛てた手紙の中で雷震は、胡が文章を発表することは、「支持」を表明する効果があると強調していた[85]。二月十九日の胡適から雷震への返信では、原稿は送られなかったが、陳懐琪事件に関して、自由中国社の投書への対応が始めから不適切であったと、容赦のない批判が記されていた[86]。

陳懐琪の投書は、掲載すべきものではありませんでした……当然、実名を用いた投書者に対して不利ですし、もちろん『自由中国』半月刊にとっても不利だったのです……この投書を掲載したのは間違いでした。全文を掲載したのは、さらに大きな誤りですし、あのような標題をつけたことも大間違いでした……まして、この種の投書は大いに疑わしいものなのに、あなた方はどうしてこんなにも深く信じ込んで、疑いを抱かなかったのでしょうか……すぐさま最良の弁護士を探し、すべての資料を検討してもらって訴訟に備え、出版社の封鎖にも備えられることをおすすめします。

書簡の中で『自由中国』の対応を批判はしたものの、胡適はやはり基本的には、雷震と『自由中国』を支持していた。雷震が一回目の地検処での訊問を受けた後も行動を起こしており、王雲五に調停を依頼しつつ、その一方で『自由中国』を叱責する書簡を送ったのである[87]。『自由中国』編集委員会に宛てて書かれた書簡は、その落款から、胡適が三月五日に書き終えたものであった。三月十二日、ついに胡適の「容認與自由」が完成し、雷震のもとに送られた[88]。胡適が叱責の書簡を執筆したのは、『自由中国』に掲載され、同誌が叱責を受けたことや、記事の処理方針が具体的に改変されたこと――読者からの投書は実名と実際の住所が使われること、無記名の「社説」は載せないこと、辛辣で軽薄だと見なされがちな「短評」の掲載は停止すること[89]――などを通じて、国民党当局がこれ以上陳懐琪事件を利用して、雷震と『自由中国』に圧力をかけるのを止めようとの意図からきていた。雷震は、ことは編集の方針に関わり、雑誌の精神にも影響を与えるので、すぐにはこの書簡の掲載を決定しなかった。一方、胡適の「容認與自由」は、陳懐琪事件にはまったく触れていなかったものの、陳啓天は、この文章は「自責の口吻を借りて、『自由中国』に肩入れする」ものであると考えていた[90]。金恒煒による最近の研究もまた、胡適の文章はコーネル大学の歴史学教授であるバー（Prof. George Lincoln Burr）の格言を引用しつつ、「宗教上の寛容を、政治上の『容認』の意味で使っているが、それは禍を避けるための工夫であった」と指摘している[91]。そのため雷震は、「容認與自由」の原稿を受け取ったあと、ただちに三月十六日の『自由中国』第二十巻第六期に掲載した[92]。同号には、自由中国社からの「給読者的報告〔読者への報告〕」も掲載されていたが、そこでは、胡適が寄稿した文章への感謝が示された他、同文章に依拠して、自己反省も表明されていた[93]。

「私は間違えない」という心理は、あらゆる不寛容の源である。寛容がなければ、自由もない。そのため、胡氏は特に寛容の重要さを強調されたのである。この助言は、もとより、独りよがりで自己と異なる者を迫害する、あの権勢にある人々に対して有益なものだが、同時に我々自由を勝ち取ろうとする友人たちにとっても、大切に服膺するべきものである。[94]

だが、『自由中国』に宛てた叱責の書簡がまだ掲載されなかったので、胡適は雷震と『自由中国』の対応は、いまだ不十分だと思っていた。三月二十六日の午後、胡適は自由中国社に出向いて一時間あまり話をし、自身の書いた書簡を修正の上掲載するよう求めて譲らなかった[95]。三月二十七日、胡適は王雲五に会いに行き、陳懐琪事件によって『自由中国』が陥った苦境を解決するための助力を求めたが、おそらくその時に、自身が『自由中国』に送った書簡の重要性についても話したと思われる。翌二十八日、王雲五は雷震を呼び、胡適が書簡の掲載を求めていることを再度伝えた。雷震は、この件は自分だけでは決められないと思い、まず胡適と電話で話した。胡適は、なおも書簡の掲載を強く求めたので、雷震は直後に夏道平と胡適の自宅に行き、直接書簡の内容について協議した[96]。胡適が書簡の速やかな掲載を求めてやまなかったのは、それにより王雲五が雷震の『自由中国』のために当局と話をしやすくなるからであった。胡は、再三にわたって雷震に忍耐をすすめ、「個人の栄辱は小事で、国家の前途は大事である。忍耐しなければならない。中華民国の国連での地位を損なってはならない！」と述べた[97]。夏道平は当時の胡適の状態について、「胡適はずっと自分のことを『つける薬のない楽観主義者』と呼んでいた。ところが晩年になって、彼はもはや楽観的ではいられなかった」と回想している[98]。

二十八日の晩、雷震は胡適と一緒に王雲五のもとを訪れたが、胡と王はそろって書簡を発表するように強くすすめたので、雷震もとうとう応諾した[99]。書簡は、胡適による修正後、雷震によって印刷工場に持ち込まれ、植字に回された。だが、宋英は同書簡に賛同はしておらず、「たとえ入獄することになったとしても、掲載するべきではない」と雷震に言っていた[100]。三十日、雷震は殷海光と戴杜衡にこの件について説明し、了承を求めた[101]。

前述した曲折を経て、『自由中国』は胡適の「容認與自由」および「胡適之先生給本社編輯委員会一封信」の二篇の文章を掲載し、それらは「表裏一体の役割を果たした」[102]。陳懐琪事件は、『自由中国』が胡適の「給本社編輯委員会一封信」を掲載し、「我々は、自らの編集方式が十全なものかどうかを検討しなければならない」と表明し、国民党政府に対して事実上妥協したことで、ひとまず収束を迎えたのである。王雲五も蔣介石に手紙を送り、これ以上追及しないよう要請した[103]。王雲五は、二十九日の午後に総統府秘書長の張群に手紙を送り、そこでは「投鼠忌器〔ネズミに石をぶつけたいが、傍らの器物を壊してしまうのが心配。悪人や悪習を除きたいが、はたへの影響を考えて思い切ってできないことのたとえ〕」の趣旨を強調し、陳副総統にも回覧して、既往を許し、その未来を励ます」よう記した[104]。三十日、王雲五が列席した軍事会議には、張群と陳誠も出席した。張群は王雲五が前日に送った手紙について「大いに賛同」し、王とともに陳誠に「取りなし」をした。陳誠は、最初は「同誌に対して強い嫌悪感を示した」が、それに対し王雲五は、胡適がすでに編集委員会に書簡を送っており、それは「言葉の使い方が公正で、叱責は厳しく、もし書簡が掲載されたら、同誌に過ちを悔い改める意思があることを明示するものである」と説明した[105]。三十一日、王雲五は胡適の書簡を陳誠院長に送り、陳誠は「その場で詳細に読んで」、張群と話し合った。その後張群は、陳誠の態度は好転しており、「事件を解消する方法を講じてくれるかもしれない」と王雲五に語った[106]。

「胡適之先生給本社編輯委員会一封信」の掲載後、『自由中国』誌は、雑誌の内容についても調整を行い、一九五九年五月一日から短評を廃止した[107]。社説については、台湾での通例どおり無署名のままとし、読者からの投書に関しては、実際には多くの困難があったが、できるだけ胡適の意見に基づいて調整した[108]。その後、台北地方法院検察処から召喚状が届くことはなく、検察官も雷震を起訴しなかったので[109]、事件は一区切りがついた。だが、この「革命軍人為何要以『狗』自居?」という投書は、後に雷震が逮捕された際には、起訴状と判決書の中で、またもや「犯罪の証拠」の一つとされたのである[110]。

(三) 胡適の文章掲載の余波

一方、『自由中国』内部では、胡適の文章に対する見方や対処方針をめぐって、依然として論争があった。四月三日の『自由中国』社説委員会では、宋文明が、「胡適之先生給本社編輯委員会一封信」の掲載は代償が大きすぎるとして、依然として反対していた[111]。ずっと後になって、傅正は雷震のこの時期の日記に注釈をつけた際、次のように記している[112]。

明らかに胡氏は、自責的な低姿勢をとることで、この訴訟をなくしたいと望まれていた。だが、陳懐琪の投書も含めて、「読者投書」の対応を一人で引き受け、さらに「短評」の原稿の執筆も一手に引き受けてきた編者として、当時の私は、たとえ入獄することになり、ひいては殺されることになろうとも、胡氏の考え方に完全に同意することはできなかった。しかし、胡氏の好意は我々としても認めないわけにいかなかったし、同氏の意見は尊重しないわけにはいかなかった。そのため、蔣経国の政工系統が演出した「陳懐琪の投書事件」について、当時の状況では、このような謝罪風の文章を発表して屈服せざるを得なかったのだが、私の内心にあった限りないほどの苦痛と憤りは、すでに三十年以上たった現在、この時期の日記に注をつけていても、いまだ記憶に新しい。とりわけ、蔣経国の政工系統、さらに警備総司令部などの不法な黒い組織の卑劣さ、恥知らずさ、下品さは、一生忘れがたいものである。

胡適の「容認與自由」という文章について、『自由中国』は続けざまに誌上での討論を行った。一九五九年四月一日に刊行された『自由中国』第二十巻第七期は、毛子水と殷海光の討論を掲載した[113]。毛子水は、胡適の主張を賞賛し、「我々は国家のために国民の自由を損なってはならない。だが、もし国家が損害を受ければ、国民の生存も危うくなるし、まして自由はなおさらのことだ。これは、自由を求める人々が理解しなければならないことである」と記した[114]。この主張について戴杜衡は、雷震に向かって、毛子水は「我々を非難している」と不満を述べたことがあった[115]。一方、殷海光の評論は、基本的に胡適を敬いつつも、文末には考え方の根本的な違いを記していた[116]。

昔から今に至るまで、寛容であったのはいつも庶民であって、寛容にされてきたのは統治者であった。それゆえ、我々は経験的事実に基づいて、〔胡〕適之氏が提唱される寛容は、やはりこの種の人々に向かって言うべきことだと思う。我々は胡氏が、この社会があなたの「無神論の思想」に寛容であることに満足されるべきではなく、無数の人がいかなる「思想問題」によるわけでもなく監禁、さらには殺害されることにも取り組まれることを、ご自分の務めとされるべきだと考える。

同年の十一月二十日の『自由中国』十周年紀念会において、胡適は再度「容認與自由」をテーマに一時間の講演を行った[117]。講演の内容は、記録の整理を経て、第二十一巻第十一期の『自由中国』に掲載された。その中で胡適は、殷海光の「読後」の意見についても回答した。胡適の考えでは、文章を書く人間には「一定の権勢もある」ので、「我々はこの権力を絶対に濫用してはならない」のであった[118]。金恒煒は、殷海光は胡適への回答を公にはしていないが、「内心は確実に不愉快」であったと指摘している。殷は、黄展驥が胡適を批判して、「彼は『影響力がある』ことと『権勢がある』こととを一緒くたにしている。この点について間違えると、残りも全部間違えることになる」と述べていたのに同意していたのである[119]。青年党の朱文伯も『民主潮』に文章を発表し、胡適の「容認與自由」を批判した他、面と向かって「現在、胡適之にも言論の自由はないのではありませんか？」と胡に問いただした[120]。

陳懐琪事件から司法訴訟が起こされたことで、雷震は自らの人身の自由が脅かされること、さらに、国民党当局が司法を通じて『自由中国』の刊行継続を不可能にさせる可能性があることを痛感するようになった。このことは、一九五九年に雷震の主導する『自由中国』の言論が、一定の譲歩を見せた重要な原因であった。雷震にとって、これは単純な理論や是非をめぐる問題ではなく、国民党当局によるストロングマンの権威主義体制において、『自由中国』がいかに存続を図るかという問題だったのである。

他方で、反乱鎮定動員時期および戒厳令の制限下にあっても、台湾が可能な限り民主憲政を実行し、「民主反共」の路線を継続し、『自由中国』誌の趣旨を実現すること、それが雷震が雑誌を経営する目的であった。そのため、前述した譲歩は譲歩として、引き続き台湾に反対党を設立する運動に期待をかけ、その推進を主張し、国民党当局の憲法違反（それは、「反乱鎮定動員時期臨時条項」も含む憲法である）の行為には反対するというのが、雷震と『自由中国』誌が堅持した基本的な論調だった。こうして、蔣介石が憲法違反となる三期目の総統就任を画策し始めると、双方の衝突は不可避となったばかりでなく、よりいっそう激しさを増すことになっていくのである。

注

1 李永熾監修・薛化元主編、台湾史料編纂小組編輯『台湾歴史年表：終戦篇Ⅰ（1945-1965）』二八七頁。
2 雷震『雷震全集39：第一個十年（七）』、日記一九五八年四月九日の条、二六二頁。
3 文徳「雷震・胡適・中国民主党」（『雷震全集1：雷震與我（一）』一一頁。
4 李永熾監修・薛化元主編、台湾史料編纂小組編輯『台湾歴史年表：終戦篇Ⅰ（1945-1965）』二八八頁。文徳「雷震・胡適・中国民主党」（『雷震全集1：雷震與我（一）』一一頁。
5 「出版法修正案　立院三読通過　該案経縝密審議完成立法程序」（『中央日報』一九五八年六月二十一日）第一般。
6 社論「国民党当局応負的責任和我們応有的努力」（『自由中国』第十九巻第一期）（1958.7.1）三〜五頁。
7 社論「出版法修正案仍以撤回為妥」（『自由中国』第十八巻第九期）（1958.5.1）五頁。
8 社論「我們的新聞自由」（『自由中国』第十七巻第十二期）（1957.12.16）三頁。
9 雷震『雷震全集39：第一個十年（七）』、日記一九五八年四月十一日の条、二六三〜二六四頁。
10 『公論報』（一九五八年四月二十日）第一版。
11 『台湾新生報』（一九五八年四月二十一日）第三版。
12 雷震『雷震全集39：第一個十年（七）』、日記一九五八年四月十一日の条、二六三〜二六四頁。

13 雷震『雷震全集39：第一個十年（七）』、日記一九五八年四月二十二日の条、二七三～二七四頁。
14 社論「出版法修正案仍以撤回為妥」（『自由中国』第十八巻第九期）（1958.5.1）五～六頁。
15 雷震『雷震全集39：第一個十年（七）』、日記一九五八年五月三日の条、二八一頁。
16 社論「出版法事件的綜合観」（『自由中国』第十八巻第十期）（1958.5.16）五～六頁。
17 雷震『雷震全集39：第一個十年（七）』、日記一九五八年五月十日の条、二八五頁。
18 舒霖（程滄波）「出版法修正草案程序之争」（『自由中国』第十八巻第十期）（1958.5.16）一五～一六頁。
19 雷震『雷震全集39：第一個十年（七）』、日記一九五八年六月十七日の条、三一一～三一二頁。
20 『公論報』（一九五八年五月三日）第一版。
21 「対修正出版法問題　北市報業公会　向立法院請願」（『中央日報』一九五八年五月五日）第三版。
22 雷震『雷震全集39：第一個十年（七）』、日記一九五八年五月二十一日の条、二九一～二九二頁。
23 雷震『雷震全集39：第一個十年（七）』、日記一九五八年五月二十四日の条、二九三～二九五頁。
24 雷震『雷震全集39：第一個十年（七）』、日記一九五八年六月十二日の条、三〇六～三〇八頁。
25 雷震『雷震全集39：第一個十年（七）』、日記一九五八年六月十二日の条、三〇六～三〇八頁。
26 雷震『雷震全集39：第一個十年（七）』、日記一九五八年六月二十日の条、三一三～三一四頁。
27 雷震『雷震全集39：第一個十年（七）』、日記一九五八年六月二十三日の条、三一六～三一七頁。
28 雷震『雷震全集39：第一個十年（七）』、日記一九五八年七月二十二日の条、三三七～三三八頁。
29 雷震『雷震全集39：第一個十年（七）』、日記一九五八年五月九日、六月二十四日の条、二八四～二八五、三一七～三一八頁。
30 案名：「対雷震及自由中国半月刊調査研究案」（台湾警備総司令部、黄杰、一九五八年十月三十一日）、档案管理局、档号：A202000000A=0047=275.11=1=virtual001=virtual001=0017。陳世宏、張世瑛、許瑞浩、薛月順編輯『雷震案史料彙編：国防部档案選輯』（台北県：国史館、二〇〇二年）一三頁に収録。
31 案名：「対雷震及自由中国半月刊調査研究案」（台湾警備総司令部呈報行政院雷震蓄意叛乱顛覆政府擬依法究辦、一九五八年十月三十一日）、一九五八年十月三十一日、档案管理局、档号：A202000000A=0047=275.11=1=virtual001=virtual001=0022。陳世宏、張世瑛、許瑞浩、薛月順編輯『雷震案史料彙編：国防部档案選輯』一八頁に収録。
32 黄杰、一九五九年一月二十日、陳世宏、張世瑛、許瑞浩、薛月順編輯『雷震案史料彙編：黄杰警総日記選輯』（台北県：国史館、二〇〇三年）一一頁。

33 「(48) 判田字第〇〇一号台湾警備総司令部軍法処公務処理通知単」、国家発展委員会档案管理局国史館档案、「対雷震及自由中国半月刊調査研究案」、档号：A202000000A=0047=275.11=1=virtual001=virtual001=0052-54。

34 「出版法条文摘要」(『自由中国』第二十巻第二期) (1959.1.16) 三〇頁。

35 薛化元『《自由中国》與民主憲政：一九五〇年代台湾思想史的一個考察』一五二～一五四頁。

36 同事件の顛末については、主に筆者の『雷震與一九五〇年代台湾政治発展——転型正義的視角』一四〇～一四四頁に加筆したものである。范泓『民主的銅像：雷震伝』二五二頁も参照。

37 陳懐琪「革命軍人為何要以『狗』自居?」(『自由中国』第二十巻第二期) (1959.1.16) 三〇頁。

38 陳世宏、張世瑛、許瑞浩、薛月順編輯『雷震案史料彙編：黄杰警総日記選輯』一二頁。

39 老兵「軍人也贊成反対党」(『自由中国』第二十巻第二期) (1959.1.16) 二二頁。

40 潘光哲編『傅正《自由中国》時期日記選編』(台北：中央研究院近代史研究所)、二〇一一年)、傅正日記一九五九年一月二十七日の条、一六九～一七〇頁。

41 雷震『雷震全集40：第一個十年(八)』、日記一九五九年二月二十一日の条、三二～三三頁。

42 雷震『雷震全集40：第一個十年(八)』、日記一九五九年一月三十一日の条、一八～一九頁。

43 「給読者的報告」(『自由中国』第二十巻第四期) (1959.2.16) 三三頁。

44 雷震『雷震全集40：第一個十年(八)』、日記一九五九年一月三十一日の条、一八～一九頁。

45 傅正補注、雷震『雷震全集11：雷案回憶(一)』、二〇四頁。

46 この人物の名前は呉彦傑で、四月九日と十四日に自ら自由中国社を訪れて雷震と面会し、次のように語った。彼のおいである呉福分は、陸軍総司令供応司令部組長をしており、かつて呉福分に対し、軍内で陳懐琪と親しかった。陳懐琪はかつて呉福分に対し、投書は彼本人が書いたものだと率直に認めたことがあった。政治部もそのことを知っていたが、嘘をついて雷震を告訴するよう陳懐琪に強要したという。雷震『雷震全集40：第一個十年(八)』、日記一九五九年四月九日、十四日の条、六五～六六、六八頁。

47 雷震『雷震全集40：第一個十年(八)』、日記一九五九年二月十六日の条、二七～二八頁。

48 「陳懐琪警告自由中国雑誌啓事」(『中央日報』一九五九年二月十八日) 第四版。一九五九年二月十九日、第一版。

49 「冒用名義刊登投書　虚構事実損人令誉　陳懐琪警告自由中国社　決循法律途径提出控告」(『中央日報』一九五九年二月十九日) 第四版。

50 傅正補注、雷震『雷震全集11：雷案回憶(一)』二〇四頁。

51 雷震『雷震全集40：第一個十年（八）』、日記一九五九年二月十九日の条、二九頁。

52 雷震『雷震全集40：第一個十年（八）』、日記一九五九年二月二十一日の条、三三頁。

53 雷震『雷震全集40：第一個十年（八）』、日記一九五九年二月十九日の条、二九～三〇頁。

54 「自由中国啓事」（『中央日報』一九五九年二月二十二日）第一版。

55 雷震『雷震全集40：第一個十年（八）』、日記一九五九年二月二十日の条、三一頁。

56 雷震『雷震全集40：第一個十年（八）』、日記一九五九年二月十九日、二十日の条、二九～三一頁。

57 雷震『雷震全集40：第一個十年（八）』、日記一九五九年二月二十一日の条、三一～三三頁。

58 「陳懐琪昨天談話　再駁自由中国社」（『中央日報』一九五九年二月二十二日）第四版。

59 傅正が雷震の回想録につけた「補注」によれば、『中央日報』以外にも、『中華日報』や『台湾新生報』などの国民党系および官製のメディアが、類似した報道を掲載していた。雷震『雷震全集11：雷案回憶（一）』、二〇八頁。

60 雷震「国民党早以陳懐琪為迫害雷震工具」（『雷震全集11：雷案回憶（一）』）六六頁。「給読者的報告」（『自由中国』第二十巻第五期）（1959.3.1）三三頁。

61 社論「関於陳懐琪投書事件的簡報」（『自由中国』第二十巻第五期）（1959.3.1）八～九頁。

62 雷震「国民党早以陳懐琪為迫害雷震工具」（『雷震全集11：雷案回憶（一）』）六六～六七頁。

63 雷震『雷震全集40：第一個十年（八）』、日記一九五九年三月二日の条、三九～四二頁。

64 雷震『雷震全集40：第一個十年（八）』、日記一九五九年三月三日、三月二十五日、四月三十日の条、四二～四三、五五～五六、七八頁。「台北地検処　昨伝訊雷震　偵査経過拒絶透露」（『中央日報』一九五九年三月四日）第四版。「地検処昨伝訊　雷震與陳懐琪　另一告訴人陸伯琨也於昨日到庭応訊」（『中央日報』一九五九年三月二十六日）第四版。「台北地検処　昨伝訊雷震　内容拒加透露」（『中央日報』一九五九年五月一日）第四版。

65 雷震「国民党早以陳懐琪為迫害雷震工具」（『雷震全集11：雷案回憶（一）』）六八頁。〔訳注〕検察法廷は、雷震の原文では「検察庭」。当時台湾では拘留や保釈は、裁判官ではなく検察官が決定していた。

66 雷震『雷震全集40：第一個十年（八）』、日記一九五九年三月五日の条、四三頁。

67 雷震『雷震全集40：第一個十年（八）』、日記一九五九年三月五、六、七、十六、十九日の条、四三～四五、五〇～五二頁。

68 雷震「国民党早以陳懐琪為迫害雷震工具」（『雷震全集11：雷案回憶（一）』）六九頁。雷震『雷震全集40：第一個十年（八）』、日記一九五九年三月二十五日の条、五五～五六頁。

69　雷震『雷震全集40：第一個十年（八）』、日記一九五九年三月七日の条、四四～四五頁。

70　雷震『雷震全集40：第一個十年（八）』、日記一九五九年三月七日の条、四四～四五頁。

71　雷震『雷震全集40：第一個十年（八）』、日記一九五九年三月十六日の条、五〇～五一頁。

72　雷震『雷震全集40：第一個十年（八）』、日記一九五九年三月十九日の条、五二頁。

73　雷震『雷震全集40：第一個十年（八）』、日記一九五九年三月二十一日の条、五三頁。王壽南編『王雲五先生年譜初稿』第三冊、一〇二二頁。

74　雷震『雷震全集40：第一個十年（八）』、日記一九五九年三月二十一日の条、五三頁。

75　雷震『雷震全集40：第一個十年（八）』、日記一九五九年三月二十四日の条、五四～五五頁。彼が推薦した人間は張道藩と于斌だったが、張道藩は同情を示したものの、病気を理由に固辞した。

76　雷震『雷震全集40：第一個十年（八）』、日記一九五九年三月二十六日の条、五六～五七頁。

77　「老人が神霊の啓示によって頭が冷静になるよう望む」、「胡氏は事件に関して、自分は神を信じないが、我々が祈ることには賛成するとして、常識が老人を冷静にさせることを望むと述べた」、「胡氏はまた、陳懐琪事件について質問し、胡適主義は祈りにあると述べて、常識が彼らを冷静にさせることを望むと話した」。雷震『雷震全集40：第一個十年（八）』、日記一九五九年三月二十六日、四月二日、四月二十七日の条、五六～五七、六二、七六～七七頁。

78　雷震『雷震全集40：第一個十年（八）』、日記一九五九年三月二十八日の条、五八～五九頁。

79　雷震『雷震全集40：第一個十年（八）』、日記一九五九年四月二日の条、六二頁。

80　〔訳注〕「奉命不上訴」事件とは、一九五八年五月、台中地検処が国民党籍の南投県県長、李国楨を不正の疑いで起訴するが、一審で無罪となり、検察側が控訴しようとしたものの、首席検察官の延憲諒から圧力がかかった事件。延が書類の中で、「奉命不上訴〔命を奉じて、控訴はしない〕」と記していたことが後に雑誌に暴露されたため、誰の命令なのかと注目が集まり、台湾省議会や立法院にて追及された。「【大小謬誤】奉命不上訴！検察職権施圧恐成政治打手」「法操FOLLAW」ウェブページ https://follaw.tw/topic/display/1093（二〇二三年一二月二一日確認）。

81　社論「如此司法——『奉命不上訴』」（『自由中国』第十九巻第十期）（1958.11.16）三～四頁。史済人「『奉命不上訴』案的新論証」（『自由中国』第十九巻第十一期）（1958.12.1）三一頁。社論「三論谷鳳翔対『奉命不上訴』案応負的法律責任」（『自由中国』第十九巻第十二期）（1958.12.16）七～八頁。短評「（五）谷鳳翔何時撤職査辦？」（『自由中国』第二十巻第一期）（1959.1.1）四二頁。社論「『奉命不上訴』案為何『不予起訴』？」（『自由中国』第二十巻第二期）（1959.1.16）五～七頁。

82 三月初めに李玉階が台北地検処首席の蔣邦樑と会い、陳懐琪事件について話した後、雷震に伝えたところによれば、総政治部主任蔣堅忍と司法行政部長の谷鳳翔が、この事件の主要なまとめ役であるという。雷震『雷震全集40：第一個十年（八）』、一九五九年三月九日の条、四六頁。夏道平も、「陳懐琪事件の進展は思わしくない。谷鳳翔が大いに攪乱しているからである」と述べていた。雷震『雷震全集40：第一個十年（八）』、日記一九五九年四月十七日の条、七〇頁。

83 雷震「雷震致胡適」（一九五八年十二月二十六日）、「雷震致胡適」（一九五九年一月三十一日）（萬麗鵑編註、潘光哲校閲『萬山不許一渓奔：胡適雷震来往書信選集』）一四六、一五四～一五五頁。

84 金恒煒『面対独裁：胡適與殷海光的両種態度』五五二～五五八頁。胡適「胡適致雷震」（一九五七年八月二十九日）（萬麗鵑編註、潘光哲校閲『萬山不許一渓奔：胡適雷震来往書信選集』）一一八頁。

85 雷震「雷震致胡適」（一九五九年二月九日）（萬麗鵑編註、潘光哲校閲『萬山不許一渓奔：胡適雷震来往書信選集』）一六〇頁。

86 胡適「胡適致雷震」（一九五九年二月十九日）（萬麗鵑編註、潘光哲校閲『萬山不許一渓奔：胡適雷震来往書信選集』）一六二～一六三頁。

87 雷震「国民党早以陳懐琪為迫害雷震工具」（『雷震全集11：雷案回憶（一）』）七二頁。

88 雷震『雷震全集40：第一個十年（八）』、日記一九五九年三月十二日の条、四八頁。

89 胡適「胡適之先生給本社編輯委員会一封信」（『自由中国』第二十巻第七期）（1959.4.1）一三頁。

90 金恒煒『面対独裁：胡適與殷海光的両種態度』五〇九頁。雷震『雷震全集40：第一個十年（八）』、日記一九五九年三月十七日の条、五一頁。

91 金恒煒『面対独裁：胡適與殷海光的両種態度』五六五頁。

92 胡適「容認與自由」（『自由中国』第二十巻第六期）（1959.3.16）七～八頁。

93 金恒煒『面対独裁：胡適與殷海光的両種態度』五一〇頁。雷震「雷震致胡適」（一九五九年三月七日）（萬麗鵑編註、潘光哲校閲『萬山不許一渓奔：胡適雷震来往書信選集』）一六七頁。

94 「給読者的報告」（『自由中国』第二十巻第六期）（1959.3.16）三二頁。

95 雷震『雷震全集40：第一個十年（八）』、日記一九五九年三月二十六日の条、五六～五七頁。

96 雷震『雷震全集40：第一個十年（八）』、日記一九五九年三月二十八日の条、五八～五九頁。王壽南編『王雲五先生年譜初稿』第三冊、一〇二四頁。

97 雷震「国民党早以陳懐琪為迫害雷震工具」(『雷震全集11：雷案回案(一)』)七三～七四頁。

98 夏道平「『胡適国難時期日記』読後感」(何卓恩、夏明編選『夏道平文集』中国長春出版社、二〇一三年)二四一頁。金恒煒『面対独裁：胡適與殷海光的両種態度』五四七頁から再引用。

99 王壽南編『王雲五先生年譜初稿』第三冊、一〇二四頁。

100 雷震『雷震全集40：第一個十年(八)』、日記一九五九年三月二十八日の条、五八頁。

101 雷震『雷震全集40：第一個十年(八)』、日記一九五九年三月三十日の条、六〇頁。

102 金恒煒『面対独裁：胡適與殷海光的両種態度』五〇九頁。

103 「胡氏が、必ず今号に掲載し、王雲五が当局に話をしやすくなるようにしなければならないと言われたのだが、それは自由中国社が膝を屈するに等しいことだった。王雲五は、蔣総統に一通の手紙を送り、寛大を旨とし、追及しないよう要請した」。雷震「国民党早以陳懐琪為迫害雷震工具」(『雷震全集11：雷案回案(一)』)七四頁を参照。

104 王壽南編『王雲五先生年譜初稿』第三冊、一〇二五頁。

105 王壽南編『王雲五先生年譜初稿』第三冊、一〇二五頁。

106 王壽南編『王雲五先生年譜初稿』第三冊、一〇二六頁。

107 傅正の回想では、「短評」欄は傅正の発案であり、一九五八年十月一日の第十九巻第七期から、その大部分は傅正が執筆していた。一九五九年二月一日の短評「谷鳳翔逍遥法外」は、胡適から「人心を刺激する」と批判されたことがあった。「短評」欄の廃止後、読者の反応は強烈で、売れ行きにも影響を及ぼしたという。傅正補注、雷震『雷震全集11：雷案回憶(一)』二〇八～二〇九頁。

108 雷震『雷震全集40：第一個十年(八)』、日記一九五九年四月十一日の条、六六頁。

109 薛化元『《自由中国》與民主憲政：一九五〇年代台湾思想史的一個考察』一五七～一五八頁。雷震『雷震回憶録――我的母親続篇』六六～七四頁。雷震「国民党早以陳懐琪為迫害雷震工具」(『雷震全集11：雷案回案(一)』)七四頁。

110 「雷君明知為匪諜而不告密検挙処有期徒刑七年褫奪公権五年，另其他刑則，執行有期徒刑十年褫奪公権七年」(一九六〇年十月八日)、「雷君等人因叛乱案件経初審判決将雷君部份送請覆判，本部判決：原判決関於雷君部份核准」(一九六〇年十一月二十三日)「雷震等案」『国防部軍務局档案』档案管理局蔵、档号：B3750187701/0044/1751/10601023/192/002,003。陳世宏、張世瑛、許瑞浩、薛月順編輯『雷震案史料彙編：国防部档案選輯』二八三～二八八頁。

111 雷震『雷震全集40：第一個十年(八)』、日記一九五九年四月三日の条、六三頁。

112 傅正注釈、雷震『雷震全集40：第一個十年(八)』、日記一九五九年三月二十八日の条、五八～五九頁。

113 金恒煒『面対独裁：胡適與殷海光的両種態度』五一二～五一三頁。

114 毛子水「『容認與自由』書後」（『自由中国』第二十巻第七期）（1959.4.1）一四頁。

115 雷震『雷震全集40：第一個十年（八）』、日記一九五九年三月二十七日の条、五七頁。

116 殷海光「胡適論『容認與自由』読後」（『自由中国』第二十巻第七期）（1959.4.1）一六頁。

117 雷震『雷震全集40：第一個十年（八）』、日記一九五九年十一月二十日の条、一九五頁。

118 胡適「『容認與自由』――《自由中国》十周年紀念会上講詞」（『自由中国』第二十一巻第十一期）（1959.12.1）七～八頁。

119 金恒煒『面対独裁：胡適與殷海光的両種態度』五四一～五四二頁。

120 金恒煒『面対独裁：胡適與殷海光的両種態度』五四五頁。

第七節　総統三選への反対[1]

一、憲法違反の三選

憲法違反である蔣介石の総統三選に反対することと、新しい政党を組織することは、『自由中国』誌が一九五八年から重点をおいてきた問題であった。そして、それらこそが、国民党政府が『自由中国』と雷震の処罰を決断する決定的な要因だったのである[2]。蔣介石の総統二期目の任期終了まで二年を残した一九五八年の四月から五月の間、雷震はすでに近しい友人たちと、三期目があり得るかどうかを議論していた[3]。一九五八年十一月、胡適は雷震に対し、蔣介石総統は「憲法を改正して三期目に入ることはしない」と言っているものの、王世杰はそれに懐疑的で、各界から推戴された後、最後には「黄袍加身〔皇帝の服を身にまとう〕」だろうと考えていることを伝えた。胡適の考えでは、もし王世杰の予測どおりになったとしたら、それは直接憲法を改正して三期目に入るよりもさらに悪い状況であった[4]。

一九五八年十二月二十三日、光復大陸設計委員会の席上で蔣介石総統が憲法改正に反対を表明すると[5]、『自由中国』は一九五九年一月の社説でそれに反応した。「欣幸中的疑慮——関於蔣総統反対修憲的声明〔喜びの中の懸念——蔣総統の改憲反対声明について〕」と題された社説は、「蔣総統の憲法擁護の熱意に対し、最高の敬意を表明」したのである[6]。一方、党営・官営のメディアは蔣総統の発表に対してほとんど反応しなかったし、中央社でも総統三選の問題は報道されなかった。国民大会代表の中には、改憲を積極的に主張する人々も依然として存在していた[7]。その点について『自由中国』の社説は、「これらのことから見れば、明らかに三選問題は、蔣総統の改憲否定声明によっても、完全に過去のものとはなっていない」と論じた[8]。社説はまた、もし国民党内の改憲論者が依然として遠回しに改憲運動をすすめるなら、人々は、蔣介石総統が改憲をしないと表明したのは一種のポーズに過ぎないと思うだろうし、もし改憲を経ずして蔣総統が三期目に入ったら、それは明らかな憲法違反であるとも指摘した[9]。

しかし、『自由中国』の社説が発表されたあとも、国民党当局の有力者たちからはっきりとした意思表示がなかったことから、疑念はさらに深まった。一九五九年一月四日、蒋経国がヘミングウェイの『老人と海』について大いに論じる文章を『中央日報』に発表し、口を極めて老人を賛美したことから[10]、老人は蒋介石総統の隠喩なのではないかと推測する向きもあった。一月十五日には、大法官である史尚寛の「目前憲法是否有修改之可能與必要之商榷〔現在、憲法修正の可能性と必要性があるかについての検討〕」という一文が『聯合報』に掲載され、「反乱鎮定動員・反共抗ソの時期で、国家の復興は目前にあり、さらに蒋総統の領導を頼りとしているがゆえに、憲法を改正しないわけにはいかない」と主張していた[11]。蒋介石総統が果たして三期目を務めるのか、あるいはいかにして三期目に入るかが関心を集めていた時にあって、これらの言論は多くの憶測をよんだ。それに対し、二月十六日の『自由中国』に掲載された方望思の論考「請看香港発出的台湾政治台風警報〔香港が発出した台湾の政治的台風警報をご覧あれ〕」[12]は、蒋介石総統が前述した改憲反対の声明を発表したあと、香港の言論界では、『真報』、『新生晩報』、『星島日報』などが肯定的な反応を示しただけでなく、平素から国民党当局から目のかたきにされてきた『自由陣線』すら、「蒋介石先生放棄再任総統〔蒋介石氏の総統再任放棄〕」と題した社説において、「蒋総統の『賢明さ』を賞賛した」ことを紹介した。だが、前述した『自由中国』による懐疑的な社説と同様に方望思も、台北の官報と党報が、蒋介石による三期目就任を事実上否定するものである憲法不改正の表明に対して、一致して高度な沈黙を保っていること[13]、および前述の国民大会代表年会において憲法改正の提案があっただけでなく、改憲せずとも蒋総統の任期継続を可能にするよう求める臨時動議が出されたことなどに注目していた[14]。こうして、蒋介石総統が改憲に反対したことは、「前進せんがための一歩後退」なのかもしれず、彼が「初志を貫徹するかどうかは、事実による証明を待つ必要がある」との疑いの声もあがるようになった。蒋経国と史尚寛の前述の文章は、さらに人々の憶測をよんだのである。方望思の文意から判断するに、人々が憶測したのは、蒋介石は果たして憲法を改正して三選するのかどうかという問題であったと見られる[15]。

一部の輿論が国民党当局の真意に注視するなかで、蒋介石総統は疑惑を晴らそうとしないばかりか、一九五九年五月十八日に国民党第八期中央委員会第二回全体会議に出席した際には、敵を喜ばせず、大陸の億万の同胞を失望させず、国内外の軍民を恐慌に陥れず、「反共復国という重要任務完遂のために適切な措置がなされるなら、彼個人の出処進退はまったく考慮に入れない」とも述べていた[16]。それはつまり、特定の条件下であれば、三期目に入る可能性を否定しなかったのである。蔣介石総統がこのように表明した後でも、胡適や蔣匀田らは、三期目はやらないだろうと考えていたが[17]、雷震は疑念を抱いていた。『自由中国』は、即座には反応を示さなかったが、それはこの頃、同誌が印刷工場を探すという問題に見まわれていたため、すぐさま批判を展開しようとはしなかったからである[18]。印刷工場を確保した後の六月十六日、『自由中国』は直ちに、「蔣総統不会作錯了決定吧〔蔣総統は決断を誤ったわけではないでしょう〕」との社説を掲載した[19]。社説はその冒頭から、『改憲』と『三選』とは、事実上は同じことを言い換えたものである」と記し、『自由中国』はもともと「蔣総統がみなの懸念を払拭するため、さらに立場を明らかにされることを希望していたが」、最近の総統の発言は「みなの懸念を払拭するものではなく、それどころか、より疑念を深めさせるものであった」と指摘した[20]。そして、憲法の規定に基づけば、改憲せずに再々任が可能となる道理はまったくないとした上で、「違憲、壊憲によって権力と地位を保持しようとするのは、北洋軍閥のするようなペテンである。北洋軍閥を革命の対象とし、常に法治を強調してきた蔣総統は、このようなことをされるべきではない。まして、今まで蔣総統が反共を呼びかける際の唯一の有力な根拠となってきたのは、この憲法である。もし、この憲法すら打ち捨てて顧みず、三期目に入るのであれば、蔣総統が何に頼ってその地位を保つことができるのか、我々は理解できない」と指摘した。社説は最後に、「蔣総統には、官製メディアが総統の意図を忖度して書いたもので、輿論を指導できるなどとはくれぐれも思われないことを希望する。また、毎日耳にする阿諛追従の言葉が真に民意を代表しているとは、くれぐれも思われないで頂きたい」と呼びかけていた[21]。

この社説の論述から、当時蔣介石総統が憲法改正を明確に否定したあとも、依然として改憲や三選をすすめる動きが存在していたことが見てとれる[22]。それらに対し、蔣介石は三選の否定を明言しなかっただけでなく、そうした行動をやめさせることもなかった。一方、国民党当局はこの間、憲政体制の変更という、総統の考えとは異なる意見を拡散することを止めなかったばかりか、総統の三選と改憲に反対する言論を掲載した海外の雑誌が台湾に入ってくるのを、理由をつけては捜査・押収したのであった。これらのことから、権威主義体制下において、ストロングマンの意向が、当局を通じて新聞雑誌の言論とその対象を制限するさまをうかがい知ることができる。

蔣介石総統が三期目に入るとの政治観測がしだいに有力になっていったので、『自由中国』は、古をもって今を風刺するやり方で、直接的な批判を総統に向けていった。一九五九年七月の『自由中国』第二十一巻第一期に掲載された顧達徳の「籌安会的醜劇〔袁世凱政権期に〕〔籌安会の猿芝居〕」は、その一例である。同文章によれば、籌安会が国体の変更を鼓吹し始めた頃、ある者が袁世凱に対し、干渉するべきかどうか尋ねたところ、袁の答えはどちらにもとれる曖昧なものであった。粛政庁が籌安会の取り締まりを願い出た時も、袁は「同会の言論行動に関し、その範囲を規定するよう内政部に命じる」との指示でお茶を濁すだけであった。最終的に袁世凱の真の意向が明らかになると、「全国から次々と帝位につくようすすめられ」たが、袁はそれでもあいまいな態度を崩さなかった。一連の「ポーズ」を示したあとで、袁はとうとう煮え切らない態度を打ち捨て、帝位に就くことを承諾したのである。文章は、「袁世凱の最も許されざる行為は、彼自身が皇帝になりたかったのに、民意を強姦し、推戴されることを演出したところにある」と非難していた。社説の著者は、直接的な風刺と批判を行う以外に、あえて当時の梁啓超の文章を引用して、次のようにも指摘した。

国体問題の発生以来、議論をしている者は、いずれも袁氏である。賛成する者、請願する者、採決する者、推戴する者、いずれも袁氏の自作自演である。国内外の見識のある人々は、みなそれを知っている。……実際のところ、今回の皇帝の誕生は、右手に白刃を持ち、左手に金銭を持って、国内の最も下賤で恥知らずな少数の人間を糾合したものにほかならず、傀儡劇を演じたも同然のものだったのである。[23]

要するに、この社説は梁啓超の袁世凱と袁に対する即位のすすめに対する批判を暗喩として、台湾の政治現象に対する意見を表明したのであった。

『自由中国』がこのタイミングで袁世凱に関する文章を掲載したのは、前述したように、的外れなことではなかった。蔣介石総統は憲法改正を否定したものの、改憲に関する議論は収まらなかったし、国民大会においても公然と提起されたのである。国民党員が総裁の声明と背馳する言論を行うのを取り締まるよう求める声もあったが、蔣介石総裁と国民党当局は取り合おうとはしなかった。三期目を求める運動が改憲や臨時条項の修正を主張しても、蔣介石総統や当局はまったく干渉せず、立場を明確に表明することもなかった。その一方、総統三期目に反対する香港の雑誌は、捜査・押収されるか、あるいは国内での販売を禁止されたのである。前述した風刺文が伝えようとしていたのは、種々の状況は全国の人民を「忽然と悟らせる」に足るものであり、蔣介石の真意がどこにあるかについては明らかであると思うので、くだくだしくは述べないという意味であったと思われる。

事態が変わろうとしなかったので、第二十一巻第三期の『自由中国』は、看雲樓主の「曹丕怎様在群臣勧進下称帝的〔曹丕は、どのようにして群臣からの即位の勧めによって帝を称したのか〕?」という文章を掲載した。同文章は、〔三国時代の〕曹丕がいかにもったいをつけながら、各種の方法を用いて、自身が「民意に迫られて」帝位に就いたとの外観を整えたかを描いた他、袁世凱がもったいをつけて、口では国体の変更に反対しながら、自らが国体を変更するのは「天の心に応じ、民意に従った」と演出したことも風刺していた[24]。これらはいずれも、蔣介石総統が自ら三期目を目指すと表明はしない一方で、民間で行われる三選運動によって「民意に迫られて」という体裁がとられることを、『自由中国』が牽制したものと見られる。文章が掲載されたあと、王世杰は夏道平を通じて雷震に対し、国民党当局が中国大陸で楊杏佛を暗殺したのと同じように、雷を暗殺することを懸念すると伝え、注意を喚起した[25]。

だが、雷震は圧力の中にあっても、依然として言論の方向を変えなかった。『自由中国』の三選をめざす行動に対する批判は、国民大会開催が近づくにつれ、ますます頻繁に提起されるようになっていく。一九五九年十一月の発刊十周年記念特別号に掲載された唐徳剛の「羅斯福総統究不敢毀憲〔ルーズベルト大統領は憲法を毀損しようとはしなかった〕」は、「憲政と法治の基礎がある国家において、憲法の条文は合法的な手続きを経ずにほしいままに動かされてはならない。たとえ条文の死角から融通をきかせる方法を見つけ出せても、その方法が憲政の基本精神に違反しているなら、絶対に禁止されるべき事柄に入る」と指摘した[26]。この文章は比較的現実の政治に対してのものであり、三選の運動者が融通をきかせた方法を考案し、蔣介石総統の三期目を実現しようとしているのを批判したものと考えられる。

二、臨時条項の修正

この間、一部の政治家は三選のため、蔣介石総統が憲法改正をしないと表明したことと矛盾させないという前提のもと、合法的に三期目に入れるようにする各種の方法を提起していた。たとえば、ある者は「臨時条項は憲法そのものではないため、臨時条項の追加は憲法改正にはあたらない」と主張した[27]。国民大会代表兼大法官の史尚寛と、国民大会代表の張知本は、「すみやかに臨時条項を増補し、総統の再任について憲法第四十七条の制約を受けないようにするべきである」と明確に主張していた[28]。こうした、臨時条項と憲法とを分離させ、臨時条項の増補あるいは修正によって蔣介石総統三選の合法性問題を解決しようとするやり方に対して、『自由中国』の社説「好一個舞文弄法的謬論——所謂『修改臨時条款並不是修改憲法本身』〔文筆を操って法を曲げるでたらめな議論——いわゆる『臨時条項の改正は憲法そのものの改正ではない』について〕」は、それは文筆を操って法を曲げるでたらめな議論であると批判した上で、「実質的な意義からすれば、臨時条項は憲法の一部を構成している。したがって、臨時条項の増補であれ、あるいは修正であれ、それはすなわち憲法の修正である」と指摘した[29]。この一九五九年七月六日に出された社説は、臨時条項の増補あるいは修正は改憲ではないと主張していた人々を大いに刺激するものであった。このため、伝えられるところによると国民党部の憲法研究小組は、前述の主張はすでに「使用に適さないと決定し、それに替えて、反乱鎮定時期において、憲法第四十七条〔総統が再任できる回数は一回のみとした条文〕は、適用を停止するとの決議を出す」ことにしたという[30]。つまり、決議を通じて、蔣介石総統の三選を可能にすることを模索したのである。だが問題は、国民大会の決議によって憲法における規定の適用を回避するというやり方は、臨時条項の修正よりもさらに合法性に欠けることであった[31]。そのため、蔣介石総統の三選に対する制度的障害を克服するには、やはり改憲するか、あるいは臨時条項を改正することが必要だったのである。

中華民国憲法第百七十四条の規定によれば、改憲の手続きには二種類あった。「一、国民大会代表総数五分の一の発議により、三分の二の出席、および出席代表の四分の三の決議によって改正することができる」。「二、立法院立法委員四分の一の発議により、四分の三の出席、および出席委員四分の三の決議に基づいて憲法改正案を作成し、国民大会にその承認を提議することができる。この憲法改正案は、国民大会開会の半年前に公表しなければならない」。一方、国民大会召集の時期は、憲法第二十九条で、「国民大会は、毎期の総統任期満了の九十日前に開催され、総統によって召集される」と規定されていた。蔣介石総統は一九五四年五月二十日に二期目の総統職に就任していたから、国民大会は一九六〇年二月二十日に召集されるはずであった。

そのため、一九五九年九月一日に刊行された『自由中国』第二十一巻第五期において傅正は、「修憲已没有『合法途径』了〔憲法改正にはすでに『合法的な道』はない〕！」と題した文章を発表した。傅正によれば、憲法改正に必要な法定人数と期限を満たすことは、国民大会と立法院のいずれにおいても不可能であった。そして、臨時条項の増補（修正）であれ、国民大会による臨時決議であれ、事実上は改憲であるので、憲法百七十四条の規定に則ってすすめられなければならないが、この改憲の道も、国民大会に出席する代表者数が必要な定数に届いていなかった。国民大会での承認についても、たとえ国民大会の出席者総数を減らすことができたところで、立法院が提出する憲法改正案を国民大会開催の半年前に公表することはすでにできなくなっていたので、どのみち行き詰まりなのである[32]。

当時、国内外のリベラルな人々の間で、蔣介石総統の三期目に反対する声はあがっていたが、一九五九年十二月頃には状況は明確になりつつあり、政府は総統三選に反対するあらゆる人間に対して汚名を着せ、レッテルを貼り、彼らは「共匪と結託しているか、同調者である」と、あからさまに非難するようになっていた[33]。胡適もまた、「見たところ、蔣氏はすでにやると決めたようだ」と認識していた[34]。だが、執政者が臨時条項の修正というやり方で三選にかかわる合法性問題を克服しようとしても、臨時条項の修正に必要な国民大会における出席代表者数の問題は、依然として彼らにとって難題であった。

換言すれば、もしも国民党当局が国民大会によって臨時条項を改正することに意欲をもっていたならば、まず解決が必要なのは、代表総数の問題だった。なぜなら、この頃台湾にいるか、あるいは台湾にきて国民大会に参加できる代表の数は、改憲に必要な総数の三分の二に遠く及ばなかったからである。これに対して関係部門は、まず海外や中国大陸にいる国民大会代表の死亡を発表することで解決しようとした。しかし、このような主張は、すぐさま『自由中国』誌から非難された。「死亡宣告」というやり方は、法律範囲上の分析からしても、法定要件上の推論からしても成立しないものであって、大法官会議にもその他の「法律外」の解釈をする権利はなく、もし国民党当局が国民大会に出席できない代表の死亡宣告をするという方式で代表総数を減らそうとするのであれば、「壊憲」や「法統破壊」の責任を負わなければならないと指摘されたのである[35]。

その後、おそらく国民党当局も「死亡宣告」方式には瑕疵があると思ったのか、やり方を変え、行政院と国民大会秘書処から司法院に対し、国民大会代表総数に関する憲法解釈を出すよう申請を出した[36]。そして、大法官会議は一九六〇年二月十二日、「憲法が述べるところの国民大会代表総数は、現在の情勢に鑑み、法によって選出され、大会出席が可能な国民大会代表者数を基準に計算されるべきである」との第八十五号解釈を通過させ[37]、改憲に必要な国民大会代表者数の問題を解決したのである。それに対して『自由中国』誌は、大法官が「国民党の勅令」に従い、「御用」大法官になったと批判して、「輿論はこの大法官たちに道義的制裁を加え、歴史家は「御用大法官」との判定を下し、監察院はこうした違法行為に対し、法に基づき弾劾するべきである」と呼びかけた[38]。その他、『自由中国』は海外の民社党と青年党の領袖と民主派人士たちが名を連ねた声明「我們対毀憲策動者的警告〔壊憲策動者への我々からの警告〕」を掲載し、香港を主とした「第三勢力」の指導者たちによる、国民党当局が総統再任の制限に関する憲法の規定を無実化することに反対する声に呼応した[39]。

『自由中国』は強い反対姿勢を示したものの、二月十二日の大法官会議による解釈の後、国民党当局は形式的には臨時条項を改正する「合法性」を獲得した[40]。二月十七日、国民党中央常務委員会は、国民大会代表党団の提出した「修正動員戡乱時期臨時条款以鞏固国家領導中心案〔反乱鎮定動員時期臨時条項の修正により国家領導の中心を強化する案〕」を採択した[41]。二月二十日に国民大会が開幕した後[42]、二月二十九日には、改憲案について無記名投票と記名投票のどちらを採用するかで論争が生じた[43]。三月三日、蔣介石総統は、国民大会代表をそれまでの無給職から、立法委員と同等の待遇に調整すると表明する[44]。三月十一日、国民大会は、総統の再任可能回数を無制限にする臨時条項修正案を通過させた[45]。翌日、国民党中央臨時全会は、蔣介石と陳誠をそれぞれ総統と副総統の候補に推薦した[46]。三月十八日と十九日、国民大会は蔣と陳を第三代の総統、副総統候補として公表する[47]。三月二十一日と二十二日、二人は総統、副総統に当選した[48]。

国民党当局のこうした一連の動きに対して、『自由中国』は論考で批判を展開した。たとえば、一九六〇年三月十六日に刊行された第二十二巻第六期の社説「怎様才使国大的紛争平息了的〔どのようにすれば国民大会での争いを収められるのか〕!」は、蔣介石総統が国民大会代表の待遇を向上させたことを批判していた[49]。大法官による総数の解釈については、前述した社説以外にも、同じ号に掲載された龍在天の「異哉!所謂国大代表総額問題〔奇なるかな!いわゆる国民大会代表総数問題〕!」という一文が、大法官会議がこのような解釈を出したのは、改憲合法化の道を見つけるためであったが、重大な誤りを犯したことに気づいていないと指摘した[50]。その他、臨時条項の修正に無記名投票を採用するかどうかについても、社説「論無記名投票——進歩的民主制度〔無記名投票について論じる——進歩的な民主制度〕」は、一党による絶対的な統制下の議会において、無記名投票によって議案を表決することは、投票者を脅威から守れるものだと論じた[51]。社説はまた、「総統再々任を擁護し」、「臨時条項を修正する」ことは全国の一致した要求であるという政府がずっとしてきた宣伝が、もし本当にそのとおりであるなら、無記名投票と記名投票の間にどのような違いがあるだろうかと問うた。そして、もし執政党が自信をもって無記名投票を採用しようとはせず、このような投票方法では執政党の意向が多数の代表から支持を得られるか分からないというのであれば、いわゆる「総統再々任を擁護し」、「臨時条項を修正する」ことは「全国の一致した要求である」といった類の言論は、大いに問題があるということになると指摘したのである[52]。

しかし、『自由中国』誌と、国内外の人々の批判や反対にもかかわらず、蔣介石総統は臨時条項の修正後、三期目に入った。『自由中国』は、蔣介石の総統三選に反対を表明する上で逡巡したことはなかったが、政治的実力の伴わない抗議や護憲は、せいぜい言葉だけのものにしかならなかった。ある読者からの、「あなたがたがどのようにおっしゃろうと、表面をひっかいているだけのようなもので、何か効果を生んでいるのですか?」との批判に対し、『自由中国』は、言ったことが効果を生むわけではないことは分かっているし、それで筆禍などの面倒を引き起こすことさえあるが、言論界の一員として、事実・真理・良知に基づいて発言しなければならないという責任があるので、やむを得ず言うのであると回答した[53]。やるせなさがにじみ出る文章であった。

以上をまとめると、総統三選の問題に関して、『自由中国』が発表した文章は四十二篇にのぼり、政治・憲法・法律など様々な角度から、反対の立場とその根拠とを論じた[54]。だが、国民党当局は司法院大法官会議の解釈を通じて、「国民大会代表総数」の認定を大幅に減らし、国民大会に出席する代表者数が改憲の手続きに必要な法定人数を満たすようにさせた。さらに、臨時条項を修正し、憲法本文には手を付けない（つまり、いわゆる「非改憲」）ことで、再任は一度のみとする憲法の制限を克服し、首尾よく蔣介石総統の三期目を実現させたのである。その後、蔣が死亡するまで、再任は何度も続けられた。一方、『自由中国』が三選反対の立場をとったことは、治安情報機関も注視していた。たとえば、国家安全局、警備総司令部、情報局、中国国民党中央第一組および第六組によって組織された「騰輝専案」グループの任務の一つは、蔣介石総統の三選を確実に実現することであった。そして、「騰輝専案協調連繫会報」の会議記録からは、三選に反対していた雷震などの人々が、情報収集の重点対象になっていたことが分かる。『自由中国』に郵送された文章のうち、「軍内にかかわるものは検査・差し押さえをし、一般にかかわるものは写真をとって通過させる」こととし、「最も注意すべきは雷震の陰謀」であると記されていたのである[55]。後に雷震と同様に逮捕された『自由中国』編集者の傅正は、感化三年の判決を受けたが、その犯罪の証拠とされたのは、彼が発表した蔣介石の総統三選に反対した二篇の文章であった[56]。

注

1 本節は、主に筆者の二つの研究成果に加筆修正したものである。薛化元『《自由中国》與民主憲政：一九五〇年代台湾思想史的一個考察』第六章。薛化元『雷震與一九五〇年代台湾政治発展――転型正義的視角』第三章第一節。

2 薛化元『《自由中国》與民主憲政：一九五〇年代台湾思想史的一個考察』二九九頁。

3 雷震と友人たちが蔣介石の三選について議論してきたことについては、雷震『雷震全集39：第一個十年（七）』、日記一九五八年四月十五日の条、二六七頁に、胡適が帰国して中央研究院院長に任命されたことは蔣に利用され、彼の三期目に道を開くものだったと洪蘭友が語ったことが記されている。また、雷震『雷震全集39：第一個十年（七）』、日記一九五八年五月二十四日の条、二九四頁には、「みなで反対党について話し合った時、二年後には蔣総統が三期目に入るかどうかが判明しているから、それを待ってから議論するべきだと言う者がいた」との記述がある。

4　雷震『雷震全集39：第一個十年（七）』、一九五八年十一月十七日の条、四〇一頁。

5　「光復大陸設計委会掲幕礼中　総統昭示反攻計画　主義為主武力為従　光復大陸須重建人民精神與物質的生活　憲法為反攻的武器本党與政府反対修改」（『中央日報』一九五八年十二月二十四日）第一般。

6　社論「欣幸中的疑慮──関於蔣総統反対修憲的声明」（『自由中国』第二十巻第一期）（1959.1.1）七頁。

7　国民大会代表の朱煥彪ら二十四人が提出した憲法修正案は、国民大会代表年会の第一議案となった。大会はまた、同案について「国大幹事会で検討」させることも決定した。「国代昨向年会建議　修改現行憲法　有人提議攷慮　総統連任問題　全案決交由幹事会研究」（『聯合報』一九五八年十二月二十六日）第三版。

8　社論「欣幸中的疑慮──関於蔣総統反対修憲的声明」（『自由中国』第二十巻第一期）（1959.1.1）七頁。

9　社論「欣幸中的疑慮──関於蔣総統反対修憲的声明」（『自由中国』第二十巻第一期）（1959.1.1）七頁。原文は次のとおり。「もし国民党の改憲論者が依然として遠回しに改憲運動をすすめるなら、人々は、蔣介石総統が改憲をしないと表明したのは一種のポーズや演技に過ぎないのではないかと疑うだろう……その上、もし改憲を経なくても三選ができるのであれば、明々白々たる憲法違反となるのである」。

10　蔣経国「我們是為勝利而生的！──写給英勇的克難英雄和政士們」（『中央日報』一九五九年一月四日）第二版。

11　史尚寛「目前憲法是否有修改之可能與必要之商榷」（『聯合報』一九五九年一月十五日）第一、第三版。方望思の文章は、一月十四日の『聯合報』としているが、誤植である。

12　方望思「請看香港発出的台湾政治台風警報」（『自由中国』第二十巻第四期）（1959.2.16）一九頁。

13　方望思「請看香港発出的台湾政治台風警報」（『自由中国』第二十巻第四期）（1959.2.16）一九頁。原文は、次のとおり。「台北からきた官報と党報は、蔣総統が自ら総統三選の道を放棄したという重大事に対して、賛美はせず、一致して高度な沈黙を保っている。同時に、十二月二十五日に開かれた国民大会年会では、憲法修正の正式提案があったばかりでなく、改憲せずとも蔣総統の任期継続を可能にするよう求める臨時動議が出された」。

14　李永熾監修・薛化元主編『台湾歴史年表：終戦篇Ⅰ（1945-1965）』三二四頁。「国代年会決邀専家研究　修

訂憲法臨時条款　擁戴　総統連選連任　並通過組団慰問支援重建国軍　国代年会昨日円満閉幕」(『中央日報』一九五九年十二月二十七日)第一版。

15 方望思「請看香港発出的台湾政治台風警報」(『自由中国』第二十巻第四期)(1959.2.16)一九頁。

16 「総統堅決反対修憲惟対反共復国重任表示絶不推諉」(『聯合報』一九五九年五月二十日)第一版。

17 雷震『雷震全集40：第一個十年(八)』、日記一九五九年二月二十六日の条、三六頁。胡適は、雷震に対して、「蔣氏は三期目はやらないだろうとして、我々［雷震たち］に、励ますやり方を多く用いるよう勧めた」。さらに、蔣介石総統が五月十八日に草山で「彼ら［数十万人の軍人］を連れて帰る責任がある」と述べた際には、蔣匀田が、総統は「権威を保つために、故意にあのように言ったのだろう」と述べたのに対し、胡適もその解釈に同意していた。雷震『雷震全集40：第一個十年(八)』、日記一九五九年五月十九日の条、九一、九二頁を参照。

18 雷震『雷震全集40：第一個十年(八)』、日記一九五九年五月二十九日の条、九九頁。

19 社論「蔣総統不会作錯了決定吧?」(『自由中国』第二十巻第十二期)(1959.6.16)三〜四頁。

20 社論「蔣総統不会作錯了決定吧?」(『自由中国』第二十巻第十二期)(1959.6.16)三頁。

21 社論「蔣総統不会作錯了決定吧?」(『自由中国』第二十巻第十二期)(1959.6.16)四頁。

22 一九五九年十二月二十四日の『中央日報』は、複数の学校と団体が、蔣介石総統に引き続き領導してもらいたいとの電報を送ったことを報じている。「学校暨団体通電　請総統継続領導」(『中央日報』一九五九年十二月二十四日)第五版を参照。

23 顧達徳「籌安会的醜劇」(『自由中国』第二十一巻第一期)(1958.7.1)九頁。原文中の引用は、梁啓超「袁世凱偽造民意密電書後」からのもの。

24 看雲樓主「曹丕怎様在群臣勧進下称帝的?」(『自由中国』第二十一巻第三期)(1959.8.1)一九〜二〇頁。

25 雷震『雷震全集40：第一個十年(八)』、日記一九五九年八月十二日の条、一四三頁。その前後、雷震は他にも暗殺の可能性に関する多くの消息を受け取っていた。雷震の女児、雷美琳の同級生は、ある海軍中尉が「彼らは以前ジープ車を使って私［雷震］をひき殺そうとしていた」と言ったのを聞いている。雷震『雷震全集40：第一個十年(八)』、日記一九五九年三月二十九日の条、六〇頁。陳敦甫の妻も、警備総司令部のある幹部が、「台湾は雷某を除去しないと、彼ら――当局のこと――は頭をもたげることができない。彼らはすでに暗殺を実行して私［雷震］に一太刀浴びせる人間を決定したが、うまくいかないことを恐れ、私を消し去ることのできる他の方法を考えた。どうであれ、ひとまず実行してみよう。どのみち、雷震の敵は多いのだから」と述べたことを雷震に伝えた。雷震『雷震全集40：第一個十年（八）』、日記一九五九年十月二十六日の条、一八一頁。方治はある人に向かって、「私［雷震］が政府を批判するのは、頭を手にもって遊ぶようなものであると言った。これは、私がいつでも首を斬られる可能性があるという意味である」。雷震『雷震全集40：第一個十年（八）』、日記一九五九年十二月十八日の条、二〇八頁。これらの例は、当時の雷震が危険な状況に置かれていたことを証明するに足るものである。

26　唐徳剛「羅斯福総統究不敢毀憲」（『自由中国』第二十一巻第十期）（1959.11.16）二四頁。

27　これは、陶希聖が一九五九年七月三日に高雄で行われた『台湾新生報』社の茶会で発表した見解である。『中央日報』（一九五九年七月四日）、『青年戦士報』（一九五九年七月四日）を参照。

28　これは、張知本が一九五九年六月十七日と十八日に『聯合報』に発表した「修改憲法問題」という文章の中で提起した考え方である。張知本「修改憲法問題（上）」（『聯合報』一九五九年六月十七日）第二版。張知本「修改憲法問題（下）」（『聯合報』一九五九年六月十八日）第三版。

29　社論「好一個舞文弄法的謬論――所謂『修改臨時条款並不是修改憲法本身』」（『自由中国』第二十一巻第二期）（1959.7.16）五頁。臨時条項は、憲法修正機関が憲法修正に必要とされる特殊な決議に基づいて制定したもので、客観的には憲法典とは異なる単独の特別法であり、かつ実質的にも憲法典における憲法条文の効力を「侵犯」しているという事実があるため、臨時条項の判定は一種の「憲法典を変更しない憲法修正」であり、形式的には憲法の「破棄」（Verfassungsdurchbrechung im formellen Sinne）に相当する。許宗力「動員戡乱時期臨時条款之法律問題」（許宗力『法與国家権力』台北：月旦、一九九二年）四〇五～四〇六頁を参照。それゆえ、「臨時条項の修正は憲法修正ではない」という議論は、自らを欺くものである。

30　雷震『雷震全集40：第一個十年（八）』、日記一九五九年七月十八日の条、一三三頁。

31　憲法機関である国民大会は憲法改正の権利を有していたが、法理的には憲法改正にかかわる制限を受けなければならない。憲法改正に制限があるのだから、学理から言えば、決議というやり方で憲法の適用を「凍結」することは、より深刻な問題である。

32　傅正「修憲已没有『合法途径』了！」（『自由中国』第二十一巻第五期）（1959.9.1）一三～一四頁。

33　雷震『雷震全集40：第一個十年（八）』、日記一九五九年十二月二十一日の条、二一〇頁。

34　雷震『雷震全集40：第一個十年（八）』、日記一九五九年十二月二十六日の条、二一三頁。

35　社論「『死亡宣告』可以適用於国大代表嗎？」（『自由中国』第二十二巻第一期）（1960.1.1）八頁。原文は次の

とおり。『死亡を発表』するという説明は、法律範囲上の分析からしても、法定要件上の推論からしても、成立しないものである。すなわち、大陸にその身を置いていたり、海外に流亡していたりする国民大会代表について、たとえ一〇年以上経過していても、彼らの消息を得ることは不可能なため、民法上の「死亡宣告」によって処理することはできない。大法官会議も、もとよりその他の「法律外」の解釈をする権利を有してはいない。それゆえ、憲法百七十四条第一項の『国民大会代表総数』は、依然として三〇四五人であるべきである」。「現在、国民党がもしこの種の正しさを偽装した道理に合わないことを強弁するようなやり方をあえて押し通し、国民大会での憲法や臨時条項修正に必要な人数の問題を乗り越えようとするなら、当然「壊憲」と「法統破壊」の責任を負わなければならない」。

36 社論「豈容『御用』大法官濫用解釈権?」(『自由中国』第二十二巻第五期)(1960.3.1) 四～六頁。左舜生、張君勱、張発奎、李璜ら「我們対毀憲策動者的警告」(『自由中国』第二十二巻第五期)(1960.3.1) 六頁。

37 『中央日報』(一九六〇年二月十三日)。『台湾新生報』(一九六〇年二月十三日)。『公論報』(一九六〇年二月十三日)。司法院大法官会議釈字第八五号の解釈については、陶百川、王澤鑑、葛克昌、劉宗栄編纂『最新綜合六法全書』一八八九頁。憲法解釈には限界があり、以下の状態は憲法解釈の限界を超えている。一、憲法解釈の結果、憲法が拘束力を失う場合。二、憲法解釈が条文の合理的な解釈の範囲を超えている場合。釈字第八五号の解釈が条文の合理的な解釈の範囲を超えていないかどうかは、疑問なしとしない。林紀東は、この解釈は法学における事情変更の原則を基礎にしていると述べる。林紀東『中華民国憲法逐条釈義』冊四(台北:三民書局、一九八四年)三八三頁。しかし、憲法の解釈において「事情変更原則」を適用することには、慎重かつ厳格な態度で臨まなければならず、憲法の権威を損ない、「憲法が政治に仕える」ことのないようにしなければならない。

38 社論「豈容『御用』大法官濫用解釈権?」(『自由中国』第二十二巻第五期)(1960.3.1) 六頁。

39 左舜生、張君勱、張発奎、李璜ら「我們対毀憲策動者的警告」(『自由中国』第二十二巻第五期)(1960.3.1) 六頁。

40 形式的な合法性を有するようになったため、改憲にかかわる手続き的な障害は、多かれ少なかれ取り除かれることになった。そのため、一九六〇年二月十三日の『中央日報』の社説「国大代表的総額〔国民大会代表の総数〕」は、この問題に関して、「司法院大法官会議が、第一期国民大会第三回会議開会の前に国民大会代表の総数【注:この社説の前段では、憲法には規定されていないと述べている】を算出する基準についての明確な解釈を出したことで、この問題に関する疑念を払拭できただけでなく、第一期国民大会第三回会議は法に基づいて引き続き職権を行使できるようになった。およそ、真に民主憲政を愛護し、憲法体制を尊重する人間であれば、もはやいかなる疑問や異議も存在しないであろう」。社論「国大代表兼的総額」（『中央日報』一九六〇年二月十三日）第二版を参照。

41　李永熾監修・薛化元主編『台湾歴史年表：終戦篇Ⅰ（1945-1965）』三二八頁。『中央日報』（一九六〇年二月十八日）。

42　李永熾監修・薛化元主編『台湾歴史年表：終戦篇Ⅰ（1945-1965）』三二八頁。『中央日報』（一九六〇年二月二十日）。『公論報』（一九六〇年二月十九日）。

43　『中央日報』（一九六〇年三月一日）。社論「論無記名投票——進歩的民主制度」（『自由中国』第二十二巻第六期）（1960.3.16）四頁。

44　李永熾監修・薛化元主編『台湾歴史年表：終戦篇Ⅰ（1945-1965）』三三〇頁。*China Post*（一九六〇年三月四日）。『中央日報』（一九六〇年三月五日）。『公論報』（一九六〇年三月四日）。

45　李永熾監修・薛化元主編『台湾歴史年表：終戦篇Ⅰ（1945-1965）』三三〇頁。『中央日報』（一九六〇年三月十二日）。『台湾新生報』（一九六〇年三月十二日）。

46　李永熾監修・薛化元主編『台湾歴史年表：終戦篇Ⅰ（1945-1965）』三三〇頁。『中央日報』（一九六〇年三月十三日）。『公論報』（一九六〇年三月十三日）。

47　李永熾監修・薛化元主編『台湾歴史年表：終戦篇Ⅰ（1945-1965）』三三〇頁。『中央日報』（一九六〇年三月十八日、三月十九日）。『公論報』（一九六〇年三月十八日、十九日）。

48　李永熾監修・薛化元主編『台湾歴史年表：終戦篇Ⅰ（1945-1965）』三三二頁。『中央日報』（一九六〇年三月二十二日、二十三日）。『台湾新生報』（一九六〇年三月二十二日、二十三日）。

49　社論「怎様才使国大的紛争平息了的！」（『自由中国』第二十二巻第六期）（1960.3.16）三～四頁。

50　龍在天「異哉！所謂国大代表総額問題！」（『自由中国』第二十二巻第六期）（1960.3.16）一七頁。原文は次のとおり。「まったく現実に対応したもので、不完全な国民大会をして、『合法的に』憲法が付与した憲法改正の職権を行使できるようにするものであるが、大法官自身が重大な誤りを犯したことに気づいていない。一、法令の疑義に解釈をするのではなく、法律の意義を変更することで事実に合わせている。二、『代表総数』と『現存する代表者数』とを混同している。三、憲法第二十六条の規定を変更している」。

51　社論「論無記名投票——進歩的民主制度」（『自由中国』第二十二巻第六期）（1960.3.16）四頁。原文は次のとおり。「一党による絶対的な統制下の議会において、無記名投票によって議案を表決することには、明らかに二つのメリットがある。一、記名投票と同じように、投票者に自由に意志を表明させることができる。二、記名投票と比較して、どれほど小さな脅威であれ、いかなる脅威からも守ることができる」。

52 社論「論無記名投票——進歩的民主制度」（『自由中国』第二十二巻第六期）（1960.3.16）四頁。原文は次のとおり。「国民党は一貫して『総統再々任を擁護し』、『臨時条項を改正する』ことは『全国の一致した要求』であると宣伝してきた。全国の一致した要求であるなら、無記名投票と記名投票との間にどのような違いがあるだろうか。……もし国民党の当局者が二つの間に違いがあると考え、無記名投票で多数の代表の指示を得られるとの自信が持てないのであれば、『総統再々任を擁護し』、『臨時条項を改正する』ことは『全国の一致した要求』であるとの彼らの説明は、大いに問題があることになる」。

53 「給読者的報告」（『自由中国』第二十二巻第七期）（1960.4.1）三二頁。原文は次のとおり。「政治情勢が今日のような状態にまでなってしまっては、我々は言ったところで効果はなく、面倒ごとや、果ては筆禍さえ引き起こし得ることをよく理解している。だが、我々は言論界の一員として、事実・真理・良知に基づいて率直にものを言う責任を有している。それゆえ、言わないことは忍び難く、言わざるを得ないのである」。

54 薛化元『《自由中国》與民主憲政：一九五〇年代台湾思想史的一個考察』四一三頁。

55 黄杰、一九六〇年三月九日、十日、十六日、十九日の日記を参照。陳世宏、張世瑛、許瑞浩、薛月順編輯『雷震案史料彙編：黄杰警総日記選輯』三七～四五頁。

56 二篇の文章は、「護憲乎?毀憲乎?——望国大代表作明智的抉択」と、「豈容『御用』大法官濫用解釈権?」である。蘇瑞鏘『超越党籍、省籍與国籍：傅正與戦後台湾民主運動』一三五～一三九頁。

第八節　政党結成運動による受難

一、反対党必要論の発展と実行[1]

いかにして民主憲政の実行を促進するかは、雷震の生涯を通じた政治活動における重要な項目であった。彼が主導した『自由中国』は、一九五〇年代の台湾政治史における代表的なリベラルな雑誌であったし、彼自身も戦後台湾の自由主義思想発展におけるキーパーソンの一人だったのである。そして、雷震が一九五〇年代に『自由中国』の言論と自身の活動とによって提唱し、参画した反対党の結成は、単に民主憲政あるいは自由主義の政治の枠組みにおいて反対党の存在が不可欠であるからという理由だけではなく、現実の政治的必要性、とりわけ選挙との関係から出てきた考え方であった。

近代の民主憲政の要件に関して言えば、権力の分立と牽制は欠かすことのできないものである。十九世紀の自由主義者ミル（J.S.Mill）は、国家制度に関する議論の中で、あらゆる人類の事業において、活力と効率を保つためには、対立する勢力の存在が必要であると指摘している[2]。こうした考え方からすれば、政治においても、反対党の存在には当然大きな意義がある。現実の政治においても、執政党に対する反対党は、もとより選挙が行われた後に必要であるし、国家の性質が変化し、民主政治が発展するにつれて、その存在はさらに重要となる。そのため、民主憲政の発展にとって、反対党の必要性を主張し、行動に移すことには、重要な意味があるのである。

だが、多元的民主の発展には、いくつかの経路があった。ダール（Robert Dahl）は、その著書『ポリアーキー』（*Polyarchy*）の中で、二つの異なる発展経路の比較も含めた理論を提起し、政治体制の多元主義的民主への発展について説明した。その一つは、「競争的寡頭体制」（competitive oligarchies）に至る自由化を通じた過程で、二つ目は「包括的抑圧体制」（inclusive hegemonies）へと至る、選挙（公職）に参加する権利が行きわたるという過程である。そのうち、特に注目すべきは、前者は地方自治も含む「準国家組織」（subnational organizations）も競争的であることを重視しているのに対し、後者は国家のレベルで競争的であることを指しているという点である。この二つがいずれも実践されることが、すなわち多元主義民主体制〔ポリアーキー〕の実現となる[3]。台湾について言えば、国会の全面的な改選前の時期において、反対党の結成を主張し、実行に移すことは、前者に属していた。

『自由中国』は、創刊の頃からすでに反対党の問題に関心を寄せていた。一九五〇年四月一日と、一九五一年二月一日の『自由中国』に掲載された「反対党之自由及如何確保〔反対党の自由と、それをいかに確保するか〕」という雷震の執筆した文章は、陳独秀が特に強調していた「反対党派の自由」という言葉を引用した一方で、反対党の存立を「政権党の承認と容認」に委ねていた[4]。この点は、これ以後しばらく、雷震と『自由中国』による反対党の必要性に関する議論における基本的な立場であり、一九五七年以降になって、ようやくこのような考え方は少しずつ変化していくようになる。

一九五四年三月、『自由中国』は社説にて、反対党の必要性についてより一歩踏み込んだ主張を展開した。社説は、在野党は短期的に執政党の地位に取って代わる必要はないが、執政党に警戒感を抱かせ、施政において怠慢にならざるようにさせることはできると述べた。さらに、民主国家において、執政党は議会や選挙において絶対多数を安定的に掌握し続けることはできないと指摘し、民主政治の基本精神は、こうした政党間の自由競争と人民の自由な選択に依拠しているとした[5]。しかし、この要求で重点を置かれていたのは、やはり国民党当局が受け入れることと、反対党を結成することの実践性の問題であった[6]。

そのため、一九五四年に蔣介石が総統再任を果たした後、『自由中国』は社説で、「有力な反対党を育成」するよう提言した[7]。一方、雷震は「我們五年来工作的重点〔我々の五年来の事業の重点〕」という文章の中で『自由中国』を代表して、台湾には民社党と青年党が存在するが、執政党である国民党を牽制する力は事実上なく、反対党の効力を発揮できていないと指摘した。そこで、有力な反対党の誕生に期待を示し、その組織法としては、国民党を二分して形成する方法、既存の野党を連合させて組織する方法、あるいは新しい党派の出現などがあるとした。また、国民党に対しては、反対党を容認するだけでなく、意識的に育成もするよう求めたのである[8]。雷震と『自由中国』が国民党を制御・牽制できる反対党の必要性を呼びかけていることに注目したからか、一九五五年の初頭、張厲生は『自由中国』の関係者たちに対し、中華民国と国民党とは一つにして二つ、二つにして一つであるから、「友党」だけを許容し、反対党の存在は認めないと明言した[9]。

だが、雷震はもとより民主政治における反対党の不可欠さを認識していたし、国民党当局が日増しに言論の自由を圧縮していったので、条件がととのえば、雷は有力な反対党の形成を積極的に後押しした。一九五五年十一月に、張群が青年党内の紛争調停を雷震に依頼したことは[10]、前述した条件をととのえるものであった。雷震は、「青年党が自ら団結し、民社党も団結して、それから大団結をやる」ことで、国家に強力な反対党を出現させ、政党政治への道が開かれることを期待した[11]。『自由中国』もその社説で、反対党たる政党は「過度に強大な執政党からの政治圧力」に対応できなければならないと指摘し、民・青両党内部の分裂傾向を批判して、両党が団結し、反対党としての役割を果たすことを求めた[12]。しかし、青年党内部を団結させることはできず、雷震の主観的な願望は空振りに終わった。

有力な反対党の重要性を意識していたこともあり、青年党を団結させる努力が失敗した後、もともと完全には捨てていなかった執政者に対する期待が、再び『自由中国』の反対党結成を求める論説において中心を占めるようになる。およそ一年後の「祝寿専号」で反対党に言及した論考の多くは、社説であれ在野人士たちの執筆した文章であれ、その主要な論旨は、執政党が「有力な反対党を育成する」よう希望するものであった[13]。

問題は、もとより国民党当局は反対党の出現を望んでおらず、むしろ反対していたことだった。そのため、雷震と『自由中国』の主張と期待は、実現する見込みのないものであった。一九五七年になると、『自由中国』には、前述した論説とは違った角度から反対党を求める文章が登場するようになる。二月に掲載された牟力非による「略論反対党問題的癥結〔反対党問題の難点について簡単に論ずる〕」は、もし蔣介石総統の指揮する国民党当局に反対党の育成を頼るのであれば、「その政党に力はなく、効果も発揮しない」から[14]、反対党の前途は楽観できないものだとした。そのため、「在野党が健全な反対党にならんとするのであれば、まず『援助を求める』考え方を捨て、自身を健全にすることで広範な民衆の支持を得ることから始めなければならない」と指摘したのである[15]。

『自由中国』で、最も早くから反対党と地方選挙とを密接に結びつけたのは、傅正であった。一九五七年の地方選挙について検討した文章の中で傅は、国民党の選挙活動の技巧と手段はどんどん巧妙になっており、在野党と無党派の人士たちは、「現実政治の環境に向き合い、大団結をしなければならず、いかにして一致せざる点を除去し、強大な反対党を組織するかが、とりわけ必要な課題となる」と呼びかけていた[16]。

また、第十六巻第七期から、『自由中国』は朱伴耘の「反対党!反対党!反対党!」を、その後は彼の「再論反対党〔再び反対党を論じる〕」、「三論反対党〔三度反対党を論じる〕」などを掲載し、それは同誌最終号の「七論反対党〔七度反対党を論じる〕」まで続いた。これらの文章はいずれも、新党の結成を主張するものであった[17]。朱伴耘の文章で描かれた反対党は、民社党と青年党を主軸とし、その他の国民党と意見の異なる人々を糾合して結成されたもので、その役割はもはや率直な忠告をする友党などではなく、「執政党に取って代わる」ことを目指す政党であった[18]。

具体的な行動として、雷震は一九五七年に胡適に対し、反対党を指導するよう今までよりもさらに積極的に求めた。一九五七年八月二十九日、胡適は雷震宛の書簡の中で、正式に固辞する意志を伝えた[19]。雷震は九月十二日に胡適からの「反対党を指導することはできない」との書簡を受け取り[20]、胡が「反対党を指導する自信がなく、我々に対しては、胡に期待して失望することがないよう、現有の材料をもとに速やかに反対党を結成するよう勧める」という態度であることを理解した[21]。だが、雷震はあきらめずに胡適に返信を送り、「実際の仕事は我々がやりますので、新党に対して『自由中国』に対するのと同じように名義上の指導をされることを希望します」と伝えたほか、胡適に反対党の領袖に就任を要請したい八項目の理由を列挙した[22]。

一、中国に反対党が必要であることに賛成している。
二、四十年来、民主自由思想の指導者である。
三、民・青両党の合同ができないのは、指導者問題が原因である。
四、国民党内、および無党派にいる自由派は、胡適の指導を必要としている。
五、新しい反対党は台湾を重点とし、台湾人から同郷の人と思われる必要がある。

六、対外関係上、とりわけ対米関係上。
七、大陸の人心に影響を与える。
八、当局者が［胡の］登場を恐れている。上述した理由は、いずれも当局者が恐れるものである。

雷震の考え方は、ある程度一貫したものだった。一九四九年の頃と同じように、「胡先生がお出ましになる以外、国民党以外の勢力を団結させられる方はいません」と考えていたのである[23]。異なるのは、団結の目標が「自由中国運動」から反対党へと変わったところだった。

一九五八年二月、『自由中国』第十八巻第四期の社説「今日的問題（十五）：反対党問題」は、反対党こそが「あらゆる問題を解決する鍵」であると掲げ[24]、その成立条件はすでに成熟しているにもかかわらず、新党が遅々として現れないのは、知識分子が表に立とうとしないからであると指摘した。「他人がするのを期待するだけで、自分ではしない」。みなが、「こうした『心中の賊』を取り去ることができれば、国事は大いに希望がもてる」。さらに社説は、反対党の概要についても触れ、「初期においては……反対党は独立した知識人や二つの在野党派の党員を入れることができ、執政党の党員ですら入れることができる。そして、もとの党籍を保留するかは各参加者に任せる」と説明した[25]。

雷震と『自由中国』の反対党運動に関する主張は、雷とその友人たちの現実政治に対する態度を反映したものであった。一九五七年の地方選挙後、選挙に関する検討会合において台湾籍のエリートたちが、自治法規を研究する委員会の結成を決定し[26]、翌年夏に正式に政府に対して登記を申請していた。だが、政府はこの申請に遅々として回答せず、準備作業も「脅迫と破壊」に直面した[27]。一方、雷震はこの研究会が申請された時、それを「反対党の先触れ」だとは思ったが、「地方色が濃すぎる」として、「将来、流血の可能性がある」ことを懸念した[28]。そこで、このような方向性は『自由中国』の反対党に関する検討からは除外されたし、台湾本土の政治エリートによる政党結成努力に対しても熱を入れて応援しようとはしなかった。胡適が、台湾籍の政治活動家である楊基振が起草した反対党規約を読むよう雷震に求めた時、雷震は「地方主義があってはならない」と強調し、「まちがいが起こらないように、内地人と台湾人が一緒になってやらなければならない」と述べた[29]。こうした考え方は、雷震だけのものではなく、胡秋原も雷震に対し、「胡［適］氏がやらないなら、雷某［雷震］がやらなければならない。雷某がやらなければ、台湾人がやらなければならない。胡氏と雷某でやるのが、台湾人がやるより良いだろう」と述べていたのである[30]。これらから分かるように、雷震も含めた中国大陸からきたリベラリストたちが考える反対党は、「内地人と台湾人」が一緒になってやるものではあっても、地方選挙を中心とした政党ではなかった。この当時、少なくとも雷震は、地方選挙を中心とした政党に対し、警戒心を抱いていたと言える。なぜなら、実際に地方選挙に参与するのは主に台湾本土の政治家であり、中国大陸出身の自由民主を主張する政治エリートたちは、たとえ参入したとしても、言語、地縁、人脈などの各種条件により、選挙における主要なアクターとはなりえない。そのため、反対党は台湾本土のエリートによって主導されるようになるだろうが、それは雷震が当時考えていた反対党の姿とは大きく離れたものだったのである。

一九六〇年に蔣介石が三期目に入る前、雷震が将来の政治情勢の展開にいかに対処すべきかを胡適に尋ねると、胡は反対党への加入は拒んだものの、「民・青両党と国民党内の民主派、および台湾人が手を組んで反対党をつくるしかない」と答えた[31]。後に雷震が新党の計画準備に積極的に参画するようになるのは、あるいはこのやりとりが関係していたかもしれない。同年に地方選挙が実施される前、雷震は「我們為什麼迫切需要一個強有力的反対党〔なぜ、我々は強い反対党を切実に必要としているのか〕」の執筆に着手した[32]。同文章で雷震は、第四期地方選挙の後、有力な反対党を迅速に組織して民主政治を推進するよう主張し、民主政治を信じる人々が反対党結成のために集まり、次期地方選挙に向けて準備することで、名実ともに備わった地方自治が実現すると呼びかけた。この時点で、雷震の反対党の結成に対する態度は大幅に修正されており、「無党派の人士の他、国民党籍および民・青両党の自由民主を固く信じる人々もおそらく含まれる」と主張していた。また、反対党の「任務」として、「選挙という方式で、政権を獲得することを目的とする」と強調したのである[33]。

ここに至って、雷震と『自由中国』の反対党に関する考え方は、それまでから大きく変化をとげた。この頃、彼らが主張した反対党は、すでに地方選挙を中心としたもので、党の結成も無党派の台湾籍人士を中心としていた。民・青両党および国民党内の人々は、「おそらく」その中に含まれるものに過ぎなかったのである。

二、新党運動に積極的に参画する

新党を結成するという主張は、一九六〇年五月十八日に選挙結果をふまえて開かれた検討会に出席した人々の間で、おおむね共有されていた。会合後、「強力な反対党結成問題に関して、座談会の形式で民・青両党と協議を行う」ことが決定した[34]。この決議により、後の中国民主党結成準備の幕が開かれることになる。新しい反対党の組織は、台湾本土のエリートを中心とするものであるため、雷震はその推進にあたって、いかに「中国大陸から来た人々を心配させないか」という問題が中心的な課題となることを意識するようになっていった。そのことは、反対党の構成とその性質が、これまでに雷震や『自由中国』が主張してきたものと異なり、台湾本土のエリートによって主導される地方選挙を反対党発展の主戦場と定めたことから、元来雷震を支持していたり、良好な関係にあったりした多くの大陸出身者が、新党の結成にいくらか疑いと懸念を抱くようになっていたことの反映であった[35]。だが、胡適はこのような反対党の結成準備に大いに興奮し、「台湾人と一緒にやらない」なら、「新党は力を持てない」と述べた[36]。胡適のこうした態度は、積極的に新党に参加する人々を鼓舞したし、雷震の態度にも影響を与えた[37]。

雷震と『自由中国』が積極的に新党運動に参画したのは、胡適の態度の他、現実的な考慮も関係していた。地方選挙と、当時の国際情勢（主に、一九六〇年に韓国の民主化運動で李承晩大統領が下野したことを指す）の衝撃を受け[38]、雷震は、自分たちが政党結成に参加しなくても、どのみち台湾本土の政治活動家たちによって政党が結成されるだろうから、中国大陸出身の自由と民主を主張する人々が結党に参加することで、「悪化を防止することができる」と考えていたのである[39]。他方で、違う角度から見れば、国際情勢は雷震と友人たちを鼓舞するものでもあった[40]。雷震と『自由中国』は、当初は地方選挙を中心とした新党運動を積極的に応援しようとはしていなかったが、雷震が結党運動に参加してからは、『自由中国』が当時すでに台湾の民主運動の精神的象徴となっていたため、雷は新党運動の中心的人物になっていった。雷震もまた、新党について、「その育成のために畢生の余力を尽くそう」と考えていたのである[41]。

雷震が新党結成準備に参加したことは、『自由中国』誌の記事にも反映された。一九六〇年七月から、同誌には殷海光の「我対於在野党的基本建議〔在野党に対する私の基本的な建議〕」[42]、楊金虎の「我們衷心的期待的反対党〔我々が衷心から期待する反対党〕」[43]、傅添栄の「論組党與反共復国的契機〔政党結成と反共復国の契機について論じる〕」[44]などの文章が掲載されたが、いずれも新党に対して様々な提言を寄せたものだった。雷震もまた、党報や官報による政党の承認問題や、「共匪が新党を支持している」などの論説に対して、反論の文章を執筆した[45]。ここに至り、『自由中国』はあたかも新党運動の機関誌のようになっていたのである。しかし、雷震が九月四日に逮捕され[46]、『自由中国』も停刊処分を受けると、新党運動は恐れをなして、一九六一年一月の第五期県市議員選挙後には雲散霧消することとなった[47]。中国民主党構想は頓挫したものの、その結党理念には画期的な意義があったと言える。雷震たちが、地方選挙を中心とした政党を支持するようになったことは、新しい反対党は既存の権力を再編成・再配分してできるものというだけではなく、国会で執政党を監督・牽制できる機能をも有したものとなり、地方選挙のレベルでは執政党と実質的な競争もできる能力を備えたものになるということであった。そして、その政党はすでに「競争的寡頭体制」理論の可能性を遺憾なく発揮したものになることをも意味していたのである。

◆反対党問題の関係者間の交流に関する数量的分析

一九五〇年から一九六〇年の間、雷震は反対党問題に関して、多くの文章を執筆してきた。一九五七年からは、より熱心に取り組むようになり、とりわけ一九六〇年に反対党結党の準備を始めて以降は、その行動は最も精力的になっていた。雷震と反対党問題に携わっていた人々との関係を検討するために、まず『雷震日記』の反対党問題に関する記述の中に登場する人物の日にち数（回数）の統計をとり、次いでこれまでの研究による理解とも組み合わせて分析を行うこととする。

第一に、全期間を対象に統計をとり（表1）、第二に一九五七年から一九六〇年までの期間の統計をとり（表2）、最後に一九六〇年の統計をとった（表3）。雷震と反対党、および関係者の計量分析を行ったことで、雷震の反対党に関する主張の発展の方向性が明確に表れた。

前述した統計資料に基づき、『雷震日記』に記載されている反対党関連の内容から考察すると、胡適の登場する日数が一三四日で、最も多いことが分かる。雷震は一九五〇年代台湾における政党結成運動の重要な提唱者であり、特に一九六〇年の中国民主党結党準備において、さらに重要な役割を果たしていた[48]。一九五〇年代における雷震の反対党結成に関する思索の中で、胡適は確かに重要性を有していたのである。そして、一九五〇年代の反対党結成の主張は、一九五七年から六〇年にかけて具体化の段階へと移行するが、『雷震日記』の関連する記述の中で最も多く登場したのも、胡適であった。しかし、中国民主党結党に参加した一九六〇年には、胡適に言及があったのは二十九日で、雷震とともにスポークスマンを担当していた李萬居の三十三日、高玉樹の三十九日より少なくなっていた（表3を参照）。数量からは、雷震の中国民主党結党運動において、胡適とのコンタクトは、李萬居や高玉樹より少なかったことが示されているのである。

表1によれば、三十五日（回）以上登場しているのは、多い順に胡適、夏濤聲、蔣勻田、成舍我、王世憲、王世杰、李萬居、斉世英、高玉樹、呉三連、郭雨新、端木愷、夏道平らであった。一方、表2によれば、雷震が言論だけでなく反対党の準備を積極的に試み始めた一九五七年以降、二十五日（回）以上登場しているのは、上から胡適、夏濤聲、成舍我、王世憲、李萬居、蔣勻田、高玉樹、斉世英、呉三連、郭雨新、端木愷、夏道平、謝漢儒の順である。最後の表3によれば、一九六〇年に二十日（回）以上登場しているのは、夏濤聲、高玉樹、李萬居、胡適、郭雨新、斉世英、謝漢儒、蔣

表1：1950年～1960年の『雷震日記』における「反対党」関係者の登場回（日にち）数統計

	1950	1951	1952	1953	1954	1955	1956	1957	1958	1959	1960	合計
胡適	13	3	6	3	7	3	3	22	29	16	29	134
夏濤聲	0	0	0	5	6	4	5	7	16	9	50	102
蔣勻田	7	2	3	6	3	3	8	12	5	6	23	78
成舍我	1	1	0	0	1	2	5	10	19	10	19	68
王世憲	0	0	0	0	0	0	3	10	20	9	18	60
王世杰	15	2	0	6	5	2	3	5	7	5	4	54
李萬居	0	0	0	0	1	0	3	2	4	9	33	52
斉世英	0	1	2	0	1	2	1	3	9	3	25	47
高玉樹	0	0	0	0	1	0	0	3	1	2	39	46
呉三連	0	0	3	0	0	0	0	2	6	6	23	40
郭雨新	0	0	0	0	0	0	1	1	6	3	27	38
端木愷	1	2	4	0	1	0	1	5	8	6	9	37
夏道平	2	2	0	1	1	0	1	4	6	5	13	35
陳啓天	2	0	1	6	3	4	1	4	1	7	3	32
謝漢儒	0	0	0	0	0	0	0	0	0	1	24	25
戴杜衡	1	1	1	0	2	0	1	2	5	4	8	25
程滄波	1	1	3	0	2	1	0	3	11	2	1	25
胡秋原	0	0	0	2	1	1	0	3	10	5	1	23
傅正	0	0	0	0	0	0	0	0	2	0	19	21
楊毓滋	0	0	0	0	1	0	0	0	0	1	17	19
劉博崑	0	0	0	0	0	0	1	2	5	3	5	16
楊金虎	0	0	0	0	0	0	0	2	0	0	13	15

表 2：1957 年〜 1960 年の『雷震日記』における「反対党」関係者の登場回（日にち）数統計

	1957	1958	1959	1960	合計
胡適	22	29	16	29	96
夏濤聲	7	16	9	50	82
成舎我	10	19	10	19	58
王世憲	10	20	9	18	57
李萬居	2	4	9	33	48
蔣勻田	12	5	6	23	46
高玉樹	3	1	2	39	45
斉世英	3	9	3	25	40
呉三連	2	6	6	23	37
郭雨新	1	6	3	27	37
端木愷	5	8	6	9	28
夏道平	4	6	5	13	28
謝漢儒	0	0	1	24	25
王世杰	5	7	5	4	21
傅正	0	2	0	19	21
戴杜衡	2	5	4	8	19
胡秋原	3	10	5	1	19
楊毓滋	0	0	1	17	18
程滄波	3	11	2	1	17
陳啓天	4	1	7	3	15
劉博崑	2	5	3	5	15
楊金虎	2	0	0	13	15

勻田、呉三連であった。

　三つの統計を見比べると、人の変動は大きくないが、その順位の変化から、雷震の反対党に関する主張の発展が見てとれる。現在までの研究成果と突き合わせると、一九五七年は台湾籍のエリートたちにとっても、雷震による反対党結成の準備にとっても、転換点となる年であった。台湾籍のエリートたちは、地方選挙が不正に行われ、国民党籍の候補者と公平な競争ができないため、結社／政党組織の方向を目指すようになった。一方、雷震と彼の主導する『自由中国』は、一九五七年以前には、反対党の重要性こそ認識してはいたが、国民党の容認と支持を期待しており、もっぱら既存の政治勢力の再編成と再配分を構想するものであった。一九五七年以

表 3：1960 年の『雷震日記』における「反対党」関係者の登場回（日にち）数統計

夏濤聲	50
高玉樹	39
李萬居	33
胡適	29
郭雨新	27
斉世英	25
謝漢儒	24
蔣勻田	23
呉三連	23
傅正	19
成舎我	19
王世憲	18
楊毓滋	17
夏道平	13
楊金虎	13
端木愷	9
戴杜衡	8
劉博崑	5
王世杰	4
陳啓天	3
程滄波	1
胡秋原	1

降、『自由中国』に掲載される文章は、反対党の設立準備を国民党の容認と育成に依拠して行うことの問題点に着目するようになり、反対党と台湾籍エリートや地方選挙とを結びつける可能性についても注意を向けるようになった。そうした考え方は、依然として主流ではなかったが、後の発展の方向性を示したのである。この当時、雷震はいまだ台湾籍エリートたちによって主導される反対党という方向性を受け入れることができず、胡適が指導する政党結成を積極的に推し進めていた。一九六〇年になり、蔣介石総統が「臨時条項」を修正して三期目に入ったことや、韓国などの外部状況の進展に直面したことで、雷震ははじめて態度を大きく変え、台湾籍エリートが主導し、地方選挙に重心を置いた反対党の結成を支持するようになったのである。雷震は、反対党問題における台湾籍エリートと外省籍エリートの架け橋としての役割を担い、中国民主党結党準備の指導者の一人にもなった。そのため、一九五七年以降は、反対党に対する態度が消極的だった王世杰の登場日数（回数）は明らかに減少したし、一貫して反対党の指導を固辞してきた胡適の重要性も、一九六〇年に実際に結党を準備し始めると低下していった。その一方で、台湾籍のエリートが登場する日数（回数）は、一九五七年以降、次第に上位を占めるようになり、特に一九六〇年には、高玉樹、李萬居、郭雨新、あるいは、最後には結党運動への不参加を決めた呉三連などが、重要な役割を担うようになっていったのである。

注

1 本節の反対党に関する記述は、筆者の過去の研究成果を加筆・修正したものである。薛化元「台湾自由主義発展的歴史考察（1949-60）：以反対党問題為中心」（『思與言』第三十四巻第三期）（1996.9）二四一～二八六頁。薛化元「一九五〇年代雷震日記中的反対党與胡適」（『東亜観念史集刊』一五）（2018.12）四五～八二頁。

2 J.S.Mill, Representative Government, in R.M.Hutchins et al., *Great Book of the Western World* (Chicago: Encyclopidia Britannica, Inc., 1952), p.365. 中国語訳は、穆勒（J.S.Mill）著、郭志嵩訳『論自由及論代議政治』（台北：協志工業叢書出版公司、一九七四年）一七六頁を参照。

3 R.Dahl, *Polyarchy* (New Haven: Yale University Press, 1971), pp.6-13を参照。中国語訳は、張明貴『多元政治：参與和反対』（台北：唐山、一九八九年）六～一二頁。筆者は、若林正丈氏と戦後台湾史における『自由中国』

の意義について議論した際、同氏からダールの観点に基づき分析を行うよう勧められた。感謝を申し上げる。

4 雷震「反対党之自由及如何確保」（『自由中国』第二巻第七期）（1950.4.1）一五頁。本文での叙述は、当時雷震が提起した反対党の成立要件である。もとより彼も、国民党の承認と容認のみに依拠したのでは、反対党の役割は限定的になることをはっきりと認識してはいた。

5 社論「行憲與民主」（『自由中国』第十巻第六期）（1954.3.16）三頁。

6 批判理論（critical theory）からすれば、理論そのものがもつ実践性は、理論の構成要件となる。J.Habermas, *Theory and Practice* (Boston: Beacon Press, 1974) の議論を参照。この当時の『自由中国』の主張について言えば、批判理論で言うところの自己実践の性質を有してはいない。

7 社論「敬以諍言慶祝蔣総統当選連任」（『自由中国』第十巻第七期）（1954.4.1）四頁。

8 雷震「我們五年来工作的重点」（『自由中国』第十一巻第十期）（1954.11.16）八頁。

9 雷震『雷震全集38：第一個十年（六）』、日記一九五五年一月十日の条、一一頁。

10 雷震『雷震全集38：第一個十年（六）』、日記一九五五年十一月四日の条、一六八頁。

11 雷震『雷震全集38：第一個十年（六）』、日記一九五五年十一月二十九日の条、一七八～一七九頁。

12 社論「対民青両党的期望」（『自由中国』第十三巻第十一期）（1955.12.1）四頁。

13 「給読者的報告」（『自由中国』第十五巻第九期）（1956.10.31）三五頁。

14 牟力非「略論反対党問題的癥結」（『自由中国』第十六巻第三期）（1957.2.1）一一頁。

15 牟力非「略論反対党問題的癥結」（『自由中国』第十六巻第三期）（1957.2.1）一一頁。

16 傅正「対本屆地方選挙的探討」（『自由中国』第十六巻第九期）（1957.5.1）一三頁。

17 朱伴耘が『自由中国』で反対党について論じた文章は、第十六巻第七期（1957.4.1）の「反対党！反対党！反対党！」の他、続篇も含め計七篇が掲載された。「再論反対党」第十七巻第六期（1957.9.16）八～一〇頁。「三論反対党」第十八巻第四期（1958.2.16）一〇～一三。「四論反対党」第十八巻第九期（1958.5.1）九～一四頁。「五論反対党」第十九巻第五期（1958.9.1）八～一二頁。「六論反対党」第二十巻第十期（1959.5.16）八～一二頁。「七論反対党——代結論」第二十三巻第五期（1960.9.1）七～一〇頁。

18 朱伴耘「反対党！反対党！反対党！」（『自由中国』第十六巻第七期）（1957.4.1）八頁。

19 雷震『雷震全集39：第一個十年（七）』、日記一九五七年九月十二日の条、一六一頁。

20 雷震『雷震全集39：第一個十年（七）』、日記一九五七年九月十二日の条、一六一頁。

21 雷震『雷震全集39：第一個十年（七）』、日記一九五七年九月十三日の条、一六二頁。

22 雷震『雷震全集39：第一個十年（七）』、日記一九五七年九月十九日の条、一六四～一六五頁。

23 胡適致雷震函「従未夢想自己出来組織任何政党」（一九五七年八月二十九日）（傅正主編『雷震全集30：雷震秘蔵書信選』）三五九～三六二頁。また、雷震『雷震全集39：第一個十年（七）』、日記一九五七年十月二十八日の条、一八二頁も参照。

24 社論「今日的問題（十五）：反対党問題」（『自由中国』第十八巻第四期）（1958.2.16）三頁。

25 社論「今日的問題（十五）：反対党問題」（『自由中国』第十八巻第四期）（1958.2.16）四頁。

26 雷震『雷震全集39：第一個十年（七）』、日記一九五七年五月十八日の条、九五頁。

27 朱文伯「理論與事実——漫談人権保障問題」（『自由中国』第十九巻第十一期）（1958.12.1）一八～一九頁。李筱峰『台湾民主運動四十年』（台北：自立晩報社、一九八七年）七二頁。

28 雷震『雷震全集39：第一個十年（七）』、日記一九五八年八月二日の条、三四六頁。

29 雷震『雷震全集39：第一個十年（七）』、日記一九五八年五月三十日の条、二九九頁。

30 雷震『雷震全集39：第一個十年（七）』、日記一九五八年七月四日の条、三三四頁。

31 雷震『雷震全集39：第一個十年（七）』、日記一九六〇年三月十六日の条、二七〇頁。

32 雷震『雷震全集40：第一個十年（八）』、日記一九六〇年四月十八日の条、二九二頁。同文章は、『自由中国』第二十二巻第十期（1960.5.16）七～一〇頁に掲載された。

33 雷震「我們為什麼迫切需要一個強有力的反対党」（『自由中国』第二十二巻第十期）（1960.5.16）九頁。

34 「在野党及無党派人士挙行本届地方選挙検討会紀録摘要」（『自由中国』第二十二巻第十一期）（1960.6.1）二四頁。李筱峰『台湾民主運動四十年』七五頁。鄭牧心『台湾議会政治四十年』（台北：自立晩報社、一九八七年）一八二～一八三頁。

35 たとえば、劉博崑は「台湾人が立ち上がったら、やりにくい。将来、受け入れがたく思うようになるだろう。彼［劉］は参加しない」と述べていた。雷震『雷震全集40：第一個十年（八）』、日記一九六〇年六月六日の条、三二三頁。王新衡も、雷震と台湾籍人士が「一緒になってやる」ことに反対していた。雷震『雷震全集40：第一個十年（八）』、日記一九六〇年八月十日の条、三六七頁。

36 雷震『雷震全集40：第一個十年（八）』、日記一九六〇年五月二十五日の条、三一五頁。胡適の態度は、基本的に、政党結成においては台湾本土の政治エリートの重要性を考慮する必要があるというものだった。一方で胡は、「雷震事件」勃発後には、結成される中国民主党は台湾人の党になってはならないと主張していた。胡適『胡適的日記手稿本』冊一八、日記一九六〇年十月二十六日の条。

37 雷震『雷震全集40：第一個十年（八）』、日記一九六〇年六月八日の条、三二五頁。

38 韓国の民主化運動が、一九四八年の大韓民国憲法公布以来、一貫して大統領を務め、各種の方法を用いて再選を目指していた李承晩を下野させた経過については、李永熾監修・薛化元主編『台湾歴史年表：終戦篇Ⅰ（1945-1965）』六三、一六五、三三三、三三五頁を参照。

39 雷震『雷震全集40：第一個十年（八）』、日記一九六〇年五月十九日の条、三二一頁。

40 雷震『雷震全集40：第一個十年（八）』、日記一九六〇年四月二十九日、三十日の条、二九八頁。ここでは、夏道平、殷海光、胡適の態度が記されている。

41 雷震『雷震全集40：第一個十年（八）』、日記一九六〇年六月八日の条、三二五頁。

42 殷海光「我対於在野党的基本建議」（『自由中国』第二十三巻第二期）（1960.7.16）七～一三頁。

43 楊金虎「我們衷心的期待的反対党」（『自由中国』第二十三巻第三期）（1960.8.1）一二～一四頁。

44 傅添栄「論組党與反共復国的契機」（『自由中国』第二十三巻第五期）（1960.9.1）一一～一二頁。

45 雷震「駁斥党報官報的謬論和誣衊」（『自由中国』第二十三巻第四期）（1960.8.16）七一九頁。

46 李永熾監修・薛化元主編『台湾歴史年表：終戦篇Ⅰ（1945-1965）』三四一頁。『中央日報』（一九六〇年九月五日）。『公論報』（一九六〇年九月五日）。

47 雷震が逮捕された後、新党結成の準備に参加していた中国大陸出身の政界関係者たちは、新党準備の意思決定が台湾籍の政界関係者によって主導されるようになるかもしれないことを警戒するようになった。このことは、新党の準備が続けられず、正式に成立するに至らなかった原因の一つでもあった。斉邦媛訪問・李孝悌記録「紀念民主的播種者斉世英先生——康寧祥先生訪問記」（沈雲龍、林泉、林忠勝訪問・林忠勝記録『斉世英先生訪問紀録』台北：中研院近史所、一九九〇年）三五四～三五五頁。別の角度から見ると、台湾本土の政治エリートたちは、「雷震事件」の発生後、政党組織会議の場で行動を起こすよう強く主張はしなかったようであり、そのことも、政党結成に成功しなかった一因であった。この点については、一九六六年七月七日と八日に開催された「跨世紀台湾民主問題学術研討会」における『自由中国』関係者の発言から推測することができる。また、『自由中国』について言うと、魏誠の考えでは、新党運動が失敗したもう一つの原因は、民主化推進運動の社会的条件に対する認識と分析が不足していたことにあった。『自由中国』の計五百篇の社説の中で、労働者と農民に注目したテーマのものは、それぞれ一篇しかなく、「これら知識人たちが中国大陸時代の性格を踏襲して、政治構造の改革にのみ関心を払い、基層社会や経済構造の営みを軽視してことを如実に証明していた」のである。魏誠『自由中国半月刊内容演変與政治主張』一二七頁。

48 雷震の反対党運動に対する参加および提唱について、その内実の変化と意義を検討したものとして、薛化元「台湾自由主義思想発展的歴史考察（一九四九〜六〇）：以反対党問題為中心」（『思與言』第三十四巻第三期）（1996.9）二四一〜二八六頁を参照。

第四章　『自由中国』時期以降

第一節　雷震事件の勃発と当局による処理

一、蔣介石の態度

一九六〇年九月四日、雷震は逮捕されて自由を失い、『自由中国』もほどなくして停刊となって、一九五〇年代の台湾に多少なりとも存在した言論の自由の象徴は、その活動を停止した。雷震の逮捕は、『自由中国』による国民党当局への批判的な言論と密接な関係があったし、彼が中国民主党の結党準備に参画したことは、雷震事件が勃発する導火線となったのである。

档案から見ると、雷震の逮捕は蔣介石総統が主導したものであった。そのため、本節では、まず蔣介石の関係資料から国民党当局が雷震の処分を準備していった過程について見ていくことにする。

一九五七年から、蔣介石とその幕僚たちは『自由中国』の処分について議論していた（雷震を直接名指しはしなかった）。一九五七年三月一日、蔣介石は「経児（蔣経国）に『自由中国』半月刊問題について訓示した」[1]。一九五七年八月十二日、蔣介石は「陶希聖と『反動雑誌』の処置法について話し」、中国大陸で「共匪が現在、百花斉放・百家争鳴運動を包囲討伐している」ことから、処分を下す良いタイミングではないため、「『自由中国』雑誌を『国策破壊の罪』で処分する案は、慎重に進めることに決めた」[2]。

一九五八年一月三十一日、蔣介石は同月の状況を振り返り、「台湾の人心は揺らぎ、風俗習慣は冷たく、社会不安の様相は日ごとに色濃くなっており、これらを払拭するための対策検討にとりわけ力を入れるべきである」とした上で、『自由中国』を「反対組織」に数え、処分をするべきであると記していた。また、県市長選挙における「高玉樹ら一派による反政府の言行は共匪をも上回り、はばかることがなく、処分しなくてはならない」とも考えていた[3]。もっとも、一九五八年三月十八日の宣伝会報において陶希聖と張厲生が『自由中国』は「政府の転覆」を企図していると告発し、閉鎖するよう建言したのに対して蔣介石は[4]、社説「中国人看美国的遠東政策」を読了後、十九日の国民党中常会にて、「内容から言えば、この文章によって同誌が政府転覆を企図していると証明できるとは考えられない」と述べた上で、「容易に人から反論される」ことがないよう、「党報の社説は、政治的なことに関わるものである場合、可能な限り内容と見解の正確性を保たなければならない」と求めている[5]。だが、蔣は米国のアジア協会が雑誌を購入することに対しては、米国人が資金面で「反動雑誌『自由中国』」を支えているものと見なし、「禁止しなければならない」と記していた[6]。その後、アジア協会は「中国〔中華民国〕政府からの度重なる抗議」という圧力を受け、同年六月に自由中国社との間で更新した契約において、「準備金は一九五九年七月から三分の一に減らし、その後も年々三分の一減らし、なくなるまで続く」との項目を増補した。雷震がよく把握しないまま署名したため、アジア協会からの補助金は大幅に減少し、『自由中国』の財務問題はさらに深刻なものになったのである[7]。

蔣介石はまた、雷震や斉世英らが政府の補助する団体で役職に就くことを問題視していた。例えば、一九五八年五月二十一日、蔣は中央党部で中央常務委員会主宰の準備をしていたが、「救済総会[8]が雷震、斉世英らを理事に選出した」ことを聞き、谷正綱理事長の処置に強い不満を抱いて、「辞修〔陳誠〕、〔張〕厲生を通じて警告」しただけでなく、「憤懣やるかたなく、常務委員会を主宰せず帰った」[9]。さらに、「出版法修正案」の立法手続きが完了した後、蔣は処理すべき事項を記したが、その中には「胡適、雷震と民営紙『自由中国』半月刊の処理方針」も含まれていたのである[10]。

一九五九年一月十九日、蔣介石は宣伝会談を主宰し、「反動的な新聞雑誌に対してとるべき方針について、細かい指示を加えた」。それは、「『公論報』は共産党のスパイを受け入れており、注意を払う必要がある。『自由中国』は言論が過激で、国策に違反しており、もとよりその存在を自由にさせておくことはできず、その思想毒素の蔓延も放置することはできない」というものであった[11]。

一九六〇年に地方選挙が実施された後、蔣介石は雷震の処理問題にさらに積極的になっていき、一九六〇年七月には、情勢はほぼ確定する。七月十一日、蔣介石は「国民党秘書長の唐縱と、『自由中国』半月刊問題と選挙訴訟事件について検討した」。十八日に唐縱や張群らを引見して協議したテーマについては、より直接的に「自由中国と叛徒雷震の処置」に関する法律問題であったと日記に記載されている。二十日、蔣介石は引き続き幕僚を招集して、『自由中国』誌と雷震、および編集の傅正らの処理問題を協議し、「反動雑誌『自由中国』に対して、何らかの処置を下したい。さもなければ、台湾省という基地と人民は煽動されて乱れるであろう」と記した。呂芳上は、蔣介石の七月中旬・下旬の日記と関係資料に基づき、『蔣中正先生年譜長編』の一九六〇年七月二十三日に、『自由中国』は、一九六〇年に度々蔣介石の三選問題をテーマに批判を繰り広げ、さらに同誌社長の雷震が地方選挙での不正行為への不満から、党外人士を糾合して「地方選挙改進座談会」を結成して新党準備活動を展開したことで、さらに党と政府当局の注意を引くことになった」と記している[12]。その週に蔣介石が記した「反省録」の第六項目には、『自由中国』半月刊は、反動の雷逆（震）が台湾民衆と政府の間に不和の種をまいて関係を悪化させており、もし速やかに処置しなければ、ほぞをかんでも後の祭りであり、最終的な決心をせざるをえない」との記述がある[13]。

七月二十五日、蔣介石と幕僚たちは、『自由中国』雑誌（雷震）の処理方法を検討した。その翌日には、雷震逮捕後、雷とともに中国民主党の結成準備に携わった李萬居と高玉樹に対し、いかに「法の順守と愛国」という基本と、「民心煽動」の禁止という条件のもとでのみ、民主と自由を享受できることを警告するかについても検討している[14]。その後、蔣介石は雷震と『自由中国』に対する処理の原則について記す際には、基本的に雷震と『自由中国』の言論に関して、「民主自由にかこつけて共産党のためにお膳立てをするやり方」、あるいは一九四七年、四八年の民主同盟のやり口に近いなどとして批判した[15]。それは、蔣本人の自信を深めさせると同時に、対外宣伝を行う上での正当性も考慮したものであった。

注目すべきことに、一九六〇年七月三十日、蔣介石は雷震と『自由中国』の処理について検討した際、副総統兼行政院長の陳誠に対する強い不満も表している。同日、蔣は「総統府秘書長張群、国民党秘書長唐縱および宣伝工作指導委員会主任陶希聖らと、雷震および『自由中国』問題について協議した際、陳誠にも言及した」。蔣介石は、陳誠の忠誠度に問題があると考えており、陳の傲慢で放縦な行動にも不満を抱いていた。「行政院と『自由中国』という二つの問題の処理は、その軽重で先と後に分けるべきで、慎重に考慮しないわけにはいかない」とさえ記していたのである[16]。

一九六〇年八月十三日、蔣介石は治安情報部門に雷震と傅正の密航防止を求めると同時に、八月末に雷震らを逮捕するタイミングを再確認するよう手筈を整えた。蔣が、雷震と傅正の行動に適切に注意を払うよう指示を出すと、黄杰は、「本件の逮捕すべき対象については、すでにグループを分けて監視を行っており、すべてご安心下さい」と報告した[17]。

十五日に再度黄杰と面会した蔣は、「田雨専案」の進展を尋ね、傅正の外国との交流状況について、注意を払うよう再び提起した[18]。蔣は、すでに逮捕の対象を決定してはいたものの、その順番については、ためらいがないわけではなかった。八月二十日には黄杰に対し、「次週に行動を起こすつもりだが、先に雷震を逮捕すべきだろうか、それとも傅正から先に逮捕すべきだろうか。傅正の供述からより多くの資料を得られるかは分からない。もし、傅正を先に逮捕したら、雷震は必ずやその経営する雑誌によって、あるいはその他の反動的な新聞雑誌を煽動して、政府に対し呵責なく攻撃を加えてくることが予想される。いかにして、こうした起こり得る状況に対応するかについて、いずれも詳細な検討を加えるべきである。あるいは、雷震と傅正を同時に逮捕するのも一案かもしれない。速やかに検討の上、書面で報告するように」と指示している[19]。その後、ようやく二人を同時に逮捕することに決定し、しかも実際に逮捕したのは当初の予定よりも数日後であった。

八月二十七日、蔣介石はまたもや警備総司令の黄杰と面会し、「田雨専案」の準備状況を尋ねた[20]。また、日記には、「寛容に、かつやむを得なかったとの態度」で、『自由中国』問題の処理方針を検討すると記している[21]。二十七日だけでなく、八月二十九日にも『自由中国』と雷震問題を処理する必要性について考えをめぐらし、次のように記した。「一、法の順守は国民の尽くすべき責務である。二、法を乱し紀律に違反するものは社会の公敵である。三、台湾省は反共抗ソの基地であるばかりでなく、国家と民の命脈をつなぐ望みである。四、大陸陥落前に匪共が道具としていたスローガン運動を模倣することで、大陸の人民が現在に至るまで災禍にみまわれ、抜け出せずにいる轍を踏んではならない。五、政府と人民の間を離間させ、省区同胞の悪感情を醸成している。六、流血の反乱を民衆に扇動し、再び『二二八事変』を起こすことを目的とする陰謀を処分しなかったら、匪共が台湾に対する平和的解放を発動するチャンスを与えてしまう」[22]。蔣介石が雷震逮捕問題について検討を繰り返したのは、逮捕後に国内外で救援運動が起こる可能性を考慮していたからでもあった。八月三十日に「『自由中国』の雷震、傅正らを処分する時間を決定」した後[23]、翌三十一日に蔣は引き続き雷震逮捕後に注意すべきポイントを検討し、日記に次のように記した。「一、雷逆〔震〕の逮捕後、胡適が干渉に乗り出すか、公然と政府に反対することに備えておく必要がある。甲、捨て置いて取り合わない、乙、帰国すべきでないと間接的に警告する。二、米国に対して雷震逮捕の原因を間接的に通知し、誤解が生じないようにする。三、公表談話は、まず英文訳をつくる。四、談話を出すタイミングと方式について考慮する。甲、紀念周における訓話方式、乙、中央記者への談話方式」。九月一日にはさらに、「いわゆる反対党の活動と実践は、人目をひくために米国と胡適を看板とするものである」とも記している[24]。

九月二日、蔣介石は総統府秘書長張群、警備総司令黄杰、国民党秘書長唐縦らと、雷震逮捕の手続きを検討した。会合では、行政院長を兼ねている陳誠にまず報告するよう唐縦と黄杰に念を押し、日記には、「辞修（陳誠）が、行政院で責任をもって引き受けることに意欲を示していると聞き、余はこれを許す」と記した[25]。だが、実際には蔣は会議の席上で、次のように指示していた。「一、本件は行政院の責任で行う必要はない。二、本件実施後、唐秘書長を通じて李萬居、高玉樹らに対し、今次の行動は『自由中国』半月刊の長年処理されていなかった案件を処置したもので、反対党とは関係がないことを告げる。同時に、副総統から胡適に対し電報で説明を行ってもらう」。また、執行は警備総司令部が担い、「執行後、正式に行政院に報告する」よう命じた[26]。

雷震らが逮捕される一日前の九月三日十一時四十分、蔣介石総統は黄杰を引見し、「田雨専案で逮捕しようとしている四人について、雷震と傅正以外の馬之驌と劉子英とはどのような身元の人間かとお尋ねがあった」。それに対し黄杰は、「馬は自由中国雑誌社の経理で、被疑者であり、本部に記録が残っている者です。劉子英も被疑者であり、雷震が保証人となって入境し、国史館で働き、国民大会が招集されていた時期には紹介されて秘書処で働いていました。本部が劉子英に別の意図があることを突き止め、秘書処を離れさせるよう決めた者です。馬・劉の二名は逮捕後、本部の保安処で扱います」と答えた[27]。「田雨専案」執行のため、警総軍法処は拘引状を三通発行する必要があったが、そのうちの一通は傅正の逮捕用で、残りの二通は雷震の逮捕用であった（宋英と向筠はそれぞれ別のところに住んでいたので、雷震の居宅も二か所にあった）。同時に、雷震と傅正を逮捕する際、彼らの住宅と自由中国雑誌社でも捜査ができるよう捜索令状も五通発行された[28]。

まとめると、一九五八年九月から治安情報部門は『自由中国』の内容分析を開始し、雷震を処分できる案を検討し始めたが、それは『自由中国』が蔣介石の総統三選に反対し、新党の組織に乗り出し始めたのとほぼ同時期であった。分析された文章は、第十七巻第一期（一九五七年七月一日）から始まり、最初に「違法な言論」と認定されたのは、第十七巻第三期（一九五七年八月一日）の社説「反攻大陸問題」であった。最後は、一九五九年一月（当時、陳懐琪事件が発生していた）で、警備総司令部はすでに「田雨」専案を執行中であった[29]。「田雨」とは、雷震の「雷」の字を分解したもので、明らかに雷震を対象とした重要案件であった。一方、一九六〇年四月以後、蔣介石の日記は雷震の処理問題に対する強い関心を示すようになっていくが、それは反対党運動が積極的に政党結成を準備し始めたタイミングであった。本節は、主に蔣介石日記に示された雷震と『自由中国』の処理に関する蔣の思考の過程を明らかにしたもので、筆者が過去に政府の档案の記述をもとに行った議論と対照させることで、過去の研究の不足を補うことが可能となる。

二、雷震の逮捕と留置場での生活

（一）「反乱容疑」での逮捕

一九六〇年九月四日は日曜日であり、午前中に宋英が食料を買いに行こうとした時、門の外に三人の巡視がいるのを見つけ、家に戻って雷震に伝えた。だが、雷震が「大丈夫だ、好きにさせておけば良い！」と返事したので、宋英はいつもどおり出かけた。長いこと、雷震は自分がしばしば人から跡をつけられていることに気づいていたが、心にやましいところはなく、良心に背いたり、国家の利益を損なったりするような行為はしたことがないと自負していた[30]。

雷震が書斎で『自由中国』半月刊の原稿を読んでいると、外から人が「雷さん、新店の家で火災がおきましたよ！」と大声で叫んでいるのが聞こえた。あわてた雷震が、鞄も持たずに急いで扉を開けると、その途端思いもよらないことに、以前跡をつけてきていた特務たちがどっと押し寄せた。雷震が戸口で驚いていると、一人が「モーゼル拳銃」を突き付けて、理由も説明せず、すぐに一緒に来るよう言った。雷震が「これは何をしているのだ？　人を捕まえる時に口頭で済ませられるわけがないだろう！」と言うと、その男はポケットから黄杰が署名した台湾警備総司令部の逮捕状を取り出した。罪名は、「反乱容疑」であった[31]。

その頃宋英は食料市場で、今日は雷震の好物を何かつくろうかと思案していた。食材を買い終え、市場を出たところで近所の人がうろたえながら、「あなたの家の周りにたくさんの人がいて、何だかとても緊張した様子ですよ」と宋英に教えた。宋英はそれを聞いて急いで家に向かったが、またある奥さんに呼び止められ、「戻ってはだめですよ、危険です」と言われた。宋英はどうすれば良いか分からず、まず近所の家で一息つき、気持ちを落ち着かせた[32]。

雷震の方は、家にきた特務たちに対し、「妻が街に買い物に行っていて、もうすぐ帰ってくる。家に留守番をできる人間がいないので、妻が帰ってきてから行くことにしよう。大した手間じゃない」と言ったが、固く拒まれた。雷震はまた、「一軒向こうは監察委員の陳訪さんだから、陳さんに一声かけさせてくれ。さもないと妻が帰って来た後、私がどこに行ったか分からない！」と言ったが、特務はそれも受け入れなかった[33]。

まさにその時、宋英が戻ってきた。宋英が目にしたのは、家の路地のまわりに治安要員がひしめいていて、雷震が入口のところで多くの人間に囲まれている光景だった。雷震は、特務に連れて行かれる際、一枚の書付をこっそりと宋英に渡した。そこには簡潔に「警備総司令部が私に反乱罪の容疑をかけており、黄杰が私の逮捕命令を出した」と書かれていた。宋英はそれを読んで心が麻のごとく乱れ、呆然と客間に座り込んだ。その時、またもや多くの治安情報員が捜索のため屋内に入ってきて、手分けして部屋のものを検査し、書籍と書類を数十箱に詰めて去っていった。持ち去られたものの中には、亡くなった友人の羅鴻詔が持っていた哲学書も含まれていた[34]。

雷震は特務によって、「拘束専用」に改造された車に連れていかれた。車種は「Station Wagon」であった。雷震は後ろから乗車したが、車内は真っ暗で、左右どちらにも人が座っていた。特務は五、六人乗っており、前の運転席とは仕切り板で隔てられていた。車が走行している間、突然一人が雷の脈拍に手を当てたが、おそらく驚かされた後に血圧が正常かどうかを確認したのだろうと雷震は思った。後日聞いたところでは、その男は警備総司令部の「医者の親玉」で、鄭という名字の台湾人だということであった[35]。

雷震にしてみれば、勾引する際に失火と偽り入り口を開けさせるという特務のやり方は、下衆もいいところであった。しかも、法に則って勾引状を示すこともせず、抗議されてからはじめて出してきたし、勾引状には「軍事審判法」第九九条の規定に基づいて「護送すべき場所」も明示されておらず、雷震は車に乗せられた自分がどこに送られるか、まったく分からなかった。晩年の雷震はこの時のことを回想して、国民党政府の官吏がこのように無法の限りを尽くしていたことが、まさに台湾人が独立を叫ぶようになる一因なのだと述べている[36]。

車が停まって降ろされた雷震は、どこにいるかも分からず、ただ特務に従って歩いた。一人の獄吏が彼の所持品をすべて検査し、その中には米国人の名刺が二枚あったが、後になっても返還されなかった。続けて獄吏は、検査のためにズボンの左後ろのポケット内にあるものを取り出すよう求めた。雷震は神経痛を患っており、左手を後方に曲げると痛むのでポケットから取り出す動作がいくらか遅くなるのだが、それを見ていた獄卒は雷震が非協力的だととらえて、急に彼の左手を後ろに引っ張ったため、痛みのあまり雷震は涙を流した[37]。

検査が終わると、腰を曲げて「犬の掘った穴のような」潜り門から留置場に入るよう言われたが、雷震が拒んだので、獄卒はやむを得ず表門を開けて通した[38]。

留置場に入った後、獄卒は衛生の見地から肛門を検査するので、衣服を脱ぐよう要求した。衣服はすべて持ち去られたが、留置場から提供されたズボンは丈に合っていなかったし、ベルトも用意されなかったので、手で持ち上げるしかなく、困りはててしまった[39]。

拘留された雷震は、最初の頃は自分がどこに拘禁されているのか分からなかった。およそ三週間経ったある日の早朝、牢獄を出て所内を散歩しながら息抜きをしていた時、周囲に石炭の煙が大量に出ているのを見つけた。だが、台北市内では歴青炭を燃やすのは禁止されているので、張福慶所長にどうなっているのか尋ねると、「留置場の周囲には軍法局や陸軍総司令部などの軍事機関があり、彼らは政府の法令を遵守しないので、いまだに歴青炭を燃やしている。ここの空気はとても悪く、みな鼻の中はいつも真っ黒だ」との答えであった。雷震がここぞとばかりに「私は今どこにいるのか?」と聞くと、張所長は、「ここは青島東路だ」と答えた。それで雷震ははじめて、自分が青島東路三号の台湾警備総司令部の留置場に入れられていることが分かった[40]。

（二）留置場の日々

雷震は、留置場において自分は「優待を受けている」と教えられた。留置場の中には「病室」があり[41]、全部で一一部屋あって、雷震は三号室に入った。雷震の回想では、七号室には前基隆市議長の蔡火炮ともう一人受刑者が入れられていて、四、五号室にはそれぞれ二名の女性の受刑者がおり、その内の一人は二人の男の子を連れていた。病室の並びの向かいは「大監房」で、すでに判決の下った受刑者や未決の容疑者などが多く入っており、傅正もそこに入れられていた[42]。

「病室」と呼ばれていた牢に入った時、中にはすでに洪国式という人物がいた。所長の張福慶によれば、「洪国式は年配の教師」で、雷震に付き添わせるためにわざわざ送られてきたとのことであった。留置場に入って一週間してから、雷震は洪国式と雑談をするようになった。洪は東北人で、以前に重慶大学で数学を学んで中退し、重慶時代に共産党に加入して、台湾に派遣されてきた。だが、来台後任務を行うことがないままに、ある事件に巻き込まれて保安司令部に逮捕され、台北県土城の「生産教育試験所」で洗脳を受けた。数年後、洪は他の洗脳要員の教育を任され、ずっと自由を回復できずにいたという。洪によれば、今回は詩を一首書いたところ政工人員に検挙され、留置場に送られて調査をされたとのことであった。洪はまた、自身の詩作を清書して雷震に見せた[43]。雷震は、洪国式は読書人の気風を持っていると思った[44]。

宋英から張福慶所長に申請を出したことにより、雷震は毎日入浴し、三〜五日に一度は散髪することを許された[45]。留置場に入れられていた期間、沐浴をしたり、庭で涼をとったりする時は、いつも張所長が洪国式を付き添わせた。雷震の家人が送ってきたトランプも、洪国式が雷に多くの遊び方を教えた。洪は雷震が毎晩睡眠薬を飲んでいるのを見て、再三にわたってやめるようすすめた[46]。晩年に回想録を執筆した際、雷震は洪国式について触れ、『特務様の』警備総司令部に閉じ込められていた八〇日間に、彼が私に多くの安らぎを与えてくれ、寂しさを解消してくれたことを懐かしく思う」と記している[47]。

雷震は、裁判前の数回にわたる取り調べの中で、最後に邵力子と会った時のことを聞かれて、「民国三十八〔一九四九〕年一月二十一日に南京を離れる際、邵力子は私の家に来て食事をした。彼は私に、南京を離れないようすすめた」と正直に答えた。後にこのやりとりについて洪国式に話すと、洪は雷震が多く話をするべきではなかったととがめ、「一番良いのは覚えていないと言うことだ。御用法官という連中は、雲をつかむように確かでないことでも人に罪を着せるのが大好きなのだから」と言った[48]。雷震は、洪が自分を気にかけてくれ、また守ろうとしてくれていると思った。家から料理や果物が送られてくると、いつも洪にも分けていたのである[49]。だが、実は洪国式は警備総司令部保安処が準備した「覆面スパイ」で、彼らは洪を雷震に接近させることで、事件の全容について探りを入れようとしていたのであった[50]。

雷震は、洪国式が覆面スパイだったことを一九六一年六月に軍人監獄の中で初めて知り、「龍や虎の皮を描くことはできるが骨を描くのは難しく、人の顔を知ることはできるが心を知ることはできない」と感嘆せずにはいられなかった。だが、まだいくらか疑いの気持ちも残っており、この噂を完全には信じがたかった[51]。

警備総司令の黄杰の日記によれば、洪国式は覆面スパイをしていた期間、定期的に警備総司令部に雷震との会話内容を報告していた。たとえば、雷震が劉子英のいわゆる「共産党のためのスパイ行為」を知りながら報告しなかったかどうかについて[52]、洪は報告の中で、雷震は劉子英が「任務を帯びて来台した者である」ことを知っていたが、当時雷は「君は〔任務を〕やってはいけない」とだけ言い、やりはしないだろうと信じていたので告発しなかったと記していた[53]。そのほか、洪国式の報告内容からは、雷震が裁判所で正式な判決が出されるまで自身の事件にずっと希望を抱いており、胡適や張群らの有力な友人か米国政府の影響力によって局面を打開できると期待していたことが分かる。少なくとも、刑期を短縮できるか、孫立人のように自宅軟禁の形式がとられないかと思っていたのである[54]。

後に出獄してから、雷震は洪国式の末路を聞いた。「警備総司令部は彼を遣わして私の供述を取り、私が共産党員であるとの罪に落とせる方法を考えさせようとした」。だが、洪は「この悪辣な計画を実行せず、警備総司令部は彼を忠実ではないと見なして教育のため火焼島に送り、最後には虐待されて死んだ」。雷震によれば、「洪国式は人徳と良心を持ち合わせた人物で、私に罪を着せようとはせずむしろ同情し、国民党を心底憎んでいた」。洪に対して、依然として感謝し、懐かしむ気持ちを持っていたのである[55]。

注

1 「蔣中正日記」（未完本）一九五七年三月一日の条。呂芳上『蔣中正先生年譜長編』第十冊（台北県：国史館、二〇一五年）六七〇頁より転載。

2 「蔣中正日記」（未完本）一九五七年八月十三日の条。呂芳上『蔣中正先生年譜長編』第十冊、七三六頁より転載。

3 「蔣中正日記」（未完本）一九五八年一月三十一日の条、呂芳上『蔣中正先生年譜長編』第十一冊、一〇～一一頁より転載。

4 傅正が三月二十七日の雷震日記につけた注釈によると、これは第十八巻第六期の二篇の社説「究竟誰在給共匪利用？」と「中国人看美国的遠東政策」が発端だったという。雷震『雷震全集39：第一個十年（七）』、日記一九五八年三月二十七日の条、二五四～二五六頁。

5 「中国国民党第八届中央委員会常務委員会第三十六次会議紀録」（一九五八年三月十九日）『会議記録』党史館蔵、館蔵号：会8.3/36。呂芳上『蔣中正先生年譜長編』第十一冊、二八頁より転載。

6 「蔣中正日記」（未完本）一九五八年四月三日、四日の条、呂芳上『蔣中正先生年譜長編』第十一冊、三四頁より転載。

7 馬之驌『雷震與蔣介石』一二二頁。雷震『雷震全集39：第一個十年（七）』、日記一九五八年六月二十日、十月二十八日の条、一一三～一一四、三九〇頁。『雷震全集40：第一個十年（八）』、日記一九五九年七月二十日の条、一三三～一三四頁。

8 〔訳注〕救済総会は、「中国大陸災胞救済総会」の略。一九五〇年四月四日に設立され、主に中国大陸から台湾、あるいは香港・澳門・海外に移民した人々の援助を行った。一九八七年に中華民国政府が中国大陸への親族訪問を解禁した後、同会は在台湾の大陸出身配偶者や、タイ・ミャンマーにおける華語教育などの事業にシフトしていく。一九九一年に「中国災胞救助総会」、二〇〇〇年に「中華救助総会」に改名した。「本会簡介」中華救助総会ウェブページ https://www.cares.org.tw/CaresPortal/intro/introduction.do （二〇二四年三月十二日確認）。

9 「蔣中正日記」（未完本）、一九五八年五月二十一日の条。『陳誠先生日記』第二冊、八七八頁。呂芳上『蔣中正先生年譜長編』第十一冊、五五頁より転載。

10 「蔣中正日記」（未完本）、一九五八年六月二十一日、二十二日の条。呂芳上『蔣中正先生年譜長編』第十一冊、六九頁より転載。

11 「蔣中正日記」（未完本）、一九五九年一月十九日の条。陳世宏、張世瑛、許瑞浩、薛月順編『雷震案史料彙編：黄杰警総日記選輯』一一頁。呂芳上『蔣中正年譜長編』第十一冊、一五九頁より転載。

12 「蔣中正日記」（未完本）、一九六〇年七月十一日、十八日、二十日、二十三日の条。呂芳上『蔣中正先生年譜

長編』第十一冊、三五〇～三五一頁より転載。

13 蔣中正日記」（未完本）、一九六〇年七月二十三日の条。呂芳上『蔣中正先生年譜長編』第十一冊、三五一頁より転載。

14 警告の内容には、以下が含まれていた。「甲、民主自由の基礎は法の遵守と愛国にある。乙、民心を煽動し、社会秩序を擾乱してはならない。丙、規律や法律に違反し、流言飛語を飛ばして民衆を惑わし、反共基地を動揺させてはならない。丁、匪共のやり方にならい、政府の復国反共の措置と法令を破壊してはならず、全同胞の団結精神と感情を損なってはならず、共匪が民主にかこつけて政府を転覆するやり口をまね、匪共の台湾侵攻を容易にさせてはならない」。それ以外は、「民主精神［に基づき］あらゆる自由権利を尊重する」。「蔣中正日記」（未完本）、一九六〇年七月二十五日、二十六日の条。呂芳上『蔣中正先生年譜長編』第十一冊、三五二頁より転載。

15 「蔣中正日記」（未完本）、一九六〇年八月二十七日の条。呂芳上『蔣中正先生年譜長編』第十一冊、三六三頁より転載。

16 「蔣中正日記」（未完本）、一九六〇年七月三十日の条。呂芳上『蔣中正先生年譜長編』第十一冊、三五二頁より転載。

17 黄杰日記、一九六〇年八月十三日の条、陳世宏、張世瑛、許瑞浩、薛月順編『雷震案史料彙編：黄杰警総日記選輯』八二頁。呂芳上『蔣中正先生年譜長編』第十一冊、三五八頁。

18 陳世宏、張世瑛、許瑞浩、薛月順編『雷震案史料彙編：黄杰警総日記選輯』八二頁。呂芳上『蔣中正先生年譜長編』第十一冊、三五八頁より転載。

19 黄杰日記、一九六〇年八月二十日の条、陳世宏、張世瑛、許瑞浩、薛月順編『雷震案史料彙編：黄杰警総日記選輯』九一頁。

20 陳世宏、張世瑛、許瑞浩、薛月順編『雷震案史料彙編：黄杰警総日記選輯』九二、九三頁。呂芳上『蔣中正先生年譜長編』第十一冊、三六二頁より転載。

21 「蔣中正日記」（未完本）、一九六〇年八月二十七日。呂芳上『蔣中正先生年譜長編』第十一冊、三六二～三六三頁より転載。

22 「蔣中正日記」（未完本）、一九六〇年八月二十九日。呂芳上『蔣中正先生年譜長編』第十一冊、三六三頁より転載。

23 「蔣中正日記」（未完本）、一九六〇年八月三十日。呂芳上『蔣中正先生年譜長編』第十一冊、三六四頁。

24 「蔣中正日記」（未完本）、一九六〇年八月三十一日、九月一日。呂芳上『蔣中正先生年譜長編』第十一冊、三六四頁より転載。

25 「蔣中正日記」（未完本）、一九六〇年九月二日。『陳誠先生日記』第二冊、一二五八頁。呂芳上『蔣中正先生年譜長編』第十一冊、三六五頁より転載。

26　陳世宏、張世瑛、許瑞浩、薛月順編『雷震案史料彙編：黄杰警総日記選輯』九八～九九頁。呂芳上『蔣中正先生年譜長編』第十一冊、三六五頁より転載。

27　黄杰日記、一九六〇年九月三日の条。『雷震案史料彙編：黄杰警総日記選輯』一〇〇頁。

28　黄杰日記、一九六〇年九月三日の条。『雷震案史料彙編：黄杰警総日記選輯』一〇三頁。

29　「(48) 判田字第〇〇一号台湾警備総司令部軍法処公務処理通知単」、国家発展委員会档案管理局国史館档案、档案号：A202000000A=0047=275.11=1=virtual001=virtual001=0052-54。

30　「雷夫人談雷震」。もともとの掲載は『公論報』（一九六〇年九月十二日）。傅正主編『雷震全集3：雷案始末（一）』一一八頁、一二〇頁。

31　雷震「当我被捕的時候」。もともとの掲載は『自立晩報』（一九八八年五月十八日）。傅正主編『雷震全集3：雷案始末（一）』二九頁。

32　「雷夫人談雷震」。もともとの掲載は『公論報』（一九六〇年九月十二日）。傅正主編『雷震全集3：雷案始末（一）』一一八頁。

33　雷震「当我被捕的時候」。もともとの掲載は『自立晩報』（一九八八年五月十八日）。傅正主編『雷震全集3：雷案始末（一）』二八～二九頁。

34　「雷夫人談雷震」。もともとの掲載は『公論報』（一九六〇年九月十二日）。傅正主編『雷震全集3：雷案始末（一）』一一八～一一九頁。

35　雷震「当我被捕的時候」。もともとの掲載は『自立晩報』（一九八八年五月十八日）、傅正主編『雷震全集3：雷案始末（一）』二九～三〇頁。

36　雷震「当我被捕的時候」。もともとの掲載は『自立晩報』（一九八八年五月十八日）、傅正主編『雷震全集3：雷案始末（一）』三一～三四頁。「軍事審判法」（一九五六年十二月二十四日修正公布）、司法院法学資料検索システム、https://law.judixial.gov.tw/FLAW/hisdata.aspx?lsid=FL005607&ldate=19561224&lser=001&ot=in（二〇二〇年八月六日確認）。

37　雷震「当我被捕的時候」。もともとの掲載は『自立晩報』（一九八八年五月十八日）、傅正主編『雷震全集3：雷案始末（一）』三〇頁。

38　雷震「当我被捕的時候」。もともとの掲載は『自立晩報』（一九八八年五月十八日）、傅正主編『雷震全集3：雷案始末（一）』三〇頁。

39　雷震「当我被捕的時候」。もともとの掲載は『自立晩報』（一九八八年五月十八日）、傅正主編『雷震全集3：雷案始末（一）』三〇～三一頁。

40　雷震「当我被捕的時候」。もともとの掲載は『自立晩報』（一九八八年五月十八日）、傅正主編『雷震全集3：雷案始末（一）』三一頁。

41　一九六四年に軍法処留置場に入れられた政治犯の陳新吉は、その回想録において、留置場内の「いわゆる『病棟』は特別牢の別称で、特に声望のある人士や女性の受難者が収容されていた」と記している。陳新吉『馬鞍藤的春天：白色恐怖受難者陳新吉回憶録』（新北市：国家人権博物館籌備処、二〇一三年）一〇五頁を参照。

42 雷震『雷震回憶録之新党運動黒皮書』二三二頁。

43 雷震『雷震回憶録之新党運動黒皮書』二三二頁。

44 雷震『雷震全集36：獄中十年（一）』、日記一九六一年六月二日の条、一四三頁。

45 雷震『雷震全集36：獄中十年（一）』、日記一九六一年四月四日、五日、六日の条、九〇～九二頁。

46 雷震『雷震回憶録之新党運動黒皮書』二三三頁。

47 雷震『雷震回憶録之新党運動黒皮書』二三四頁。

48 雷震は邵力子が「いまだ共産党政府のために働いたことはなく」、「邵力子が大陸に残ったのは国民党の「孤臣孽子〔孤立無援の臣と妾腹の子。臣下の意〕」となり、国民党に『いくらか活力を残す』ためであり、失脚するか重用されなくなっても忠誠を尽くす臣下の意〕」となり、国民党に『いくらか活力を残す』ためであり、陶某が言い立てているように共産党政権下で中国共産党のための統一戦線工作などは絶対にしていない」と信じていた。

49 雷震『雷震回憶録之新党運動黒皮書』二四一頁。

雷震『雷震回憶録之新党運動黒皮書』二三三頁。

50 黄杰日記、一九六〇年十月五日の条、陳世宏、張世瑛、許瑞浩、薛月順編『雷震案史料彙編：黄杰警総日記選輯』一九二頁。

51 雷震『雷震全集36：獄中十年（一）』、日記一九六一年六月二日の条、一四三頁。

52 「劉子英写自白書 承認匪諜行為 曽向雷震暴露身份並請協助代覓工作以為掩護」（『中央日報』一九六〇年九月十日）第三版。

53 黄杰日記、一九六〇年十月五日の条、陳世宏、張世瑛、許瑞浩、薛月順編『雷震案史料彙編：黄杰警総日記選輯』一九二頁。

54 黄杰日記、一九六〇年十月九日の条、陳世宏、張世瑛、許瑞浩、薛月順編『雷震案史料彙編：黄杰警総日記選輯』二〇六頁。

55 雷震『雷震回憶録之新党運動黒皮書』二三四頁。傅正も次のように記述している。「雷震事件発生後、当初雷氏と同じ牢に入れられたが、雷氏をはめる工作はしなかった洪国式」について、「私の聞いたところによれば、彼はもともと教官として火焼島の政治犯再教育部門、すなわちいわゆる新生訓導処に配置されていたが、行動は自由ではなく、付近の街には行けたが、付き添いの人間がついて監視を受けなければならなかった。雷震事件の発生後、彼は台北市青島東路三号の警備総司令部軍法処の留置場で雷氏と同じ病室に送られ、もっぱら雷氏に関する工作を行うことになる。伝えられるところでは、彼は事実でないことをでっちあげたくはなく、特務の指示を完全に聞いて雷氏を陥れようとはしなかったので、雷氏の判決が出た後また火焼島に送り返され、特務に両手両足を切断された後で殺されたという」。傅正注釈、雷震『雷震全集36：獄中十年（一）』、日記一九六一年六月二日の条、一四四頁を参照。

第二節　判決前後における救援活動

一、拘留期間中の家族による救援

警備総司令部が雷震らを逮捕した九月四日の午後、国民党当局は陶希聖、谷鳳翔、曹聖芬らの名前で『《自由中国》半月間違法言論摘要』を台北市の各新聞社記者に配布し、『自由中国』誌が「合法的な自由の範囲」を逸脱して、国家社会の秩序に影響を及ぼしており、法に基づいて制裁されなければならないとの方向性を定めた[1]。さらに三日後、『中央日報』にも「昨日、警備総司令部は劉子英が共匪のスパイであり、雷震も関係があり、傅正も重大な嫌疑があることを確認した」との報道を載せた[2]。

雷震の逮捕後、雷震夫人の宋英が蔣匀田に助けを求めると、蔣は行政院副院長である王雲五のもとを訪れ、実情を探ってから、陳啓天と救援方法について相談すると述べた[3]。宋英は、「提審法」に基づき、雷震を司法機関に移送して裁判を行うよう要求した[4]。もとより警備総司令部は、台湾が一九四九年五月二十日に戒厳状態に入っており、雷震が関わっているのは反乱事件なので、「戒厳法」に基づき、軍法機関によって裁判されるのが当然であるとして、「提審法」の関連規定は適用されないとの立場をとったのである[5]。興味深いことに、総統府も事件に対して見解を表明したが、彼らの言う「戒厳令」は警備総司令部の見解とは異なり、台湾が中華民国の全国的な「戒厳令」の中に入れられ、接戦地域に組み込まれた以降の状態を指していた。蘇瑞鏘の研究は、総統府秘書長の張群が「卅九年（一九五〇）、総統が台湾を接戦地区とし、戒厳法の実施を公布すると命令して戒厳法を実施しており……いずれも法的根拠がある」と述べていたことを明らかにしている[6]。再審理の申請は台北地方法院によって却下されたが、宋英はそれを不服とし、九月八日の午後に抗告状を準備し、高等法院に提出した[7]。高等法院の見解も総統府の認識に近く、雷震の再審理請求を却下する際に、「台湾省は接戦地域に編入され戒厳を実施しており、立法院会議によって追認され記録がある」と指摘した[8]。張群や高等法院の見解に基づけば、戦後に長期にわたって実施されていたのは、一九五〇年に台湾を接戦地域に組み込むことを公布した「戒厳令」ということになる。雷震の再審理要求は成功こそしなかったが、国民党当局が台湾の戒厳体制の内実について十分に把握しておらず、甚だしきに至っては内部で矛盾すらしていることを浮き彫りにしたのであった。

宋英は内外の記者を集めた会見を開き、雷震事件の真相を説明しようと考えたが、台北市のどこからも場所を借りることができなかった。噂では、警備総司令部がすでに全面的に手を回していたのだという。宋英は、監察院秘書長の劉愷鍾と相談して、監察院の交誼庁を借りることにし、劉も承諾していたが、国民党中央党部への報告後、劉はすぐさま態度を翻して、「交誼庁は貸すことができない。また、二度と外に向けて言論を発表しないように」と述べた。宋英はそれを聞いて憤り、「私は監察委員で、国家に関することは何でも話をする権利があります。あなたはどうして私にこのようなことを言うのですか。命令を受けたのですか?」と問いただした。それに対する劉愷鍾の答えは、「ご存じならそれで良いのです!」というものであった。その日から、宋英は自身と雷震に不測の事態がおきないよう、監察院の会議や各種委員会において、二度と発言しようとはしなかった。[9]

雷震逮捕の翌日、米国でも関連の報道が流れ、雷震の娘で米国在住の雷徳全はただちにAP通信の記者たちに談話を発表し、父の冤罪を訴えた。雷徳全は、父親は政府を覆そうと試みたわけではなく、台湾には反対党が存在するべきだと信じていたに過ぎないと述べた。雷徳全が米国で父親に公然と声援を送ったことは、党報の『中央日報』と『中華日報』からの攻撃を招いた。これらの新聞は、「こともあろうに米国で告げ口をした」との批判を展開したのである。[10] 胡適は雷徳全に用心するようすすめ、国民党当局を怒らせることは、雷震をさらに不利にさせると述べた。[11] 九月十一日から、雷徳全は引き続き『ニューヨークタイムズ』に多くの投書をして父のために抗議したが、やがて、当局から過剰な反応を引き起こすことをおそれた宋英によって止められた。[12]

九月八日の正午、宋英は胡適と電話で話したが、彼らの通話内容は警備総司令部に盗聴されていた。宋英は、雷震を救ってくれるよう胡適に求め、雷震はすでに三日間絶食しており、彼が劉子英の事件に巻き込まれたのは、「まったく陥れられたもの」だと話した。胡適は、「分かっています」と答え、すでにワシントンで雷徳全と会って話をしたと述べた。[13]

そのほか、宋英は被害者家族の身分で監察院に申立てをし、九月八日には記者会見にてマスコミ界からの支援を仰いだ[14]。

同日の夕方、宋英は『自由中国』雑誌社で記者を招いたレセプションを開き、内外の多くの記者が参加した。外国籍の記者は、いずれも高玉樹が電話で知らせて招いたものであった。記者会見は宋英が一人で主宰し、たった今胡適と国際電話で話し、なんとか助力を頂きたいと要請したと説明した[15]。宋英はまた、雷震がかつて「もしある日私が逮捕されたら、私は絶食する」と言っていたこと、最近の雷震が留置場に飲食物を届けた人間に対し、「何も届けてくれなくて良い、気持ちの良い枕が一つあればそれで良い」と指示したことを挙げ、雷震の健康状態に懸念を示した[16]。

記者会見を実施中の午後五時半頃、雷震が執筆した書簡が軍法処から届けられ、宋英はその場で記者たちに公開した[17]。書簡の中で雷震は、留置場に着いてから最初の三日間は何も食べず、五日と六日の夜にはリンゴとパパイヤを少し食べただけなので、身体は深刻な不調に陥ったが、人々がすすめるので食事を再開したところ、健康状態は少しずつ回復しており、「精神は、なおあらゆることを克服できる」と記して、宋英に心配しないよう述べていた[18]。書簡はまた、拘留されているところではあちこちで灯りがついており、ベッドも硬すぎて、毎晩寝返りをうつばかりで眠れないが、張所長が雷震の部屋に網戸をつけるのを許可したことには「ことのほか感動した」とも記していた[19]。

同書簡の公表は、警備総司令部にとっては喜ばしいもので、黄杰と李立柏は、「この状況は、本部のために記者座談会が開かれたに等しく、社会の人々に対して、雷震が留置場において正常に飲食しており、生活は静かであることを明らかに」しており、意図せずして以前の張群の指示が達成されたと考えていた[20]。もともと、各紙の記者たちは雷震と面会することを求めていたが、これで絶食の伝聞に終止符が打たれ、記者の訪問請求は「その必要性が失われた」ので、警備総司令部は「規定にのっとり、捜査期間中にいかなる人間の訪問も拒否する」ことにした[21]。

一方、メディアの不正確な報道に対処するため、宋英は九月十日にまた記者会見を開き、『中央日報』に対して、「数年来、『自由中国』半月刊は台湾から香港に送金したことはあっても、香港から台湾に送金したことはない」と反駁した[22]。宋英は、過去に警備総司令部が類似の共産スパイ事件を審理した際には、調査期間中に内容を漏らすことはなかったが、今回はそれまでの慣例を破り、まず「劉子英は共産スパイで、雷震は関係していた」と公表することで、人々が雷震のために話をしようとはさせなくしたことについても抗議した[23]。さらに宋英は、雷震が逮捕された直後、警備総司令部スポークスマンの王超凡が、「雷震の反乱容疑の主要な内容は、『自由中国』雑誌の言論が常軌を逸していたこと」と述べていたにもかかわらず、一両日後には「雷震は共産スパイ容疑」と発表しており、前後で言っていることが変化していることも指摘した[24]。

台北地法院に提出した再審理請求が却下された後の九月二十六日、宋英は「我的抗議與呼籲〔私の抗議と呼びかけ〕」という文章を『聯合報』紙上に発表し、当局の公言する「雷震の逮捕は、反対党運動とは無関係」という説明を疑問視した上で、「軍事裁判も独立しているべき」であると呼びかけ、軍法官が干渉を受けることなく、証拠に基づいて事実を認定しさえすれば、雷震は有罪にはならないものと信じていると表明した[25]。

二、起訴、審理と処罰の過程における協力

逮捕後の雷震は、これは基本的には政治問題であると認識し、九月六日の真夜中に宋英に手紙を書き、「法律で解決すると必ず刑を言い渡される」ので、「政治を用いて解決する必要がある」と記し、逮捕された以上、反対党への参加も、『自由中国』の経営も不可能になったので、この二つの仕事はあきらめると伝えた。そして、「張岳軍〔群〕、王雲五、王雪艇〔世杰〕の三氏が中心となって協議する」ことを依頼するよう宋英に求めた[26]。

問題は、蔣介石総統が雷震の逮捕を決定したのは、雷の政治参加を直接阻止しようということなので、蔣の態度がそれによって軟化するとは考えられないことだった。そうであっても、行政部門における雷震の友人たちは、やはり救援を試み、あるいはできるだけ雷震が受ける処分を軽減させようと尽力した。

雷震らが逮捕された後、王雲五は数日間の検討を経て、事件の処理に関する意見書を行政院長の陳誠に提出した。王は、「国際社会の誤解を引き起こす」ことを避けるため、軍事機関が雷震を普通法院に移して審理を行うことを、行政院が特別に許可するよう力説した。王雲五が意見書の写しを総統府秘書長の張群にも送ったところ、即座に返信があり、「原則に対しては大いに賛成だが、なお解決の必要な問題がある」

と記されていた。陳誠からは、何の表明もなかった[27]。

王雲五の努力は、張群から支持された。九月二十一日、黄杰が蒋介石総統の求めに応じ、すでに起草した「雷震らの反乱容疑事件の分析および起訴状」を提出した。その際、蒋は「起訴した後、いつ判決を下せるか?」と質問し、黄杰は、少なくとも一か月は必要であると答えた[28]。それに対する蒋介石総統の指示は、次のようなものであった。

一、各被告に対して、犯罪の事実の十分な証拠がないものについては、尋問する必要がない。批判を招かないよう、しっかりとした基礎を有する必要がある。

二、傅正は、共匪に従属した事実がないからには起訴する必要がないが、依然として法に則り、「情状は軽微であり、感化教育を受けさせる」べきである。すなわち、起訴はせず感化教育を受けさせる。

三、本件の処理は、おおむね分析報告の「乙案」に基づき処理してよい[29]。

夕方、総統府秘書長の張群が黄杰に電話をして、「私はまだ起訴状の初稿を読んでいないが、総統のチェックに回したのか?」と聞いた上で、同問題は慎重に扱うべきで、翌日午前に中央党部で会議を招集し、詳しく協議することにしたと述べた[30]。九月二十二日、蒋総統は自ら黄杰に電話をかけ、張群秘書長および陳誠副総統と同問題について検討したいので、起訴状の初稿を張群と陳誠に一部ずつ送るよう指示した。

同日午前、雷震事件の討論会が張群によって招集された。張群は、雷震事件は司法の場に移して裁判をするべきで、それによって民情に沿い、各方面からの政府に対する批判を減少させられると提議したが、ほかの出席者たちは一致して軍法裁判にかけることを主張した。出席者たちは、一時間半ほどの議論で様々な理由をあげて、軍法裁判で裁判することを張群に同意させた[31]。九月二十二日の夕方、黄伯度は雷震の起訴状に関する張群の意見を谷鳳翔に伝えたが、それは、「雷震が告訴されている各種の罪は、分けて判決をするのが良く、もし一括して判決を出したら量刑が過重になり、外部に悪印象を与える。劉子英が共産スパイであると知りつつ検挙しなかった点については、匪諜検挙条例第九条の規定(知りながら報告しないものは、七年以下の刑)を引用するのが望ましく、第二条第三項の処分(十年以上、十五年以下の刑)は引用する必要がない」というものであった。張群の意見に対して谷鳳翔は、「これはまさに、異論分子の期待するものである。吾人は、本事件の起訴・尋問から判決に至るまで、第二条の目標に向けて進んできた。もし突如変更をしたら、失敗を招く危険性があり、最高指導者の受け入れるところとはならないだろう。そのため、吾人は立場を変えることができないのである」と述べた。黄伯度は、「岳公［張群］の意向は、本事件の判決が批判を招くことを少なくしたいとの希望からでたものに過ぎず、誰かの委託を受けて取りなそうということではない」と応じた[32]。

九月二十三日、蔣介石総統は警備総司令部の起草した起訴状の乙案を採用する決定を下し、「雷震と劉子英の刑は重くし、馬之驌はかつて共匪に従っていたとはいえ、来台後は共匪のために任務についた事実はなく、刑は軽くする。傅正は起訴せず、感化処分のみとする。このように量刑の重い者、軽い者、不起訴の者がいれば、世人に対して公正かつ厳正な印象を与えられる」とした。また、警備総司令部に対し、起訴状を英文に翻訳するよう指示している[33]。

起訴状を受け取った雷震は、「落ち着いた態度で、その内容は自分の人格と声望を損なうものではないと思った」[34]。そこで、すぐさま起訴状を添えて宋英に手紙を送り、速やかに端木愷か夏濤聲に弁護士就任を引き受けてもらうよう頼んだ他、『自由中国』半月刊の編集委員会に弁護のための文章を執筆することも依頼した[35]。弁護士については、その後梁肅戎が担当することになる[36]。この頃、雷震はまだかなりの程度自信を持っており、「起訴状の内容は、その罪を決定するに足りるものではなく、裁判はきっと勝てる」と思っていた。「この事件は、まだ挽回できる望みがある」との考えから、雷震は弁明書の中で、「自ら余地を残し、悪罵をあびせることをしなかった」。もともと弁明書には、自身が「逮捕されたのは反対党のため」と書くつもりだったが、洪国式と相談後に削除し、「誤解から逮捕された、に改めた」のである[37]。

軍法裁判によって裁判がなされると決定した後の九月二十九日、雷震事件は十月三日の午前に開廷した。それは、九月二十七日の早朝に雷震が起訴状を受け取ってからわずか六日後のことであり、宋英は準備期間が少なすぎ、いわゆる「公開裁判」の内実をともなっていないと、公然と批判した。しかも、起訴状の提出後、雷震は二十七日と二十九日にも三度にわたって秘密裏に尋問を受けており、そのことは被告の弁護士や家族には通知されなかったのである[38]。張群は、雷震らの弁護条件を良くしてやりたいと思い、十月一日に黄杰に対し、「調査時間について問い合わせる。被告の請求に基づき、〔時間を〕延長することは可能か。傅正は保釈後に召喚するようにできないか」と電報を送ったが、どちらに対してもできない」という回答は、「そのように処理することはできない」というものだった[39]。

弁護条件の改善がうまくいかなかった後も、張群は粘り強く雷震の罪が重くならないようになる可能性を模索した。十月五日の午後三時、張群秘書長は関係幹部を招集して雷震の量刑問題を協議したが、張群以外の参加者はみな懲治反乱条例を引用して、重い刑を科すよう主張した。谷鳳翔がそうだったし、陶希聖も、判決書には雷震と邵力子・傅学文夫婦の関係は浅からぬものがあったと記すよう強く主張した。汪道淵に至っては、雷震は死刑に処すべきだとすら述べたのである。張群が提出した雷震の量刑を軽くするという意見に対して、黄杰は「本部の量刑が過重だったとしても、判決後に総統が減刑を発表した方が、軽い刑を課すより適当である」と回答した。会議は六時二十五分に終了し、結局張群の意見は受け入れられなかった[40]。

十月八日、軍法処は雷震が「共産党員を知りながら報告しなかった」、「共産党のために宣伝した」という二つの罪名により懲役十年の刑と政治権利の剥奪七年、劉子英と馬之驌にはそれぞれ懲役十二年と五年の刑、傅正には感化三年を言い渡した[41]。同日午前、蔣介石はすでに副総統以下党・政・軍・特務の要人一八名を招集し、裁判の方向性を決めていた[42]。宋英は、雷震事件の判決が出た日、法廷の外でビラを配り、その翌日には記者たちに向かって意見を表明した。十月十日、高玉樹、李萬居、郭雨新、夏濤聲らは宋英と協議して、雷震事件の判決に抗議し、声援を送った[43]。

そのほか、かつて一九五七年に『聯合報』のコラム「黒白集」で「反攻絶望論」という造語を記した鍾鼎文も、雷震が再審を請求した後、一九六〇年十一月一日の「黒白集」で、再度「反攻有望論」を記して贖罪し、国防部が「反攻絶望論」を口実にして刑を定めないよう希望した[44]。

三、判決理由の点検

これまでの研究は、雷震事件の処理において、蔣介石総統の意志が主導的な役割を果たしていたことを明らかにしている。ここでは、雷震を処分する根拠に関する国民党当局内部の見解を見ていくことで、事件の裁判結果が非合理的なものであったことを示したい。

雷震事件にどのような判決を下すかについて、警備総司令部はまず蔣介石の指示のもと、甲乙の両案を作成した。その後、陳誠副総統の意見をもとに、張群と谷鳳翔の検討を経て丙案も作成された。いずれも、「懲治反乱条例」のそれぞれ異なる条文を引用して罪を定めたものであった[45]。

甲案：懲治反乱条例第二条第三項に規定されている、非合法な方法による政府転覆を準備した罪により、有期懲役十年の刑に処する。禁令違反の書籍一八冊を没収する。

乙案：雷震は劉子英が共産党のスパイであることを明らかに知りながら告発検挙しなかったので、戡乱時期検粛匪諜条例第九条に基づき、有期懲役七年の刑に処する。反徒の宣伝に有利な文章を書いたことにより、懲治反乱条例第七条に基づき、有期懲役十年を執行するものとする。禁令違反の書籍一八冊を没収する。

丙案：雷震は反徒をかくまったので、懲治反乱条例第四条第一項第七款に基づき、有期懲役十年の刑に処し、反徒の宣伝に有利な文章を書いたことにより、同条例第七条に基づき、有期懲役七年の刑に処し、有期懲役十二年を執行する。家族の生活費の必要のため残すもの以外、全ての財産を没収する。禁令違反の書籍一八冊を没収する。

十月七日、黄杰は警備総司令部軍法官による検討結果を蔣介石に報告した。結論としては、「甲案」を採用した場合、「雷震を、政府転覆を企図した反徒として認定する」が、「乙案」か「丙案」を採った場合、雷震本人は反徒にはしないというものであった。報告を聞いた蔣介石は、再度軍法処と張群に検討させるよう命じた[46]。

雷震の判決予定日当日の十月八日午前十時半、軍法処処長の周正が黄杰に対し、検討の結果、甲案の罪名は「いささか曖昧な嫌いがあり」、乙案は「雷震は反乱犯とならないばかりか、大規模な文字の獄に見える嫌いがある」と報告した[47]。

十月八日午前十一時、蔣介石総統は総統府で自ら雷震事件について協議する会議を主宰した。出席者には、副総統陳誠、総統府秘書長張群、中央委員会秘書長唐縦、中央政策委員会秘書長谷鳳翔、司法院長謝冠生、外交部長沈昌煥、司法行政部部長鄭彦棻、新聞局長沈錡、最高検察署検察長趙琛、国防部軍法覆判局局長汪道淵、台湾警備総司令黄杰、軍法処処長周正および陶希聖らを含めた府院の幹部一四名がおり、警備総司令部が整理して提出した「甲」「乙」「丙」三案について討議した[48]。

出席者のうち、「丙案」を採るよう主張したのは陳誠のみで、謝冠生、趙琛、汪道淵は「乙案」を、谷鳳翔、鄭彦棻、および警備総司令部関係者は「甲案」を採用するよう主張した[49]。

警備総司令部の分析では、「乙案」の雷震が犯した罪に関する「劉子英が共産党のスパイであることを明らかに知りながら告発検挙しなかった」、「反徒の宣伝に有利な文章を書いた」という部分は、前者については、証拠としてあるのは劉子英の自白のみであり、「容易に弁護士から指摘を受ける」。後者は、第一に犯罪の意図を証明するのが難しい。第二に、『自由中国』の言論は「ほかにも執筆者がおり、雷震は共犯に過ぎず」、殷海光、夏道平、宋文明ら三人も新聞紙上で文責を負うとの声明を出しているので、「もし雷震一人を罪に問えば、公平さを失することは免れない」。だが、もし逮捕の範囲を拡大すれば、「大規模な文字の獄」を発動したとの誹りを受ける恐れがあった。さらに、警備総司令部は、雷震事件の起訴から調査弁論に至るまで、「いずれも政府転覆予備罪をもとにした構想であり」、「文章に関しては概括的な提起しかしていなかった」ので、この部分については証拠集めが十分ではなかった。しかも、今になって『自由中国』の数年前の言論を追及するのは、「済んだことを再度取り上げる」ものであるし、「これまでの宣伝とも前後で矛盾が生じる」。

警備総司令部はまた、乙案についても、「もし将来『自由中国』半月刊の登記を取り消したい場合、必ず論争が起こる」ことを指摘した[50]。他方、量刑の軽重からすれば、「甲案」を採用した場合、雷震と劉子英を「非合法な方法による政府転覆を準備し、実行に着手した罪」で起訴することができ、その法定刑は唯一死刑なので「人々が痛快に思う」。それに比べると、「乙案」を採用したら「なるべく軽く処罰する」ことになり、「鎮圧の効果があきらかでなく」、「甘やかした感があるのは免れない」とも分析していた[51]。

甲乙丙の三案のいずれを採択するかという問題は、やはり蔣介石総統の考え方が重要であった。蔣は会議において、雷震事件の判決に関して次の四項目の指示を出したのである。

一、題目（判決主文のことを指す）は平板である必要があり、一般人の心理に注意を払わなければならない。

二、雷の刑期は、十年より少なくてはならない。

三、『自由中国』半月刊の登記は、必ず取り消さなくてはならない。

四、再審では、初審の判決を変更してはならない。[52]

同時に蔣は、「転覆を意図した罪という条文を引用することは避けたい」との意向をもっていた[53]。以上の考えに基づき、蔣介石は、「乙案では登記を取り消せるか？　将来の再審判決は変更不可とすることは、確実にできるか？」と訊ねた。覆判局局長の汪道淵は、すぐさま起立して、「いずれも可能です」と答えた[54]。

最終的に、蔣介石は乙案の採用を決定した。これであれば、「十年以上の刑を下せるし、登記の取り消しと再審についても、問題がおきることはない。それゆえ、乙案の採用は、社会における一般人の心理を比較的刺激することがない」からであった[55]。

午後一七時、軍法処は蔣介石の指令に従って「乙案」を判決した。だが、判決書の全文は起草が間に合わなかったので、先に主文と判決理由要旨が発表された[56]。

翌十月九日、蔣介石は日記に次のように記している。「午前、報告を一時間あまり聞く。昨日の雷震事件の判決に対して、米国政府は内政問題であるとして、評論することはないと記者に答えた。その他の影響も大きくはない。毋枉毋縦〔善人を冤罪に落とさず、悪人を放任することもない〕であり、心が安らかである。いつものように礼拝する」[57]。

四、非常裁判の申請却下

国防部軍法覆判局の再審にて雷震事件の初審判決の維持が確定した後の十二月三十日、宋英は弁護士の梁粛戎が執筆した非常裁判申請の理由書を携えて新店安坑の軍人監獄に行き、雷震に見せた。翌三十一日には、国防部軍法覆判局に非常裁判を申請した[58]。雷震は、その結果にはすでに予感するところがあり、「提出することはするが、実のところ効果はないだろう」と思っていた[59]。

一九六一年一月の初め、蔣介石総統は雷震の非常裁判の処理状況について関心を示し、黄杰に対し、「雷震の妻の宋英が軍監まで雷震のもとを訪れ、そのたびに記者に消息を発表しているのは、なぜ制止しないのか？」と質した。黄杰が、すでに唐縦を通じて李萬居に対し、今後〔記事を〕掲載してはならないと伝えてあると答えると、蔣はなおも不満で、「このようなことは唐秘書長に言う必要はなく、眷属の接見を禁止すると直接軍監に通知すれば、それで解決することではないか？」と述べた。その後、黄杰と李立柏が監獄行刑法の規定を調べたところ、犯人が監獄規定に違反した事実がないかぎり、軍監は法に基づき家族の接見を許さなければならず、また、国防部軍法局の所属下にある軍監に対し、警備総司令部には直接命令する権利がないことが判明したため、李立柏から副総長の馬紀壮に電話をかけ、総統が「雷震の眷属が軍監の雷を訪れてはならないと二度にわたって命じられた」こと、および「すみやかに軍法局の范局長と軍監の李典獄長を招集され、どのようにして宋英が雷震のもとを訪れたあと新聞に談話を発表しないようにさせ、総統が不快に思われることのないようにできるかを協議されたい」旨を伝えた[60]。李正漢典獄長は命令を受け、「保防官から雷震に対して、家族を接見する際に政治を論じてはならないと本監で定められていること、ならびに新聞に談話を発表してはならないことを家族に伝えるよう求め、さもなければ監獄規定に違反するため、優待を取り消す」ことを伝えた。李正漢典獄長の報告によれば、「雷犯〔雷震〕は利害をよく理解しており、最近家族を接見した際には、今後政治問題を論じることや、談話を発表したり各紙の記者と接触したりすることはしてはならず、さもなければ軍監の規定に違反し、優待を得られなくなると言い聞かせていた」[61]という。

十日後の一月十日、国防部は雷震の非常上訴の請求を却下し、元の判決が法令に違反していない状況での請求には〔合理的な〕理由がないと断じた[62]。

五、連署による総統への特赦請求

再審の結果確定後の一九六〇年十一月から、総統に対して雷震の特赦を求めようとの声が上がり始め[63]、翌年一月十日に国防部が非常上訴の請求を却下してからは、署名活動が始まった[64]。最終的には、四六名の著名人が署名に参加し、共同で総統に上書して、過去における雷震の国家と国民党への功績に鑑み、特赦するよう請願が出された[65]。四六名を姓氏の画数順に列挙すると、以下のとおりである。丁俊生、毛子水、文群、王漢生、朱文伯、朱有為、朱煥彪、成舍我、沈雲龍、沈剛伯、李公権、李済、李不韙、周傑人、胡秋原、胡適、胡鈍兪、胡浦清、夏濤聲、郭登敖、徐復観、孫亜夫、張希為、張九如、張定華、張佛泉、陳啓天、陳咸森、陳慶華、陳翰珍、陳訪先、曹啓文、費希平、程文熙、斉世英、解子清、葉時修、楊毓滋、蔣匀田、劉永済、劉行之、鄭震宇、鄧翔宇、臧啓芳、藍文徴、羅貢華。

これらの人々の肩書は党派を越えており、国民党、民社党、青年党、さらには無党派の人間がいたし、国民大会代表、立法院・監察院の委員、教授や学者らが含まれていた。それらの中には、雷震の長年にわたる友人もいれば、一面識もない人すらいたのである。雷震と親しく、共に新党の結成準備に携わった台湾籍のエリートたちは、総統に対して赦免を請願する上書を別途提出することを予定していたため、この連署には加わらなかった[66]。

だが、蔣介石総統の態度はまったく軟化することがなかったし、特赦を請願する署名活動は、「米国と共産党のシンパが内外から呼応しておこした行動である」と見なしていた[67]。

一九六一年二月十四日、雷震は獄中で初めての大晦日（旧暦）を過ごした。もともと、年を越す前には蔣総統から特赦が得られるものと思っていた雷震は、宋英から「来年にはきっと一緒に団らんできますよ！」と慰められはしたものの、それでも大いに落胆したのであった[68]。

三月二十三日、蔣介石総統は正式に「特赦しない」ことを書面で指示した[69]。「過去に同類の事件で赦免をした先例はない」というのが、その理由であった。これは、雷震にとっては受け入れがたいことであった。「先例は、常にはじめとなる第一例があるもので、もしこのように先例がないので特赦をしないと解釈するのであれば、総統の特赦権はなくなってしまう。……憲法が彼らによってこのように解釈されるのは、とても悲しいことである」と、雷震は思った[70]。

六、各界からの雷震への声援

（一）外省籍リベラル派

・胡適の奔走

雷震逮捕の知らせを受けた胡適は、すぐに米国で記者のインタビューを受けて雷震のために声をあげ、事件は極めて異常であると指摘した。胡適は、雷震の逮捕と新党運動との関連性について公に論じることは避ける一方、雷震は「最も愛国的な人士であって、おのずから反共主義者でもある」と強調し、その反乱容疑は信じないと述べたほか、事件は軍事裁判ではなく、一般の法院で審理がなされるべきだと呼びかけたのである[71]。胡適はまた、九月四日と八日の二度にわたって副総統の陳誠宛に「雷震を逮捕し、新政党の結成運動を圧迫するのは違憲である」と打電し、行政院秘書長の陳雪屛に対しても書簡を送って、公平な司法によって裁判される必要性を強く主張した[72]。蔣介石は胡適が米国で公にした発言に非常な不満を持ち、日記の中で「胡適は外部の力を借りて政府を踏みにじることを誉れとしており、共匪が俄寇〔ロシア〕の力を借りて国家を転覆させた心理と何ら異なるところがない」と批判していた[73]。

一九六〇年十月八日、雷震の判決が出され、その結果は胡適を大いに失望させた。胡適の考えでは、雷震事件のような重要な案件に関して、こともあろうに一度しか裁判を行わないで終了を宣言し、五日後に判決を言い渡すと定めた軍法裁判の過程は、あまりにも粗雑なやり方であった。そのため、自身は国外にあって「人に顔向けできない」と思ったのである[74]。

胡適は、自分が台湾に戻って雷震のためにできることがあるか確証が持てなかったので、まず日本に飛び、消息を探ってから考えをまとめ、必要であれば米国に帰ろうと思っていた。米国駐在の国民党特務は、それに気づいた後、急いで胡適の動静を国民党中央党部秘書長の唐縦に打電した。国民党側は、胡適が米国に戻った後で政権に不利な言論を発表し続けることを懸念し、駐日大使の張厲生を通じて、「台湾に戻った後、国民党当局に進言すれば、雷震事件は転機を迎える」と胡適に伝えさせ、帰台するよう強くすすめた。さらに、行政院秘書長の陳雪屛を東京に派遣して胡適を迎えさせ、陳は毛子水にも同行を求めた。胡適はとうとう説得され、通常使う「Hu Shih」ではなく、「Shyh Hwu」の名前で飛行機のチケットをとり、ひっそりと台湾に戻った[75]。事前に胡適が帰台することを知っていた人間は少なく、当日空港に迎えに行ったのは行政院秘書長陳雪屛、国民党中央委員会秘書長唐縦、国連中国同志会朱家驊、台湾大学学長銭思亮、中央研究院歴史言語研究所所長李済、考試委員楊亮功、雷震の妻の宋英らのみであった[76]。

台湾到着の当日深夜十一時頃、南港の中央研究院院長官邸で、胡適は正式に各紙の記者とのインタビューに応じた[77]。胡適は、「雷震に十年の刑は重すぎ」、彼は数十年国家のために仕事をしてきたし、『自由中国』雑誌は台湾における言論の自由の象徴であると考えていた。もし出廷して証言することができるなら、雷震の「人格と品性に関する証言者」になりたいと思っていたのである[78]。

十一月十八日午前、胡適は総統府にて蔣介石総統と面会した。事前に胡適は、「総統と会った時、雷震事件についてはは話さない」との約束を張群と交わしていたが、蔣介石が国際情勢について質問をしたので、雷震事件が海外でネガティブな反響を引き起こしていることを指摘しないわけにはいかなかった。それに対する蔣総統の回答は、「雷震の背後には共産党のスパイがいたから、政府は処分しないわけにはいかなかった」というものだった[79]。面会が終了する前、胡適は「腹を決めて、一言加えることにした」。胡はまず、李萬居、高玉樹、郭雨新、王地、黄玉嬌らと直接会って、新党の成立を暫時遅らせ、政府に対し敵対的な態度をとらないようすすめたことを説明した。最後に、胡適は総統に対し、心中望んでいることを次のように述べた。「一〇年前総統は、もし私が政党を組織するなら、反対しないし支持もするとおっしゃいました。総統はおそらく、私が政党結成などできないとご存じだったのでしょう。しかし、総統の雅量は今でも忘れずにおります。私が今日切に希望致しますのは、総統と国民党のリーダー諸兄が一〇年前に私に対して示して下さった雅量を少しだけでも、現在新党を組織しようとしている人々に向けて頂けないかということです」[80]。

面会の終了後、住居に戻った胡適のもとには、フェアバンク[81]からの書簡が届けられた。書簡は、米国の新大統領であるケネディは真の自由主義者で、公民の自由と報道の自由に関心をもっており、新しい政権は雷震事件のような案件に関心を持ち続けるだろうとした上で、中国〔中華民国〕政府がなぜ事件の発生を許したか理解できないと記していた。胡適は少し考えてから、フェアバンクが雷震事件に疑義を呈した同書簡の原本を張群に預けた[82]。

張群との約束があったからか、対外的に目立つのを避けることで雷震にとって望ましい裁判結果を得たいと考えたからか、胡適は事後に記者のインタビューを受けたときには、総統と面会した際に雷震については話をしなかったと答えた[83]。

だが、蔣総統はすでに十月八日に雷震の判決について検討した会議において、「再審では、初審の判決を変更してはならない」との明確な指示を出していた[84]。胡適と面会した後も、蔣は「胡説〔中国語ででたらめを意味するが、『胡適の言うこと』にもかけている〕」を相手にするつもりはなく、「雷（震）事件の再審判決書はすでに裁定しており、絶対に減刑してはならない」との考えを崩さなかった[85]。

十一月二十三日、国防部が雷震事件に対して出した再審では、馬之驌の刑が感化三年に変わったが、それ以外の被告の判決は元のままであった[86]。宋英は、二十三日の午後に『徴信新聞報』の記者のところで雷震の初審判決が維持されたことを知り、すぐに「非常に失望し」、「悲しい」と表明した。宋英はただちに胡適に電話で報告し、胡は「これはまったく思いもよらない結果だ」と述べた[87]。胡適がしばらく努力してきたことは、明らかにまったく効果を生まなかったのである。記者からの質問に答えた胡適は、やるせなさをにじませながら、「私がこれ以上何を言えば良いか教えてほしい」と述べた。また、「もともと、再審の過程では比較的長い時間があり、再審判決では何か変化があるかもしれないと思っていたが、今私が言えるのは、大いに、大いに失望したということだけだ」とも付け加えた[88]。

後に、胡適が雷震事件の救援に全力であたらなかったと非難する人々は少なからずいたが、雷震本人はこうした見方に同意しなかった。出獄後の雷震は、胡適の秘書である王志維からこの期間に書かれた胡の日記を渡されて読み、「胡氏が私のために尽力された」ことを知っていたのである。雷震はまた、胡学古に頼んで日記のコピーを複数とり、胡適のことを誤解している親友たちに送って、彼を弁護もした[89]。ただ惜しむらくは、「胡適の努力や国内外の共同した呼びかけは、結局無駄に終わり、私は十年というでたらめな刑を課されたのである」[90]。

・民社党、青年党の領袖たちと中央民意代表の雷震への声援

雷震事件の勃発後、民社党副秘書長の楊毓滋は、政府が雷震を逮捕したのは「政治問題であり、法律問題ではない」し、国民党の陶希聖、曹聖芬、沈錡らが出した小冊子が数年前の『自由中国』の文章を雷震の犯罪の証拠としてあげているのを見ると、完全に憲法が賦与するところの人民の言論の自由を踏みにじっているとの談話を発表した[91]。『公論報』の記者も、青年党の王師曽と胡国偉にそれぞれインタビューを行い、王師曽は、雷震事件は公平で正当な法的手続きに基づい

て解決されるべきで、政府もまた朝野間の調和と団結の促進に尽力しなくてはならず、そうしてこそ国家の前途に資すると述べた[92]。胡国偉は、自身の『新中国評論』誌編集長としての身分を強調し、「メディア界」の立場から、「タイミングを良くしたもので、本事件の発生は、ちょうど新党成立前夜であった……我々は、政府を愛護する心情に基づき、関係当局が本事件を慎重に処理することを望む」と、注意深く発言した[93]。

米国に滞在している民社党主席の張君勱は、九月八日にサンフランシスコから蔣総統に打電し、『自由中国』の「三年前の反抗大陸の困難さ」を論じた文章は純粋な政策討論であって国家に危害を加えるものではないと指摘し、もしも雷震逮捕の真の原因が新党の結成であったなら、「結社の自由は憲法に明記されており、それによって罪が構成されることがあるでしょうか」と述べ、蔣総統が「憲法に従い、儆寰〔雷震〕を釈放され、人心を安心される」よう希望すると伝えた[94]。

九月十九日、張君勱が蔣総統に送った二通目の電報は、蔣を夏の暴君紂王のようであるとほのめかし、その下野と陳誠副総統への禅譲を求めていた。電報の写しは李萬居のもとにも送られ、『公論報』に掲載するよう求めていた。李萬居は、高玉樹や夏濤聲らを呼んで相談し、二人とも発表するよう強く主張した。だが、『公論報』の編集部員たちは不適切だと思い、副編集長の王振濤が李萬居に掲載しないよう勧めたが聞き入れられず、内容を読んだ外国語電文翻訳組主任の陳永凱は李に電話して、「社から処分を受けたとしても、この原稿を翻訳したくない」と述べた。李萬居が、あくまで発表しなければならないとの立場を譲らずにいることを知った黄杰は、唐縦に電話をし、忠告してやめさせる方法を考えるよう求めた[95]。後に『公論報』は、一部の内容の要約のみ発表した[96]。

長く香港に居住していた外省籍民主派人士の左舜生も、雷震事件発生から数日も経ないうちに速やかに国民党政権の雷震逮捕に関する文章を記し、これはまったく『自由中国』と結成準備中の「中国民主党」を消滅させようとするもので、中華民国の民主憲政にとって空前の脅威となっており、国内外における国家のイメージも大きく損なっていると批判した[97]。

九月九日、左舜生、李璜、黄宇人、孫寶剛ら青年党員を中心にした香港の民主人士たちは、「雷震の友人」として記者会見を開き、雷震のために声をあげた[98]。十月五日には、さらに連名で国連人権委員会に書簡を送り、「中華民国政府当局による言論出版の自由を迫害し、人権を蹂躙するこれらの不法行為は、国連人権宣言第三、第九、第十一および第十九条に対する公然たる蔑視である」として、国際社会の関係組織がただちに雷震に声援を送るよう呼び掛けた[99]。

一九六一年、蔣介石が反共勢力の団結、および大陸反攻を主要な目的とした「陽明山会談」と「反共建国聯盟会議」を開催したいと考えたとき、海外に居留する民社党領袖の張君勱や、青年党の李璜、左舜生、劉子鵬らは、こぞって雷震の即時釈放を台湾での会議参加の条件にし、最終的には来台して会議に参加することを拒絶した[100]。

民・青両党以外では、雷震と良好な関係にあった立法委員の成舍我と胡秋原が、雷震逮捕から間もない九月十三日に共同文書を発表して、雷震に声援を送った[101]。国民党籍の立法委員、費希平は陳誠行政院長に書面で質問を送り、雷震事件は言論の自由への侵害であると指摘したが、費はこのために国民党から処罰を受け、蔣介石の命令によって党籍を剝奪された[102]。

九月十三日、宋英は内外の記者を集めたレセプションを開き、「私の夫雷震を救援する」と題した書面の談話を発表して、雷震の長きにわたる反共の経歴をあげ、共産党のスパイである可能性を否定した[103]。この文章は、殷海光、夏道平、戴杜衡、宋文明、金承藝、胡学古らが数度にわたって集まり、協議して創作したもので、主に夏道平によって執筆された。これは、『自由中国』の執筆陣が共同で宋英の雷震救援活動を支援した行動の一つであった[104]。

雷震の逮捕後、国民党当局は『自由中国半月刊違法言論摘要』を配布した。九月二十六日、警備総司令部軍事検察官の殷敬文が正式に雷震、劉子英、馬之驌を反乱容疑で起訴し、起訴書では『自由中国』が「反攻絶望」を揚言し、「米国が内政に干渉するよう公然と要求した」こと、しかも陳懐琪の投書を「偽造」して「軍人を侮辱し、軍の名誉を損なったこと」は、いずれも軍事面で共匪のために有利な宣伝となった」と告発した[105]。

『自由中国』の編集委員を長く務めてきた殷海光、夏道平、宋文明らは、自分たちの発表した言論が雷震を告発する罪状の一つとなったことから、行動を起こし、雷震に声援を送ることに決した。声明に関する討論は、殷海光の自宅で行われた。この声明は殷の直筆で書かれ、一句の文と二文字のみ、三人で相談して変更した[106]。当初は、胡適も誘って連名とし、運動の気勢と効果を拡大することも考えたが、『違法言論摘要』の中に胡適の文章はなく、当時胡適もまだ米国におり、殷海光たちは雷震事件の裁判が開廷するよりも前にできるだけ早く声明を出したかったことから、結局胡に声はかけなかった[107]。宋文明と夏道平は、戴杜衡のもとも訪れ、戴はその場で共同声明への参加を承諾したが、その後すぐ電報で、参加できないことを伝えてきた[108]。十月一日、各紙に掲載された三人の共同声明は、「告発されている文章は、読者からの投書以外は、おおむね我々の執筆したものである」と述べ、『自由中国』の言論に関する法的責任を負うと表明すると同時に、「理知と常識、および良心」に基づき、『自由中国』の言論に公平な評価を与えるよう読者に求めていた[109]。殷海光は、その後も雷震を支援する文章を執筆し続けた[110]。

青年党の朱文伯には、『自由中国』に発表した「為中国地方自治研究会再説幾句話（中国地方自治研究会のために再度述べる）」という文章があったが[111]、同文章も小冊子『自由中国半月刊違法言論摘要』に収録され、その「内容は本省人と政府を背離させるよう扇動するもの」と批判されていた。朱文伯は、政府がもし一九五八年に中国地方自治研究会の成立を許可し、一九六〇年四月の地方選挙を国、青、民の三党共同で監察することができていれば、地方選挙座談会ないし新党結成運動はおこらず、雷震事件も発生しなかっただろうと述べている[112]。

（二）台湾籍エリート

雷震事件の発生は、一般に政党結成運動と関係してものと思われており、中国民主党に参画した台湾籍のエリートたちも救援活動を展開した。九月十一日、高玉樹、李萬居、夏濤聲、黄玉嬌ら十一人は、『自由中国』雑誌社で招集者会議を開き、主席団主席の李萬居が主催した。会議では、「選挙改進座談会」の名義で政府に上書し、雷震事件を軍法から司法に移管して審理するよう求めることが決定した[113]。

李萬居と高玉樹は、「選挙改進座談会」の二人のスポークスマン（残り一人は雷震）として九月十二日に声明を出し、同日に「中国民主党設立準備委員会」を成立させることを発表して、雷震事件の圧力下でも結党する決意を示した。さらに、当局が新党成立前というタイミングを選んで故意に雷震と傅正を逮捕したことに抗議し、両名の即時釈放か、少なくとも一般司法にて審理を行うよう要求した[114]。

十二日の午前、中国民主党準備委員会の李萬居、高玉樹、夏濤聲、李賜卿、許世賢、謝漢儒、斉世英、楊毓滋、郭雨新、黄玉嬌、王地ら一一名はそろって青島東路軍法処の留置場に雷震を訪ねたが、「捜査と取り調べの期間は訪問者の接見は不可」との理由で拒絶にあった。そこで一一名は、全員で署名したカード一枚と、リンゴやパイナップルケーキなどの食べ物を雷震に渡すよう求めることしかできなかった[115]。

『公論報』の報道によれば、本省人人士たちの間では、新党の迅速な成立と、政府の雷震釈放を求める声が存在し、一万人の請願団を組織して政府に請願し、もし政府が釈放しないなら、請願団代表が雷震事件のために投獄されても良いとの主張すらあったという。報道はまた、「庶民の間では、雷震事件は完全に政治問題であり、法律問題ではないと見られている」ことを論じていた[116]。

李萬居と彼の『公論報』が雷震に強力な声援を送ったことは、治安情報機関を驚愕させた。警備総司令の黄杰は、国民党第四組主任の曹聖芬や秘書長の唐縦らに電話で連絡し、行政主管部門が「出版法違反」で『公論報』に警告するよう建議し[117]、さもなければ黄杰の方で強硬な談話を準備し、戒厳地区で許可されない事項について説明して、国民は公然と法律を犯すことのないようにと発表すると述べた[118]。結局、台湾省新聞処長の王道から、「出版法」に基づいて処分すると、正式に『公論報』に対して警告が送られた[119]。

九月二十五日の午前、中国民主党準備委員会は台北市の近郊で第一回の準備委員会招集人会議を開催し、代理主席の李萬居が取り仕切って、高玉樹、夏濤聲、王地、郭雨新、許世賢、葉炳煌、蘇東敬、黄玉嬌ら一〇数名が参加した[120]。当日、決議された事項は次の四つである[121]。

一、新党は暫時組織せず、胡適の帰国を待ってからとする。もし胡適がしばらく帰国しないなら、招集会議を開き、組織を成立させる。

二、雷震の訴訟費の支援として、その場で一万元余りを募る。

三、各新聞を雷震の支援に呼応させ、民衆も支援に呼応することを求める。

四、今後のあらゆる活動や、いかなる態度をとるかに関する問題は、双十節に拡大宣伝の実施を予定する。また、郭雨新が省議会にて、李賜卿が市議会にて、政府が雷震を釈放し、応答するよう求めることとする。

中国民主党準備委員会は、もともと弁護士を三名雇い、反乱罪で告訴された雷震、傅正、馬之驌の三名を弁護させることを計画していたが、多くの弁護士に意見を求めたところ、みな雷震事件に対処することを不安に思っており、結局立法委員でもある梁粛戎と李公権を弁護士として雇うことになった[122]。だが、李公権は九月二十九日に国防部軍法局で登録手続きを行い、警備総司令部軍法処に雷震事件の委任状を届け、資料の閲覧を申請したにもかかわらず、後に軍法局から「登録手続が未完成」であることを理由に、出廷して弁護する資格を認められなかった[123]。雷震は、これは李公権が青年党の立法委員であることから、国民党は彼に雷の弁護をさせたくなかったのだろうと思った[124]。

十月八日に雷震事件の判決が出た後、中国民主党準備委員会のスポークスマンである李萬居と高玉樹は第二回の声明を発表し、その全文は十月十八日の『公論報』に掲載された。声明は、雷震事件は「政治事件」であり、国民党政府の目的は、新党と『自由中国』誌を叩き、外省人に本省人と政治的提携をしないよう威嚇することであると論じる立場を堅持していた[125]。雷震は、中国民主党準備委員会が立て続けに発表した二つの声明は「国民党と指導者の蔣介石の信望を払底させるものであった」と称賛したが、結党運動が結局は竜頭蛇尾に終わってしまったことを残念に思った[126]。

十月二十七日、李萬居、高玉樹、李源棧の三人は、再び軍法処留置場に赴いて雷震との会見を申請したが、接見人数の規定により、李萬居と高玉樹の二人が交代で雷震と会うこととなり、李源棧は傅正を見舞った。逮捕されてから雷震が李萬居や高玉樹と会うのは、これが初めてであった[127]。十一月三日、新党組織メンバーの一人である黄玉嬌が留置場に雷震を訪ね、軍法処から許可がおりたので、二人は十数分間面談し、黄は雷震に見舞いの言葉を述べた[128]。

その他、一九六一年三月十八日、同じく新党結成に参加していた雲林県議員の蘇東啓、廖郭鳳、呂春木らが県議会に臨時動議案を提出し、総統が雷震を特赦するよう求めた。同案が大会を通過したことから、当時議会にいた国民党議員の多くも雷震に同情していたものと推測される。雲林県議会は一九六一年三月二十五日に総統府に上書したが、結局は何の結果も出ないままに終わった[129]。

七、監察院雷震事件調査小組

一九六〇年十月八日に雷震事件の一審判決が出た後、青年党籍の陳翰珍、劉永済、丁俊生、葉時修、民社党籍の李緞、劉行之ら六名の監察委員は十三日に臨時動議を提出し、院会で重大案件小組を結成し、雷震事件に対する調査を行うことを要求した。最終的に、陶百川、金越光、黄寶實、劉永済、陳慶華の五名の委員で重大案件調査小組を結成し、陶百川を招集人とすることに決定した。陶百川は雷震と親交が深く、警備総司令部によれば、陶は数回にわたって留置場まで行って雷震と面会し、食べ物も送っていたという[130]。

再審の結果が出た後の十二月一日、監察院の調査小組は警備総司令部と調査について話し合いをし[131]、「一、関係する公文書を取寄せて閲覧すること、および責任者と面談すること。二、被告の雷震、劉子英らと接見すること」を要求した[132]。

一九六一年一月二十三日、黄杰がこの件について蔣介石総統に直接報告すると、蔣総統は、「監察委員が雷震に接見するのは許可しない。雷震を反乱罪で十年の刑にすることは、余が総統の権限で裁定したもので、同人に接見ができるか否かも余が批准しなければできないからである」と指示した[133]。

二十五日午前、陶百川ら五名の監察委員は軍人監獄まで行き、まず劉子英に接見し、それから雷震に接見することを要求したが、監獄側が「上級の指示では、劉子英との接見のみ許可されており、雷犯〔雷震〕との接見に関する指示は得ていない」と伝えてきたので、陶百川はその場で「嘆かわしい」と発言した[134]。

調査過程を通じて、最後まで監察委員たちは、雷震本人に会うことはかなわなかったが、それでも監察委員たちは、一九六一年三月に調査報告を完成させ、調査小組の任務終了を発表した[135]。調査報告第五項の「調査意見」は、雷震事件の捜査にあたった軍法人員には「違法」や「職務上の過失」があったと指摘していたが、第六項の「処理の建議」では、「捜査員が社会の安定と秩序に与える影響の重要性をおそれたこと、あるいは長年の悪い習慣から脱却するのは難しいことなどにより、やり方が性急にならざるを得なかったとはいえ、その意図は酌量できないものではないことに鑑み、糾弾はしないこととする」としていた[136]。監察院の調査報告書を精読した雷震は、この二つはお互いにまったく矛盾していると思った[137]。

出獄してから機会があり、雷震は陶百川に対し、当時の

「雷震事件調査報告は、なぜ前後であのように矛盾して、自ら立場を失ったのか?」「あれは明らかに、監察院の無能と、独立して職権を行使できないことを暴露したものではないのか?」と質問した。すると、思いもよらないことに、ともに監察委員である陶百川と宋英は口を揃えて、「もしあの『処理の建議』という目くらましがなかったら、『雷案調査小組報告』は、絶対に監察院院会で承認されなかった」と語った。監察委員の絶対多数は国民党員で、党部の意向に背いて雷震事件の捜査にあたった軍法人員を弾劾はできないが、第六項の「処理の建議」があることで、雷震事件の判決は覆えらず、調査報告は承認された。少なくとも国民党、国防部および警備総司令部が、法に則らずに雷震事件を審判した罪悪を世の中に明らかにすることはできたのであった[138]。

注

1　雷震原著、薛化元・楊秀菁主編『雷震的歴史弁駁』一六三〜一九〇頁。

2　『中央日報』(一九六〇年九月七日)第四版。

3　黄杰日記、一九六〇年九月四日、五日の条、陳世宏、張世瑛、許瑞浩、薛月順編『雷震案史料彙編:黄杰警総日記選輯』一〇六、一一一頁。

4　「宋英声請提審雷震案　台北地院裁定駁回　認警総係依法逮捕雷震其声請不合提審法規定」(『中央日報』一九六〇年九月七日)第四版。「宋英昨日提出抗告」(『聯合報』一九六〇年九月九日)第二版。

5　「非軍人反乱案　警総有権処理」(『聯合報』一九六〇年九月八日)第二版。

6　陳世宏、張世瑛、許瑞浩、薛月順編『雷震案史料彙編:黄杰警総日記選輯』一二〇頁。蘇瑞鏘「処置案件的相関法制」(『白色恐怖在台湾:戦後台湾政治案件之処置』板橋:稲郷、二〇一四年)一三四頁から再引用。

7　黄杰日記、一九六〇年九月九日の条、陳世宏、張世瑛、許瑞浩、薛月順編『雷震案史料彙編:黄杰警総日記選輯』一二〇〜一二一頁。

8　「宋英声請提審雷震　高院裁定駁回抗告　裁定書末批不得再抗告」(『聯合報』一九六〇年九月十八日)第三版。蘇瑞鏘「処置案件的相関法制」(『白色恐怖在台湾:戦後台湾政治案件之処置』)一三四頁。

9　雷震『雷震全集28:王雲五的筆墨官司(雷震特稿)』三八〇、三八二頁。

10　雷震『雷震全集11:雷案回憶(一)』一五七頁。「雷震之女雷瓊瑤　竟在美国告洋状　企図利用反華親共人士已引起此間同情者反感」(『中央日報』一九六〇年九月十五日)第三版。

11　雷震『雷震全集11:雷案回憶(一)』一五八頁。

12 雷徳全『我的母親：宋英』一七四～一七七頁。范泓『民主的銅像：雷震伝』三一六～三一七頁。

13 黄杰日記、一九六〇年九月八日の条、陳世宏、張世瑛、許瑞浩、薛月順編『雷震案史料彙編：黄杰警総日記選輯』一一七頁。

14 黄杰日記、一九六〇年九月八日の条、陳世宏、張世瑛、許瑞浩、薛月順編『雷震案史料彙編：黄杰警総日記選輯』一一九頁。

15 黄杰日記、一九六〇年九月八日の条、陳世宏、張世瑛、許瑞浩、薛月順編『雷震案史料彙編：黄杰警総日記選輯』一一九頁。「宋英昨電胡適　要求主持正義　她対記者説：劉子英七年前已離『自由中国』」（『聯合報』一九六〇年九月九日）第二版。

16 「宋英満懐焦慮　担心雷震絶食」（『聯合報』一九六〇年九月九日）第二版。

17 黄杰日記、一九六〇年九月八日の条、陳世宏、張世瑛、許瑞浩、薛月順編『雷震案史料彙編：黄杰警総日記選輯』一一九頁。

18 「雷震致書家人　叙述生活近況　被捕之初三天未曽吃飯　雷妻宋英転告記者」（『聯合報』一九六〇年九月九日）第二版。

19 「拘所床板太硬　午夜輾転難眠　軍方人員照料週到　雷震認為盛情可感」（『聯合報』一九六〇年九月九日）第二版。

20 黄杰日記、一九六〇年九月八日の条、陳世宏、張世瑛、許瑞浩、薛月順編『雷震案史料彙編：黄杰警総日記選輯』一一九頁。

21 黄杰日記、一九六〇年九月九日の条、陳世宏、張世瑛、許瑞浩、薛月順編『雷震案史料彙編：黄杰警総日記選輯』一二〇頁。

22 「由港匯来鉅款　並非雷震戸頭　雷妻宋英昨加以説明　抗告案由高院処理中」（『聯合報』一九六〇年九月十一日）第二版。

23 「宋英将向監院　提出書面申訴　対於雷震香港匯款等事　昨邀記者有所解釈」（『徴信新聞報』一九六〇年九月十一日）第二版。

24 「雷夫人公開駁斥王超凡與党報」、もともとの掲載は『公論報』（一九六〇年九月十一日）、傅正主編『雷震全集3：雷案始末（一）』一〇九～一一〇頁。范泓『民主的銅像：雷震伝』三二二頁。

25 宋英「我的抗議與呼籲　法院拒絶提審我的丈夫雷震後」（『聯合報』一九六〇年九月二十六日）。胡学古の印象では、同文章は殷海光か夏道平が執筆し、法律の条文の内容については、端木愷と陶百川にアドバイスを受けたという。胡虚一「読『愛荷華憶雷震』書後」（李敖編著『雷震研究』）一六二頁。

26 黄杰日記、一九六〇年九月七日の条、陳世宏、張世瑛、許瑞浩、薛月順編『雷震案史料彙編：黄杰警総日記選輯』一一五頁。

27 王壽南編『王雲五先生年譜初稿第三冊』（台北：台湾商

務印書館、一九八七年）一一一一〜一一一三頁。

28 黄杰日記、一九六〇年九月二十一日の条、陳世宏、張世瑛、許瑞浩、薛月順編『雷震案史料彙編：黄杰警総日記選輯』一五五頁。

29 黄杰日記、一九六〇年九月二十一日の条、陳世宏、張世瑛、許瑞浩、薛月順編『雷震案史料彙編：黄杰警総日記選輯』一五六頁。

30 黄杰日記、一九六〇年九月二十一日の条、陳世宏、張世瑛、許瑞浩、薛月順編『雷震案史料彙編：黄杰警総日記選輯』一五七頁。

31 黄杰日記、一九六〇年九月二十二日の条、陳世宏、張世瑛、許瑞浩、薛月順編『雷震案史料彙編：黄杰警総日記選輯』一五八頁。

32 黄杰日記、一九六〇年九月二十二日の条、陳世宏、張世瑛、許瑞浩、薛月順編『雷震案史料彙編：黄杰警総日記選輯』一五九頁。

33 黄杰日記、一九六〇年九月二十三日の条、陳世宏、張世瑛、許瑞浩、薛月順編『雷震案史料彙編：黄杰警総日記選輯』一六〇〜一六一頁。

34 黄杰日記、一九六〇年十月九日の条、陳世宏、張世瑛、許瑞浩、薛月順編『雷震案史料彙編：黄杰警総日記選輯』二〇五頁。

35 黄杰日記、一九六〇年九月二十六日の条、陳世宏、張世瑛、許瑞浩、薛月順編『雷震案史料彙編：黄杰警総日記選輯』一七二頁。

36 雷震『雷震全集6：雷案震驚海内外（雷案風波）』二九二〜二九三頁。

37 黄杰日記、一九六〇年十月五日の条、陳世宏、張世瑛、許瑞浩、薛月順編『雷震案史料彙編：黄杰警総日記選輯』二〇六頁。

38 「宋英発表　書面談話　対公開審判　持懐疑態度」（『徴信新聞報』一九六〇年十月一日）第二版。

39 黄杰日記、一九六〇年十月一日の条、陳世宏、張世瑛、許瑞浩、薛月順編『雷震案史料彙編：黄杰警総日記選輯』一七八頁。

40 黄杰日記、一九六〇年十月五日の条、陳世宏、張世瑛、許瑞浩、薛月順編『雷震案史料彙編：黄杰警総日記選輯』一九三〜一九四頁。

41 范泓『民主的銅像：雷震伝』二七一頁。

42 范泓『民主的銅像：雷震伝』三五九頁。

43 黄杰日記、一九六〇年十月十一日の条、陳世宏、張世瑛、許瑞浩、薛月順編『雷震案史料彙編：黄杰警総日記選輯』二〇八頁。

44 雷震『雷震全集28：王雲五的筆墨官司（雷震特稿）』四一三〜四一四頁。鍾鼎文の妻は向筠の妹であり、鍾と雷震は姻戚関係にあった。胡虚一「読『愛荷華憶雷震』書後」（李敖編著『雷震研究』）二四一頁。

45 黄杰日記、一九六〇年十月七日の条、陳世宏、張世瑛、許瑞浩、薛月順編『雷震案史料彙編：黄杰警総日記選輯』一九七〜一九九頁。

46　黄杰日記、一九六〇年十月七日の条、陳世宏、張世瑛、許瑞浩、薛月順編『雷震案史料彙編：黄杰警総日記選輯』一九八～二〇〇頁。

47　黄杰日記、一九六〇年十月八日の条、陳世宏、張世瑛、許瑞浩、薛月順編『雷震案史料彙編：黄杰警総日記選輯』二〇一頁。

48　黄杰日記、一九六〇年十月八日の条、陳世宏、張世瑛、許瑞浩、薛月順編『雷震案史料彙編：黄杰警総日記選輯』二〇一頁。薛化元『雷震與一九五〇年代台湾政治発展——転型正義的視角』二二四～二二五頁。

49　黄杰日記、一九六〇年十月八日の条、陳世宏、張世瑛、許瑞浩、薛月順編『雷震案史料彙編：黄杰警総日記選輯』二〇一～二〇二頁。

50　黄杰日記、一九六〇年十月七日、八日の条、陳世宏、張世瑛、許瑞浩、薛月順編『雷震案史料彙編：黄杰警総日記選輯』一九九、二〇二頁。

51　「台湾警備総司令部針対雷震等反乱嫌疑案之分析」（一九六〇年十月）陳世宏、張世瑛、許瑞浩、薛月順編『雷震案史料彙編：國防部档案選輯』三二九～三三〇頁。

52　黄杰日記、一九六〇年十月八日の条、陳世宏、張世瑛、許瑞浩、薛月順編『雷震案史料彙編：黄杰警総日記選輯』二〇二頁。

53　「蔣中正日記」（未完本）、一九六〇年十月八日の条、呂芳上『蔣中正先生年譜長編』第十一冊、三八一頁より転載。

54　「蔣中正総統主持会議商討雷案」（一九六〇年十月八日）陳世宏、張世瑛、許瑞浩、薛月順編『雷震案史料彙編：國防部档案選輯』三三二頁。

55　黄杰日記、一九六〇年十月八日の条、陳世宏、張世瑛、許瑞浩、薛月順編『雷震案史料彙編：黄杰警総日記選輯』二〇二頁。

56　黄杰日記、一九六〇年十月八日の条、陳世宏、張世瑛、許瑞浩、薛月順編『雷震案史料彙編：黄杰警総日記選輯』二〇三頁。

57　「蔣中正日記」（未刊稿）、一九六〇年十月九日の条、呂芳上『蔣中正先生年譜長編』第十一冊、三八一頁より転載。

58　「対軍法覆判仍不甘服　雷震聲請非常審判」（『聯合報』一九六一年一月一日）第三版。

59　雷震『雷震全集36：獄中十年（一）』、日記一九六一年一月一日の条、三～四頁。

60　黄杰日記、一九六一年一月四日の条、陳世宏、張世瑛、許瑞浩、薛月順編『雷震案史料彙編：黄杰警総日記選輯』二六八～二六九頁。

61　黄杰日記、一九六一年一月九日の条、陳世宏、張世瑛、許瑞浩、薛月順編『雷震案史料彙編：黄杰警総日記選輯』二六九頁。

62　雷震『雷震全集36：獄中十年（一）』、日記一九六一年一月十日の条、一〇～一一頁。「雷震聲請非常審判　国防部昨予駁回　雷案法律程序至此終結　伝若干人士準備請求総統特赦」（『聯合報』一九六一年一月十一日）第二版。

63 社論「呼籲　総統赦免雷震言論部分刑責」（『聯合報』一九六〇年十一月二十四日）第二版。

64 「雷震聲請非常審判　国防部昨予駁回　雷案法律程序至此終結　伝若干人士準備請求総統特赦」（『聯合報』一九六一年一月十一日）第二版。

65 「請赦免雷震　名流陳情書送達総統府」（『聯合報』一九六一年二月十日）第一版。

66 もともとの掲載は『時與潮』（一九六一年四月二十四日）。傅正主編『雷震全集5：雷案始末（三）』八四三～八四四頁。

67 呂芳上主編『蔣中正先生年譜長編』第十一冊、四一〇～四一一頁。

68 雷震『雷震全集36：獄中十年（一）』、日記一九六一年二月十四日の条、四八～四九頁。

69 「呈丁俊生等四十六人聯名懇請特赦雷震之函件」（一九六一年三月二十一日）「雷震等案」档案管理局蔵、国防部軍法局档案、档号：B3750347701/0049/3132488/488/1/003。「上書要求特赦雷震　未獲当局批准　認為判刑十年已属従軽」（『民聲日報』一九六一年四月二十四日）第三版。

70 雷震『雷震全集36：獄中十年（一）』、日記一九六一年四月二十三日の条、一〇六～一〇七頁。

71 美聯社華盛頓七日電「雷震涉嫌叛乱被捕　胡適表示意外　希望改由普通法院審理　何魯之盼政府公正処理」（『聯合報』一九六〇年九月九日）第一版。

72 胡適日記、一九六〇年十一月十八日の条、胡適『胡適的日記手稿本』冊十八（台北：遠流、一九九〇年）。黄杰日記、一九六〇年九月六日の条、陳世宏、張世瑛、許瑞浩、薛月順編『雷震案史料彙編：黄杰警総日記選輯』一一四頁。

73 「蔣中正日記」（未刊稿）、一九六〇年九月二十日の条、呂芳上『蔣中正先生年譜長編』第十一冊、三七三頁。

74 胡適日記、一九六〇年十一月十八日の条、胡適『胡適的日記手稿本』冊十八。

75 雷震『雷震全集28：與王雲五的筆墨官司（雷震特稿）』三〇八～三一二頁。「旅客名単上無名字　機場碰碰看碰著了」（『徵信新聞報』一九六〇年十月二十三日）第一般。「毛子水東京之行」（『徵信新聞報』一九六〇年十一月三日）第一版。

76 「胡氏下機後　匆匆返南港」（『徵信新聞報』一九六〇年十月二十三日）第一版。

77 雷震『雷震全集28：與王雲五的筆墨官司（雷震特稿）』三一二頁。「雷案・自由中国・反対党　夜訪胡適談三事」（『徵信新聞報』一九六〇年十月二十三日）第一版。

78 「対於雷案判決　認為有欠公平　如被伝訊願為作証」（『聯合報』一九六〇年十月二十三日）第一版。「胡適返国後談雷案　願到覆判局去作証　「自由中国」継続出版否未決定　否認任反対党賛助委員　也不賛成用反対党名義」(『徴信新聞報』一九六〇年十月二十三日)第一版。

79 胡適日記、一九六〇年十一月十八日の条、胡適『胡適的日記手稿本』冊十八。

80 胡適日記、一九六〇年十一月十八日の条、胡適『胡適的日記手稿本』冊十八。

81 〔訳注〕フェアバンク(John King Fairbank 一九〇七～一九九一)は、アメリカの中国研究者。中国名は費正清。ハーバード大学東アジア研究センター所長、全米アジア学会会長、米国歴史学会会長などを歴任。著書に John King Fairbank, *The United States and China*, (Cambridge, Mass: Harvard University Press, 1971)。『中国回想録』(蒲地典子・平野健一郎共訳、みすず書房、一九九四年)。『中国の歴史:古代から現代まで』(大谷敏夫・太田秀夫訳、ミネルヴァ書房、一九九六年)など。

82 胡適日記、一九六〇年十一月十八日の条、胡適『胡適的日記手稿本』冊十八。

83 彭麒「胡適『過五関』」(『徴信新聞報』一九六〇年十一月二十四日)第二版。

84 陳世宏、張世瑛、許瑞浩、薛月順編『雷震案史料彙編:国防部档案選輯』三三一～三三二頁。

85 「蔣中正日記」(未刊稿)、一九六〇年十一月十九日の条、一週間の反省録、呂芳上『蔣中正先生年譜長編』第十一冊、四〇一頁より転載。

86 「雷震仍処徒刑十年　劉子英維原判馬之驌改交付感化三年　傅中梅所提抗告経裁定駁回」(『徴信新聞報』一九六〇年十一月二十四日)第一版。

87 「宋英聞判後　表示很難過　馬之驌妻亦感詫異」(『徴信新聞報』一九六〇年十一月二十四日)第二版。

88 彭麒「胡適『過五関』」(『徴信新聞報』一九六〇年十一月二十四日)第二版。

89 胡虚一「読『愛荷華憶雷震』書後」(李敖編著『雷震研究』)一四五～一四六頁。

90 雷震『雷震全集28:與王雲五的筆墨官司(雷震特稿)』三一七～三一八頁。

91 「民社党楊毓滋的評論」、もともとの掲載は『公論報』(一九六〇年九月六日)、傅正主編『雷震全集3:雷案始末(一)』八三頁

92 「青年党王師曽的評論」、もともとの掲載は『公論報』(一九六〇年九月六日)、傅正主編『雷震全集3:雷案始末(一)』八三～八四頁。

93 「青年党胡国偉的評論」、もともとの掲載は『公論報』(一九六〇年九月六日)、傅正主編『雷震全集3:雷案始末(一)』八四～八五頁。

94 黄杰日記、一九六〇年九月九日の条、陳世宏、張世瑛、許瑞浩、薛月順編『雷震案史料彙編:黄杰警総日記選輯』一二一頁。

95 黄杰日記、一九六〇年九月二十三日の条、陳世宏、張世瑛、許瑞浩、薛月順編『雷震案史料彙編:黄杰警総日記選輯』一六三～一六四頁。

96 「雷案新聞高潮漸過去」(『時與潮』四〇)(1960.9.26)

五頁。

97 陳正茂『台湾早期政党史略（1900-1960）』（台北：秀威資訊、二〇〇九年）二二三頁。左舜生「主張立即釈放雷震」（『聯合評論週刊』一〇七（1960.9.9）、陳正茂編著『左舜生年譜』（台北県：国史館、一九九八年）二五二頁から転載。

98 雷震『雷震全集6：雷案震驚海内外（雷案風波）』二九七～二九九頁。

99 陳正茂『台湾早期政党史略（1900-1960）』二二五頁。

100 「左舜生與陽明山会談」（『時與潮』七〇（1961.5.1）七頁。陳正茂『台湾早期政党史略（1900-1960）二二五頁。李永熾監修・薛化元主編『台湾歴史年表：終戦篇Ⅰ（1945-1965）』三六二、三六四頁。

101 「立委成舎我胡秋原　対雷案発表意見」（『聯合報』一九六〇年九月十四日）第二版。

102 『立法院公報』（第二十六会期第一期、一九六〇年十月七日）四四～四五頁。費希平の質問に対し、陳誠行政院長は、雷震事件はいまだ捜査段階であり、多くを語ることはできないとしつつ、「事実は雄弁に勝るもので、起訴された後みな理解し、あらゆる疑惑は一掃されるだろう」と述べる一方で、雷震事件は「共匪の統一戦線の戦略戦術の運用」であることもほのめかした。雷震は、この質疑は「実に国民党の心根を明らかにしたものである」と思い、陳誠の答弁は「筋違いで恥を知らず、蛇足を加えた発言である」と批判した。雷震『雷震全集6：雷案震驚海内外（雷案風波）』九～一三頁。蔣介石が指示を出したのは、一九六一年三月十六日、五月二十四日である。邵銘煌、薛化元主編『蔣中正総裁批簽档案目録』（台北：国立政治大学歴史系、中国国民党史館、二〇〇五年）四二八、四三四～四三五頁。

103 宋英「営救我的丈夫雷震」。「宋英発表談話　対於密函之説表示困惑　認為雷案発展甚為微妙」（『聯合報』一九六〇年九月十四日）第二版。

104 胡虚一「読『愛荷華憶雷震』書後」（李敖編著『雷震研究』）一六一頁。

105 「雷震劉子英馬之驌反乱嫌疑案件　警備総司令部起訴書全文」（『聯合報』一九六〇年九月二十七日）第三版。

106 夏道平「紀念殷海光先生」（林正弘編『殷海光紀念集』）二四一頁。

107 胡虚一「読『愛荷華憶雷震』書後」（李敖編著『雷震研究』）一四七～一四八頁。

108 宋文明「雷公儆寰逝世十週年祭」（傅正主編『雷震全集1：雷震與我（一）』）八二頁。

109 殷海光、夏道平、宋文明『『自由中国』言論撰稿人共同声明」（『聯合報』一九六〇年十月一日）第二版。

110 薛化元、簡明海訪談「胡学古先生訪談紀録」（未刊稿）、二〇〇一年十月二十七日、胡氏宅にて実施。

111 朱文伯「為中国地方自治研究会再説幾句話」（『自由中国』第二十巻第二期）（1959.1.16）九～一一頁。

112 「殷海光等文責自負」（『時與潮』四六）（1960.11.7）九頁。

113 これは、憲法司令の尹俊が、謝漢儒の述べたことを黄杰に伝えたものである。黄杰日記、一九六〇年九月十二日の条、陳世宏、張世瑛、許瑞浩、薛月順編『雷震案史料彙編：黄杰警総日記選輯』一二八頁。

114 「籌組新党人士発表声明　要求当局釈放雷震　新党籌備委員会昨天宣告成立　最近将召開全会商討組党事宜」（『聯合報』一九六〇年九月十三日）第二版。黄杰日記、一九六〇年九月十二日の条、陳世宏、張世瑛、許瑞浩、薛月順編『雷震案史料彙編：黄杰警総日記選輯』一二九～一三〇頁。

115 「雷案正在偵査階段　李萬居等探監　未能会見雷震」（『聯合報』一九六〇年九月十三日）第二十一版。傅正主編『雷震全集3：雷案始末（一）』一五九頁に収録。

116 雷震『雷震全集6：雷案震驚海内外（雷案風波）』一一二～一一三頁。

117 黄杰日記、一九六〇年九月十三日の条、陳世宏、張世瑛、許瑞浩、薛月順編『雷震案史料彙編：黄杰警総日記選輯』一三三頁。

118 黄杰日記、一九六〇年九月十四日の条、陳世宏、張世瑛、許瑞浩、薛月順編『雷震案史料彙編：黄杰警総日記選輯』一三七頁。

119 黄杰日記、一九六〇年九月十五日の条、陳世宏、張世瑛、許瑞浩、薛月順編『雷震案史料彙編：黄杰警総日記選輯』一三八頁。

120 もともとの掲載は『公論報』（一九六〇年九月二十六日）、傅正主編『雷震全集3：雷案始末（一）』一六五頁。

121 黄杰日記、一九六〇年九月二十六日の条、陳世宏、張世瑛、許瑞浩、薛月順編『雷震案史料彙編：黄杰警総日記選輯』一七〇頁。

122 雷震『雷震全集6：雷案震驚海内外（雷案風波）』二九二～二九三頁。

123 「雷案今再開調査庭　梁肅戎昨晤雷震商答弁　李公権登録迄尚未辦妥」（『徴信新聞報』一九六〇年十月一日）第二版。

124 雷震『雷震全集28：與王雲五的筆墨官司（雷震特稿）』二六七頁。

125 雷震『雷震全集4：雷案始末（二）』五二七～五三〇頁。

126 雷震『雷震全集6：雷案震驚海内外（雷案風波）』二九五頁。

127 「胡適博士無暇　昨未探視雷震　李萬居高玉樹等探監」（『聯合報』一九六〇年十月二十八日）第二版。

128 「黄玉嬌等　探訪雷震」（『聯合報』一九六〇年十一月四日）第二版。

129 雷震『雷震全集28：與王雲五的筆墨官司（雷震特稿）』三二九～三三一頁。

130 周正「関於監察院調査雷案之剖析（一九六〇年十一月三十日）」、陳世宏、張世瑛、許瑞浩、薛月順編『雷震案史料彙編：国防部档案選輯』三八〇～三八一頁。

131 「台湾警備総司令黄杰簽呈参謀総長彭孟緝報告監察院雷案調査小組来部洽談経過（一九六〇年十二月二日）」、

陳世宏、張世瑛、許瑞浩、薛月順編『雷震案史料彙編：国防部档案選輯』三七一頁。

132 黄杰日記、一九六〇年十二月十三日の条、陳世宏、張世瑛、許瑞浩、薛月順編『雷震案史料彙編：黄杰警総日記選輯』二六〇～二六一頁。

133 陳世宏、張世瑛、許瑞浩、薛月順編『雷震案史料彙編：黄杰警総日記選輯』二七二頁。

134 陳世宏、張世瑛、許瑞浩、薛月順編『雷震案史料彙編：黄杰警総日記選輯』二七五～二七六頁。

135 「対於雷案処理経過　監院調査結束　将提出糾正案」（『聯合報』一九六一年三月九日）第一版。

136 「監察院雷案調査小組報告」（『聯合報』一九六一年三月十日）第二、三版。雷震『雷震全集28：王雲五的筆墨官司（雷震特稿）』三三四～三三五頁。

137 雷震『雷震全集28：王雲五的筆墨官司（雷震特稿）』三三四～三三五頁。

138 雷震『雷震全集28：王雲五的筆墨官司（雷震特稿）』三七七～三七八頁。

第三節　『自由中国』の命運と獄中での歳月

一、『自由中国』の停刊

一九六〇年九月に雷震、馬之驌、傅正が逮捕されてから、『自由中国』社の原稿や帳簿なども警備総司令部に持ち去られ、雑誌は発行の継続が不可能になった[1]。

『自由中国』は、雷震の最も重要な事業であり、彼の理想を実践したものでもあった。国民党当局が雷震を罪に落とそうと考えた際には、いかにして『自由中国』を停刊に追い込むかも検討されていたのである。逮捕された後、『自由中国』のスタッフたちと宋英が雑誌をいかに継続するか、あるいは継続するべきかを検討していた時、自由を奪われていた雷震の方では、雑誌の継続を願っていた。

雷震逮捕の翌日、宋英は記者に対し、『自由中国』半月刊の出版を継続するかは、検討中である」と表明した[2]。九月八日に記者会見を開いた際にも、ある記者が『自由中国』半月刊の次号は通常どおり十六日に発行されるかを訊ねたのに対し、宋英は「まだ決定しておらず、検討中」であると答えた。続けて宋英は、「過去に雷震が中央政府で働いたのは一日だけではありませんでしたし、来台後にこの雑誌を経営するにあたっては、人を対象にするのではなく、事柄を対象にしてやってきました。友人たちの感情をことごとく害してきたとは言えなくても、お互いの感情はかなり離れてしまいました。このことで、『自由中国』、ひいては私自身も窮地に置かれたと感じています。ですから、胡適之氏にお願いして、正義を主張して頂く他ないのです」と述べた[3]。

宋英は、九月十日には各紙の記者に対し、前号（九月一日発行）の『自由中国』を再版しようと考えていたが、精華印書館がなんと「印刷の原版を解体した」ことを理由に印刷を拒否したことを報告した。精華印書館が契約を顧みず、通知もなしに勝手に原版を解体したのは、あってはならない行為だと宋英は批判した。一方、『自由中国』が新しい号を出すかについては、現在原稿の集まりに問題があり、しかも最近自由中国社では原稿を受領できないだけでなく、普通の手紙すら受け取れなくなっており、こうした状況ではおそらく雑誌は期限どおりに出版できないだろうと述べた[4]。

雑誌の事実上の責任者として、逮捕後の雷震が最も関心を寄せていたのは、自身がすみやかに自由を回復できることを除けば、『自由中国』半月刊が引き続き出版できることであった。それが、国家にとって望ましいことだと考えていたからである。逮捕されたばかりのころ、雷震の取り調べにあたった桑振業検察官に『自由中国』半月刊の状況を訊ねると、検察官は「当該雑誌の出版は禁止されていない」と答えた[5]。この時、雷震はまだ編集の傅正、経理の馬之驌および劉子英が同日に逮捕されていたことを知らなかったので、はじめのころ、発送を許可された手紙の中には、原稿を傅正と聶華苓に渡して印刷所で組版と印刷をするよう書いているものもあった[6]。

通常なら発行日である九月十六日の前夜、雷震が宋英に宛てた手紙には、はっきりと「『自由中国』は発行を継続しなければならない」と記されていた[7]。伝えられるところによると、その号の原稿は、当時すでに一部が植字のために精華印刷所に送られていたが、そのほかは警備総司令部に押収され、宋英が雷震の意向どおりに出版しようとしても、不可能であったという。原稿を集めるのが難しいため、宋英は「雷震事件特集号」をくみ、国内外の雷震事件に関する報道や評論、ないし政府の文書等を整理収集して出版することも考えたが、印刷所に圧力がかけられ、共同作業を行うことは困難だった[8]。

九月十一日、蔣総統は会議を招集し、席上、陶希聖主任委員が「自由中国半月刊が、雷震の妻により引き続き発行を準備していること、および台湾大学教授の殷海光が二度と文章を書きたがらずにいることなど」について報告した[9]。

九月二十日、蔣介石は国家安全局の国内安全工作会議にて、「雷震事件の処理」について次のように表明した。

雷震事件の処理が若干の悪い反応を引き起こすことは、想定の範囲内である。それでもこの措置を決定したのは、革命にとっての必要性からと、本党の成否がかかっているからである。本事件は雷震個人の問題ではない。なぜなら、その経営する雑誌は社会の不満を醸成し、反乱を扇動していて、もしその活動をほしいままにさせておけば、反攻前の台湾の安定にとって一大問題となるからである。将来に悪い結果が生じるよりは、現在すみやかに処置する方が良い。[10]

十月八日、蔣介石は総統府で主宰した会議において、『自由中国』半月刊の登記を必ず取り消さねばならないと、より明確な指示を出した[11]。政治的環境がこのように緊張した雰囲気にある中で、社内の他のメンバーたちは、雷震が担ってきた重要任務である資金調達を担うことができなかったし、財政支援を提供したいという人がいることも望みがたかった。『自由中国』を継続させるか否かについて、雑誌社内部でも意見は分かれ、たとえば毛子水は停刊を主張し、胡適にも『自由中国』や雷震事件に介入しないよう説得した[12]。

胡適は、九月十七日に国外で記者のインタビューに答えて、「十一年来、『自由中国』半月刊は中華民国の言論の自由を象徴するものであった。この象徴が破壊されないよう心から願う」と述べていた[13]。一九六〇年十月二十二日の夜、胡適は帰国し、台湾の記者からのインタビューにおいて、『自由中国』が復刊するかについて「私個人は、意見はない。すべては編集委員会の決定に従う」と答えた。胡適が記者たちに強調したのは、「このことは、同誌の発行人および編集委員会の全委員で決定するべきである」ということだった。胡適自身も編集委員の一人であり、彼個人は「一つの雑誌が言論の自由を勝ち取るために停刊するのは、光栄ある退場だといえる」が、もし今後も発行するなら、引き続き台北で刊行して本国の法的責任を負うべきで、もし香港や米国で出版するなら、その意義を失うと考えていた。当時、香港では『自由中国』の表紙を用い、香港で出版したいと考えていた人物が二人いたが[14]、胡適はそれを拒絶していた[15]。

「出版法」の規定によれば、発行人である雷震が刑を科された後、登記を変更して別の人間を発行人にしなければ、雑誌は出版を継続できないことになっていた[16]。十一月三日午前、親しい友人たちと面会した雷震は、宋英と再審理由書について話した。宋英は、「出版法」の規定に基づき、『自由中国』を三か月以内に復刊させなければならない問題について話した。宋英は、発行は翌日（十一月四日）の午後になれば決定できるとし、発行人の登記は変更しなければならないと述べた[17]。

十一月四日の夜、胡適の南港にある住まいに宋英と『自由中国』半月刊の編集委員ら関係者一一名が集まり、復刊の問題について協議した。雷震逮捕後の二か月間で、はじめての編集委員会議であった。宋英は、自由中国社は警備総司令部に対し、持ち去られた定期購読者名簿と帳簿の返却を求めると述べた他、「出版法」の規定によれば、定期出版物の発行人が二か月以上の懲役を科された場合、改組するか、発行人の交代を申請しなければならないことを説明した。宋英は、『自由中国』は内政部に発行人の交代を申請するだろうとして、人選はまだ公開できないが、「この申請が許可されるかどうかは、政府の『自由中国』復刊への態度が反映されることになるでしょう」との考えを述べた。胡適は、『自由中国』が存続することは国家に裨益するところがあり、復刊計画には道義的に支持するが、自身は多忙であるし、法律では、中央研究院院長の身分では『自由中国』の発行人にはなれないと説明した。会議では意見交換がなされただけで、明確な結論は出なかったし、次はいつ協議をするかも決まらなかった[18]。

一九六〇年十一月二十六日、軍法処長の周正は黄杰に対し、すでに書簡を内政部に送り、雷震の国民大会代表の資格を取り消し、『自由中国』半月刊発行人の免許を取り上げるよう依頼したことを報告した[19]。

発行人の問題に関して、当時の有力な候補者の中で、胡適は中央研究院院長をしており、宋英には監察委員の身分があったが、法律では公務員が新聞雑誌の発行人を務めてはならないとされていた[20]。斉世英によれば、当時成舍我も『自由中国』雑誌を引き継ぎたいという気持ちをもっていたが、宋英に切り出しにくかったという[21]。後に、いったんは夏道平を発行人として所管官庁に登記変更を申請することが決まったが、夏は検討を重ねた結果、現在の状況では『自由中国』を以前と同じ水準に保つのは難しく、むだに精力と時間を重ねない方が良いと考えるようになった[22]。

宋英も、監察委員の職を辞して『自由中国』の発行人を引き継ぐことを考えてはみたが、現在の立場を考えると、やはり委員の身分にとどまっていたほうが適当であろうと思った[23]。宋英が十二月八日に雷徳全に送った手紙は、この問題に触れ、「政府が再開を許さない以上、私がどうして自ら網に掛かりに行く必要があるでしょうか」と記していた。加えて、宋英には政府から『自由中国』が「自ら」継続しないことを声明するよう圧力がかけられていたので、結局「自ら」停刊を決定するほかなかったのである[24]。

一九六〇年十二月二十日、『自由中国』半月刊は『公論報』に停刊の知らせを掲載した[25]。だが、雷震は依然として『自由中国』が発行を継続できることを望んでおり、「『自由中国』の停刊は、我々にとっての損失は小さいが、政府にとっての損失は大きい」と考えていた[26]。雷震は一九六一年一月四日の夜、宋英宛に手紙を書き、『自由中国』について再考するよう求め、「依然として復刊し、政治の歩みを督促することを望んでおり、夏道平に発行人になるよう依頼することや、宋英や胡適が〔雑誌について〕検討すること、困難を恐れてはならないことなどを説いていた」[27]。しかし、この手紙は「政治に関わる」ことを理由に、軍人監獄から直に差し戻された[28]。一九六一年一月六日、宋英が雷震と面会した際に、「胡氏は停刊を主張され、毛子水も同意見でしたので、停刊しました」と説明したので、雷震もそれ以上言いつのることはしなかった[29]。三月十六日、獄中の雷震は新聞紙上で『自由中国』の登記証取り消しが報じられているのを読んだ[30]。こうして、『自由中国』は、正式に過ぎ去った歴史上のものとなったのである。

二、十年の牢獄での生活

（一）獄中での待遇

再審の結果が確定した翌日の十一月二十四日、雷震は新店安坑の軍人監獄に移送されて服役した。国民大会代表の身分があった雷震は、軍人監獄では将官の待遇を受けられたので、ほかの犯人と一緒に一般居房に入れられることはなかった。雷震の居房は、以前事務室として使われていたのを改装したものだったという。監獄側では、雷震が独居して寂しがることを心配し、三名の受刑者を雷震の隣の部屋に入れて話し相手にさせるほか、日常の細々としたことを手伝わせた。雷震は、毎日朝晩に居房の近くで一回三キロほどの道のりを散歩することができた[31]。散歩をしない時は、読書したり文章を書いたりして、気晴らしをすることもできた[32]。

雷震が獄中で読む書籍や新聞雑誌は、軍人監獄保防室の審査を通過する必要があったが、審査には一定の基準があるわけではなく、完全に保防室の一存で決まっていた[33]。例えば、『西遊記』は、「妖魔や妖怪などをもっぱら語り」、「でたらめで常識外れである」ので、通過しなかったという[34]。胡適の「我們必須選択我們的方向〔我々は、我々の方向を選択しなければならない〕」は、自由中国社が一九四九年六月に出版した反共書籍だったが、国民党を批判してもいたため、保防室の検査と押収にあった[35]。獄中での時間をつぶすため、雷震は大量の文章を執筆しており、参考に用いるべく家族に『社会問題辞典』を送るよう求めたが、この工具書も「社会主義と社会問題に対する説明が多すぎる」ために審査を通らなかった[36]。

軍人監獄では、毎日国民党が創設した『中央日報』と、国防部総政治部が発行した『青年戦士報』のみ、受刑者の閲覧のために提供していた。雷震は、『聯合報』と『中国郵報』も予約購読する許可を得ていたが、毎日の新聞は保防室の検査を受けなくてはならず、通常は午後になってようやく雷震のもとへ送られてきたし、時にはまるまる一部押収されて、送られてこないことすらあった[37]。

書籍や新聞雑誌の審査以外に、雷震の手紙も保防室に検閲されていた。「監獄行刑法」の規定によれば、「監獄の紀律を妨害するものについては、その送受信を許可しない。許可しなかった手紙は、これを廃棄してよい。部分的に監獄の紀律を妨害するだけのものは、削除を命じた後、送受信させることができる」とされていた[38]。だが、監獄側が手紙を検閲するのは、書籍の審査と同じで一定の基準があったわけではなく、雷震は自分の手紙の多くが「監獄の紀律を妨害」するとは思っていなかったが、保防室によって理由なく検査され、押収されたのである[39]。雷震が監獄官の董玉漢に対して、手紙の検査や押収の標準を訊ねたところ、こともあろうに董は、雷震の状況は「他の人間とは異なる」と説明したのだった。雷震は、監獄側が上層部の指示を受けて、自分の手紙に対する検査を特別に厳しくしていると疑っていた[40]。軍人監獄が不当に手紙の検査押収をし、外部との通信を妨げたことで、家族に頼んだ食物や日常品が送られてこず、生活はたびたび支障をきたした[41]。

家族との日常的な連絡以外に、雷震は外界の友人たちとも一定程度の連絡を保っており、たびたび書籍や物資、あるいは金銭などが届けられてきたので感謝にたえなかったが、手紙で謝意を伝えることしかできなかった[42]。ところが、その中でも、息子の雷徳成にかわって王雲五が医薬費を払ってくれたことに感謝する手紙や[43]、聶華苓に送った弔意の手紙[44]、毛子水が書籍を送ってくれたことに感謝した手紙など[45]、多くの手紙が軍人監獄によって検査と押収がなされ、雷震の気持ちを伝えることはできなかったのである。

一九六一年七月、雷震は獄中ではじめての誕生日を迎えたが、それはちょうど六五歳の誕生日だったので、家族から多くの食物や花が送られてきた。友人たちからも祝意が送られてきて、夏濤聲は「猛暑ですので、ご自愛ください」との見舞いの書付を送ってきたし、夏道平は茶葉を二瓶送って、雷震の長寿を祝った[46]。胡適は、一首の詩を書き記したものを雷震に送った[47]。

萬山不許一渓奔，攔得渓聲日夜喧，到得前頭山脚盡，
堂堂渓水出前村。[48]

南宋の大詩人である楊萬里の桂源舗の絶句で、私が最も好んで読むものです。儆寰老弟のために書き、六十五歳の誕生日のお祝いとします。

適之　五十年七月

胡適と雷震は二十数年来にわたる友人で、雷震は常に胡適を「先達」として敬ってきた。雷震にとって、胡適は一貫して『自由中国』の精神的な発行人であり、国民党と蔣介石が雷震と『自由中国』に懲罰を与えようとするのも、胡適本人に懲罰を与えるのに等しいことだった。軍人監獄で、多くの人間が「雷震は胡適の代わりに入獄した」と言っているのを雷は聞いており、本人もこの言葉には一理があると思っていた。そして、胡適もまさにそのことに責任を感じていたから、雷震の救出に尽力したのである[49]。入獄後、胡適が実際に雷震を見舞うことはなく、いつも雷震の家族を通じて間接的に文章や写真を送っていた。ある時胡適は、雷美琳と雷美莉を通じて、「彼〔胡適〕が私〔雷震〕を訪ねて来ない理由を、私はきっと分かっているでしょう」と伝えたこともあった[50]。

二人の情誼は厚く、入獄したばかりの頃、雷震はしょっちゅう胡適に手紙を書いて近況を報告していた[51]。胡適は、雷震が暇な時間を利用して回想録を書こうと考えていることを知ると、獄中で落ち着いて手紙を書けるようになっていることを喜び、なるべく白話で記すよう励ました[52]。その後、胡適はまた宋英に託して、「逆来順受，可以養生〔理不尽な待遇を耐え忍び、養生することができる〕」という八文字を送った。雷震は、胡適の送ってくれたこの八字を見ていると、心がすっと落ち着いてくるように感じた[53]。

胡適が亡くなった一九六二年二月二十四日、雷震はたまたまラジオで訃報を聞き、連日涙が止まらなかった[54]。宋英は、雷震の悲しみ悼む気持ちを知っていたので、接見の時を利用して『徴信新聞報』、『大華晩報』、『自由報』など、胡適を追悼する文章を掲載している新聞各紙を持っていったが、保防官が検査をして、いずれの持ち込みも許可されなかった[55]。

一九六三年、宋英は『時與潮』の独占インタビューを受け、雷震の獄中生活について話した。記者が、「監獄方の雷氏に対する『監督』は、一般の受刑者に比べて厳しいのではあり

ませんか?」と訊くと、宋英は急いで否定した。彼女の回答は、「それどころか、監獄方の人々は、上から下までみなことのほか儆寰の世話をしてくれています。儆寰が今日あのように静かに獄中生活を過ごせているのは、監獄方のおかげだと感謝しなければいけません」という堅苦しいものであった[56]。

軍人監獄も、自分たちは雷震に対して「天地開闢以来の」優待をしていると自称していたが、雷震の方ではそうは思っていなかった[57]。特に「接見」に関しては、雷震とその他の将官級の受刑者とを比べると、その待遇には大きな差があった。家族と接見するたびに、会話は録音され、傍らでは人が監視していたのである[58]。雷震が服役してから一か月後には、蔣介石総統がさらに軍人監獄に対し、宋英が接見後に記者たちに談話を発表するのを制止するよう命令を下した。命令を受けた軍人監獄は、保防官が雷震に直接、「家族との接見で政治を論じてはならない」と告げた他、雷震が自ら家族に対し、「新聞に談話を発表してはならず、さもなければ監獄規定に違反し、優待を受けられなくなる」と言い聞かせるよう求めた[59]。雷震が軍人監獄で受けていたいわゆる「優待」は、明らかに党政上層部（蔣介石総統など）から厳格に注目されることも含まれるものであった。雷震と同時期に監獄に入った将官級の受刑者たちの中には、真に礼遇されていた人々もおり、たとえば衣復恩中将が妻と接見する際にはいつも時間が超過し、監視もつかなかった[60]。魏大銘中将の妻は、接見の手続きをとらなくても、直接軍人監獄に入ることができたのである[61]。

雷震は、自身の受けている待遇が他人よりも悪いと思い、ほかの受刑者に対し、「もし私にもう少し便宜をはかってくれれば、各方面にとって有利なのに」と不平を言ったことがあった。それを知った監獄の方では、雷震の発言は「間接的な方法で本監獄を脅したもの」だと見なした[62]。

前述した『時與潮』は、雷震の友人である斉世英が経営していた雑誌である。同誌は、宋英に独占インタビューしたのと同じ号で、雷震が「寛容と自由」をテーマに獄中でつくった自励詩と跋文を公開した[63]。その次の号からは、徐復観、夏濤聲、張関生らが雷震に応答してつくった数首の詩作が立て続けに掲載された[64]。おそらくこれらの内容が注意を引いたものと見え、蔣介石は彭孟緝参謀総長に「雷震が獄中で詩や詞を書いている状況」について調査するよう命じ、彭は五月五日に報告書を提出した[65]。その結果、『時與潮』は一七二期から強制的に一年半の停刊となり[66]、軍人監獄の保防官も過失を犯したと記録された。雷震には、家族との接見を禁止する罰が科されたが、何回停止とするか、その回数は記されなかった[67]。

牢獄につながれ、自由を失った受刑者にとって、親類や友人と会うことはきわめて得難い時間である。雷震は、週に二回人と接見することが可能で、通常は毎週金曜と火曜にそれぞれ宋英と向筠が接見に来ていた[68]。一九六三年五月三日（金）は、罰を科される前の雷震が最後に家族と会った日となり[69]、五月七日（火）以降は親しい家族と会えなくなった上、その原因は明らかにされなかったのである[70]。一か月後、董監獄官が「今回のことは上層部が始めたことで、監獄長は同情していても助けることができない」と説明したのを聞いて、雷震はようやく自分が家族と会えないのは、『時與潮』に掲載された内容が政府を怒らせ、接見停止という目にあったのだということを知った[71]。董監獄官はまた、監獄長が雷震の接見を早期に回復させるよう上層部に請求しやすくなるように、「今後家に手紙を書く時は多くを記すことがないよう」繰り返し雷震に言い含めた[72]。

接見禁止と同時に、保防室が雷震の手紙を審査する基準はより厳しくなり、それらはみな雷震の心理に負の影響を与えた[73]。軍人監獄の記録も、雷震は長期間接見を禁止され、精神と感情の状況が悪化し、「終日憂いを含み、言葉を発さず、いらいらと不安で、あせりと心配で落ち着かない状態である」と報告していた[74]。雷震がいつになったらまた接見できるかは、監獄長が決められることではなかった。馬光漢監獄長は、一度ならず上層部に対して雷震の接見回復について伺いを立てていたようで[75]、彼が提出した「毎週ごとに一回家族と接見することについて、申請どおり許可頂けるか、審査の上ご回答をお願いします」との公文書は、軍法局局長范魁書、参謀総長彭孟緝、総統府秘書長張群のもとを経て、十月初めに蔣介石総統に提出された[76]。十月十五日、蔣総統は「毎月一回、家族との接見を許可する」と指示を出した[77]。接見が停止されてから五か月あまりを経た十月十八日、ようやく雷震は再び家族と会うことができた[78]。だが、蔣介石の指示に基づき、ひと月に一度しか接見することはできず、「監獄行刑法」が基本的に保障している一週間に一度という頻度には戻らなかったのである。

一か月後の一九六三年十一月十九日に接見した際、雷震は宋英に対し、「すでに迫害を受け尽くしたので、明日から絶食する」と伝えた[79]。書籍や書類が監獄側から不当な検査や押収にあったので、雷震は早くから自分が獄中で不公平な虐待を受けていると思っており、絶食による抗議を計画したのである。しかも、意気盛んに一篇の「正義歌」を記して心の内を明らかにし、それを蔣介石総統、陳誠行政院長、王雲五行政院副院長、兪大維国防部長、監察委員の陶百川、黄寶實、王文光、劉永済、金越光の五名、さらに監獄長、袁科長、宋英らに送ろうとしていた[80]。宋英と軍人監獄の看守たちは雷震が絶食すると聞き、すぐさま制止したが、雷震はその場で宋英に対して跪いた[81]。

翌日、雷震は計画どおりに絶食を開始した[82]。絶食停止の条件として雷震が列挙したのは、まず国民党が司法機関および軍隊から退出すること、さらに青年救国団や、学校、鉄道、道路、産業、船員などの党部、民衆服務站などの形を変えた国民党機構を廃止すること、政府に寄生する産業から退出すること、軍内の政治部を廃止すること、領袖・国家・責任・栄誉などといった標語を廃止すること、誕生祝などの領袖の個人崇拝をもたらす措置を廃止すること、台北板橋の集中営に収容されている政治犯を釈放すること、新聞報道に対する規制を解除することなどであった。雷震個人に関しては、『自由中国』半月刊の登記を回復させること、雷震事件を理由に中国民主党の活動を妨害しないこと、獄中期間におけるあらゆる精神的・物質的損失を賠償することなどを要求した[83]。この絶食は、家族と監獄側がひっきりなしになだめた後、十一月二十五日に正式に終了した[84]。

十年間の長きにわたる入獄の中で、雷震は次第に牢獄生活にも慣れ、苦中に楽しみを求め、心を安らげることもできるようになっていった。一九六五年、雷震は数首の打油詩[85]をつくり、獄中では「日常生活はすべて気分次第で、食事も睡眠も心のまま。文章を書くのは誰にも邪魔されず、読書も自由自在である」[86]、「投獄されるのもどうということはない、殺されなくて阿弥陀仏」[87]と自嘲した。過去に自分が「国家、党、社会のことで一日中休まず奔走していた」ことを思うと、「濡れ衣を着せられ入獄してからは、俗事に心を煩わされる必要がなくなった」のである[88]。

もちろん、雷震の牢獄生活は、いつもこのように平穏なわけではなかった。一生をかけて民主と法治を追求してきた雷震にとって、不公正や不義、人権の侵害などの存在は受け入れられないものであった。自分は一定程度の「優待」を受けていたとはいえ、看守が筋道を通さずその他の受刑者を虐待しているのを見ると、雷震はこらえきれずに彼らのために声をあげたし、時には大真面目に『六法全書』を開き、「監獄行刑法」の規定を監獄官に指し示すということすらしたのである[89]。

一九六五年九月、雷震はささいなことが原因で王忠坤班長から理不尽に口汚く罵られ、憤りを感じた。しかし、この件について監獄側では適切に対処せず、雷震はこの数年来、接見の問題や書籍・新聞・手紙の検査押収の問題など、各種の不当な待遇を受けていたことを思い出し、旧怨に新たな怨恨が加わって、憤りのあまり再度の絶食を決意した。さらに、一通の長い手紙を記し、国防部長の蔣経国に不服を述べようと考えた[90]。十月三十一日、雷震は再び絶食を開始したほか、「絶食遺白」という詩を記して、入り口に張り出した[91]。だが、監獄側が説得して、翌日の晩に雷震は少しだけ食べ物を口にした。十一月二日には、董監獄官がまた機嫌をとりに来て、軍人監獄ではすでにこの件を国防部に報告したし、「絶食遺白」も一緒に送ったと説明して、忍耐するようすすめた。こうして、雷震の二回目の絶食も終わりを迎えた[92]。

とは言え、雷震が抗議していた接見の頻度や、書簡の不当な検査押収の問題は、その後もほとんど改善しなかった。新聞は、以前のように毎回まるごと一部差し引かれることはなくなったが、保防室が適当でないと思った内容は、切り取られたりインクが塗られたりした。接見の頻度については、雷震の数度にわたる抗議を経て、一九六八年七月になってようやく法律が基本的に保障する週一回の接見に戻すことができた[93]。だが、毎回の接見時間はわずか三〇分に限られ、その他の将官級の受刑者はほとんど時間制限がなかったのとは大きく異なっていた。そこで、雷震が時間制限について監獄側に不平を言うと、彼らがとった対応策は、雷震の視線を避けるために、その他の受刑者の接見を雷震と同じ火曜日や金曜日には行わないというものだった[94]。

(二) 出獄の際に受けた迫害

一〇年という牢獄での長い歳月の中で、雷震は胡秋原、徐復観、蔣勻田、陳訪先、胡適、夏濤聲ら多くの友人たちのすすめで、大量の読書と執筆活動に時間を過ごした[95]。獄中で雷震は個人の「回想録」を執筆し、幼い頃の生活から、日本への留学、帰国後の教職から政治への参画の過程、さらに胡適や国民党、および各党派の人士たちとの往来について記述した。その他、「新党運動黒皮書」という本も一冊執筆している[96]。

ところが、刑期が満了し、出獄する直前の一九七〇年七月二十三日、保防室主任の華新春が雷震の獄中での書籍や原稿を検査しに来て、完成稿と未完成稿とを問わず、すべてを運び出すよう命じた。続けて、人を従えて雷震の居房にやって来て、室内のすでに箱詰めされているものもされていないものも、執筆中や未完成の原稿も一切合切を検査のために運び去り、雷震の抗議を全く顧みようともしなかった[97]。

長年の心血を注いだ結晶がすべて奪い去られたことは、雷震にとって大きな打撃であった。雷震は、返却されなければ出獄しないと何度も表明し[98]、軍人監獄ではそれに対して、雷震が家族と接見日以外に面会するのを「特別に許可」することを繰り返し、接見時間も延長することで、雷震が原稿をあきらめて監獄に協力し、予定どおりに出獄するよう説得した[99]。家族たちは、雷震が予定どおり確実に出獄できるようにする方に傾いており、宋英は雷震の頑固な性格を知っていたので非常に心配し、「あなたはそんな道理をわけまえないことを言っていたら、出られなくなるかもしれないわよ」と言ったが、雷震はなおも態度を変えず、自分が回想録を書いた目的は「主として、子孫たちに自分が共産党のスパイではないことを知らせたいからだ」と述べた[100]。一方、国防部は軍事検察官を監獄に派遣して、雷震の原稿について質問した。検察官は、雷震が反攻絶望論者で、毛沢東を称揚したと指摘した[101]。その後、政戦官の鍾文entity秦は「誓約書」を書くことを雷震に要求し、さもなければ十年の刑期満了時にも釈放せず、思想問題を調査するために懲役を延長すると述べた。回想録の中で孫文と蔣介石をけなしているというのが、その理由であった[102]。だが、雷震は「誓約書」に署名せよという要求はまったく理にかなっていないとして、断固として拒絶した[103]。

宋英は、雷震が予定どおり出獄できるようにするためあちこちを奔走し、谷正綱のもとを訪れて説得した。谷正綱は雷震に対し、妻子の一〇年におよぶ苦労を思って、警備総司令部の要求どおりの反省を示した誓約書を書き写すようねんごろに勧めた。その内容は、「私が保釈されて出獄した後、国家に不利となるいかなる言論や行動もせず、また国家に不利となる人士とは交わらない」というものだった[104]。古い友人である谷正綱の説得や、妻子ら家族の肉親の情を使った攻勢などがあり、ついには雷震も、回想録が戻って来ていない状況下ではあったが、出獄手続きを順調にすすめるべく、いやいやながら「誓約書」を書き写した[105]。

八月二十八日、王雲五、谷正綱、陳啓天が宋英と一緒に軍人監獄を訪れ[106]、「（警備総司令部）は、あなたの出獄に関して、その妨げになることはしない」と保証したが[107]、警備総司令部の責任者は新しい誓約書をもってきて、もとの誓約書にあった「国家」の二字を「政府」に改変していた。雷震は文言の変更に非常に不満であったものの、王雲五らのすすめにより「そのとおりに書いたが、内心では非常に辛く、ほとんど涙が出そうだった」[108]。誓約書を書き終わった後、王雲五、谷正綱、陳啓天が「立会人」として署名した[109]。雷震は心中深く慨嘆し、「これはなんという政府と政治だ?」と思った[110]。

八月三十一日、軍人監獄は宋英に各種の出獄手続きを行うよう宋英に通知した[111]。雷震の女婿である陳襄夫と、姪の夫である毛富寛の二人が保証人となった[112]。結局、彼が心血を注いで執筆した「回想録」と『新党運動黒皮書』は取り戻せなかったが、雷震は一九七〇年九月四日に刑期を終えて出獄したのである。

注

1 黄杰日記、一九六〇年九月四日の条、陳世宏、張世瑛、許瑞浩、薛月順編『雷震案史料彙編：黄杰警総日記選輯』一〇五頁。雷震『雷震全集36：獄中十年（一）』、日記一九六一年三月十六日の条、七五頁。任育徳『雷震與台湾民主憲政的発展』二七六頁。

2 『自由中国』半月刊是否継続出版　尚在攷慮中　宋英昨曾赴監探視乃夫雷震」（『聯合報』一九六〇年九月六日）第二版。

3 「宋英昨電胡適　要求主持正義」（『聯合報』一九六〇年九月八日）第二版。

4 「宋英将向監院　提出書面申訴　対於雷震香港匯款等事昨邀記者有所解釈」（『徵信新聞報』一九六〇年九月十一日）第二版。「雷夫人無力抵制政府扼殺《自由中国》」、もともとの掲載は『公論報』（一九六〇年九月十一日）、傅正主編『雷震全集3：雷案始末（一）』一一六〜一一七頁。

5 「警総三度偵訊雷震　仍採談話方式　雷応訊時情緒穏定」（『徵信新聞報』一九六〇年九月十日）第二版。

6 「拘所床板太硬　午夜轉転難眠　軍方人員照料週到　雷震認為盛情可感」（『聯合報』一九六〇年九月九日）第二版。「雷震発交軍監執行」（『時與潮』五〇）(1960.12.5)四〜五頁。

7 黄杰日記、一九六〇年九月十三日の条、陳世宏、張世瑛、許瑞浩、薛月順編『雷震案史料彙編：黄杰警総日記選輯』一三二頁。
8 「雷震発交軍監執行」(『時與潮』五〇)(1960.12.5)四～五頁。
9 黄杰日記、一九六〇年九月十一日の条、陳世宏、張世瑛、許瑞浩、薛月順編『雷震案史料彙編：黄杰警総日記選輯』一二四～一二五頁。
10 黄杰日記、一九六〇年九月二十日の条、陳世宏、張世瑛、許瑞浩、薛月順編『雷震案史料彙編：黄杰警総日記選輯』一五二頁。
11 「対雷震及自由中国半月刊調査研究案」、档案管理局蔵、国史館档案、档号：0047=275.11=1=virtual001=virtual001=0233-234。陳世宏、張世瑛、許瑞浩、薛月順編『雷震案史料彙編：国防部档案選輯』三三一～三三二頁。
12 任育徳『雷震與台湾民主憲政的発展』二七七頁。
13 「雷案新聞高潮漸過去」(『時與潮』四〇)(1960.9.26)五頁。
14 そのうちの一人は、おそらく香港『新生晩報』の経理をしていた陳廷であり、十月十五日に香港で同名の雑誌を「創刊」する予定であった。「香港『自由中国』決定緩期出版胡適致電商編輯内容　該刊登記人未尽同意」(『聯合報』一九六〇年十月十二日)第二版。
15 常勝君「雷案・自由中国・反対党　夜訪胡適談三事」(『徴信新聞報』一九六〇年十月二十三日)第一版。「対於雷案判決　認為有欠公平　如被伝訊願為作証」(『聯合報』一九六〇年十月二十三日)第一版。「雷震発交軍監執行」(『時與潮』五〇)(1960.12.5)五頁。
16 「《自由中国》停刊退款」、もともとの掲載は『時與潮』(一九六〇年十二月二十六日)、傅正主編『雷震全集5：雷案始末(三)』七六五～七六六頁。
17 黄杰日記、一九六〇年十一月三日の条、陳世宏、張世瑛、許瑞浩、薛月順編『雷震案史料彙編：黄杰警総日記選輯』二三四頁。
18 「商復刊問題　胡適不作馮婦　尚待継続会商」(『徴信新聞報』一九六〇年十一月六日)第二版。
19 陳世宏、張世瑛、許瑞浩、薛月順編『雷震案史料彙編：黄杰警総日記選輯』二五六頁。
20 「雷震発交軍監執行」(『時與潮』五〇)(1960.12.5)五頁。
21 雷震『雷震全集46：最後十年(二)』、日記一九七三年六月一日の条、九五頁。
22 「雷震発交軍監執行」(『時與潮』五〇)(1960.12.5)五頁。
23 「雷震発交軍監執行」(『時與潮』五〇)(1960.12.5)五頁。
24 宋英から雷徳全宛書簡、一九六〇年十二月八日、中央研究院近代史研究所所蔵、雷伝信函档、H.05籌組新党與雷案発生後之営救信函。任育徳『雷震與台湾民主憲政的発展』二七七～二七八頁から再引用。
25 「《自由中国》社啓事」、もともとの掲載は『公論報』(一九六〇年十二月二十日)、傅正主編『雷震全集5：雷案始末(三)』七六四～七六五頁。「『自由中国』停刊退款」(『時與潮』五三)(1960.12.26)
26 雷震『雷震全集36：獄中十年(一)』、日記一九六一年一月四日の条、五～六頁。

27 黄杰日記、一九六一年一月九日の条、陳世宏、張世瑛、許瑞浩、薛月順編『雷震案史料彙編：黄杰警総日記選輯』二七〇頁。

28 雷震『雷震全集36：獄中十年（一）』、日記一九六一年一月五日の条、六～七頁。

29 雷震『雷震全集36：獄中十年（一）』、日記一九六一年一月六日の条、七～八頁。

30 雷震『雷震全集36：獄中十年（一）』、日記一九六一年三月十六日の条、七五頁。

31 「雷震獄中生活」（『時與潮』五一）（1960.12.12）八頁。

32 雷震『雷震全集36：獄中十年（一）』、日記一九六一年二月十六日の条、五〇頁。

33 保防官の華新春はかつて雷震に、「過去に書籍を審査した時、審査法が定まっていたわけではない」と言ったことがある。雷震「給洪破浪監獄長第一封抗議信」（『雷震全集27：給蔣氏父子的建議與抗議』）二〇二頁。

34 雷震『雷震全集37：獄中十年（二）』、日記一九六二年六月二十七日の条、一三二～一三三頁。『雷震全集41：獄中十年（三）』、日記一九六三年二月二十二日の条、三七～三八頁。

35 雷震『雷震全集37：獄中十年（二）』、日記一九六二年三月三十一日の条、七三～七五頁。

36 雷震『雷震全集36：獄中十年（一）』、日記一九六一年四月二十一日の条、一〇四～一〇五頁。

37 雷震「国民党眼中容不得一粒砂子」（『雷震全集11：雷案回憶（一）』）一四七～一四八頁。

38 「監獄行刑法」（一九五七年一月七日修正）、司法院法学資料検索系統 https://law.judicial.gov.tw/FLAW/hisdata.aspx?lsid=FL010327&ldate=19570107&lser=001、閲覧日時：二〇二〇年一月二十一日。

39 雷震『雷震全集36：獄中十年（一）』、日記一九六一年六月五日の条、一四六～一四七頁。

40 雷震『雷震全集36：獄中十年（一）』、日記一九六一年六月七日の条、一四八～一四九頁。

41 雷震『雷震全集37：獄中十年（二）』、日記一九六二年三月三十日の条、七三～七五頁。雷震『雷震全集37：獄中十年（二）』、日記一九六二年六月一日の条、一一六～一一七頁。

42 軍人監獄の受刑者に接見できるのは親族に限られており、親族でない者が接見を求める場合、事前に申請して国防部の批准を受ける必要があった。「だが、『政治反乱犯』の友人が監獄を訪ねる手続きは煩雑で、許可もおりにくいことは容易に想像がつくものであった」。胡虚一「読『愛荷華憶雷震』書後」（李敖編著『雷震研究』）一四九頁を参照。

43 雷震『雷震全集36：獄中十年（一）』、日記一九六一年五月二十九日、六月二日の条、一三六～一三七、一四三～一四四頁。

44 雷震『雷震全集37：獄中十年（二）』、日記一九六二年十一月二十三日の条、二三二頁。

45　雷震『雷震全集42：獄中十年（四）』、日記一九六五年七月二日の条、二二八～二二九頁。

46　雷震『雷震全集36：獄中十年（一）』、日記一九六一年七月七日の条、一七五～一七六頁。

47　雷震『雷震全集36：獄中十年（一）』、日記一九六一年八月七日の条、一九九頁。

48　〔訳注〕現代文は、次のとおり。萬山は細い渓流が勢いよく流れるのを許さず、遮られた渓流の音は日夜音を響かせるが、水が流れて山麓に達すれば、堂々たる渓水が村の前に現れる。

49　雷震「胡適與雷案」（『雷震全集47：最後十年（三）』）一四一、一四四頁。

50　雷震『雷震全集36：獄中十年（一）』、日記一九六一年一月三日の条、五頁。

51　傅正主編『雷震全集30：雷震秘蔵書信選』四四三～四六六頁には、一九六一年から一九六二年二月にかけて、雷震が胡適に書いた一三通の手紙が収録されている。しかも、手紙の内容からは、雷震が獄中で胡適に書いた手紙は、収録されている分よりももっと多かったものと推測される。

52　胡適「贊成在獄安心写回憶，並儘量写得『白』——胡適致雷震」（一九六一年一月十六日）、傅正主編『雷震全集30：雷震秘蔵書信選』四四一頁。雷震『雷震全集36：獄中十年（一）』、日記一九六一年一月二十一日の条、二二二～二二三頁。

53　雷震『雷震全集36：獄中十年（一）』、日記一九六一年三月二十四日の条、八一～八二頁。

54　雷震『雷震全集37：獄中十年（二）』、日記一九六二年二月二十四日、三月二日の条、四二～四四、五〇～五一頁。

55　雷震『雷震全集37：獄中十年（二）』、日記一九六二年三月十六日、五九～六〇頁。

56　「訪監委宋英女士　問雷震獄中生活」（『時與潮』一六六）（1963.4.1）四頁。

57　雷震は、「私は、私の事件もまた『天地開闢以来の』事件だと思う」と記している。雷震『雷震全集36：獄中十年（一）』、日記一九六一年六月十日、十六日の条。一五一～一五三、一五七～一五八頁。

58　「雷震獄中生活」（『時與潮』五一）（1960.12.12）八頁。

59　黄杰日記、一九六一年一月九日の条、陳世宏、張世瑛、許瑞浩、薛月順編『雷震案史料彙編：黄杰警総日記選輯』二六九頁。

60　雷震『雷震全集41：獄中十年（三）』、日記一九六八年二月二十六日の条、二二四頁。

61　雷震『雷震全集44：獄中十年（六）』、日記一九六九年六月二十四日の条、九四～九五頁。

62　黄杰日記、一九六一年一月九日の条、陳世宏、張世瑛、許瑞浩、薛月順編『雷震案史料彙編：黄杰警総日記選輯』二七〇頁。

63 雷震「雷震獄中自励詩（附跋）」（『時與潮』一六六（1963.4.1）二、五頁。

64 徐復観「読雷震獄中詩感賦」（『時與潮』一六七（1963.4.8）二頁。夏濤聲「和復観兄読儆寰（雷震）獄中詩感賦」（『時與潮』一六九）（1963.4.22）九頁。張閔生「復観先生属和読儆寰獄中詩感賦」（『時與潮』一六九）（1963.4.22）九頁。

65 「収発文簿（23）」『蔣中正総統文物』、国史館蔵、典蔵号：002-110602-00023-005。

66 邱家宜「斉世英與逆勢而為的《時與潮》雑誌（1959-1967）」（『新聞学研究』一二三）（2015.4）一〇～一一頁。

67 雷震「国民党連軍監也不放過」（『雷震全集12：雷案回憶（二）』四〇三頁。

68 胡虚一「読『愛荷華憶雷震』書後」（李敖編著『雷震研究』）一四九頁。

69 雷震『雷震全集41：獄中十年（三）』、日記一九六三年五月三日の条、七五頁。

70 雷震『雷震全集41：獄中十年（三）』、日記一九六三年五月七日、六月七日の条、七六～七七、九四頁。

71 雷震『雷震全集41：獄中十年（三）』、日記一九六三年六月十三日の条、九七頁。

72 雷震『雷震全集41：獄中十年（三）』、日記一九六三年七月十三日の条、一一四～一一五頁。

73 雷震『雷震全集41：獄中十年（三）』、日記一九六三年六月二十四日の条、一〇三～一〇四頁。

74 「彭孟緝呈岳公秘書長賜鑒雷震停止接見後情形及其特抄妻宋英来函」、一九六三年九月二十日、档案管理局蔵、档号：B3750347701=0049=3132488=488=1=005=0006。

75 「彭孟緝呈岳公秘書長賜鑒雷震停止接見後情形及其特抄妻宋英来函」、一九六三年九月二十日、档案管理局蔵、档号：B3750347701=0049=3132488=488=1=005=0019。

76 「彭孟緝呈岳公秘書長賜鑒雷震停止接見後情形及其特抄妻宋英来函」、一九六三年九月二十日、档案管理局蔵、档号：B3750347701=0049=3132488=488=1=005=0026。

77 「収発文簿（23）」『蔣中正総統文物』、国史館蔵、典蔵号：002-110602-00023-010。

78 雷震『雷震全集41：獄中十年（三）』、日記一九六三年十月十八日の条、一六二頁。

79 雷震『雷震全集41：獄中十年（三）』、日記一九六三年十一月十九日の条、一七五～一七六頁。「彭孟緝呈岳公秘書長雷震十一月十九日接見家属情形説話筆録及雷震同月在監情形抄同原件」、一九六三年十一月二十二日、档案管理局蔵、档号：B3750347701=0049=3132488=488=1=005=0031、0032。

80 雷震『雷震全集41：獄中十年（三）』、日記一九六三年二月十五日、六月十八日の条、三三～三四、一〇〇頁。

81 「彭孟緝呈岳公秘書長雷震十一月十九日接見家属情形説話筆録及雷震同月在監情形抄同原件」、一九六三年十一月二十二日、档案管理局蔵、档号：B3750347701=0049=3132488=488=1=005=0031、0032。

82　雷震『雷震全集41：獄中十年（三）』、日記一九六三年十一月二十日の条、一七六～一七七頁。

83　「彭孟緝呈岳公秘書長雷震十一月十九日接見家属情形説話筆録及雷震同月在監情形抄同原件」、一九六三年十一月二十二日、档案管理局蔵、档号：B3750347701=0049=3132488=488=1=005=0034、0035。

84　雷震『雷震全集41：獄中十年（三）』、日記一九六三年十一月二十五日の条、一八〇～一八一頁。

85　〔訳注〕諧謔詩。戯詩。俗詩。平仄に拘らず、風刺に富む旧詩。唐の張打油が始めたとされる。また、自分の詩作を謙遜していう。愛知大学中日大辞典編纂所『中日大辞典　第三版』（大修館書店、二〇一〇年）三三三頁。

86　雷震『雷震全集42：獄中十年（四）』、日記一九六五年六月二十二日の条、一一五～一一七頁。

87　雷震『雷震全集42：獄中十年（四）』、日記一九六五年六月二十五日の条、一二〇～一二二頁。

88　雷震『雷震全集42：獄中十年（四）』、日記一九六五年六月三十日の条、一二六頁。

89　雷震『雷震全集43：獄中十年（五）』、日記一九六八年十一月一日の条、三三八頁。

90　雷震『雷震全集42：獄中十年（四）』、日記一九六五年九月二十七日、二十八日、十月一日の条。一八三～一八七頁。

91　雷震『雷震全集42：獄中十年（四）』、日記一九六五年十月三十一日の条、二〇七～二〇八頁。

92　雷震『雷震全集42：獄中十年（四）』、日記一九六五年十一月二日の条、二〇九～二一〇頁。

93　雷震「国民党連軍監也不放過」（『雷震全集12：雷案回憶（二）』）四〇四頁。

94　雷震『雷震全集43：獄中十年（五）』、日記一九六八年三月六日の条、二二九～二三〇頁。

95　雷震「給洪破浪監獄長第一封抗議信」（『雷震全集27：給蔣氏父子的建議與抗議』）二一〇頁。雷震『雷震全集36：獄中十年（一）』、日記一九六一年一月十四日の条、一五～一七頁。

96　雷震「給洪破浪監獄長第一封抗議信」（『雷震全集27：給蔣氏父子的建議與抗議』）二一一～二一三頁。

97　雷震『雷震全集44：獄中十年（六）』、日記一九七〇年七月二十三日の条、二七三～二七四頁。雷震「給洪破浪監獄長第一封抗議信」（『雷震全集27：給蔣氏父子的建議與抗議』）一七八～一八〇頁。

98　傅正「雷震刑期屆満幾乎不能出獄的風波」（傅正主編『雷震全集5：雷案始末（三）』）八五九頁。雷震「給洪破浪監獄長第一封抗議信」（『雷震全集27：給蔣氏父子的建議與抗議』）二二二頁。

99　雷震『雷震全集44：獄中十年（六）』、日記一九七〇年八月十四日、十五日の条（出獄後追記）、二七六～二七七頁。雷震「警総更改『誓書』内容的卑劣手法」（『雷震全集12：雷案回憶（二）』）二七三頁。

100 「国防部台湾軍人監獄受刑人接見監聴紀録報告表」、一九七〇年八月十四日、档案管理局蔵、档号：0049=275.11=2=virtual004=virtual001=0007。

101 雷震『雷震全集44：獄中十年（六）』、日記一九七〇年八月二十一日の条（出獄後追記）、二七八頁。雷震「給洪破浪監獄長第一封抗議信」（『雷震全集27：給蔣氏父子的建議與抗議』）二二四〜二二五、二二七〜二二八頁。

102 雷震「国民党在出獄前的迫害與無頼」（『雷震全集12：雷案回憶（二）』）二七三頁。「国防部台湾軍人監獄受刑人接見監聴紀録報告表」、一九七〇年八月二十七日、档案管理局蔵、档号：0049=275.11=2=virtual004=virtual001=0021。

103 雷震「国民党在出獄前的迫害與無頼」（『雷震全集12：雷案回憶（二）』）二六七頁。

104 雷震『雷震全集44：獄中十年（六）』、日記一九七〇年八月二十七日の条（出獄後追記）、二七九頁。谷正綱が持って来た誓約書の控えの画像が、雷震「警総更改『誓書』内容的卑劣手法」（『雷震全集12：雷案回憶（二）』）二七三頁に収録されている。

105 雷震『雷震全集44：獄中十年（六）』、日記一九七〇年八月二十七日の条（出獄後追記）、二七九頁。

106 雷震『雷震全集44：獄中十年（六）』、日記一九七〇年八月二十八日の条（出獄後追記）、二八〇〜二八一頁。雷震「警総更改『誓書』内容的卑劣手法」（『雷震全集12：雷案回憶（二）』）二七四頁。

107 「国防部台湾軍人監獄受刑人接見監聴紀録報告表」、一九七〇年八月二十八日、档案管理局蔵、档号：0049=275.11=2=virtual004=virtual001=0061。

108 雷震「警総更改『誓書』内容的卑劣手法」（『雷震全集12：雷案回憶（二）』）二六八〜二六九頁。雷震『雷震全集44：獄中十年（六）』、日記一九七〇年八月二十八日の条（出獄後追記）、二八〇〜二八一頁。

109 傅正「雷公在民国五十九年出獄前保釈紀要」（傅正主編『雷震全集44：獄中十年（六）』）二八二〜二八三頁。出獄前に雷震が書いた誓約書の控えの画像が、雷震「警総更改『誓書』内容的卑劣手法」（『雷震全集12：雷案回憶（二）』）二七五頁に収録されている。

110 「国防部台湾軍人監獄受刑人接見監聴紀録報告表」、一九七〇年八月二十八日、档案管理局蔵、档号：0049=275.11=2=virtual004=virtual001=0061。

111 傅正「雷公在民国五十九年出獄前保釈紀要」（傅正主編『雷震全集44：獄中十年（六）』）二八三頁。

112 保証書の写しは、「雷震刑期屆満幾乎不能出獄的風波」（『雷震全集5：雷案始末（三）』）八六二〜八六三頁に収録されている。

第四節　国家アイデンティティの進展と憲政構想

一、国家アイデンティティの転換

戦後台湾のリベラリズムを代表する人物の一人である雷震は、その思想を発展させていく中で、近代の多くのリベラリストたちがそうであったように、国家アイデンティティとリベラリズムの間に存在し得る矛盾の問題に直面していた。『自由中国』の創刊以来、一九五〇年代には「一つの中国」原則による国家の位置づけを主張していたが、外的な国際情勢の変化にともない、その立場には変化が生じていった。『自由中国』の後期、特に一九六〇年からは、「二つの中国」という情勢が発展していくことに向き合わなければならなくなった。そして、一九七〇年に出獄した後には、「二つの中国」の枠組みのもと、国家アイデンティティの問題に対処したのである[1]。

雷震は、一九五〇年代の初期には、もとより「大陸反攻」に期待していたが、同時に民主反共の路線をとる必要があると考えていた。そのため、台湾で民主改革を行い、憲政の経験をつむよう求めたが、その理由の一つは、「大陸反攻」後に前述の経験、あるいは実践の結果を重要な基礎として、中国で民主憲政を実行できるということだったのである。「一つの中国」の立場をあくまで主張してはいたものの、雷震と『自由中国』は、次第に武力による反攻が現実的にはますます不可能になりつつあることを認識していった。そこで、一九五七年に『自由中国』は、その社説にて「大陸反攻」問題について検討し、「実事求是，持久健進，実質反共〔実際に即して正確な方法を見いだし、長期的・安定的に前進し、実質的に反共をすすめる〕」政策を採用するよう主張した。『自由中国』は、「一つの中国」の立場を放棄こそしていなかったが、短期間での「大陸反攻」が不可能であるからには、「大陸反攻」を理由に自由と人権を犠牲にする政策傾向は、なおのこと受け入れ難いものとなった[2]。言い換えれば、『自由中国』は、早期の「大陸反攻」という考え方をすでにあきらめ、台湾海峡の両岸が一定の期間対峙しているという枠組みの中で、より積極的に台湾を民主政治の方向に発展させていくという路線に傾いていったのである。

一九五八年、ダレス国務長官と蔣介石が「ダレス・蔣介石共同コミュニケ」を発表したことで、武力を主として大陸反攻を行うことの不可能さが、より明確になった。コミュニケでは、「中華民国政府は、大陸人民の自由を回復することがその神聖な使命であると考えており、その使命の基礎は中国人民の人心の上に構築されるものと信じる。この使命を達成する主要な手段は、孫中山先生の三民主義を実行することであって、武力によるものではない」ことが明示されたのである[3]。当時、外交部長の黄少谷が、もし中国大陸にてハンガリーのブダペストのような革命が起こった時、政府は「武力による大陸反攻」を放棄しないと補足はしていたものの[4]、雷震と『自由中国』にとって、それは武力による大陸反攻の未放棄を証明するものではなく、政府がすでに「軍事的な大陸反攻」の「主導」権は放棄しており、ただ「大陸の革命に呼応する」時に武力を用いる権利を保留したに過ぎないと表明したものに他ならなかった。政府の政策がすでに明確化したことで、『自由中国』のいわゆる「反攻絶望論」も正式に形成されていった。「大陸反攻」の可否について論じたある社説の中では、「あるいは遠い将来となるかもしれない希望を保ち続ける他なく」、「ある日世界情勢が変わる」ことを期待すると論じたのである[5]。

こうして、雷震と『自由中国』は、短期間での大陸反攻が不可能な状況下で、より積極的に台湾で民主改革を実行すべきだとの主張を続けた。そして、ジュネーブとワルシャワで米中の大使級会談が行われたり、米国上院外交委員会が「コンロン報告」を通過させたりしたことで、雷震と『自由中国』は、米国が政策を転換して中華人民共和国を承認する可能性に対し、一定の警戒心を抱くようになっていった。

一九五九年十一月、米国上院外交委員会が発表した有名な「コンロン報告」は、中華人民共和国を承認することや、「台湾共和国」の承認および国連の代表権問題などについて提起していた[6]。ここに至って『自由中国』は、「一つの中国」という立場が国際政治の現実によって挑戦を受けていることを直視せざるを得なくなっていく。

米国は、当時の国際社会において中華民国政府の「一つの中国」政策を支持する主要な大国だったので、その態度が変化する可能性が示されたことは、『自由中国』の「一つの中国」に対する立場にも根本的な衝撃を与えた。「コンロン報告」が公開された後、『自由中国』はすぐさま社説「解決中国問題必須以民意為依帰（中国問題の解決は、民意を拠り所にしなければならない）」にて、検討を行った[7]。社説は、台湾が中国の一部分であると主張する理由は、「米国が共匪を承認していないという前提のもとでこそ有効」であり、米国の政策が変化すれば、「台湾の所属問題もそれにともなって変質する」と論じていた[8]。雷震と『自由中国』は、台湾が中国の一部分であるとの議論は、米国が中華人民共和国を承認しないという前提のもとでのみ成立すると考えていたのである。同時に『自由中国』は、中華民国政府が全中国を統治するのが現実的に不可能であることが明らかになり、それでいて中華人民共和国が中国大陸を統治する正当性を承認したくないからには、国連による厳密かつ有効な監督のもと、「中国全体で真の自由選挙を実施」し、中国の前途を決定すべきだと主張した[9]。こうした言説は、もとより民意によって中国の前途問題解決に正当性を付与しようとしたものだが、もしこのような主張を実行に移したら、中華民国政府が中国の唯一の合法政府であるという「一つの中国」政策にも疑問を呈するものとなる。しかも、雷震と『自由中国』は、中華人民共和国が中国の合法的な代表になる可能性を意識していたから、彼らの関心の重点は、台湾の帰属問題へと移っていったのである。

国際情勢の展開にともない、雷震と『自由中国』は、いわゆる「二つの中国」の主張に対して、より真剣に検討するようになっていった。そのため、ボールズ（Chester Bowles、後に米国国務次官）が一九六〇年四月出版の *Foreign Affairs* に **"The China Problem Reconsidered"** という論考を発表すると[10]、『自由中国』は蔣勻田と相談して翻訳し、誌上で紹介した[11]。蔣勻田の訳文において、ボールズは「北京政府が、多くの困難に直面しつつも中国大陸を安定的に掌握」していること、さらに、「台湾に居住する八〇〇万の台湾人と二〇〇万の大陸人が安全で独立した存在として文化を発展させ、共産勢力の圏外で胸を張る権利を持つべきである」ことを前提として、「独立した中台国（An Independent Sino-Formosan Nation）」により台湾海峡両岸の位置づけ問題を解決するよう述べていた。また、その具体的な措置として、金門と馬祖の中立化を主張した[12]。雑誌としての立場を明確に表明したわけではなかったものの、『自由中国』が「二つの中国」を主張する文章をそのまま紹介し、それに批判も加えなかったことは、当時の台湾では異例のことであった。ここに至り、『自由中国』は徐々に当初の「一つの中国」の枠組みから外れ、国際社会に存在する「二つの中国」の主張に向き合おうとし始めたかのようであった。しかし、ほどなくして「雷震事件」の勃発で『自由中国』が停刊したため、雷震の「二つの中国」に関する考え方がさらに発展したのは、一九七〇年に出獄した後のこととなった。

二、「二つの中国」の主張と「救亡図存献議」の提出

(一)「二つの中国」の主張の確立

雷震が出獄した一九七〇年、国連総会では、中華人民共和国が中国を代表することを支持する加盟国がますます多くなっており、中華民国を支持する国を上回るようになっていた。国際情勢の展開により、「一つの中国」の枠組みのもとで中華民国政府が存立することは不利になっていることを認識した雷震は、一九七一年の旧正月のあいさつ回りの際に友人といわゆる「ウクライナ方式」(ソ連が一国で三議席を持つ方式)について議論し、同方式についてある程度理解した[13]。その後、ニクソンの公開した談話にも留意し、米国は「二つの中国」の主張を支持していると認識した[14]。

雷震は、一九七一年七月に『ワシントンポスト』のハリソン(Harrison)記者と通訳の魏益民の訪問を受けた際、国家の位置づけについてより明確な説明を行った。その中で、台湾問題については次の三つの考えを示している。(1)「二つの中国を主張する」、(2)「二度と台湾独立を鼓吹しないよう米国人に依頼する」、(3)「二つの中国、二つの政府」のウクライナ方式に反対する[15]。

主張の全体的な内容から見ると、雷震は台湾海峡両岸の位置づけについては、「二つの中国、二つの政府」であるべきだと考えていた。彼が「ウクライナ方式」に反対だったのは、国際法的にいわゆる「一国二政府」に反対であるというだけでなく、国連代表権の問題において、ソ連が採用していたような「一国二議席」方式を採用し、台湾と中華人民共和国の関係を調整するという考え方に反対なのであった[16]。その後、雷震は積極的に友人たちと将来の台湾の国家としての位置づけについて議論を重ねた[17]。監察院における国民党の責任者の一人である酆景福が宋英に、雷震は「二つの中国」を主張すべきではないと警告すると、雷震は、もし改革をしなければ「将来二つの中国を求めても、おそらく得られなくなるだ

ろう」と鄷景福に伝えるよう宋英に述べた[18]。また、訪日した斉世英が佐藤栄作首相と会談した際の結果を雷震に伝えに来た時に、佐藤が「一つの中国、二つの政府」を主張したと話したことで、雷はこの主張の意義についてさらに考察するようになった。雷震が斉世英に対し、日本（あるいは国際社会）が主張する一つの中国とは、中華人民共和国のことを指していると述べ、それについて斉が、中華民国は〔中国が何を指すかについて〕自分で表明できる（＝〔国際社会の説明を〕受け入れない）との考えを示したが、雷は同意しなかった[19]。すなわち、遅くともこの時点で雷震はすでに、「一つの中国」とは中華人民共和国を指すと考えており、そのことを将来の国家の位置づけを考える上での重要な前提としていたのである。

雷震が、「二つの中国」の考え方に基づき、積極的に台湾において民主政治を実現させることを求める「救亡図存献議」の起草に踏み切ったことは、一九七一年十月に国連で二七五八号決議案が採択され、中華人民共和国が中華民国に替わって中国の代表権を獲得したことと密接な関わりがあった[20]。二七五八号決議案の採択後、雷震は中華民国政府が代表しているのは一体誰なのかを検討し、国際法の観点から、中華民国政府の「一つの中国」政策が失敗に終わった原因を探求したのである。

雷震はまず、「国民党政権が台湾に逃亡した後、蔣家の父子は明らかに統治を強化することしか知らず、蔣家の小王朝を築き、政治面では計画的に反民主、反自由、反法治を実行して、すでに全中国を代表できなくなった後に、全台湾を代表することもできなくなった」と指摘した。その上で、「国際法では政府の承認について、事実上の承認説と法律上の承認説とがあるが、ある国家が事実上その土地と人民を有効に統治していることが〔承認の要件として〕、大多数の国家によって採用されてきた。国際政治の両陣営、とりわけ米ソ両大国の対立という状況下で、米国が苦心して維持してきたからこそ、国民党政権は一年また一年と国連の議席をなんとか保って来られた」とし、蔣介石総統が積極的に対応できない中で、国連議席の確保問題が失敗に終わるのは避けようがなかったと述べたのであった[21]。

（二）「救亡図存献議」の起草と発展

雷震が「救亡図存献議」を起草した経緯と、国民党当局の対応については、雷の日記に具体的に記されている。

一九七一年十二月十三日の日記には、「箇条書きの建議書」を執筆して国民党当局に提出するつもりであるとの記述がある。この時点では、建議書の名称はまだ確認できないが、主要な論述と構成はすでにその雛形ができていた。記述の内容は、「現在の情勢に対し、私は箇条書きの建議書を執筆して当局に提出するつもりである。その要点は、制度改革によって自らを守るというもので、国号は『中華台湾民主国』に改め、蔣介石にはこれ以上総統職に留任しないよう求め、国民党は一党独裁から普通の政党へと変わり、言論・出版への規制を開放し、軍隊は三分の一に減少させ、省級は取り消し、特務機関は整理するなどの十か条で、前の部分に序論を加える」というものであった[22]。

「救亡図存献議」の内容と構成は、基本的に雷震の考え方を表していたが、原稿成立の過程では、やはり友人との議論や協力があった。傅正は、十二月末頃、毎日時間をつくっては雷震の自宅に行き、「救亡図存献議」の整理と脱稿に協力し、文章の構成と筋道に気をつけ、時には内容を修正したと記している。原稿は、傅正が整理してから脱稿し、雷震が予備をつくった後、印刷した[23]。「救亡図存献議」全体の内容は、一九七一年十二月二十四日にほぼ完成し、当日の午後、雷震は夏道平のもとを訪れて原稿整理の協力を依頼している[24]。

また、一九七二年元旦の日記には、雷震が建議書を執筆した理由と、それを蔣介石、張群、厳家淦、黄少谷、蔣経国の五人に提出した理由、および建議書を公に発表しようとはしなかった初志について記されている。中華民国政府がすでに国連の代表権を失っていたので、雷震は「国家がすでに危急存亡の秋にあり、蔣介石、張群、厳家淦、黄少谷、蔣経国ら当局者に書簡を送ることにした。世間では、国家の大事については張、厳、黄、蔣の四人が集団指導を行っており、重要事項は蔣経国から報告して蔣介石が決定を下した後で実施し、重要でない事項については四人で決定して施行すると言われている。そのため、彼ら五人に書簡を送ることとし、原本は蔣介石に送り、残りの四人にはコピーを送る」と記録している[25]。

雷震によれば、自身が「救亡図存献議」を執筆したのは、「天下の興亡、匹夫も責あり」、「国事の安排、一人一人に責あり」と考えていたからであった。また、「私と国民党とは、ともに楽しみを分かつことはできないが、艱難は共にする必要がある。幸福を分かち合うことはできなくとも、禍には共にあたる必要がある」とも考えていた。そして、一人で考えたことを一人で記し、書き終わった後は自ら印刷店に行って店員が一枚一枚印刷するのを見て、誰にも見せていないのだから、当然発表はしないのだとも記していた。

「救亡図存献議」の十カ条の内容について、日記には次のように明記されている[26]。

第一、すみやかに「中華台湾民主国」の成立を宣言し、自らの保全を求めるとともに台湾人を落ち着かせ、新しい局面を切り開く。私の意見をまとめると、「変法を以て生存をはかり、改制を以て自らを保つ」となる。

第二、蔣総統には、任期満了後に引退を請う。

第三、国民党は事実上の「一党独裁」を放棄し、真の民主政治を実行しなければならない。

第四、軍事支出を減らし、軍事制度を健全にする。

第五、法治を徹底的に実行し、人民の自由権を保障する。

第六、治安機関は徹底的にやり方を改めると同時に、人員を厳しく整頓することで、民衆に迷惑をかけ、濡れ衣を着せ、害を与え、国家の声望に損害を及ぼさないようにさせる。

第七、政府は新しい新聞創刊の禁止令を廃止することで、我々が真の民主自由国家であることを証明すると同時に、政治の全面的な革新を促す。

第八、政府は機構を簡素化し、全面的な節約を実行して、あらゆる人的、物的、財的な浪費を防止し、すべてを経済建設に用いなければならない。

第九、「省級」制度を廃止し、行政組織を現在の実際の環境と合致したものとする。

第十、政治犯に大赦を与え、人心を収攬し、団結を増強する。

後ろにさらに結論をつける。

初稿が完成した後、一九七二年の初めに折よく徐復観が香港から台湾に戻って来たので、一月四日に雷震は斉世英、徐復観、成舎我と食事をした。席上、徐復観は、「中共が最も恐れているのは、台湾が独立することだ。なぜなら、中華民国を継承したのは自分たちだと考えているからである。もし台湾が独立したら、中共は反対であっても阻止はできず、まして干渉することはできない」と述べた。雷震は、徐復観の「この議論は、まさに私の『救亡図存献議』の第一項と同じである」と思った[27]。言い換えれば、「中華台湾民主国」の構想は、雷震による「二つの中国」の枠組みにおける「台湾独立」の主張だったのである。

雷震が友人たちに原稿を見てもらい、アドバイスももらったため、修正も多くなされた。そのため、一月六日と七日の二日間には、雷震は多くの時間をかけて「救亡図存献議」を清書したが、それは「斉世英が初稿を読んだ後、雷震事件で外国が蔣介石を批判しているというくだりは削除するべきだと述べたので、修正した」ことも一因だった[28]。一九七二年一月七日の午後、雷震はようやく「救亡図存献議」の整理が終わった[29]。翌一月八日午前、雷震は「救亡図存献議」を「景美東山複印店で、計六部印刷した。一部につき一〇八頁であった」。原稿を印刷しに行った時には、治安情報機関員が尾行し、印刷店の外で待っていた。印刷量が多かったため、店では機械がオーバーヒートすることを恐れ、十一時頃になって、一時間休憩してから印刷を再開しなければならないと告げた。そこで雷震は原稿を家に持ち帰り、午後にまた続きを印刷に行ったので、すべてが終わって家に帰ったのは六時になろうという頃だった。印刷の費用について、印刷店が治安情報機関員に答えたのは一枚につき五元だったが、店が実際に雷震に要求したのは一枚二元で、計一二九六元だった。当時は、これでも少なからぬ費用であった。雷震が印刷店にいたので、治安情報機関員は印刷の内容を直接確認することができなかった。同日の夜九時、警備総司令部保安処の單組長が宋英に電話をかけ、雷震が印刷したのは何かと質したのに対し、宋英は総統に送る書類だと答えた。單組長は内容を教えるよう要求したが、宋英も原稿全体を読んだことがないため、「詳細は知らない」と答えることしかできなかった。單組長は、翌日また電話すると言う他なかった[30]。

一月九日の朝、宋英は自分から警備総司令部保安処の呉彰烱処長に電話し、「救亡図存献議」の大まかな内容を説明したが、中華台湾民主国については言及しなかった。同時に、雷震は「救亡図存献議」を送ったすべての人々に対して、「本文章は決して発表せず、自分がいかなる活動にも参加しないことを声明」したことも伝えた。呉彰烱が「救亡図存献議」の頁数を尋ねると、宋英は一〇八頁であると答えた。ほどなくして、單組長がまた電話で、宋英は蔣介石、張群、厳家淦、黄少谷、蔣経国の五人に送ると言ったが、それならばなぜ六部印刷したのかと聞いて来た。郵送した五部以外に、原稿を加えたらまだ二部あるだろうというのである。雷震は、警備総司令部のこの件に関する調査は「実に真剣であると言える」と思った[31]。

印刷が終了した後、一月十日の午前に雷震は程積寛と一緒に「救亡図存献議」五部を自ら行政院と総統府に送った。彼らはまず行政院に送ることとし、副総統兼行政院長の厳家淦、行政院副院長の蔣経国に送り、次いで総統府の文書受付室に対し、蔣介石総統と張群秘書長宛で送った。〔黄少谷が秘書長を務めている〕「国家安全会議」も総統府に設置されていたので、文書受付係の人間が黄宛の献議も持って行った。受取証を渡す時、文書受付係は、黄秘書長が「救亡図存献議」を受け取った後で内容にも目を通していたと話したので[32]、雷震は、少なくとも黄少谷には読まれたのだから、まったくの無駄骨ということにはならないと思った[33]。

（三）「救亡図存献議」の内容の意義

雷震が提出した「救亡図存献議」は、基本的には、対内と対外の二つに向けた要素があった。対外的には、中華人民共和国から独立した「中華台湾民主国」を打ち立て、対内的には、新憲法を制定し、民主改革を行って、民主憲政を実行する。言い換えれば、雷震は国民の総意による憲法制定権の行使により新憲法を制定して新国家を成立させることで、対外的には中華人民共和国による併呑の野心に対抗し、対内的には自由民主を実行することを主張したのであった。

・「二つの中国」の議論

雷震は、国号を「中華台湾民主国」（The Democratic State of China-Taiwan）に改名するよう求め[34]、台湾地区の「一四〇〇万の人民」により一つの国家を成立させることは、「至極あたりまえで、公明正大なこと」であり、もし「民主政治を実行し、人権が保障され、言論の自由もあるのなら」、民主主義諸国は我が国を承認し、国交を樹立するだろうと考えていた[35]。彼は、伝統的な政治学の国家を構成する三要素（土地、人民、主権）に背理する「神話」を執政者は放棄し、政府はもう中国大陸の主権を代表するとは主張しないよう求めた[36]。国号の改正以外に、憲法制定会議を組織し、『中華台湾民主国』の憲法を制定する」ことも要求の一つであった[37]。

もとより雷震は、この時点でも第三次世界大戦が勃発して「大陸の回復」ができることを希望してはいたが、それは想定される期間内にはまったく不可能であるとも認識していた[38]。換言すれば、彼はただ遠い将来において台湾海峡両岸が一つの政治体になることを内心で期待していたに過ぎなかったのである。このような主張は、国際法に基づけば、主権国家間の合併行為にあてはまる。他方、彼が「すみやかに『中華台湾民主国』を成立させるよう主張」したのは、「台湾を保全するため」であり、中華人民共和国が「二度と併呑を要求できなくする」ためであった。こうした主張を提唱できるのは、当時台湾という土地には「一五〇〇万人の人口がおり、当然『独立国』の条件を具えているから」であった[39]。注目するべきことに、この時の雷震は、すでに台湾地域に「独立国」を設立すべきことを明確に表明しており、台湾と中国大陸との間をかつての「英領コモンウェルス」のような関係にし、「自治領」（dominion）の方式で双方の位置づけを決めるという案には反対すらしていた[40]。問題は、雷震はこの時期に前後して、自らは「台湾独立」に反対すると一度ならず述べていたことである。では、彼の「二つの中国」と「台湾独立」とは、いったい何が違うのだろうか？

この問題を考えるためには、彼の全体的な思想的脈絡から理解する必要がある。雷震は、「救亡図存献議」を提起する段階でも、確かに「台湾独立」には絶対に反対すると表明していた。だが、彼はこの反対について「より明確に述べる」として、「いわゆる『台湾共和国』に不賛成なのだ」と説明している[41]。しかも、彼が「台湾独立」について議論する際には、しばしば「台湾人」が行う「独立運動」とあわせて論じていた[42]。そのため、雷震が国号の中に「台湾」を入れるよう主張したのは、それによって「台湾人が、自分たちこそが主人であると思うようになり、分離運動を起こそうとはしなくなって、台湾独立運動を消滅に導ける」し[43]、「台湾人が『台湾共和国』運動を行うのを防げる」[44]というのが、重要な考慮の一つであった。

このように見てくると、雷震は思考の中で「台湾人」と「大陸人」とを区分しており、彼が反対する「台湾独立」＝「台湾共和国」であって、「台湾人」が推進する独立運動であった。彼の考えでは、このような運動において、「大陸人」は外側に排斥されるものだったのである[45]。それゆえに、雷震は違う意味での「台湾独立」を唱えたのであり、彼によれば「今日、民意代表も含め、台湾にいる先の見えている人々は、その多くが『台湾独立』に賛成していた」。しかも、ある経験豊富な立法委員によれば、当時の立法委員のうち、「内心で台湾独立に賛成しているのは、半数にのぼる」のだという。そして、いわゆる「台湾独立は、『共匪』に対する独立であり、『中華民国』からの独立ではない。なぜなら、多くの国家がすでに『台湾は中華人民共和国』の領土であり、中華民国の領土ではないと公然と承認しているからである」[46]。

総じて言えば雷震は、一つの中国はすなわち中華人民共和国であるとの認識に基づき、台湾が国際社会で中国の代表権を失った中華民国の統治下にあることで、台湾を領有する合法的な根拠を中華人民共和国に与えてしまうことを恐れていた。すなわち、国際法的には、中華人民共和国が国家継承の原則により、台湾の領有を要求することであった。こうした生存の危機を回避するべく、雷震は中華人民共和国とは独立している台湾（中華台湾民主国）という考え方を、台湾が主権国家の地位を維持するための方策としたのである。注目に値するのは、雷震のこの主張は、現実において中華民国式の「一つの中国」を明確に止揚しただけでなく、台湾と中華民国とを切り離し、中華人民共和国と中華台湾民主国という二つの主権国家を、彼の主張する「二つの中国」の具体的な内容としたことであった。中華民国については、将来に希望をかけており、「中華民国憲法」は暫定的に適用を停止（Suspension）して、大陸に復帰したあと、回復させるとしていた。

・中華台湾民主国の設立と新憲法の制定

雷震は、中華人民共和国とは独立した新しい主権国家を設立することに関して、①手順と新憲法制定の関わり、②中央統治機構の構想、③地方制度と自治、の三点についてそれぞれ説明している。

①新憲法の制定と手順

まず、中華台湾民主国の成立手順について、雷震は次のように説明する。

（一）　人民全体の意志を示すという見地から、現在の国民大会、立法院、監察院、台湾省議会、台北市議会が合同で「中華台湾民主国」の成立を宣言し、同時に元来の「中華民国憲法」は暫定的に適用を停止（Suspension）し、将来大陸に戻ったあと、回復させることを宣言する。

（二）新憲法により総統が選出されるまで、臨時総統一名を推挙する。臨時総統は蔣総統が担当するのが最も適当であり、彼の声望を借りて、この復興基地強化という大事を完成させる。

（三）同時に、制憲会議をただちに組織することを宣言し、制定される「中華台湾民主国」憲法は、「臨時約法」と称されることが最も望ましい。制憲会議は一〇日以内に作業を完成させる。

（四）約法会議の人選は、左記の方法によってこれを行う。

（1）もとの国民大会から互選された国民大会代表一〇名。

（2）もとの立法院から互選された立法委員一〇名。

（3）もとの監察院から互選された監察委員五名。

（4）もとの台湾省議会から互選された省議員五名。

（5）もとの台北市議会から互選された市議員五名。

（6）以上の各項の選挙は、いずれも郵送によってこれを行う。

（7）臨時総統によって国内有識者三〇名、国外華僑と留学生二〇名を選抜する。いずれも、党派の代表を含む。

（8）制憲会議の人数は、一〇〇名を超えてはならず、八〇名を最適とする。[47]

制憲会議代表について、民意機構の互選によって構成される部分に関しては、ベテランの中央民意代表三五名、台湾の地方民意代表二〇名から成るとされた。選抜される代表は、国内から三〇名（有識者）、海外から二〇名（華僑と留学生）である。出身については、形式的には台湾内部から五〇名（民意代表と有識者）、中国大陸と海外からの代表四五名（ベテランの中央民意代表と海外代表）が選ばれる。もっとも、新しい国会の構成では、台湾の民意が主流を占め、国民大会は廃止し、大統領選挙人団に類似した方式で監察委員と立法委員から総統と副総統を選挙する。

雷震が第二点に挙げた、蔣介石が臨時総統を担当することに関して、「献議」の中では、それについての見解と建言が記されている。雷震の考えでは、蔣介石は任期満了後引退するべきで、臨時総統を担当する以外、再度総統選に出馬してはならなかった[48]。雷震がこうした見解を提出したのは、国民党内で有している権威から考えるに、蔣介石は国家変革の推進者になることができ、その引退後にはその「個人の声望」により、新任の総統をそばで支えることができると思われるというのが、主要な理由であった。それによって、「平和的な政権移行」の模範を打ち立て、政権を次第に安定化させるのである。だが雷震は、蔣介石がこれ以上総統に就任しないよう求める理由として、再任の制限には言及せず、「老退壮進〔老年の者が退任し、壮年の者が入る〕」を挙げて、蔣介石が自ら総統職の再任をあきらめることを願った。同時に、雷震は国民党内の働き盛りの者が後継となり、「肥水不落外人田〔よいものは他人に渡さない〕」である必要があることを強調した。そうすれば、依然として国民党が政権を掌握することになる。新人を任用し、新しい景色を切り開くことに努める一方、新人が政権を握るがゆえに、輿論からの忠言も遠慮がなく、言葉を尽くしたものになるだろうと考えていた[49]。

②中央「統治機構」の構想および代表の構成

一九五〇年代以降、ストロングマンによる体制が発展し、行政院には総統の意志に抵抗する余地がなくなった上、国防会議が不法に成立して以来（もちろん、以後の国家安全会議も含む）、政治体制は明確に総統の権限拡大の方向へと発展し、元来の憲政体制設計の主旨にまで影響を及ぼすようになった。それにより、雷震は総統の権限に対して抑制的な考え方を持つようになり、「英日型」の象徴君主の立憲体制を用いて、中華民国憲法体制における総統と行政院長の権限を説明するまでになっていたのである。

こうした考え方の変化により、雷震が提出した国家統治機構の構想は以下のようなものとなった。

（1）国家の権力機構を減少させ、政治的紛争を回避させるため【注：権力機構が多くなれば、容易に政治的紛争を発生させる】、民意機関は監察院と立法院のみとし、監察院は上議院（参議院）、立法院を下議院（衆議院）とする。行政院は立法院にのみ責任を負い、日本国憲法の精神に準じて良い。

（2）総統は国内外の人民の直接選挙によるか、監察院と立法院を合わせた合同会議でこれを選出する。そのため、総統と副総統の選挙以外にすることのない国民大会は必要ない。総統の任期は六年とし、内閣制を実施する。

（3）監察委員の総数は一二〇名から一五〇名とし、任期は六年。三年ごとに半数を改選し、その配分は左記の比率による。

（甲）金門、馬祖を含む台湾地区は、各県から五名、各市から二名を選出する。

（乙）台北市から一〇名を選出する。

（丙）留学生を含む海外華僑地区から二〇名から三〇名を選出する。海外地区は選抜方式の採用も検討してよく、その人数枠は選挙で選ばれる人数を超えてはならない。

（4）立法委員の総数は二四〇名から三〇〇名とし、任期は三年とする。金門、馬祖を含む台湾地区、および海外自由地区の華僑と留学生は人口の比率に基づきこれを選挙する。国内の人数枠は七〇%、国外地区は三〇%、海外地区は選抜方式の採用も検討してよく、その比率は選挙で選ばれる人数を超えてはならない。[50]

選挙の細部に関して、雷震は海外の華僑と留学生を重視することを強調し、彼らと団結することで中共の統一戦線工作に対抗し、さらに両者の参加により、台湾人の比重を抑制するとした[51]。また、現在の国民大会代表、立法委員、台湾省議員、台北市議員に対しては、「中華台湾民主国」が成立するまでの過渡期には六〇万元から八〇万元の退職金を支給し、そのうち監察委員、立法委員、台北市議員に当選した者は政府に退職金を返還しなければならず、民意代表の給与だけを受け取ると規定していた[52]。

③地方制度と自治

一九五〇年代、反乱鎮定動員時期および「万年国会」という政治構造のもとで雷震が想定していた国家体制は、「小さな地盤に大きな政府」という状態に反対し、極力中央政府の権限を縮小して、民選省長と議会のある台湾省に権力を移譲することだった。その後、中央と地方の権限が大きく重複している状況下で、台湾を中心とした憲政の青写真を描く準備をするべく、雷震の主張も大きく修正され、『省級』制度を廃止し、行政組織を現下の現実の環境に合わせる」ことを提起した[53]。

中華民国政府が国連代表権を失った後、監察委員の陶百川が監察院の年度検討会において、省政府の制度を「凍結」することを公に提唱したことがあった[54]。「救亡図存献議」の中で、雷震もそれに呼応する具体的な主張を展開している。

（一）大陸光復以前、省級政府は設置しない。

（二）県・市政府の権限と責任を増大させる。現在の省府に属する権限と責任の大部分は、各県・市に移譲し、中央政府は政策と規則の制定のみを行い、実際の執行は各県・市が全権をもって処理し、全面的に責任を負うこととする。中央政府はみだりに干渉してはならず、県・市政府もみだりに指示を仰ぐ必要はなく、各級で適切に責任を果たすようにさせる。

日本の政治制度を調べると、各部と県・市の二級のみがある。以前の地域区分では、一道（北海道）、三府（東京府、京都府と大阪府）と四三の県および六つの直接市があった。府・県は同級だが、ただ府の区域の方が広かった。今日、東京府と東京市は合併して一つの東京都となったが、その他の直接市を増やしたかどうかは定かでない。だが、中央と地方の両級のみがある。

（三）今日の台北市を首都とし、すべてはこれまでどおりとするが、市長は民選にする。[55]

雷震は「救亡図存献議」において、中華台湾民主国建国の手順、憲法や政治体制について論述した以外に、現段階での政治の民主改革に関する建議を大量に盛り込んだ。その中には、国民党に対し一党独裁の放棄を求めることや、軍事制度の健全化、法治の実行と人権の保障、治安機関の整頓、報道規制の撤廃、支出の抑制、政治犯の赦免などが含まれていた。

国民党の一党独裁放棄に関して、重点がおかれていたのは、国民党が民主的政党の通常の活動を行い、陸海空の三軍、憲兵、警察などの国家武力機構、司法特務機構、公営事業機関などからは撤退するべきということだった。その次が、自発的に強力な在野政党の成立を促進することで、政権交代の達成を期し、同時に国民党の努力発奮と不断の刷新を促すことであった[56]。また、国民党の軍からの撤退を要求することは、雷震の構想する軍事制度の健全化とも関連していた。具体的には、党国体制のもとで創設された「政治作戦部」を廃止し、軍隊を一元化すると同時に、軍事支出と兵役期間を削減すべきだと考えていたのである[57]。

人権を確固たるものにすることに関して雷震は、法官と司法機関は党派の外に独立しているべきで、裁判は法に基づいて行い、現役の軍人以外の人民は普通の司法裁判を受け、軍法裁判を受けてはならないと主張した。特務機関の改革と整頓を行い、民衆を煩わし、害をおよぼすやり方を徹底的に改め、特務工作員の質を高めなければならない[58]。言論と出版の自由については、報道規制を撤廃し、自由に新聞経営を行う権利を人民に享受させるべきことを強調した。新聞雑誌の文章が法に触れたり、誹謗中傷を行ったりしたとしても、政府は出版法や刑法を用いて処分をするべきで、「懲治叛乱条例」に基づき、軍法を用いて処分をするべきではない[59]。政治犯に関しては、思想犯であって行為犯ではないにもかかわらず、現行の処罰は行為犯の量刑をはるかに超えており、極めて不公平である。しかも、今まさに中華民国をともに救おうとしている際であるから、なおのこと政治犯は赦免するべきであって、それによって反対言論に対する国民党の度量の大きさを示し、人心を団結させられると指摘していた[60]。

注

1 本節の議論は、主に筆者の過去の研究を基礎として、それに加筆修正したものである。薛化元「雷震與中華民国的国家定位」（中華民国史専題第六届討論会秘書処編『中華民国史専題論文集（第六届討論会）：二十世紀台湾歴史與人物』台北県：国史館、二〇〇二年）一三九五～一四二三頁。

2 社論「反攻大陸問題」（『自由中国』第十七巻第三期）（1957.8.1）五～七頁。

3 『聯合報』（一九五八年十月二十三日）。『中央日報』（一九五八年十月二十四日）。『台湾新生報』（一九五八年十月二十四日）。

4 『聯合報』（一九五八年十月二十四日）に報道された黄少谷のUPI記者に対する発言を参照。

5 社論「論放棄主動使用武力之承諾」（『自由中国』第十九巻第九期）（1958.11.5）五～六頁。

6 李永熾監修・薛化元主編『台湾歴史年表：終戦篇Ⅰ（1945-1965）』三二三頁。『自立晩報』（一九五九年十一月二日、四日）。

7 社論「解決中国問題必須以民意為依帰」（『自由中国』第二十一巻第十期）（1959.11.16）三～四頁。

8　社論「解決中国問題必須以民意為依帰」三頁。
9　社論「解決中国問題必須以民意為依帰」四頁。
10　秦郁彦編『世界諸国の制度・組織・人事（1840-1987）』（東京大学出版社、一九八八年）五一一、五二六頁を参照。この文章資料は、史明『台湾人四百年史』（聖荷西：蓬萊文化公司、一九八〇年）一二三六頁に転載されている。
11　Chester Bowles著、蔣匀田訳「重行考慮『中国問題』」（『自由中国』第二十三巻第三期）（1960.8.1）。ここでの引用文は、文中に蔣匀田が記した「読後感」からのものである。
12　Chester Bowles著、蔣匀田訳「重行考慮『中国問題』」八～一〇頁。
13　雷震『雷震全集45：最後十年（一）』、日記一九七一年二月一日の条、二〇頁。
14　雷震『雷震全集45：最後十年（一）』、日記一九七一年二月二十七日の条、三三頁。当時陳啓天は、このような展開は、最終的には中共による統一をもたらすだろうと思っていたが、雷震はそうした悲観的な態度には同意しなかった。
15　雷震『雷震回憶録――我的母親続篇』二五二頁。雷震は、七月十九日の日記の中で、当日と次の日にインタビューを受けたことを記している。雷震『雷震全集45：最後十年（一）』、日記一九七一年七月十九日の条、八六～八七頁。
16　「一国複数議席」の意義については、王曽才『西洋現代史』（台北：東華書局、一九六七年）四四頁を参照。
17　友人の胡鈍俞も、「一つの中国、二つの政府」方式に反対で、この方式では「三年ももたず」中共政権に併呑されると考えていた。雷震『雷震全集45：最後十年（一）』、日記一九七一年七月二十八日の条、九一頁。徐復観は、人民投票により国家の位置づけの問題を解決すべきだと述べ、「台湾が中共にとられない」方法を選ぶべきだとした。雷震『雷震全集45：最後十年（一）』、日記一九七一年七月三十日の条、九二頁。
18　雷震『雷震全集45：最後十年（一）』、日記一九七一年八月七日の条、九四頁。
19　雷震『雷震全集45：最後十年（一）』、日記一九七一年九月三日、十日の条、一〇四、一〇七頁。
20　伊原吉之助『台湾の政治改革年表・覚書（1943-1987）』一七九頁。
21　雷震『雷震全集45：最後十年（一）』、日記一九七一年十月二十六日の条、一二一頁。
22　雷震『雷震全集45：最後十年（一）』、日記一九七一年十二月十三日の条、一三五頁。
23　傅正注釈、雷震『雷震全集45：最後十年（一）』、日記一九七二年一月一日の条、一四一頁。
24　雷震『雷震全集45：最後十年（一）』、日記一九七一年十二月二十四日の条、一三六頁。
25　雷震『雷震全集45：最後十年（一）』、日記一九七二年

26 一月一日の条、一三九頁。
27 雷震『雷震全集45：最後十年（一）』、日記一九七二年一月一日の条、一三九～一四〇頁。
28 雷震『雷震全集45：最後十年（一）』、日記一九七二年一月四日の条、一四一～一四二頁。
29 雷震『雷震全集45：最後十年（一）』、日記一九七二年一月六日の条、一四二頁。
30 雷震『雷震全集45：最後十年（一）』、日記一九七二年一月七日の条、一四三頁。
31 雷震『雷震全集45：最後十年（一）』日記一九七二年一月八日の条、一四三～一四四頁。
32 雷震『雷震全集45：最後十年（一）』日記一九七二年一月九日の条、一四四～一四五頁。
33 雷震『雷震全集28：與王雲五的筆墨官司（雷震特稿）』一月十日の条、一四五頁。
34 雷震「雷震給蔣氏父子等五人的『救亡図存献議』」（『雷震全集27：給蔣氏父子的建議與抗議』）七六頁。
35 雷震「雷震給蔣氏父子等五人的『救亡図存献議』」（『雷震全集27：給蔣氏父子的建議與抗議』）七八～七九頁。
36 雷震「雷震給蔣氏父子等五人的『救亡図存献議』」（『雷震全集27：給蔣氏父子的建議與抗議』）七六頁。
37 雷震「雷震給蔣氏父子等五人的『救亡図存献議』」（『雷震全集27：給蔣氏父子的建議與抗議』）八三頁。
38 雷震「雷震給蔣氏父子等五人的『救亡図存献議』」（『雷震全集27：給蔣氏父子的建議與抗議』）七六頁。「給国民党統戦者監察委員鄭景福的答覆」（『雷震全集27：給蔣氏父子的建議與抗議』）一二五頁。
39 雷震「給国民党統戦者監察委員鄭景福的答覆」（『雷震全集27：給蔣氏父子的建議與抗議』）一二四～一二五頁。
40 雷震「給国民党統戦者監察委員鄭景福的答覆」（『雷震全集27：給蔣氏父子的建議與抗議』）一二七頁。
41 雷震「給香港『明報』函」（一九七五年十二月十四日）（『雷震全集27：給蔣氏父子的建議與抗議』）一二二頁。
42 雷震「雷震給蔣氏父子等五人的『救亡図存献議』」（『雷震全集27：給蔣氏父子的建議與抗議』）七九頁。「給香港『明報』函」（一九七五年十二月十四日）（『雷震全集27：給蔣氏父子的建議與抗議』）一二三頁。大陸人と台湾人とを分別する雷震のこうした二分法は、台湾では過去において、ひいては現在においてもよく行われる思考方式であり、一般的には外省人と台湾人として分ける。いわゆる台湾人とは、一九四五年以前に台湾に居住していた人々とその子孫であり、外省人とは、一九四五年以降に来台した人々である。ただ、現在では、台湾住民という理念で二者を包摂したり、台湾人に二者を包摂したりする考え方も少しずつ有力になっている。
43 雷震「雷震給蔣氏父子等五人的『救亡図存献議』」（『雷震全集27：給蔣氏父子的建議與抗議』）八二頁。
44 雷震「給国民党統戦者監察委員鄭景福的答覆」（『雷震

全集27：給蔣氏父子的建議與抗議』）一二六頁。

45 雷震「雷震給蔣氏父子等五人的『救亡図存献議』」（『雷震全集27：給蔣氏父子的建議與抗議』）七九頁。「給香港『明報』函」（一九七五年十二月十四日）（『雷震全集27：給蔣氏父子的建議與抗議』）一二二～一二三頁。

46 雷震「給国民党統戦者監察委員酆景福的答覆」（『雷震全集27：給蔣氏父子的建議與抗議』）一二六～一二七頁。

47 雷震「雷震給蔣氏父子等五人的『救亡図存献議』」（『雷震全集27：給蔣氏父子的建議與抗議』）八三～八四頁。

48 雷震「雷震給蔣氏父子等五人的『救亡図存献議』」（『雷震全集27：給蔣氏父子的建議與抗議』）八五頁。

49 雷震「雷震給蔣氏父子等五人的『救亡図存献議』」（『雷震全集27：給蔣氏父子的建議與抗議』）八六～八八頁。

50 雷震「雷震給蔣氏父子等五人的『救亡図存献議』」（『雷震全集27：給蔣氏父子的建議與抗議』）八四、八五頁。

51 雷震「雷震給蔣氏父子等五人的『救亡図存献議』」（『雷震全集27：給蔣氏父子的建議與抗議』）八五頁。

52 雷震「雷震給蔣氏父子等五人的『救亡図存献議』」（『雷震全集27：給蔣氏父子的建議與抗議』）八五頁。

53 雷震「雷震給蔣氏父子等五人的『救亡図存献議』」（『雷震全集27：給蔣氏父子的建議與抗議』）一一六頁。

54 雷震「雷震給蔣氏父子等五人的『救亡図存献議』」（『雷震全集27：給蔣氏父子的建議與抗議』）一一七頁。

55 雷震「雷震給蔣氏父子等五人的『救亡図存献議』」（『雷震全集27：給蔣氏父子的建議與抗議』）一一八頁。

56 雷震「雷震給蔣氏父子等五人的『救亡図存献議』」（『雷震全集27：給蔣氏父子的建議與抗議』）八九～九一頁。

57 雷震「雷震給蔣氏父子等五人的『救亡図存献議』」（『雷震全集27：給蔣氏父子的建議與抗議』）九九～一〇〇頁。

58 雷震「雷震給蔣氏父子等五人的『救亡図存献議』」（『雷震全集27：給蔣氏父子的建議與抗議』）一〇八頁。

59 雷震「雷震給蔣氏父子等五人的『救亡図存献議』」（『雷震全集27：給蔣氏父子的建議與抗議』）一一一頁。

60 雷震「雷震給蔣氏父子等五人的『救亡図存献議』」（『雷震全集27：給蔣氏父子的建議與抗議』）一一八～一一九頁。

第五節　民主化運動の継承と発展

一、国民党当局の雷震と党外選挙に対する「関心」

自由を回復した雷震は、以前から仲の良かった友人たちと親しく往来した他、新進の党外人士たちの一部とも交流するようになった。国民党当局は、雷震と党外人士の交流にかなりの関心を寄せていて、雷震が彼らの（選挙）活動を支援したり、かつての『自由中国』の言論が（選挙中に）党外人士による国民党局批判に勢いをつけたりすることを恐れていた。国民党当局の懸念は、台湾の民主化運動史における雷震と『自由中国』の重要性を浮き彫りにするものでもあったのである。

雷震が一九七〇年に出獄した後、中華民国政府は一九七一年に国連での中国代表権を失い、台湾の政治は新たな段階へと移った。台湾を統治する正当性の基礎を補強するべく、中華民国政府は国民大会を通じて臨時条項を再修正し、中央民意代表制度の定員を増加させた。同時に、蔣経国は行政院長に就任後、いわゆる「革新保台」の政治路線を推進し、中央政府と党部に台湾籍エリートを引き入れた。だが、それは国民党当局が主導できる行政部門や党務部門の人事に限られており、公職選挙においては、依然として反対勢力を抑圧したいと考えていた。選挙での勝利により、執政に対する人民の支持があることを証明して、引き続き台湾の政局を主導することの正当性を補強したいと考えていたのである。一方、定期的に行われる中央民意代表の増加定員選挙を通じて、反対派の候補者はやや規制の緩和された言論空間（民主の休暇）を利用することができ、次第に党外運動が発展していくようになった。国民党当局は、雷震が党外人士の選挙運動に協力することを恐れていたので、何かちょっと変わった様子があると、ルートを使って雷震に圧力をかけた。はじめは、雷震と長年親交のあった郭雨新が、治安情報機関が関心をもっていた対象であった。

一九七二年十二月二十三日に実施された四種の公職選挙（増加定員国民大会代表、立法委員、台湾省議員、県・市長）において[1]、国民党当局は県・市長選挙と省議員選挙では圧勝し、県・市長ポストは二〇、省議員は五五議席を獲得した[2]。だが、中央民意代表の増加定員選挙では、反対派の人士が飛躍をとげた。同選挙で当選した中央民意代表の中には、党外の新鋭である康寧祥、かつて中国民主党の結党に参加したベテランの許世賢、青年党籍の黄順興、張淑真らがいた。国民大会代表には、黄信介の弟である黄天福と康寧祥が協力して選挙を戦って当選し、張春男も当選した[3]。国民党が不当な手段で選挙を掌握しようとすることに対して、郭雨新は非常に不満であった。今回の省議員選挙において、国民党当局は圧力の行使によって、当時すでに党外の領袖になっていた郭雨新が長きにわたって務めてきた台湾省議員の議席を失わせようと試みた。宜蘭の主要な支持者たちが抑圧を受け、中には故郷を離れざるを得なくなった人々まで出た上に、長年実施されていた郭雨新への礼譲政策が改められたので[4]、郭はその年の選挙からの撤退を余儀なくされた。その後、郭は監察委員選挙に出馬したが、それにも国民党の強い圧力がかけられ、一九七三年二月、一票も獲得できず落選した[5]。

郭雨新は国民党当局による不当な選挙操作に強く不満を感じ、十月二十五日に選挙座談会が開かれるはこびとなった。鄧景福はわざわざ雷震に対し、「雷さんは出席なさらないでください。そうすれば、選挙の渦中に巻き込まれずにすみますから」と言ってきた。雷震は、座談会については何も知らないと言い、さらに、「国民党は決意を固めて改革をしなければならない。さもないと、その前途は予断を許さなくなるだろう」と直言した。だが、鄧景福は雷震の建言には答えず、出席しないようにと繰り返すだけであったので、雷震は、「国民党が今日になってもまだ党外人士の選挙活動を警戒し、自らを省みていないことがうかがえる」と思った[6]。また、雷震の友人である王崑僧によれば、国民党内には、郭雨新が選挙座談会を開こうとするのは雷震が煽動したものであるとのデマを流す者がおり、王はそれが事実ではないと知っていたので、その場で雷震のために否定したという。だが、雷震宅の外で監視する特務の人数は、この期間中増員されたのである[7]。

一九七三年、第二期台北市議会議員選挙が行われようという最中の七月二十四日午前、旧友の王新衡から電話がかかって来て[8]、雷震が第二期台北市議会議員選挙で候補者の応援をしようと考えており、さらに『自由中国』を用いて宣伝をしようとしていると聞いたが、無茶はしないようにと言った。雷震は、自分はまったくこの地方選挙に注目していなかったし、当然、候補者の応援や宣伝をするということもないと述べ、特務の流言をみだりに聞かないようにと言ったが、王新衡は、街で小耳にはさんだのだと言った。宋英は、このやりとりを聞いてとても怒り、鄭景福に電話をして、このようなことは絶対になく、まったくの作り話なので、信じないようにと言った。

翌日、鄭景福がわざわざ電話をかけて来て、「王新衡の勘違いだ、雷さんが台北市議員選挙で選挙運動をするわけではなく、一部の党外の人間が選挙運動中に『自由中国』の文章を根拠に国民党の選挙不正を攻撃しているのであって、雷さんにはご注意ください」と宋英に説明した。宋英は、「『自由中国』雑誌はどこにでもあるのに、雷はどうやって注意すれば良いのです？　誰があなたたちに、選挙となるといつも不正をするようにさせたのですか？」と答えた。雷震は心中で、国民党の選挙不正を非難する文章は、青年党の朱文伯による『民主潮』の方が、『自由中国』よりも多いのに、と思った[9]。

もっとも、選挙中、たしかに党外の立候補者の中には、『自由中国』の言論を用いて国民党当局を攻撃したり、かつての雷震の民主化運動への貢献を語ったりする人々もいた。例えば、一九七三年十二月一日、郭雨新宅の管理人である李氏は雷震に対し、第二期台北市議員選挙において、確かに党外候補者の中には『自由中国』のかつての言論を借用して政府を批判し、しかも雷震の名前を出す者がいたと話している[10]。そのため、特務は雷震が応援に行くことを懸念し、この間の監視は従来よりもさらに強化された[11]。

二、一九七〇年代における雷震の交流人脈

自由を回復した後、雷震は身内の人間や、以前から仲の良かった友人たちと往来した他、新進の党外人士たちの一部とも交流するようになった。デジタル人文学の研究法を用い、出獄後から一九七七年に記載が終了するまでの『雷震日記』における人物の登場状況を分析することで、一九七〇年代の雷震の交流人脈をいくらか把握することが可能になる。そして、単に名前の出現頻度を調べるよりも、日記に登場する日（篇）数で計算すると、一人の人間が一日分の日記の中に複数回登場しているのも合わせて計算するよりは、正確に雷震の交友関係の様相を解明できる。そこで、出獄した雷震の人的関係を把握するため、親族との交流は除き、分析の範囲を雷震と関係が良く、必ずしも党外運動に賛成していない人々

や、党外運動に反対だった人々にも拡大して、登場の日数（篇数）を計算すると、雷震の七〇年代における人脈と交流の状況が明らかになる。分析上の必要性から、まず国民党当局の蔣介石や蔣経国など、前述の定義にあてはまらない人物や、雷震を監視したり、行動に警告を与えたりしていた酆景福、呉彰炯、徐晴嵐らは除外する。次に、雷震の隣人や、王子定など、単に交流があるだけで政治とは関係がない友人を除く。最後に、一九七〇年にはすでに逝去していた胡適、殷海光、夏濤聲や、日記で言及されているものの、実際には交流のなかった彭明敏、陳逸松ら（両名とも、一九七〇年代初期にはすでに台湾にいなかった）を除外する。そうして、雷震と交流のあった人物の日記における登場日数（篇数）を示したのが、表1である。

表1によれば、行き来の回数が多い上位二〇名は、順に宋英（四九二日／篇）、雷美琳（一七三日／篇）、斉世英（一五七日／篇）、雷徳全（一三一日／篇）、雷鳳陵（一二九日／篇）、金陵（一〇〇日／篇）、成舍我（九九日／篇）、夏道平（八一日／篇）、雷紹唐（七八日／篇）、雷美莉（六九日／篇）、陳襄夫（六七日／篇）、陳鼓応（六六日／篇）、雷徳寧（六四日／篇）、向筠（六四日／篇）、胡学古（五五日／篇）、雷天洪（五四日／篇）、程積寛（五二日／篇）、王雲五（五二日／篇）、郭雨新（五〇日／篇）、傅正（四七日／篇）である。家族がそのうちの半分以上を占めており、宋英（配偶者）、雷美琳（娘）、雷徳全（娘）、雷鳳陵（娘）、金陵（娘婿）、雷紹唐（おい）、雷美莉（娘）、陳襄夫（娘婿）、雷徳寧（息子）、向筠（配偶者）、雷天洪（息子）、程積寛（雷震の母方のいとこの子ども）らがいる。

前述のように、出獄後の雷震の交友関係について理解するために家族は除外し、分析の範囲は雷震と長きにわたって良好な関係にあり、党外運動を支持しているか、もしくは支持しない人々、さらに国民党を批判しているか、党外運動を支持し、参加している人物を含むこととする。『雷震日記』における、一〇日（篇）以上登場した人物を整理したのが表2である。

表2によれば、登場回数が五〇日（篇）以上なのは、斉世英（一五七日）、成舍我（九九日）、夏道平（八一日）、陳鼓応（六六日）、胡学古（五五日）、王雲五（五二日）、郭雨新（五〇日）であった。これらの中では、斉世英の登場回数が最も多く、一五七日に達している。斉世英、成舍我、夏道平はいずれも雷震が中国大陸時代からよく知っている友人であり、一九五〇年代の『自由中国』や反対党運動でも密接な関係を有

表 1

	1970	1971	1972	1973	1974	1975	1976	1977	登場篇数
宋英	42	79	107	115	66	40	39	4	492
雷美琳	27	45	45	27	29	0	0	0	173
斉世英	9	32	43	30	18	11	10	4	157
雷徳全	0	2	31	27	55	11	5	0	131
雷鳳陵	11	21	34	18	18	14	12	1	129
金陵	18	30	24	5	19	2	2	0	100
成舎我	7	19	16	22	14	13	7	1	99
夏道平	7	12	12	24	11	11	4	0	81
雷紹唐	6	7	25	9	20	6	4	1	78
雷美莉	0	1	28	27	13	0	0	0	69
陳襄夫	6	8	22	19	12	0	0	0	67
陳鼓応	1	3	19	30	9	3	1	0	66
雷徳寧	0	3	7	10	23	10	11	0	64
向筠	6	21	12	7	3	11	4	0	64
胡学古	1	1	10	21	11	7	4	0	55
雷天洪	5	9	4	15	9	2	9	1	54
程積寛	11	8	13	10	2	5	2	1	52
王雲五	3	16	5	10	0	17	1	0	52
郭雨新	0	4	6	18	10	7	5	0	50
傅正	4	11	12	9	4	3	4	0	47
王新衡	2	15	7	8	1	2	4	0	39
呉三連	0	10	3	9	7	6	3	1	39
王世杰	1	4	5	12	5	5	5	0	37
陳啓天	3	7	7	13	0	5	1	0	36
陶百川	6	10	3	8	0	0	1	1	29
張群	1	11	7	2	4	3	1	0	29
高玉樹	2	7	8	2	2	2	5	1	29
馬之驌	1	1	3	10	4	2	3	0	24
徐復観	0	8	6	8	1	0	0	0	23
谷正綱	4	9	3	0	1	4	1	0	22
孟祥柯	0	0	2	2	9	3	1	1	18
王暁波	0	0	1	12	4	1	0	0	18
易君博	1	1	4	9	1	0	0	0	16
宋文明	1	3	4	2	2	2	1	0	15
黄少谷	2	3	3	2	1	3	0	0	14
彭明敏	3	3	0	2	2	3	0	0	13
王嵐僧	3	0	2	6	1	1	0	0	13
沈雲龍	3	3	0	2	1	4	0	0	13
劉孚坤	1	2	5	1	0	2	1	0	12
陳逸松	0	0	5	1	3	1	0	1	11
李敖	5	2	2	1	0	0	0	0	10
康寧祥	0	0	1	2	2	3	2	0	10
胡秋原	2	3	3	1	0	1	0	0	10
劉子英	1	0	1	0	2	4	1	1	10

表 **2**

	1970	1971	1972	1973	1974	1975	1976	1977	登場篇数
斉世英	9	32	43	30	18	11	10	4	157
成舎我	7	19	16	22	14	13	7	1	99
夏道平	7	12	12	24	11	11	4	0	81
陳鼓応	1	3	19	30	9	3	1	0	66
胡学古	1	1	10	21	11	7	4	0	55
王雲五	3	16	5	10	0	17	1	0	52
郭雨新	0	4	6	18	10	7	5	0	50
傅正	4	11	12	9	4	3	4	0	47
王新衡	2	15	7	8	1	2	4	0	39
呉三連	0	10	3	9	7	6	3	1	39
王世杰	1	4	5	12	5	5	5	0	37
陳啓天	3	7	7	13	0	5	1	0	36
陶百川	6	10	3	8	0	0	1	1	29
張群	1	11	7	2	4	3	1	0	29
高玉樹	2	7	8	2	2	2	5	1	29
馬之驌	1	1	3	10	4	2	3	0	24
徐復観	0	8	6	8	1	0	0	0	23
谷正綱	4	9	3	0	1	4	1	0	22
孟祥柯	0	0	2	2	9	3	1	1	18
王暁波	0	0	1	12	4	1	0	0	18
易君博	1	1	4	9	1	0	0	0	16
宋文明	1	3	4	2	2	2	1	0	15
黄少谷	2	3	3	2	1	3	0	0	14
王嵐僧	3	0	2	6	1	1	0	0	13
沈雲龍	3	3	0	2	1	4	0	0	13
劉孚坤	1	2	5	1	0	2	1	0	12
李敖	5	2	2	1	0	0	0	0	10
康寧祥	0	0	1	2	2	3	2	0	10
胡秋原	2	3	3	1	0	1	0	0	10
劉子英	1	0	1	0	2	4	1	1	10

していた。また、国民党との関係が比較的良好だった王雲五は、雷震の状況にも気を配り続け、出獄後には経済面など各方面で援助の手を差し伸べていた。陳鼓応は新進の反体制派で、晩年の殷海光と密接な関係があった。胡学古と傅正（四七日）は、晩年の雷震が原稿を整理するのを助けた重要人物である。傅正は雷震ととりわけ関係が深く、特に雷震死去後の名誉回復運動において、主要な役割を果たした。これらの中で唯一台湾籍のエリートであるのは郭雨新で、早くも一九五〇年代には雷震と仕事をしており、反体制運動の中で、さらに深く交流を重ねた。登場回数が一〇回から四〇回の間なのは王新衡（三九日）、呉三連（三九日）、王世杰（三七日）、陳啓天（三六日）、陶百川（二九日）、張群（二九日）、高玉樹（二九日）、徐復観（二三日）、谷正綱（二二日）、王暁波（一八日）、孟祥柯（一八日）、易君博（一六日）、宋文明（一五日）、黄少谷（一四日）、王嵐僧（一三日）、沈雲龍（一三日）、劉孚坤（一二日）、康寧祥（一〇日）、胡秋原（一〇日）、李敖（一〇日）らである。この回数から分析するに、王新衡、王世杰、張群、谷正綱らは、長きにわたって雷震と密接な関係があったが、台湾の党外運動にはあまり関心がないか、態度を保留していたか、もしくは反対であった。雷震はかつて、党外人士への態度をめぐって、彼らに面と向かって反駁したこともあり、台湾の反対党運動に対して考え方に違いがあることがはっきりとしていたのである。反対党運動を比較的支持していた呉三連、陳啓天、陶百川、高玉樹、徐復観、王嵐僧、沈雲龍、劉孚坤、胡秋原らの中には、青年党出身の者もいれば、一九五〇年代以来国民党に批判的な者もいた。台湾籍のエリートでは、郭雨新、呉三連、康寧祥らがおり、郭と呉とは一九五〇年代以来交流があった一方、康は一九七〇年代台湾における党外運動の新進のスターであった。李敖は、『自由中国』以後の時期において、国民党を批判していた言論界の代表的人物である。王暁波、孟祥柯は台湾大学哲学系と密接な関係があり、国民党に反対していた。

登場回数が比較的少なく、表2には出てこないが、反対党運動を支持するか、同情していた人物には李秋遠（八日）、楊毓滋（八日）、端木愷（八日）、許世賢（七日）、陳少廷（七日）、謝聡敏（六日）らがいる。李秋遠と許世賢は台湾籍、楊毓滋と端木愷は外省籍であったが、彼らの共通した特徴は、一九五〇年代から雷震と密接な交流があり、反対勢力の発展に強い関心を寄せていたことだった。その他、雷震と同じ事件で逮捕された馬之驌（二四日）も、出獄後に依然として雷震との交友を保った。

これらを見ると、一九七〇年以後の雷震が交流した人々は、やはり外省籍のエリートが台湾籍のエリートよりも多く、その大部分は党外運動を支持し、同情するか、あるいは参入した人々であった。それに対し、党外運動と距離を置いていたり、反対していたりする友人たちの登場日数はやや少なく、人数の比率から見ても少なかった。一九七〇年代の雷震の政治的な主張と人脈との間には、ある程度の相関性があったことを示している。

三、雷震による改革の主張の意義とその影響

雷震による改革の主張の影響に関して、本節では、以下の諸点に注目する。まず、康寧祥（一九七〇年代党外運動の重要な領袖の一人）らが主導した『八十年代』雑誌の雷震および『自由中国』による政治改革の主張に対する理解。次に、美麗島事件以前の個別の党外人士による雷震の主張に対する評価。さらに、党外勢力が共同で提起した政治改革要求と雷震の政治的主張との間の比較。また、一九八〇年代の戒厳令解除以前に党外雑誌が言及した雷震の主張の内容。これらの分析を通じて、雷震の政治的主張が、後続する民主運動に与えた影響について検討していく。

一九七〇年代に反体制運動に参加した政治活動家たちの中には、雷震と直接親交を結んだ経験を有する人々もいた。比較的年長の人々では、郭雨新、許世賢、余登発、李秋遠、黄信介、楊金虎、黄玉嬌ら（長期的には、高玉樹や呉三連らも台湾の反体制運動と密接な関係があった）。若い世代では、康寧祥、陳鼓応、張俊宏、陳菊、林正杰、張富忠らがいた。雷震は、謝聡敏の紹介で、施明徳と艾琳達の結婚式で立会人も務めている[12]。

この中で、年長世代の党外運動参加者たちは、多くが一九五〇年代の反対党運動と関わりがあったので、雷震と『自由中国』に対してかなりの理解があった。他方、若い世代は、学生時代に図書館で『自由中国』を読んだか、『自由中国』関係者から教えを受けて啓蒙されたという経験を持っていた。例えば、范巽緑、林正杰、賀端蕃の三人は東海大学の同級生で、大学時代の教員の一人が『自由中国』に文章を発表していた朱新民であり、朱の紹介により、『自由中国』が掲げる自由・民主・人権・法治の価値を知ることになった。自由と民主を伝承する『自由中国』の影響を受けて、彼らは卒業後

に台北で大学院に進学するとともに、党外運動に参画したのである[13]。その他、かつて『自由中国』で法治に関係した文章を発表した李聲庭も、東海大学で教えており、その言論の影響は広範に及んでいた。例えば、著名な党外人士の江春男は、大学時代に「李聲庭先生のお宅で政治について学んだ」と回想している[14]。また、台湾大学歴史系の李永熾教授の回想によると、省立台中一中の高等部時代、雷震の編纂した『自由中国』などのリベラル派の雑誌を通じて、「人権と自由の概念について漠然と理解した」という[15]。

一九七〇年代の政界で活躍した党外人士の康寧祥は、その回想録の中で、『自由中国』の結党運動の中から得るところがあり、また、一九六九年に黄信介の選挙応援をした時や、一九七二年に自身が立法委員選挙などに出馬した選挙活動において、「先賢の願いを呼びかけとして」、『自由中国』の政党結成失敗や雷震の逮捕入獄を例に、国民党政府の専制について群衆に説明したと記している[16]。さらに康は、立法院への登院を果たした後は、昔日の『自由中国』の政党結成を目指した人々の果たせなかった志を継ぐべく、地方自治と選挙の問題の改善を目指したのである[17]。

雷震の言論の影響力は、『自由中国』雑誌を経営していた時期のものだけではなく、彼が蔣介石総統、厳家淦副総統兼行政院長、張群総統府秘書長、黄少谷国家安全会議秘書長、蔣経国行政院副院長の上層部五名のみに提出した「救亡図存献議」も、その内容が外に流出した後、一部党外の指導的エリートたちから賛同を得た。この文書は、海外の台湾独立運動の雑誌に掲載された後、世に知られることとなった。雷震が得た消息によれば、一九七五年一月二十八日、米国と日本の台湾独立運動家たちが創刊した雑誌『台湾青年』が、「救亡図存献議」の全文を掲載したという[18]。その後、台湾政界の少なからぬ人々が全文を取得し、雷震と近しい台湾籍の友人たちは、「救亡図存献議」を非常に高く評価した。一九七五年五月十六日のある集会で高玉樹は、自身が台北市長に再選できたのは雷震が投獄されたおかげだとして、雷震は台湾人に強い印象を残しており、民主化運動の中で彼の名前は後世まで残ると述べた。それに対して康寧祥は、『救亡図存献議』はすばらしい内容で、不朽の文章と言うべきである」と称賛している[19]。後に司法行政部が、「救亡図存献議」を漏洩させたのは郭雨新ではないかと疑惑の目を向け、郭が否定するということもあった[20]。これについて筆者は、かつて台独聯盟主席の黄昭堂教授に、同文書をどのように入手したのかを訊ねたことがある。当時、同文章の日本語訳掲載を担った黄主席によれば、ある匿名の人物が彼らの郵便受けに投函したのだという。

次に、党外勢力による政治改革の要求について考察するために、まず一九七八年の党外人士たちが発表した共同政見「十二大政治建設」における民主憲政の基本的改革に関する部分を見ることとしよう。「十二大政治建設」は、党外運動のエリートたちが初めて共同で発表した政治改革要求である。一九七八年十月六日、党外勢力の重要な領袖の一人であった黄信介が、党外人士たちからなる「台湾党外助選団」を結成し、選挙応援のため台湾全土を巡回する方針を決定したと発表した。これは、中壢事件[21]以後、党外勢力が選挙を通じて組織化を進める重要な一歩となるものであった。助選団を結成した他、党外人士たちは、それまでの選挙ではそれぞれ単独で戦い、個別に国民党当局の施政への批判や改革要求を提起しがちであったのと比べると、綱領の面でもかなりの調整を行った。十月三十一日、「台湾党外人士助選団」は各候補者に「十二大政治建設」を提出して党外候補者の共同政見とし、「政治的人権、経済的人権および社会的人権を追求するため、我々は郷土を愛し、国を愛する同胞と共同して、『十二大政治建設』に尽力することを主張する」と提起したのである[22]。この共同政見の中で真っ先に明示されたのは、「憲法の規定を徹底的に遵守する。中央民意代表は全面改選する。省・市長は直接民選とする。軍隊は国家化する。司法は独立させる。各級の法院は司法院の管轄下に置く。違警罰法[23]を廃止する。思想学術は超然たるものとし、党派や党工が学校を掌握することは禁止し、言論と出版は自由化し、出版法を改正し、新聞雑誌を開放する。参政を自由化し、党禁を開放する。旅行を自由化し、国外への観光旅行を開放する」などの項目であった。続いて、戒厳令の解除、人格の尊厳に対する尊重、拷問による自白の強要や、不法な逮捕と拘禁の禁止、民家への侵犯やプライバシーの侵害の禁止などが挙げられた。

これらのうち、中央民意代表の全面改選と戒厳令の解除について、後者は一九五〇年代の『自由中国』もほとんど議論したことがないもので、前者は「離郷投票」という方法での改革が主張されていた。だが、雷震が出獄後に提出した「救亡図存献議」も含めれば、前述した改革案は、すべて『自由中国』および雷震が、かつて提起したことのある内容であった。後に続く社会権や集団的文化権などの第二代、第三代の人権の範囲を除外したならば、この時の党外人士たちの主張は、基本的に雷震の主張に呼応したものと言えるだろう。すなわち、もし純粋に主張の内容だけを取り上げた場合、一九七八年に出された党外人士たちによる初の集団的な改革要求と、雷震と『自由中国』がかつて提起した政治改革の内容とを比較すると、雷震が民主化運動の継承の中で果たした役割が浮かび上がってくるのである。

米国が一九七九年一月一日から中華人民共和国との関係を正常化し、中華民国を承認しないと発表したため、一九七八年十二月十六日、蔣経国総統は臨時条項の緊急処分権を用いて、予定されていた中央民意代表の増加定員選挙を停止した[24]。十二月二十五日、党外人士たちは「党外人士国是会議」を開催したが、治安情報機関の許可が下りなかったため、予約していた台北国賓飯店から、党外助選総部に移動して会議を開いた。同会議において、前高雄県長の余登発を筆頭に、総勢七〇名が「党外人士国是声明」に署名した[25]。その内、〈我々の呼びかけ〉の部分では、「十二大政治建設」の要求の延長上に、次のように憲法の規定の徹底的な実現が呼びかけられた。(一) 中央民意代表を全面改選する。(二) 省・県の自治通則を公布し、地方自治を実施して、省長と直轄市長は民選とする。(三) 司法の独立を確立し、法官は党派を越え、独立して裁判を行う。(四) 軍隊を国家化する。軍人は党派の枠を越え、国家に忠誠を尽くす。(五) 学術の独立および言論、学術講演、著作、出版の自由を確保する。(六) 戒厳令を解除し、民主政治の正常な機能を回復させ、拷問による自白の強要や不法な逮捕と拘禁を禁止し、民家への侵犯やプライバシーの侵害を禁止する。次いで、〈我々の目標〉では、「世界の大国が合従連衡を画策する中で、我々の命運が売り渡される危機に直面している。それゆえ、我々は率直に表明せざるを得ない。我々は、いかなる大国も他国の人民の命運を支配することに反対し、台湾の命運は一七〇〇万の人民によって決定されることをあくまで主張する」[26]。

〈我々の呼びかけ〉の七大要求について見ると、第一項の中央民意代表の全面改選と第六項の戒厳令の解除以外は、ほぼ『自由中国』の時代にも断続的に提起されていたものであった。そして、人民の結社の自由を保障することと、軍事裁判の範囲を可能な限り縮小することも、『自由中国』が取り上げていた課題であった。それらに加え、雷震の「救亡図存献議」を見れば、雷震の主張する改革の範囲は、一九七〇年代末の党外人士たちの要求よりもさらに広範であった。異なるのは、一九七〇年代の雷震の改革要求は、国民党当局に対するもので、当局が現実の状況に応じて、今までのやり方を根本的に改め、一層の改革を進めることに期待をかけていた。一方、党外人士たちは、現実の政治活動に基づき、人民に向かって訴えかけ、彼らからの支持を獲得する必要があったのである。

美麗島事件[27]の発生後、康寧祥が党外運動の主要な指導者になる[28]。一九七八年末、蔣経国総統が予定されていた中央民意代表の増加定員選挙の停止を命じた後、康寧祥はこの空いた期間を利用して、党外の立場からの新しい雑誌を創刊し、民衆とのコミュニケーションをとると同時に、若い人材を育成することを決定した。この雑誌が、すなわち『八十年代』である[29]。鄭欽仁と李永熾が、出版社も同時に設立するよう康寧祥に勧めたので、康は陳忠信、周瑜、范巽緑、賀端蕃ら若い世代を集め、『自由中国』半月刊の言論の自由や政党政治に関する文章を整理して、四冊の『自由中国』選集を編纂した。その中の一冊は、「反対党問題」を主題としており、禁止の対象になった（もっとも、『自由中国』が出版されていた時期には、禁止されていなかった）[30]。『八十年代』が『自由中国』選集の出版を選択したのは、一九六〇年代以降の台湾の知識人たちは、国家や時代に対する見方、願望、努力などにおいて、いずれもある程度『自由中国』雑誌から影響を受けており、今の人々は『自由中国』の言論を理解することで、一九五〇年代から三〇年間の台湾における国家や社会の問題を詳細に見つめ、反省し、現実の中で自由と民主の理想を実現するべく努力する必要があると認識していたからであった[31]。換言すれば、この選集は、ある意味で『自由中国』の「地方自治と選挙」、「司法の独立」、「反対党」などの改革要求をこの時期にまで引き延ばしたものだったのである。さらに『八十年代』誌は、雷震や『自由中国』関連の文章を数篇掲載することもした。たとえば、一九七九年八月の第一巻第五期は、陳宏正が文徳というペンネームで発表した「雷震・胡適・中国民主党」という文章を掲載し、雷震と『自由中国』の政治的理想を紹介して、その年に逝去した雷震を悼んだ[32]。一九八二年には、文章や座談を通じて、雷震と『自由中国』が台湾の政治改革運動で果たした役割と意義について詳しく解説している。『八十年代』の第四巻第一期では、「『自由中国』與中国民主党（1949-60）」と題した傅正による講演の内容が掲載され、雷震の個性と理念、『自由中国』誌の発展および中国民主党の結党始末を紹介した他、傅正と王杏慶、陳少廷らの座談も掲載された[33]。傅正は特に雷震の重要性を強調し、雷震がいてこそ『自由中国』誌と中国民主党の結党活動があったのだと述べた[34]。

その後、党外運動の中では、美麗島事件の受難者の家族や弁護士、および党外雑誌の編集作家聯誼会などが大きな発言権を獲得し、より大規模な政治改革を要求するようになっていく。しかし、戒厳令解除以前の党外雑誌は、「救亡図存献議」を掲載することはあったものの、おそらくは当時の政治的基準に制約され、全文を発表することはできず、とりわけ雷震が主張した「中華台湾民主国」の樹立という改革要求を掲載することはできなかった[35]。そのことは、雷震の政治改革の主張が党外運動によって継承されたという一面だけでなく、いかに先見性を有するものでもあったかを示していたのである。

注

1 「選挙国大代表、立委、省議員、県市長今為投票日　政府盼選民踴躍投票珍視憲法権利」（『中央日報』一九七二年十二月二十三日）第一版。

2 『中央日報』（一九七二年十二月二十四日）第一版。

3 李筱峰『台湾民主運動四十年』一一三頁。

4 任育徳「終身在野者：郭雨新」（『郭雨新先生逝世二十週年紀念活動籌備委員会、二〇〇五年八月）四〇頁。〔訳注〕宜蘭県省議員は二議席あり、国民党はそれまで一議席分のみ候補者を立て、残りの一議席は郭雨新に譲っていたが、この時には二議席分候補者を立て、郭の議席を奪取することを試みた。

5 李筱峰「郭雨新的一生」（郭惠娜、林衡哲編『郭雨新紀念文集』台北：前衛、一九八八年）七二頁。任育徳「終身在野者：郭雨新」（『郭雨新先生逝世二十週年紀念論文集』）四一頁。

6 雷震『雷震全集45：最後十年（一）』、日記一九七二年十月二十一日の条、二七二頁。

7 宋英は、入り口を監視する特務の数が、このためにまた増えたと言ったことがある。雷震『雷震全集45：最後十年（一）』、日記一九七二年十月二十五日の条、二七四頁。

8 一九七三年七月二十四日の日記にははっきりと名前は記されず、「かつて特務を務めた（軍統局の上海における責任者）立法委員が電話をかけて来た」と隠されていたが、翌七月二十五日の日記では、「今日、鄭景福がわざわざ亜英に電話をかけて来て、『王新衡の勘違いだ、雷さんが台北市議員選挙で選挙運動をするわけではない……』と述べたと明記されている。前述の特徴と照らし合わせると、この立法委員は、王新衡であろう。

9 雷震『雷震全集46：最後十年（二）』、日記一九七三年七月二十四日、二十五日の条、一二〇～一二二頁。

10 雷震『雷震全集46：最後十年（二）』、日記一九七三年七月二十五日の条、一二一～一二二頁。

11 雷震『雷震全集46：最後十年（二）』、日記一九七三年十二月一日の条、一八二頁。

12 雷震『雷震全集46：最後十年（二）』、日記一九七三年十一月二十三日の条、一七九～一八〇頁。

13 張炎憲、陳美蓉、尤美琪採訪記録『台湾自救宣言：謝聡敏先生訪談録』（台北県：国史館、二〇〇八年）二三五～二三七頁。「雷震逝世四十週年紀念活動座談会」における陳菊の発言（主催者：政治大学文学院、雷震研究中心、日時：二〇一九年九月四日、場所：政治大学教育学院）。陳菊は、当時彼女が許信良、張富忠、林正杰らを連れて雷震に会いに行った際の写真も提供してくれた。

14 「雷震逝世四十週年紀念活動座談会」における范巽緑の発言（主催者：政治大学文学院、雷震研究中心、日時：二〇一九年九月四日、場所：政治大学教育学院）。

15 江春男「為老友送行」東海大学校友聯絡網、http://www.tunghai.org/news/20090328-TEFA.htm 二〇二〇年二月十日閲覧。

16 李永熾口述、李衣雲撰写『辺縁的自由人：一個歴史学者的抉択』（台北：遊撃文化、二〇一九年）一〇〇～一〇一頁。

16 康寧祥論述、陳政農編撰『台湾，打拚：康寧祥回憶録』（台北：允晨文化、二〇一三年）六五、六八、一三二頁。

17 康寧祥論述、陳政農編撰『台湾，打拚：康寧祥回憶録』一三二頁。

18 雷震「王雲五的三封来信和我的両封覆信」（『雷震全集28：與王雲五的筆墨官司（雷震特稿）』）一頁。もっとも、出版された資料から言うと、『台湾青年』第一七二号に掲載された「救亡図存献議」は一部の抄訳で、出版日時は一九七五年二月五日と明示されている。日本の雑誌は出版日時前に出ることがあるので、日時の不一致はそのことと関係があるかもしれない。『台湾青年』は日本の台独組織「台湾青年社」が創刊したものである。文章に署名されていたのは、黄昭堂が台独組織で常用していたNg, Yuzin Chiautongの名であった。黄有仁（Ng Yuzin Chiautong）「雷震と『救亡図存献議』」（『台湾青年』一七二、東京：1975.2.5）二八～三四頁。

19 雷震『雷震全集47：最後十年（三）』、日記一九七五年五月十六日の条、四七～四八頁。

20 雷震『雷震全集47：最後十年（三）』、日記一九七五年七月十七日の条、六二頁。

21 〔訳注〕一九七七年一一月に行なわれた桃園県長選挙に立候補した許信良は、国民党から指名を受けないまま出馬したため、国民党から党籍を剥奪されていた。開票当日、投開票所にて票の操作が行なわれた疑惑が報道されると、許信良の支持者一万名あまりが中壢警察分局を包囲し、抗議活動を行なった。これに対し、当局は警察に発砲許可を出さず流血の衝突を避けた。開票の結果、許信良が国民党候補に大差をつけて当選した。

22 薛化元「台湾党外人士共同政見：十二大政治建設」（陳君愷主編『迢迢民主路上的自由呼聲：台湾民主改革文献選輯』台北：中正紀念堂管理処、二〇一八年）。

23 〔訳注〕違警罰法は、安寧秩序・交通・風俗・衛生などを乱す者に対し、警察署が拘留・罰役などの裁決を下すことを定めた法。一九九一年に廃止される。

24 李筱峰『台湾民主運動四十年』一三三～一三四頁。

25 李筱峰『台湾民主運動四十年』一三六～一三八頁。

26 薛化元「党外人士国是声明」（陳君愷主編『迢迢民主路上的自由呼聲：台湾民主改革文献選輯』）。

27 〔訳注〕一九七九年美麗島雑誌社が、世界人権デーに合わせて一二月一〇日に高雄で人権大会を計画し、警備総部から許可はおりなかったが、開催にふみきったところ、警察と民衆が衝突し、一〇〇人以上が負傷した事件。当局は事件に関与したとして多数の党外人士を逮捕したが、米国からの圧力により、有罪者の範囲は縮小され、裁判も公開裁判となった。

28 李筱峰『台湾民主運動四十年』一六三頁。

29 康寧祥論述、陳政農編撰『台湾，打拚：康寧祥回憶録』二四二～二四三頁。

30 康寧祥論述、陳政農編撰『台湾，打拚：康寧祥回憶録』二四五～二四六頁。

31 八十年代出版社編輯部「自由主義者的精神堡壘『自由中国』選集総序」（『八十年代』第一巻第二期）（1979.7）八一～八四頁。

32 文徳（陳宏正）「雷震・胡適・中国民主党」（『八十年代』第一巻第五期）（1979.8）八七～九一頁。

33 『八十年代』第四巻第一期（1982.2）の雷震と『自由中国』に関する議論、特に二五頁の王杏慶の発言を参照されたい。

34 傅正の講演「『自由中国』與中国民主党（1949-60）」（『八十年代』第四巻第一期）（1982.2）二一～二六頁。

35 たとえば、一九八四年の『関懐』誌は真っ先に「救亡図存献議」を掲載したが、第一章と第二章は敏感過ぎるとして削除することを選択した。一九八五年の『生根』誌は、二号に分けて全文を掲載したが、「中華台湾民主国」について言及しているところは、すべて「□」に置き換えていた。「雷震『救亡図存献議』」（『生根』一一）（1985.3.23）一六～二三頁。「雷震『救亡図存献議』」（『生根』一二）（1985.3.30）二六～四一頁。「雷震最後的『救亡図存献議』」（『関懐』三六）（1984.11.5）四～九頁を参照。

結論に代えて　雷震と民主憲政の追求[1]

中華民国の憲政の発展という視角から見ると、雷震は憲法の制定から施行に至る過程、さらには反乱鎮定動員時期の戒厳令体制下において、自由と民主のために戦い続け、その姿を歴史の中に残した。

近代の民主憲政は、立憲主義（constitutionalism）や「近代的な意義における憲法」と密接な関係があり、フランス革命の人権宣言第十六条では、近代立憲主義の基本精神として、人権の保障を目的とし、政府組織は権力の分立を原則とするとされている。この二大原則を基礎として、自由民主の憲政体制は構築されたのである[2]。

人権の保障と国家の統治権力の分立が、民主憲政にとって不可欠の要件であることから、台湾の民主憲政の発展においても、いかにして前述の主張や理論を実現するかが、重要な意義を持つ課題となった。中華民国政府が台湾を接収した後、中華民国の法律制度を台湾に移植したため、国際法上の台湾の主権帰属問題に関する議論をひとまず抜きにすれば、一九四七年十二月二十五日に発効した中華民国憲法は、「形式上」台湾の最高位の実定法となっている。すなわち、純粋に人権の保障と、権力の分立および牽制という点に関して言えば、それらは中華民国憲法体制の中で、すでに明確に規定されたのである。そのため、憲政体制を擁護する立場から憲政の着実な実行を要求することは、民主憲政を発展させるための重要な要求でもあった。台湾政治の発展の道のりは、紆余曲折を経ながらも、ついには自由、民主、人権などの価値に向けて前進してきた。そして、雷震が中国で憲法制定に参画し、後には台湾で民主憲政を追求するに至るまでの過程では、彼がその人生を通じて重視してきたこと、さらには自身が価値を置き、選択し実行してきたことが、はっきりと見てとれるのである。

一、政党協商、憲法の制定から施行へ

中華民国の憲政史から見ると、雷震は国民参政会への参画以来、政党間の協議・連絡の仕事に携わり、意思疎通の要と

いう役割から、次第に国民党と在野党派の政治エリートとの間における交渉や協議のキーパーソンになっていった。こうした役割は、政治協商会議の秘書長をしていた時期に、一つの到達点を迎えた。政治協商会議において、雷震が各党派との間で折衝や調整を行ったことは、会議が順調に進行し得た要因の一つであった。また、政治協商会議の閉幕後、国民党と第三勢力、および中国共産党との間で行われた協議においても、雷震は重要な役割を果たした。さらに、民主憲政の発展という面においても、政治協商会議における憲法草案の完成から、制憲国民大会が開かれるまでの過程において、雷震は注目すべき役割を演じたのである。

まず、雷震は孫科や王世杰らの指導のもと、国民党と民主同盟、および中国共産党との間で憲法の内容に関する議論が行われている過程で、折衝者として機能した。とりわけ、張君勱が起草した憲法草案を議論のたたき台とする上で、雷震は決定的な貢献をする。そして、後の政党間協議の過程で、在野党派が提出する意見は、しばしば雷震を経由して国民党側に伝えられていた。国共間の協商が失敗に終わった後、国民党当局は政治協商会議の決議に基づかず、まず国民政府の改組を行ってから、制憲国民大会を開くという手順を選択した。それを不満とした中国共産党と民主同盟は、制憲国民大会をボイコットするという挙にでる。蔣介石にしてみれば、中国共産党と民主同盟がボイコットをしている中で、国民党が一党単独で憲法を制定するというかたちを避けるためには、民主社会党と青年党から支持を得る必要があった。この間において、国民党を代表して青年・民社両党に対し、制憲国民大会に参加するよう主に説得したのも、雷震であった。雷は蔣介石総裁／主席の支持を得て、民主社会党の張君勱との間で、制憲国民大会は政治協商会議の憲法草案を将来の中華民国憲法の底本とすることで合意し、ついには民社党と青年党を制憲国民大会に参加させ、三党による憲法制定という状況を実現させたのである。

憲法制定作業が完了した後、三党による憲法施行を推進するため、雷震は張群が組閣した行政院に参画し、政務委員を担当した。もとより、彼の主な仕事は依然として各党派との協議だったが、憲法制定から施行に至る過程で重要な法律・行政命令の審査役も担った。これは、制憲国民大会の決議に基づき、憲法施行前に違憲となる法規を廃止・修正するという重要な任務であった。国民政府が一九四七年七月に反乱鎮定命令を出し、反乱鎮定動員体制に入ったことで、この任務を順調に完成させることはできなかったが、この間の雷震の努力は、憲法施行を推進する上で一定の貢献を果たしたのである。

また、憲法制定から施行に至る基礎的な工程の一つとして必要であったのが、中央民意代表の選挙を行うことであった。当時の中国社会では、長期にわたって一党による訓政がなされていたため、国民党が政治・経済・社会における資源の絶対多数を掌握しており、民・青両党にとって、この不公平な条件のもと、選挙で国民党と競争することは不可能だった。そのため、政党間の協議により、いかにして民社党と青年党が推薦する立法委員、国民大会代表、監察委員が順調に当選できるようにするかも、重要な仕事となったのである。だが実際には、一部の国民党の地方実力者が自ら出馬したため、協議の結果を着実に実行することができず、一部の国民党の指名候補者ですら当選できないということがおこった。そこで、民・青両党はしばしば雷震を通じて国民党に対し、一定程度の救済措置が得られないかを打診した。こうした役割を果たし得たのは、雷震が国民参政会の頃から長きにわたって在野党派と築いてきた人的関係があればこそであった。

二、中国から台湾への連結——「自由中国運動」

一九四六年、制憲国民大会は中華民国憲法を通過させた。憲法施行前に行われた国民政府の改組により、張群が行政院長を務めた内閣において、雷震は政務委員に就任し、憲法施行後第一期の中央民意代表選挙と行政院の構成などに関連して、引き続き国民党と青年・民社両党との協議役を担った。一九四八年五月、翁文灝が中華民国政府の初代行政院長となると、雷震は政務委員に留任して、依然として政党間調整の重要な任務に従事した。十一月になり、戦局が国民党当局に不利に傾く中で、政府の内外では和平交渉を主張する声が高まり、一部政治家や高級将校は、「政府はまだなせることがあるうちに、中共との交渉を回復させる」よう主張した。[3]蔣介石総統が内閣を改組したため、雷震は行政院を去ることになる。その後、雷震は王世杰や胡適らと同じく、蔣介石が反共を行うのを支持するべきで、それでこそ中国の民主と憲政は活路を見いだせると認識していた。

十二月、新しく就任した行政院長の孫科は、「政府が軍を用いる最終的な目標は、平和を勝ち取ることである」と宣言した。[4]蔣介石も、作戦の継続に不利な外部からの圧力に対して強く感じるところがあり、一九四九年元旦の総統文告の中で中国共産党に和平を呼びかけ、それを達成できるなら「個人の進退にはまったく拘泥しない」と表明した[5]。一月十九日、行政院は中共に対し、無条件に停戦し、和平交渉を行うとの要求を決議する[6]。その翌日、国民党中央政治会議は行政院の決議を採択し、和平交渉を行うことが正式な政策として決定された。蔣介石総統は一月二十一日に正式に下野を発表し、李宗仁が総統代理に就任する。各界から蔣介石の下野を求める声があがっていたなかで、王世杰、雷震、胡適らリベラル派は、反対意見を唱えた少数派であった。彼らは、蔣介石総統が下野したら局面は破綻すると考え、今日、中共に対して「和平は不可能であり、戦いによって生存をはかるのみである」と主張した。

李宗仁代理総統に期待するところがなかったので、王世杰と雷震は友人たちを糾合し、胡適をリーダーとして、「擁蔣反共」の「自由中国運動」を推進することを試みた。彼らは、李宗仁政権の和平姿勢に強く反対し、「民主・自由を信仰する一般の人士に団結を呼びかけ、言論や文章でもって投降論を批判する」ことを主張したのである[7]。そして、まさにこのような考え方をもとにして、党派を問わず「自由中国大同盟」を結成し、「擁蔣反共」を堅持し、「民主反共」を通じて「自由中国」を実現するという構想が生み出されたのであった。最終的に、雷震らの奔走を経て、自由中国社を組織し、雑誌と新聞を出版することとなり、雷震、杭立武、許孝炎が準備の責任者となり、雑誌の主旨は胡適が起草することに決定した。胡適が米国から送ってきた「自由中国的宗旨」には、次のように明確に主張されている。

第一に、全国民に対し自由と民主の真の価値を宣伝し、政府に対し政治経済を改革するよう督促し、自由民主の社会を樹立する。第二に、政府による共産党の拡張阻止を支持する。第三に、淪陥区の同胞の援助に尽力する。第四に、中華民国が自由中国となるよう促す[8]。以上は、『自由中国』の政治的路線の方向性を示したものであった。

このような組織計画と出版計画は、当時台湾省主席の陳誠や、蔣介石総統の支持を得て、まず上海にて『自由中国報』の出版が準備された[9]。だが、上海の情勢が急を告げたことにより、台湾で出版することに転換した。準備段階で蔣介石と陳誠からの支持を得ており、さらに当時は雷震と党・政府との関係も良好だったことは、『自由中国』が台湾で発展する上での好条件となっていた。しかし、出版経費の調達は容易でなく、教育部長の杭立武が教育部で経費の一部を補助することに同意してから、ようやく出版が可能になり、一九四九年十一月二十日に創刊号が発行された。

『自由中国』が創刊された後、雷震は依然として友人たちと「自由中国運動」を推進しようとしたが、胡適が消極的であり、進展は難しくなった。一九五〇年三月一日に蔣介石が総統職に復帰すると、台湾の政局は新しい段階に入る[10]。「自由中国運動」は、最終的には継続できなかったものの、『自由中国』雑誌は、ある意味ではこの運動の産物であり、中国大陸時代から台湾に至るまで、雷震が抱いていた理想を結節させたものであった。

三、一九五〇年代台湾の民主運動における雷震

一般的に、雷震と台湾の民主的発展の関係については、二つのことがらが語られる。一つは、雷震が一九四九年末に台北で創設した『自由中国』雑誌で、一九五〇年代に自由と民主を鼓吹し、台湾の人権が国家の公権力によって侵害される問題に焦点を合わせ、反共を実行する中でも人権に対し最低限の保護をするよう政府に促した。その次が、民主憲政体制の制度における反対党の重要性に着目し、反対党創設の主張から、反対党組織の運動へと身を投じたことである。

自由、民主、人権を鼓吹したことで、雷震と『自由中国』は、政治改革を要求する台湾本土のエリートたちと密接に関わるようになり、とりわけ不正選挙の問題に直面した後、『自由中国』は民の声を代弁する重要な役割を果たした。

一九四九年十一月に雷震が『自由中国』雑誌を創刊した時、台湾は反乱鎮定動員体制と戒厳体制のもとにあり、中華人民共和国からの武力解放の脅威にさらされていた。そのため、当初の雷震はこの「危急存亡の秋」を乗り切るべく、国民党当局が人権を抑圧するのに比較的許容的であった。だが、朝鮮戦争が勃発し、米国の第七艦隊が介入して台湾海峡の中立化政策を実施した後、台湾の情勢は危機を脱した。雷震の『自由中国』は、台湾が人民解放軍の武力の脅威を受けていることに鑑み、国家公権力による人権侵害への批判的言論に抑制的であった立場を次第に改め、人権の保障問題をより重視するようになっていく。『自由中国』は、一九五〇年六月の朝鮮戦争勃発後から一九五一年五月までの間に、創刊初期の「擁蔣反共」路線から、創刊の宗旨に立ち返り、人権の保障を強化することを求めるようになっていったのである。

　これは雷震と『自由中国』が、一九五〇年代に台湾における民主化運動の発展と密接に関係するようになる重要な契機であった。そして、戒厳令と反乱鎮定動員体制によって制限を受けるという現実の政治環境の中で、どのようにして改革の主張を提起するかが、雷震たちにとって重要な問題であった。ただ、前述した人権保障の要求や、国家権力による不当な人権侵害への批判と比較すると、制度面での改革要求は、それを公表することの意義の方が、実質的な意義よりもまさっていた。注意すべきことに、憲政体制の「権力の分立と牽制」は、当時の「万年国会」のもとでは、定期的な選挙によって人員の構成を変えるという民主的なメカニズムがまったくなかったので、第一期に選出された中央民意代表が、国会の権力を行使し続けていたのである。初期の国会の構成では、国民党が単独の巨大政党として存在していたため、既存の権力構造下で政治党派が再編されなければ、行政と立法を主とした権力の分立と牽制が実現することは、不可能なのであった[11]。

（一）反対党の主張の発展と実行

　そのため、雷震と『自由中国』による反対党を求める言論、あるいは新しい反対党結成の追求は、前述した権力の分立と牽制が実現できないという政治的難題を理論的に解決できる可能性をもつアイディアであった。違う角度から見ると、伝統的な権力の分立は、行政、立法、司法間の権力が互いに牽制しあうもので、たとえ定期的に民主的選挙があったとしても、政治の実際の運営が、一つの執政党によって行政権と立法権が同時に掌握されているものだったとしたら、二つの重要な権力機関の相互牽制は、他の要素に頼ることでしか行われないことになる。この点からすれば、反対党には重要な意義があり、一九五〇年代の台湾において、有力な反対党を成立させることは、民主化運動の重要な中身であった。もっとも、雷震が重視していたのは中央政府レベルでの権力分立のための反対党であり、基本的には、民意や選挙と深い関係があるわけではなかった。

　一方、一九五〇年代に国民党当局が、行政命令を通じて、地方選挙と制限つきの地方自治体制を構築したので、少なからぬ非国民党の台湾エリート（一部の青年党員と民社党員を含む）たちが、無党籍の立場で地方選挙に身を投じていた。制限つきの地方自治があったとはいえ、国民党当局は地方政治の掌握度を強めたいと考えていたため、きちんとした選挙法規や選挙行政制度を構築しなかっただけでなく、地方選挙を支配しようと試みた。それゆえ、地方選挙では不公平や不正などの現象が続出し、無党籍の台湾エリートたちは、国民党籍の候補者と公平に選挙で競争することができなかったのである。そこで、彼らは次第に結社や政党を組織する方向に転じていった。

この二つの、それぞれ異なった思惑に基づく反対党推進の勢力は、後に中国民主党の結党準備というかたちで合流したが、一九五七年に台湾籍の無党籍エリートたちが結社を組織し、国民党と地方選挙において団体で競争する可能性を探り始めた時、雷震は台湾本土のエリートの主導で新しい反対党が組織されることに対し、やや否定的な態度をとっていた。すなわち、雷震は国民党当局が地方選挙を不当に主導することに批判的で、台湾籍エリートが結社で団結して地方選挙において国民党に対抗することに対しても一定の共感こそしていたものの、台湾籍エリートが主導して政党結成に向けて動くことには、反対だったのである。

一九六〇年に至るまで、雷震が期待していた反対党は、選挙とは関係がなく、台湾籍エリートたちと連携するものでもなかった。重点が置かれていたのは、いかにして既存の政治体制内部の権力を改組し、分かつことで反対党を結成するかということであり、それによって、少なくとも形式的には国民党当局を一定程度牽制する存在となるか、あるいは憲政体制において一種の競争関係を存在させるべきだと考えていたのである。こうした考え方からすれば、新しく結成される反対党は、国民党内部の改組・分割を経て成立するものであり、ひいては共同で執政者である蔣介石総統を支持しても問題はないのであった。こうした考え方はまた、国民党当局と一緒に中国大陸から台湾に敗退してきた青年党と民主社会党が、内部の団結により国民党の力を抑制できるようになる可能性の考慮とも関係があった。雷震は、中国大陸時期に在野党派の領袖たちと長きにわたって築いてきた関係を通じて、青年党と民社党内部の団結と再建を後押しし、両党が議会の殿堂で反対党としての機能を一定程度果たせるようになることを期待していた。さらに、将来的には、両党を再再建して、反対党の実力を拡大し、執政党である国民党を制約できる存在にしていきたいと考えていたのである。

前述した考え方は、さらに発展させられる可能性があった。国民党内部では、一九五〇年代に権力構造を改組する改造が行われ、国民党中央党部の主流派——CC派は、かなりの程度非主流派の政治勢力に転じていた。ＣＣ派の領袖である陳果夫が病気で亡くなり、陳立夫も米国に放逐されると、ＣＣ派を団結させ、派閥として立法院で力を発揮させる上で主要な役割を果たしたのは斉世英であり彼は雷震の友人でもあった。こうした状況は、もちろん台湾で反対党を育成させられる可能性をめぐる雷震の思考にも影響を与えていた。すなわち、国民党内部の自由民主人士（開明人士）と青年・民社両党が結合するという構想である[12]。

しかし、一九六〇年に蔣介石が憲法に違反した総統三選を果たし、さらに権限を拡大していくのに対して、雷震や民主憲政を支持する外省籍のエリートたちは、輿論を通じてそれを止めることができなかった。国際情勢においても、権威主義体制に対する批判が高まっており、韓国の李承晩政権も民主化運動の中で転覆していた。こうした時代的背景のもと、台湾籍エリートたちの間では、国民党当局が支配する不公平な地方選挙に対する不満の声が高まっていき、政党結成と公平な選挙とを結びつけて、要求の声をあげるようになっていく。そして、雷震も胡適に鼓舞されて、台湾籍エリートたちと共同で反対党を結成する必要性を認識するようになり、最後には彼らが主導する中国民主党の結党運動に尽力することを選択したのである。

反対党運動は、雷震という存在があったため、台湾籍エリートと外省籍エリートの間の架け橋ができ、さらには両者の合流の可能性まで見えてくるようになった。そうすれば、中国民主党は、地方選挙において国民党当局と競争し得る反対党となるだけでなく、民社党・青年党や斉世英ら民主的な傾向のあるリベラル派の外省籍エリートたちと国会の場で合流し、国民党を牽制する在野党にもなり得るのである。こうして、反対党の発展が見込まれるようになり、しかも蔣介石率いる国民党当局を一定程度牽制できるということになると、それは当然、ストロングマンにとって受け入れられるものではなかった。一九六〇年九月四日に雷震が逮捕されたことで、中国民主党の結党準備運動は大きな打撃を受け、最終的には一九六一年の地方選挙後、李萬居、高玉樹らの台湾籍エリートらが強い圧力をかけられたことで、結党運動は収束を余儀なくされる。もっとも、これらの過程からは、当時の雷震と『自由中国』による反対党設立運動の歴史的意義を見てとることができる。

（二）蔣介石総統の権力拡大への批判

民主改革の要求を提起するのと同時に、雷震と『自由中国』は、蔣介石の指導する国民党当局が憲政体制を破壊すること、とりわけ、総統が権力拡大を図ることに対しても、検討と批判を加えていった。前述したように、雷震と『自由中国』雑誌が一九五〇年代に提起した改革の主張は、基本的には反乱鎮定動員体制と戒厳令下で展開されていた。彼らにとって、「反乱鎮定動員時期臨時条項」は、一九四八年に中華民国憲法の修正手続きを経て制定された修正条文であった。そのため、国民党当局が台湾に撤退した後、〔大陸反攻によって〕中華民国憲法を完全なかたちで中国大陸に持ち帰ると宣言したからには、臨時条項も含む中華民国憲法体制下で行われた施政もその中に含まれてこそ、合理的かつ正当と言うべきである。だが、蔣介石にとって、総統の権限が制限を受けることは一貫して受け入れ難いものであった。張君勱の起草した中華民国憲法では、総統は名ばかりの国家元首ではなく、行政院長の選任を含む人事権など、かなりの権限を有していたが、蔣介石が望ましいと考えていたのは、行政院長を通じて自らの意思を通すような政府の体制ではなく、彼自身が直接政策を指導するやり方であり、ひいては行政院長を飛び越えて、直接各省庁を指揮して政策の制定や実行が可能な体制であった。当時、国民党は党国体制の運営により、蔣介石がストロングマンとして君臨していて、彼の意思はもともと国民党中央常務委員会を通じ、行政院の党員たちを経由して、かなりの程度実行に移されていた。だが、それはまだ蔣介石が望んでいた状態には、遠く及ばなかったのである。

一九五〇年六月、蔣介石は、国防に関する制度を設計する際、「国防会議」を増設して、憲法の規定する「統帥権」を総統が行使するよう行政院に訓令を出した。一九五一年には、手令〔自ら書いた命令〕や代電〔電報文形式の簡略な公文書〕によって、参謀総長と国防部長に対し、速やかに国防体系の研究と立案を進めるよう求めた[13]。一九五二年五月、行政院は未公布の「国防組織法草案」に基づき、「国防会議規程草案」を研究・立案し、蔣介石総統の裁定を経て実施に移された[14]。その後、蔣介石は自らが裁定し、公布した命令に基づき、国防会議を設立した。同会議は、総統が主席を務め、行政院長、国防部長、外交部長、経済部長、財政部長などの重要な省庁の閣僚がいずれもメンバーとなるもので、蔣介石が指定した人間もメンバーとして参加することが可能だった[15]。

この会議を通じて、直接国家の政策と行政の実行を主導したのである。

国防会議の成立直後、行政院長を務めていたのは陳誠で、陳は自らの意向が実施されることに対して、こだわりがあった。このような権力構造と関係があったかは分からないが、各省庁は「国防会議の審議にかけるべき」案件を提出することがなかったので、国防会議は一九五二年の第一回会議開催後、陳誠が行政院長を担当している間は招集されることがなく、ほぼ実際の機能を果たすことがなかった[16]。一九五四年六月、陳誠が行政院長の職を解かれ、副総統に転じた後、蔣介石は第二回の会議を開催し、国防会議を改組して、国家安全局などの治安情報機関を直接国防会議の下に置き（蔣経国副秘書長が直接指揮することとし）、積極的に会議を運営していくようになった[17]。当然、こうした状況に対して雷震と『自由中国』は賛成せず、強い批判を加えた。

『自由中国』誌の考えでは、組織法がなく、法的根拠のない機関の存在が問題であることはもとより、国防会議が行政院に対して「太上」（皇帝の父。転じて、傀儡政権を支配するもの）となることが、より重要な批判点であった[18]。国防会議において、行政院長はメンバーの一人に過ぎなかったので、会議の地位と役割は、後に蔣介石が一九六六年に修正した「反乱鎮定動員時期臨時条項」に基づいて設立した国家安全会議に類似したもので、総統が主宰する最高行政決定機関となることが予想された。そのため『自由中国』は、国防会議という組織の設立が中華民国憲法体制にもたらす影響、さらには中央政府が二重体制になる危険性について認識していたのである[19]。

総統の権力拡大として二つ目に重要なのは、一九六〇年の蔣介石の総統三選である。もともと中華民国憲法では、総統は一度しか再選できないとの制限があるため、憲法を改正しないかぎり、蔣介石の三選は不可能だった。だが、蔣介石が改憲はしないと明言したため、国民党当局は憲法と臨時条項を切り離し、臨時条項を改正することで総統再選に関する制限を撤廃した。雷震と『自由中国』は、当初は蔣介石が明言していたように、臨時条項も含めた中華民国憲法を携えて中国大陸に帰ることを期待していたが、このような保証が破綻したことで、中華民国憲法体制が損なわれたばかりでなく、憲法体制の運用によって、一九六〇年に任期が満了した蔣介石が下野し、形式上の政権移行が実現するという可能性も幻想に終わったのである。総統の再任が憲法の制限を受けなくなることは、蔣介石が終身総統を務めることを意味しており、まさに総統の権力拡大の重要な指標の一つであった。雷震と『自由中国』にしてみれば、このような憲政体制の破壊は、彼らが期待していたような、台湾で民主憲政の理想を実現するという理想が頓挫することを意味していた。そのため、蔣介石が総統三選を試みる過程で、『自由中国』は社説も含め、多くの文章を掲載して持続的な批判を展開し、このような形勢を挽回しようとしたものの、失敗に終わったのである。蔣介石の意志が反対の声を圧倒し、臨時条項の改正を通じて終身職の総統になったことは、雷震と『自由中国』の考え方が、有力な反対党を育成して、執政者を牽制するとの方向に傾いていくことをより一層促進したのであった。

　雷震と『自由中国』が三選に反対する態度は終始一貫していたが、それでも阻止するだけの力はなかった。それにもかかわらず、なぜ彼らは努力を続けたのだろうか。このことについての雷震と『自由中国』の答えは、「政治情勢が今日のような状態にまでなってしまっては、我々は言ったところで効果はなく、面倒ごとや、果ては筆禍さえ引き起こし得ることをよく理解している。だが、我々は言論界の一員として、事実・真理・良知に基づいて率直にものを言う責任を有している。それゆえ、言わないことは忍び難く、言わざるを得ないのである」というものであった[20]。やるせなさが紙面ににじみ出た文章であった。他方、三選に反対した文章は、後に雷震と傅正が罪を得る要因の一つとなったのであり、この時の『自由中国』によるキャンペーンが、いかに執政者にとって腹立たしいものであったかを物語っていた[21]。

(三)既存の体制下での制度改革をめぐる思考

　前述したように、『自由中国』誌が創刊された時、台湾はすでに反乱鎮定動員および戒厳体制下にあったため、雷震ら中華民国政府の敗退にともない来台した外省籍のエリートたちは、台湾の民主政治改革について思考する際には、非常態勢の終結を主張するのでないかぎりは、反乱鎮定動員および戒厳体制による制限という問題に直面せざるを得なかった。そして、一九五〇年代初頭、大法官釈字第三一号により、第一期立法委員と監察委員は改選の必要がなく、職権を継続して行使できるとの法的根拠が成立していた他、蔣介石総統も行政院の見解に同意し、第一期の国民大会代表の任期は、第二期の国民大会代表選挙によって代表が選出・招集されないかぎり終了しないと認定したため、万年国会体制が正式に形成された。改選の必要がない万年国会は、中央民意代表機関を民意の基礎のないものとしたし、国民大会が選挙する総統と、立法院の同意を経て総統が任命する行政院長も、同様に被統治者による同意という民意の基礎を欠くものとなった。国民党が国会で絶対多数の議席を占めている政治的構造のもと、国民党は党政体制を強力に主導し、かつ台湾の政治改革が発展する可能性を抑制していた。国会に改選の必要がなければ、中華民国憲法体制下では、政党間の政権交代も不可能だったのである。このような現実に直面し、雷震と彼の主導する『自由中国』誌は、戒厳令と反乱鎮定動員体制に直接抵触しないという条件のもとで、すなわち、現下の体制下で、いかにして最も効果的に民主改革の要求を行うかという問題について思考を重ねるようになっていった。

雷震と『自由中国』の提出する改革要求が可能であるのは、二つの重要な背景があった。まず、中華民国憲法は、単一国体制ではあるが、憲法制定の際にカナダの憲政体制を参考にして地方自治の制度と権限を設計していた。それゆえ、中華民国憲法は一種の準連邦制の憲法であり、地方政府は（カナダのケベックのような）かなりの程度の自治権を有していただけでなく、憲法の中で中央政府の権限の多くを省級政府に委託して実施することが可能であると明記されていたのである。次に、「反乱鎮定動員時期臨時条項」あるいは戒厳令体制において、地方自治に関する部分については凍結されていなかった。地方自治が中華民国憲法に基づいて有効に実施されていなかったのは、主として行政部門と立法部門を通じた党と政府の運用が原因で、立法の怠慢により、「省県自治通則」の三読審議を棚上げしていたからであった。そして、「省県自治通則」に法的根拠がないことにより、省・県の地方自治は実行に移すことができなかったのである。しかし、「反乱鎮定動員時期臨時条項」は、憲法の地方自治および中央と地方の権限に関する条文に関しては制限していなかったから、憲法に従って省長を民選したり、民選の省議会を持ったりすることは、実現困難なことではなかった。

一九五七年十月、「小地盤、大機構」と題した社説において『自由中国』は、憲法で規定された「中央が立法且つ執行し、又はその執行を省県に委ねる」とされた事項は地方に任せるべきで、中央政府は機構を設置して管理する必要はないと主張した[22]。また、中央政府の行政部門を内政部、外交部、国防部、司法行政部、財政経済部の五つに縮小・再編し、「小さな地盤に大きな機構」という現象を矯正するよう建言した。

そうすれば、中央政府の多くの職権は地方政府に執行が委任され、憲法で委譲が認められている権限が台湾省政府へと移管されて、省政府の権限が中央政府によって剥奪されている状況を改善できるばかりでなく、行政体系全体における省政府の権限と重要性も大幅に増すことになる。さらに、台湾省の省長と省議会の選出、および自治の権限を中華民国憲法が元来設計しているかたちに正せば、非常態勢下でも制度的／法的な制限がないのだから、国民党当局にその気さえあるならば、すでに二読まで審議の進んでいる「省県自治通則」を迅速に立法化することができるのである。こうして、中央民意代表の全面改選がされていない歴史的条件下にあって、人民の直接選挙によって形成される省級政府は、最も直接的な民意の基礎を持つことになる。このような、中華民国の国家権力の行使を可能な限り民意の基礎を有した台湾省政府に移管するという改革構想は、政治的現実に制約され、一九五八年の総統府臨時行政改革委員会と同じように、効果的に実現することこそなかったが、台湾の民主的改革のあり得る道筋を提起したのであった。

（四）国家の位置づけと民主的改革の連結

中華人民共和国政府の統治が日増しに強固になっていくという現実に直面して、当初最も中華民国政府を支持していた米国は、次第に「二つの中国」の枠組みへと傾斜していくようになった。まず、上院での「コンロン報告」があり、次いで、ケネディ政権の外交ブレーンが「二つの中国」を主張すると、もともとは二つの中国に強く反対し、中華民国が中国の唯一の合法的な代表であるとの立場を堅持していた雷震と『自由中国』も、一九六〇年以降、二つの中国という時代的雰囲気にいかに対応するべきかを積極的に検討し、将来の国家の方向性について思案するようになっていく。

雷震は、『自由中国』の創刊以来、「一つの中国」の枠組みに基づいて反共の問題について考えており、「大陸反攻」を期待していた。「民主反共」については、彼と同僚たちの民主憲政の価値への信念に基づき、台湾で民主憲政を推進した経験と成果を、「大陸反攻」後に中国大陸で実現させたいと考えていた。しかし、「大陸反攻」が事実上ますます困難になるなかで、雷震と『自由中国』は「一つの中国」の立場を堅持してはいたものの、武力による反攻が非現実的であるばかりでなく、かえって国民党当局が台湾で民主憲政を行わない口実として、「大陸反攻」を用いていることを意識するようになっていった。そのため、一九五七年になると、『自由中国』は短期間での「大陸反攻」という考え方を捨て、「実事求是，持久健進，實質反共〔実際に即して正確な方法を見いだし、長期的・安定的に前進し、実質的に反共をすすめる〕」という政策を採用するよう主張し、「大陸反攻」問題を検討して、台湾の民主政治をより積極的に発展させるよう要求するようになっていった。一九五八年にダレス国務長官が蔣介石と「蔣―ダレス共同コミュニケ」を発表すると、武力による大陸反攻の実施が不可能であることは、より一層明確になった。このような状況に対して、雷震と『自由中国』は、「大陸反応」が短期間に不可能な中で、台湾において民主改革を実現するべきことを、積極的に主張した。

一九五九年十一月、米国の上院外交委員会は、「コンロン報告」を発表して、中華人民共和国を承認し、「台湾共和国」を承認することで国連議席の問題を処理するよう提起した。このような情勢の展開により、『自由中国』は、「一つの中国」という国家の位置づけが、現実の国際政治によって挑戦を受けるようになった事実に直面するようになる。「コンロン報告」の公開後、『自由中国』はすぐさま社説「解決中国問題必須以民意為依帰〔中国問題の解決は、民意を拠り所にしなければならない〕」にて反応を示した。雷震と『自由中国』は、台湾は中国の一部であるというナラティブは、米国が中華人民共和国を承認しないという前提のもとでのみ成立すると考えており、国連による厳密かつ有効な監督のもと、「中国全体で真の自由選挙を実施」し、中国の前途を決定すべきだと主張したのである。

一九六〇年四月、ボールズが *Foreign Affairs* 誌に"The China Problem Reconsidered"を発表し、「二つの中国」を主張すると、『自由中国』はすすんでそれを紹介した。『自由中国』は、あたかも元来の「一つの中国」の枠組みから少しずつ脱却しようと試みているかのようであり、国際社会における「二つの中国」の主張とも正面から向き合った。『自由中国』は、ほどなくして「雷震事件」の勃発により停刊となるものの、雷震はいわゆる「二つの中国」の主張について真剣に検討し、一九七〇年に出獄した後は、台湾の地位問題についてより認識を深め、さらに踏み込んだ思索を行うようになっていった。

四、自由の回復と、後に続く民主憲政の追求

一九六〇年九月、雷震はでっち上げの罪名で一〇年間入獄し、一九七〇年九月に自由を回復した。獄中にいた間、国際情勢はすでに大きく変化していた。フランスは中華人民共和国を承認していたし、国連総会にて中華人民共和国政府が中国を代表することを支持する国々はますます多くなっており、一九七〇年には中華民国を支持する国の数を上回るようになった。中国を代表する唯一の合法政府としての中華民国の地位を保てる余地は、すでにほぼなくなっていたのである。武力による「大陸反攻」も、実質よりは宣伝としての意味の方がまさっていた。一九七一年に国連二七五八号決議が通過したことにより、中華人民共和国が中華民国に取って代わり、国連代表権を継承した後、雷震は、いかにして中華人民共和国が台湾を併呑するのを避けるかという問題に直面せざるを得なくなる。

二七五八号決議案が通るより前、雷震は前述した国際政治の展開の趨勢を把握しており[23]、「二つの中国」という国家の位置づけにより、台湾が中華人民共和国の外で独立している状態を維持できるようにするべきだと主張した。一九七一年に国連総会が二七五八号決議を通過させた後、雷震は「救亡図存献議」を通じて、国民党上層部に対し従来の「一つの中国」の主張を放棄するよう説いた他、国連の中華民国議席の議席が中華人民共和国に取って変わられた状況下で、台湾に新しい「中華台湾民主国」を樹立し、中華人民共和国の外で主権が独立した国家の地位を維持するよう、さらに明確に主張した。雷震は、「二つの中国」の主張が有力になっていく趨勢にあるという一九六〇年に有していた認識にとどまらず、さらに進んで、台湾が中華人民共和国によって併合されるという脅威に直面するなかで、民主憲政を実現させることに優先的な価値を置き、前述した「中華台湾民主国」を成立させ、新しい憲法を制定し、台湾で自由・民主・人権に合致した憲政体制を樹立するとの考えを持つに至ったのである。言うなれば、雷震は一人の自由民主主義者として、自由と民主の価値を民族主義のアイデンティティよりも上位に置き、自由・民主・人権が実現する環境を維持することを、中国ナショナリズムよりも優先させたのであった。このような方向性は、後の台湾の政治発展に少なからぬ影響を及ぼすことになる。

一九七〇年代、党外運動の（康寧祥のような）新世代や指導者たちのなかには、『自由中国』を読んで政治的に啓蒙さ

れた人々もいれば、雷震が実際に行ってきた政治的主張から新たな改革要求のヒントを獲得する人びともいた。そのため、一九五〇年代台湾のリベラリズムを代表していた『自由中国』雑誌の主張と、出獄後に提起した、国家の位置づけを修正し、民主政治を実現するという雷震の思想は、彼と党外民主運動とを新たに結びつけるものとなった。そして、このような主張は、雷震が逝去した後、一九七八年末から一九七九年初頭にかけて、党外人士たちが台湾住民の自決を主張するようになる背景の一つとなったのである。雷震にとって、台湾において中華人民共和国とは独立した主権国家を樹立するとの主張の重要な点は、台湾において自由・民主・人権のある憲政国家を実現する可能性を維持することへの期待であった。こうした主張は、かなりの先見性を有するものであると同時に、当時の国民党当局の政治的レッドラインに抵触するものでもあった。そのため、戒厳令解除前の一九八〇年代、党外雑誌は『関懐』であれ『生根』であれ、雷震の「救亡図存献議」の政治的主張を転載する際にもその全文を掲載しようとはせず、とりわけ中華台湾民主国の樹立を主張する部分は掲載を避けた。そのことからも、雷震の主張の前衛性を見て取ることができる。

五、自由民主を優位とする価値のために歩み続けた人生

雷震の一生は、その前半生においては、中国を民主憲政体制に向けて発展させることに努め、一九四九年以後は、台湾の自由民主憲政運動の重要な指導者となった。ある意味で彼の一生は、自由民主を優位とする価値のために歩み続けたものだったとも言える。

全体的に見れば、雷震の自由、民主、憲政を追求してきた一生は、三つの段階に分けることができる。第一段階は、一九四九年に来台する前で、政党間の協商に参加し、中華民国憲法の誕生に協力して、民主憲政の中国を樹立することを積極的に追求した。だが、一九四六年十二月に憲法が制定され、一九四七年十二月に憲法が施行されたものの、国共内戦の結果、国民党当局は大敗し、一九四九年十二月に中華民国政府は台湾に撤退した。雷震が主導する『自由中国』は、それより少し前に台北で創刊されていた。

第二段階は、来台し、『自由中国』を創刊して主宰した時期である。一九五〇年代の雷震にとって、台湾は民主憲政を実現する重要な場所であり、自由中国の存在を代表している

だけでなく、中国大陸の外で自由民主を推進する可能性を持った空間であった。もし台湾が中華人民共和国に併呑されれば、それは雷震の主張する自由中国の理念が破産を宣告されることに他ならなかったし、台湾で民主憲政を実現することも、ますます不可能になるのである。『自由中国』はさらに、大陸反攻の機会はないという状況下で、台湾で民主改革をより積極的に推進するよう提起した他、米国や国際社会が中華人民共和国を中国の代表として承認したら、台湾が中国に帰属するのか否かという、きわめて重要な問題について再考するべきだと主張した。ケネディ大統領の選挙チームが一九六〇年に二つの中国を主張した後、雷震と『自由中国』は国際政治の発展方向を認識し、国家全体の政治改革の方向性について検討するようになっていった。しかし、まさに同じ年に雷震事件が発生し、『自由中国』が取締りを受けて停刊したことで、こうした問題がそれ以上進んで検討されることはなかったのである。

一九七〇年に出獄し、社会に復帰したことで、自由、民主、憲政を追求する雷震の人生の第三段階がはじまる。国際情勢の展開は、中華民国を不利な状況に置いており、とりわけ中華民国政府の国連代表権が中華人民共和国によって継承されるという重大な変化は、一九七〇年に出獄した後の雷震の政治的主張に大きな影響を与えた。もともと、雷震の思想と主張は、一九五〇年代からすでに台湾社会で重視されており、一九七〇年代の民主化運動に参加したエリートたちの中にも、一九五〇年代の『自由中国』による改革の主張に啓蒙された人々が少なからず存在していた。ある意味において、雷震が一九五〇年代にしてきた民主と憲政を追求する努力は、一九七〇年代台湾の民主化運動の重要な養分となったのである。そして、一九七〇年代の新しい国際情勢により、雷震は過去にしてきた主張の基礎の上に、国家の地位と台湾の民主憲政の発展に関して、一連の新たな改革を主張した。すなわち、中華人民共和国の外に独立した中華台湾民主国の樹立、新憲法の制定、民主憲政の実現などである。これは、雷震が自由と民主を優位な価値として認識し、民族的アイデンティティを超越していたことを示すものであった。前述した言説は、晩年の雷震が政治的主体性の発展に関する先覚者であったことを遺憾なく発揮したものであり、その主張は、今日においても同時代的意義を有しているのである。

注

1 本章は『雷震伝』の結論であると同時に、筆者が長年行ってきた雷震と『自由中国』の研究から得た収穫であり、過去の研究成果を総括したものである。

2 劉慶端『中華民国憲法要義』（台北：作者自印、一九七八年）九頁。許志雄『憲法之基礎理論』（台北県：稲禾、一九九二年）三四～三五頁。薛化元「台湾自由主義発展的歴史考察：以反対党問題為中心」（『思與言』第三十四巻第三期）（1996.9）二四一～二四二頁。

3 張玉法『中国現代史』七一一頁。李宗仁口述、唐徳剛撰写『李宗仁回憶録』六〇一頁。当時の立法院長の孫科は、真っ先に「光栄ある和平」を提起していた。雷震「胡適與雷案」（『雷震全集47：最後十年（三）』）一六〇頁。

4 郭廷以『近代中国史綱』七八六頁。

5 総統文告の草案完成後、国民党中央執行委員と監察委員を招いた食事会が開かれ、意見が聴取された。出席者の間では、文告に反対する声もあったが、蒋介石は立場を変えようとはしなかった。国立編訳館編著『中国近代現代史』六七四頁。スチュアートは、白崇禧の電報が届いてから二日目（十二月二十五日）には、蒋介石総統は下野を決断したと述べている。司徒雷登『司徒雷登回憶録（在中国五十年）』二一五頁。

6 張玉法『中国現代史』七一四頁。

7 雷震『雷震全集31：第一個十年（一）』、日記一九四九年三月二十四日の条、一六六頁。

8 張忠棟『胡適五論』二五四頁。李筱峰『台湾民主運動四十年』五七～五八頁。

9 雷震『雷震全集31：第一個十年（一）』、日記一九四九年四月五日の条、一七四頁。

10 「総統決定復行視事　継続行使総統職権」（『中央日報』一九五〇年三月一日）第一般。

11 党国体制下にあって、司法権も容易に国民党当局から干渉を受けており、司法の独立した裁判は実現が困難であった。

12 雷震『雷震全集39：第一個十年（七）』、日記一九五七年八月二日の条、一四一頁。

13 蕭李居「国防会議的設置與方源初探」。国史館主催「戦後档案與歴史研究学術研討会」（二〇〇七年十一月二十九日～三十日）での報告、六～七頁。

14 蕭李居「国防会議的設置與方源初探」一〇頁。

15 蕭李居「国防会議的設置與方源初探」一四頁。

16 蕭李居「国防会議的設置與方源初探」一六、四五頁。

17 蕭李居「国防会議的設置與方源初探」一八頁。

18 伊原吉之助『台湾の政治改革年表・覚書（1943-1987）』一四一頁。

19 社論「民主憲政的又一試金石」（『自由中国』第十一巻第二期）（1954.7.16）四頁。

20 「給読者的報告」（『自由中国』第二十二巻第七期）（1960.4.1）三二頁。

21 この点は、一九六〇年九月五日の『聯合報』の報道を参照されたい。『『自由中国』半月刊渉嫌違法言論摘要』によれば、『自由中国』が違法な言論の嫌疑をかけられたのは六項目で、そのうち、「共匪の統一戦線工作のために宣伝した」と指摘される第二十二巻第四期の「護憲乎?毀憲乎?——望国大代表作明智的抉択」は、まさに憲法改正と三選に反対する文章であった。また、雷震『雷震全集40：第一個十年（八）』、日記一九六〇年三月十六日の条に傅正がつけた註も参照されたい（二七一～二七二頁）。雷震に対する「田雨」小組が成立したのは、まさにこのような背景下であった。

22 同社説の中で『自由中国』は、次のように記している。「法制の観点から言えば、憲法の第十章は中央と地方の権限に関する規定を列挙している。そのうち、第一〇七条は、『中央が立法し、且つ執行する』事項について、第一〇八条は、『中央が立法且つ執行し、又はその執行を省県に委ねる』事項についてのものである。その他の二条が列挙しているのは、『省又は県が立法且つ執行する』事項である。一〇七条が『中央が立法且つ執行する』と明確に規定している事項の中で、外交、国防、司法以外のいくつかの事項は、それぞれの間に密接な関係があり、いずれも公共経済に属するものであることが見て取れる。さらに、おそらく一般の人々は注意していないことかもしれないが、教育制度は一〇七条が規定する『中央が立法且つ執行する』事項には入っておらず、一〇八条の中に入っている。すなわち、教育制度は中央によって立法されるが、必ずしも中央によって執行される必要はないということである。それゆえ、流浪中の中央政府が教育部を設立する必要性は、さらにないのである」。社論「小地盤、大機構」（『自由中国』第十七巻第八期）（1957.10.16）三頁。

23 一九七〇年の国連総会で、中華人民共和国が中国を代表することを支持する国家の数は、すでに中華民国が引き続き国連の中国代表であることを支持する国の数を上回っていたが、重要事項決議が必要とする三分の二の票数に達しなかったため、通過することはなかった。

訳者あとがき

本書は、薛化元『民主的浪漫之路——雷震伝』（台北市：遠流出版、二〇二〇年）の全訳である。

著者の薛化元氏は、台湾の国立政治大学歴史学系を卒業後、台湾大學歴史学系で修士課程と博士課程を修め、張君勱の憲政思想をテーマにした学位論文で博士号を取得された。主要な業績として、本書の基礎となった雷震や『自由中国』誌に関する著作以外にも、『晩清「中体西用」思想論——1861-1900』（台北市：弘文館、一九八七年）、『民主憲政與民族主義的弁証発展——張君勱思想研究』（板橋市：稲禾出版社、一九九三年）などの単著の他、薛化元、蘇瑞鏘、楊秀菁『戦後台湾人権発展史（1945-2000）』（新北市：財団法人自由思想学術基金会、二〇一五年）や、薛化元、楊秀菁、林果顕執行編輯『戦後台湾民主運動史料彙編9-12　言論自由（全四冊）』（新店市：国史館、二〇〇四年）など、数多くの共編著が存在する。これらのタイトルから分かるように、薛氏の専門は中国近代思想史や中華民国憲政史、そして台湾現代史であり、一貫して中国・台湾における自由や民主、人権などの歴史的展開について、追究してこられた。このあとがきを執筆している二〇二四年現在は、国立政治大学台湾史研究所の教授であり、これまでに同研究所所長や、同大文学院院長を歴任されるなど、台湾の歴史学界における重鎮の一人である。また、二〇一六年からは財団法人二二八事件紀念基金会の董事長も兼任されており、同基金会の研究グループによって執筆された研究報告は、陳儀深、薛化元編・二二八事件紀念基金会著『二二八事件の真相と移行期正義』（風媒社、二〇二一年）として、日本語にも翻訳されている。

本書の主人公である雷震は、台湾での知名度と比較すると、日本ではさほど有名ではないと思われる。台湾の民主化に尽くした人物として、一般的に最も有名なのは、一九八〇年代末から九〇年代にかけて中華民国総統を務めた李登輝であろう。もう少し台湾に詳しい方であれば、国際法学者であり、一九六四年に「台湾人民自救運動宣言」を作成・印刷して逮捕された彭明敏や、一九七〇年代に「党外人士」として登場した康寧祥、黄信介、許信良、張俊宏などの名前を挙げたり、あるいは一九七九年に発刊された雑誌『美麗島』に集った人々を想起されたりするかもしれない。それに対して、雷震については、はじめてその名を目にするか、たとえ名前を聞いたことがあったとしても、一九六〇年の『自由中国』事件に関連した人物としての印象がある一方で、その詳しい事績についてはよく知らないという方が大多数ではないだろうか[1]。

しかし、台湾で雷震の名前は、『自由中国』誌の責任者として、また、一九五〇年代に自由化運動や民主化運動を牽引した先駆者として、広く知られている。例えば、二〇〇九年三月、雷震の没後三十周年を記念した追悼式が開かれると、当時の馬英九総統と民進党主席の蔡英文が参加して雷震の墓に献花し、二人の名前にちなんで「双英出席」と報じられた[2]。政党間で拠って立つ歴史認識に大きな開きがある台湾において、ときの国家元首と、最大野党党首の両者によって生前の功績がたたえられ、その死が悼まれるという現代史上の（しかも、国民党員であった経歴を持つ）人物は決して多くないが、雷震はそのうちの数少ない一人である。二〇一二年三月に雷震紀念館が国立政治大学内に設立された際には、馬英九総統が落成式に参加し、雷震の家族に対して政府の過ちを謝罪している[3]。

このような背景から、今回こうして雷震研究の決定版とも言うべき本書が出版されることで、日本における台湾理解のいっそうの促進に寄与できたとすれば、訳者としてはこれにまさる喜びはない。とりわけ、日本では台湾の民主化について、台湾籍の人々（本省人）による、一九四九年前後に中国大陸から渡来してきた人々（外省人）と、彼らが中枢を占める権威主義政権に対する奪権運動というように、ごく単純な構図でとらえる傾向が存在する。だが、中国大陸出身の雷震の存在は、そうした二項対立的な見方では、台湾の民主化の歴史を十分には把握できないことを示すものと言えよう。本書で描かれているように、雷震や『自由中国』誌の同人たち（その多くが、いわゆる外省人であった）が中国大陸から台湾に持ち込んだリベラリズムの思潮は、台湾社会で少なからぬ反響をよび、それは一九七〇年代以降の自由化運動や民主化運動の理論的根拠の一つにもなったのである。

もちろん、本書の魅力は、戦後の民主化運動の部分だけにとどまるものではない。たとえば、雷震が留学していた一九一〇年代から二〇年代は、日本ではちょうど大正デモクラシーの時代であり、日本人の読者は、一人の外国人が体験したこの時期の日本の制度、慣習、雰囲気、あるいは日中関係のありようなどについての描写を新鮮な思いで読まれたのではないだろうか。また、一九四〇年代後半に中華民国憲法制定のために奔走した雷震の姿は、中華人民共和国の成立により水泡に帰したとは言え、立憲主義に基づいた民主的な政治体制を構築しようというリベラリズムの思想や実践が近現代の中国に存在したことを、雄弁に物語っている。後に「反乱鎮定動員時期臨時条項」によって棚上げされることになるとは言え、民主的な条項をそなえた中華民国憲法の存在は、台湾の民主化にも大きな役割を果たすことになるのである。

もっとも、一人の民主化運動の活動家としてとらえた場合、生前の結果だけを見れば、雷震の試みはことごとく失敗しており、その事績を高く評価することはできないとの見解もあり得るだろう。前述したような、台湾の与野党の政治家がそろってその死を悼んだというエピソードも、意地悪な見方をすれば、際立った業績がないからこそ、誰にとっても「安全に」追悼できる存在であったのだと片付けることもできるかもしれない。

しかし、本書でも描かれているように、彼の構想や行動は、時代の先を進んだ大胆なものであったし、それらは所与の条件を現実的に踏まえつつ、台湾にあり得たかもしれないもう一つの未来を想像させるものであったという点で、ユニークなものでもあった。第一に、もし一九六〇年代に中国民主党が実際に成立して、雷震ら外省籍の知識人たちと台湾籍のエリートたちの提携により、同党が国民党にも対抗し得る有力な政党として成長していたならば、台湾におけるアイデンティティ・ポリティクスの様相は、実際とはかなり異なるものになっていたはずである。少なくとも、一九八六年に成立した民進党が、しばしば「福佬人の政党」としてとらえられがちであったように、国民党と勢力を二分する政党が特定のエスニック・グループと結びつけて認識される傾向は、それほど顕著なものにはならなかったのではないだろうか。

第二に、もし「救亡図存献議」で提言されていたように、中華民国が一九七〇年代の時点で国号を中華台湾民主国に改名することが実現していたなら、中台関係は、現在とはずっとその性質を異にしたものになっていたであろう。もちろん、国号変更により、台湾と中華民国が切り離されたからと言って、中華人民共和国が、中華民国を国家継承したことを根拠に台湾領有を主張するという立場を放棄するとは考えにくい。しかし、台湾側が、中台関係は「二つの国家」間の関係であると主張するだけでなく、中華民国式の「一つの中国」原則の法的な根拠でもある中華民国憲法の暫定的な適用停止にまで踏み切った場合、中国大陸と台湾が「一つの中国」を構成するという言説は、台湾海峡の片方のみで公式に主張される、カウンターパートを持たないものになっていただろう。また（仮定に仮定を重ねることになるが）、中華台湾民主国が成立した後、台湾籍の人々による台湾独立運動がその存在意義を失い、彼らの関心が中華台湾民主国内での社会改革へと早々に移行した結果、台湾内部のアイデンティティ・ポリティクスが、さほど先鋭的なものにはならなくなるというシナリオも、それほど無理な想像ではないであろう。その意味では、一九六〇年から七〇年代にかけて雷震の政治的主張が現実に反映されなかったことは、実は台湾の戦後史における重要な分水嶺であったのかもしれず、このような思考実験の意欲を刺激するところもまた、雷震という人物の興味深いところであると思われる。

本書の解説からは少し離れるが、雷震と日本との関係についても触れておきたい。第三章第二節でも記されているように、雷震は一九五二年に成立した日本との文化・経済交流を行う半官半民の組織「中日文化経済協会」の幹事長職を一九五六年まで務めており、戦後の中華民国と日本との交流においても重要な役割を担っていた。戦後期の雷震日記を確認すると、日本人との交友関係は、政治家、ジャーナリスト、駐在員から元軍人に至るまで、多岐にわたっている。日本人の読者は、抗日戦争の中で母親を日本軍に殺害された経験を持つ雷震が、日本のことをどのように認識していたかについても関心を持たれるかもしれないので、訳者の知っている範囲で、少し紹介することとしたい[4]。

一九五九年、雷震は「我的母親〔私の母親〕」というタイトルで回想録を執筆しており、脱稿後、胡適に目を通してもらっていた。原稿を読んだ胡適は、「とても歴史的意味がある」と称賛する一方で、「この〈回想〉の中では、日本人に対して二つの異なる見方が示されており……この二つの性格の衝突について、あなたは説明していない」との感想を雷震に送っている[5]。実際、全集にも収録されているこの回想録の中で雷震は、抗日戦争時期の日本軍の野蛮な行為や、日本人の嗜虐性について記述していた一方[6]、一九四五年に中国大陸から引き揚げる日本人たちの秩序だった様子や、遵法精神を賞賛してもいた[7]。愛憎半ばする、といった決まり文句では十分な説明がつかないほど、二つの描写の間には矛盾と「衝突」があったのである。

ただし、後者については、日本について論じつつ、それとの対比で中華民国政府の施政を批判している部分が、おそらく重要であった。雷震は、日本が西洋の新式教育を採用して、秩序を重んじ、法を守ることを全国民に習慣づけたと説明する一方、自分たちの政府が教育の場でのべつ「打倒」「擁護」「万歳」などの空疎なスローガンを用いていることを批判している。また、入獄後の獄中日記においても、日本人の清潔重視という性格や、司法の独立などを賞賛しているが、そのような文章に必ず付随していたのは、日本と比較して中華民国とその政府がいかに落伍しているかという嘆きであった[8]。雷震のこのような記述は、日本を肯定的に描くことそのものよりも、そうした描写により、自国の問題点を鮮明に浮かび上がらせることの方に主眼が置かれていたと考えられる。それゆえ、雷震の日本に対する賛辞をそのまま額面通りに受け取ることはできないし、むしろその日記には、彼が右翼と見なした日本の人士に対する軽蔑の念や、日本の戦争目的を正当化しようとした日本人を厳しく批判した文章もたびたび掲載されていた[9]。大正デモクラシーの時代に日本の最高学府で学んだ一人の知日派知識人が、戦時中の日本やそれに関係した思想・精神・性格などについて、戦後においても不信感を抱き続けていた事実は、注目に値するものであると思われる。

他方で、雷震にとって日本という国は、政治や社会のありかたについて思索をめぐらす上で、最も身近な参照先であった。戦後になっても、京都帝大で森口繁治や佐々木惣一から受けた学恩を懐かしく回想していたのは、その表れであったし、中華民国の現状を批判することが主要な目的であったとしても、雷震は戦後日本の思想状況や司法制度などについて、実に詳しく把握していたのである。それゆえ、雷震の人物や識見が形成される上で、日本が一定の役割を果たしたことは間違いなく、その理想とするものは、少なからぬ日本人もまた、理想としていたものであった。雷震の生涯について知ることで、我々は彼が体現したところの東アジアにおける思想の連鎖について認識を深めることができるし、そのことは、今日の東アジア地域における各種の問題を考える上でも、様々な意味で有益なのではないかというのが、翻訳を終えた上での訳者の感想である。

本書の翻訳プロジェクトは、訳者が愛知大学でポスドク研究員をしていた時に、同大現代中国学部教授の黄英哲先生からご提案を頂いたことから始まった。日本で翻訳されている台湾の良質な書籍の多くが、（ご本人は広言されないが）黄英哲先生の仲介を経て出版されていることを知っていたので、その系譜に連なることができるのを嬉しく思ったし、著者の薛化元先生には、訳者が国立政治大学に留学していた時代からお世話になっていたこともあり、二つ返事でお引き受けしたのが、二〇二一年の三月頃である。当初は、遅くても台湾総統選挙がある二〇二四年の一月以前、つまり二〇二三年度のうちには出版にこぎつけたいと、楽観的な見通しを立てていた。ところが、その後就職が決まり、様々な仕事に忙殺された他、現代中国語の感覚からすると、いささか「古怪」な雷震の文章にも苦戦し、遅々として作業をすすめることができなかった。結局、予定されていた出版時期を一年も遅延することになってしまったが、ご海容頂いた黄英哲先生と薛化元先生、さらに三元社の石田社長には、心より感謝を申し上げたい。

　また、翻訳で判断に迷った時、常に快く質問に応じてくださった国立政治大学の林果顕先生と、黄仁姿先生には、翻訳プロジェクトの開始以前から、言葉に尽くせないほどの友情と学恩を頂いている。お互いに院生だった時代から、すでに十年以上の友人である両氏は、今では政治大学の第一線で活躍されている尊敬すべき台湾史研究者であるが、奇しくも二人とも薛先生の元学生であり、ご縁の不思議さを感じる。島根県立大学の同僚である播本崇史先生が中国哲学の専門家で、漢文の解釈についてアドバイスを頂けたことも、望外の幸運であった。とは言え、日本語訳に対する全責任が訳者にあることは言うまでもない。なお、本書の出版には台湾の「文化部翻訳出版奨励計画」の助成を受けた。申請手続きを進めて下さった二二八国家紀念館の陳家豪先生の迅速なお仕事ぶりに深謝申し上げる。

　最後に、翻訳プロジェクトの完成に至るまで、精神面での支えとなってくれたのは、家族の存在であった。横浜の父と母、それから、名古屋に帰るたびにいつもとびきりの笑顔で出迎えてくれる妻と息子にも、心からの感謝を捧げたい。

二〇二四年十二月　日本海に臨む浜田の研究室にて

深串　徹

注

1 日本の学界においては、工藤貴正の一連の論考が日本における雷震研究をリードしてきたが、主要な関心は雷の日本留学時代であり、中国帰国後や、渡台後の事績にまでは論及がない。工藤貴正「雷震と京都帝大教授・森口繁治――日本留学体験における初期民主・憲政思想の形成」『紀要 地域研究・国際学編』（五二）二〇二〇年三月、工藤貴正「雷震回想録『我的学生時代』と大正主義の時代――〈ノスタルジア〉・〈文化伝統〉・〈文化変容〉の視点から」『愛知県立大学大学院国際文化研究科論集』（二二）二〇二一年三月。中華民国憲法の成立史との関係では、森川裕貫『五五憲草』解釈から見る五権憲法――雷震と薩孟武の所論をめぐって」（日本孫文研究会編『孫文とアジア太平洋――ネイションを越えて』汲古書院、二〇一七年）や、金子肇『近代中国の国会と憲政――議会専制の系譜』（有志舍、二〇一九年）などの研究がある。台湾において中国大陸のリベラリズム思想を継承した『自由中国』と雷震らについては、同誌の文芸欄を担当していた聶華苓の回想録（島田順子訳）『三生三世――中国・台湾・アメリカに生きて』（藤原書店、二〇〇八年）があり、中村元哉『中国、香港、台湾におけるリベラリズムの系譜』（有志舍、二〇一八年）の第七章でも論じられている。一九六〇年の雷震事件を国際的な文脈から検討したものとして、前田直樹「台湾における政治的自由化と米国の冷戦政策――雷震事件への対応をめぐって」『現代台湾研究』（三〇・三一）、二〇〇六年一一月がある。また、原著『民主的浪漫之路』の書評として、任鵬飛「雷震から戦後台湾の憲政を再考する――薛化元著『民主的浪漫之路：雷震傳』を読む」『Quadrante：クァドランテ：四分儀：地域・文化・位置のための総合雑誌』（二六）二〇二四年三月がでている。

2 雷震逝世30周年追思会 双英出席無互動」（『自由中国』二〇〇九年三月七日）https://news.ltn.com.tw/news/politics/breakingnews/187767（二〇二四年十二月一日確認）。

3 「総統出席『雷震紀念館暨雷震研究中心』開幕儀式」、中華民国総統府『総統府新聞』（二〇一二年三月七日）https://www.president.gov.tw/NEWS/16388（二〇二四年十二月一日確認）。

4 雷震の日本観について、より詳しくは、拙稿「雷震眼中的戦後日本（1950s-1970s）」（『台湾史学雑誌』第二九期、二〇二〇年十二月）を参照されたい。

5 「胡適致雷震」（一九六〇年五月一四日）（萬麗鵑編註、潘光哲校閲『萬山不許一渓奔：胡適雷震来往書信選集』台北：中央研究院近代史研究所、二〇〇一年）二二九～二三〇頁。

6 雷震著、傅正主編『雷震全集8：我的母親』（台北：桂冠図書股份公司、一九八九年）二〇、五五頁。

7 雷震『雷震全集8：我的母親』一三、七四頁。

8 雷震著、傅正主編『雷震全集41：獄中十年（三）』（台北：桂冠図書股份公司、一九九〇年）、日記一九六四年十月十二日の条、四二八頁。日記一九六三年三月四日の条、四四頁。

9 雷震著、傅正主編『雷震全集38：第一個10年（六）』（台北：桂冠図書股份公司、一九九〇年）、日記一九五五年三月十七日、五四頁。日記一九五五年六月二九日の条、一〇七〜一〇八頁。雷震『雷震全集41：獄中十年（三）』、日記一九六四年一月一一日の条、二一六頁。

参考文献

一、史料・档案

（一）政府公報

『台湾省政府公報』三十六年秋三八（一九四七年八月十二日）。
『立法院公報』第二十六会期第一期（一九六〇年十月七日）。
『国民政府公報』三三一（一九二九年一一月二八日）。
『国民政府公報』一一七九（一九三三年七月十一日）。
『国民政府公報』二七一五（一九四七年一月一日）。
『国民政府公報』二八六九（一九四七年七月五日）。
『国民政府公報』二八八一（一九四七年七月十九日）。

（二）档案

「収発文簿（23）」『蔣中正総統文物』、国史館蔵、典蔵号：002-110602-00023-005、010。
「自由中国半月刊歴年人事変更調査票」（一九五九年二月）「国史館」档案、案名：「対雷震及自由中国半月刊調査研究案」、档案管理局蔵、档号：A202000000A=0047=275.11=1=virtual001=virtual001=0056。
「呈丁俊生等四十六人聯名懇請特赦雷震之函件」（一九六一年三月二十一日）「雷震等案」档案管理局蔵、国防部軍法局档案、档号：B3750347701/0049/3132488/488/1/003。
「国防部台湾軍人監獄受刑人接見監聴紀録報告表」、一九七〇年八月十四日、档案管理局蔵、档号：0049=275.11=2=virtual004=virtual001=0007。
「国防部台湾軍人監獄受刑人接見監聴紀録報告表」、一九七〇年八月二十七日、档案管理局蔵、档号：0049=275.11=2=virtual004=virtual001=0021。
「国防部台湾軍人監獄受刑人接見監聴紀録報告表」、一九七〇年八月二十八日、档案管理局蔵、档号：0049=275.11=2=virtual004=virtual001=0061。
「彭孟緝呈岳公秘書長雷震十一月十九日接見家属情形説話筆録及雷震同月在監情形抄同原件」、一九六三年十一月二十二日、档案管理局蔵、档号：B3750347701=0049=3132488=488=1=005=0031、0032、0034、0035。
「彭孟緝呈岳公秘書長賜鑒雷震停止接見後情形及其特抄妻宋英来函」、一九六三年九月二十日、档案管理局蔵、档号：B3750347701=0049=3132488=488=1=005=0006、0019、0026。
「対雷震及自由中国半月刊調査研究案」档案管理局蔵、国史館档案、档号：0047=275.11=1=virtual001=virtual001=0233-234。
「(48) 判田字第〇〇一号台湾警備総司令部軍法処公務処理通知単」、国家発展委員会档案管理局国史館档案、「対雷震及自由中国半月刊調査研究案」、档号：A202000000A=0047=275.11=1=virtual001=virtual001=0052-54。
「中国国民党第七届中央委員会常務委員会第一六三次会議紀録」（一九五五年一月三日）「中国国民党第七届中央委員会常務委員会会議紀録（四）」『陳誠副総統文物』国史館蔵、数位典蔵号：008-011002-00009-015。
「中国国民党第七届中央委員会常務委員会第十七次会議紀録」（一九五三年二月二十六日）「中国国民党第七届中央委員会常務委員会工作会議紀録彙編」『陳誠副総統文物』国史館蔵、数位典蔵号：008-011002-00005-017。
「雷君明知為匪諜而不告密検挙処有期徒刑七年褫奪公権五年、另其他刑則、執行有期徒刑十年褫奪公権七年」（一九六〇年十月八日）、「雷震等案」、档案管理局蔵、国防部軍務局档案、档号：B3750187701/0044/1751/10601023/192/002。
「雷君等人因叛乱案件経初審判決将雷君部份送請覆判、本部判決：原判決関於雷君部份核准」（一九六〇年十一月二十三日）「雷震等案」档案管理局蔵、国防部軍務局档案、档号：B3750187701/0044/1751/10601023/192/003。
周國光『七年来的特殊党務』（一九五七年）一〇～一一頁。
財団法人戒厳時期不当叛乱暨匪諜審判案件補償基金会蔵『雷鳳陵等十一人、申請補償金（雷震）』案号：004764号。

(三) 新聞
『八十年代』（一九七九～一九八二年）。
『中央日報』（一九四九～一九七二年）。
『大公報』天津版（一九三五年）。
『公論報』（一九四九～一九六〇年）。
『民聲日報』（一九六一年）。
『青年戦士報』（一九五二～一九五九年）。
『時與潮』（一九六〇～一九六三年）。

『聯合報』（一九五七～一九六一年）。
『台湾新生報』（一九五八～一九六〇年）。
『自立晩報』（一九五九年）。
『香港工商日報』（一九五〇年）。
『徵信新聞報』（一九六〇年）。
China Post（一九六〇年）。

（四）『自由中国』（**1949-1960**年）

一九四九年
雷震「独裁、残暴、違背人性的共產党」（『自由中国』第一巻第一期、1949.11.20）一一～一三頁。

一九五〇年
雷震「反対党之自由及如何確保」（『自由中国』第二巻第七期）（1950.4.1）一五頁。
社論「台湾、香港與大陸」（『自由中国』第三巻第十期）（1950.11.16）四頁。

一九五一年
「建立聯合陣線正是時候了！」（『自由中国』第四巻第二期）（1951.1.16）四～五頁。
社論「政府不可誘民入罪」（『自由中国』第四巻第十一期）（1951.6.1）四、三一頁。
社論「再論経済管制的措置」（『自由中国』第四巻第十二期）（1951.6.16）四頁。
胡適「致本社的一封信」（『自由中国』第五巻第五期）（1951.9.1）五頁。

一九五二年
社論「再期望於国民党者——読了七全大会宣言以後」（『自由中国』第七巻第九期）（1952.11.1）四頁。
雷震「監察院之将来（一）」（『自由中国』第七巻第九期）（1952.11.1）七頁。
胡適「『自由中国』雑誌三週年紀念会上致詞」（『自由中国』第七巻第十二期）（1952.12.16）四～五頁。

一九五四年

社論「行憲與民主」(『自由中国』第十巻第六期)(1954.3.16)三頁。

社論「敬以諍言慶祝蔣総統当選連任」(『自由中国』第十巻第七期)(1954.4.1)三〜四頁。

許思澄「提議徵召胡適之先生為中華民国副総統」(『自由中国』第十巻第四期)(1954.4.1)一九頁。

朱伴耘「響応選挙胡適之先生為副総統」(『自由中国』第十巻第四期)(1954.4.1)二〇頁。

朱啓葆(夏道平)「我不贊成選胡適先生做副総統」(『自由中国』第十巻第四期)(1954.4.1)二一頁。

社論「民主憲政的又一試金石」(『自由中国』第十一巻第二期)(1954.7.16)四頁。

雷震「我們五年来工作的重点」(『自由中国』第十一巻第十期)(1954.11.16)八頁。

余燕人、黄松風、廣長白「搶救教育危機」(『自由中国』第十一巻第十二期)(1954.12.16)三三頁。

一九五五年

社論「抗議與申訴」(『自由中国』第十二巻第十二期)(1955.6.16)六頁。

「本刊重要啓事」(『自由中国』第十三巻第六期)(1955.9.18)三頁。

社論「從孫元錦之死想到的幾個問題」(『自由中国』第十三巻第六期)(1955.9.18)四〜五頁。

傅正「国家主義與世界主義(上)」(『自由中国』第十三巻第六期)(1955.9.18)一一〜一四頁。

王大鈞「関於孫元錦之死」(『自由中国』第十三巻第六期)(1955.9.18)二〇〜二二頁。

「給読者的報告」(『自由中国』第十三巻第六期)(1955.9.18)三二頁。

社論「対民青両党的期望」(『自由中国』第十三巻第十一期)(1955.12.1)四頁。

一九五六年

社論「寿総統蔣公」(『自由中国』第十五巻第九期)(1956.10.31)三〜四頁。

「給読者的報告」(『自由中国』第十五巻第九期)(1956.10.31)三五頁。

雷震「我們的態度」(『自由中国』第十五巻第十期)(1956.11.16)六〜九頁。

一九五七年
「社論：我們的答弁」（『自由中国』第十六巻第二期）（1957.1.16）四～五頁。
范度才（成舎我）「中華日報鼓吹暴動！」（『自由中国』第十六巻第二期）（1957.1.16）三二、二二頁。
「給読者的報告」（『自由中国』第十六期第二期）（1957.1.16）三四頁。
牟力非「略論反対党問題的癥結」（『自由中国』第十六巻第三期）（1957.2.1）一一頁。
朱伴耘「反対党！反対党！反対党！」（『自由中国』第十六巻第七期）（1957.4.1）八頁。
傅正「対本屆地方選挙的探討」（『自由中国』第十六巻第九期）（1957.5.1）一三頁。
社論「今日的司法！」（『自由中国』第十七巻第一期）（1957.7.1）三～五頁。
社論『今日的問題』（一）：是什麼，就説什麼（代緒論）」（『自由中国』第十七巻第三期）（1957.8.1）三～四頁。
社論（殷海光）「反攻大陸問題」（『自由中国』第十七巻第三期）（1957.8.1）五～七頁。
社論「我們的軍事」（『自由中国』第十七巻第四期）（1957.8.16）三頁。
社論「関於『反攻大陸問題』的問題」（『自由中国』第十七巻第五期）（1957.9.5）六～八頁。
朱伴耘「再論反対党（『自由中国』第十七巻第六期）（1957.9.16）八～一〇頁
社論「小地盤、大機構」（『自由中国』第十七巻第八期）（1957.10.16）三頁。
社論「我們的地方政制」（『自由中国』第十七巻第十期）（1957.11.16）四頁。
社論「我們的新聞自由」（『自由中国』第十七巻第十二期）（1957.12.16）三頁。

一九五八年
社論「今日的問題（十五）：反対党問題」（『自由中国』第十八巻第四期）（1958.2.16）三～四頁。
朱伴耘「三論反対党」（『自由中国』第十八巻第四期）（1958.2.16）一〇～一三頁。
社論「中国人看美国的遠東政策——対美遠東使節的台北会議提幾点坦率建議」（『自由中国』第十八巻第六期）（1958.3.16）三～五頁。
社論「出版法修正案仍以撤回為妥」（『自由中国』第十八巻第九期）（1958.5.1）五～六頁。
朱伴耘「四論反対党」（『自由中国』第十八巻第九期）（1958.5.1）九～一四頁。
社論「出版法事件的綜合観」（『自由中国』第十八巻第十期）（1958.5.16）五～六頁。
舒霖（程滄波）「出版法修正草案程序之争」（『自由中国』第十八巻第十期）（1958.5.16）一五～一六頁。

社論「国民党当局応負的責任和我們応有的努力」（『自由中国』第十九巻第一期）（1958.7.1）三～五頁。
顧達徳「籌安会的醜劇」（『自由中国』第二十一巻第一期）（1958.7.1）九頁。
朱伴耘「五論反対党」（『自由中国』第十九巻第五期）（1958.9.1）八～一二頁。
社論「認清当前形勢，展開自新運動――向大陸做政治進軍！」（『自由中国』第十九期第八期）（1958.10.16）三～六頁。
社論「呼籲従速召開反共救国会議――並請蔣総統釈疑」（『自由中国』第十九巻第九期）（1958.11.5）三～五頁。
社論「論放棄主動使用武力之承諾」（『自由中国』第十九巻第九期）（1958.11.5）五～六頁。
社論「如此司法――『奉命不上訴』」（『自由中国』第十九巻第十期）（1958.11.16）三～四頁。
朱文伯「理論與事実――漫談人権保障問題」（『自由中国』第十九巻第十一期）（1958.12.1）一八～一九頁。
史済人「『奉命不上訴』案的新論証」（『自由中国』第十九巻第十一期）（1958.12.1）三一頁。
社論「三論谷鳳翔対『奉命不上訴』案応負的法律責任」（『自由中国』第十九巻第十二期）（1958.12.16）七～八頁。

一九五九年
社論「欣幸中的疑慮――関於蔣総統反対修憲的声明」（『自由中国』第二十巻第一期）（1959.1.1）七頁。
短評「（五）谷鳳翔何時撤職査辦？」（『自由中国』第二十巻第一期）（1959.1.1）四二頁。
社論「『奉命不上訴』案為何『不予起訴』？」（『自由中国』第二十巻第二期）（1959.1.16）五～七頁。
朱文伯「為中国地方自治研究会再説幾句話」（『自由中国』第二十巻第二期）（1959.1.16）九～一一頁。
老兵「軍人也贊成反対党」（『自由中国』第二十巻第二期）（1959.1.16）二一頁。
「出版法条文摘要」（『自由中国』第二十巻第二期）（1959.1.16）三〇頁。
陳懐琪「革命軍人為何要以『狗』自居？」（『自由中国』第二十巻第二期）（1959.1.16）三〇頁。
方望思「請看香港発出的台湾政治台風警報」（『自由中国』第二十巻第四期）（1959.2.16）一九頁。
「給読者的報告」（『自由中国』第二十巻第四期）（1959.2.16）三二頁。
社論「関於陳懐琪投書事件的簡報」（『自由中国』第二十巻第五期）（1959.3.1）八～九頁。
「給読者的報告」（『自由中国』第二十巻第五期）（1959.3.1）三二頁。
胡適「容認與自由」（『自由中国』第二十巻第六期）（1959.3.16）七～八頁。
「給読者的報告」（『自由中国』第二十巻第六期）（1959.3.16）三二頁。

胡適「胡適之先生給本社編輯委員会一封信」（『自由中国』第二十巻第七期）（1959.4.1）一三頁。

毛子水「『容認與自由』書後」（『自由中国』第二十巻第七期）（1959.4.1）一四頁。

殷海光「胡適論『容認與自由』読後」（『自由中国』第二十巻第七期）（1959.4.1）一六頁。

朱伴耘「六論反対党」（『自由中国』第二十巻第十期）（1959.5.16）八～一二頁。

社論「蔣総統不会作錯了決定吧？」（『自由中国』第二十巻第十二期）（1959.6.16）三～四頁。

社論「好一個舞文弄法的謬論――所謂『修改臨時条款並不是修改憲法本身』」（『自由中国』第二十一巻第二期）（1959.7.16）五頁。

看雲樓主「曹丕怎様在群臣勸進下称帝的？」（『自由中国』第二十一巻第三期）（1959.8.1）一九～二〇頁。

傅正「修憲已没有『合法途径』了！」（『自由中国』第二十一巻第五期）（1959.9.1）一三～一四頁。

社論「解決中国問題必需以民意為依帰」（『自由中国』第二十一巻第十期）（1959.11.16）三～四頁。

唐德剛「羅斯福総統究不敢毀憲」（『自由中国』第二十一巻第十期）（1959.11.16）二四頁。

胡適「『容認與自由』――《自由中国》十周年紀念会上講詞」（『自由中国』第二十一巻第十一期）（1959.12.1）七～八頁。

一九六〇年

社論「『死亡宣告』可以適用於国大代表嗎？」（『自由中国』第二十二巻第一期）（1960.1.1）八頁。

傅正「護憲乎？毀憲乎？――望国大代表作明智的抉択」（『自由中国』第二十二巻第四期）（1960.2.16）六～八頁。

社論「豈容『御用』大法官濫用解釈権？」（『自由中国』第二十二巻第五期）（1960.3.1）四～六頁。

左舜生、張君勱、張発奎、李璜ら「我們対毀憲策動者的警告」（『自由中国』第二十二巻第五期）（1960.3.1）六頁。

社論「怎様才使国大的紛争平息了的！」（『自由中国』第二十二巻第六期）（1960.3.16）三～四頁。

社論「論無記名投票――進步的民主制度」（『自由中国』第二十二巻第六期）（1960.3.16）四頁。

龍在天「異哉！所謂国大代表総額問題！」（『自由中国』第二十二巻第六期）（1960.3.16）一七頁。

「給読者的報告」（『自由中国』第二十二巻第七期）（1960.4.1）三二頁。

雷震「我們為什麼迫切需要一個強有力的反対党」（『自由中国』第二十二巻第十期）（1960.5.16）七～一〇頁
「在野党及無党派人士挙行本届地方選挙検討会紀録摘要」（『自由中国』第二十二巻第十一期）（1960.6.1）二四頁。

殷海光「我対於在野党的基本建議」（『自由中国』第二十三巻第二期）（1960.7.16）七～一三頁。

Chester Bowles著、蔣匀田訳「重行考慮『中国問題』」（『自由中国』第二十三巻第三期）（1960.8.1）八～一〇頁。

楊金虎「我們衷心的期待的反対党」（『自由中国』第二十三巻第三期）（1960.8.1）一二～一四頁。

雷震「駁斥党報官報的謬論和誣衊」（『自由中国』第二十三巻第四期）（1960.8.16）七～九頁。

朱伴耘「七論反対党——代結論」（『自由中国』第二十三巻第五期）（1960.9.1）七～一〇頁。

傅添栄「論組党與反共復国的契機」（『自由中国』第二十三巻第五期）（1960.9.1）一一～一二頁。

（五）その他の史料（記事）

「雷震『救亡図存献議』」（『生根』一）（1985.3.23）一六～二三頁。

「雷震『救亡図存献議』」（『生根』二）（1985.3.30）二六～四一頁。

「雷震最後的『救亡図存献議』」（『関懐』三六）（1984.11.5）四～九頁。

胡虚一「胡適致雷震密件」（李敖主編『李敖千秋評論』）冊八四（1988.12.5）248′250～251頁。

胡虚一「雷震日記紹介及選註」（李敖主編『李敖千秋評論』）冊七一～八〇（1987-1988）。

胡虚一「雷震日記介紹及選註」（李敖主編『萬歳評論叢書』）冊三～一六（1884-1985）。

夏道平「紀念殷海光先生」（林正弘主編『殷海光紀念集』台北：桂冠図書、一九九〇年）二四一頁。

張君勱「中国新憲法起草経過」（『再生』総二二〇期）（1948.6）三頁。

張君勱、一九四六年日記手稿。

黄有仁（Ng Yuzin Chiautong）「雷震と『救亡図存献議』」（『台湾青年』一七二、東京：1975.2.5）二八～三四頁。

斉邦媛訪問・李孝悌紀録「紀念民主的播種者斉世英先生——康寧祥先生訪問紀録」（沈雲龍、林泉、林忠勝訪問・林忠勝紀録『斉世英先生訪問紀録』台北：中研院近史所、一九九〇年）三五四～三五五頁。

薛化元・潘光哲訪談、郭雲萍記録『宋文明先生訪談紀録』（未発表稿）、一九九九年四月三十日、華華大飯店にて実施。

薛化元、簡明海訪談「胡学古先生訪談紀録」（未刊稿）、二〇〇一年十月二十七日、胡氏宅にて実施。

（六）その他の史料（書籍）

中共中央文献研究室編『周恩来年譜：1898～1949』（北京：中央文献社、人民出版社、一九八九年）。

中国民主同盟中央文史資料委員会編『中国民主同盟歴史文献』（北京：文史資料出版社、一九八三年）。

中国民主社会党中央総部編『張君勱先生九秩誕辰紀念冊』（台北：中国民主社会党中央総部、一九七六年）。

中国国民党中央執行委員会宣伝部編著『抗戦建国綱領浅説』(重慶：正中書局、一九三八年)。

孔繁霖編『五五憲草之評議』(南京：時代出版社、一九四六年)。

王世杰『王世杰日記：手稿本』冊六（台北：中央研究院近代史研究所、一九九〇年)。

王壽南編『王雲五先生年譜初稿』冊二、三（台北：台湾商務、一九八七年)。

司徒雷登『司徒雷登回憶録（在中国五十年)』(台北：新象書店、一九八四年)。

伊原吉之助『台湾の政治改革年表・覚書（1943-1987)』(帝塚山大学、一九八八年)。

呂芳上『蔣中正先生年譜長編』第十冊（台北：国史館、二〇一五年)。

呂芳上『蔣中正先生年譜長編』第十一冊（台北：国史館、二〇一五年)。

李永熾口述、李衣雲撰写『辺縁的自由人：一個歴史学者的抉択』(台北：遊撃文化、二〇一九年)。(李永熾口述、李衣雲筆記、嶋田聡
ほか訳『辺縁の自由人：ある歴史学者の選択』三元社、二〇二四年)。

李永熾監修、薛化元主編『台湾歴史年表：終戦篇Ⅰ（1945-1965)』(台北：国家政策研究資料中心、一九九〇年)。

李宗仁口述、唐徳剛撰写『李宗仁回憶録』(三重：台光印刷出版事業翻印本)。

李敖編著『雷震研究』(台北：李敖出版社、一九八八年)。

李雲漢主編、劉維開編輯『中国国民党職名録』(台北：中国国民党中央委員会党史委員会、一九九四年)。

李璜『学鈍室回憶録』下冊（香港：明報月刊社、一九八二年)。

孟広涵主編『国民参政会紀実（上巻)』(重慶：重慶出版社、一九八五年)。

邵銘煌、薛化元主編『蔣中正総裁批簽档案目録』(台北：国立政治大学歴史系、中国国民党党史館、二〇〇五年)。

胡適『胡適的日記手稿本』冊一八（台北：遠流、一九九〇年)。

重慶市政協文史資料研究委員会、中共重慶市委党校編『政治協商会議紀實』(重慶：重慶出版社、一九八九年)。

秦孝儀主編『中国国民党九十年大事年表』(台北：中国国民党党史会、一九八四年)。

国民大会秘書処編印『国民大会実録』(国民大会秘書処、一九四六年)。

康寧祥論述、陳政農編撰『台湾，打拚：康寧祥回憶録』(台北：允晨文化、二〇一三年)。

梁漱溟『憶往談旧録』(台北：李敖出版社、一九九〇年)。

陳世宏、張世瑛、許瑞浩、薛月順編輯『雷震案史料彙編：国防部档案選輯』(台北県：国史館、二〇〇二年)。

陳世宏、張世瑛、許瑞浩、薛月順編輯『雷震案史料彙編：黄杰警総日記選輯』(台北県：国史館、二〇〇三年)。

陳君愷主編『迢迢民主路上的自由呼聲：台湾民主改革文献選輯』（台北：中正紀念堂管理処、二〇一八年）。
陳逸松口述、林忠勝撰述『陳逸松回憶録（日拠時代篇）』（台北：前衛、一九九四年）。
陳新吉『馬鞍藤的春天：白色恐怖受難者陳新吉回憶録』（新北市：国家人権博物館籌備処、二〇一三年）。
陶晋生編『陶希聖日記：1947-1956（上）』（台北：聯経、二〇一四年）。
傅正著、潘光哲編『傅正《自由中国》時期日記選編』（台北：中央研究院近代史研究所、二〇一一年）。
楊秀菁、薛化元、李福鐘主編『戦後台湾民主運動史料彙編（七）新聞自由（1945-1960）』（台北県：国史館、二〇〇二年）。
萬麗鵑編註、潘光哲校閲『萬山不許一渓奔：胡適雷震来往書信選集』（台北：中央研究院近代史研究所、二〇〇一年）。
雷徳全『我的母親：宋英』（台北：桂冠図書、一九九六年）。
雷震著、林淇瀁校註『雷震回憶録之新党運動黒皮書』（台北：遠流、二〇〇三年）。
雷震『制憲述要』（香港：自由出版社、一九五七年）。
雷震原著『雷震回憶録――我的母親続篇』（香港：七十年代雑誌社、一九七八年）。
雷震原著『雷震家書』（台北：遠流、二〇〇三年）。
雷震原著、傅正主編『雷震全集』（台北：桂冠図書、一九八九～一九九〇年）。
雷震原著、薛化元・楊秀菁主編『雷震的歴史弁駁』（台北：財団法人自由思想学術基金会、二〇一六年）。
雷震原著、薛化元主編『中華民国制憲史：政治協商会議憲法草案』（板橋：稲郷、二〇一〇年）。
雷震原著、薛化元主編『中華民国制憲史：制憲的歴史軌跡（1912-1945）』（板橋：稲郷、二〇一〇年）。
雷震原著、薛化元主編『中華民国制憲史：制憲国民大会』（新北市：自由思想学術基金会出版、稲郷印行、二〇一一年）。
蔣中正『蘇俄在中国』（台北：中央文物供応社、一九五七年）。
蔣匀田『中国近代史転捩点』（香港：友聯出版社、一九七六年）。
学習知識者編印『政治協商会議文彙（増訂本）』（広州：学習知識社、一九四七年）。
歴史文献社編選『政協文献』（出版地不詳：歴史文献社、一九四六年）。
繆全吉『中国制憲史資料彙編』（台北県：国史館、一九八九年）。

二、研究書

王曽才『西洋現代史』（台北：東華書局、一九六七年）。

史明『台湾人四百年史』（聖荷西：蓬莱文化公司、一九八〇年）。
任育徳『雷震與台湾民主憲政的発展』（台北：国立政治大学歴史学系、一九九九年）。
呉乃徳『百年追求：巻二　自由的挫敗』（新北市：衛城出版、二〇一三年）。
李筱峰『台湾民主運動四十年』（台北：自立晩報社、一九八七年）。
林紀東『中華民国憲法逐条釈義』冊四（台北：三民書局、一九八四年）。
金恒煒『面対独裁：胡適與殷海光的両種態度』（台北：允晨文化、二〇一七年）。
范泓『民主的銅像：雷震伝』（台北：独立作家、二〇一三年）。
荊知仁『中国立憲史』（台北：聯経、一九九二年）。
馬之驌『雷震與蒋介石』（台北：自立晩報社、一九九三年）。
国立編訳館編著『中国近代現代史』（台北：幼獅公司、一九七九年）。
張玉法『中国現代史』（台北：東華書局、一九七七年）。
張君勱『中国第三勢力』（台北：中華民国張君勱学会編訳、二〇〇五年）。
張忠棟『胡適五論』（台北：允晨文化、一九九〇年）。
張忠棟『胡適・雷震・殷海光：自由主義的人物画像』（台北：自立晩報社、一九九〇年）。
張炎憲、陳美蓉、尤美琪採訪記録『台湾自救宣言：謝聡敏先生訪談録』（台北県：国史館、二〇〇八年）。
許志雄『憲法之基礎理論』（台北県：稲禾、一九九二年）。
許宗力『法與国家権力』（台北：月旦、一九九二年）。
郭廷以『中華民国史事日誌』第四冊（台北：中央研究院近代史研究所、一九八五年）。
郭廷以『近代中国史綱』（香港：中文大学、一九七九年）。
陳三井『八十文存：大時代中的史家與史学』（台北：秀威資訊、二〇一七年）。
陳正茂『台湾早期政党史略（1900-1960）』（台北：秀威資訊、二〇〇九年）。
陳正茂編著『左舜生年譜』（台北県：国史館、一九九八年）。
資中筠『美国対華政策的縁起和発展、一九四五〜一九五〇』（重慶：重慶出版社、一九八七年六月）。
道爾（R. Dahl）著、張明貴訳『多元政治：参與和反対』（台北：唐山、一九八九年）。
劉慶端『中華民国憲法要義』（台北：作者自印、一九七八年）。

鄭牧心『台湾議会政治四十年』（台北：自立晩報社、一九八七年）。

穆勒（J. S. Mill）著、郭志嵩訳『論自由及論代議政治』（台北：協志工業叢書出版公司、一九七四年）。

薛化元『《自由中国》與民主憲政：1950年代台湾思想史的一個考察』（板橋：稲郷、一九九六年）。

薛化元『中国現代史』（台北：三民書局、二〇一一年）。

薛化元『民主憲政與民族主義的弁証発展』（台北県：稲禾、一九九三年）。

薛化元『雷震與1950年代台湾政治発展――転型正義的視角』（台北：中正紀念堂、二〇一九年）。

蘇瑞鏘『白色恐怖在台湾：戦後台湾政治案件之処置』（板橋：稲郷、二〇一四年）。

蘇瑞鏘『超越党籍、省籍與国籍：傅正與戦後台湾民主運動』（台北：前衛、二〇〇七年）。

三、論文

李筱峰「郭雨新的一生」（郭惠娜、林衡哲編『郭雨新紀念文集』台北：前衛、一九八八年）。

邱家宜「斉世英與逆勢而為的《時與潮》雑誌（1959-1967）」（『新聞学研究』一二三）（2015.4）一〇～一一頁。

張淑雅「美国対台政策転変的考察」（『中央研究院近代史研究所集刊』一九）（1990.6）四八四～四八五頁。

陳儀深「胡適與蔣介石」（周策縦ほか『胡適與近代中国』台北：時報文化、一九九一年）。

傅正「対殷海光先生的一段懐念」（林正弘編『殷海光紀念集』台北：桂冠図書、一九九〇年）。

須文蔚「1950年代台湾的香港文化與伝播政策研究：以雷震之赴港建議與影響為例証」（『中国現代文学』三三）（2018.6.20）一七七頁。

台湾銀行金融研究室「幣制改革在台湾」（『台湾銀行季刊』第二巻第一期）（1984.9）一〇九頁。

薛化元「《自由中国》地方自治主張的歴史考察」（李永熾教授六秩華誕祝寿論文集編輯委員会『東亜近代思想與社会：李永熾教授六秩華誕祝寿論文集』台北：月旦、一九九九年）。

薛化元「一九五〇年代雷震日記中的反対党與胡適」（『東亜観念史集刊』一五）（2018.12）四五～八二頁。

薛化元「雷震與中華民国的国家定位」（中華民国史専題第六届討論会秘書処編『中華民国史専題論文集（第六届討論会）：二十世紀台湾歴史與人物』台北県：国史館、二〇〇二年）。

薛化元「台湾自由主義発展的歴史考察（1949-60）：以反対党問題為中心」（『思與言』第三十四巻第三期）（1996.9）二四一～二八六頁。

四、会議論文

工藤貴正「雷震在日本留学体験之中所形成的初期民主・憲政思想」中央研究院近代史研究所「西方経験與近代中日交流的思想連鎖」学術研討会報告論文（二〇一八年十一月五日）。

任育徳「終身在野者：郭雨新」（『郭雨新先生逝世二十週年紀念論文集』台北：郭雨新先生逝世二十週年紀念活動籌備委員会、二〇〇五年八月）。

蕭李居「国防会議的設置與方源初探」。国史館主催「戦後档案與歴史研究学術研討会」（二〇〇七年十一月二十九日〜三十日）。

五、学位論文

魏誠『民国四十、五十年代台湾政論雑誌的発展：自由中国半月刊内容演変與政治主張』（台北：国立政治大学新聞研究所碩士論文、一九八四年一月）。

六、英語・日本語文献

C. Chang, *The Third Force in China* (New York: Bookman Associates Inc., 1952).

J.Habermas, *Theory and Practice* (Boston: Beacon Press, 1974).

J.S.Mill, *Representative Government*, in R.M.Hutchins et al., *Great Book of the Western World* (Chicago: Encyclopidia Britannica, Inc., 1952).

R.Dahl, *Polyarchy* (New Haven: Yale University Press, 1971).

Simon Long, *Taiwan: China's Last Frontier*, (London: Macmillan, 1990).

平野正『中国民主同盟の研究』（研文出版、一九八三年）。

吉見崇『中国司法の政治史』（東京大学出版会、二〇二〇年）。

秦郁彦編『世界諸国の制度・組織・人事（1840-1987）』（東京大学出版社、一九八八年）。

七、インターネット資料

「歴届全代会」、「中国国民党全球資訊網」ウェブページ。http://www.kmt.org.tw/p/blog-page_36.html（二〇二〇年六月三〇日閲覧）。

江春男「為老友送行」東海大学校友聯絡網、http://www.tunghai.org/news/20090328-TEFA.htm（二〇二〇年二月十日閲覧）。

徐惠林「雷震家事」。ウェブサイト「秋毫明察軒主的博文」からの転載。http://blog.tianya.cn/m/post-27063818.shtml（二〇二〇年六月五日閲覧）。

張智程「瀧川幸辰與京大事件：捍衛百分之百学術自由的『京大精神』」陳建邦「【大学之道】青春無悔、反骨精神　説京都大学」『台湾海外網』http://taiwanus.net/news/news/2012/20121217021359l983.htm（二〇二〇年七月九日閲覧）。

「軍事審判法」（一九五六年十二月二十四日修正公布）、司法院法学資料検索システム、https://law.judixial.gov.tw/FLAW/hisdata.aspx?lsid=FL005607&ldate=19561224&lser=001&ot=in（二〇二〇年八月六日閲覧）。

「監獄行刑法」（一九五七年一月七日修正）、司法院法学資料検索システムhttps://law.judicial.gov.tw/FLAW/hisdata.aspx?lsid=FL010327&ldate=19570107&lser=001（二〇二〇年一月二十一日閲覧）。

李鴻禧「雷震之憲法学者画像　遭誣受害之宿命」［HI-ON］鯨魚網站、二〇〇二年九月七日の文章http://www.hi-on.org.tw/bulletins.jsp?b_ID=44880（二〇二〇年四月二十四日閲覧）。

安慶市第二中学のウェブページ「安慶二中校史沿革図」（二〇一六年十二月十九日編集）http://www.aqez.net/DocHtml/1/Article_201612194973.html（二〇二〇年五月二十五日閲覧）。

著訳者紹介

【著者】

薛　化元（せつ　かげん、Hsueh Hua-Yuan）

一九五九年、台湾彰化県に生まれる。国立台湾大学歴史学研究所で博士号を取得。国立政治大学台湾史研究所教授。また、二二八事件紀念基金会董事長も務める。

専門は中華民国憲政史、台湾史、中国近代思想史。著書に『晩清「中体西用」思想論——1861-1900』（台北市：弘文館、一九八七年）『民主憲政與民族主義的弁証発展：張君勱思想研究』（板橋市：稲禾、一九九三年）、『戦後台湾歴史閲覧』（五南、二〇一五年）など多数。

本書『雷震伝』に関わる業績としては、『《自由中国》與民主憲政：1950年代台湾思想史的一個考察』（稲郷、一九九六年）、『雷震與1950年代台湾政治発展：転型正義的視角』（国立中正紀念堂管理処、二〇一九年）などがあり、台湾における雷震研究の第一人者である。

【訳者】

深串　徹（ふかくし　とおる、Fukakushi Toru）

一九八二年、埼玉県に生まれる。青山学院大学大学院国際政治学研究科で博士号を取得。島根県立大学国際関係学部准教授。

専門は台湾史、東アジア国際関係史。著書に『戦後台湾における対日関係の公的記憶：1945～1970s』（国際書院、二〇一九年）。本書『雷震伝』に関わる業績として、「雷震眼中的戦後日本（1950s-1970s）」『台灣史學雜誌』（29）二〇二〇年一二月がある。

台湾民主化の先駆者
雷震伝

発行日　二〇二五年二月一日　初版第一刷発行
著　者　薛化元
訳　者　深串徹
装　幀　臼井新太郎
発行所　株式会社 三元社
〒一一三−〇〇三三
東京都文京区本郷一−二八−三六 鳳明ビル
電話／〇三−五八〇三−四一五五
ファックス／〇三−五八〇三−四一五六
印　刷　株式会社 モリモト印刷
製　本　株式会社 鶴亀製本

published by Sangensha Publishers Inc.
ISBN978-4-88303-603-5
printed in Japan
http://www.sangensha.co.jp